中国自由贸易试验区（港）
海关监管制度创新实务

中国自由贸易试验区（港）编写组 编著

中国海关出版社有限公司
·北京·

图书在版编目（CIP）数据

中国自由贸易试验区（港）海关监管制度创新实务/中国自由贸易试验区（港）编写组编著．—北京：中国海关出版社有限公司，2022.1

ISBN 978-7-5175-0555-6

Ⅰ.①中… Ⅱ.①中… Ⅲ.①自由贸易区—海关—监管制度—研究—中国 Ⅳ.①F752.52

中国版本图书馆CIP数据核字（2021）第272128号

中国自由贸易试验区（港）海关监管制度创新实务
ZHONGGUO ZIYOU MAOYI SHIYANQU（GANG）HAIGUAN JIANGUAN ZHIDU CHUANGXIN SHIWU

作　　者：	中国自由贸易试验区（港）编写组
策划编辑：	史　娜
责任编辑：	吴　婷　夏淑婷　刘　婧　景小卫　刘白雪
助理编辑：	衣尚书　李　萌
出版发行：	中国海关出版社有限公司
社　　址：	北京市朝阳区东四环南路甲1号　　邮政编码：100023
网　　址：	www.hgcbs.com.cn
编 辑 部：	01065194242-7532（电话）
发 行 部：	01065194221/4238/4246/4254/5127（电话）
社办书店：	01065195616（电话）
	https：//weidian.com/？userid=319526934（网址）
印　　刷：	北京圣艺佳彩色印刷有限责任公司　　经　销：新华书店
开　　本：	787mm×1092mm　1/16
印　　张：	36　　　　　　　　　　　　　　字　数：664千字
版　　次：	2022年1月第1版
印　　次：	2022年1月第1次印刷
书　　号：	ISBN 978-7-5175-0555-6
定　　价：	280.00元

海关版图书，版权所有，侵权必究
海关版图书，印装错误可随时退换

中国自由贸易试验区（港）编写组

成 员：李 岩　钮慧玉　李 辉　吴晓韵
　　　　周海玉　张军强　叶健仪　肖玲君
　　　　赵 亮

前 言

建设自由贸易试验区[①]是我国在新时期加快政府职能转变、积极探索管理模式创新、促进贸易和投资便利化，为全面深化改革和扩大开放探索新路径、积累新经验而推进的战略举措。党中央、国务院从统筹国内国际两个大局的高度，作出建设自贸试验区的重大决策，既是应对外部变化和压力，也是我国经济发展催生的内在改革要求，具有深刻的现实背景和深远的战略意义。自2013年自贸试验区工作启动至今，我国先后分6批设立了21个自贸试验区，有序分布在华东、华南、华北、华中、东北、西南地区，八年来，我国自贸试验区建设实现了从无到有、从少到多的跨越，形成了覆盖全国、多领域复合型综合改革开放格局。

党的十九大报告指出，赋予自贸试验区更大改革自主权，探索建设自由贸易港。2021年7月，习近平总书记主持召开中央全面深化改革委员会第二十次会议强调，要围绕实行高水平对外开放，充分运用国际国内两个市场、两种资源，对标高标准国际经贸规则，积极推动制度创新，以更大力度谋划和推进自贸试验区高质量发展。

近年来，我国各自贸试验区大胆探索试验、推出了一批具有首创性和差异化的制度创新成果，形成了一大批可复制、可推广的改革试点经验。据商务部统计，自2013年9月至2021年9月，自贸试验区累计复制推广的制度创新成果共计260项，其中以国务院发函等方式集中复制推广的有6批143项。中国海关积极参与自贸试验区建设，在促进和推动贸易便利化方面发挥了积极作用，先后推出了一批受企业欢迎的海关监管创新制度，其中国务院集中复制推广的6批143项制度创新成果中，海关贡献61项，占改革试点经验总数的42.7%。

本书立足我国自贸试验区（自由贸易港）海关监管制度创新实务，内容包含我国自贸试验区的概述及特点，21个自贸试验区以及海南自由贸易

[①] 以下简称自贸试验区。

港的设立、发展历程、战略定位等，与海关特殊监管区域、国际自由贸易园区等进行比较，简要介绍海关部分监管制度，自贸试验区海关监管制度创新的路径、思路、理念以及制度创新的六个维度，较为详细介绍了我国各自贸试验区现状，海关支持自贸试验区发展情况以及推出监管制度创新的成果。通过本书，希望能够对近年来自贸试验区海关监管制度创新工作情况进行梳理，帮助读者更好地理解我国自贸试验区发展战略，了解自贸试验区发展趋势，熟悉海关支持自贸试验区监管制度创新的情况。

由于编写时间有限，书中难免存在不足之处，望读者不吝指正，以便在后续版本中得以改进和完善。

中国自由贸易试验区（港）编写组
2021 年 11 月

目 录

第一章 我国自贸试验区基本情况

第一节 我国自贸试验区简介 ····· 3
一、我国自贸试验区的概述及特点 ····· 3
二、我国自贸试验区的发展历程 ····· 9
三、我国各自贸试验区的战略定位和任务措施 ····· 13
四、海南自由贸易港的建设发展 ····· 27

第二节 我国自贸试验区与国内外其他类型区域的比较 ····· 32
一、与国内海关特殊监管区域、保税物流中心的比较 ····· 32
二、与自由区、自由贸易区、自由贸易园区的比较 ····· 36

第二章 自贸试验区海关监管制度创新概述

第一节 海关监管制度简介 ····· 47
一、海关对海关特殊监管区域和保税监管场所的监管 ····· 47
二、海关对进出境货物的监管 ····· 49
三、海关对进出口企业的监管 ····· 52
四、海关对跨境电子商务的监管 ····· 56
五、海关卫生检疫 ····· 59
六、海关进出境动植物检疫 ····· 61
七、海关进出口食品安全监管 ····· 63
八、海关进出口商品检验 ····· 66

第二节 自贸试验区海关监管制度创新的路径 ····· 68
一、海关监管制度创新的基本情况 ····· 68
二、海关监管制度创新的理念 ····· 71

三、海关监管制度创新工作制度的组成、思路和原则 ·················· 72
四、海关监管制度创新的六个维度 ·················· 75

第三章　我国各自贸试验区现状及海关监管制度创新详解

第一节　海关支持中国（上海）自由贸易试验区建设主要情况 ·················· 81
一、中国（上海）自由贸易试验区基本情况 ·················· 81
二、海关支持自贸试验区发展情况 ·················· 84
三、海关在自贸试验区开展海关监管制度创新情况 ·················· 86

第二节　海关支持中国（广东）自由贸易试验区建设主要情况 ·················· 97
一、中国（广东）自由贸易试验区基本情况 ·················· 97
二、海关支持自贸试验区发展情况 ·················· 99
三、海关在自贸试验区开展海关监管制度创新情况 ·················· 103

第三节　海关支持中国（天津）自由贸易试验区建设主要情况 ·················· 106
一、中国（天津）自由贸易试验区基本情况 ·················· 106
二、海关支持自贸试验区发展情况 ·················· 107
三、海关在自贸试验区开展海关监管制度创新情况 ·················· 109

第四节　海关支持中国（福建）自由贸易试验区建设主要情况 ·················· 113
一、中国（福建）自由贸易试验区基本情况 ·················· 113
二、海关支持自贸试验区发展情况 ·················· 114
三、海关在自贸试验区开展海关监管制度创新情况 ·················· 119

第五节　海关支持中国（辽宁）自由贸易试验区建设主要情况 ·················· 125
一、中国（辽宁）自由贸易试验区基本情况 ·················· 125
二、海关支持自贸试验区发展情况 ·················· 127
三、海关在自贸试验区开展海关监管制度创新情况 ·················· 128

第六节　海关支持中国（河南）自由贸易试验区建设主要情况 ·················· 132
一、中国（河南）自由贸易试验区基本情况 ·················· 132
二、海关支持自贸试验区发展情况 ·················· 134
三、海关在自贸试验区开展海关监管制度创新情况 ·················· 137

第七节　海关支持中国（浙江）自由贸易试验区建设主要情况 ·················· 138
一、中国（浙江）自由贸易试验区基本情况 ·················· 138
二、海关支持自贸试验区发展情况 ·················· 140
三、海关在自贸试验区开展海关监管制度创新情况 ·················· 142

第八节　海关支持中国（湖北）自由贸易试验区建设主要情况 …………… 146
 一、中国（湖北）自由贸易试验区基本情况 ……………………………… 146
 二、海关支持自贸试验区发展情况 ………………………………………… 147
 三、海关在自贸试验区开展海关监管制度创新情况 ……………………… 150

第九节　海关支持中国（重庆）自由贸易试验区建设主要情况 …………… 151
 一、中国（重庆）自由贸易试验区基本情况 ……………………………… 151
 二、海关支持自贸试验区发展情况 ………………………………………… 153
 三、海关在自贸试验区开展海关监管制度创新情况 ……………………… 155

第十节　海关支持中国（四川）自由贸易试验区建设主要情况 …………… 158
 一、中国（四川）自由贸易试验区基本情况 ……………………………… 158
 二、海关支持自贸试验区发展情况 ………………………………………… 160
 三、海关在自贸试验区开展海关监管制度创新情况 ……………………… 161

第十一节　海关支持中国（陕西）自由贸易试验区建设主要情况 ………… 163
 一、中国（陕西）自由贸易试验区基本情况 ……………………………… 163
 二、海关支持自贸试验区发展情况 ………………………………………… 164
 三、海关在自贸试验区开展海关监管制度创新情况 ……………………… 166

第十二节　海关支持中国（海南）自由贸易试验区建设主要情况 ………… 167
 一、中国（海南）自由贸易试验区基本情况 ……………………………… 167
 二、海关支持自贸试验区发展情况 ………………………………………… 169

第十三节　海关支持中国（山东）自由贸易试验区建设主要情况 ………… 172
 一、中国（山东）自由贸易试验区基本情况 ……………………………… 172
 二、海关支持自贸试验区发展情况 ………………………………………… 174

第十四节　海关支持中国（江苏）自由贸易试验区建设主要情况 ………… 177
 一、中国（江苏）自由贸易试验区基本情况 ……………………………… 177
 二、海关支持自贸试验区发展情况 ………………………………………… 179

第十五节　海关支持中国（广西）自由贸易试验区建设主要情况 ………… 181
 一、中国（广西）自由贸易试验区基本情况 ……………………………… 181
 二、海关支持自贸试验区发展情况 ………………………………………… 183

第十六节　海关支持中国（河北）自由贸易试验区建设主要情况 ………… 185
 一、中国（河北）自由贸易试验区基本情况 ……………………………… 185
 二、海关支持自贸试验区发展情况 ………………………………………… 186

第十七节　海关支持中国（云南）自由贸易试验区建设主要情况 ………… 188
 一、中国（云南）自由贸易试验区基本情况 ……………………………… 188

二、海关支持自贸试验区发展情况 ………………………………………… 190

第十八节　海关支持中国（黑龙江）自由贸易试验区建设主要情况 ……… 191
一、中国（黑龙江）自由贸易试验区基本情况 …………………………… 191
二、海关支持自贸试验区发展情况 ………………………………………… 193

第十九节　海关支持中国（北京）自由贸易试验区建设主要情况 ………… 194
一、中国（北京）自由贸易试验区基本情况 ……………………………… 194
二、海关支持自贸试验区发展情况 ………………………………………… 195

第二十节　海关支持中国（湖南）自由贸易试验区建设主要情况 ………… 197
一、中国（湖南）自由贸易试验区基本情况 ……………………………… 197
二、海关支持自贸试验区发展情况 ………………………………………… 198

第二十一节　海关支持中国（安徽）自由贸易试验区建设主要情况 ……… 200
一、中国（安徽）自由贸易试验区基本情况 ……………………………… 200
二、海关支持自贸试验区发展情况 ………………………………………… 202

第四章　自贸试验区相关政策文件

全国人民代表大会常务委员会关于授权国务院在中国（上海）自由贸易
　　试验区暂时调整有关法律规定的行政审批的决定 ………………………… 209
　　（2013年8月30日第十二届全国人民代表大会常务委员会第四次会议通过）

全国人民代表大会常务委员会关于授权国务院在中国（广东）自由贸易
　　试验区、中国（天津）自由贸易试验区、中国（福建）自由贸易试验区
　　以及中国（上海）自由贸易试验区扩展区域暂时调整有关法律规定的
　　行政审批的决定 ……………………………………………………………… 211
　　（2014年12月28日第十二届全国人民代表大会常务委员会第十二次
　　会议通过）

全国人民代表大会常务委员会关于授权国务院在自由贸易试验区暂时调整
　　适用有关法律规定的决定 …………………………………………………… 217
　　（2019年10月26日第十三届全国人民代表大会常务委员会第十四次
　　会议通过）

全国人民代表大会常务委员会关于授权国务院在中国（海南）自由
　　贸易试验区暂时调整适用有关法律规定的决定 ·················· 217
　　（2020年4月29日第十三届全国人民代表大会常务委员会第十七次
　　　会议通过）

全国人民代表大会常务委员会关于授权国务院在自由贸易试验区暂时调整
　　适用有关法律规定的决定 ······································· 218
　　（2021年4月29日第十三届全国人民代表大会常务委员会第二十八次
　　　会议通过）

中华人民共和国海南自由贸易港法 ······································· 218
　　（2021年6月10日第十三届全国人民代表大会常务委员会第二十九次
　　　会议通过）

国务院关于印发中国（上海）自由贸易试验区总体方案的通知 ············· 227
　　（国发〔2013〕38号）

国务院关于在中国（上海）自由贸易试验区内暂时调整有关行政法规和
　　国务院文件规定的行政审批或者准入特别管理措施的决定 ··········· 235
　　（国发〔2013〕51号）

国务院关于在中国（上海）自由贸易试验区内暂时调整实施有关行政法规
　　和经国务院批准的部门规章规定的准入特别管理措施的决定 ········· 247
　　（国发〔2014〕38号）

国务院关于印发中国（广东）自由贸易试验区总体方案的通知 ············· 253
　　（国发〔2015〕18号）

国务院关于印发中国（天津）自由贸易试验区总体方案的通知 ············· 264
　　（国发〔2015〕19号）

国务院关于印发中国（福建）自由贸易试验区总体方案的通知 ············· 274
　　（国发〔2015〕20号）

国务院关于印发进一步深化中国（上海）自由贸易试验区改革开放方案的
　　通知 ··· 287
　　（国发〔2015〕21号）

国务院关于加快实施自由贸易区战略的若干意见 ························· 294
　　（国发〔2015〕69号）

国务院关于在自由贸易试验区暂时调整有关行政法规、国务院文件和经
　　国务院批准的部门规章规定的决定 ·· 300
　　（国发〔2016〕41号）

国务院关于印发中国（辽宁）自由贸易试验区总体方案的通知 ············ 317
　　（国发〔2017〕15号）

国务院关于印发中国（浙江）自由贸易试验区总体方案的通知 ············ 325
　　（国发〔2017〕16号）

国务院关于印发中国（河南）自由贸易试验区总体方案的通知 ············ 335
　　（国发〔2017〕17号）

国务院关于印发中国（湖北）自由贸易试验区总体方案的通知 ············ 344
　　（国发〔2017〕18号）

国务院关于印发中国（重庆）自由贸易试验区总体方案的通知 ············ 355
　　（国发〔2017〕19号）

国务院关于印发中国（四川）自由贸易试验区总体方案的通知 ············ 365
　　（国发〔2017〕20号）

国务院关于印发中国（陕西）自由贸易试验区总体方案的通知 ············ 376
　　（国发〔2017〕21号）

国务院关于印发全面深化中国（上海）自由贸易试验区改革开放方案的
　　通知 ·· 386
　　（国发〔2017〕23号）

国务院关于在自由贸易试验区暂时调整有关行政法规、国务院文件和经
　　国务院批准的部门规章规定的决定 ·· 394
　　（国发〔2017〕57号）

国务院关于印发进一步深化中国（广东）自由贸易试验区改革开放方案的
　　通知 ·· 399
　　（国发〔2018〕13号）

国务院关于印发进一步深化中国（天津）自由贸易试验区改革开放方案的
　　通知 ·· 406
　　（国发〔2018〕14号）

国务院关于印发进一步深化中国（福建）自由贸易试验区改革开放方案的
　　通知 ·· 414
　　（国发〔2018〕15号）

国务院关于印发中国（海南）自由贸易试验区总体方案的通知 ············ 421
　　（国发〔2018〕34号）

国务院关于支持自由贸易试验区深化改革创新若干措施的通知 ············ 430
　　（国发〔2018〕38号）

国务院关于印发中国（上海）自由贸易试验区临港新片区总体方案的
　　通知 ·· 437
　　（国发〔2019〕15号）

国务院关于印发6个新设自由贸易试验区总体方案的通知 ··················· 444
　　（国发〔2019〕16号）

国务院关于印发北京、湖南、安徽自由贸易试验区总体方案及浙江自由
　　贸易试验区扩展区域方案的通知 ··· 476
　　（国发〔2020〕10号）

国务院关于同意建立国务院自由贸易试验区工作部际联席会议制度的
　　批复 ·· 502
　　（国函〔2015〕18号）

国务院关于同意设立中国（海南）自由贸易试验区的批复 ··················· 504
　　（国函〔2018〕119号）

国务院关于同意设立中国（上海）自由贸易试验区临港新片区的批复 ··· 505
　　（国函〔2019〕68号）

国务院关于同意新设6个自由贸易试验区的批复 ······························· 506
　　（国函〔2019〕72号）

国务院关于在自由贸易试验区暂时调整实施有关行政法规规定的通知 ······ 511
　　（国函〔2020〕8号）

国务院关于支持中国（浙江）自由贸易试验区油气全产业链开放发展
　　若干措施的批复 ··· 513
　　（国函〔2020〕32号）

国务院关于在中国（海南）自由贸易试验区暂时调整实施有关行政法规规定的通知 ………………………………………………………… 518

（国函〔2020〕88号）

国务院关于推广中国（上海）自由贸易试验区可复制改革试点经验的通知 …………………………………………………………………… 521

（国发〔2014〕65号）

国务院关于做好自由贸易试验区新一批改革试点经验复制推广工作的通知 ………………………………………………………………… 525

（国发〔2016〕63号）

商务部　交通运输部　工商总局　质检总局　外汇局关于做好自由贸易试验区第三批改革试点经验复制推广工作的函 ……………… 528

（商资函〔2017〕515号）

国务院关于做好自由贸易试验区第四批改革试点经验复制推广工作的通知 ………………………………………………………………… 530

（国发〔2018〕12号）

国务院关于做好自由贸易试验区第五批改革试点经验复制推广工作的通知 ………………………………………………………………… 533

（国函〔2019〕38号）

国务院关于做好自由贸易试验区第六批改革试点经验复制推广工作的通知 ………………………………………………………………… 537

（国函〔2020〕96号）

国务院办公厅关于印发自由贸易试验区外商投资国家安全审查试行办法的通知 …………………………………………………………… 545

（国办发〔2015〕24号）

海关总署　商务部关于从中国（上海）自由贸易试验区进口的涉及自动进口许可证管理货物开展通关作业无纸化试点的公告 ……… 548

（海关总署　商务部联合公告2014年第58号）

关于发布《中华人民共和国海关对洋山特殊综合保税区监管办法》 … 549

（海关总署公告2019年第170号）

关于洋山特殊综合保税区统计办法的公告 ·················· 552
　　（海关总署公告2019年第199号）

关于发布《中华人民共和国海关对洋浦保税港区监管办法》的公告 ········ 554
　　（海关总署公告2020年第73号）

关于洋浦保税港区统计办法的公告 ·························· 558
　　（海关总署公告2020年第109号）

第一章
我国自贸试验区基本情况

引言

2013年,我国在上海设立首个自贸试验区——中国(上海)自由贸易试验区,截至2021年10月,已逐步设立了21个自贸试验区。

本章主要介绍我国自贸试验区的基本情况,包括基本概念、主要特点、主要任务、发展历程,以及与国内海关特殊监管区域、保税物流中心、国际自由区、自由贸易园区的区别等。

第一节 我国自贸试验区简介

一、我国自贸试验区的概述及特点

(一) 建设自贸试验区的背景

建设自贸试验区是我国在新时期加快政府职能转变、积极探索管理模式创新、促进贸易和投资便利化，为全面深化改革和扩大开放探索新路径、积累新经验而推进的战略举措。在改革进入攻坚期、开放进入新阶段、发展进入新常态的背景下，党中央、国务院从统筹国内国际两个大局的高度，作出建设自贸试验区的重大决策，既是应对外部变化和压力的需要，也是我国经济发展催生的内在改革要求，具有深刻的现实背景和深远的战略意义。

1. 建设自贸试验区是加快经济体制改革和转变政府职能的需要

经过40多年的改革开放，我国社会主义市场经济体制已初步建立，但仍存在市场体系不完善、市场规则不统一、市场竞争不充分、市场秩序不规范以及政府直接配置资源范围较大、对微观经济主体干预较多、市场监管和公共服务较为薄弱等突出问题。经济体制改革的核心，是处理好政府和市场的关系，使市场在资源配置中起决定性作用，政府能更好地发挥行政作用。设立自贸试验区，通过大力简政放权和健全事中事后监管体系，更好地处理政府和市场的关系，为全面深化经济体制改革探索新路子。

2. 建设自贸试验区是实施新一轮高水平对外开放的需要

近年来，"入世"带来的开放红利逐步消退，开放型经济发展面临严峻挑战。在新形势下，党的十八届三中全会提出，推进金融、教育、文化、医疗等服务业领域有序开放，放开会计审计、商贸物流、电子商务等服务领域外资限制，进一步放开一般制造业。这些领域内不少产业竞争力较弱，扩大开放面临一定的经济风险，有些还涉及意识形态和基本经济制度，需要把握好开放的力度和节奏。建设自贸试验区，通过在局部地区率先扩大开放，为全国实施新一轮高水平对外开放进行压力测试，既进一步积累了扩大开放、有效防控风险的经验，又进一步建立健全了相关制度。

3. 建设自贸试验区是推动国民经济提质增效升级的需要

我国经济发展经过40多年的高速增长，进入新阶段。当前，世界经济复苏艰难曲折，国内经济下行压力持续加大，深层次结构性矛盾日益凸显，传统经济发展方式越来越难以为继。我国经济的发展必须把转方式、调结构放到更加重要位置，推动发展调速不减势、量增质更优，这样才能跨越"中等收入陷阱"。建设自贸试验区，通过深化改革、扩大开放的方式，打造动力更强、结构更优、质量更好的经济增长极，为全国经济结构调整和转型升级发挥示范和带动作用。

4. 建设自贸试验区是参与和引领国际经贸规则制定的需要

当前，经济全球化的驱动力正在发生重大变化，多边贸易体制发展坎坷，而以自由贸易协定为代表的区域优惠贸易安排快速增加。这些重要的协定谈判进程将深刻影响着国际经济体系、国际金融体系和国际经贸规则的走向。形势逼人、不进则退，党中央、国务院统筹国内国际两个大局，作出建设自贸试验区的重大战略决策，是我国适应经济全球化新趋势，参与国际经贸规则重塑的主动选择。建设自贸试验区的重要任务之一，就是面向世界，对标国际经贸规则和通行做法，探索外商投资准入前国民待遇加负面清单等新理念、新体制，为我国双边、区域自贸协定和投资协定谈判积累经验，为参与和引领国际规则制定奠定坚实基础。

（二）建设自贸试验区的目标

我国自贸试验区与经济特区、经济技术开发区、海关特殊监管区域等特定经济功能区的目标定位不同，它是为全面深化改革和扩大开放探索新路径，积累新经验。它的建设不依赖于以财政扶持、资金优惠等打造"政策洼地"换取投资和经济增长的传统发展路径，而是在贸易、投资、金融等领域赋予自贸试验区更大的改革自主权，以制度创新为核心任务，以可复制、可推广为要求，推动自贸试验区对接国际先进规则，通过开展规则、规制、管理、标准等制度性开放，形成国际合作和竞争新优势，为我国全面深化改革开放，构建开放型经济新体制，高质量发展探索新路径、积累新经验。重点体现在以下几个方面。

1. 制度创新的新高地

自贸试验区非地方的自留地，它的试验和探索要服从、服务国家战略，着眼于首创性和差异性的探索，形成更多可复制、可推广的创新成果。习近平总书记对自贸试验区有过精辟论述，自贸试验区建设的核心任务是开展制度创新，要求是可复制、可推广，不能建成要照顾、争优惠的"政策洼地"，不能建成中看不中用的"盆景"，不能一哄而上、到处布点，更不能借机圈地搞开发。

2. 规则开放的"试验田"

在构建新发展格局中,自贸试验区发挥着深化改革开放"试验田"的作用,承担着部分国家特定的改革试点任务和先行先试任务。自贸试验区就是要对标国际高水平经贸规则,按照国际化、市场化和法治化的要求,推动我国在开放领域和开放水平方面逐步与国际市场和国际贸易惯例接轨,逐步深化规则、规制、管理、标准等制度的开放。

3. 体制改革的先行区

职能转变和行政体制改革是自贸试验区工作的重要内容。多个自贸试验区的方案中,都将深化行政管理体制改革,扩大外资准入,促进对外投资等列入首要内容,总的原则是打造高效、透明、法治的政府管理、服务体制。

4. 贸易便利的快车道

贸易便利化是投资便利、金融创新、服务体系健全的基础,代表着货物进出自由、投资自由、金融自由,且有法律法规保障。多个自贸试验区总体方案都提出,通关机制的创新对贸易便利化程度和服务水平都提出较高要求。

5. 逐步开放的"安全阀"

我国自贸试验区突出强调"试验"二字。由于全面开放投资与服务贸易等存在着不可预测的风险,必须通过局部地区逐步扩大放开,形成先行、先试的对外衔接窗口。从这个意义看,自贸试验区起到扩大开放的"缓冲垫"和"安全阀"的作用。

(三)自贸试验区的改革任务

自贸试验区自启动建设起就肩负着承担高水平开放压力测试、发挥示范带动、服务全国全面深化改革开放的重要使命,其核心是围绕国家战略,解放思想,大胆试、大胆闯、自主改,以制度创新为核心,以可复制、可推广为基本要求,通过深化行政管理体制改革,拓展新型贸易方式,局部地区开展压力测试,率先在自贸试验区探索建立符合国际化和法治化要求的跨境投资和贸易规则体系,力争形成一批可复制、可推广的改革试点经验,为推动我国整体形成与国际投资、贸易通行规则相衔接的基本制度体系和监管模式积累试验经验。纵观全国自贸试验区先后发布的总体方案,均从改革投资管理体制、推进贸易发展方式转变、推进金融领域开放创新、加快政府职能转变、服务国家战略、健全法制保障体系等方面对各自贸试验区提出了相应的改革试验要求。

1. 投资管理体制改革

以负面清单管理为核心,率先试点外商投资准入前国民待遇加负面清单管理模式,放宽外资、国内资本的市场准入限制,减少事前审批。核心是推动负面清单制度成为市场准入管理的主要方式，转变以行政审批为主的行政管理方式，制定发布政府权力清单和责任清单，厘清政府和市场的关系、深化商事登记制度改革、进一步扩大服务业和制造业等领域的开放、完善企业准入"单一窗口"制度等。

2. 推进贸易发展方式转变

核心是创新监管服务模式，提升贸易便利化水平，推进国际贸易"单一窗口"建设等。

3. 推进金融领域开放创新

核心是扩大金融领域的开放，开展本外币一体化试点，推动重点行业跨境人民币业务和外汇业务便利化；促进金融科技的创新，建设法定数字货币试验区和数字金融体系；强化金融服务实体经济。

4. 转变政府职能

核心是加强政府事中事后监管，建立国家安全审查工作制度、反垄断工作机制、社会信用体系、企业年度报告公示制度、政府部门信息共享平台和综合执法制度，更好地发挥社会监督和社会机构的作用，打造国际一流营商环境。

5. 健全法制保障体系

暂时调整《中华人民共和国外资企业法》《中华人民共和国中外合资经营企业法》《中华人民共和国中外合作经营企业法》《中华人民共和国台湾同胞投资保护法》等有关规定的行政审批；探索企业适应国际化发展需要的创新人才服务体系和国际人才流动通行制度；研究完善投资和贸易的税收政策。同时，强化多元化法治保障，健全开放型风险防范体系。

（四）我国自贸试验区建设的发展成效

1. 建设布局逐步优化扩容

2013年国务院批准设立首个自贸试验区即中国（上海）自由贸易试验区，由上海市外高桥保税区、外高桥保税物流园区、洋山保税港区和上海浦东机场综合保税区等四个海关特殊监管区域组成。自2013年自贸试验区工作启动至今，我国先后分6批设立了上海、广东、天津、福建、辽宁、浙江、河南、湖北、重庆、四川、陕西、海南、山东、江苏、广西、河北、云南、黑龙江、北京、湖南、安徽等21个自贸试验区。在此期间，增设了上海自贸试验区临港新片区，扩展了浙江自贸试验区的区域范围，有序分布在华东、华南、华北、华中、东北、西南地区，实现沿海省份全覆盖。八年来，我国自贸试验区建设实现了从无到有、从少到多的跨越，形成了覆盖东西南北中、多领域复合型综合改革开放格局，更好地服务陆海内外联动、东西双向互济的对外开放总体布局，彰显了我国坚定不移扩大对外开放、建设更高水平开放型经济新体制的决心。

2. 制度创新成果集中复制推广

自贸试验区承担着国家先行、先试改革探索任务，制度创新是自贸试验区的核心任务。经过多年的发展，各自贸试验区大胆探索试验、勇于突破，推出了一批首创性和差异化的制度创新成果，形成了一大批可复制、可推广的改革试点经验。据商务部统计，自2013年9月至2021年9月，自贸试验区累计复制、推广的制度创新成果共260项，其中以国务院发函等方式集中复制、推广的制度创新有6批143项；由国务院自由贸易试验区工作部际联席会议办公室（设在商务部）总结印发供各地借鉴的"最佳实践案例"共3批43项；各部门自行复制、推广的改革试点经验74项。我国海关积极参与自贸试验区的建设，在促进和推动贸易便利化方面发挥了积极作用，先后推出了一批受企业欢迎的海关监管创新制度，其中国务院集中复制、推广的6批143项制度创新成果中，海关贡献61项，占改革试点经验总数的42.7%。

3. 创新制度深化改革开放

自贸试验区以推进制度创新、深化改革开放为目标，总体上看，我国各自贸试验区的改革经验主要聚焦在构建和深化完善以负面清单管理为核心的投资管理制度、以贸易便利化为重点的贸易监管制度、以资本项目可兑换和金融服务业开放为目标的金融创新制度、以政府职能转变为核心的事中事后监管制度等领域，并取得了突出的改革成效。

（1）推动外商投资管理实现历史性变革

自贸试验区中外商投资准入前国民待遇加负面清单管理制度不断得到完善。以自贸试验区外商投资负面清单为例，2013年曾经长达190条的清单，几经"瘦身"，2020年变为30条，减少了84%。同时，《中华人民共和国外商投资法》的出台，实现了外商投资管理方式由"逐案审批"转为信息报告制的重大变革。还率先在全国实施境外投资备案制、注册资本认缴制、"三证合一、一照一码"等改革，有效改善了投资环境，激发了市场主体活力。

（2）贸易便利化水平持续领先

国际贸易"单一窗口"系统的使用，逐步覆盖海关、税务等20多个部门，以及货物申报、跨境电子商务等多个领域，建设水平远超世界贸易组织《贸易便利化协定》的要求，目前已经推广到全国。货物状态分类监管等一系列便利化举措也大幅提高了通关效率，降低了成本。

（3）在金融开放创新服务实体经济方面效果明显

在上海自贸试验区创设的本外币一体化自由贸易账户，有效打通了企业境外融资通道，降低了融资成本。已经复制、推广至广东、天津、海南等自贸试验区。外资企业外汇资本金意愿结汇、跨境双向人民币资金池业务等举措推广至全国，使企业融资更加便利、渠道更加宽广、成本更低。

（4）"证照分离"改革涉企事项实现全覆盖

"证照分离"改革率先在自贸试验区启动，经过逐步探索，已于2019年实现对中央层面设定的涉企事项全覆盖。向自贸试验区下放省级管理权限，初步建立以信用为基础的政府事中事后监管体系，强化政务公开、推进"互联网+政务"，政府服务效能不断提升，营商环境进一步优化。

4. 高质量发展引领能力凸显

各自贸试验区结合自身战略定位、资源特点和地理优势，主动对接国家重大发展战略，支持特色产业领域开放发展，有效发挥自贸试验区服务全国的示范引领作用，为我国构建更高水平开放型经济新体制，实现高质量发展奠定了良好基础。一方面，"一带一路"建设、京津冀协同发展、长江经济带发展、东北振兴、长三角区域一体化发展、海洋强国等国家战略的作用更加凸显，各自贸试验区围绕战略定位，主动对接，积极服务。另一方面，各自贸试验区充分利用区位和资源优势，注重叠加综合保税区等海关特殊监管区域的优惠政策，推动区内区外良性互动和协同发展，实现了特色产业加速集聚，整合完善了重点行业产业链，培育了国际竞争新优势。例如，中国（上海）自由贸易试验区着力促进上海国际经济中心、国际金融中心、国际贸易中心、国际航运中心，以及全球科创中心的建设，推动金融、服务及关键核心技术为突破口的前沿产业发展；中国（浙江）自由贸易试验区聚焦油气全产业链发展；中国（湖北）自由贸易试验区着力打造集成电路、光电子信息、人工智能、生物医药和新能源汽车五大产业集群；中国（海南）自由贸易试验区确立了旅游业、现代服务业、高新技术产业三大主导产业。2020年，前18家自贸试验区共新设企业39.3万家，实际使用外资1763.8亿元人民币[①]，进出口总额达4.7万亿元，以不到全国千分之四的国土面积，实现了外商投资总额占全国的17.6%、进出口总额占全国的14.7%[②]，为稳外贸、稳外资发挥了重要作用。

5. 继续赋予更大改革自主权

在中央全面深化改革委员会第十五次会议上，习近平总书记指出，要把构建新发展格局同实施国家区域协调发展战略、建设自贸试验区等衔接起来。党

---

① 除其他币种外，以下提及的元均指人民币。
② 2021年2月3日，商务部召开"十三五"时期自贸试验区建设情况专题新闻发布会。

的十九大报告提出"推动形成全面开放新格局"。党的十九届五中全会进一步强调"赋予自由贸易试验区更大改革自主权,探索建设自由贸易港""完善自由贸易试验区布局"。我国将立足新发展阶段,贯彻新发展理念,构建新发展格局,继续为自贸试验区大胆试、大胆闯创造更好的环境和条件,赋予自贸试验区更大的改革自主权,以制度创新破除体制机制障碍,推动自贸试验区成为我国从要素流动型逐步开放走向以规则、规制、标准和管理等为主的制度型开放,不断加大对外开放压力测试力度,集聚国内国际资源要素,推进产业链、供应链开放发展,打造国内国际双循环的重要枢纽,促进市场相通、产业相融、创新相促、规则相连的良性循环,为推动我国形成全方位、多层次、宽领域的开放新格局作出更大贡献。

二、我国自贸试验区的发展历程

从 2013 年我国自贸试验区首次登场到如今的覆盖大半个中国,仅用了短短的七年,至今已形成拥有 21 个(第一批一个、第二批三个、第三批七个、第四批一个、第五批六个、第六批三个)自贸试验区的"雁阵"开放布局。从点到线,由线到面,如今的自贸试验区不仅在空间上实现"遍地开花",形成覆盖全国东西南北中,沿海成片、内陆连线的全方位布局,还实现了京津冀全覆盖,叠加中部崛起、长三角一体化等国家战略,向着更大范围、更广领域、更深层次、更高水平开放迈进。

(一) 2013 年设立第一批自贸试验区(一个)

中国(上海)自由贸易试验区的建设发展经历 2013 年总体方案、2015 年进一步深化改革开放方案、2017 年全面深化改革开放方案、2019 年临港新片区总体方案四个阶段。

1. 筹建和挂牌阶段

2013 年 3 月,国务院总理李克强在上海调研期间考察了位于浦东新区的外高桥保税区,并表示鼓励支持上海积极探索,在综合保税区基础上,研究如何试点先行,建立自贸试验区,积累经验,推动完善开放型经济的体制机制。2013 年 4 月,习近平总书记听取了关于中国(上海)自由贸易试验区建设的详细汇报,明确提出了重要原则和战略性指导意见。2013 年 8 月,习近平总书记主持召开中央政治局会议,再次听取有关汇报。当月,国务院正式批准设立中国(上海)自由贸易试验区。2013 年 9 月,国务院印发《中国(上海)自由贸易试验区总体方案》,9 月 29 日,中国(上海)自由贸易试验区正式挂牌成立,实施范围 28.78 平方千米,其范围涵盖上海外高桥保税区、上海外高桥保税物流园区、洋山保税港区和上海浦东机场综合保税区等四个海关特殊监管区域。

2. 进一步深化改革阶段

2015年4月，国务院印发《进一步深化中国（上海）自由贸易试验区改革开放方案》。中国（上海）自由贸易试验区的总面积扩大至120.72平方千米，即在原有上海外高桥保税区、上海外高桥保税物流园区、洋山保税港区、上海浦东机场综合保税区四个海关特殊监管区域（28.78平方千米）的基础上，增加陆家嘴金融片区（34.26平方千米）、金桥开发片区（20.48平方千米）、张江高科技片区（37.2平方千米）三个片区。

3. 全面深化改革阶段

2017年3月，在对前期中国（上海）自由贸易试验区建设深入总结、评估的基础上，国务院印发《全面深化中国（上海）自由贸易试验区改革开放方案》，明确了98项重点改革任务，以对照国际最高标准为基本原则，更加突出开放引领、借鉴，为我国进一步深化改革开放积累更多经验。

4. 新设中国（上海）自由贸易试验区——临港新片区阶段

2018年11月，习近平主席在出席首届中国国际进口博览会及考察上海期间，宣布增设中国（上海）自由贸易试验区新片区，鼓励、支持上海在推进投资和贸易自由化、便利化方面的大胆创新探索，为全国积累更多可复制、可推广的经验。2019年，李克强总理在《政府工作报告》中也提出了明确的要求。同年，国务院印发《中国（上海）自由贸易试验区临港新片区总体方案》，总体方案确定临港新片区先行启动面积为119.5平方千米，将对标国际上公认的竞争力最强的自由贸易园区，实施具有较强国际市场竞争力的开放政策和制度，加大开放型经济的风险压力测试，实现新片区与境外之间投资经营便利、货物自由进出、资金流动便利、运输高度开放、人员自由执业、信息快捷联通，打造更具国际市场影响力和竞争力的特殊经济功能区，主动服务和融入国家重大战略，更好地服务对外开放总体战略布局。

（二）2015年设立第二批自贸试验区（三个）

1. 设立挂牌阶段

2015年4月，为了与中国（上海）自由贸易试验区形成对比试验、互补试验，通过试验的多样性验证制度创新，以及措施复制、推广的可行性，建设更多改革开放的"试验田"，国务院印发《中国（广东）自由贸易试验区总体方案》《中国（天津）自由贸易试验区总体方案》《中国（福建）自由贸易试验区总体方案》，自贸试验区实施范围开始突破海关特殊监管区域限制，形成围网内外联动发展的新模式。2015年4月21日，中国（广东）、中国（天津）、中国（福建）自由贸易试验区正式挂牌成立，加上之前成立的中国（上海）自由贸易试验区，我国开始形成由南到北四个自贸试验区的布局。

2. 进一步深化改革开放

2018年5月，国务院印发《进一步深化中国（广东）自由贸易试验区改革开放方案》《进一步深化中国（天津）自由贸易试验区改革开放方案》《进一步深化中国（福建）自由贸易试验区改革开放方案》。广东、天津、福建三省市围绕服务国家战略，聚焦服务实体经济发展等改革关键环节，在多个领域深入开展改革探索。同时，根据自身特点，制定了各具特色、各有侧重的试点任务。其中，中国（广东）自由贸易试验区围绕打造开放型经济新体制先行区、高水平对外开放门户枢纽和粤港澳大湾区合作示范区，提出了建设公正廉洁的法治环境、建设金融业对外开放试验示范窗口和深入推进粤港澳服务贸易自由化等18个方面的具体任务。中国（天津）自由贸易试验区围绕构筑开放型经济新体制、增创国际竞争新优势、建设京津冀协同发展示范区，提出了创新要素市场配置机制、推动前沿新兴技术孵化和完善服务协同发展机制等16个方面的具体任务。中国（福建）自由贸易试验区围绕进一步提升政府治理水平、深化两岸经济合作、加快建设21世纪海上丝绸之路核心区，提出了打造高标准国际化营商环境，推进政府服务标准化、透明化和加强闽台金融合作等21个方面的具体任务。

（三）2017年设立第三批自贸试验区（七个）

1. 设立挂牌阶段

2017年3月，国务院印发《中国（辽宁）自由贸易试验区总体方案》《中国（浙江）自由贸易试验区总体方案》《中国（河南）自由贸易试验区总体方案》《中国（湖北）自由贸易试验区总体方案》《中国（重庆）自由贸易试验区总体方案》《中国（四川）自由贸易试验区总体方案》《中国（陕西）自由贸易试验区总体方案》。2017年4月，七个新设立的自贸试验区正式挂牌运营，加之此前设立的上海、天津、福建、广东等四个自贸试验区，国务院已批准11个自贸试验区，形成了东中西协调、陆海统筹的全方位、高水平对外开放的自贸试验区试点新格局。七省市结合自身特点，提出在自贸试验区探索推进国资国企改革、以油品为核心的大宗商品投资便利化和贸易自由化、构建多式联运国际物流体系、创新现代农业交流合作机制、创建人文交流新模式等特色试点任务，与上海等现有自贸试验区形成对比试验、互补试验，在更广领域、更大范围形成各具特色、各有侧重的试点格局。

2. 扩区阶段

2020年8月，国务院印发《中国（浙江）自由贸易试验区扩展区域方案》，中国（浙江）自由贸易试验区扩展区域实施范围达到119.5平方千米，涵盖宁波片区46平方千米、杭州片区37.51平方千米和金义片区35.99平方千米。中国（浙江）自由贸易试验区的扩区从聚集油气全产业链拓展到打造以油气为核心的大宗商品资源配置基地、打造新型国际贸易中心、打造国际航运与物流枢纽、打造数字经济发展示范区、打造先进制造业集聚区等"五大功能定位"。2020年9月，中国（浙江）自由贸易试验区扩展区域挂牌成立，赋权扩区改革顺利落地，标志着中国（浙江）自由贸易试验区进入了新阶段。

（四）2018年设立第四批自贸试验区（一个）

1. 筹备阶段

2018年4月13日，习近平总书记在海南建省办经济特区30周年大会上郑重宣布，党中央决定支持海南全岛建设自贸试验区，支持海南逐步探索、稳步推进中国特色自由贸易港建设，分步骤、分阶段建立自由贸易港政策和制度体系。2018年4月11日，《中共中央 国务院关于支持海南全面深化改革开放的指导意见》明确："以现有自由贸易试验区试点内容为主体，结合海南特点，建设中国（海南）自由贸易试验区，实施范围为海南岛全岛。"

2. 挂牌营运阶段

2018年9月，国务院印发《中国（海南）自由贸易试验区总体方案》。中国（海南）自由贸易试验区实施范围为海南全岛。中国（海南）自由贸易试验区和其他11个自贸试验区的显著不同在于"全域性"，具有试点范围广、试点领域多、试点基础多元、试点协同性强等试验优势。此前的11个自贸试验区，每一个自贸试验区实施范围在120平方千米左右。海南全岛试点，是根据中央对海南的定位，充分发挥海南独立地理单元的区位优势和全岛试点的整体优势，便于加强改革系统集成，增强制度创新的整体性、协同性，有针对性地提出试点任务。

（五）2019年设立第五批自贸试验区（六个）

自2013年自贸试验区工作启动以来，我国自贸试验区的建设布局得到逐步完善，为了在更大范围进行改革创新的实践和探索，通过更深层次的改革激发高质量发展的内生动力，通过更高水平的开放彰显中国支持建设开放型世界经济的坚定决心，党中央决定在山东、江苏、广西、河北、云南、黑龙江等六省区新设一批自贸试验区。2019年8月，国务院印发《中国（山东）自由贸易试验区总体方案》《中国（江苏）自由贸易试验区总体方案》《中国（广西）自由贸易试验区总体方案》《中国（河北）自由贸易试验区总体方案》《中国（云南）自由贸易试验区总体方案》《中国（黑龙江）自由贸易试验区总体方案》，增设山东、江苏、广西、河北、云南、黑龙江等六个自贸试验区。

在山东、江苏、河北新设自贸试验区，实现我国沿海省份自贸试验区的全覆盖，连点成线、连线成面，形成对外开放的前沿地带，全方位发挥沿海地区对腹地的辐射带动作用，更好地服务陆海内外联动、东西双向互济的对外开放总体布局。

在广西、云南、黑龙江新设自贸试验区，是我国首次在沿边地区布局自贸试验区，这将有利于通过改革创新助推沿边开放，辐射带动沿边发展，为我国进一步密切同周边国家经贸合作、提升沿边地区开放、开发水平，提供可复制、可借鉴的改革经验。

（六）2020 年设立第六批自贸试验区（三个）

为通过更大范围、更广领域、更深层次的改革探索，激发高质量发展的内生动力；通过更高水平的开放，推动加快形成发展的新格局，在已建有的上海、广东、辽宁、海南、山东等 18 个自贸试验区基础上，再次扩容。2020 年 8 月，国务院印发《中国（北京）自由贸易试验区总体方案》《中国（湖南）自由贸易试验区总体方案》《中国（安徽）自由贸易试验区总体方案》，支持中国（北京）自由贸易试验区在有条件的区域最大限度放宽服务贸易准入限制；中国（湖南）自由贸易试验区着力促进制造业数字化、智能化转型，支持先进制造业高质量发展；中国（安徽）自由贸易试验区通过布局一批基础研究、应用研究的前沿研发平台和基地，努力建设科技创新策源地。

新增北京、湖南、安徽三个自贸试验区，有利于推动形成全方位、多层次、多元化的开放合作格局，打造国际合作与竞争新优势。例如，在北京设立自贸试验区，实现了自贸试验区京津冀全覆盖的布局，有利于推动京津冀协同发展；在安徽设立自贸试验区，实现了自贸试验区长三角全覆盖的布局，有利于推动长三角区域一体化；在湖南设立自贸试验区，进一步叠加了中部崛起等国家发展战略。

三、我国各自贸试验区的战略定位和任务措施

在我国自贸试验区八年改革实践进程中，各自贸试验区深入贯彻党中央、国务院决策部署，坚持以制度创新为核心，以可复制、可推广为基本要求，立足各自战略定位和特色优势，在提升贸易投资自由化便利化水平、推进"放管

服"改革、金融开放创新、事中事后监管、服务国家重大战略等领域先行先试、大胆创新，取得了突出成效，推动了全国营商环境不断改善，形成了改革红利共享、开放成果普惠的良好局面，为全面深化改革、推动高水平对外开放积累了宝贵经验。

（一）中国（上海）自由贸易试验区

中国（上海）自由贸易试验区肩负着我国在新时期加快政府职能转变、积极探索管理模式创新、促进贸易和投资便利化，为全面深化改革和扩大开放探索新途径、积累新经验的重要使命，是国家战略的需要。

1. 2013年《中国（上海）自由贸易试验区总体方案》

（1）发展目标

经过两至三年的改革试验，加快转变政府职能，积极推进服务业扩大开放和外商投资管理体制改革，大力发展总部经济和新型贸易业态，加快探索资本项目可兑换和金融服务业全面开放，探索建立货物状态分类监管模式，努力形成促进投资和创新的政策支持体系，着力培育国际化和法治化的营商环境，力争建设成为具有国际水准的投资贸易便利、货币兑换自由、监管高效便捷、法制环境规范的自贸试验区，为我国扩大开放和深化改革探索新思路和新途径，更好地为全国服务。

（2）任务措施

紧紧围绕面向世界、服务全国的战略要求和上海"四个中心"建设的战略任务，按照先行先试、风险可控、分步推进、逐步完善的方式，把扩大开放与体制改革相结合、把培育功能与政策创新相结合，形成与国际投资、贸易通行规则相衔接的基本制度框架；提出了加快政府职能转变、扩大投资领域开放、推进贸易发展方式转变、深化金融领域的开放创新、完善法制领域的制度保障等方面的任务措施。

2. 2015年《进一步深化中国（上海）自由贸易试验区改革开放方案》

（1）发展目标

按照党中央、国务院对自贸试验区"继续积极大胆闯、大胆试、自主改""探索不停步、深耕试验区"的要求，深化完善以负面清单管理为核心的投资管理制度、以贸易便利化为重点的贸易监管制度、以资本项目可兑换和金融服务业开放为目标的金融创新制度、以政府职能转变为核心的事中事后监管制度，形成与国际投资贸易通行规则相衔接的制度创新体系，充分发挥金融贸易、先进制造、科技创新等重点功能承载区的辐射带动作用，力争建设成为开放度高的投资贸易便利、货币兑换自由、监管高效便捷、法制环境规范的自由贸易园区。

（2）任务措施

提出了加快政府职能转变、深化与扩大开放相适应的投资管理制度创新、积极推进贸易监管制度创新、深入推进金融制度创新、加强法制和政策保障等方面的任务措施。

3. 2017 年《全面深化中国（上海）自由贸易试验区改革开放方案》

（1）建设目标

到 2020 年，率先建立同国际投资和贸易通行规则相衔接的制度体系，把自贸试验区建设成为投资贸易自由、规则开放透明、监管公平高效、营商环境便利的国际高标准自由贸易园区，健全各类市场主体平等准入和有序竞争的投资管理体系、促进贸易转型升级和通关便利的贸易监管服务体系、深化金融开放创新和有效防控风险的金融服务体系、符合市场经济规则和治理能力现代化要求的政府管理体系，率先形成法治化、国际化、便利化的营商环境和公平、统一、高效的市场环境；强化自贸试验区改革同上海市改革的联动，各项改革试点任务具备条件的在浦东新区范围内全面实施，或在上海市推广试验。

（2）任务措施

提出了加强改革系统的集成，建设开放和创新融为一体的综合改革试验区；加强同国际通行规则相衔接，建立开放型经济体系的风险压力测试区；进一步转变政府职能，打造提升政府治理能力的先行区；创新合作发展模式，成为服务国家"一带一路"建设、推动市场主体走出去的"桥头堡"；服务全国改革开放大局，形成更多可复制推广的制度创新成果等方面的任务措施。

4. 2019 年《中国（上海）自由贸易试验区临港新片区总体方案》

（1）发展目标

到 2025 年，建立比较成熟的投资贸易自由化、便利化制度体系，打造一批更高开放度的功能型平台，集聚一批世界一流企业，区域创造力和竞争力显著增强，经济实力和经济总量大幅跃升。到 2035 年，建成具有较强国际市场影响力和竞争力的特殊经济功能区，形成更加成熟定型的制度成果，打造全球高端资源要素配置的核心功能，成为我国深度融入经济全球化的重要载体。

（2）任务措施

提出了建立以投资贸易自由化为核心的制度体系，建立全面风险管理制度，建设具有国际市场竞争力的开放型产业体系，加快推进实施等方面的任务措施。

（二）中国（广东）自由贸易试验区

中国（广东）自由贸易试验区依托港澳、服务内地、面向世界，将建设成为粤港澳深度合作示范区、21世纪海上丝绸之路重要枢纽和全国新一轮改革开放先行地。

1. 2015年《中国（广东）自由贸易试验区总体方案》

（1）发展目标

经过三至五年的改革试验，营造国际化、市场化、法治化营商环境，构建开放型经济新体制，实现粤港澳深度合作，形成国际经济合作竞争新优势，力争建成符合国际高标准的法制环境规范、投资贸易便利、辐射带动功能突出、监管安全高效的自由贸易园区。

（2）任务措施

提出了建设国际化、市场化、法治化营商环境，深入推进粤港澳服务贸易自由化，强化国际贸易功能集成，深化金融领域开放创新，增强自贸试验区辐射带动功能等方面的任务措施。

2. 2018年《进一步深化中国（广东）自由贸易试验区改革开放方案》

（1）发展目标

到2020年，率先对标国际投资和贸易通行规则，建立与国际航运枢纽、国际贸易中心和金融业对外开放试验示范窗口相适应的制度体系，打造开放型经济新体制先行区、高水平对外开放门户枢纽和粤港澳大湾区合作示范区；强化自贸试验区同广东省改革的联动，各项改革试点任务具备条件的在珠江三角洲地区全面实施，或在广东省推广试验。

（2）任务措施

提出了对标国际先进规则，建设开放型经济新体制先行区；争创国际经济合作竞争新优势，打造高水平对外开放门户枢纽；开拓协调发展新领域，打造粤港澳大湾区合作示范区等方面的任务措施。

（三）中国（天津）自由贸易试验区

中国（天津）自由贸易试验区将努力建设成为京津冀协同发展高水平对外开放平台、全国改革开放先行区和制度创新"试验田"、面向世界的高水平的自由贸易园区。

1. 2015年《中国（天津）自由贸易试验区总体方案》

（1）发展目标

经过三至五年的改革探索，将中国（天津）自由贸易试验区建设成为贸易自由、投资便利、高端产业集聚、金融服务完善、法制环境规范、监管高效便捷、辐射带动效应明显的国际一流自由贸易园区，在京津冀协同发展和我国经济转型发展中发挥示范引领作用。

（2）任务措施

提出了加快政府职能转变、扩大投资领域开放、推动贸易转型升级、深化金融领域开放创新、推动实施京津冀协同发展战略等方面的主要任务和措施。

2. 2018年《进一步深化中国（天津）自由贸易试验区改革开放方案》

（1）建设目标

到2020年，率先建立同国际投资和贸易通行规则相衔接的制度体系，形成法治化、国际化、便利化营商环境，努力构筑开放型经济新体制，增创国际竞争新优势，建设京津冀协同发展示范区；强化自贸试验区改革与天津市改革的联动，各项改革试点任务具备条件的在滨海新区范围内全面实施，或在天津市推广试验。

（2）任务措施

提出了对标国际先进规则，构筑开放型经济新体制；培育发展新动能，增创国际竞争新优势；深化协作发展，建设京津冀协同发展示范区等方面的任务措施。

（四）中国（福建）自由贸易试验区

中国（福建）自由贸易试验区围绕立足两岸、服务全国、面向世界的战略要求，充分发挥改革先行优势，营造国际化、市场化、法治化营商环境，将其建设成为改革创新"试验田"；充分发挥对台优势，率先推进与台湾地区投资贸易自由化进程，把自贸试验区建设成为深化两岸经济合作的示范区；充分发挥对外开放前沿优势，建设21世纪海上丝绸之路核心区，打造面向21世纪海上丝绸之路沿线国家（地区）开放合作的新高地。

1. 2015年《中国（福建）自由贸易试验区总体方案》

（1）发展目标

坚持扩大开放与深化改革相结合、功能培育与制度创新相结合，加快政府职能转变，建立与国际投资贸易规则相适应的新体制；创新两岸合作机制，推动货物、服务、资金、人员等各类要素的自由流动，增强闽台经济关联度；加快形成更高水平的对外开放新格局，拓展与21世纪海上丝绸之路沿线国家（地区）交流合作的深度和广度。经过三至五年的改革探索，力争建成投资贸易便利、金融创新功能突出、服务体系健全、监管高效便捷、法制环境规范的自由贸易园区。

（2）任务措施

提出了切实转变政府职能、推进投资管理体制改革、推进贸易发展方式转变、率先推进与台湾地区投资贸易自由、推进金融领域开放创新、培育平潭开放开发新优势等方面的任务措施。

2. 2018年《进一步深化中国（福建）自由贸易试验区改革开放方案》

（1）建设目标

到2020年，率先建立同国际投资和贸易通行规则相衔接的制度体系，形成法治化、国际化、便利化营商环境，打造开放和创新融为一体的综合改革试验区、深化两岸经济合作示范区和面向21世纪海上丝绸之路沿线国家（地区）开放合作新高地；强化自贸试验区改革同福建省改革的联动，各项改革试点任务具备条件的在福州市、厦门市和平潭综合实验区范围内全面实施，或在福建省推广试验。

（2）任务措施

提出了对标国际先进规则，深入推进各领域改革创新；持续推进简政放权，进一步提升政府治理水平；加强改革系统集成，形成更多可复制、可推广的制度创新成果；进一步发挥沿海近台优势，深化两岸经济合作；加强交流合作，加快建设21世纪海上丝绸之路核心区等方面的任务措施。

（五）中国（辽宁）自由贸易试验区

1. 战略定位

以制度创新为核心，以可复制、可推广为基本要求，加快市场取向体制机制改革、积极推动结构调整，努力将自贸试验区建设成为提升东北老工业基地发展整体竞争力和对外开放水平的新引擎。

2. 发展目标

经过三至五年的改革探索，形成与国际投资贸易通行规则相衔接的制度创新体系，营造法治化、国际化、便利化的营商环境，巩固提升对人才、资本等要素的吸引力，努力建成高端产业集聚、投资贸易便利、金融服务完善、监管高效便捷、法治环境规范的高水平、高标准自由贸易园区，引领东北地区转变经济发展方式、提高经济发展质量和水平。

3. 任务措施

提出了切实转变政府职能、深化投资领域改革、推进贸易转型升级、深化金融领域开放创新、加快老工业基地结构调整、加强东北亚区域开放合作等方面的任务措施。

（六）中国（浙江）自由贸易试验区

1. 2017年《中国（浙江）自由贸易试验区总体方案》

（1）战略定位

以制度创新为核心，以可复制、可推广为基本要求，将自贸试验区建设成为东部地区重要海上开放门户示范区、国际大宗商品贸易自由化先导区和具有国际影响力的资源配置基地。

（2）发展目标

经过三年左右有特色的改革探索，基本实现投资贸易便利、高端产业集聚、法治环境规范、金融服务完善、监管高效便捷、辐射带动作用突出，以油品为核心的大宗商品全球配置能力显著提升，对接国际标准初步建成自由贸易港区的先行区。

（3）任务措施

提出了切实转变政府职能，推动油品全产业链投资便利化和贸易自由化，拓展新型贸易投资方式，推动金融管理领域体制机制创新，推动通关监管领域体制机制创新等方面的任务措施。

2. 2020年《中国（浙江）自由贸易试验区扩展区域方案》

（1）战略定位

坚持以"八八战略"为统领，发挥"一带一路"建设、长江经济带发展、长三角区域一体化发展等国家战略叠加优势，着力打造以油气为核心的大宗商品资源配置基地、新型国际贸易中心、国际航运和物流枢纽、数字经济发展示范区和先进制造业集聚区。

（2）发展目标

赋予自贸试验区更大改革自主权，深入开展差别化探索。对标国际先进规则，加大开放力度，开展规则、规制、管理、标准等制度型开放。到2025年，基本建立以投资贸易自由化、便利化为核心的制度体系，营商环境便利度位居全国前列，油气资源全球配置能力显著提升，国际航运和物流枢纽地位进一步增强，数字经济全球示范引领作用彰显，先进制造业综合实力全面跃升，成为引领开放型经济高质量发展的先行区和增长极。到2035年，实现更高水平的投资贸易自由化，新型国际贸易中心全面建成，成为原始创新高端制造的重要策源地、推动国际经济交往的新高地，成为新时代全面展示中国特色社会主义制度优越性重要窗口的示范区。

（3）任务措施

提出了建立以投资贸易自由化、便利化为核心的制度体系，高质量建设现代化开放型经济体系，构建安全高效的风险防控体系等方面的任务措施。

（七）中国（河南）自由贸易试验区

1. 战略定位

以制度创新为核心，以可复制、可推广为基本要求，加快建设贯通南北、连接东西的现代立体交通体系和现代物流体系，将自贸试验区建设成为服务于"一带一路"建设的现代综合交通枢纽、全面改革开放"试验田"和内陆开放型经济示范区。

2. 发展目标

经过三至五年的改革探索，形成与国际投资贸易通行规则相衔接的制度创新体系，营造法治化、国际化、便利化的营商环境，努力将自贸试验区建设成为投资贸易便利、高端产业集聚、交通物流通达、监管高效便捷、辐射带动作用突出的高水平、高标准自由贸易园区，引领内陆经济转型发展，推动构建全方位对外开放新格局。

3. 任务措施

提出了加快政府职能转变，扩大投资领域开放，推动贸易转型升级，深化金融领域开放创新，增强服务"一带一路"建设的交通物流枢纽功能等方面的任务措施。

(八) 中国（湖北）自由贸易试验区

1. 战略定位

以制度创新为核心，以可复制、可推广为基本要求，立足中部、辐射全国、走向世界，努力成为中部有序承接产业转移示范区、战略性新兴产业和高技术产业集聚区、全面改革开放"试验田"和内陆对外开放新高地。

2. 发展目标

经过三至五年的改革探索，对接国际高标准投资贸易规则体系，力争建成高端产业集聚、创新创业活跃、金融服务完善、监管高效便捷、辐射带动作用突出的高水平、高标准自由贸易园区，在实施中部崛起战略和推进长江经济带发展中发挥示范作用。

3. 任务措施

提出了加快政府职能转变，深化投资领域改革，推动贸易转型升级，深化金融领域开放创新，推动创新驱动发展，促进中部地区和长江经济带产业转型升级等方面的任务措施。

(九) 中国（重庆）自由贸易试验区

1. 战略定位

以制度创新为核心，以可复制、可推广为基本要求，全面落实党中央、国务院关于发挥重庆战略支点和连接点重要作用、加大西部地区门户城市开放力度的要求，努力将自贸试验区建设成为"一带一路"沿线地区和长江经济带互联互通的重要枢纽、西部大开发战略的重要支点。

2. 发展目标

经过三至五年的改革探索，努力建成投资贸易便利、高端产业集聚、监管高效便捷、金融服务完善、法治环境规范、辐射带动作用突出的高水平、高标准自由贸易园区，努力建成服务于"一带一路"建设和长江经济带发展的国际物流枢纽和口岸高地，推动构建西部地区门户城市全方位开放新格局，带动西部大开发战略深入实施。

3. 任务措施

提出建设法治化、国际化、便利化营商环境，扩大投资领域开放，推进贸易转型升级，深化金融领域开放创新，推进"一带一路"沿线地区和长江经济带联动发展，推动长江经济带和成渝城市群协同发展等方面的任务措施。

(十) 中国（四川）自由贸易试验区

1. 战略定位

以制度创新为核心，以可复制、可推广为基本要求，立足内陆、承东启西，服务全国、面向世界，将自贸试验区建设成为西部门户城市开发开放引领区、内陆开放战略支撑带先导区、国际开放通道枢纽区、内陆开放型经济新高地、内陆与沿海沿边沿江协同开放示范区。

2. 发展目标

经过三至五年的改革探索，力争建成法治环境规范、投资贸易便利、创新要素集聚、监管高效便捷、协同开放效果显著的高水平、高标准自由贸易园区，在打造内陆开放型经济高地、深入推进西部大开发和长江经济带发展中发挥示范作用。

3. 任务措施

提出了切实转变政府职能，统筹双向投资合作，推动贸易便利化，深化金融领域改革创新，实施内陆与沿海沿边沿江协同开放战略，激活创新创业要素等方面的任务措施。

(十一) 中国（陕西）自由贸易试验区

1. 战略定位

以制度创新为核心，以可复制、可推广为基本要求，全面落实党中央、国务院关于更好发挥"一带一路"建设对西部大开发带动作用、加大西部地区门户城市开放力度的要求，努力将自贸试验区建设成为全面改革开放"试验田"、内陆型改革开放新高地、"一带一路"经济合作和人文交流的重要支点。

2. 发展目标

经过三至五年的改革探索，形成与国际投资贸易通行规则相衔接的制度创新体系，营造法治化、国际化、便利化的营商环境，努力建成投资贸易便利、高端产业聚集、金融服务完善、人文交流深入、监管高效便捷、法治环境规范的高水平、高标准自由贸易园区，推动"一带一路"建设和西部大开发战略的深入实施。

3. 任务措施

提出了切实转变政府职能，深化投资领域改革，推动贸易转型升级，深化金融领域开放创新，扩大与"一带一路"沿线国家（地区）经济合作，创建与"一带一路"沿线国家（地区）人文交流新模式，推动西部大开发战略深入实施等方面的任务举措。

(十二) 中国（海南）自由贸易试验区

1. 战略定位

发挥海南全岛试点的整体优势，紧紧围绕建设全面深化改革开放试验区、国家生态文明试验区、国际旅游消费中心和国家重大战略服务保障区，实行更加积极主动的开放战略，加快构建开放型经济新体制，推动形成全面开放新格局，把海南打造成为我国面向太平洋和印度洋的重要对外开放门户。

2. 发展目标

对标国际先进规则，持续深化改革探索，以高水平开放推动高质量发展，加快建立开放型、生态型、服务型产业体系。到2020年，自贸试验区的建设要有重要进展，国际开放度需显著提高，努力建成投资贸易便利、法治环境规范、金融服务完善、监管安全高效、生态环境质量一流、辐射带动作用突出的高标准、高质量自贸试验区，为逐步探索、稳步推进海南自由贸易港建设，分步骤、分阶段建立自由贸易港政策体系打好坚实基础。

3. 任务措施

以现有自贸试验区试点任务为基础，明确了海南自贸试验区在加快构建开放型经济新体制、加快现代服务业创新发展、加快政府职能转变等方面开展的改革试点，并加强重大风险防控体系和机制的建设。同时，结合海南特点，在医疗卫生、文化旅游、生态绿色发展等方面提出特色试点内容等方面的任务措施。

(十三) 中国（山东）自由贸易试验区

1. 战略定位

以制度创新为核心，以可复制、可推广为基本要求，全面落实中央关于增强经济社会发展创新力、转变经济发展方式、建设海洋强国的要求,加快推进新旧发展动能接续转换、发展海洋经济,形成对外开放新高地。

2. 发展目标

经过三至五年的改革探索,对标国际先进规则,形成更多有国际竞争力的制度创新成果,推动经济发展质量变革、效率变革、动力变革,努力建成贸易投资便利、金融服务完善、监管安全高效、辐射带动作用突出的高标准、高质量自由贸易园区。

3. 任务措施

提出了加快转变政府职能,深化投资领域改革,推动贸易转型升级,深化金融领域开放创新,推动创新驱动发展,高质量发展海洋经济,深化中日韩区域经济合作等方面的任务举措。

(十四) 中国(江苏)自由贸易试验区

1. 战略定位

以制度创新为核心,以可复制、可推广为基本要求,全面落实中央关于深化产业结构调整、深入实施创新驱动发展战略的要求,推动全方位高水平对外开放,加快"一带一路"交汇点建设,着力打造开放型经济发展先行区、实体经济创新发展和产业转型升级示范区。

2. 发展目标

经过三至五年的改革探索,对标国际先进规则,形成更多有国际竞争力的制度创新成果,推动经济发展质量变革、效率变革、动力变革,努力建成贸易投资便利、高端产业集聚、金融服务完善、监管安全高效、辐射带动作用突出的高标准、高质量自由贸易园区。

3. 任务措施

提出了加快转变政府职能,深化投资领域改革,推动贸易转型升级,深化金融领域开放创新,推动创新驱动发展,积极服务国家战略等方面的任务措施。

(十五) 中国(广西)自由贸易试验区

1. 战略定位

以制度创新为核心,以可复制、可推广为基本要求,全面落实中央关于打造西南、中南地区开放发展新的战略支点的要求,发挥广西与东盟国家陆海相邻的独特优势,着力建设西南、中南、西北出海口、面向东盟的国际陆海贸易新通道,形成"一带一路"有机衔接的重要门户。

2. 发展目标

经过三至五年的改革探索,对标国际先进规则,形成更多有国际竞争力的制度创新成果，推动经济发展质量变革、效率变革、动力变革，努力建成贸易投资便利、金融服务完善、监管安全高效、辐射带动作用突出、引领中国—东盟开放合作的高标准、高质量自由贸易园区。

3. 任务措施

提出了加快转变政府职能，深化投资领域改革，推动贸易转型升级，深化金融领域开放创新，推动创新驱动发展，构建面向东盟的国际陆海贸易新通道，形成"一带一路"有机衔接的重要门户等方面的任务措施。

(十六) 中国 (河北) 自由贸易试验区

1. 战略定位

以制度创新为核心，以可复制、可推广为基本要求，全面落实中央关于京津冀协同发展战略和高标准、高质量建设雄安新区的要求，积极承接北京非首都功能疏解和京津科技成果转化，着力建设国际商贸物流重要枢纽、新型工业化基地、全球创新高地和开放发展先行区。

2. 发展目标

经过三至五年的改革探索，对标国际先进规则，形成更多有国际竞争力的制度创新成果，推动经济发展质量变革、效率变革、动力变革，努力建成贸易投资自由便利、高端高新产业集聚、金融服务开放创新、政府治理包容审慎、区域发展高度协同的高标准、高质量自由贸易园区。

3. 任务措施

提出了加快转变政府职能，深化投资领域改革，推动贸易转型升级，深化金融领域开放创新，推动高端高新产业开放发展，引领雄安新区高质量发展，推动京津冀协同发展等方面的任务措施。

(十七) 中国 (云南) 自由贸易试验区

1. 战略定位

以制度创新为核心，以可复制、可推广为基本要求，全面落实中央关于加快沿边开放的要求，着力打造"一带一路"和长江经济带互联互通的重要通道，建设连接南亚、东南亚大通道的重要节点，推动形成我国面向南亚、东南亚的辐射中心和开放前沿。

2. 发展目标

经过三至五年的改革探索，对标国际先进规则，形成更多有国际竞争力的制度创新成果，推动经济发展质量变革、效率变革、动力变革，努力建成贸易投资便利、交通物流通达、要素流动自由、金融服务创新完善、监管安全高效、生态环境质量一流、辐射带动作用突出的高标准、高质量自由贸易园区。

3. 任务措施

提出了加快转变政府职能，深化投资领域改革，推动贸易转型升级，深化金融领域开放创新，创新沿边经济社会发展新模式，加快建设我国面向南亚、东南亚辐射中心等方面的任务措施。

(十八) 中国（黑龙江）自由贸易试验区

中国（黑龙江）自由贸易试验区是中国最北的自贸试验区，它的一个重要定位和特殊定位是打造对俄罗斯及东北亚区域合作的中心枢纽。

1. 战略定位

以制度创新为核心，以可复制、可推广为基本要求，全面落实中央关于推动东北全面振兴、全方位振兴，建成向北开放重要窗口的要求，着力深化产业结构调整，打造对俄罗斯及东北亚区域合作的中心枢纽。

2. 发展目标

经过三至五年的改革探索，对标国际先进规则，形成更多有国际竞争力的制度创新成果，推动经济发展质量变革、效率变革、动力变革，努力建成营商环境优良、贸易投资便利、高端产业集聚、服务体系完善、监管安全高效的高标准、高质量自由贸易园区。

3. 任务措施

提出了加快转变政府职能，深化投资领域改革，推动贸易转型升级，深化金融领域开放创新，培育东北振兴发展新动能，建设以对俄罗斯及东北亚为重点的开放合作高地等方面的任务措施。

(十九) 中国（北京）自由贸易试验区

1. 战略定位

以制度创新为核心，以可复制、可推广为基本要求，全面落实中央关于深入实施创新驱动发展、推动京津冀协同发展战略等要求，助力建设具有全球影响力的科技创新中心，加快打造服务业扩大开放先行区、数字经济试验区，着力构建京津冀协同发展的高水平对外开放平台。

2. 发展目标

赋予自贸试验区更大改革自主权，深入开展差别化探索；对标国际先进规则，加大开放力度，开展规则、规制、管理、标准等制度型开放。经过三至五年的改革探索，强化原始创新、技术创新、开放创新、协同创新优势能力，形成更多有国际竞争力的制度创新成果，为进一步扩大对外开放积累实践经验，努力建成贸易投资便利、营商环境优异、创新生态一流、高端产业集聚、金融服务完善、国际经济交往活跃、监管安全高效、辐射带动作用突出的高标准、高质量自由贸易园区。强化自贸试验区改革同北京市改革的联动，各项改革试点任务具备条件的在中关村国家自主创新示范区全面实施，并逐步在北京市推广试验。

3. 任务措施

提出了推动投资贸易自由化、便利化，深化金融领域开放创新，推动创新驱动发展，创新数字经济发展环境，高质量发展优势产业，探索京津冀协同发展新路径，加快转变政府职能等方面的任务措施。

（二十）中国（湖南）自由贸易试验区

1. 战略定位

以制度创新为核心，以可复制、可推广为基本要求，全面落实中央关于加快建设制造强国、实施中部崛起战略等要求，发挥东部沿海地区和中西部地区过渡带、长江经济带和沿海开放经济带结合部的区位优势，着力打造世界级先进制造业集群、联通长江经济带和粤港澳大湾区的国际投资贸易走廊、中非经贸深度合作先行区和内陆开放新高地。

2. 发展目标

赋予自贸试验区更大改革自主权，深入开展差别化探索；对标国际先进规则，加大开放力度，开展规则、规制、管理、标准等制度型开放。经过三至五年的改革探索，形成更多有国际竞争力的制度创新成果，为进一步扩大对外开放积累实践经验，推动先进制造业高质量发展，提升关键领域创新能力和水平，形成中非经贸合作新路径、新机制，努力建成贸易投资便利、产业布局优化、金融服务完善、监管安全高效、辐射带动作用突出的高标准、高质量自由贸易园区。

3. 任务措施

提出了加快转变政府职能，深化投资领域改革，推动贸易高质量发展，深化金融领域开放创新，打造联通长江经济带和粤港澳大湾区的国际投资贸易走廊，探索中非经贸合作新路径、新机制，支持先进制造业高质量发展等方面的任务措施。

（二十一）中国（安徽）自由贸易试验区

1. 战略定位

以制度创新为核心，以可复制、可推广为基本要求，全面落实中央关于深入实施创新驱动发展、推动长三角区域一体化发展战略等要求，发挥在推进"一带一路"建设和长江经济带发展中的重要节点作用，推动科技创新和实体经济发展深度融合，加快推进科技创新策源地建设、先进制造业和战略性新兴产业集聚发展，形成内陆开放新高地。

2. 发展目标

赋予自贸试验区更大改革自主权，深入开展差别化探索；对标国际先进规则，加大开放力度，开展规则、规制、管理、标准等制度型开放。经过三至五年的改革探索，形成更多有国际竞争力的制度创新成果，为进一步扩大对外开放积累实践经验，推动科技创新、产业创新、企业创新、产品创新、市场创新，推进开放大通道、大平台、大通关建设，努力建成贸易投资便利、创新活跃强劲、高端产业集聚、金融服务完善、监管安全高效、辐射带动作用突出的高标准、高质量自由贸易园区。

3. 任务措施

提出了加快转变政府职能，深化投资领域改革，推动贸易高质量发展，深化金融领域开放创新，推动创新驱动发展，推动产业优化升级，积极服务国家重大战略等方面的任务措施。

四、海南自由贸易港的建设发展

在海南建设中国特色自由贸易港是习近平总书记亲自谋划、亲自部署、亲自推动的改革开放重大举措，是党中央着眼国内国际两个大局，深入研究、统筹考虑、科学谋划作出的战略决策。

（一）我国探索建设自由贸易港的发展历程

2013年11月，党的十八届三中全会通过的《中共中央关于全面深化改革的若干重大问题的决定》指出，选择若干具备条件的地方发展自由贸易园（港）区。

2017年10月，党的十九大报告提出，探索建设自由贸易港。

2018年4月，《中共中央 国务院关于支持海南全面深化改革开放的指导意见》正式对外发布。

2018年4月13日，习近平总书记在庆祝海南建省办经济特区30周年大会上宣布，党中央决定支持海南逐步探索、稳步推进中国特色自由贸易港建设，分步骤、分阶段建立自由贸易港政策和制度体系。

2020年6月1日，中共中央、国务院印发《海南自由贸易港建设总体方案》。

2021年6月10日，第十三届全国人民代表大会常务委员会第二十九次会议通过《中华人民共和国海南自由贸易港法》。

(二) 建设海南自由贸易港的重大意义

1. 探索和推进更高水平开放的战略选择

回顾改革开放40多年，我国对外开放领域从货物贸易向投资、金融、服务等多个方面逐步展开；开放平台从海关特殊监管区域向自贸试验区逐渐扩大；开放范围由经济特区向沿海沿边开放，再到以"一带一路"建设为重点的陆海内外联动、东西双向互济的开放格局深入推进。开放每前进一步，都有力地推动了我国的改革发展。在海南建设自由贸易港，通过学习借鉴国际知名自由贸易港的先进经验，对接国际高标准经贸规则，探索形成具有国际竞争力的开放制度体系，有利于为我国更深层次地适应和运用并积极参与国际经贸规则的制定提供重要平台。

2. 加快完善社会主义市场经济体制的时代要求

随着我国经济体制改革进入攻坚期和深水区，体制性障碍、机制性梗阻和政策创新不足等问题日益凸显，重大改革每推进一步，都是难啃的"硬骨头"，都有可能面临"险滩"。未来一段时间，我国需要在进一步放宽市场准入、推动产权保护和要素市场化配置、保障公平竞争等方面，深入推进改革完善这些制度。海南是我国最大的经济特区、重要的"试验田"。在海南建设自由贸易港，就是要以更高水平开放促进更深层次改革，打破现有的观念束缚、政策障碍和利益藩篱，为加快完善社会主义市场经济体制探索新路径、积累新经验。

3. 贯彻新发展理念，推动高质量发展的重大举措

目前，我国经济已由高速增长转向高质量发展阶段，正处在转变发展方式、优化经济结构、转换增长动力的攻关期。海南拥有全国最好的生态环境，如何在保护好海南这一中华民族四季花园的同时实现经济持续健康发展，让绿水青山源源不断地带来金山银山，是高质量发展的应有之义。在海南建设自由贸易港，就是要推动海南将生态优势和开放优势相融合，积极引进国际先进技术、高端人才和创新经验，打造包括资本、知识、技术、管理、数据在内的全球优质生产要素集聚区，形成特色鲜明、具有较强竞争力的优势产业，为全国高质量发展提供典型示范。

4. 旗帜鲜明的反对保护主义，支持经济全球化的实际行动

当今世界，贸易保护主义、单边主义、内顾倾向不断抬头，新冠肺炎疫情等非传统安全威胁持续蔓延，经济全球化遭遇更大的"逆风"和"回头浪"。习近平总书记多次强调经济全球化是不可逆转的历史大势。在海南建设自由贸

易港,就是要用实际行动向世界表明,中国开放的大门不会关闭,只会越开越大;就是要以新一轮高水平对外开放支持和推动经济全球化,为维护全球自由贸易、完善全球治理体系、加快世界经济复苏注入新的动力。

(三) 海南自由贸易港建设总体方案涉及海关的主要内容

海南自由贸易港政策制度体系设计充分体现了对接国际国内两种市场资源、便利海南与内地经贸往来的制度安排。结合海关职能,可梳理归纳为税收政策、监管制度、重大项目建设、风险防控等方面。

1. 税收政策

实行以"零关税"为基本特征的货物贸易自由化、便利化制度安排。特殊的税制安排是海南自由贸易港最核心的政策制度设计。

《海南自由贸易港建设总体方案》提出,按照"零关税"、低税率、简税制、强法治、分阶段的原则,逐步建立与高水平自由贸易港相适应的税收制度。对分步骤实施"零关税"政策作出了具体安排:全岛封关运作前,对部分进口商品,免征进口关税、进口环节增值税和消费税。全岛封关运作、简并税制后,对进口征税商品目录以外、允许海南自由贸易港进口的商品,免征进口关税。

2. 监管制度

《海南自由贸易港建设总体方案》提出,在实现有效监管的前提下,建设全岛封关运作的海关监管特殊区域。

(1) "一线"放开

"一线"进(出)境环节强化安全准入(出)监管,加强口岸公共卫生安全、国门生物安全、食品安全、产品质量安全管控。在确保履行我国缔结或参加的国际条约所规定义务的前提下,制定海南自由贸易港禁止、限制进出口的货物、物品清单,清单外货物、物品自由进出,海关依法进行监管。制定海南自由贸易港进口征税商品目录,目录外货物进入自由贸易港免征进口关税。以联运提单付运的转运货物不征税、不检验。从海南自由贸易港离境的货物、物品按出口管理。实行便捷高效的海关监管,建设高标准国际贸易"单一窗口"。

(2) "二线"管住

货物从海南自由贸易港进入内地,原则上按进口规定办理相关手续,照章征收关税和进口环节税。对鼓励类产业企业生产的不含进口料件或者含进口料件在海南自由贸易港加工增值超过30%(含)的货物,经"二线"进入内地免征进口关税,照章征收进口环节增值税、消费税。行邮物品由海南自由贸易港进入内地,按规定进行监管,照章征税。对海南自由贸易港前往内地的运输工具,简化进口管理。货物、物品及运输工具由内地进入海南自由贸易港,按国内流通规定管理。内地货物经海南自由贸易港中转再运往内地无须办理报关手续，应在自由贸易港内海关监管作业场所（场地）装卸，与其他海关监管货物分开存放，并设立明显标识。场所经营企业应根据海关监管需要，向海关传输货物进出场所等信息。

（3）岛内自由

海关对海南自由贸易港内企业及机构实施低干预、高效能的精准监管，实现自由贸易港内企业自由生产经营。由境外启运，经海南自由贸易港换装、分拣集拼，再运往其他国家或地区的中转货物，简化办理海关手续。货物在海南自由贸易港内不设存储期限，可自由选择存放地点。实施"零关税"的货物，海关免于实施常规监管。

3. 重点区域项目方面

围绕大力发展旅游业、现代服务业和高新技术产业，夯实实体经济基础，增强产业竞争力，进一步明确海南自由贸易港重点区域和产业项目的改革探索方向。在洋浦保税港区等具备条件的海关特殊监管区域率先试行"'一线'放开""'二线'管住"的进出口管理制度；推动旅游与文化体育、健康医疗、养生养老等深度融合，提升博鳌乐城国际医疗旅游先行区的发展水平；发挥国家南繁科研育种基地的优势，建设全球热带农业中心和全球动植物种质资源引进中转基地；推动海南游艇自由行（自驾游）产业的发展；建设智慧海南；推动保税仓储、国际物流配送、转口贸易、大宗商品贸易、进口商品展销、流通加工、集装箱拆拼箱等业务的发展。

4. 严守防控底线

严守防控底线为海南自由贸易港建设稳步发展保驾护航。

（1）贸易风险防控

确保不发生系统性风险是海南自由贸易港建设应坚持的底线思维。通过高标准建设口岸基础和监管设施，加大信息化系统建设和科技装备投入力度，实施智能精准监管，依托全岛"人流、物流、资金流"信息管理系统、社会管理监管系统、口岸监管系统的"三道防线"，形成海南社会管理信息化平台，对非设关地实施全天候动态监控，多措并举实现有效监管。

（2）公共卫生风险防控

就强化海南自由贸易港公共卫生风险防控和生态防控作出具体部署，提出了加强国际卫生检疫合作和国际疫情信息搜集与分析，提升口岸卫生检疫技术设施保障、加强对全球传染病疫情的监测，建立海关等多部门协作的境外疫病疫情和有害生物联防联控机制、提升进出口商品质量安全风险预警和快速反应监管能力。

(3) 生态风险防控

习近平总书记在庆祝海南建省办经济特区30周年大会上的讲话明确指出,海南要牢固树立和全面践行绿水青山就是金山银山的理念,在生态文明体制改革上先行一步,为全国生态文明建设作出表率。保护生态环境就是保护生产力,改善生态环境就是发展生产力。党中央支持海南建设国家生态文明试验区,鼓励海南省走出一条人与自然和谐发展的路子,为全国生态文明建设探索经验。

《海南自由贸易港建设总体方案》指出,实行严格的进出境环境安全准入管理制度,禁止洋垃圾输入。

(四) 海南自由贸易港建设顺利开局

自2020年6月1日,《海南自由贸易港建设总体方案》发布以来,各有关部门和海南省迅速推动落实,海南自由贸易港建设蓬勃展开,并取得阶段性成效。

1. 政策举措持续落地

国家各部门相继出台了离岛免税购物新政、洋浦保税港区监管办法、开放第七航权、企业和个人所得税优惠、原辅料和交通工具及游艇"零关税"清单等政策。

2. 市场主体迅速集聚

根据海南方面的统计,2020年全年海南新增企业14.9万户,同比增长107.1%;全年新设外资企业1005家,同比增长197.3%。

3. 离岛免税政策不断优化

在2020年7月1日,离岛免税购物新政策实施,调高了个人离岛免税购物的额度,取消了单件商品的限额,也增加了产品的品类。全岛免税品全年销售额实现倍增,有效发挥了吸引境外消费回流的作用。

4. 洋浦港吞吐量显著增长

根据海南方面的统计,2020年洋浦港口吞吐量达到了5664.4万吨,同比增长12.9%;完成了101.9万个标准集装箱,同比增长44%;外贸标准集装箱超过了20.3万个,同比增长98.3%。

第二节 我国自贸试验区与国内外其他类型区域的比较

一、与国内海关特殊监管区域、保税物流中心的比较

(一) 海关特殊监管区域的基本概念及政策功能

改革开放以来，我国适应不同时期开放型经济发展的需要，先后设立经济特区、海关特殊监管区域、自贸试验区、自由贸易港等经济功能区。20世纪80年代，设立经济特区（1980年深圳、珠海、汕头、厦门，1988年海南）。20世纪90年代，设立保税区（1990年上海外高桥保税区）。21世纪初，先后设立了出口加工区（2000年昆山出口加工区）、保税物流园区（2003年上海外高桥保税物流园区）、保税港区（2005年上海洋山保税港区）、综合保税区（2006年苏州工业园区综合保税区）、跨境工业区（2006年中哈霍尔果斯国际边境合作中心中方配套区）等海关特殊监管区域。

1. 海关特殊监管区域的基本概念

《中华人民共和国海关法》第三十四条规定：经国务院批准在中华人民共和国境内设立的保税区等海关特殊监管区域，由海关按照国家有关规定实施监管。

按照海关监管实践，海关特殊监管区域是经国务院批准，设立在中华人民共和国关境内，实行特定的进出口税收政策和贸易管制政策，具有物流、加工、制造、贸易、口岸等功能，由海关按照国家有关规定实施监管的特殊经济功能区。为不断加快加工贸易发展的步伐，利用保税政策优势培育新的经济增长点，改善我国的投资和建设软环境，国家在不同的经济发展时期设立了包括保税区、出口加工区、保税物流园区、保税港区、综合保税区和跨境工业区等六种类型的海关特殊监管区域。

2012年10月27日，国务院正式颁布《国务院关于促进海关特殊监管区域科学发展的指导意见》（国发〔2012〕58号），标志着我国海关特殊监管区域发展进入整合优化阶段，明确提出"新设立的特殊监管区域，原则上统一命名为'综合保税区'"。

2. 海关特殊监管区域的主要政策功能

改革开放以来，我国还设立了经济特区、经济技术开发区、高新技术产业开发区等特殊经济功能区。和它们相比，海关特殊监管区域具有如下特征。

（1）特别贸易管制

海关特殊监管区域与境外之间往来货物，通常不实行进出口配额、许可证管理。海关特殊监管区域内货物可以自由流转。海关特殊监管区域与境内区外之间往来货物按国家进出口政策管理。

（2）特殊优惠政策

以税收优惠政策为主，海关特殊监管区域与境外之间往来货物入区保税、设备入区免税，区内货物交易免征增值税，海关特殊监管区域与境内区外之间往来货物入区退税（保税区除外）。

（3）实施海关监管

海关对进出海关特殊监管区域的运输工具、海关监管货物、物品以及区内企业进行监管。

（4）区域物理隔离

海关特殊监管区域实施封闭式管理，应当设置卡口、围网、视频监控系统及其他设施。

（二）我国保税物流中心的基本概念及政策功能

为适应在华跨国公司全球运作、现代物流和国际竞争发展的需要，我国迫切需要增设新型保税物流功能载体。2004年初，海关总署在《加工贸易及保税监管改革指导方案》中首次提出"海关保税物流中心"的概念，并率先在苏州工业园区付诸实践。2005年7月，海关总署颁布《中华人民共和国海关对保税物流中心（A型）的暂行管理办法》和《中华人民共和国海关对保税物流中心（B型）的暂行管理办法》，为保税物流中心的建设、开发、运行、监管提供了依据。

1. 保税物流中心的基本概念

保税物流中心，是结合我国开放型经济发展实际，将传统保税仓库进口货物临时储存暂免进口税费和出口监管仓库拟出口国产货物退还国内税费的功能进行叠加而形成的保税监管场所。保税物流中心，对有效整合物流资源，提升区域物流中心服务水平，促进全球供应链形成，加快产业结构优化，推动区域经济和社会发展具有积极意义。

保税物流中心分为A型和B型两种。保税物流中心（A型），是指经海关批准，由中国境内企业法人经营、专门从事保税仓储物流业务的海关监管场所；

保税物流中心（B型），是指经海关批准，由中国境内一家企业法人经营，多家企业进入并从事保税仓储物流业务的海关集中监管场所。

根据《中华人民共和国海关对保税物流中心（A型）的暂行管理办法》和《中华人民共和国海关对保税物流中心（B型）的暂行管理办法》的相关规定，保税物流中心从事保税仓储物流业务，存储的货物限于海关规定的范围和商品种类。国内货物进入保税物流中心（B型）可以享受退税政策，进入保税物流中心（A型）不享受退税政策。

目前，我国保税物流中心以B型为主，下面主要介绍保税物流中心（B型）相关情况。

2. 保税物流中心（B型）的主要政策功能

（1）税收政策

国内出口货物、转口货物和国际中转货物，外商暂存货物，加工贸易进出口货物，供应国际航行船舶和航空器的物料、维修用部件，供维修外国产品所进口寄售的零配件，未办结海关手续的一般贸易进口货物进入保税物流中心（B型）（以下简称"物流中心"）予以保税。

物流中心内企业进口自用的办公用品、交通、运输工具、生活消费用品等，以及企业在物流中心内开展综合物流服务所需的进口机器、装卸设备、管理设备等，按照现行进口货物的有关规定和税收政策办理相关手续。

境内物流中心外货物进入物流中心视同出口，享受出口退税政策，并在进入物流中心环节退税，如需缴纳出口关税的，应当按照规定纳税。

境内物流中心外进入物流中心内供物流企业使用的国产机器、装卸设备、管理设备、检验检测设备、包装物料等，可以享受出口退税政策，在进入物流中心环节给予退税。

物流中心内企业之间，以及与其他海关特殊监管区域、场所之间的货物交易、流转，免征流通环节增值税、消费税；在物流中心内进行简单加工的产品，免征增值税；物流中心内保税货物内销，以货物的销售价格为基础，按货物出物流中心时的状态征收关税和进口环节税。

（2）贸易管制政策

物流中心与境外之间的进出货物，除国家禁止进出口的和实施出口被动配额管理的外，不实行配额、许可证管理；物流中心与境内（除海关特殊监管区域、保税监管场所）之间的进出货物，视同进出口，涉及配额、许可证管理的，需提交相应的许可证件。

(3) 外汇政策

物流中心的外汇管理，参照《海关特殊监管区域外汇管理办法》相关规定执行。

物流中心与境内物流中心外之间的货物贸易项下交易，可以以人民币或外币计价结算；服务贸易项下交易应当以人民币计价结算。物流中心内机构之间的交易，可以以人民币或外币计价结算。

物流中心与境外之间的资金收付，物流中心内机构应当按规定进行国际收支统计申报；物流中心与境内物流中心外，以及物流中心内机构之间的资金收付，物流中心内机构、境内物流中心外机构应当按规定填报境内收付款凭证。

(三) 自贸试验区与海关特殊监管区域的比较

自贸试验区与海关特殊监管区域功能和政策的比较，见表1-1。

表1-1 自贸试验区与海关特殊监管区域功能和政策的比较情况表

	自贸试验区	海关特殊监管区域
时间	2013年9月至今	1990年至今
成立背景	在贸易投资自由化、便利化领域涉及边境上、边境后的经贸规则等深度开放的需求下设立	改革开放中期，扩大外资、外贸领域开放程度
主要类型		保税区、出口加工区、综合保税区等六种
发展定位	改革开放的"试验田"，创新制度可复制、可推广	在特殊经济功能区基础上发展而来，以产业、贸易发展为主要领域
政策特点	没有针对自贸试验区专门的税收优惠政策	有专门的税收优惠政策，例如，免税、保税、退税
区域特色	货物贸易自由化为主的海关特殊监管区域和扩大服务领域开放的物理围网外区域的组合，是以投资、服务、贸易改革创新的试验区	赋予货物保税政策，以货物贸易便利化为主
海关监管模式	非封闭监管区域	有物理围网、卡口的封闭监管区域
主要贡献	在投资、服务、金融、贸易制度改革方面凸显优势	在货物贸易便利化方面凸显优势
区域局限	在全面深化改革的过程中逐步推进，受制于体制机制方面的自主局限	制度设计着眼于封闭围网下的贸易便利化

自贸试验区与海关特殊监管区域都是我国自主决定的单边开放措施，保留

了政策调整的自主性。自贸试验区试验成熟以后的制度，可以上升为多边或双边自由贸易协定内容，对协定成员开放。而海关特殊监管区域一般不限定开放对象，有利于集聚资源、加快区域发展。总体来看，自贸试验区是在我国划定的特定范围内实现了对高标准双边（多边）经济贸易自由化规则进行的试验，而海关特殊监管区域是在一定的物理围网内满足了货物贸易自由化的需求。

二、与自由区、自由贸易区、自由贸易园区的比较

（一）自由区、自由贸易区、自由贸易园区的基本概念

除我国特色的自贸试验区外，目前，国际上还有 Free Zone，Free Trade Area（FTA）和 Free Trade Zone（FTZ）等概念，其中 Free Zone 直接翻译为自由区，Free Trade Area（FTA）和 Free Trade Zone（FTZ）按其字面意思均可翻译为自由贸易区，上述概念容易引发混淆。为了规范相关表述，商务部在 2008 年明确将 Free Trade Area（FTA）和 Free Trade Zone（FTZ）分别翻译为自由贸易区和自由贸易园区。

1. 自由区、自由贸易园区

在自由区、自由贸易区、自由贸易园区中，自由区和自由贸易园区的功能相类似。

世界海关组织的前身——海关合作理事会于 1973 年 5 月，在日本京都召开第 41/42 届年会上通过了《京都公约》即《关于简化和协调海关业务制度的国际公约》（*International Convention on the Simplification and Harmonized of Customs Procedures*），它是国际海关领域的基础性公约。《京都公约》专项附约四第二章就自由区作出了相关规定，包括定义和 21 条规定，涉及原则、货物的准入、担保、允许开展的业务、区内消费的货物、存储期限、所有权的转让、货物的运出、核定税费和自由区的关闭等内容。其中，属于缔约方必须遵守的标准条款的有 17 条，属于自行选择是否遵守的建议条款有四条。建议条款主要涉及货物准入、境外直接入区和区内直接出境的申报及担保相关内容。

1999 年 6 月，海关合作理事会在布鲁塞尔通过的《关于简化和协调海关制度的国际公约修正案议定书》（*Protocol of the Amendment to the International Convention on the Simplification and Harmonized of Customs Procedures*），对《京都公约》进行了修订。对于 1973 年通过的《京都公约》，我国于 1988 年 5 月 29 日交存加入书，同年 8 月 29 日正式生效。对于 1999 年修订后的《京都公约》，我国于 2000 年 6 月 15 日签署。

根据《京都公约》的定义，自由区（Free Zone）是指缔约方境内的部分区

域，进入该部分区域的任何货物，就进口税费而言，通常视为在关境之外，并免于实施通常的海关监管措施。自由贸易园区（Free Trade Zone）一般是指在某一国家或地区境内设立的实行优惠税收和特殊监管政策的小块特定区域。从双方的定义上，我们可以看出自由贸易园区（Free Trade Zone）类似于自由区（Free Zone）。

目前，公认的符合现代自由区相关概念和定义的第一个现代自由区是成立于1959年的爱尔兰香农自由贸易区。自由区是世界范围内推进贸易自由化和投资便利化的有效工具，是世界各国参与国际竞争和分享经济全球化利益的重要机制和平台。在不同国家和地区，根据立法的不同，自由区也被称为自由贸易园区、自由港、工商业自由贸易区、出口自由区、自由关税区、免税贸易区、免税区、自由市、自由工业区、投资促进区、对外贸易区等。目前我国尚无与"自由区""自由贸易园区"完全对应的区域，与自由区概念相近的是海关特殊监管区域。

2. 自由贸易区

自由贸易区的概念与自由区、自由贸易园区的概念完全不同。根据世界贸易组织的有关解释，自由贸易区是指两个以上的主权国家或单独关税区通过签署协定，在世界贸易组织最惠国待遇基础上，相互进一步开放市场，分阶段取消绝大部分货物的关税和非关税壁垒，改善服务和投资的市场准入条件，从而形成的实现贸易和投资自由化的特定区域。自由贸易区所涵盖的范围是签署自由贸易协定的所有成员的全部关税领土，而非其中的某一部分。

目前，世界上典型的自由贸易区包括北美自由贸易区（NAFTA），欧盟（EU），东盟自由贸易区（AFTA）等。自由贸易区的核心是涉及两个或者两个以上的国家（地区），也可以说是两个或者两个以上的独立关税区，涉及的国家（地区）间具有自由贸易契约，实行自由贸易协定。

截至2021年5月，我国已签署自贸协定19个，涉及国家（地区）26个。目前，我国已签协议的自由贸易区及正在谈判或研究的自由贸易区见表1-2。

表1-2 我国已签协议的自由贸易区及正在谈判或研究的自由贸易区明细表

已签协议的自由贸易区		正在谈判的自由贸易区	正在研究的自由贸易区
《区域全面经济伙伴关系协定》（RCEP）	中国—柬埔寨	中国—海合会	中国—哥伦比亚
中国—毛里求斯	中国—马尔代夫	中日韩	中国—斐济
中国—格鲁吉亚	中国—澳大利亚	中国—斯里兰卡	中国—尼泊尔
中国—韩国	中国—瑞士	中国—以色列	中国—巴新
中国—冰岛	中国—哥斯达黎加	中国—挪威	中国—加拿大
中国—秘鲁	中国—新西兰（含升级）	中国—摩尔多瓦	中国—孟加拉国
中国—新加坡	中国—新加坡升级	中国—巴拿马	中国—蒙古国
中国—智利	中国—智利升级	中国—韩国自贸协定第二阶段谈判	中国—瑞士自贸协定升级联合研究
中国—巴基斯坦	中国—巴基斯坦第二阶段	中国—巴勒斯坦	
中国—东盟	中国—东盟（"10+1"）升级	中国—秘鲁自贸协定升级谈判	
《内地与港澳更紧密经贸关系安排》			

3. 自由贸易园区（自由区）和自由贸易区的比较

自由贸易园区（自由区）和自由贸易区设立都达到了降低国家间贸易成本，促进企业投资和扩大对外贸易的目的，但是具体到设立的主体、范围、依据等，又存在明显的不同。

（1）设立主体

自由贸易区一般是指由两个或两个以上的主权国家（地区）或多个具有主权区域的单独关税区设立的特殊区域，而自由贸易园区（自由区）则是在一个主权国内或主权区域内划定设立的特殊区域。

（2）设立范围

自由贸易区的范围包括两个或两个以上的主权国家或多个具有主权的区域，而自由贸易园区（自由区）的范围则是在单个主权国家内设立的小范围特殊区域。

(3) 依据规则

自由贸易区的规则更多来自世界贸易组织规定中涉及的自由贸易区规定，贸易成员方或缔约方之间存在贸易开放、税收优惠及取消贸易壁垒等相关规定，同时又保留各自主权国家（地区）之间的投资贸易政策，而自由贸易园区（自由区）的规则则更多地来自世界海关组织制定的《京都公约》约定。按照《京都公约》的相关约定，在主权国家或主权区域内设立的自由贸易园区（自由区），在这一特殊区域内进入的贸易货物其关税和各类税费应按照货物在关境外对待，免于实施惯常的海关监管制度，并辅以所得税税费优惠的相关投资政策。

(4) 法律规定

自由贸易区更多的是依赖双边或多边的法律协议来采取法律保护，而自由贸易园区（自由区）则更多的是依赖主权国家的法律法规来采取法律保护。

(5) 管理模式

自由贸易区的管理更偏重于对贸易开放、投资建设及金融管理等方面，尤其是通过自由贸易区的投资、贸易和金融协议来促进和带动本国经济的发展，而自由贸易园区（自由区）的管理则更偏重于"'一线'开放""'二线'管住"的管理模式。

(二) 国际主要自由贸易园区的介绍

国际主要的自由贸易园区按照功能定位不同可分为多种类型，主要有以下三种。

1. 亚太的港城融合型自由贸易园区

港城融合发展的自由贸易园区，也可以称为"综合型自由贸易园区"，主要分布在亚太地区。以中国香港地区、新加坡为代表，此类园区包括了整个港口城市，由若干工业区组成，兼具转口贸易、出口加工及金融、商业、旅游等多种功能。园区内允许居民居住、生活、娱乐，并可享受免税进口消费品。这类自由贸易园区的地理位置优越，邻近的国家（地区）的经济处于工业化的初期或成形阶段，扮演着"联系人"和"窗口"的角色，与周边国家（地区）互补开展对外经济贸易，其经济活动和发展目标呈现显著的国际性。中国香港地区在自由贸易园区建设和政策经验上有很多积累经验和制度安排，例如，自由贸易制度，即对进出口贸易不设置管制和关税壁垒，仅对酒类、烟草、碳氢油类及甲醇四种进口货物征税，且海关手续简便，物流体系流畅，企业自由进入及自由经营，其绝大多数经济领域由投资者自己决定进入经营与否。政府只直接经营部分公共事业，新开办企业注册手续简便，缴费低廉，只征收16%的公司所得税，资金来源无论为本地还是海外，资产所有形式如何，均享受"平等居民待遇";自由外汇制度,各类外汇形式均可自由进出中国香港地区,任何货币都可在中国香港地区自由买卖汇兑;自由出入境制度,中国香港地区与86个国家(地区)签有免签协定。

2. 欧洲的枢纽转口型自由贸易园区

欧洲是自由贸易园区的发源地,汉堡、鹿特丹、安特卫普、香农等西欧沿海主要港口城市和重要空港,利用其优越的航运和地理条件,建立起四通八达的运输网络,将港区打造成为自由港,货物运输辐射欧盟全境,形成了兼具传统物流集散和高效综合服务的枢纽型自由贸易园区。以荷兰鹿特丹港和爱尔兰香农自由贸易园区为例,其特点主要体现在以下几个方面。

(1) 建立自由贸易园区专责机构并明确专责机构职责

香农自由贸易园区是有政府控股的地区发展公司,统筹香农地区的产业、旅游业,制定园区整体发展规划,开展土地开发、租赁及基础设施建设,招商引资并资助和扶植园区企业发展,帮助企业申请国家补助,进行日常管理、维护及处理客户投诉等。

(2) 便利化的服务措施和优惠的税收政策

鹿特丹港和香农自由贸易园区均打造了具有弹性的保税仓储、运输与加工电子管理系统。同时,低税率、税收抵免、免税、避免双重征税等税收优惠和就业、研发培训等促进地区发展的补助形式多样,为园区吸引全球投资、提升竞争力提供了有力支撑。

(3) 主导产业培育和关联产业带动枢纽增长

香农自由贸易园区依靠其独特的空港中转作用,加大基础设施建设投入,优化互联互通功能,经过几十年的发展,将航空运输、飞机租赁及商用机融资和服务等航空产业打造成支柱产业,并通过高新技术应用的集合促进,带动信息通信技术业成为爱尔兰的重点产业之一。

3. 美国的主分区型自由贸易园区

美国是全球设立自由贸易园区最多的国家,"对外贸易区"是美国对自由贸易园区的特有称呼。1934年6月,美国通过《对外贸易区法案》,并于1936年建立第一个对外贸易区,其目的是为了抵消劳动力和其他成本的上升,避免美国企业大量向海外转移,期待通过降低企业生产经营成本以提升美国产品的贸易竞争力。根据美国1993年《对外贸易区法案》修正版的规定,包括外国公司在内的任何公共机构和私人公司,都可以在港口或港口附近申请建立、管理和经营一个对外贸易区。该类区域是在美国境内但不属于美国关税法管辖的特殊区域,有主区和分区之分。主区为综合型、多元型区域,分区则多由一个公司进行有特定用途的生产和经营。美国的对外贸易区主要以进出口贸易为主导，兼顾加工制造与装配的商贸模式。通过提供完善的基础设施和便利服务，实现免税进园区存放商品，园区内提供商品的加工、装配、销售和展览的场所等功能。

自由贸易园区从其运作模式及产业类型，又大致可区分为以下四种。

（1）商贸结合模式

美国、阿联酋的商贸结合模式的自由贸易园区形式以从事进出口贸易为主，兼顾一些简单的加工和装配制造。美国的自由贸易园区除法律禁止的商品外，任何国外和国内的商品都可以进入，不受美国海关法的约束，国际贸易的各项活动都可以在区内开展，包括存储、展示和销售、重新包装、组装、分类、清洁及搭配国内货物加工。阿联酋迪拜自由贸易园区是目前世界上最大的自由贸易园区，货物在区内存储、贸易、加工制造均不征收关税及其他税收。

（2）综合型模式

亚太地区综合型模式的自由贸易园区，以中国香港地区为代表，自由贸易园区包括整个港口城市，由若干工业区组成，兼具转口贸易、出口加工及金融、商业、旅游等多种功能，园区内允许居民居住、生活、娱乐，并可享受免税进口消费品。此类自由贸易园区所处国家地区的腹地小、资源少，往往是扮演全球化经济"中介人"的角色，协助周围国家（地区）开展对外经济贸易。

（3）物流集散模式

欧洲物流集散模式的自由贸易园区，保持着所有自由贸易园区中最传统的一种形态，即大进大出的物流集散模式。西欧沿海主要港口城市将港区设为自由贸易园区，并将发展目标定位为贸易枢纽，发展模式是利用其优越的航运、地理位置及先进的港口设施建立起四通八达的运输网络，使其货物可在 24 小时内疏散到所在国（地区）的任何城市，48 小时内辐射欧盟全境。

（4）出口加工向物流集散过渡模式

亚非等发展中国家中的出口加工向物流集散过渡模式自由贸易园区，主要以从事加工为主，以转口贸易、国际贸易、仓储运输服务为辅，作为承接国际产业转移的重要平台。以出口加工区为主要形式的自由贸易园区，于第二次世界大战后在发展中国家蓬勃发展。随着亚非各国经济的相继腾飞，出口加工区逐步发展成为功能更全面、更完善的自由贸易园区。

（三）国际主要自由贸易园区的主要特征及与我国自贸试验区的比较

1. 国际主要自由贸易园区的主要特征

（1）贸易投资便利化、自由化水平不断提升

按照《京都公约》，自由贸易园区（自由区）是一国境内的一部分区域，

进入这一部分区域的任何货物,就进口税费而言,通常被视为在关境之外。自由贸易园区(自由区)大多给予较高程度的投资自由和金融服务开放,基本上没有投资的行业限制,自由兑换货币、自由进出资金和自由选择结算币种等。

(2) 特殊区域的功能日趋扩展

许多国家的自由贸易园区(自由区)由货物贸易保税中转的单一功能向包括商品展销、加工维修、物流配送、信息集散、研发创新等在内的多功能模式拓展,金融、保险、货代、租赁、咨询等增值服务也日益受到重视。自由贸易园区(自由区)的功能定位也往往由贸易中心、物流中心逐步向金融中心、信息中心、决策运营中心拓展,在全球贸易和投资活动中发挥的作用日益重要。

(3) 管理体制更具开放性

各国(地区)在实施优惠政策和便利化措施基础上,对自由贸易园区(自由区)实行更加开放、符合现实发展需求的开放型管理体制。例如,中国香港地区、新加坡力推港城一体化发展,践行低碳绿色发展,为高端服务业的发展营造良好发展环境。

(4) 更加重视港区资源整合

一方面,大型自由贸易园区(自由区)突破国内行政区划限制,实施区港联动,对支线港、喂给港和相邻港区进行资源整合,形成组合港,以巩固其枢纽、核心作用。另一方面,与其他国际自由贸易港区形成跨国战略联盟,以提升对周边港口的竞争力。

(5) 法律保障日趋完善

自由贸易园区(自由区)作为特殊经济区域,往往与国内现行法律和政策相冲突,必须通过专门立法为管理体制和监管模式创新保驾护航。许多经济体从国家层面专门颁布《自由贸易园区法》或条例,以保障其合法性和权威性。

2. 与我国自贸试验区的比较

我国的自贸试验区积极借鉴国际主要自由贸易园区的经验和做法,自贸试验区与国际主要自由贸易园区相比,最大区别就是突出"试验"二字,注重通过"压力测试"积累开放经验。

建设自贸试验区是我国在新时期加快政府职能转变、积极探索管理模式创新、促进贸易和投资便利化,为全面深化改革和扩大开放探索新路径、积累新经验而推进的战略措施。自启动建设起就肩负着承担高水平开放压力测试、发挥示范带动、服务全国全面深化改革开放的重要使命,率先在自贸试验区探索建立符合国际化、法治化要求的跨境投资和贸易规则体系,力争形成一批可复制、可推广的改革试点经验,为推动我国整体形成与国际投资、贸易通行规则相衔接的基本制度体系和监管模式积累试验经验。

一方面，国际主要自由贸易园区大多是按照《京都公约》的要求建设的，其核心政策主要是便利货物贸易，对于进入该区域的货物的进口税费而言，通常被视为在关境之外，同时免于实施惯常的海关监管制度，利于国际贸易便利化、自由化。而通过"压力测试"积累开放经验这一目标上很难找到。

另一方面，我国自贸试验区的核心并不是货物贸易，而是制度创新，自贸试验区是制度创新的高地，而非传统意义上的"政策洼地"。目前，我国设立的各自贸试验区，从范围上来说，包括了海关特殊监管区域，即包括了中国特色的自由贸易园区，但又不局限于海关特殊监管区域的框架及功能。建设自贸试验区，具体包含投资自由化、贸易便利化、金融国际化、行政法治化等综合性的政策目标，其重点在于打造制度创新高地，价值取向上由追求传统的简单经济发展指标，转向更加注重金融领域、服务领域和航运领域的功能拓展，特别是在制度创新的前提下，推进新兴贸易业态的发展，包括跨境电子商务、大宗商品交易、期货保税交割等。通过带动投资、金融、贸易、政府管理等一系列制度变革，培育我国面向全球的竞争新优势，构建与各国（地区）合作发展的新平台。而这些内容在大多数国际主要的自由贸易园区中很难体现，这也是我国自贸试验区超越自由贸易园区非常重要的表现。

第二章
自贸试验区海关监管制度创新概述

引言

中华人民共和国海关作为法定的国家进出关境监督管理机构，为了切实落实法定职责，从多角度、多领域实施监管，在做好监管工作的同时，积极服务国家大局，依托自贸试验区，开展海关监管制度创新，不断提升监管服务工作水平。

本章将选取部分海关监管业务，如对海关特殊监管区域、保税监管场所的监管，进出境货物监管，进出口企业监管，跨境电子商务监管，卫生检疫，动植物检疫，进出口食品安全监管，进出口商品检验等，简要介绍海关监管工作涉及的基本业务制度和监管要求等。同时，在此基础上，结合自贸试验区海关监管制度创新工作，重点说明自贸试验区海关监管制度创新的路径，包括海关监管制度创新的基本情况、主要理念、工作制度，以及海关监管制度创新的六个维度等。

第一节 海关监管制度简介

一般而言,海关监管是指海关运用国家赋予的权力,通过一系列管理制度和管理程序,依法对进出境运输工具、货物、物品及人员的进出境活动所实施的一种行政管理。

海关监管除通过备案、查验、检验检疫、放行、后续管理等方式,对进出境运输工具、货物、物品及人员的进出境活动实施监管外,还要执行或监督执行国家其他对外贸易管理制度的实施。

海关监管是海关最基础、最重要的职责,是海关各项业务工作的重要基础。近年来,海关不断夯实监管工作基石,逐步深化业务改革,扎实提升监管能力水平;着力强化监管,严格依法履职,坚决筑牢国门安全防线;积极优化服务,促进贸易便利,营造良好营商环境,主动服务国家发展大局。

一、海关对海关特殊监管区域和保税监管场所的监管

(一)对海关特殊监管区域的监管

对海关特殊监管区域的监管模式是以"物理围网+电子账册"为主,建立了以信息化管理为基础、以企业管理为单元、以账册管理为手段、以配套法规为保障的规范统一的管理模式。

1. 物理围网

"物理围网"是根据《海关特殊监管区域基础和监管设施验收标准》的要求,在海关特殊监管区域与非海关特殊监管区域之间设置隔离围墙,在特殊监管区域卡口安装电子闸门放行系统、车辆自动识别系统、单证识别系统、与海关相关执法系统联网的电子地磅系统和视频监控系统等,海关对围网周界进行全方位无盲区监控。

2. 电子账册

"电子账册"是指海关对特殊监管区域内企业的信息化监管,目前以金关工程(二期)加工贸易及保税监管子系统为依托,该系统构建了全国统一、分层级管理的保税系统和应用平台,改革了保税货物通关模式,支持"料号级备案、项号级通关、料号级核销"的监管模式,实现了对海关特殊监管区域和保

税监管场所的统一管理和信息共享。企业进出口货物前,应当在特殊区域主管海关办理金关工程(二期)加工贸易及保税监管子系统的保税底账,与海关实行电子计算机联网,进行电子数据交换。

3. 对海关特殊监管区域内企业的监管

海关对特殊监管区域内企业实行计算机联网管理制度和电子账册管理,区内企业按照《中华人民共和国会计法》及有关法律法规的规定,设置符合海关监管要求的账簿、报表,记录本企业的财务状况和有关进出口货物或物品的进口、出口、库存、转让、转移、销售、加工、使用等情况。区内企业开展保税加工业务不实行单耗标准管理。海关依法对区内企业开展稽核查。

4. 对海关特殊监管区域货物的监管

对于通过具有口岸功能的特殊监管区域直接进出口的货物,海关按照货物进出口的有关规定进行监管。除法律法规另有规定外,货物从特殊监管区域运往境内区外的,海关按照进口货物的有关规定实施监管;货物从境内区外进入特殊监管区域的,海关按照出口货物的有关规定监管。海关对特殊监管区域与其他特殊监管区域或者保税监管场所之间往来的货物,实行保税监管。

(二) 对保税监管场所的监管

保税监管场所包括保税仓库、出口监管仓库、保税物流中心(A型)、保税物流中心(B型)。

1. 对保税仓库的监管

保税仓库是指经海关批准设立的专门存放保税货物及其他未办结海关手续货物的仓库。保税仓库应当设立在设有海关机构、便于海关监管的区域,由保税仓库所在地主管海关受理,报直属海关审批。

经海关批准,保税仓库可以存入的货物包括:加工贸易进口货物,转口货物,供应国际航行船舶和航空器的油料、物料和维修用零部件,供维修外国产品所进口寄售的零配件,外商暂存货物,未办结海关手续的一般贸易货物,经海关批准的其他未办结海关手续的货物。

保税仓库不得存放国家禁止进境货物,不得存放未经批准的影响公共安全、公共卫生或健康、公共道德或秩序的国家限制进境货物,以及其他不得存入保税仓库的货物。

保税仓储货物可以进行包装、分级分类、加刷唛码、分拆、拼装等简单加工,不得进行实质性加工。保税仓储货物未经海关批准,不得擅自出售、转让、抵押、质押、留置、移作他用或者进行其他处置。

2. 对出口监管仓库的监管

出口监管仓库是指经海关批准设立，对已办结海关出口手续的货物进行存储、保税物流配送、提供流通性增值服务的仓库。出口监管仓库的设立，由出口监管仓库所在地主管海关受理，报直属海关审批。

经海关批准，出口监管仓库可以存入的货物包括：一般贸易出口货物；加工贸易出口货物；从其他海关特殊监管区域、场所转入的出口货物；出口配送型仓库可以存放为拼装出口货物而进口的货物，以及为改换出口监管仓库货物包装而进口的包装物料；其他已办结海关出口手续的货物。

出口监管仓库不得存放的货物包括：国家禁止进出境货物，未经批准的国家限制进出境货物，海关规定不得存放的其他货物。

存入出口监管仓库的货物不得进行实质性加工。经主管海关同意，可以在仓库内进行品质检验、分级分类、分拣分装、加刷唛码、刷贴标志、打膜、改换包装等流通性增值服务。

3. 对保税物流中心（B型）的监管

保税物流中心分为A型和B型。下面主要以保税物流中心（B型）为例，介绍保税物流中心管理工作。

保税物流中心（B型）是指经海关批准，由中国境内一家企业法人经营，多家企业进入并从事保税仓储物流业务的保税监管场所。

下列货物，经海关批准可以存入保税物流中心（B型）：

国内出口货物、转口货物和国际中转货物、外商暂存货物、加工贸易进出口货物、供应国际航行船舶和航空器的物料、维修用零部件、供维修外国产品所进口寄售的零配件、未办结海关手续的一般贸易进口货物、经海关批准的其他未办结海关手续的货物。

保税物流中心（B型）内企业不得在中心内开展下列业务：商业零售，生产和加工制造，维修、翻新和拆解，存储国家禁止进出口货物，以及危害公共安全、公共卫生或者健康、公共道德或者秩序的国家限制进出口货物，法律、行政法规明确规定不能享受保税政策的货物，其他与物流中心无关的业务。

保税物流中心（B型）内货物可以在中心内企业之间进行转让、转移并办理相关海关手续。未经海关批准，中心内企业不得擅自将所存货物抵押、质押、留置、移作他用或者进行其他处置。

二、海关对进出境货物的监管

《中华人民共和国海关法》所称进出境货物，一般指贸易性质（政府间捐赠物资等除外）交付物。分为：进出口货物，过境、转运、通运货物，特定减免税货物，暂时进出境货物、保税货物和其他尚未办结海关手续的进出境货物。

《中华人民共和国海关法》规定，进口货物自进境起到办结海关手续止，出口货物自向海关申报起到出境止，过境、转运和通运货物自进境起到出境止，应当接受海关监管。

（一）海关监管货物的种类

进出境货物监管是指海关依据《中华人民共和国海关法》及其他有关法律、行政法规，对货物的进出境活动所实施的行政执法行为。根据进出境货物的物流形态，以及进出境目的、货物用途等方面的不同，海关将进出境货物划分为以下几种基本类型：

一般进出口货物。一般进出口货物是指以通常的国际贸易方式成交，进口后可以在境内自由流通，或出口后可以在境外自由流通的货物。

转关货物。转关货物是指经收发货人申请，海关同意，进口货物的收货人在设有海关的指运地、出口货物的发货人在设有海关的启运地办理海关手续的货物。

暂时进出境货物。暂时进出境货物是指暂时进出关境并在规定期限内复运出境、进境的货物，包括ATA单证册管理的暂时进出境货物及非ATA单证册管理的暂时进出境货物。

过境、转运、通运货物。过境、转运、通运货物是指由境外启运、通过中国境内继续运往境外的货物。

边境贸易货物。边境贸易是发生在毗邻国家之间特有的一种经济贸易形式。边境贸易货物是指相邻国家在两国接壤地区，由边境贸易商、边境贸易机构或边民所进行的一种贸易活动所涉及的货物。

（二）海关货物检查

进出境货物检查是指海关在进出境环节验证进出境货物是否存在安全准入风险、检验检疫、重大税收风险，验证货物真实情况与报关单证申报情况是否相符，依法对其实施检疫、查验、检验的具体行政执法行为。

货物检查的主要作业手段包括机检查验、人工检查、机检查验加人工检查等。

机检查验。机检查验是海关依法利用大型集装箱/车辆检查设备对进出境运输工具、货物、物品等进行非侵入式查验的方式，其查验结论与人工开箱查验具有同等法律效力。

人工检查。人工检查须由两名以上符合相关资质要求的海关检查人员共同实施，方式包括外形检查、开箱检查等。外形检查是指对外部特征直观、易于判断基本属性的货物的包装、唛头和外观等状况进行验核的检查方式。开箱检查是指将货物从集装箱、货柜车箱等箱体中掏出并拆除外包装后，对货物实际状况进行验核的检查方式。开箱检查主要适用于外形检查不能满足检查指令要求的情形。

机检查验加人工检查。即在完成机检查验后，无论机检查验结果是否显示异常，机检部门均需转人工部门实施人工检查，以验核人工检查相关的布控指令要求。

（三）转关货物监管

转关货物包括进口转关货物和出口转关货物。进口转关货物是指由进境地入境，向海关申请转关、运往另一设关地点办理进口海关手续的货物；出口转关货物是指在启运地已办理出口海关手续运往出境地，由出境地海关监管放行的货物。

转关货物是海关监管货物，海关对进出口转关货物施加海关封志。商业封志完好的内支线船舶和铁路承运的转关货物，海关可以不施加海关封志。

转关货物应当由经海关核准的承运人承运。海关对转关限定路线范围，限定途中运输时间，承运人应当按海关要求将货物运抵指定的场所。

转关货物未经海关许可，不得开拆、提取、交付、发运、调换、改装、抵押、质押、留置、转让、更换标记、移作他用或者进行其他处置。转关货物在国内储运中发生损坏、短少、灭失情事时，除不可抗力外，承运人、货物所有人、存放场所负责人应承担税赋责任。

（四）暂时进出境货物监管

按照法律、行政法规、国务院或者海关总署的规定，暂时进口或者暂时出口的货物，应当在六个月内复运出境或者复运进境；需要延长复运出境或者复运进境期限的，应当根据海关总署的规定办理延期手续。因此，暂时进出境货物特指"暂时进境、暂时出境并且在规定的期限内复运出境、复运进境货物"，属于海关监管货物。

暂时进出境货物除因正常使用而产生的折旧或者损耗外，应当按照原状复运出境、复运进境。除我国缔结或者参加的国际条约、协定以及国家法律、行政法规和海关总署规章另有规定外，暂时进出境货物免予交验许可证件。在收发货人提供相应税款担保后，暂时进出境货物可以暂时免于缴纳关税及进口环节海关代征税。

（五）过境、转运、通运货物监管

过境、转运、通运货物是指由境外启运、通过中国境内继续运往境外的货物。其中，通过境内陆路运输的，称过境货物；在境内设立海关的地点换装运输工具，而不通过境内陆路运输的，称转运货物；由船舶、航空器载运进境并由原装运输工具载运出境的，称通运货物。

过境、转运、通运货物属于途经我国关境的境外货物，运输工具负责人在进出境环节须按规定的形式向海关如实申报，办理海关监管手续。我国禁止进出境的货物、物品不得借过境、转运、通运货物的途径出入我国关境。过境、转运、通运货物进境后，应当在规定期限内运输出境。

过境、转运、通运货物自进境起到出境止属海关监管货物，应当接受海关监管。未经海关许可，任何单位和个人不得开拆、提取、交付、发运、调换、改装、抵押、转让，或者更换标记。

海关认为必要时，可以查验过境、转运、通运货物。海关在查验过境、转运、通运货物时，经营人或承运人应当到场，按照海关的要求负责搬移货物，开拆和重封货物的包装，并在海关查验记录上签字。装载过境货物的运输工具，应当具有海关认可的加封条件和装置。海关认为必要时，可以对过境货物及其装载装置加封。运输部门和经营人应当负责保护海关封志的完整，任何人不得擅自开启或损毁。

三、海关对进出口企业的监管

海关企业管理是指海关基于进出口货物监管，对与此有关的当事人或其代理人的进出口活动和内部管理控制是否符合海关法律法规而实施的行政管理，是海关依职权作出的行政执法行为，主要是对进出口活动主体办理海关事务的资格和从事进出口活动的合法性、规范性进行监督管理。海关企业管理作用于海关监管的各个环节，贯穿于海关监管全过程。

海关企业管理的管理对象是所有在海关注册登记和备案的与进出口活动有关的当事人或其代理人，包括法人、其他组织和个人。海关企业管理贯穿于行政相对人进出口活动的全过程管理，其内容主要包括企业资质管理和企业信用管理。

（一）海关企业资质管理

海关企业资质管理是指海关对行政相对人从事海关业务和过程监管所进行

的资格准入退出管理，即对在海关注册登记或备案的企业、其他组织及相关从业人员的管理，以各类行政相对人为单元，全面、标准地收集信息，为海关开展"事前、事中、事后"管理执法提供基础信息支持，其特点是基础性强、涉及面广、敏感度高，是海关推进落实国家商事制度改革的重要举措。

1. 报关单位备案管理

《中华人民共和国海关法》规定："进出口货物收发货人、报关企业办理报关手续，应当依法向海关备案。"

进出口货物收发货人是指依法直接进口或者出口货物的中华人民共和国关境内的法人、其他组织或者个人，进出口货物收发货人必须依法取得对外贸易经营资格。

报关企业是指依规定经海关准予备案，接受进出口货物收发货人委托，以委托人的名义或者以自己的名义，向海关办理代理报关业务，从事报关服务的中华人民共和国境内的企业法人。

根据《中华人民共和国海关报关单位备案管理规定》，报关单位是指在海关备案的进出口货物收发货人、报关企业，报关单位可以在中华人民共和国关境内办理报关业务，进出口货物收发货人、报关企业申请备案的，应当取得市场主体资格；其中进出口货物收发货人申请备案的，还应当取得对外贸易经营者备案。进出口货物收发货人、报关企业已办理报关单位备案的，其符合相关条件的分支机构也可以申请报关单位备案，法律、行政法规、规章另有规定的，从其规定。

报关单位备案长期有效。海关可以对报关单位备案情况进行监督和实地检查，依法查阅或者要求报关单位报送有关材料。报关单位应当配合，如实提供有关情况和材料。

报关单位有下列情形之一的，应当向所在地海关办理备案注销手续：因解散、被宣告破产或者其他法定事由终止的；被市场监督管理部门注销或者撤销登记、吊销营业执照的；进出口货物收发货人对外贸易经营者备案失效的；临时备案单位丧失主体资格的；其他依法应当注销的情形。

报关单位备案注销前，应当办结海关有关手续。

2. 特定资质企业备案管理

主要包括进口食品、化妆品进口商备案，进口食品境外出口商备案，出口食品生产企业备案，出口食品原料种植场备案，出口食品原料养殖场备案，进境中药材定点加工、存放企业备案，进境肠衣定点加工、存放企业备案，进口毛燕指定加工企业备案，出口食品生产企业对外推荐注册，境外有关机构来华检查企业等。

(二) 企业信用管理

海关对企业实施信用管理，是按照国家社会信用体系建设的总体要求，以《全球贸易安全与便利标准框架》中"经认证的经营者"（Authorized Economic Operator，AEO）制度内容为基础，结合海关对企业管理的要求和企业自主管理到位、日常经营合规的实际，将企业分成不同的信用等级，按照"诚信守法便利，失信违法惩戒"的原则，在"事前、事中、事后"实现对不同信用等级企业的差别化管理，构建以信用为核心的新型海关监管体制。

海关通过加强企业信用管理体系建设，实现海关监管资源配置的优化，提高海关监管的效率，营造监管有效、公平公正、守信激励、失信惩戒的良好通关环境。同时从制度上落实和推进国家信用体系建设。

1. 海关注册登记和备案企业信用管理

（1）企业信用状况的分类

海关按照诚信守法便利、失信违法惩戒、依法依规、公正公开原则，对企业实施信用管理。

海关根据企业申请，按照规定的标准和程序将企业认证为高级认证企业的，对其实施便利的管理措施。

海关根据采集的信用信息，按照规定的标准和程序将违法违规企业认定为失信企业的，对其实施严格的管理措施。

海关对高级认证企业和失信企业之外的其他企业实施常规的管理措施。

（2）信用信息采集

海关可以采集反映企业信用状况的下列信息：企业注册登记或者备案信息以及企业相关人员基本信息；企业进出口以及与进出口相关的经营信息；企业行政许可信息；企业及其相关人员行政处罚和刑事处罚信息；海关与国家有关部门实施联合激励和联合惩戒信息；AEO互认信息；其他反映企业信用状况的相关信息。

（3）高级认证企业

高级认证企业的认证标准分为通用标准和单项标准。高级认证企业的通用标准包括内部控制、财务状况、守法规范以及贸易安全等内容。高级认证企业的单项标准是海关针对不同企业类型和经营范围制定的认证标准。高级认证企业应当同时符合通用标准和相应的单项标准。

高级认证企业是中国海关AEO，适用下列管理措施：进出口货物平均查验率低于实施常规管理措施企业平均查验率的20%，法律、行政法规或者海关总署有特殊规定的除外；出口货物原产地调查平均抽查比例在企业平均抽查比例的20%以下，法律、行政法规或者海关总署有特殊规定的除外；优先办理进出口货物通关手续及相关业务手续；优先向其他国家（地区）推荐农产品、食品等出口企业的注册；可以向海关申请免除担保；减少对企业稽查、核查频次；可以在出口货物运抵海关监管区之前向海关申报；海关为企业设立协调员；AEO互认国家或者地区海关通关便利措施；国家有关部门实施的守信联合激励措施；因不可抗力中断国际贸易恢复后优先通关；海关总署规定的其他管理措施。

（4）失信企业

企业有下列情形之一的，海关认定为失信企业：被海关侦查走私犯罪、公安机构立案侦查，并且由司法机关依法追究刑事责任的；构成走私行为被海关行政处罚的；非报关企业一年内违反海关的监管规定被海关行政处罚的次数超过上年度报关单、进出境备案清单、进出境运输工具舱单等单证总票数千分之一且被海关行政处罚金额累计超过100万元的；报关企业一年内违反海关的监管规定被海关行政处罚的次数超过上年度相关单证总票数万分之五且被海关行政处罚金额累计超过30万元的；自缴纳期限届满之日起超过三个月仍未缴纳税款的；自缴纳期限届满之日起超过六个月仍未缴纳罚款、没收的违法所得和追缴的走私货物、物品等值价款，并且超过一万元的；抗拒、阻碍海关工作人员依法执行职务，被依法处罚的；向海关工作人员行贿，被处以罚款或者被依法追究刑事责任的；法律、行政法规、海关规章规定的其他情形。

失信企业适用下列管理措施：进出口货物查验率80%以上；经营加工贸易业务的，全额提供担保；提高对企业稽查、核查频次；海关总署规定的其他管理措施。

2. AEO 互认合作

2005年6月，WCO审议通过《全球贸易安全与便利标准框架》（以下简称《框架》），旨在制定全球范围供应链安全与便利的标准，提高国际贸易的稳定性和可预见性。《框架》出台以来，179个WCO成员中已有168个签署了实施《框架》的意向书，陆续开展AEO互认合作。该《框架》含三个支柱，即海关与海关之间的合作、海关与商界的合作和海关与其他政府部门的合作。

截至2021年8月底，中国海关已与新加坡、韩国、欧盟、瑞士、新西兰、以色列、澳大利亚、日本、白俄罗斯、蒙古国、哈萨克斯坦、乌拉圭、阿联酋、巴西、英国、塞尔维亚、智利等20个经济体46个国家及地区的海关实现AEO互认。双方海关互相给予来自对方AEO企业的进口货物通关便利措施，主要包括：对AEO企业减少查验或风险评估；简化进口货物单证审核；进口货物优先通关；指定海关联络员解决AEO企业通关问题；非常时期的优先处置等。

四、海关对跨境电子商务的监管

目前，跨境电子商务包括零售进出口业务、企业对企业B2B出口等多种业务形式。

本部分简要介绍跨境电子商务零售进出口业务，主要涉及网购保税进口（海关监管代码1210、1239）、直购进口（海关监管代码9610）、零售一般出口（海关监管代码9610）。

（一）网购保税进口

"网购保税进口"模式是指符合条件的电子商务企业或平台与海关联网，电子商务企业将整批商品运入海关特殊监管区域或保税物流中心（B型）内并向海关报关，海关实施账册管理。境内个人网购区内商品后，电子商务企业或平台将电子订单、支付凭证、电子运单等传输给海关，电子商务企业或其代理人向海关提交清单，海关按照跨境电子商务零售进口商品征收税款，验放后账册自动核销。

1. 对企业的监管

海关按照相关规定，对参与跨境电子商务网购保税进口业务的电子商务企业、电子商务交易平台企业、支付企业、物流企业、仓储企业等进行信息登记。如需办理报关业务的，按照报关单位注册登记管理的相关规定办理注册登记。

2. 对实货的监管

仓储企业按海关要求设置专用区域存放网购保税进口商品，未经海关同意，不得混存其他货物。同时，企业应建立符合海关监管要求的仓储管理系统。海关采取视频监控、联网核查、实地巡查、库存核对等方式实施实货监管。

3. 采取账册管理

海关使用网购保税进口账册对网购保税进口商品进行管理，记录商品的进、出、转、存等情况。海关根据需要以仓储企业为单元建立一本或多本账册，实施料号级管理。

4. 货物流转管理

网购保税进口商品可在区域（中心）间流转，应按现行规定办理流转手续。网购保税进口商品可以在同一区域（中心）内的企业间进行流转，网购保税进口商品和进境保税货物在满足监管条件下可以进行互转，并按现行规定办理相关手续。

5. 商品出区监管

订购人在电子商务交易平台购买商品后,电子商务企业或电子商务平台企业、支付企业、物流企业传输的交易、支付、物流等"三单"电子信息比对通过后,海关应对电子商务企业或其代理人申报的"申报清单"进行审核。"申报清单"放行后,系统汇总生成出区核放单,海关凭核放单对网购保税进口商品进行实货放行,并核减账册底账数据。海关可在包裹出区环节根据需要对车辆或核放单进行抽核。海关对放行后第31日至第45日的"申报清单"汇总生成缴款书,代收代缴义务人缴纳税款后,海关在跨境电子商务进口统一版信息化系统进行税款核注操作。

6. 商品后期监管

电子商务企业或其代理人申请退货的,海关同意后调整个人年度交易累计金额,核增账册底账数据。已按网购保税进口商品申报进入区域(中心)内但因实际原因无法办理零售进口通关手续的,应当按照货物办理结转、进口或退运手续。已申报进入区域(中心)内的网购保税进口商品,不符合销售条件的,企业可申请办理退运或销毁手续。

(二) 直购进口

"直购进口"模式是指跨境电子商务企业、消费者(订购人)等通过跨境电子商务交易平台实现直购进口商品交易,相关企业根据海关要求传输相关交易电子数据,适用"9610"海关监管方式代码的,海关按照相关操作规程规定实施监管。

1. 对直购进口商品的监管

直购进口商品种类应符合《跨境电子商务零售进口商品清单》的规定。直购进口商品进境检疫须符合国家有关法律法规的规定。海关按照个人自用进境物品实施监管,不执行有关商品首次进口许可批件、注册或备案要求,但对特殊物品(人体组织、微生物、血液及其制品、生物制品等)、相关部门明令暂停进口的疫区商品和对出现重大质量安全风险的商品启动风险应急处置时除外。

2. 对企业的监管

跨境电子商务平台企业、物流企业、支付企业等参与直购进口业务的企业,应当依据海关报关单位注册登记管理的相关规定,向所在地海关办理注册登记;境外跨境电子商务企业应委托境内代理人办理直购进口海关业务,该代理人在所在地海关办理注册登记,注册登记类型为跨境电子商务企业。

3. 对场所的监管

开展直购进口业务的监管作业场所(场地)应符合海关监管作业场所的规

范要求，配置非侵入式检查设备并置于自动传输和分拣设备上。海关对直购进口商品进行集中监管，商品的理货、分拣、查验、放行均应在同一监管作业场所内完成。

4. 对物流的监管

海关对直购进口商品按照相关法律法规实施检疫。现场海关可通过场所巡查、视频监控等方式对场内物流进行监管，防范擅自提离、调包、隐匿包裹等风险。

5. 对账册的监管

直购进口商品采用"清单核放"方式办理报关手续。企业应在商品运抵前采用通关无纸化作业方式申报"申报清单"。海关对"申报清单"及随附单证进行系统自动审核或人工审核，并根据情况进行处置。

6. 后续监管

海关可通过网上巡查、电话巡查、数据分析、消费者实名认证等多种形式，对企业、商品、消费者、支付、物流、仓储等要素进行交易真实性的验证和监控，发现异常的，按有关规定处置。

（三）零售一般出口

零售一般出口主要指跨境电子商务企业、消费者（订购人）等通过跨境电子商务交易平台实现零售出口商品交易，相关企业根据海关要求传输相关交易电子数据，并采用"9610"海关监管方式代码的出口业务。

1. 对企业的监管

跨境电子商务企业、物流企业等参与一般出口业务的企业，应当向所在地海关办理信息登记；如需办理报关业务，向所在地海关办理注册登记。物流企业应获得国家邮政管理部门颁发的"快递业务经营许可证"（快递企业分支机构应已向邮政管理部门备案并列入"经营快递业务的分支机构名录"）。

2. 对商品实物的监管

海关对一般出口商品进行集中监管，商品的分拣、查验、放行均应在监管作业场所内完成。一般出口商品及其包装物涉及动植物检疫或者卫生检疫的，海关应当按照相关法律法规实施检疫，并根据相关规定实施必要的监管措施。现场海关可通过场所巡查、视频监控等方式对场内物流进行监管，防范擅自提离、调包、隐匿包裹等风险。

3. 对账册的监管

一般出口商品出口时，海关应要求跨境电子商务企业或其代理人采用通关无纸化方式提交"申报清单"，通过"清单核放、汇总申报"方式办理报关手续。符合条件的，可采取"清单核放、汇总统计"方式办理报关手续。现场海关实施自动审核或人工审核。

4. 不同运输途径的监管

一般出口业务可采取总单作业模式或分单作业模式实施监管。"总单作业模式"下，海关以提运单为单元实施监管作业。"分单作业模式"下，海关直接以"申报清单"为单元实施监管作业，该模式主要适用于邮运出境的一般出口商品。

五、海关卫生检疫

卫生检疫是指为预防传染病传入传出，保护人体健康，在国境口岸实施的传染病检疫（医学检查、卫生检查、卫生处理）、监测、卫生监督等行政管理和技术措施。

按照《中华人民共和国国境卫生检疫法》，在入出境口岸依法对包括旅游者在内的有关人员及其携带的动植物和交通运输工具等实施传染病检疫、检测和卫生监督。

（一）检疫查验

检疫查验是指出入境卫生检验检疫机关及其工作人员对入出境的各种管理对象实施的医学检查和卫生检查。检疫查验的对象复杂多样，一般包括入出境的人员、交通工具、集装箱、行李、货物及邮包；入出境的尸体、骸骨；入出境的微生物、人体组织、生物制品、血液及其制品等。

检疫查验的手段包括医学检查和卫生检查以及卫生处理。检疫查验的目的是及早发现传染病和传播媒介、易感人群，以便及时采取隔离、留验和卫生处理等措施。

本部分简要介绍入出境人员卫生检疫、船舶卫生检疫、航空器卫生检疫、车辆卫生检疫。

1. 入出境人员卫生检疫

口岸重点关注的传染病的确定，应综合考虑疾病传播能力、致病能力、口岸识别能力和对国际贸易影响程度四个因素进行综合判断。检疫传染病主要是指鼠疫、霍乱、黄热病以及国务院确定和公布的其他传染病。

人员卫生检疫工作流程主要包括健康申报、体温检测、医学巡查、流行病学调查、医学检查、采样送检、检疫判定及异常处理、卫生处理、后续工作等。

2. 船舶卫生检疫

进境船舶检疫方式包括锚地检疫、靠泊检疫、电讯检疫、随船检疫以及临时检疫等。

对电讯检疫船舶、登轮检疫合格或检疫处理合格的船舶，签发相应卫生检疫证书。对于船舶申请办理"船舶免予卫生控制措施证书""船舶卫生控制措施证书"或"交通工具卫生证书"的，经检查合格，签发相应船舶卫生证书。

3. 航空器卫生检疫

检疫方式包括特定机位检疫、普通机位检疫、随航检疫和电讯检疫等。

检查结束，检疫人员根据检查结果作出检疫是否合格的判定。检疫合格的，准许人员及物品上下。检疫不合格的，按规范予以分类处置。

4. 车辆卫生检疫

检疫方式包括登车检疫和不登车检疫。

检查结束，检疫人员根据检查结果作出检疫是否合格的判定。检疫合格的，给予放行。检疫不合格的，按规范予以分类处置。

（二）传染病监测

传染病监测是国境卫生检疫机关的法定职责。《中华人民共和国国境卫生检疫法实施细则》规定卫生检疫机关的职责包括收集、整理、报告国际和国境口岸传染病的发生、流行和终息情况。

主要包括对法定体检人员开展健康体检（来华一年以上的外国人；出国劳务、留学、探亲一年以上的中国公民；出国3个月以上回国的中国公民；中国籍船员），签发健康证；对法定接种疫苗（黄热病）人员进行健康接种，签发接种证书；对入出境人员检疫查验中发现的传染病可疑病例开展医学排查；对采集的血液、呕吐物、排泄物等样本开展病原体实验室检测；对采集的食品、饮用水、空调冷凝水等样本开展病原体实验室检测等。

（三）卫生监督

口岸卫生监督是指由国境口岸卫生监督员依照相关法律法规，对国境口岸和进出境交通工具实施卫生监督检查，对违法行为追究法律责任的一种卫生行政活动，包括病媒生物监测、口岸公共场所卫生监督、储存场地卫生监督、交通工具卫生监督、口岸食品饮用水卫生监督等。

（四）卫生处理

《国境卫生检疫法实施细则》对卫生处理的定义是"隔离、留验、就地诊验等医学措施，以及消毒、除鼠、除虫等卫生措施"。卫生处理措施主要包括消毒、除鼠、除虫等，在实际工作中通常将消毒、杀虫、灭鼠简称为"消、杀、灭"。

卫生处理的目的主要是控制传染源、切断传播途径、最大限度地保护易感人群，以防止传染病的扩散、流行等。

卫生处理对象包括来自检疫传染病流行地区的、被检疫传染病污染的、可能成为检疫传染病传播媒介或被发现有公共卫生学问题的进出境交通工具、集装箱、行李、货物、邮包，以及可能受污染的口岸环境、进出境货物存放场所等。入出境人员在特定条件也可能成为卫生处理对象。

六、海关进出境动植物检疫

动植物检疫是指为防止动物传染病、寄生虫病和植物危险性病、虫、杂草，以及其他有害生物传入、传出国境，保护农、林、牧、渔业生产和人体健康，促进对外经济贸易的发展，按照《进出境动植物检疫法》，依法对进出境的动植物、动植物产品和其他检疫物，装载动植物、动植物产品和其他检疫物的装载容器、包装物，以及来自动植物疫区的运输工具实施的检疫行为。

动植物检疫对象包括：进境、出境、过境的动植物、动植物产品和其他检疫物；装载动植物、动植物产品和其他检疫物的装载容器、包装物、铺垫材料；来自动植物疫区的运输工具；进境拆解的废旧船舶；有关法律、行政法规、国际条约规定或者贸易合同约定应当实施进出境动植物检疫的其他货物、物品。

动植物检疫主要工作包括检疫审批，动植物检疫查验（含进境、出境、过境），携带、邮寄物检疫，运输工具检疫，检疫监督等。

（一）动植物检疫

动植物检疫包括现场检疫和隔离检疫。

现场检疫是指进出境检疫物抵达口岸时，检疫人员登机、登船、登车或到货物停放地进行的检疫。《中华人民共和国进出境动植物检疫法》规定，海关依照法律规定登船、登车、登机实施检疫，进入港口、车站、机场、邮局以及检疫物存放、加工、养殖种植场所实施检疫，并依照规定采样。

隔离检疫是指动植物在指定的隔离场所进行的检疫。《中华人民共和国进出境动植物检疫法》规定，输入动植物需要隔离检疫的或者出境前需经隔离检疫的动物，在口岸海关指定的场所检疫。

1. 进境动植物检疫

参照国际规则和国际通行做法，我国逐步构建了一套完整的进出境动植物检疫管理制度，并通过法律、法规、部门规章和规范性文件等形式加以固化和规范。进境动植物检疫按照进境前、进境时、进境后，即"事前、事中、事后"三个环节进行。

输入动物、动物产品、植物种子、种苗及其他繁殖材料的，必须事先提出申请，办理检疫审批手续。装载动物的运输工具抵达口岸时，口岸动植物检疫机关应当采取现场预防措施，对上下运输工具或者接近动物的人员、装载动物的运输工具和被污染的场地作防疫消毒处理。输入动植物、动植物产品和其他检疫物，应当在进境口岸实施检疫。未经口岸动植物检疫机关同意，不得卸离运输工具。输入动植物，需隔离检疫的，在口岸动植物检疫机关指定的隔离场所检疫。输入动植物、动植物产品和其他检疫物，经检疫合格的，准予进境，检疫不合格的，按有关规定分别处置。

2. 出境动植物检疫

海关对现行的出境动植物及其产品实施出口申报前监管，即通过企业分类管理及产品风险分级等措施，以出口企业监督管理、出口动植物及其产品检验检疫和风险管理为抓手，通过出口货物的产地/组货地检验检疫等作业形成出口申报前监管电子底账。出口申报前监管包括注册登记/备案、分类管理、溯源管理、疫病疫情监测、安全风险监控、出口检验检疫等。

货主或者其代理人在动植物、动植物产品和其他检疫物出境前，进行申报。出境前需经隔离检疫的动物，在指定的隔离场所检疫。输出动植物、动植物产品和其他检疫物，由海关实施检疫，经检疫合格或者经除害处理合格的，准予出境。检疫不合格又无有效方法作除害处理的，不准出境。

（二）携带物动植物检疫、寄递物动植物检疫

携带物动植物检疫是指海关对出入境人员携带的动植物、动植物产品和其他检疫物，依照国家法律法规实施的动植物检疫执法行为。携带物是指出入境人员随身携带以及随所搭乘的车、船、飞机等交通工具托运的物品和分离运输的物品。出入境人员是指出入境的旅客（包括享有外交、领事特权与豁免权的外交代表）和交通工具的员工以及其他人员。

寄递物动植物检疫是指海关对通过邮寄、快递渠道进出境的动植物、动植物产品和其他检疫物，依照国家法律法规实施的动植物检疫执法行为。

携带、邮寄植物种子、种苗及其他繁殖材料进境的，必须事先提出申请，办理检疫审批手续。禁止通过携带、邮寄渠道进境的检疫物，按照国家公布的名录管理，名录内检疫物作退回或销毁处理。

（三）运输工具动植物检疫

运输工具动植物检疫是指海关对进出境的运输工具进行的检疫，包括船舶、航空器、火车、汽车及集装箱，目的是防止动植物疫情通过运输工具在国境口岸传入及传出。

来自动植物疫区的船舶、飞机、火车抵达口岸时,由海关实施检疫。根据检疫情况,分别进行除害、封存或者销毁处理。进境的车辆,由海关作防疫消毒处理。

(四) 检疫监督

《中华人民共和国进出境动植物检疫法》及其实施条例规定,海关对进出境动植物、动植物产品的生产、加工、存放过程实行检疫监督。

检疫监督的范围包括:进出境动植物、动植物产品的生产、加工、存放过程;进出境动物和植物种子、种苗及其他繁殖材料隔离饲养或隔离种植过程;进出境动植物检疫熏蒸、消毒处理业务单位、人员及其开展的熏蒸、消毒工作;运往海关特殊监管区域、保税监管场所的进境动植物、动植物产品和其他检疫物;装载动植物、动植物产品和其他检疫物的装载容器、包装物。

海关开展检疫监督的方式包括根据需要,在机场、港口、车站、仓库、加工厂、农场等生产、加工、存放进出境动植物、动植物产品和其他检疫物的场所实施动植物疫情监测;对运载进出境动植物、动植物产品和其他检疫物的运输工具、装载容器加施动植物检疫封识或者标志;对有关单位的防疫工作开展指导,如对进出境动植物、动植物产品的生产、加工、存放单位的防疫指导,对进出境动植物检疫熏蒸、消毒处理业务单位的熏蒸、消毒工作进行监督指导等。

海关实施动植物疫情监测时,有关单位应当配合,未经海关许可,不得移动或者损坏动植物疫情监测器具。对海关加施的动植物检疫封识或者标志,未经许可不得开拆或者损毁。

七、海关进出口食品安全监管

进出口食品安全监管是指海关为保证进出口食品安全,保障公众身体健康和生命安全,根据法律法规的规定,对进出口食品生产经营活动、进出口食品生产经营者和输华食品出口国家(地区)食品安全管理体系等实施的行政监督管理,并对其违法行为进行约束的过程。

(一) 进口食品检验检疫

进口食品应当符合中国法律法规和食品安全国家标准,中国缔结或者参加的国际条约、协定有特殊要求的,还应当符合国际条约、协定的要求。

海关依据进出口商品检验相关法律、行政法规的规定对进口食品实施合格评定。进口食品合格评定活动包括：向中国境内出口食品的境外国家（地区）食品安全管理体系评估和审查、境外生产企业注册、进出口商备案和合格保证、进境动植物检疫审批、随附合格证明检查、单证审核、现场查验、监督抽检、进口和销售记录检查以及各项的组合。

1. 进口食品境外体系审查评估

依据《食品安全法》而确立，是向输华食品的国家或地区政府传导食品安全责任、保障输华食品安全的根本性、起点性的体系，也是国际通行做法。海关总署可以对境外国家（地区）的食品安全管理体系和食品安全状况开展评估和审查，并根据评估和审查结果，确定相应的检验检疫要求。

2. 进口食品境外生产企业注册管理

海关对向中国境内出口食品的境外生产企业实施注册管理，并公布获得注册的企业名单。向中国境内出口食品的境外出口商或者代理商应当向海关总署备案。食品进口商应当向其住所地海关备案。境外出口商或者代理商、食品进口商办理备案时，应当对其提供资料的真实性、有效性负责。境外出口商或者代理商、食品进口商备案名单由海关总署公布。

食品进口商应当建立食品进口和销售记录制度，如实记录食品名称、净含量/规格、数量、生产日期、生产或者进口批号、保质期、境外出口商和购货者名称、地址及联系方式、交货日期等内容，并保存相关凭证。食品进口商应当建立境外出口商、境外生产企业审核制度。

3. 进口食品检验检疫

海关制订年度国家进口食品安全监督抽检计划和专项进口食品安全监督抽检计划，并组织实施。

海关依法对应当实施入境检疫的进口食品实施检疫。海关根据监督管理需要，对进口食品实施现场查验，现场查验包括但不限于以下内容：运输工具、存放场所是否符合安全卫生要求；集装箱号、封识号、内外包装上的标识内容、货物的实际状况是否与申报信息及随附单证相符；动植物源性食品、包装物及铺垫材料是否存在《中华人民共和国进出境动植物检疫法实施条例》第二十二条规定的情况；内外包装是否符合食品安全国家标准，是否存在污染、破损、湿浸、渗透；内外包装的标签、标识及说明书是否符合法律、行政法规、食品安全国家标准以及海关总署规定的要求；食品感官性状是否符合该食品应有性状；冷冻冷藏食品的新鲜程度、中心温度是否符合要求、是否有病变、冷冻冷藏环境温度是否符合相关标准要求、冷链控温设备设施运作是否正常、温度记录是否符合要求，必要时可以进行蒸煮试验。

进口食品的包装和标签、标识应当符合中国法律法规和食品安全国家标准；依法应当有说明书的，还应当有中文说明书。

进口食品经海关合格评定合格的，准予进口。进口食品经海关合格评定不合格的，由海关出具不合格证明；涉及安全、健康、环境保护项目不合格的，由海关书面通知食品进口商，责令其销毁或者退运；其他项目不合格的，经技术处理符合合格评定要求的，方准进口。相关进口食品不能在规定时间内完成技术处理或者经技术处理仍不合格的，由海关责令食品进口商销毁或者退运。

（二）出口食品检验检疫

出口食品生产企业应当保证其出口食品符合进口国家（地区）的标准或者合同要求；中国缔结或者参加的国际条约、协定有特殊要求的，还应当符合国际条约、协定的要求。进口国家（地区）暂无标准，合同也未作要求，且中国缔结或者参加的国际条约、协定无相关要求的，出口食品生产企业应当保证其出口食品符合中国食品安全国家标准。

海关依法对出口食品实施监督管理。出口食品监督管理措施包括：出口食品原料种植养殖场备案、出口食品生产企业备案、企业核查、单证审核、现场查验、监督抽检、口岸抽查、境外通报核查以及各项的组合。

1. 出口食品种养殖基地备案及监督管理

出口食品原料种植、养殖场应当向所在地海关备案。海关依法采取资料审查、现场检查、企业核查等方式，对备案原料种植、养殖场进行监督。

2. 出口食品生产企业备案及监督管理

出口食品生产企业应当向住所地海关备案。出口食品生产企业应当建立完善可追溯的食品安全卫生控制体系，保证食品安全卫生控制体系有效运行，确保出口食品生产、加工、贮存过程持续符合中国相关法律法规、出口食品生产企业安全卫生要求；进口国家（地区）相关法律法规和相关国际条约、协定有特殊要求的，还应当符合相关要求。

出口食品生产企业应当建立供应商评估制度、进货查验记录制度、生产记录档案制度、出厂检验记录制度、出口食品追溯制度和不合格食品处置制度。

出口食品生产企业应当保证出口食品包装和运输方式符合食品安全要求。应当在运输包装上标注生产企业备案号、产品品名、生产批号和生产日期。

海关对辖区内出口食品生产企业的食品安全卫生控制体系运行情况进行监督检查。监督检查包括日常监督检查和年度监督检查。监督检查可以采取资料审查、现场检查、企业核查等方式，并可以与出口食品境外通报核查、监督抽检、现场查验等工作结合开展。

3. 出口食品检验检疫

海关制订年度国家出口食品安全监督抽检计划并组织实施。出口食品应当依法由产地海关实施检验检疫。出口食品生产企业、出口商应当按照法律、行政法规和海关总署的规定，向产地或者组货地海关提出出口申报前监管申请。产地或者组货地海关受理食品出口申报前监管申请后，依法对需要实施检验检疫的出口食品实施现场检查和监督抽检。

出口食品经海关现场检查和监督抽检符合要求的，由海关出具证书，准予出口。出口食品经海关现场检查和监督抽检不符合要求的，由海关书面通知出口商或者其代理人。相关出口食品可以进行技术处理的，经技术处理合格后方准出口；不能进行技术处理或者经技术处理仍不合格的，不准出口。海关对出口食品在口岸实施查验，查验不合格的，不准出口。

八、海关进出口商品检验

商品检验是指对进出口商品的质量、数重量、包装和有关安全、卫生指标等进行检验鉴定，以确定其是否符合相关法律法规、技术标准或者合同规定的要求。

商品检验监管是对商品是否符合技术规范强制性要求的合格评定活动。合格评定程序包括：抽样、检验和检查；评估、验证和合格保证；注册、认可和批准及各项的组合。

(一) 商品检验的工作内容

1. 实施商品检验的范围

海关对列入《必须实施检验的进出口商品目录》（以下简称"法检目录"）的商品，以及其他法律法规规定需要检验的商品实施检验；根据国家规定对法定检验以外的进出口商品实施抽查检验。

2. 商品检验的技术依据

对列入法检目录的进出口商品，按照国家技术规范的强制性要求进行检验；尚未制定国家技术规范的强制性要求的，应当依法及时制定，未制定之前，可以参照国家商检部门指定的国外有关标准进行检验。

3. 商品检验的合格评定程序

海关对进出口商品实施检验的内容，包括是否符合安全、卫生、健康、环境保护、防止欺诈等要求，以及相关的品质、数量、重量等项目。

抽样，一般是指取出部分物质、材料或者商品作为整体的代表性样品进行测试或者校准的规定过程，样品的抽取应遵循一定的规范。

检验，在合格评定程序中一般是指通过观察和测量、测试、度量等手段，判断某个商品、过程或者服务满足规定要求的程度。

检查，在合格评定程序中一般是指对每个单项商品的评估，或者说这是一种严格的达标评估方式。

在合格评定程序中，验证一般是指通过检查和提供论据来证实规定的要求已得到满足；合格保证，则是对商品、过程或者服务满足规定要求的置信程度采取一定的方式作出说明；注册也作为一种程序，包含在合格评定程序中；认可，是指由权威的团体对团体或者个人执行特定任务的胜任能力给予正式的承认的程序；批准，是指允许商品、过程或者服务按照其说明的目的或者按照其说明的条件销售、使用。合格评定程序内容中涉及的技术措施，在实际运用中有的是单项运用，有的则是几项形成一个组合。

（二）进出口商品检验监管

1. 工业制成品

工业制成品，一般指经复杂加工用于生产或消费的工业产品，主要包括机电产品、轻工产品、纺织产品等。根据产品质量安全风险程度，海关对列入法检目录的工业制成品实施法定检验；对法检目录以外的工业制成品，实施抽查检验；对实施许可制度的和国家规定必须经过认证的进出口商品实行验证管理。

法定检验内容主要包括是否符合安全、卫生、健康、环境保护、防止欺诈等要求，以及相关的品质、数量、重量等项目。检验环节可包括装运前检验、口岸查验、目的地检验、监督管理等。

海关按照《进口许可制度民用商品入境验证管理办法》的规定，对列入《强制性产品认证目录》的进口产品实施验证管理。

除法律、行政法规另有规定外，法定检验的进口工业制成品经检验，涉及人身财产安全、健康、环境保护项目不合格的，由海关责令当事人销毁，或者出具检验检疫处理通知书，办理退运手续；其他项目不合格的，可在海关监督下进行技术处理，经重新检验合格的，方可销售或者使用。

2. 资源类商品及化学品检验监管

常见的资源类商品及化学品有矿产品、能源类商品、再生资源产品、棉花、涂料、食品添加剂、金属材料、化肥、橡胶等。检验内容主要包括放射性检查、外来夹杂物检验、固体废物风险排查、有毒有害元素检测、品质检验、数重量鉴定，以及必要的固废属性鉴定等。

放射性、外来夹杂物和有毒有害元素含量检验结果合格、未发现异常的，予以放行。其他品质项目的检验结果，根据实验室出具的品质检验结果及重量鉴定结果进行判定。有毒有害元素含量不合格的，应当退运出境，海关出具检验证书和检验检疫处理通知书。放射性不合格的，应当依据国家技术规范或强制性标准进行处置。夹带外来杂物，可进行分拣处理的，采取对分拣后杂物集中检疫处理。属于或者掺杂固体废物、夹带其他禁止进境物的，可以通过分拣进行处理的，对禁止进境物实施退运；不能处理的，对整批货物实施退运。

3. 危险品检验监管

危险货物的界定主要以《关于危险货物运输的建议书：规章范本》为依据，危险化学品界定的主要依据是根据全球化学品统一分类和标签制度（GHS制度）形成的《危险化学品目录》。

出口危险货物包装容器的生产企业，应当向海关申请包装容器的性能鉴定。包装容器经海关鉴定合格并取得性能鉴定证书的，方可用于包装危险货物。出口危险货物的生产企业，应当向海关申请危险货物包装容器的使用鉴定。使用未经鉴定或者经鉴定不合格的包装容器的危险货物，不准出口。

进出口危险化学品及其包装检验内容主要包括：产品的主要成分/组分信息、物理及化学特性、危险类别等是否符合相关规定；产品包装上是否有危险公示标签（进口产品应有中文危险公示标签），是否随附安全数据单（进口产品应附中文安全数据单）；危险公示标签、安全数据单的内容是否符合相关规定。

第二节 自贸试验区海关监管制度创新的路径

一、海关监管制度创新的基本情况

建设自贸试验区是党中央、国务院在新形势下作出的重大决策，是我国进入新时代推动形成开放新格局的重要平台。海关总署认真贯彻落实党中央、国务院的决策部署，坚持以制度创新为核心，以可复制可推广为基本要求，积极支持并有力地促进了自贸试验区的发展。

2013年，国务院决定在上海设立自贸试验区后，海关总署迅速出台了支持和促进上海自贸试验区发展的18条措施，国家质量监督检验检疫总局[①]提出10个方面的指导意见，有关内容均为结合上海实际、致力于在更高层次上助推上海创新驱动和转型发展而制定。此后，为更好地规范创新工作，发挥制度引领作用，提高制度创新质量，海关总署于2016年11月印发《自由贸易试验区海关监管制度创新基本规范》。而后根据党中央、国务院的最新部署要求和自贸试验区海关监管制度创新工作开展情况，海关总署于2019年10月对上述规范进行修订并印发了《自由贸易试验区海关监管制度创新工作规范》。为了进一步规范自贸试验区海关监管创新试点举措备案工作，海关总署办公厅根据《自由贸易试验区海关监管制度创新工作规范》，于2020年4月印发《自由贸易试验区海关监管创新举措备案工作规程》，2020年12月印发《自贸试验区海关监管创新制度评审工作规程》，对创新举措备案和评审工作的范围、内容和程序等进行了详细规定。此外，海关还建立了自贸试验区海关协作机制，指导各自贸试验区海关围绕各自贸试验区的特点和优势，立足产业重点和发展实际，从对标国际新规则、服务开放新业态、防控监管新风险等方面开展海关监管制度创新，取得了积极成效。主要体现在以下几个方面：

（一）创新制度数量领先

截至2021年10月，国务院分六批在全国范围复制推广的自贸试验区试点经验中，涉及海关工作的有61项，有力地促进了自贸试验区开放发展。2020年，在海关总署相关司局和全国21个自贸试验区所在海关的共同努力下，有关海关提出的48项创新举措获得海关总署备案，备案数量是2019年的3.2倍。各自贸试验区海关围绕战略定位，在对标国际新规则、服务开放新业态、防控监管新风险等方面开展监管制度改革创新，在相关自贸试验区先行先试，为下一步在全国范围复制推广奠定了良好的基础。

（二）创新制度质量较高

第一个自贸试验区设立后不久，上海海关率先推出"先入区、后报关"创新制度，在普华永道、美商会等机构的调查中，这项创新制度被企业评为最重要、企业受益最大、影响力最大的自贸试验区改革。天津海关推出的自贸试验区保税融资租赁创新改革，助推天津飞机、海工等融资租赁业务实现跨越式发展。截至2021年10月，全球排名前25位的飞机租赁公司中，一半以上在天津自贸试验区开展业务，累计交付飞机超过1800架；约3400家租赁公司在天津

[①] 2018年，出入境检验检疫管理职责和队伍划入海关总署。

自贸试验区聚集，累计注册资本金约1.8万亿元，飞机、船舶、海工跨境租赁业务全国占比超过80%，持续保持租赁产业规模和质量的全国领先水平。在浙江自贸试验区，杭州海关围绕保税油品监管、保税期货交割等推出多项海关监管制度创新，促进了以油品为核心的大宗商品贸易便利化，提升了全球大宗商品定价机制中的中国话语权。2020年，舟山港的保税供油业务量升至全球前六，居全国口岸首位。重庆海关推出的海关特殊监管区域"四自一简"创新制度，为区内企业简化手续、降低成本、提升效率，助推重庆市形成了"以区内的五大品牌商、六大代工厂，带动区外一千家零部件厂商集聚发展"的产业发展模式，形成了"5+6+1000"的电子信息产业链集群。该制度因充分体现简政放权、放管结合，降低制度性交易成本，提升贸易便利化水平，被纳入《国务院办公厅关于部分地方优化营商环境典型做法的通报》。这些含金量高的海关创新制度，充分体现了自贸试验区开展先行先试，服务国家战略的重要作用。

（三）创新范围和领域不断扩大

从2020年备案的创新举措来源看，坚持问题导向，源自地方政府和企业诉求形成的备案创新举措有30项，占当年48项创新举措的62.5%；从发展阶段看，2019年新设的6个自贸试验区开始发力，共备案创新举措16项，占33.3%；从实施地域扩展情况看，支持港澳台地区监管合作创新举措有4项，支持边境贸易创新举措有4项。

（四）创新层次更加丰富

聚焦贸易便利化，提升通关效率，形成20项创新举措。如实施国际邮快件、跨境电子商务"三合一"集约式监管，日均查验能力提升120%，通关时间缩短50%以上。落实促进综合保税区高质量发展要求，实施9项创新举措。如创新整车保税仓储"三个一"监管模式，车辆抵港后6小时内完成入区仓储；推进仓储货物区内直转，每月为企业节约运营成本40余万元。支持"一带一路"建设，围绕中欧班列、中欧公路开展4项创新举措。在48项创新举措中，有23项涉及信息化、新技术等的应用，占47.9%。如探索开展无感稽查，实现远程视频核查、电子数据固化见证，极大提升了稽查效率和执法严密性。有12项创新举措以智能监管为切入点，进一步提升海关精准监管、智能监管、有效监管的能力。

（五）自贸试验区进出口增长速度快

2018年，全国12个自贸试验区外贸进出口累计3.34万亿元，约占当年全国外贸进出口总值的10.95%。2019年，全国18个自贸试验区外贸进出口累计

4.11万亿元，约占当年全国外贸进出口总值的13.04%。2020年，全国18个自贸试验区外贸进出口累计4.7万亿元，约占当期全国外贸进出口总值的14.7%。2021年1—9月，全国21个自贸试验区以不到全国千分之四的国土面积实现了全国16.5%的外贸规模。

总的来看，自贸试验区设立八年来，海关积极把握"管得住才能放得开"方向，大力开展海关监管制度创新，取得了一定成绩，为我国提升对外开放水平及改善营商环境作出了贡献。对照新的形势和新的要求，海关还将继续充分发挥自贸试验区的"试验田"作用，进一步提升海关工作水平。

二、海关监管制度创新的理念

理念决定方式，制度理念决定制度安排。辩证唯物主义认为，人的认识对实践具有指导作用，以正确的认识指导实践会使实践保持正确的方向，达到预期的效果，反之，用错误的认识指导实践会对实践产生消极甚至破坏作用。海关作为行政管理和执法部门，主动应对自贸试验区建设发展的改革要求和多重挑战，其行政理念的创新显得尤为重要。

（一）有限行政理念

现代政府是有限政府，只有将行政权限设定在适度的范围内，严格实行法定职权，才能从根本上防止行政权的滥用和腐败。党的十八大、十八届三中全会明确提出了简政放权、转变职能的要求，为我们勾勒出一个有限政府的形象，体现了还权于民，善待市场主体，尊重市场规律的态度。明确哪些该管，哪些不该管，最大限度减少对微观事物的管理，对行政权力的规模进行有效控制符合有限行政理念的主旨。在自贸试验区的改革实践中，海关制度创新要以党的十八届三中全会通过的《中共中央关于全面深化改革若干重大问题的决定》的精神为指导，遵循有限行政理念，通过法制思维、法治方式对海关行政权力范围、设定主体和自由空间重新进行规制，使海关的权力限定在有限的范围内，做到标准明确、规范有序，实行有限行政。

（二）服务行政理念

市场在中国经济活动中的地位将由"基础性"向"决定性"转型。党的十八届三中全会作出的这一重大决定重新设定了政府对社会经济的管理方式，将以权力导向型为特征的政府管理方式转变为规则导向型。在经济活动中，政府的职能是提供公共产品、公共服务，服务者是政府最准确的定位，服务行政的理念亟待予以确立和强化。具体来说，在直接管理和间接管理之间，重间接管理；在静态管理和动态管理之间，重动态管理；在事前管理和事中事后管理之间，重事中事后管理。海关所倡导的服务行政应包含宏观和微观两个层面，即服务于国家战略，服务开放型经济的发展，又服务管理相对人。

（三）诚信行政理念

诚信是法治社会的基石，市场经济是法治经济，也是诚信经济。行政执法领域已经确立的信赖保护原则，其基于基本含义及行政管理相对人对行政权力的正当合理信赖应当予以保护，行政机关不得擅自改变已生效的行政行为，确需改变行政行为的，对于由此给管理相对人造成的损失应当给予补偿。公民、法人和其他组织是构成社会经济生活的细胞，其对国家及权力信任与否是整个社会经济能否有序运作，社会生活是否安全可靠的基础。诚信行政要求海关在行使权力的过程中要加强自我约束、自我监督，通过各种方法途径实现行政自律，忠诚行使党和人民赋予海关的各项权力。

（四）开放行政理念

党的十八届三中全会提出，科学的宏观调控、有效的政府治理是发挥社会主义市场经济体制优势的内在要求。政府治理是对行政体制改革的一种现代化表述。海关行政要打破封闭式运作的行政理念，开放整个行政行为过程，增强执法的透明度，让更多的利益主体参与到事前、事中、事后监管中，借助外部力量不断地为行政权力的行使矫正方向。树立开放行政理念，海关要减政放权，借助社会力量开展有效管理。同时，与社会各界建立广泛的合作伙伴关系，建立健全对话，协调协作与合作机制，有效利用合作伙伴的资源，解决执法和管理中特定技术专业方法等难点问题，为海关发展争取最广泛的资源和空间，要通过开放行政促进并形成一个自我革新、自我演进的执法体系，提升海关执法的综合效能。

三、海关监管制度创新工作制度的组成、思路和原则

（一）海关监管制度创新工作制度的组成

考虑到国务院已批准设立21个自贸试验区，新设自贸试验区的单位、部门对海关监管制度创新工作较为陌生，为帮助各单位、各部门更好地理解、规范有序地开展监管制度创新工作，海关总署已初步形成"1+3"海关监管制度创新制度体系（"1"是指《自由贸易试验区海关监管制度创新工作规范》，"3"是指《自由贸易试验区海关监管创新举措备案工作规程》和《自贸试验区海关监管创新制度评审工作规程》，另外，目前正在研究制定创新制度复制推广工作

规程），细化海关监管制度创新的来源和重点，明确创新制度的形成、评审以及复制推广路径，使制度创新工作更加具有可操作性，指导各直属海关在自贸试验区范围内开展创新试点。

(二) 海关监管制度创新工作制度的总体思路

总体思路：在创新方向上，强调重质不重量，把制度创新的质量放在第一位，宁缺毋滥。在创新程序上，明确"上下联动、左右协调"，通过"两上两下"程序，确保自贸试验区创新符合海关总署改革的大方向，从源头上提高创新制度质量，力争推出一项成一项。在创新保障上，从协调机制、制度、科技、风险防控及激励容错等方面健全保障机制，支持和鼓励各关大胆试、大胆闯、自主改，充分发挥自贸试验区"开放试验田"的作用。

具体表现在以下三个维度。

1. 解决创新"从哪来"的问题

通过明确制度创新的四个来源和六个重点，帮助各关找准方向、理清思路。

(1) 四个来源具体包括：

①国务院自贸试验区总体方案明确的有关任务；

②受海关总署司局委托在自贸试验区探索开展的创新项目；

③自贸试验区建设中地方政府和企业提出的发展诉求；

④其他需要或适合在自贸试验区内先行先试的改革举措。

(2) 六个重点具体包括：

①突出新职能——按照海关关检业务全面深度融合要求，开展集成化、集约化的制度创新；

②对标新规则——对标高标准国际贸易规则，开展国际自由贸易区高水平经贸规则测试应用的制度创新；

③打造新平台——发挥综合保税区等海关特殊监管区域与自贸试验区平台叠加优势，开展优化海关特殊监管区域监管的制度创新；

④服务新业态——适应外贸领域新业态发展需要，开展与服务贸易开放发展相适应的海关监管制度创新；

⑤应用新技术——适应"智慧海关"建设要求，开展利用科技手段提升海关精准监管、智能监管、有效监管能力的制度创新；

⑥防控新风险——根据海关监管职责更多、监管范围更广、监管链条更长的工作实际，强化监管、优化服务，开展维护国门安全，严守国门防线的制度创新。

将海关监管制度创新工作放在国家大局中去看，制度创新不是空想出来的，而是来自国家对各自贸试验区的定位,来自各自贸试验区所处的国家发展战略,来自各自贸试验区的发展实际和产业重点。只有从这些方面去深入发掘,制度创新才能沿着正确的方向去走,才有可能形成更多可复制可推广的制度创新成果。

2. 解决创新"怎么做"的问题

制度创新全程分为创新举措阶段和创新制度阶段,通过"两上两下"程序进行规范。

第一次"上下":直属海关提出创新举措,经可行性论证后向自贸区和特殊区域发展司报送《自贸试验区海关监管创新举措备案表》,自贸区和特殊区域发展司在商相关司局后复函直属海关组织实施,直到直属海关收到复函,才可视作其自主创新得到认可,创新举措可以正式实施。这个阶段可整体视作创新举措阶段,可从源头上把住制度创新的质量关。

第二次"上下":直属海关对实施的创新举措,认为成效达到预期,可上升为创新制度进行复制推广的,向自贸区和特殊区域发展司报送《自贸试验区海关监管创新制度评审表》并提请组织评审;自贸区和特殊区域发展司会同相关司局评审,对具备复制推广条件的创新举措,商相关司局制定规范性文件,形成创新制度予以复制推广。第二次"上下"完成后,创新举措才能真正上升为创新制度。

通过强化上下联动,左右协调,依托"两上两下"程序,可以及时搜集和了解各关创新开展情况,推动署内相关司局加强对各自贸试验区海关的指导和统筹协调,强化创新制度的集成性,提高创新制度质量,解决过去创新同质化、碎片化、重量不重质等问题。从直属海关提出创新举措,到海关总署认可创新举措,再到创新制度复制推广,这是一个递进式的管理过程,通过环环相扣、层层过滤,来确保创新制度更加具有含金量。

3. 解决创新"大胆试"的问题,促进科学健康创新,加强激励与容错保障机制

（1）坚持风险防控贯穿始终

自贸试验区的发展和改革创新工作强调大胆试、大胆闯、自主改,要破、要立、勇于探索,走前人未走过的路子,但也不能盲目、随意开展改革创新,一定要有底线思维和风险意识。参与创新的各个环节部门必须遵循科学的态度,在有效监管和把控风险的前提下推进,尤其是要把控好合法性风险和安全准入风险。

为此,《自由贸易试验区海关监管制度创新工作规范》提出"同步考虑制度创新形成的新业务流程内控节点设置,及时制定相应的风险防控措施,最大限度地保障制度创新有创新、有实效、有底线""实施中发现存在较大风险的,应停止继续实施"。也就是要求海关总署相关司局、直属海关在每一个阶段都对创新性、安全性和预期成效等方面进行评估,并根据评估结果进行动态调整和优化,确保管得住才能放得开、管得好才能放得好。

(2)健全保障机制

自贸试验区支持和鼓励大胆试、大胆闯、自主改,但考虑到在先行先试、缺乏经验的现实情况下,难免出现探索性失误,《自由贸易试验区海关监管制度创新工作规范》特新增了"加强激励与容错",即"鼓励直属海关大胆创新探索,创新制度上升为国务院全国复制推广的改革试点经验的,对制度创新工作过程中表现突出且符合海关相关奖励规定的集体及个人,可按规定申请表彰奖励,并作为年度考核、干部提拔、职级晋升的参考。对制度创新出现一定的失误错误,未达到预期效果、造成负面影响或损失,符合容错纠错规定的,对有关单位、人员予以免责或减责处理并及时纠错改正"。通过激励和容错,能够最大限度地尊重包容,形成鼓励创新的正面导向和良好环境,激励大家积极地开展创新。

四、海关监管制度创新的六个维度

在对以往海关自贸试验区制度创新工作进行全面梳理总结的基础上,海关总署牢牢把握自贸试验区制度创新这个核心和可复制可推广这个基本要求,全面推进政治建关、改革强关、依法把关、科技兴关、从严治关"五关"建设,突出自贸试验区海关监管制度创新的六个维度,推进自贸试验区制度创新工作。

(一)突出新职能

按照海关关检业务全面深度融合要求,开展集成化、集约化的制度创新。

2018年,国家决定将国家质量监督检验检疫总局出入境检验检疫职能和队伍划入海关总署。海关总署的职能中增加了卫生检疫、动植物检疫、商品检验、进出口食品安全监管等职责,海关需加强监管,严守国门安全。以风险管理为主线,加快建立风险信息集聚、统一分析研判和集中指挥处置的风险管理防控机制,监管时空从口岸通关环节向出入境全链条、宽领域拓展延伸,监管方式从分别作业向整体集约转变,进一步提高监管的智能化和精准度,坚决将"洋垃圾"、走私象牙等危害生态安全和人民健康的货物物品以及传染病、病虫害等拒于国门之外。

在自贸试验区监管制度创新领域,突出新职能是海关制度创新的新亮点,海关将按照关检业务全面深度融合要求，开展集成化、集约化的制度创新。

（二）对标新规则

对标高标准国际贸易规则，开展国际自由贸易区高水平经贸规则测试应用的制度创新。

对标国际先进规则是自贸试验区制度创新工作的重点之一，各自贸试验区总体方案均提出了对标国际的要求。以上海为例，2013年《中国（上海）自由贸易试验区总体方案》（国发〔2013〕38号）提出"率先建立符合国际化和法治化要求的跨境投资和贸易规则体系，使试验区成为我国进一步融入经济全球化的重要载体"；2015年《进一步深化中国（上海）自由贸易试验区改革开放方案》（国发〔2015〕21号）提出"形成与国际投资贸易通行规则相衔接的制度创新体系"；2017年《全面深化中国（上海）自由贸易试验区改革开放方案》（国发〔2017〕23号）提出"对照国际最高标准、最好水平的自由贸易区"；2019年《中国（上海）自由贸易试验区临港新片区总体方案》（国发〔2019〕15号）提出"对标国际上公认的竞争力最强的自由贸易园区"。

在自贸试验区监管制度创新领域，海关将在通关模式、监管服务、通关时间、简政放权等各方面与国际公认的最具竞争力的自由贸易园区进行对标，学习借鉴成功经验，力争做到人无我有、人有我优。

（三）打造新平台

发挥综合保税区等海关特殊监管区域与自贸试验区平台叠加优势，开展优化海关特殊监管区域监管的制度创新。

自贸试验区是推进改革和提高开放型经济水平的"试验田"，自贸试验区中的海关特殊监管区域则是带动当地开放型经济发展的新引擎，充分发挥海关特殊监管区域的火车头带动作用和自贸试验区先行先试的"试验田"作用，发挥两区叠加的平台优势，努力开展海关监管制度创新。

在自贸试验区监管制度创新领域，打造新平台将是海关制度创新的主要载体，海关将在海关特殊监管区域重点开展以货物贸易便利化为主要内容的制度创新；对于自贸试验区内的非海关特殊监管区域，重点围绕服务业扩大开放开展制度创新。

（四）服务新业态

适应外贸领域新业态发展需要，开展与服务贸易开放发展相适应的海关监管制度创新。

当前，经济全球化和区域经济一体化带动货物、服务、资本和技术的跨境流动规模持续增长，新型贸易业态不断涌现，国际贸易规则面临重建。同时，为了满足我国新兴产业快速发展，满足我国人民群众日益增长的美好生活需求，特别是多元化、多样化、个性化的产品和服务的需求，依托自贸试验区的政策功能，叠加技术创新和应用，从现有产业和领域中衍生叠加出的新环节新链条、新形式，如跨境电子商务网购保税、保税+文化创意、期货保税交割、保税飞机融资租赁、生物医药保税研发、集成电路产业链保税等新业态正在自贸试验区蓬勃发展。

在自贸试验区监管制度创新领域，服务新业态将是海关制度创新的主要对象，自贸试验区海关监管制度创新将适应外贸领域新业态发展需要，大力开展与服务贸易开放发展相适应的海关监管制度创新。

（五）应用新技术

适应"智慧海关"建设要求，开展利用科技手段提升海关精准监管、智能监管、有效监管能力的制度创新。

世界各地海关正在经历深刻转型，《框架》、21世纪海关等国际海关标准和工具逐步实施，大数据、云计算、物联网、移动互联、区块链、人工智能等新技术不断影响和改变着海关管理。海关总署提出了"智慧海关"建设，随着海关新一代业务改革的不断推进，以及关检业务深度融合的不断加强，5G、无人机、机器人、北斗卫星等成熟的先进技术和装备的引进消化、推广运用，先进设备与海关监管场景将逐步有机融合。

在自贸试验区监管制度创新领域，应用新技术将是海关制度创新的主要手段，自贸试验区海关监管制度创新将不断借用先进的科技技术，提升海关精准监管、智能监管、有效监管的能力水平。

（六）防控新风险

根据海关监管职责更多、监管范围更广、监管链条更长的工作实际，强化监管、优化服务，开展维护国门安全，严守国门防线的制度创新。

随着全方位开放新格局纵深推进，进出境领域面临的各类风险也在增加。对此，党中央、国务院对海关把守国门安全的要求更高，广大进出口企业和社会各界对海关公正执法、高效服务的期望更高。

在自贸试验区监管制度创新领域，防控新风险将是海关制度创新的底线，海关总署坚决贯彻落实总体国家安全观，在维护口岸公共卫生安全、国门生物安全、食品安全、产品质量安全等方面进一步强化监管意识，创新监管手段，提升监管效能，实现管得住、放得开、效率高、成本低。

目前，各自贸试验区海关正按照上述六个重点积极开展海关监管制度创新。据统计，自 2019 年至 2021 年 10 月，在海关总署备案通过的创新举措已达 76 项。

第三章
我国各自贸试验区现状及海关监管制度创新详解

引言

自2013年全国首个自贸试验区——上海自贸试验区设立以来，各自贸试验区海关深入学习贯彻习近平总书记关于自贸试验区建设发展的重要讲话和重要指示批示精神，以制度创新为核心，开展了一系列创新探索，形成了一批可复制可推广的创新成果，有力地促进了自贸试验区的开放发展。

本章通过介绍现有21个自贸试验区的基本概况、区位功能和发展历程等，重点围绕国务院复制推广试点经验和商务部"最佳实践案例"，对海关监管创新制度和典型案例进行解析。

第一节　海关支持中国（上海）自由贸易试验区建设主要情况

一、中国（上海）自由贸易试验区基本情况

2013年9月18日，《国务院关于印发中国（上海）自由贸易试验区总体方案的通知》（国发〔2013〕38号），同意设立中国首个自贸试验区——中国（上海）自由贸易试验区（以下简称"上海自贸试验区"）。2013年9月29日，上海自贸试验区正式挂牌成立。2014年12月28日，全国人大常务委员会授权国务院扩展上海自贸试验区区域。2015年4月，上海自贸试验区正式扩区，同月，《国务院关于印发进一步深化中国（上海）自由贸易试验区改革开放方案的通知》（国发〔2015〕21号）发布。2017年3月，《国务院关于印发全面深化中国（上海）自由贸易试验区改革开放方案的通知》（国发〔2017〕23号）发布。2019年8月，《国务院关于印发中国（上海）自由贸易试验区临港新片区总体方案的通知》（国发〔2019〕15号）发布。2019年11月，海关总署发布《中华人民共和国海关对洋山特殊综合保税区监管办法》（海关总署公告2019年第170号）。2020年6月，海关总署批复了《中华人民共和国海关对洋山特殊综合保税区监管实施方案（试行）》（署贸函〔2020〕178号）。

（一）区域范围

目前，上海自贸试验区总面积由设立时的28.78平方千米扩大为226.06平方千米，共涵盖九个片区，具体包括：

（1）上海自贸试验区扩区前的四个海关特殊监管区域：上海外高桥保税区（10平方千米）、外高桥保税物流园区（1.03平方千米）、洋山保税港区（14.16平方千米）和浦东机场综合保税区（3.59平方千米）；

（2）扩区后新增的三个片区：陆家嘴金融片区（34.26平方千米）、金桥开发区片区（20.48平方千米）、张江高科技片区（37.2平方千米）；

（3）2019年设立的临港新片区先行启动区3个区域（119.5平方千米，包括了原洋山保税港区）。

（二）功能划分

外高桥保税区是全国第一个保税区，于1990年6月经国务院批准设立。外

高桥保税区做大做强酒类、钟表、汽车、工程机械、机床、医疗器械、生物医药、健康产品、化妆品、文化产品十大专业贸易平台,其中文化产品贸易平台被文化部(现文化和旅游部)授予全国首个"国家对外文化贸易基地"。

外高桥保税物流园区是我国第一个保税物流园区,于2003年12月经国务院批准设立。作为全国首个实施"区港联动"的试点区域,可同时享受保税区、出口加工区相关政策和上海港的港航资源。依托"区区联动""进区退税"等政策功能优势,外高桥保税物流园区与外高桥保税区相辅相成、联动发展,成为现代国际物流发展的重要基地。2020年8月,国务院正式批复同意外高桥保税物流园区整合优化为外高桥港综合保税区。

洋山保税港区是我国第一个保税港区,于2005年6月经国务院批准设立,2012年批准扩区。由小洋山港口区域、陆域部分和连接小洋山岛与陆地的东海大桥组成。洋山保税港区实行区港一体监管运作,是上海国际航运发展综合试验区的核心载体,聚集了包括通信及电子产品、汽车及零部件、高档食品、品牌服装等的分拨配送中心,基本形成了面向欧美的分拨配送基地、大宗商品产业基地和面向国内的进口贸易基地及航运龙头企业基地。

2020年1月,国务院正式批复同意设立洋山特殊综合保税区,区域规划面积25.31平方千米,包括芦潮港区域、小洋山岛区域、浦东机场南部区域。

浦东机场综合保税区于2009年7月经国务院批准设立。实行保税物流区域与机场西货运区一体化运作,具有浦东机场亚太航空复合枢纽优势,是上海临空服务产业发展的先导区。已引进包括电子产品、医疗器械、高档消费品等全球知名跨国公司空运分拨中心,以及融资租赁项目,UPS、DHL 和 FedEx 三大全球快件公司均入区发展,一批重点功能型项目已启动运作,已逐步形成空运亚太分拨中心、融资租赁、快件转运中心、高端消费品保税展销等临空功能服务产业链。

陆家嘴金融片区包含陆家嘴金融贸易区和世博前滩地区,是上海国际金融中心的核心区域、上海国际航运中心的高端服务区、上海国际贸易中心的现代商贸集聚区。将探索建立与国际通行规则相衔接的金融制度体系,与总部经济等现代服务业发展相适应的制度安排,持续推进投资便利化、贸易自由化、金融国际化和监管制度创新,加快形成更加国际化、市场化、法制化的营商环境。

金桥开发区片区成立于1990年,是上海重要的先进制造业核心功能区,集聚了大量生产性服务业和新兴产业、生态工业。这一区域将以创新政府管理和金融制度、打造贸易便利化营商环境、培育能代表国家参与国际竞争的战略性新兴产业为重点,不断提升经济发展活力和创新能力。

张江高科技片区是上海贯彻落实创新型国家战略的核心基地，是上海发展科技创新的中心和公共服务平台。重点在国际科学中心、发展"四新"经济、科技创新公共服务平台、科技金融、人才高地和综合环境优化等重点领域开展探索创新。

对标国际上公认的竞争力最强的自由贸易园区，选择国家战略需要、国际市场需求大、对开放度要求高但其他地区尚不具备实施条件的重点领域，实施具有较强国际市场竞争力的开放政策和制度，加大开放型经济的风险压力测试，建设具有较强国际市场影响力和竞争力的特殊经济功能区，成为我国深度融入经济全球化的重要载体。

(三) 发展情况

上海自贸试验区是我国第一个自贸试验区，肩负着为全面深化改革和扩大开放探索新途径、积累新经验的重要使命。自2013年9月挂牌成立以来，上海自贸试验区先后实施了三版总体方案，并于2019年增设临港新片区，试验层次不断提高、试验领域逐渐拓展、试验力度持续加大。八年多以来，上海自贸试验区在贸易投资自由化便利化、政府职能转变、金融开放创新、加强事中事后监管等领域先行先试，形成了一批重要制度创新成果，为全国贡献了"上海经验"。

一是以负面清单管理为核心的外商投资管理制度基本建立。2013年，上海自贸试验区制定实施了我国第一版外商投资负面清单，改变了"逐案审批+产业指导目录"的传统管理方式。2014年，制定了第二版负面清单，限制类条目从190条减少到139条。负面清单以外领域的外商投资项目核准和企业合同章程审批改为备案制，90%以上的外资企业都通过备案设立。区内企业境外投资也改为以备案为主的管理。工商、税务、质检等部门协同推动商事登记制度改革，企业登记和准入由"多头受理"改为"一个窗口"集中受理，企业注册时间从原来的29个工作日减少为4个工作日。

二是以贸易便利化为重点的贸易监管制度有效运行。海关、海事等口岸执法部门创新"一线放开、二线安全高效管住"的监管制度，推出"先入区、后报关"等创新举措；启动国际贸易"单一窗口"试点，建立贸易、运输、加工、仓储等业务的综合管理服务平台。

三是金融制度创新有序推进。为配合上海国际金融中心建设，金融部门在上海自贸试验区内推出51项创新举措，主要在资本项目可兑换、人民币跨境使用、小额外币存款利率市场化、外汇管理改革4个方面先行先试。同时，通过建立监管协调、跨境资金流动监测、"反洗钱、反恐融资、反逃税"等监管机制，完善金融监管和防范风险机制，有效管控了金融风险。

四是以政府职能转变为核心的事中事后监管制度初步形成。上海自贸试验区加强对市场主体"宽进"后的过程监督和后续管理，打造"放得开、管得住"的监管格局。着力加强社会信用体系、信息共享和综合执法、企业年报公示和经营异常名录、社会力量参与市场监督、安全审查、反垄断审查等基础性监管制度建设。这为全面推进政府职能转变积累了经验，也为进一步扩大开放打下了基础。

此外，上海自贸试验区临港新片区设立一年以来，围绕打造更具国际市场影响力和竞争力的特殊经济功能区，大胆先行先试，也取得了明显的成效。2020年全年，临港新片区新设外资企业292家，实到外资17.5亿元。贸易方面，全国唯一的特殊综合保税区，洋山特殊综合保税区正式运行；全球首次"5G+AI"智能化港区作业试点，首单跨口岸国际中转集拼等业务相继落地。金融方面，全国唯一跨区域、跨市场的证券期货纠纷专业调解组织，中证资本市场法律服务中心等一批标志性项目入驻，72家头部金融机构及组织设立了"智能投研技术联盟"；累计注册与签约基金的总资金规模超过了2614亿元。人才方面，加快构建具有全球竞争力的创新创业人才发展生态，放宽技能人才准入资格，率先突破外籍人才停居留、工作许可、从业自由等政策，吸引落户各类人才3300余人。产业方面，加快推进新一代信息产业集聚融合，与数字经济相关的集成电路、人工智能、工业互联网、智能制造等产业，已有370余家企业和20多家平台相继落户。

二、海关支持自贸试验区发展情况

2020年，在海关总署坚强领导下，上海海关认真贯彻落实党中央、国务院重大决策部署，以制度创新为重要抓手，立足于可复制可推广，大胆闯、大胆试、自主改，推进自贸试验区各项改革任务，有效发挥改革创新"试验田"作用。2020年，上海自贸试验区实现进出口总值16996.1亿元，同比增长4.1%，占同期上海市进出口总值的48.8%。截至2020年12月，上海自贸试验区累计海关注册企业27591家。

（一）对标国际促进改革，全力推动自贸试验区建设

深入学习贯彻习近平总书记的重要讲话和重要指示批示精神，坚持聚焦洋山特殊综合保税区的特殊性，围绕海关总署署长倪岳峰提出的"两个最大"指示要求，用足用好开放政策和制度，加快探索形成差别化创新成果。学习借鉴美国、欧盟等国际上公认的竞争力强的自由贸易区相关政策制度，对新片区建

设进行全面系统谋划，提出以产业链来规划功能区，以产业发展和企业生产需求进行功能拓展和政策创新的建设思路，并进一步找准定位，提出了小洋山岛片区、海关特殊监管区域、海关特殊监管区域外片区高质量发展的思路和优化路径。

2020年5月16日，洋山特殊综合保税区（一期）正式挂牌，成为第一个当年批复、当年验收、当年挂牌的特殊综合保税区。上海海关上报的《中华人民共和国海关对洋山特殊综合保税区监管实施方案（试行）》获海关总署批复，上海海关据此构建了洋山特殊综合保税区全新的海关监管业务模式，并搭建了配套信息化系统。

截至2020年年底，临港新片区拥有海关注册企业3732家，同比增长88%。进出口总值为1167.4亿元，同比增长28.2%。洋山特殊综合保税区揭牌首日，上港集疏运中心、马士基亚太分拨中心等首批18个新入驻项目进行了集中签约。

（二）聚焦重点功能拓展，巩固深挖扩大改革红利

深化飞机融资租赁，借助综合保税区内融资租赁企业进出口大型设备异地委托监管政策，2020年监管租赁飞机36架，货值20.63亿美元，其中异地委托监管18架，货值6.90亿美元。

拓展期货保税交割监管，2020年3月完成上海首票20号天然橡胶期货保税交割；同年6月引入低硫燃料油期货品种，并在上海正式挂牌上市，这是继原油、20号天然橡胶后，在上海自贸试验区临港新片区开展业务的又一个国际化交易期货品种。上海自贸试验区国际化交易期货品种的拓展，有力促进了我国期货保税交割的国际化进程。

推动平行汽车进口，建立"企业备案、代码识别、台账管理、全程跟踪"监管模式，完善平行进口汽车审价机制，指导企业叠加运用先进区后报关、分送集报、预裁定、汇总征税等海关创新制度，提升通关便利。

加快船舶设备保税维修业务功能拓展，支持区内企业为停靠在上海关区各个港口的国际航行船舶提供设备直达、服务直供的保税维修服务，实现跨港维修规模化运作。支持中国船舶燃料有限责任公司、中石化浙江舟山石油有限公司等具备全国范围跨区域连锁经营保税油资质的企业开展直供业务。

（三）支持企业复工复产，助力外贸回暖复苏

坚决贯彻落实海关总署相关文件精神，推动各项措施落地推进，并细化形成《上海海关贯彻落实总署部署精神，支持企业复工复产稳增长促发展措施》

和《上海海关进一步支持企业复工复产和产业链供应链稳链补链10项措施》。聚焦重点领域、重点产业和重点企业，贯彻落实海关总署关于疫情防控期间简化注册登记或备案程序的相关措施；推行"预约办"制度，充分发挥"互联网+海关"作用，实现疫情期间"少见面、不见面"办理业务的需求；暂免征收加工贸易货物内销缓税利息，办理征税延期，创新担保模式，以企业财务保函代替现金保证金，有效缓解了企业的资金压力；会同地方综合保税区管委会加强政策宣讲，利用区内企业工艺加工先进技术及设备优势承接国内业务，弥补疫情期间国外订单不足的困难。

（四）深化"放管服"改革，提升贸易便利化水平

坚持简政放权，推动波音公司参加"创新进口涂料检验管理模式"试点，使企业危化品和涂料的进口时效缩短近70%，极大地提升了企业的竞争力；积极推广"四自一简"创新制度，目前该制度已覆盖7个关区42家企业；充分发挥洋山港全球供应链亚洲枢纽区位优势，"公路+中欧班列+公路"模式为企业缩短运输时间20余天；促进长三角一体化发展战略，加强与长三角区域海关沟通配合，为企业量身定制个性化通关模式完成货物保税间结转；优化审核时效，开通线上办理功能，将减免税审批时限从10个法定工作日进一步压缩至3~5个工作日。

三、海关在自贸试验区开展海关监管制度创新情况

2013年上海自贸试验区成立以来，上海海关累计推出66项创新经验，其中22项由国务院发文在全国复制推广，国际贸易"单一窗口"入选"自贸试验区最佳实践案例"。

（一）全球维修产业检验检疫监管

自贸试验区内全球维修产业监管制度根据"合格假定、事中监管、事后追责、风险管理"等法检制度改革原则，以"风险可控、便利贸易"为监管思路，构建按照"企业资质评估+简易核准+监督检查"的监管模式。该制度从实质上改变了原有进口维修用旧机电产品的入境行政许可和检验监管模式，以产品风险分析和企业能力评估为基础，按照事中监管和事后追责完善对入境维修的旧机电产品和经营企业的监管。促进全球维修检测产业发展，上海海关创建全国首个"入境再利用产业检验检疫示范区"，完成物流和监管等信息交换共享工作，开发质量追溯功能，积极推进测试。对于进境维修的飞机实施"预约检疫""随报随检，快速验放"的绿色通关模式，实现了24小时全天候飞机落

地随查入库。

(二) 中转货物产地来源证管理

一是进一步深化推进中转货物原产地签证制度。鼓励企业用足用好中转货物原产地签证政策，不断完善事前、事中、事后的流程监管和完善业务扶持机制，创新监管手段，并对重点行业、重点企业等自主品牌以及战略新兴企业实施重点帮扶，助力企业政策利用率提升。同时，面对转口证书领域不断涌现的新型业态，针对货物来源，根据其实际原产地，探索试行换证、分证、并证操作的管理制度。二是落实并开拓"信用签证"管理模式。进一步创新签证管理模式，规范和简化自贸试验区原产地证申领手续，在自贸试验区范围内率先开展原产地证书电子签章自助打印试点，有效服务企业。原产地签证流程时长已从平均四小时压缩至两小时以内。

中转货物产地来源证管理案例

基本情况：该制度在外高桥保税区、外高桥保税物流园区和洋山保税港区内实施。

政策分析：中转货物产地来源证管理顺应了自贸试验区建设进程中形成的贸易新业态发展、服务产地证签证新需求，是丰富海关特殊监管区域原产地签证工作体系，在自贸试验区先行先试的一项实践。具体指对自贸试验区内的中转出口货物，依照对外贸易发展的需要，顺应物流企业全球供货、国内分拨，以及入区货物集拼或分拨中转的新模式要求，针对货物来源，根据其实际原产地，签发相关原产地证明文件，并试行换证、分证、并证操作。

成效：中转货物产地来源证管理制度的实施，有效满足了区内企业对中转货物的签证需求，促进区内转口业务的开展，转口证可作为区域经济合作国际货物贸易协议中原产地直运规则的补充，帮助经上海分拨中转的货物能在协议方之间享受关税减免。此外，中转货物来源证制度设计使签证人员可采用书面和现场核查的方式掌握异地货物信息；把物流企业供应链信息系统建立列入分类条件之一，便利原产地可追溯。

（三）检验检疫通关无纸化

1. 申报环节无纸化

（1）申报。在电子申报的基础上，采用企业自行建档保存贸易单证，声明、承诺类材料电子传输，许可、审批类单证联网核销，国内外检验检疫证书联网核查等方式，进一步扩大无纸化申报的覆盖范围。对必须提交的纸质单证，在企业分类管理的基础上，对诚信企业采取定期集中后补等方式，减少企业往返检验检疫窗口频次。

（2）计收费。积极开展检验检疫电子支付的试点和推广，充分利用和进一步完善现有的电子支付系统，鼓励和引导企业通过网上银行、第三方支付平台等完成检验检疫费用的缴费，提高支付工作效率，减少企业窗口排队缴费现象。

2. 查验环节无纸化

在现场查验放行环节，大力运用移动通信、物联网等现代化信息技术手段，检验检疫人员手持移动终端，完成接单、查验、取证、登记、放行等一系列执法监管活动，实现现场查验结果记录、单证拟制、放行无纸化，将无纸化改革延伸至现场查验，实现检验检疫全程无纸化。

3. 放行环节无纸化

加强通关单联网核查工作，在自贸试验区货物通关单"入境免签"的基础上，完善联网数据核查和信息反馈，不断扩大通关单无纸化的覆盖面。利用信息化平台，实现检验检疫指令在港务部门、空运仓储单位及特殊区域管理部门的在线传递，从而实现远程的无纸化放行。

4. 推进地方口岸公共信息平台建设

推进地方口岸公共信息平台建设，促进检验检疫机构与系统内机构、其他监管部门、国外官方机构等实现信息共享。通过在地方口岸公共信息平台的国际贸易"单一窗口"建设，实现贸易和运输企业通过国际贸易"单一窗口"一点接入、一次性递交满足海关、海事、边检等监管部门要求的格式化单证和电子信息，监管部门处理状态和结果通过国际贸易"单一窗口"反馈给申报人，实现监管部门口岸信息互联、互通、互换。

（四）第三方检验结果采信

自贸试验区内第三方检验结果采信制度按照"管检分离、合格假定、事中监管、事后追责、风险管理"等法检制度改革原则，以"合格保证+符合性评估"为合格评定程序组合，以"第三方检验结果"作为追溯源，进一步完善进出口工业产品质量安全责任调查制。通过第三方检验机构提供专业化服务，有利于提供高质量的检测服务产品,以公正独立的社会资源为执法监管提供合格评定依据;同时第三方检验机构的专业化队伍有利于提高管理效率,从而提高服务效率。引入第三方检验对检验检疫部门而言是一场内生型的自我革命,其意义不亚于简政放权,不但可以节约财政资金、提高资金使用效率、降低行政成本、提高行政效率,还引入了竞争机制,提高了政府的透明度,将有效抑制腐败和寻租空间。自贸试验区内第三方检验结果采信制度是在充分参考了国际通行做法和WTO国民待遇原则的基础上,结合我国第三方检验市场和检验检疫实际情况制定的。在保证操作性、规范性的前提下,实现了制度设计、管理手段、评定程序与国际惯例的全面对接,具备很强的可复制性、可推广性。

(五) 出入境生物材料制品风险管理

对自贸试验区入出境特殊物品企业的入出境特殊物品实施便捷性检疫监管的工作制度。主要包括简化事前审批流程,将工作重心转为事中、事后监管;从逐批审批原则调整为企业日常监管配合行政审批原则;建立"区内企业"考核监管、分批核销、指定地点查验等制度,以缩短审批流程、提高放行速度、降低企业成本,推动生物医药产业发展。对特殊物品卫生检疫监管从逐批审批调整为对企业诚信登记进行抽检并配合日常监管的审批模式,大量减少了相关企业的人力和经济成本,行政效率大幅提高,行政成本不断下降,受到了相关企业的广泛欢迎,同时也促进了关联生物产业的发展,成效显著、特点鲜明。

(六) 期货保税交割海关监管制度

允许区内企业在自贸试验区内以保税监管状态的货物为标的物,开展期货实物交割。海关将交割商品拓展至期交所所有上市商品品种。这项新制度可进一步促进期货贸易的发展,促进形成我国大宗商品定价机制,助推上海国际金融中心建设。

期货保税交割案例

基本情况:上海洋山特殊综合保税区内某仓储企业经中国证监会和上海期货交易所同意,成为上海地区首批20号天然橡胶指定保税交割仓库之一,主要开展相关期货实物的仓储经营业务。属于销售服务类企业的期货保税交割型。

政策分析：期货保税交割海关监管制度实施前，我国期货市场现行的交易和交割都以完税状态下的货物作为标的物，国内商品期货现行的交易价格是含税价格，而国际上主要商品期货市场的交易价格是不含税价格。这使得部分期货实物交割需要在货物完成进口报关手续后才能进行，不仅交易风险较大，而且交易的成本也较高。此外，由于大宗商品国际化流通频繁，期货商品进口完税后其流通性将受到一定的限制，不利于国内和国际期货市场的价格联动。随着《国务院关于促进综合保税区高水平开放高质量发展的若干意见》（国发〔2019〕3号）的出台，明确"支持具备条件的综合保税区开展铁矿石、天然橡胶等商品期货保税交割业务"，使该项业务在国家层面得到了正式认可。

成效：2019年8月，20号天然橡胶期货在上海期货交易所子公司上海国际能源交易中心成功挂牌上市，采用"国际平台、净价交易、保税交割、人民币计价"的交易模式，全面引入境外交易者参与，成为在我国综合保税区内开展期货保税交割业务的第一个国际化期货品种。这对我国参与全球天然橡胶市场定价、充分利用境外优质橡胶资源、助力人民币国际化进程等提供了极大帮助，同时也有效促进了国内国际经济双循环发展。自20号天然橡胶正式挂牌交易以来，洋山特殊综合保税区内共生成20号天然橡胶期货保税标准仓单6854吨，完成期货保税交割906吨，还吸引了来自泰国、马来西亚和印度尼西亚等国家的25家企业、37家工厂参与注册和交易，有效连接起橡胶产业链的上下游企业50余家，服务实体经济功能初步显现。

（七）境内外维修海关监管制度

允许符合条件的区内企业开展高技术、高附加值、无污染的境内外维修业务，区内企业可以对来自境内或境外的待维修货物进行维修并将其复运出境（出区）。较以往仅允许区内企业开展区内生产的出口产品的返区维修业务，这项改革拓展了区内维修业务范围，推动加工制造业向研发及检测、维修等生产链高价值的前后两端延伸，促进加工贸易转型升级。

境内外维修案例

基本情况：上海浦东机场综合保税区内某航空改装维修企业主要从事境内外民航飞机和飞机部件保税维修业务，其定检维修和改装能力范围涵盖了重检和轻检、结构改装、客舱升级、发动机和起落架更换，以及整机喷漆等。可为波音 737、767、777、747 和空客 330 等提供全方位的飞机维修服务，包括工程技术支持、飞机维修和改装，以及零部件维修和航材管理。属于保税维修类企业。

政策分析：开展检测维修最新政策出台前，综合保税区内企业开展全球维修必须个案审批，导致国内国际两个市场、两种资源的利用不足。

随着《国务院关于促进综合保税区高水平开放高质量发展的若干意见》（国发〔2019〕3号）和《关于支持综合保税区内企业开展维修业务的公告》（商务部 生态环境部 海关总署公告2020年第16号）等相关政策和措施出台，综合保税区内专业维修企业可降低开展全球维修业务成本：一是利用保税政策，进境维修货物及维修所需进口料件由海关实施保税监管，企业无须办理税款担保手续；二是进口设备享受全额免税政策。允许综合保税区内企业开展高技术、高附加值、符合环保要求的保税维修业务后，企业摆脱了种种限制，无须面对境外和境内产业的衔接障碍，可将售后维修改装业务进一步扩大，同时由于享受到多项进出口流程简化及税收方面的优惠政策，节约成本优势明显。

成效：以该企业客机改装为货机项目为例，2018年该企业交付5架次客改货飞机，进出口值3497万美元；2019年交付6架次客改货飞机，进出口值4.646亿美元；2020年交付7架次客改货飞机，进出口值10.479亿美元。

（八）融资租赁海关监管制度

海关对保税租赁货物按租金分期征收关税和增值税，并简化担保手续。这项新制度实现了贸易领域和金融领域的新结合，大幅减轻企业采购大型进口设备的资金压力，降低企业融资和交易成本。

融资租赁案例

基本情况：交银金融租赁有限责任公司（以下简称"交银租赁"）成立于 2007 年，是交通银行全资子公司，注册资本 60 亿元，管理资产约 1200 亿元。交银租赁业务涉及机械设备、能源设备、公用事业、航运和航空等五大版块，是上海地区资产规模最大的金融租赁企业。

政策分析：融资租赁海关监管制度推出之前，境内承租企业只有向境外租赁企业承租进口设备，才能适用分期缴纳税款；向境内租赁企业承租，则需根据设备的总价一次性缴纳税款。这一做法增加了承租企业的租赁成本，背离了企业开展融资租赁的初衷。

成效：融资租赁海关监管制度的实施，为交银租赁及其承租企业带来了实质利好。一是该制度明确允许承租企业分期缴纳税款，消除了向境内、境外融资租赁企业承租设备在税款缴纳方式上的差异，为境内承租企业选择融资租赁企业提供了更多选择，有助于降低企业的融资成本和资金占用率，促进国内融资租赁产业快速发展。二是该制度创新融资租赁货物进口担保形式，根据境内承租企业的资信状况，允许企业以企业保函、保证书等形式代替原来的银行保函，降低了企业的担保费用，进一步体现了对企业信任式管理的监管理念。

（九）进口货物预检验

"预检验"是一次检验检疫、多次核销放行的检验检疫监管模式。从境外输入自贸试验区的特殊监管区域后再出区进口到国内的货物，企业可在货物出区前向检验检疫机构申报办理货物的预检验工作（货物入区时或存放在区内时），由海关实施集中检验，完成全项目或部分项目检验。经检验合格的，海关登记预检验合格账册信息。预检验合格货物分批出区时，海关核查货物信息，实施剩余项目检验，对于已完成全项目预检验的，实施快速验放。"预检验"的施行可大幅加快货物通关速度、减少货物查验抽样次数和抽样量、省减货物实验室检测次数和费用、缩短每批货物的通关放行时间，降低企业的运营成本。据试点企业反映，预检验及核销模式相对于传统的出区检验模式，可为企业节省 7~14 天的出区检验时间。

(十) 分线监督管理制度

境外与自贸试验区的特殊监管区域之间的进出境环节设为"一线"。入境应检物属于卫生检疫和动植物检疫范围的，在"一线"实施检疫。应当实施检疫处理的，依法实施或监督实施检疫处理；入境应检物属于商品检验范围的，在区内企业间流转销售且不涉及实际使用的，免予实施检验。区内仓储物流货物经"一线"出境的，免于实施检验检疫。但输入国家或地区有特殊检验检疫要求的除外。区内企业生产加工的应检物经"一线"出境的，检验检疫机构按规定实施检验检疫。

自贸试验区的特殊监管区域与境内区外之间的进出口环节设为"二线"。应检物经"二线"输往境内区外的，属于卫生检疫和动植物检疫范围的，免予检疫；属于商品检验范围的，按规定实施检验；对应当实施进口检验的货物，根据企业申请，可以在区内实施集中预检验、分批核销出区。

在出入境"一线"，检验检疫实施无豁免检疫，仅对废物原料、放射性检测等重点敏感货物实施入境检验检测，对其他货物暂免检验监管，确保了自贸试验区"一线"最大限度地放开。在进出口"二线"，严密开展检验监管工作；同时设计了预检验及核销、登记核销管理等便利化制度，实现自贸试验区"二线"管得住、通得快。

(十一) 动植物及其产品检疫审批负面清单管理

在风险分析的基础上，对自贸试验区的特殊监管区域进出境动植物及其产品实施风险分级、分类管理，根据风险水平确定相应监管模式，提高通关效率。在风险评估和采取安全保障措施的前提下，允许部分未经准入的动植物及其产品经自贸试验区过境、国际中转或在自贸试验区内存放、使用（国家明令禁止进境动植物及其产品除外）。实施检疫审批负面清单制度，经海关总署授权，上海检验检疫部门办理负面清单以外、已获我国准入的进境（过境）动植物及其产品的检疫审批。

一是在自贸试验区推行动植物及其产品检疫审批负面清单制度，除活动物、水果、粮食等列入负面清单的高风险货物外，其他动植物产品及动植物源性食品全部授权上海检验检疫部门审批。审批时限由 20 个工作日缩短为 7 个工作日，许可证有效期由 6 个月延长至 12 个月，部分产品还可实施一次审批、分批核销，有效提高了相关产品的通关效率。二是制定发布免除部分低风险动植物检疫证书的清单。制定发布 3 版"免于核查输出国家或地区动植物检疫证书的清单"，18 类低风险动植物及其产品免于核查输出国家或地区动植物检疫证书，极大地便利了相关生命科学研究的开展。三是制定非食用动物产品检验检疫监管便利化新政。实施包括授权审批在内的一系列非食用动物产品检验检疫监管便利化措施,直接惠及上海口岸每年 1 万批次、20 多亿美元的进境非食用动物产品,涵盖羊毛、羽绒、皮张、工业动物油脂等多类产品,并将带动产业升级增效。

(十二) AEO 互认制度

区内高级认证企业在新加坡、韩国等国和中国香港地区都可以享受最高等级的通关便利措施,相当于拥有了一张"全球通 VIP 卡"。

(十三) 企业协调员制度

打造上海海关企业协调员信息化平台,以往企业遇到通关疑难问题,需要找多个部门协调,该制度出台后,海关建立了海关与企业联系平台,一点进入、多部门联动,限时解决企业通关问题。

(十四) 免除低风险动植物检疫证书清单制度

在上海相关口岸推行部分进境动植物及其产品免于核查输出国家或地区动植物检疫证书的清单制度,顺应了上海自贸试验区各类高技术、新产业、新业态的集聚发展,进一步创新模式,深化了自贸试验区进口动植物产品监管制度改革。以动物源性生物材料为例,该制度惠及 1200 多家各类生物医药企业、研发机构和高校院所。切实有效的措施,进一步减轻了企业负担,使得生物医药产业"轻装上阵",有效助推了上海科创中心建设。

(十五) 引入中介机构开展保税核查、核销和企业稽查

引入社会中介机构开展自贸试验区保税监管和企业稽查,允许具备相关资质的中介机构接受自贸试验区内企业或海关委托,在企业开展自律管理和认证申请,以及海关实施保税监管和企业稽查等过程中,通过审计、评估、鉴定、认证等活动,提供相关协助依据,实现了海关监管和社会治理的良性互动。

海关委托模式是指海关根据工作需要,设立辅助开展保税监管和企业稽查工作中介机构备选库,采取招标、综合排名、随机抽取等方式选定中介机构。采用海关委托模式开展相关工作的,海关设立评审管理小组,负责相关事项的管理工作。

企业委托模式是指企业根据需要,委托中介机构开展辅助工作的模式。

(十六) 海关企业进出口信用信息公示制度

采用主动公开和依申请公开两种途径对外公布经海关注册登记的企业信用

信息，利用社会监督形成他律倒逼自律的氛围。上海海关已在门户网站主动公开了上海关区所有海关注册企业的130余万条信用信息（其中区内企业信息20余万条）。

（十七）一次备案、多次使用

通过信息联网和数据共享，企业在办理进出口报关业务时无须向海关重复备案，只需办理一次商品信息备案，即可开展保税加工、保税物流、保税服务贸易等多元化业务。

（十八）仓储货物按状态分类监管

仓储货物按状态分类监管是指允许非保税货物以非报关方式进入海关特殊监管区域，与保税货物集拼、分拨后，实际离境出口或出区返回境内的海关监管制度。

仓储货物按状态分类监管案例

基本情况：2014年11月，上海海关先行先试货物状态分类监管，允许非保税货物进入自贸试验区的海关特殊监管区域储存，与保税货物一同集拼、分拨、管理和配送，实时掌握、动态核查货物进、出、转、存情况。

政策分析：该制度实施前，企业须在海关特殊监管区域内、外分别设置仓库，用于存储保税和非保税货物，因仓库分头管理导致企业管理成本上升。实施仓储货物按状态分类监管后，企业可以同仓管理保税和非保税货物，既降低管理成本，又满足区内企业业务多样性发展的需求，有利于企业更好地整合物流、贸易、结算等资源，提升综合竞争力和服务能力。

成效：仓储货物按状态分类监管制度的实施，有利于企业统筹国内国际两个市场、两种资源，推进企业内部仓储资源的整合，有效节约成本、提高效能，也助力企业拓展业务类型，提高在全球价值链中的地位。

（十九）大宗商品现货保税交易

探索建立与"平台经济"相适应的海关监管新制度，允许大宗商品现货以保税方式进行多次交易、实施交割，并实现第三方公示平台与海关联网，进而推进大宗商品的协同监管和抵押融资业务，支持自贸试验区建成具有国际竞争力的重点商品和产业交易中心。

(二十) 进口研发样品便利化监管制度

对研发科创类型企业进口的研发用样品采取合格假定，信用放行的监管新模式，对产品实施风险分类监管，简化入出境办理手续，实施事中事后监管，提高通关效率，促进产业发展。如对原本按照一般货物要求实施检验监管的进口科创研发食品、化妆品样品，实施分类监管，简化进口申报及检验程序，基本做到申报当天放行。

(二十一) 低风险生物医药特殊物品行政许可审批改革

取消一部分产品的申报材料，调低一部分产品的监管等级，降低信用优良单位的抽查比例。将 D 级生物医药特殊物品行政许可审批权限下放，实现特殊物品审批流程扁平化和办理高效化。

(二十二) 海运进境集装箱空箱检验检疫便利化措施

1. 便捷化措施

海关对主动提出申请的空箱经营人企业进行综合评定，依据评定的企业等级，作为对空箱经营人实施不同类别便利化措施的主要依据。

2. 综合评定

海关将根据空箱经营人提出的申请材料，对空箱经营人境外卫生状况控制能力、不合格检出情况、遵守检验检疫法律法规和协议场站管理能力等情况进行综合评定，必要时将对企业和场站实施现场评估，评定结果将统一对外公布。

3. 动态调整

海关对空箱经营人企业等级实行年度审核和动态调整。对发生严重违反法律法规、检出重大不合格情况或受到海关警示通报的，将动态调整企业等级和对应的便利化措施级别。

(二十三) 国际贸易"单一窗口"

上海国际贸易"单一窗口"由上海市口岸办牵头，参与建设部门包括海关、海事、边检、发改、商务、交通、经信、金融、邮政、民航、外汇、税务、食药监、林业（濒管办）、机场、港务等 17 个部门。国际贸易"单一窗口"使外贸企业能够通过一个入口，向有关政府部门一次性提交货物进出口或转运所需要的单证或电子数据，并接收审查状态和结果信息，解决重复申报和提交单证的问题，降低企业成本费用，实现了"一个平台、一次提交、结果反馈、数据共享"，并在国内首创货物报关大表录入方式，实现了申报模式的改革创新。

上海国际贸易"单一窗口"1.0 版包括货物进出口、运输工具申报、贸易许可、资质办理、支付结算及信息查询等六大功能模块，涵盖了口岸通关监管和国际贸易活动的主要环节。2.0版包括货物查验办理、自贸试验区"一线"进境入区提货、游轮人员信息申报、原产地证书办理、出口退税手续办理、公布通关时限等功能模块,可实现信息公开、监管状态和结果信息共享等功能,同时还包括国际贸易"单一窗口"移动版等,参与建设部门增加了贸促会,达到18个。

国际贸易"单一窗口"案例

基本情况:上海国际贸易"单一窗口"由上海市口岸办牵头,包括货物进出口、运输工具申报、贸易许可、资质办理、支付结算及信息查询等六大功能模块,涵盖口岸通关监管和国际贸易活动的主要环节。

政策分析:企业通过国际贸易"单一窗口"一次性提交申报信息,分别发送给监管单位系统,申报结果通过国际贸易"单一窗口"反馈,监管单位通过国际贸易"单一窗口"共享监管状态和结果信息,实现"一个平台、一次提交、结果反馈、数据共享",使企业申报由原来基于单机的客户端模式,变为基于互联网的网页申报模式。

成效:通过国际贸易"单一窗口",企业可以通过一个入口,一次性提交货物进出口或转运所需相关单证或数据,解决了重复申报和提交单证的问题,有效降低企业成本、提高贸易便利化水平,进一步优化营商环境。

第二节 海关支持中国(广东)自由贸易试验区建设主要情况

一、中国(广东)自由贸易试验区基本情况

2015年4月20日,《国务院关于印发中国(广东)自由贸易试验区总体方案的通知》(国发〔2015〕18号)发布,同年4月21日,中国(广东)自由贸易试验区(以下简称"广东自贸试验区")正式挂牌成立。2018年5月24日,国务院发布《国务院关于印发进一步深化中国(广东)自由贸易试验区改革开放方案的通知》(国发〔2018〕13号),进一步深化广东自贸试验区改革开放。

(一) 区域范围

广东自贸试验区实施范围116.2平方千米，涵盖三个片区：广州南沙新区片区60平方千米（其中含广州南沙综合保税区4.99平方千米），深圳前海蛇口片区28.2平方千米（其中含深圳前海湾保税港区3.71平方千米），珠海横琴新区片区28平方千米。

(二) 功能划分

广州南沙新区片区，重点发展航运物流、特殊金融、国际商贸、高端制造等产业，建设以生产性服务业为主导的现代产业新高地和具有世界先进水平的综合服务枢纽。

深圳前海蛇口片区，重点发展金融、现代物流、信息服务、科技服务等战略性新兴服务业，建设中国金融业对外开放试验示范窗口、世界服务贸易重要基地和国际性枢纽港。

珠海横琴新区片区，重点发展旅游休闲健康、商务金融服务、文化科教和高新技术等产业，建设文化教育开放先导区和国际商务服务休闲旅游基地，打造促进澳门经济适度多元发展新载体。

(三) 发展情况

深化粤港澳合作是党中央、国务院赋予广东自贸试验区的重要任务。2015—2020年，广东自贸试验区以制度规则对接为重点，着力打造粤港澳大湾区的核心示范区，成为港澳企业投资、专业人士执业、青年创业的首选地，集聚了港澳大部分知名企业。

一是推动对港澳服务业实质性开放。推动与港澳金融"机构互设、资金互通、市场互连"，引入港澳金融机构超4500家，放开持股比例，设立粤澳合作发展基金，落地香港钱包互联互通项目，开展粤港电子支票联合结算、粤澳同城清算系统对接、跨境支付、跨境保险、跨境住房按揭等，极大便利港澳民生往来。将港澳律师事务所在内地执业方式从仅从事法律咨询服务扩大到设立合伙型联营律师事务所，逐步放宽事务所聘用人员和业务范围限制。实施香港建筑专业机构备案制，试行建筑师负责制，备案机构达169家。香港科技大学（广州）项目在南沙开工建设，澳门大学、澳门科技大学产学研示范基地落户横琴。

二是积极拓展港澳企业和人才发展空间。南沙片区规划23平方千米的粤港深度合作产业园，建设粤港跨境科创合作平台。前海蛇口片区向港企出让土地占已出让土地近50%，港企固定资产投资占比近四成、纳税额占比近四分之一。

横琴片区规划粤澳合作产业园，25个项目已开工建设。探索通过资质认可、合伙联营、项目试点、执业备案等机制，推动港澳金融、会计、法律、建筑、导游、专利代理等20多类专业人士在区内执业。先行先试"港人港税、澳人澳税"，累计为港澳及高层次人才发放个税补贴3.27亿元。区内粤港澳青年创新创业基地已成为全国典范，累计入驻粤港澳创新创业团队693家，就业超4000人。试点澳门企业到横琴跨境办公，为51家跨境办公企业提供1.21万平方米办公空间。

三是不断创新与港澳口岸合作监管模式，提高通关效率。在横琴口岸设立澳门口岸区及相关延伸区，实施"一次性授权、分阶段适用澳门法律管辖"，采用"合作查验、一次放行"新型通关模式，粤澳双方查验结果互认，过境仅需一次查验。对澳门单牌车出入横琴作出系统性制度安排，2500辆澳门单牌车已便利入出横琴，累计通关量达17.35万辆次，通关仅需5分钟。建立跨境货物无缝连接通道，将香港机场进入广东自贸试验区的货物查验从口岸后移到区内，实现一站式空陆联运，强化了香港机场国际货运枢纽功能。

二、海关支持自贸试验区发展情况

2020年，广东自贸试验区内海关严格按照海关总署部署，结合粤港澳大湾区、深圳中国特色社会主义先行示范区、南沙国家进口贸易促进创新示范区建设要求，坚持改革引领、创新驱动，着力激发自贸试验区内生动力，助力促进澳门经济适度多元发展，全力支持广东自贸试验区高水平开放、高质量发展。截至2020年底，广州海关、深圳海关、拱北海关累计推出180项创新经验。省内海关自贸创新成效显著，"智能分拨监管新模式"成功入选南沙片区十大创新成果和广东自贸试验区最佳案例；"科研机构免税进口科研设备流动监管模式改革"等三项被评为前海蛇口片区2019年标志性制度创新成果；"打造'MCC前海'新物流模式"被评为前海蛇口片区成立五周年企业最具获得感十大制度创新成果。横琴口岸实施的"合作查验、一次放行"通关查验新模式，被评为广东自贸试验区五周年最佳制度创新案例，"进境暂存中转澳门食品检验检疫监管创新"被评为广东自贸区第五批制度创新案例。

（一）助力粤港澳大湾区港口群联动发展

一是创新"一港通"通关模式。广州海关积极支持"启运港退税"政策在南沙落地对接中欧班列，打通保税物流出口欧洲新通道，物流时间从45天减少至15天。以"铁路—公路—水运"的跨境联运方式打通"中亚—广州—东南亚"物流通道，实现"丝绸之路经济带"与"21世纪海上丝绸之路"无缝对接，带动2020年广州南沙港集装箱吞吐量再上台阶，突破1700万标箱。

二是在实现深圳东西部港区一体化运作的基础上，深圳海关探索粤港澳大湾区间跨城市的"区港联动"，打通企业经中欧班列出口通道，将中欧班列"始发站"延伸到前海。通过整合粤港澳大湾区港口群、机场群及陆路跨境运输、中欧班列等资源，疏通物流堵点，形成"海、陆、空、铁"全路径立体物流。

三是对标国际贸易最高标准，深圳海关依托深圳西部港口群、大湾区机场群等核心要素，建设离港空运服务中心、海运中转集拼中心，综合运用跨境快速通关、非侵入式查验等创新措施，实现进出口货物以前海为枢纽，通过海、陆、空、铁等方式中转、分拨、集拼运往全球。

（二）助力新时期横琴开发建设

一是支持和服务横琴粤澳深度合作区建设。积极推动"放宽暂存中转货物准入标准、丰富会展担保方式、支持跨境公路联运、支持澳门动植物产品送内地海关开展检测、加强食品安全监管合作"等多项措施落地实施并收到成效。主动对接地方政府有关工作安排，开展海关监管制度、监管模式、监管方案及配套保障措施研究。

二是支持横琴新口岸建设。落实国务院港澳办批复澳门莲花口岸迁至横琴工作部署，全力支持横琴新口岸及综合交通枢纽工程建设，推动横琴新口岸于2020年8月18日顺利开关运作。深化横琴新口岸查验机制创新，强化与澳门海关、卫生局等执法单位联系配合，推进卫生检疫"合作查验、一次放行"通关模式落地。

三是支持横琴建设服务澳门民生的输澳物资暂存中转物流中心，实施"进境暂存中转澳门食品检验检疫监管创新"模式，放宽中转澳门食品检验检疫要求，构建横琴暂存澳门销售"前店后仓"业务模式，实现暂存货物24小时内送达澳门消费者。2020年，横琴暂存中转澳门物资进出口货值过亿元。

四是促进粤澳贸易便利化，与澳门市政署开展输内地澳门制造食品安全监管合作，采信澳门官方证书作为进口食品合格评定的依据，予以"优先现场查验""抽样不等结果即放行"等口岸通关便利，支持澳门传统食品便捷销往内地；实施供澳花卉苗木"检疫前推，合作监管"、供澳建材"一次申报、分批出境"通关模式，支持内地物资便捷供澳。2020年，经横琴口岸进出口货物总值达137.5亿元。

（三）助力新业态落地集聚

一是支持建设飞机和大型装备保税租赁基地。广州海关释放异地委托监管模式的政策红利,构建南沙综合保税区注册登记、机场综合保税区建账监管、跨关区联动配合的工作机制。同时,引导企业利用保税政策功能优势和"免卸验放"等便利措施,推动商品种类从飞机整机拓展至航材,业务种类从进口拓展至出口。

二是支持跨境电子商务形成生态链。依托前海湾保税港区政策优势,深圳海关验放全国首票"9810"报关单,落地跨境电子商务进出口退货试点,打通"跨境电商+中欧班列"新通道,实现了园区跨境电子商务全业态覆盖。广州海关叠加"同业联合担保""先放后税、汇总缴纳""集中建包直发"措施,完善退货和销毁监管流程,支持南沙"跨境电商网购保税进口(BBC)"业务快速发展。拱北海关量身定制跨境电子商务出口监管措施,力促横琴电商业务落地运作。2020年,横琴"跨境电商直购出口"业务总值达7.6亿元。

三是促进邮轮游艇产业发展。深圳海关创新"保税+邮轮物料供应",助力邮轮经济,实现"船、港、城、游、购、娱"联动发展;创新应用关税保证保险,助力港澳游艇自由行项目落地;优化行李验放模式,开展先行机检、一机双屏试点,实现正常旅客"无感通关"。

四是推动前海 ICT(电子元器件)物料供应链中心建设。深圳海关依托"全球中心仓",吸引华为、中外运、西部数据、海思芯片等80余家相关企业在前海聚集。培育保税检测维修中心,创新"保税维修+分拨离境",保税维修大疆无人机等货物货值过亿元。

五是推动汽车产业集群发展。广州海关在全国首创"保税+会展"汽车进口新模式,搭建"保税+展示+销售"的汽车贸易一体化平台,释放平行进口汽车区内不设存储期限政策红利,叠加驻场监管免担保措施,支持企业在区外开展保税展示交易、"保税+会展"等业务,推动建设整车保税展贸中心。

六是推进文化保税创意中心建设。广州海关加强与地方文广新部门、文物管理部门合作,简化文化艺术品备案程序,支持企业开展保税仓储、保税展示等业务,助力文创企业在南沙自贸试验区设立文化产品物流中心。2020年,南沙综合保税区累计进出区图书超过1200万册,其他文创产品近21万件,货值超过4亿元。

七是支持粤澳合作发展中医药产业。拱北海关试行进境生物材料检疫改革新措施,对进境动物源性生物材料实施特殊物品分类分级通关管理,实行"一次审批、分批核销""预约通关""随到随检"等便捷通关措施,在确保"检疫准入"的前提下将审批时限压缩至10个工作日内,大幅提高进口生物材料通关速度,助力横琴粤澳合作中医药科技产业园发展壮大。

（四）深化"放管服"改革

一是深化"智慧海关"改革。广州海关聚焦实货监管，融合应用5G、人工智能（AI）等智能化手段，通过"大数据"快速比对实货流、信息流、单证流，推出货物分流、机器助人查验、智慧审证等改革措施，切实压缩货物通关时效，持续优化口岸营商环境。拱北海关携手澳门实施粤澳"跨境一锁"模式，实现"一锁到底、全程监管"，促进粤澳两地跨境货物更加便捷流动。

二是进一步推动"互联网+海关"建设。深圳海关开展"互联网+网上稽核查"，直接对接企业ERP（企业资源管理系统）、WMS（仓库管理系统），科学设定指标、参数和数据模型，减少对企业生产经营活动的干预，实现非侵入式的隐形监管、顺势监管和精准监管，稽核查作业时间缩短80%以上。

三是探索开展"互联网+保税物流"。深圳海关允许企业依托"报关单+WMS数据"自主申报保税货物的进出转存销，将监管模式从传统的"报关单+账册单证"向"报关单+WMS数据"转变，运用大数据等技术手段，建立预警监测模型，强化网上事中事后监管。

四是全力推行"两步申报"、提前申报等通关模式改革，最大限度地简化口岸通关手续和单证，实现通关零延时，提高进出口企业通关体验感、获得感。深圳海关结合蛇口港进口水果、大宗粮油集中的特点，推广进出口提前申报，推进进口"船边直提"、出口"抵港直装"常态化，出口货物口岸停留时间压缩至数小时，进口货物提离时间缩短至几分钟，极大地满足企业高效通关需求。

（五）发挥政策叠加优势，助力疫情防控与稳增长

一是广州海关开通疫情防控物资快速通关专用窗口"一站式"服务，进口"零延时"即到即提，落实延长税款缴纳期限、免征滞纳滞报金等优惠政策。全面推行行政审批事项"零接触、网上办"，运用"企管+"远程作业云平台开展网上核查。拱北海关推出"10+28"条惠企措施，针对企业个性化诉求"滴灌式"帮扶，量身定制先期介入、先放后报、随到即办、预约通关、加班验放等便捷服务，解决企业"急难愁盼"问题，企业满意度达90%以上。

二是深圳海关依托"MCC前海"离港空运服务中心，打造防疫物资进口绿色通道，利用香港机场国际航空枢纽的航线优势，简化中转手续，使境外防疫物资到达香港机场后以跨境快速通关车辆直接运抵前海湾保税港区，实现"境外—香港—前海湾"航空货运一体化，"零延时"对接进口防疫物资。

三是发挥前海湾保税港区政策优势，深圳海关对防疫物资采用"先入区、后报关"快捷通关模式，提高通关时效、节省企业成本，对未明确捐赠对象的

物资可先行入区，再选择具体流向；对尚未完成减免税申请手续的防疫物资，可采取"登记出区、分送集报"模式，海关验放手续完成后，第一时间对接国内运输，确保物资快速投入使用。

四是针对疫情科研攻关紧急需求，深圳海关第一时间与深圳市科创委沟通协调，通过"免税进口科研设备流动监管"调拨南方科技大学、深圳市数字生命研究院等高校院所科研设备至"抗疫"一线科研攻关使用，对用于疫苗开发、病人分级、病理分析等科研攻关的免税设备快速办理监管手续。

五是拱北海关全面推动海关健康申报验核嵌入"粤康码"，推进提前申报、扫码通行，促使往来两地旅客检疫到位、通行便捷，确保粤澳两地人员正常往来。实施"智慧旅检"模式，应用智能旅检监管平台，为守法旅客提供无干预、低阻扰通关体验。设立专用窗口和绿色通道，构建7×24小时服务模式，严格出口医疗物资质量安全监管。2020年，经横琴口岸向澳门输送防疫物资8700余万件，价值人民币2.6亿元。

三、海关在自贸试验区开展海关监管制度创新情况

（一）入境维修产品监管新模式

创新入境维修检验检疫"1+2+3"监管模式，即"创新一项制度，完善两个管理，落实三种责任"，该模式实施以来，极大地缩短了出口产品返修进程，实现返修周期由原来的返回区外两周缩短至区内维修一两天；服务成本、物料成本、仓储成本、人力成本均大幅降低，维修成本显著降低。

一是创新入境维修企业"能力评估"制度，从维修软硬件保障、废弃物处理、知识产权保护等多个方面对企业实施能力评估。二是完善"风险管理"和"信息化管理"，对于通过能力评估的企业给予免于其装运前检验等便利化通关等措施。三是落实企业、行业协会和监管部门质量共治责任，落实企业质量主体责任。该模式重点引入了能力评估制度，该制度重点对企业的质量管理能力、人员能力、维修能力、环保处置能力等是否能满足维修业务开展的需要进行评估。对于通过能力评估的企业，其维修产品符合条件的，可以免于装运前检验，对未经能力评估或未通过能力评估的维修企业，其维修用途入境机电产品按"入境前报备+装运前检验+口岸查验+到货检验+监督管理"的程序实施检验监督管理。

（二）会展检验检疫监管新模式

按照"风险可控、适当放宽"的原则，对举办的重要国际性展会实施便利

的检验检疫监管模式。展会期间,设置专门的展品办理窗口,对入境展品凭展品清单、相关证明分类予以快速验放。简化展品审批备案手续,除法律法规另有规定的外,入境展品均免予检验,对凭参展证明的 CCC 展品免于提供产品符合性声明。展会后,对销售、使用的入境展品,凭参展证明可予优先办理入境手续;对退运出境的展品采取复出核销的便捷措施。目前,该模式已服务广交会、海博会等大型展会,对强制性认证产品和入境预包装食品、化妆品等展品,检验检疫时间平均可缩短两三天。

会展检验检疫监管新模式案例

基本情况:实施会展检验检疫监管新模式,对进境展品实施口岸核放、场馆集中查验监管,实行"入区登记、分类监管"模式。

政策分析:建立入境展品简化备案审批、场馆集中查验、展后核销退运的"前中后"闭环监管体系。主要做法如下:一是为重要展会设立专门的工作机构,展会现场配套业务办公场地,并配有检疫处理室和展品监管点;二是开通申报、查验、强制性认证产品免办、许可审批四条"绿色通道",设置专门的展品办理窗口;三是通过网站、微信、宣传册等渠道帮助主办方及参展商提前熟悉法规要求,做好参展准备;在展馆现场提供"一站式"服务,开通会展业务咨询专线;四是开设入境参展人员礼遇通道,凭相关证明优先办理出入境检验检疫手续,对入境参展人员携带物品实施"速查速放"。

成效:该制度的实施,有效提高了通关时效:一是加快通关速度。新模式下强制性认证范围内产品和入境预包装食品、化妆品等展品,通关流程平均可缩短两三天时间。入境展品由码头分散查验改为监管仓集中查验,实现即到即查即放。二是提高行政监管效能。实施新模式以来,多次查获肉制品、橄榄油、葡萄酒、格拉巴酒、乌冬面等不合格食品及有安全隐患的赠品,有力保障了展会的顺利举办和入境展品的质量卫生安全。三是促进国际会展业快速发展。一系列科学监管及通关便利措施服务展会取得明显社会效益。

(三)跨境电子商务监管新模式

由广东自贸试验区内的广州海关、深圳海关牵头,会同商务、发展改革等部门，积极构建事前备案、事中采信、事后追溯的跨境电子商务管理新模式，简化口岸环节，加强事中事后监管，构建质量追溯体系，对跨境电子商务企业及商品实行事前评估、入区备案、第三方检测、事后追溯等闭环监督管理，有效促进了片区跨境电子商务产业的发展。

跨境电子商务监管新模式案例

基本情况：广东自贸试验区内海关会同商务、发展改革等部门，构建事前备案、事中采信、事后追溯的跨境电子商务管理新模式。

政策分析：跨境电子商务监管新模式主要做法如下：一是对跨境电子商务企业和商品实行备案管理，并实施"一点备案，全关通用"；二是对跨境电子商务商品出入境实施全申报管理；三是对进口保税货物实施"先放后征"的快速通关模式，海关凭担保提前放行商品，电商、物流企业定期集中代缴税款，对大部分低风险商品实施快速放行，提高通关效率；四是建立跨境电子商务质量追溯体系，原广东省检验检疫局依托"智检口岸"公共服务平台，在全国建立首个跨境电子商务商品质量追溯平台，所有经广东自贸试验区南沙片区进出口的跨境电子商务商品质量信息都可登录"智检口岸"公共服务平台进行快捷查询；五是推动跨境电子商务第三方采信制度，将第三方采信与质量追溯体系有机结合，使产品溯源链条延伸至国外。

成效：该制度的实施，取得实践效果如下：一是方便企业申报，实现24小时无纸化网上办公和"零纸张、零距离、零障碍、零门槛、零时限"申报；二是通关效率大幅提高，商品检验检疫办结率较以往平均2~3天缩短为16分钟；三是实现商品"源头可溯、去向可查"，消费者可通过商品溯源平台掌握商品来源、通关环节、质量信息等；四是推动跨境电子商务产业发展，吸引国内知名电商平台相继落户广东自贸试验区。

第三节　海关支持中国（天津）自由贸易试验区建设主要情况

一、中国（天津）自由贸易试验区基本情况

2014年12月12日，国务院常务会议作出增设广东、天津、福建三个自贸试验区的重大决定。2015年3月24日，中共中央政治局审议通过《中国（天津）自由贸易试验区总体方案》，同年4月21日，中国（天津）自由贸易试验区（以下简称"天津自贸试验区"）正式挂牌成立。

（一）区域范围

天津自贸试验区实施范围119.9平方千米，涵盖三个片区：天津港片区30平方千米（其中含东疆保税港区10.29平方千米），天津机场片区43.1平方千米（其中含天津港保税区空港部分1平方千米和滨海新区综合保税区1.599平方千米），滨海新区中心商务片区46.8平方千米（其中含天津港保税区海港部分和保税物流园区4.26平方千米）。

（二）功能划分

天津港东疆片区，是中国北方国际航运中心和国际物流中心的核心功能区。未来，这一区域将依托港口优势，重点发展航运物流、国际贸易、融资租赁等现代服务业，打造国家进口贸易促进创新示范区和国家租赁创新示范区。

天津机场片区，是天津先进制造业和研发转化的重要集聚区，民用航空、装备制造、电子信息、生物医药等先进制造业产业已形成优势，是中国华北地区重要的航空货运中心。未来，这一区域将依托雄厚的产业基础和空港优势，重点发展航空航天、装备制造、新一代信息技术等高端制造业和研发设计、航空物流等生产性服务业，打造亚洲飞机制造维修中心和中国北方航空物流中心。

滨海新区中心商务片区，是天津金融改革创新集聚区、滨海新区城市核心区，区内聚集的各类市场主体2.2万户，金融服务机构超过1400家，海河两岸各类商务楼宇面积超过450万平方米，目前已有28栋高端商务楼宇投入使用。以滨海高铁站为中心，实现京津冀"一小时"交通圈，与北京核心区实现一小时通达。未来，这一区域将依托完善的城市功能、优越的商务环境，重点发展金融创新、总部经济、跨境电子商务、科技信息服务、文化传媒创意等现代服

务业，努力打造中国北方金融创新中心。

（三）发展情况

2015—2020年，天津自贸试验区始终把服务京津冀协同发展作为推进制度创新的核心任务。总体方案、深改方案中70余项京津冀特色制度创新措施已全部实施，推出并实施天津自贸试验区服务京津冀协同发展的八项措施和工作方案，取得了良好成效。

一是构建京津冀国际贸易大通道。在全国率先实施京津冀区域通关一体化改革，探索口岸通关和物流流程综合优化改革。

二是服务京津冀企业国际化经营。发挥跨境本外币资金池、FT账户等跨境投融资综合功能优势，着力打造"走出去"海外工程出口基地、央企创新型金融板块承载地和跨境投融资枢纽，累计70多家央企设立超过400家创新型金融类企业；新增市场主体中京津冀企业超过50%。

三是服务京津冀高质量开放型经济发展。设立总规模100亿元的京津冀产业结构调整引导基金，成立京津冀众创联盟，成功实现离岸租赁、国际保理、物流金融、医疗健康、数字经济、二手车出口等创新业务，促进新经济、新动能、新模式的培育。

四是做好总结评估和复制推广工作。签署《京津冀自贸试验区三方战略合作框架协议》，总结推出178项可与京津冀地区联动发展的经验案例，区域通关一体化、租赁跨关区联动监管、"一个部门、一颗印章审批"、融资租赁收取外币租金、税务综合一窗等一批创新成果在京津冀推广实施。

二、海关支持自贸试验区发展情况

2020年，天津海关按照海关总署部署，继续深化制度创新，助力天津自贸试验区高质量发展。

（一）租赁业凸显示范效应

在全国率先制定融资租赁监管办法，解决了租赁资产交易、海关异地监管、税款担保方式、申报通关等产业发展中的"难点""堵点"。目前，天津自贸试验区内租赁飞机、国际航运船舶、海上石油钻井平台数量均占全国的80%以上，天津自贸试验区已经成为继爱尔兰之后全球第二大飞机租赁聚集地。

（二）平行进口汽车产业健康发展

在全国率先实现保税仓储，推进无纸化报关、提供预约检测、第三方检验结果采信、减半收取品质检验费等措施，降低企业成本，提高物流效率。实现"当日申报、当日放行"。天津口岸平行进口汽车数量连续多年位居全国第一。天津海关参与报送的"平行进口汽车政府监管服务新模式"列入国务院第三批"最佳实践案例"。

（三）保税维修业务扩点扩面

会同市相关部门共同推动保税维修试点落地，试点实施以来，大幅降低了企业生产成本、加快了物流效率，提升了产业竞争力。目前，已有庞巴迪、古德里奇、海特航空保税维修、天津船厂海洋重工保税维修、深蓝科技海工设备保税维修、鸿富锦全球服务器保税维修等项目落地。相关区域内保税维修业务从航空设备维修领域已延伸拓展到船舶、工程机械、海工平台、通信设备维修领域。

（四）跨境电子商务形成聚集效应

逐步推动跨境电子商务保税进口形成集聚效应，吸引菜鸟、京东、唯品会等多家跨境电子商务企业入驻天津开展业务。采取取消出口商品备案等措施，推进跨境电子商务 B2B 出口业务成功试点并快速上量，为跨境电子商务 B2B 企业出口业务提供更好的发展机遇。

（五）第三方检验结果采信实现便利通关

通过采信第三方检验鉴定机构的进口机动车检验结果，作为合格评定的重要依据，加快了进口机动车上线检测速度，进一步优化天津口岸营商环境。截至 2020 年底，该项措施共涉及进口汽车约 22.6 万批次，176.2 万辆，货值 821.9 亿美元。

（六）高级认证企业信誉担保工作卓有成效

落实"由企及物"的管理理念，让企业信誉产生价值，天津海关制定了《天津海关关于开展高级认证企业免担保工作的公告》（天津海关公告 2020 年第 2 号）。2020 年，共有 9 家高级认证企业获准免担保待遇，共计免担保报关单 591 票，担保税款 8730.3 万元，为企业节约资金约 78 万元，释放了这些企业开具银行保函留存银行的数千万元抵押资金。

（七）原产地预裁定取得新突破

天津海关积极推动该政策在天津落地，在 2019 年实现了原产地预裁定零突破，天津港保税区文奇贸易有限公司和天津食品进出口股份有限公司在通关时无须提供原产地证书即可享受协定税率。

三、 海关在自贸试验区开展海关监管制度创新情况

（一） 依托电子口岸公共平台建设国际贸易"单一窗口"，推进"单一窗口"免费申报机制

践行"互联网+"理念，将通关和港口业务与互联网融合，企业可随时随地在互联网上通过"单一窗口"办理通关和港口业务，查询通关和物流状态信息。企业通过"单一窗口"平台可以办理口岸货物进出口、运输工具和人员出入境通关的申报及港口服务等业务，能够实现一口申报、分别审核、一口反馈，便利企业通关。通过天津国际贸易"单一窗口"报关的企业，免交报关信息传输费，代理报关企业也不再向进出口企业收取报关信息传输费。

（二） 国际海关 AEO 互认制度

海关明确 AEO 优惠措施清单，在自贸试验区范围内优先开展企业认证。自贸试验区内的企业向海关申请成为认证企业的，应当对照海关总署《海关认证企业标准》等公告进行自我评估。符合相关认证要求的，向注册地隶属海关提出申请，海关接受企业申请后，将对试验区内的企业优先开展认证。经认证可以适用认证企业管理的，海关制发《认证企业证书》；不予适用认证企业管理的，制发《不予适用认证企业管理决定书》。

（三） 引入中介机构开展保税核查、核销和企业稽查

引入社会中介机构辅助开展试验区保税监管和企业稽查，具备相关资质的中介机构接受试验区内企业或海关委托，在企业开展主动披露和认证申请，以及海关实施保税监管和企业稽查等过程中，通过审计、评估、鉴定、认证等活动，提供相关辅助工作。分为企业委托及海关委托两种模式。采用企业委托模式开展相关工作的，企业向海关提交相关书面材料并随附中介机构出具的工作报告，海关结合风险研判决定是否采纳。采用海关委托模式开展相关工作的，海关设立评审管理小组，负责相关事项的管理工作。

（四） 海关企业进出口信用信息公示制度

对在天津海关注册登记的自贸试验区企业的注册登记信息和信用等级信息，海关通过天津海关门户网站"自贸区企业信用信息"栏目定期进行公布，便利公民和法人进行监督。目前，根据总署统一部署，通过中国海关企业进出口信用信息公示系统实现相关功能。

（五） 保税展示交易货物分线监管、预检验和登记核销管理模式

对保税展示交易和保税租赁货物实施分线监管、预检验和登记核销管理模

式。保税展示交易货物可以采取预检验模式，出区时分批核销登记，直接展示交易；保税租赁货物首次出区实施商品检验，以后多次往返特殊监管区域实施登记核销管理。该制度能够有效降低企业成本，提高通关便利化水平，促进保税展示交易、租赁业快速发展，拉动消费增长。

（六）国际航行船舶检疫监管新模式

创新停靠自贸试验区出入境船舶的卫生检疫监管模式，在"锚地检疫、靠泊检疫和电讯检疫"基础上，实行诚信申报假定模式，对于申报无疫的出入境船舶给予直通放行便利，船舶靠泊后可直接装卸货物和上下人员，加强船舶在港期间的卫生监督，一经发现不诚信申报船舶，纳入黑名单监管，在确保口岸公共卫生安全的前提下，提升船舶出入境便利化水平，促进天津国际航运中心发展。

（七）二手车出口业务新模式

配合相关部门建设二手车出口服务和监管信息化平台，将车辆信息、许可证申领、出口指标配置、交易登记、整备检测、集中存放、报关清关、车辆注销、境外售后等全流程信息"串联"，实现"来源可溯、去向可查、责任可究"。并对出口二手车建立出口退运追溯跟踪工作机制，收集出口二手车退运不合格信息，进行风险评估，确定风险类型，采取相应的风险预警措施及快速反应措施。实行通关流程和物流流程综合优化的"双优化模式"，鼓励企业提前申报，为企业无纸化申报提供联网便利。及时向商务部门反馈海关监管及企业需求，推动"出口许可证"申领"一车一证"调整为"一批一证"，实现通关便利化。每年度核查二手汽车出口企业及备选企业资质，动态调整试点企业名单。

（八）保税航空煤油出口计量新模式

将由保税原油加工的成品航煤通过专用管道输入天津机场出口监管罐再转至保税监管罐，直接供应外航实现出口，在帮助企业节约通关成本的同时，确保了保税航煤的物流管控；合并出口检验与保税入区两个重量鉴定环节，企业凭海关出具的出口检验证书即可申报保税入区，压缩海关作业时间约50%；通过管道端质量流量计直接读取转输航煤重量，改变原封闭岸罐再注入保税航煤、以转输前后两次岸罐容量计重的模式，单次节约封闭岸罐时间一两天，提高岸罐周转率，保障机场航煤供应稳定。该项目的实施，有效保障了天津机场保税航煤的稳定、安全供应，帮助天津石化进一步解决了产能过剩问题。天津海关工作模式的调整，提高了机场岸罐利用率，压缩了货物通关时长，节约了企业通关成本。该项目的实施预计每万吨航煤可为进出口双方企业节省成本约140

万元。

（九）货物贸易"一保多用"管理模式

面对企业"减烦琐、降成本"的迫切诉求，经过广泛调研，在充分听取企业需求的基础上建立了"货物贸易一保多用"工作模式。实现了企业一份征税要素担保文本在关区不同业务现场、不同担保事项间的通用，有效节约企业担保成本，提升海关对保函的管理效能。通过系统自动抓取担保货物应保数据、担保额度自动核扣、返还，加强了海关在通关前、中、后对担保数据的统筹管理和风险防控，进一步优化了总担保管理模式。

（十）京津冀区域检验检疫一体化新模式

京津冀三地海关加强协作，共同实施，通过改革现有通关模式、监管模式和业务流程，打造以"三通""两直""四放"等为主要内容的检验检疫一体化新模式，促进通关便利化，推动京津冀区域协同发展。

目前，全国已实施通关一体化，天津海关上述部分做法已被全国通关一体化所采纳借鉴。

京津冀区域检验检疫一体化新模式案例

基本情况：京津冀三地海关加强协作，共同实施，以"三通""两直""四放""五统一""无纸化"等为主要内容，开展检验检疫一体化新模式。

政策分析："三通"即通报通检通放。通报是指京津冀区域内符合条件的进出口企业可自主选择报关地点，实施多点受理、集中审单；通检是指在属地化监管的基础上，互认检测结果；通放是指进出口企业可自主选择办理签证、放行手续的部门。"两直"即出口直放和进口直通。对区域内生产的出口货物，除散装商品、危险化学品及其包装等少数商品外，经产地检验检疫合格后直接放行，除按产地监管部门要求进行必要的风险监控措施外，口岸部门不再进行查验。对实施一体化的进口货物，在天津口岸实施必要的检疫处理后，直接运到北京、河北实施检验检疫和监管。"四放"即申报放行、验证放行、抽样放行和监管放行，是建立在风险分析和分类管理基础上的信用管理。"五统一"即统一审单规范、统一业务规范、统一风险防控、统一信用管理、统一统计规则。统一审单规范是建立集中审单一体化规范，汇总三地报关单审核规范和布控比例，统一发布预警规则；统一业务规范是建立三地对口业务部门的会商机制，统一规范出入境特殊物品检疫监管程序、进口工业品验证监管程序、进出口食品检验监管、进口汽车和棉花等重点商品口岸与内地工作流程及行政处罚自由裁量基本原则；统一风险防控是以"一地发现、三地知情、共同铲除、集体防范"为目标，建立并实施统一的京津冀海陆空一体化口岸公共卫生安全防控体系、动植物疫情监测体系和重大动植物疫情应急预案、食品检验检疫信息通报机制和工业品风险预警及应急处置机制；统一信用管理是建立诚信企业管理措施区域通报机制；统一统计规则是统一确认和规范"两直""三通""无纸化"等多种业务模式下的统计项目、统计口径、统计标准等。

成效：该制度的实施，促进了贸易便利更加显现，区域合作更加紧密，营商环境进一步优化。实施出口直放后，有效降低了企业成本，据测算，非法检货物从电子申报到放行最快1小时内完成，法检货物从报关到放行由原来2~3天最快可缩短到6.5小时，每标箱为企业节约物流成本120元。三地通过建立协调机制，区域联动的检验检疫、风险防控、风险预警和快速反应处置能力得到明显提高，口岸通关效率提升75%。

（十一）平行进口汽车政府监管服务新模式

以保税政策施行为突破口，优化进口汽车通关作业流程，实现对平行进口汽车的个性化管理，并按照《进一步深化中国（天津）自由贸易试验区改革开放方案》（国发〔2018〕14号）要求，取消了平行进口汽车保税仓储业务时限，提高平行进口汽车企业资金使用效率。天津海关积极推行进口机动车第三方结果采信制度，提供预约检测服务等系列举措，使通关环境进一步改善和提升。

第四节 海关支持中国（福建）自由贸易试验区建设主要情况

一、中国（福建）自由贸易试验区基本情况

2015年4月20日，《国务院关于印发中国（福建）自由贸易试验区总体方案的通知》（国发〔2015〕20号）发布，同年4月21日，中国（福建）自由贸易试验区（以下简称"福建自贸试验区"）正式挂牌成立。2018年5月24日，国务院发布了《国务院关于印发进一步深化中国（福建）自由贸易试验区改革开放方案的通知》（国发〔2018〕15号），进一步深化福建自贸试验区改革开放。

（一）区域范围

福建自贸试验区实施范围118.04平方千米，涵盖三个片区：平潭片区43平方千米，厦门片区43.78平方千米［含厦门象屿保税区0.6平方千米、厦门象屿综合保税区（原厦门象屿保税物流园区）0.19平方千米、厦门海沧港综合保税区（原厦门海沧保税港区）6.27平方千米］，福州片区31.26平方千米［含福州保税区0.6平方千米、福州综合保税区（原福州出口加工区）0.659平方千米、福州江阴港综合保税区（原福州保税港区）2.64平方千米］。

（二）功能划分

平潭片区，重点建设两岸共同家园和国际旅游岛，在投资贸易和资金人员往来方面实施更加自由便利的措施。

厦门片区，重点建设两岸新兴产业和现代服务业合作示范区、东南国际航运中心、两岸区域性金融服务中心和两岸贸易中心。

福州片区，重点建设先进制造业基地、"21世纪海上丝绸之路"沿线国家和地区交流合作重要平台、两岸服务贸易与金融创新合作示范区。

（三）发展情况

近台是福建的特色和优势。充分发挥沿海近台优势，为深化两岸经济合作探索新模式是福建自贸试验区建设的重要任务。2015—2020年，福建自贸试验区认真贯彻党中央、国务院部署，在两岸产业、贸易、金融、人员往来等方面实施更开放、更便利的措施，取得了积极的成效。

一是深化产业融合。引进大陆首家台资独资食用油脂加工企业等一批首创性台资项目。积极推动两岸电子信息、光学仪器、精密机械等产业联动发展。挂牌以来，福建自贸试验区累计新增台资企业 2520 家，占全省同期 40.9%，成为台商投资的首选地。

二是创新通关模式。设立全国唯一的两岸检验检疫数据交换中心，实现与台湾地区"关贸网"双向数据互通和实时传输。对原产于台湾地区的小家电、白酒、服装等商品，率先采信台湾地区第三方机构检验检测和认证结果。对台湾地区水果实施"先放行后报关，先上架后抽检"，实现"台湾地区上午采摘，大陆下午上架"。台湾地区进大陆的 90% 水果、50% 食品经福建口岸入境。福建已经成为台湾地区商品输大陆最便捷的通道。

三是加强金融合作。设立大陆首家合资全牌照证券公司，有 23 家台资金融机构落户福建，居全国第 2 位。23 家台湾地区银行机构在厦门开立 41 个人民币代理清算账户，清算金额 1300 多亿元。开展对台跨境人民币贷款业务，提款金额占大陆试点业务总量的 90%。实施台资企业资本项目管理便利化试点，让资金结汇更便捷，外债借用更多元。

四是促进创新创业。率先落实同等待遇，便利台胞往来。实施卡式台胞证"零距离"办理等政策，台胞"足不出岛"即可办证，卡式台胞证办理量占全国总量七成。全国首推台胞"麒麟卡"及"金融信用证书"，提供贷款、担保、授信等金融服务。直接采认台湾地区居民 20 个工种职业资格、52 项台湾地区职称，已有 300 多位台籍建筑师、医师、教师、导游持台湾地区相关证书在自贸试验区备案执业。设立 13 个台湾地区青年"三创"基地，吸引台企 600 多家、台胞 2500 人入驻，培训台湾地区青年 3 万多人，深受广大台企台胞好评。

二、海关支持自贸试验区发展情况

（一）福州海关支持自贸试验区发展情况

2020 年，在新冠肺炎疫情防控常态化的情况下，福州海关主动作为，化危为机，深入发掘改革创新潜力，出台了一系列保障防疫物资通关、支持企业复工复产的举措，向福建省自贸办推荐 2 批次 14 项经验参与第三方评估，其中 6 项被评为"全国首创"。截至 2020 年底，福州海关已推出了 113 项自贸区海关监管创新经验，其中 63 项已纳入省级以上复制推广经验。

1. 聚焦高质量发展，助推综合保税区与重点项目建设

一是全面贯彻落实《中共海关总署委员会关于印发海关支持综合保税区发展措施的通知》要求，于 2020 年 2 月底发布 11 项福州海关支持综合保税区发展措施。支持保税研发企业用足用好综合保税区优惠政策,实现关区保税研发业务"零突破"。

二是积极推动福州出口加工区、福州江阴保税港区整合优化为福州综合保税区、福州江阴港综合保税区。协同配合福州市政府推进江阴港智慧监管项目建设,福州江阴港综合保税区成为全国首家在综合保税区港口作业区实施以智慧监管手段替代物理围网监管内外贸同港作业的海关特殊监管区域。

三是扎实推进重点试验任务。推进福建省人民政府与海关总署共同签署《署省合作备忘录》,共同推进落实56项合作事项。多轮次组织专题研究平潭综合实验区总体发展规划和福建自贸试验区扩区事项。全力支持平潭二桥二线通道项目建设。截至2020年底,总体方案和深改方案涉及福州海关的62项任务,已完成52项,其余正在积极推进。

2. 发挥自贸创新优势,助力地方政府防疫稳增长

一是保障防疫物资生产,支持福建省防疫重点企业中景石化公司加快进口生产医疗物资急需的原材料聚丙烯,实现产品卸港、取样和检测的无缝衔接,每票压缩整体通关时间近15天,保障下游周边多省防护用品生产企业加快生产。

二是保障防疫物资通关,推出海关业务办理"全通模式"。在福州市区设置"全通窗口",集中统筹承担通关环节的疑难问题,形成"灵活便捷+集中处置"的快速通关业务模式,全力保障进口防疫物资通关"零延时"。

三是帮扶中小企业缓解资金压力。用好"同业联合担保",扩大自贸创新溢出效应。2020年,福州关区已为八家企业办理同业联合担保资格认证,保函金额合计4.23亿元。

四是创新企业协调员服务形式,自主开发"关企通"平台,推广应用中国海关信用管理微信平台,实现企业协调员线上收集问题、查询、回复等功能。共有800余家高信用企业成为"关企通"平台注册用户,累计受理企业提交问题28个,均在一个工作日内答复。

五是支持高新技术产业发展。以5G产业精密设备的出口企业运营实际为出发点,推出"出口工业产品退运货物追溯调查便捷管理措施",有效降低了退运调查对企业生产进度的影响,提升运营效率。优化入境维修货物查验流程,创新到货查验模式,压缩75%查验时间,减少90%场地占用,减少75%企业人工耗时。

3. 紧贴企业诉求,持续优化营商环境

一是拓展"单一窗口"应用。优化升级"海关通关预约平台",全方位对接海关"新一代查管"系统,将所有检查类型、检查方式的指令100%纳入预约平台,并上线对企服务专项模块"通关掌上查"实现精准查询。自2020年3月升级上线以来,每月预约票数同比增长80%,涉及2572家企业,平均每票为企业节约通关时长8小时。同时,积极参与福建省国际贸易"单一窗口"建设"十四五"发展规划探讨,主导优化升级"邮件互联网+便民服务平台"、跨境电子商务监管服务、快件收件人监管等功能。2020年12月,福州海关进出口整体通关时间分别为21.19小时、0.87小时,对比2017年当月压缩81.04%、92.46%。

二是继续深化"放管服"改革。主动简化行政审批,关区各行政审批窗口在疫情防控期间,引导行政相对人采取"不见面"的方式,依法及时通过线上办理行政审批申请。积极推进在自贸试验区开展"证照分离"改革全覆盖试点工作,13项涉及海关的行政审批事项改革实施范围已从自贸试验区内拓展至区外,扩大了自贸改革创新红利溢出效应。

三是支持福建深化商事制度改革,依托国际贸易"单一窗口"深化涉企证照"多证合一"改革,直接使用市场监管、商务等部门数据办理进出口货物收发货人注册登记等海关涉企资质管理业务。已按照"多证合一"方式审批通过企业注册登记90余家,通过"单一窗口"办理近2400余家。

4. 突出对台定位,推进两岸融合发展

一是便利两岸经贸往来。克服新冠肺炎疫情防控工作带来的巨大压力,全力支持增开"台湾—福州—北京"临时邮路、支持航空公司以"客改货"方式开通航线四条,积极协调北京海关密切分段协作,确保进境转关邮件快速通关、有效监管。支持开通"马尾—台湾""平潭—台湾"两条"9610"出口通道,创新推出对台出口海运快件"分组查验、同步装载、同步放行"模式,在有效监管的前提下,实现了边查边装、即查即装。试点以来,共验放出口快件约14.7万票、货值约4900万元,平均每个集装箱装载时长缩短2小时。

二是持续深化两岸"三互"合作。2020年,福州海关签发ECFA原产地证书(海峡两岸经济合作框架协议原产地证书)288份,签证金额825.5万美元。持续推动落实两岸高级认证企业享受AEO互认试点便利优惠。2020年,共惠及30家企业,进出口总额达19.95亿元。科学稳妥推进台湾地区输大陆商品第三方检验结果采信,在平潭试点建立进口台湾地区商品质量安全风险监测点,强化风险分析。

(二)厦门海关支持自贸试验区发展情况

2020年,厦门海关始终坚持以习近平新时代中国特色社会主义思想为指导,深入学习贯彻习近平总书记关于自贸试验区建设发展的重要讲话和重要指示批示精神,按照党中央关于统筹推进疫情防控和经济社会发展的决策部署,全面贯彻落实总署总关两级党委稳外贸、促增长各项措施,按照"赋予自贸试验区更大改革自主权"和福建自贸试验区建设的要求,坚持先行先试,不断深化自贸试验区监管制度创新,加强改革系统集成,不断提升福建自贸试验区跨境贸易便利化水平。截至2020年底,厦门海关已累计推出118项自贸创新经验,"海关公证电子送达系统"成功入选国务院第六批改革试点经验在全国复制推广。

1. 全面贯彻落实总署支持措施,帮扶自贸区企业复工复产

一是不折不扣落实好总署帮扶措施,贯彻落实总署稳增长十条措施,细化制定十四条具体举措,共对128份手册及110份深加工结转等单证凭企业说明办理延期手续,免除企业担保126份共1.54亿元,对110份电子账册实施不下厂盘点;二是细化落实《关于统筹做好口岸疫情防控和通关便利化工作措施清单》,整合制定厦门海关统筹做好口岸疫情防控和通关便利化工作措施清单;三是根据总署统一部署,积极推动署省合作备忘录各项措施任务落地实施并进展顺利;四是全面落实总体方案各项改革任务,总体方案和深改方案涉及厦门海关的83项任务,已完成80项。

2. 推动通关时间再压缩,持续优化提升口岸营商环境

一是将压缩通关时间作为进一步改善自贸区营商环境、提升对外开放形象的重要抓手,持续推动提升进口"两步申报"和"提前申报"比例,以新通关模式促进通关效率提升。2020年1—12月,进、出口通关时间分别为34.08小时、2.12小时,分别对比2017年压缩74.18%、93.17%,助力厦门连续两年被第三方机构(北京睿库贸易安全及便利化研究中心、中国国际贸易学会、中国报关协会)评为"中国十大海运集装箱营商环境评测第一名";二是推出原产地申领O2O一体化平台,将原产地证申领原有的"窗口发证+部分企业自助出证"模式升级为"居家申领+社区出证+城区寄证"三合一的原产地证智能申领一体化平台,最大限度地实现"不见面审批",打通了公共服务便利化的"最后一公里";三是推出便利化商事主体注销"一网通"平台,与地方市场监管部门进行对接并争取总署支持,促成省、市两级政府的商事主体注销"一网通"平台成功上线运行,让企业办事"最多跑一趟",企业注销平均办理时间压缩到10天以内;四是推出"卸船直提"、出口大宗散装货物"抵港直装"等新型通关物流作业模式,进一步优化通关作业流程。

3. 完善创新机制，扎实推动监管制度创新

一是召开厦门海关—自贸委第八次关贸工作联席会议，议定推动疫情防控、支持企业复工复产等方面24条具体工作任务；二是做好制度创新工作，"海关公证电子送达系统"成功入选国务院第六批改革试点经验在全国复制推广，全年共推出15项创新经验参与全省第三方评估，5项获评全国首创；三是全面贯彻落实《国务院关于促进综合保税区高水平开放高质量发展的若干意见》（国发〔2019〕3号），推动象屿保税物流园区、海沧保税港区获批升级为综合保税区，完成象屿保税物流园区升级优化为综合保税区的验收工作，支持打造自贸创新高地；四是积极学习借鉴国际上的先进海关监管经验，组织翻译美国对外贸易园区手册，代表海关总署参加WCO线上世界自由区大会，学习借鉴CPTPP（全面与进步跨太平洋伙伴关系协定）、美墨加、《区域全面经济伙伴关系协定》等先进国际经贸规则，学习研究海南自由贸易港、上海临港新片区深化改革创新经验和好的做法，积极参与省市自贸试验区3.0版本规划建设，从海关监管角度提出意见建议。

4. 创新监管作业模式，支持重点平台发展

一是创新进口毛燕一体化监管模式。助力厦门获批毛燕进口指定口岸，在海沧建设燕窝及燕窝制品检测重点实验室，优化进口毛燕加工业务流程，助力厦门建设成为全国最大毛燕进口口岸。二是实施进境维修货物坏损件直通送修，实现进境维修货物拆卸下的坏损零部件免于"出境游"，压缩了送修周期，大幅度提升了境内配套维修企业的竞争力。三是配合地方部门共同实施厦门口岸空运进口运单电子化。依托厦门国际贸易"单一窗口"作为公共服务和数据交换平台，建立空运进口运单电子化传输系统，替代现有空运纸质运单，减少人工交接和录入环节。四是坚持自贸试验区和"福厦泉"自主创新示范区联动发展，推动集成电路产业链保税监管模式改革覆盖厦门市"芯火"双创平台上的80余家企业，积极参与建设生物材料特殊物品出入境公共服务平台。

5. 优化对台贸易监管模式，促进两岸经贸融合发展

一是创新优化台湾地区输厦甲鱼卵监管方案。对来自台湾地区注册养殖场的甲鱼卵调整隔离检疫方式，实施"证单审核+流向备案+后续监管"的模式验放。二是推出出口干散货"船对船"装运模式。实现大宗出口货物"边运抵边装船"，降低出口台湾地区碎石、机制砂的物流成本。三是根据海关总署统一部署，贯彻落实好国家31条、福建66条和厦门市60条等各项涉及海关的惠台措施。四是持续优化监管服务，支持台湾地区货物通过中欧班列过境运输常态化运行，助力对台海运快件、台湾地区水果进口、两岸AEO互认试点等项目持续开展。

三、 海关在自贸试验区开展海关监管制度创新情况

（一）原产地签证管理改革创新

2015年起，福州海关、厦门海关分别在进口原产地证书核验环节和出口原产地签证环节开展改革创新工作。

一是在进口原产地证书核验环节进行改革，主要内容为：简化《内地与香港关于建立更紧密经贸关系的安排》《内地与澳门关于建立更紧密经贸关系的安排》《海峡两岸经济合作框架协议》项下货物进口原产地证书提交要求，对于海关已收到出口方传输的原产地证书电子数据的货物，企业申报进口时免于提交纸质原产地证书。放宽《海峡两岸经济合作框架协议》项下海运货物直接运输判定标准，可以通过查验集装箱封志的方式判定经第三方中转货物是否符合直接运输要求。

二是在出口原产地签证环节进行改革，主要内容为：（1）在全国首创实施凭企业声明直接签证模式。（2）在全国首创实施属地备案多点通签模式。备案企业可向辖区任一隶属海关申请签发原产地证书，允许企业任意选择隶属海关窗口办理业务。（3）在全国首创允许生产企业代办原产地证书。积极争取海关总署支持，允许由生产企业代办原产地证书，为外贸公司提供原产地证书。（5）取消原产地证备案企业年审制度。（6）全面实施原产地证无纸化申报。（7）实施一般原产地证书快速审签。（8）下放进口国退证查询对外答复权限。（9）创新实施原产地业务"检企零见面签证"，实行"网上申请、在线审核、双向寄递"。

（二）出境加工监管

针对将全部或部分原材料、零部件、包装物料等提供给境外生产企业，经加工或者装配后，再将制成品复运进境的监管模式，保证了具备实际生产需求的企业均能在海关规范有效的监管下顺利开展出境加工业务，有利于扶持国内企业"走出去"，助力企业在全球化市场范围内进行产业结构调整和资源优化配置，利用国外先进技术、低廉劳动力资源等比较优势，开展国际间产能合作，大幅降低企业生产成本，提高企业竞争力。

（三）委内加工监管

针对国内企业提供原料委托区域内企业加工，加工增值部分征收进口税后返回国内销售的监管模式，区内企业通过海关特殊监管区域信息化辅助管理系统向海关申请建立项号级委内加工专用电子账册，并在货物加工完毕、运回境内区外时，以区域内发生的加工费和保税料件费为基础审查确定完税价格，计

征关税和进口环节代征税。

一是有效释放区域内企业闲置产能，提高经营效益。泉州综合保税区内金鹰（福建）印刷有限公司拥有世界先进、国内少有高档印刷设备，在外销市场大幅度萎缩的情况下，国内的消费升级对高档印刷产能却需求巨大。通过开展委内加工业务，有效解决了企业配置的最先进印刷设备产能过剩状态，实现了由单纯外向型向内外纵深型的转变。

二是服务国家供给侧改革。充分发挥海关特殊监管区域优惠政策和比较优势，推动国际间产能合作，优化国内市场供给结构，避免重复投资，促进特殊监管区优化业务形态。海沧保税港区内厦门丰泰国际新能源汽车有限公司通过"委内加工"为国内提供新能源客车车身，成为区域服务国家新能源发展战略和促进新兴消费的典型，吸引了苏州等地企业、政府管理部门纷纷前来考察取经。

（四）国际航行船舶检疫监管新模式

提升口岸检疫工作效率，提高通关便利化水平，简化国际航行船舶办理出入境手续，有效降低企业运营成本，是自贸试验区改革的一项重要内容，也是区内企业的迫切要求。海关按照国务院部署，充分发挥自身优势、主动作为、积极探索，以出入境交通工具检疫制度改革为抓手，促进口岸管理部门有效监管和高效服务相结合，积极推动大通关建设，逐步形成国际航行船舶检疫管理"三位一体"新模式。

在确保口岸公共卫生安全的前提下，该模式以信息化系统为载体，实现了船检业务的无纸化申报，每艘船舶出入境申报可节省纸质单证约257页；依托电子口岸国际贸易"单一窗口"平台实现船舶联检和口岸"三互"服务，全国第一张电子化"船舶出口岸联系单"于厦门签出；借助"船舶移动检疫系统"终端平台，实现船舶检疫"即时查验、即时放行"。新模式将每艘船舶出入境申报时间由原来的1个小时压缩到5分钟，船舶检疫周期由原来的半天缩短为30分钟内，放行周期则从30分钟压缩至零待时。

（五）免除低风险动植物检疫证书清单制度

对列入《免于核查输出国家或地区动植物检疫证书的正面清单》的低风险动植物产品，在进境口岸申报时可免于提供输出国家或地区官方出具的动植物检疫证书。涉及免于核查进境动植物检疫证书的产品包括6大类15小项。该项政策的实施扩大了自贸改革试点经验的辐射效应，降低了进境动植物及其产品要求提供动植物检疫证书的比例，简化了通关手续，降低了企业成本。

（六）会展检验检疫监管新模式

以"风险可控、有效监管、保障安全、便利通关"的原则，对出入境展品建立了一整套包括风险评估、分级管理、快速放行、现场监督和后续监管的会展检验检疫监管新模式，确保展品便捷通关、有效监管。

在新模式下，对重要展会的入境展品可免予检验，预包装食品、化妆品免予加贴中文标签和抽样检验；对重要展会的入境实施场馆集中查验，改口岸查验为场馆集中查验，对入境展品实行口岸核证直接放行；简化展品审批和备案手续，实行网上申请和审批；按自愿原则对展品实行备案管理，对经备案的展品实施便利的检验检疫及监督管理措施；在展会现场提供"一站式"服务，实现快速通关；会展结束后，退运出境的展品采取复出核销的便捷措施，销售、使用的展品按照强制性产品认证的有关规定办理。该模式实施以来确保了多次重大展会参展物品和出入境人员通关便利化，得到了地方政府、会展组织方、相关企业的肯定，促进了福建自贸试验区展览业健康、快速发展。

（七）对外贸易经营者备案和原产地企业备案"两证合一"

福州海关、厦门海关与福建省商务厅开展对外贸易经营者备案和原产地企业备案"两证合一"制度改革。依托中国（福建）国际贸易"单一窗口"，商务部门将企业对外贸易经营者备案信息审核结果向海关及贸促会原产地业务系统快速传输，海关及贸促会直接采信商务部门审核结果，当即授予企业原产地证备案资质。原来外贸企业须分别向辖区商务主管部门和海关、贸促会机构申请办理对外贸易经营者备案和原产地证备案登记，现在企业通过国际贸易"单一窗口"申请，商务主管部门完成对外贸易经营者备案，即视同完成原产地证备案手续，这种由商务部门面向企业一口办理的新模式，改变了过去分别办理、各自发证的传统模式，真正实现了"单一窗口、统一受理、一次审核、一次发证"。

（八）入境大宗工业品联动检验检疫新模式

以质量安全为底线，针对自福州片区江阴口岸入境的集装箱承载的省级重点项目进口业务（矿产品、成套设备），按照"因地制宜、多点申报、前推后移、优势叠加"原则，优化调整部分检验检疫环节，将货物直提到使用地实施检验检疫的工作模式，得到相关企业的好评。据测算，该模式缩短了企业 30% 的通关放行时间。

对从自贸试验区口岸入境的大宗集装箱工业品，海关采取货物直提或检疫等部分环节前置的工作模式，在口岸均不开箱，仅实施放射性检测和检疫处理后即给予放行，由使用地海关开展开箱后的检验检疫。实现口岸与使用地无缝衔接，提高通关效率，降低企业成本。解决使用地分流困境，将口岸与使用地环节有效组合，实现口岸快速通检，使用地开箱检验。该模式适用于厦门海关辖区进口成套设备项目管理工作。"项目管理"是指根据进口成套设备的特点和检验监管要求，将生产、建设项目所需的进口成套设备等大宗工业品作为一个整体进行检验监管。具体流程包括：开展项目信息收集，从政府投资促进部门收集、汇总并掌握大宗工业品等信息及动态；使用地检验检疫机构开展项目跟踪；申请人于首次到货前申办项目管理；使用海关受理申报；实施到货检验监管以及结案建档等环节。

> **入境大宗工业品联动检验检疫新模式案例**
>
> **基本情况**：以质量安全为底线，针对自福州片区江阴口岸入境的集装箱承载的铜精矿项目、华佳彩项目、京东方项目三个流向（宁德、莆田、福清）的两项进口业务（矿产品、成套设备），按照"因地制宜、多点申报、前推后移、优势叠加"原则，优化调整部分检验检疫环节，将货物直提到使用地实施检验检疫。
>
> **政策分析**：莆田辖区华佳彩项目及福清京东方项目的进口成套设备的集装箱在福州片区江阴口岸均不开箱，集装箱实施外表检疫处理，对来自疫区的按照文件要求对货物实施熏蒸处理，并以保障在口岸的停留时长方式确保处理效果。项目所属公司按照相关文件要求，做好专用检疫处理场所或设施的配套建设，并及时向口岸分支机构备案拟进口货物信息，做好精密仪器等不适宜熏蒸情况的事前告知。进口成套设备的其他具体检验检疫事宜，依据相关要求执行。
>
> **成效**：该政策的实施，对来自非疫区的进口成套设备，优化组合，前推后移相关工作环节，将货物直提到使用地实施检验检疫，为企业节省了时间和物力，实现减负增效和有效监管的目标。据测算，实行将货物直提到使用地实施检验检疫的工作模式，使企业的通关放行时间缩短约30%，也免去了以往企业派人到口岸配合做箱表检疫处理的手续。

（九）国际航行船舶供水检验检疫开放式申报加验证式监管模式

福州海关、厦门海关对自贸试验区内码头停靠的国际航行船舶实行"开放式申报+验证式监管"船舶供水管理模式，允许诚信度高、记录良好的国际航行船舶通过电话、微信公众号、传真、电子邮件等开放式便捷途径，向海关进行供水申请备案后，直接在A级供水单位加水，在出境时再提交正式申请，海关对供水行为采取"随机抽查+出境时对供水情况验证监管+日常监督评级"的监督管理模式。

一是开放式申报。海关对向自贸试验区停靠的国际航行船舶提供电话、微信公众号、传真、电子邮件等多种开放式便捷途径，方便其向海关检验检疫部门进行供水申请，检验检疫部门接到申请后，根据风险分析结果，直接给予答复。二是企业自检，直通放行。企业针对供船饮用水卫生安全项目开展批批自检，自检合格直接供船。三是自行加水。船舶根据作业情况在允许加水后，任何时间均可实施加水。四是验证监管+企业评级+动态管理。船舶在出境前将加水情况反馈至海关，海关根据船舶自行报告的材料，不定期与码头供水记录等进行比对，验证其数据的准确性，并不定期对水质情况进行快检及采样送检，确保水质质量。事后，日常监督中结合验证检测、验证监管情况进行综合打分评级，根据评级结果实行动态管理，信用等级高的降低抽查监督频次，信用等级低的加大抽查监督频次。

国际航行船舶供水"开放式申报+验证式监管"案例

基本情况：2016年1月起，海关率先开展模式创新，逐步形成国际航行船舶供水"开放式申报+验证式监管"新模式，同年11月起，在福建自贸试验区福州、厦门片区予以推广实施。

政策分析：国际航行船舶饮用水供应单位对其向国际航行船舶供应的饮用水的卫生安全负责，为饮用水卫生安全的第一责任人。海关对船舶供水单位开展风险分析评估，根据风险分析评估结果，允许符合要求的企业实行开放式申报。实行开放式申报的供水单位在向国际航行船舶供水前免予向海关申报。事后，海关在日常监督中结合验证检测、验证监管情况进行综合打分评级，根据评级结果实行动态管理，信用等级高的降低抽查监督频次，信用等级低的加大抽查监督频次。

成效：该政策的实施，在保障口岸卫生安全的同时，又有力促进了跨境贸易便利化，形成更加开放、更富效率的口岸营商环境，口岸卫生安全治理能力得到合理优化，"放管服"改革工作显成效。简化了事前程序，优化了事中、事后的验证监管；开通了便捷的申请途径，提供更优化的企业服务；通过对企业的信用分级处理和差异化管理，实现更高效的监管。

（十）海关企业注册及电子口岸入网全程无纸化

企业通过网络提交注册登记及电子口岸入网所需的材料，海关及电子口岸在线审核，并依企业选择，通过现代物流服务寄送企业报关注册登记证书及电子口岸IC卡，企业足不出户即可在线办理、支付、查询，实现了海关企业注册及电子口岸入网全程无纸化。

一是在线提交材料。企业办理申请企业注册登记、企业信息变更、企业注销等事项，只需登录"企业海关注册登记子系统"，按照《中华人民共和国海关报关单位注册登记管理规定》（海关总署令第221号）规定，以电子扫描或照片方式上传所需材料，海关和电子口岸在平台上进行查看和审核，将单证作业无纸化前推至报关单位注册登记环节。

二是优化入网资格审查流程。福建省商务厅、国税局、工商局等部门统一授权中国电子口岸数据中心福州分中心负责审核企业的电子口岸入网资格，停用纸质"中国电子口岸入网用户资格审查登记表"，企业无须到各部门分别办理电子口岸入网审查手续，节约企业办事成本，缩短电子口岸入网流程。

三是网上可支付。新系统上线后，企业可自主选择多种网上支付方式支付电子口岸入网用户法人卡和操作员卡（IC卡）制卡成本费，无须再到电子口岸业务现场进行缴纳。

四是进度可跟踪。海关关员和电子口岸分中心人员每一步的审核、受理或其他操作都会在系统上记录，企业可实时查询，掌握制卡进度。

五是证书可快递。企业注册完成后，可选择通过现代物流服务方式将企业报关注册登记证书及电子口岸IC卡直接寄送到企业，节省企业往返时间，实现足不出户办理海关企业注册及电子口岸入网。

（十一）先放行、后改单作业模式

改革前，对查验中发现申报异常的报关单，应根据查验结果修改报关单数据后，海关才能予以放行。对于部分虽经查验发现异常，但仅需改单处理且不涉证不涉税的进出口报关单，只能等待海关改单操作后才能放行，这样的传统作业模式造成了企业因货物滞港导致通关成本上升，影响了口岸货物通关效率。

改革后，在查验过程中海关查获进出口企业申报不符但无须移交缉私、法规部门处理的报关单，且所修改内容不涉证、不涉税、无须更改舱单的，出口发货人或其委托的申报单位可向海关查验部门提出"先放行、后改单"书面申请。经由主管海关验核是否符合适用条件并审批同意后，由海关对货物予以放行，允许进出口企业先装船出口或提离货物，避免货物延误船期，减少货物滞港时间。货物放行完毕后,再由进出口企业向海关补办理进出口单证的修改手续。

(十二)海关业务预约平台

依托国际贸易"单一窗口"开展"海关业务预约平台"的创新探索,与时俱进,不断升级优化平台服务能力。

一是福州海关通关预约平台。平台的推出是海关在服务企业思维上的重大转变,由被动等待企业查验变为主动提前为企业做好查验服务准备。2020年适逢疫情防控特殊时期,福州海关对平台进行优化升级,实现了把原检验检疫现场查验和检疫处理内容集合至通关预约平台,统筹协调查验、检疫处理指令,进一步优化货物调拨、检查和检疫处理作业流程。实现了检查防疫"两不误",进出口收发货人通过通关预约平台网上预约,无须到场协助海关实施货物查验,最大限度减少人员聚集,切实降低疫情传播风险。

二是厦门海关"关港贸"查验信息交互全程电子化平台。依托厦门国际贸易"单一窗口"建设"关港贸"查验信息交互全程电子化平台,将海关查验的交互信息全程电子化,实现查验、调柜、卸装货、集装箱流转等指令实时交互,查验流转状态等信息在海关、码头服务企业、报关企业之间同步传递,以及查验结果自动向报关企业、码头服务企业实时反馈,并实现了系统自动核算可免除费用供企业凭此办理相关手续等一系列功能,真正实现了口岸部门的"一站式"网上查验服务。

(十三)关检"一站式"查验平台+监管互认

海关与原检验检疫部门强化协作,实现作业空间合并、作业时间一致、作业系统并行,场所设施、查验设备等资源共享,有效提升了通关速度,降低了企业成本,有力推进了口岸大通关建设。

第五节 海关支持中国(辽宁)自由贸易试验区建设主要情况

一、中国(辽宁)自由贸易试验区基本情况

2017年3月15日,《国务院关于印发中国(辽宁)自由贸易试验区总体方案的通知》(国发〔2017〕15号)出台,中国(辽宁)自由贸易试验区(以下简称"辽宁自贸试验区")成为第三批7个自贸试验区之一。2017年4月10

日，辽宁自贸试验区正式挂牌成立。

（一）区域范围

辽宁自贸试验区实施范围119.89平方千米，涵盖三个片区：大连片区59.96平方千米，沈阳片区29.97平方千米，营口片区29.96平方千米。大连片区包含了3个海关特殊监管区域：大连湾里综合保税区、大连大窑湾综合保税区、大连保税区。沈阳片区包含了1个海关特殊监管区域：沈阳综合保税区。营口片区包含了1个海关特殊监管区域：营口综合保税区。

（二）功能划分

大连片区，重点发展港航物流、金融商贸、先进装备制造、高新技术、循环经济、航运服务等产业，推动东北亚国际航运中心、国际物流中心建设进程，形成面向东北亚开放合作的战略高地。

沈阳片区，重点发展装备制造、汽车及零部件、航空装备等先进制造业和金融、科技、物流等现代服务业，提高国家新型工业化示范城市、东北地区科技创新中心发展水平，建设具有国际竞争力的先进装备制造业基地。

营口片区，重点发展商贸物流、跨境电子商务、金融等现代服务业和新一代信息技术、高端装备制造等战略性新兴产业，建设区域性国际物流中心和高端装备制造、高新技术产业基地，构建国际海铁联运大通道的重要枢纽。

（三）发展情况

自2017年建设运营以来至2020年，辽宁自贸试验区全面落实党中央、国务院关于自贸试验区建设的战略部署，坚持以制度创新为核心，以突出辽宁特色为重点，大胆试、大胆闯、自主改，扎实推进自贸试验区建设各项工作，不断积蓄改革开放动能，加强创新能力建设，在以制度创新引领对外开放、深化"放管服"改革、优化营商环境等方面都取得了重要成果。2017—2020年，共新增注册企业6.3万户，新增注册资本6300亿元。新签约落地重大项目256项，其中已落成投产119项。

一是首批改革创新试点任务全面完成。截至2020年，总体方案中赋予辽宁自贸试验区的123项试点任务100%全部完成。据普华永道、商务部研究院等国内外知名机构评估报告显示，123项试验任务中，有89项任务完成效果突出。

二是创造了一批"辽字号"制度创新经验。紧紧围绕放管服改革、贸易便利化、投资自由化、金融开放创新和服务国家战略等方面开展制度创新，国务院发文向全国复制推广的第六批37项改革试点经验中，辽宁省推出的"出入境人员综合服务一站式平台"等5项创新经验入选，入选数量和质量在全国各自贸试验区中位居前列。

三是创新引领国资国企改革与产业结构调整。不断加快市场取向体制机制改革，积极推动结构调整，努力建设成为提升老工业基地发展整体竞争力的新引擎，取得了明显成效。持续推进国资国企改革创新试点，形成了一批具有复制推广价值的创新实践案例。加快构建新兴特色产业和现代服务业融合发展的产业布局。叠加跨境电子商务综合试验区政策优势，大力发展跨境电子商务。大力发展生产性服务业。

四是强力推进面向东北亚开放合作创新。积极打造面向东北亚开放合作的"桥头堡"，东北亚外资企业占全部入驻外资企业的31.6%。沈阳片区建立东北亚创新中心和人文交流中心，开通沈阳至韩国全货机业务，建设日本爱媛县制造业产品展示中心；大连片区深耕日韩，建设日韩商品集散中心和分拨基地，推动松下电池二期三期等重大产业项目签约落地；营口片区强化与日、韩、俄对接合作，积极建设中欧班列回程终点集散地、日韩产品加工贸易区和跨境生鲜国际供应链中心，打造东北亚跨境商品集散中心。着力构建连接亚欧的海陆空大通道。

五是以制度创新持续优化营商环境。坚持以更高水平的营商环境提升对人才、资本等要素的吸引力，企业办事更加方便、监管更加高效便捷。三个片区全面推行"一枚印章管审批"制度创新，建立"一表申请、一口受理、一网通办、一章审批、一口发照"审批制度，实现"同一事项、同一标准"。

二、海关支持自贸试验区发展情况

2020年，大连海关、沈阳海关严格按照海关总署部署，结合辽宁自贸试验区建设要求，坚持改革引领、创新驱动，着力激发自贸试验区内生动力，全力支持辽宁自贸试验区高水平开放、高质量发展。

（一）持续推进深化改革，优化营商环境

大连海关落实出台的18项优化营商环境措施。以"两步申报"为牵引，推进海关"2020业务改革"，"两步申报"应用率提升至21.43%。深化"放管服"改革，实施行政审批"零接触"网上办理，审批用时压减53%，落实"多证合一"，办理企业注册登记率达46.09%，"证照分离"改革全面落地。实施"提速保畅助产"压缩通关时间"2020行动计划"，进出口通关时间分别较2017年压缩77%和94%，出台便利高级认证企业16项措施，开展"线上+线下"多渠道信用培育，AEO认证企业数量突破100家。沈阳海关将做好自贸试验区建设与优化营商环境工作相结合，充分利用自贸试验区先行先试的政策优势,持续推进"放管服"改革,落实"放管服"改革要求,推进"多证合一""证照分离"改革,努力提高自贸试验区乃至整个地区的跨境贸易便利化水平。国际贸易"单一窗口"主要申报业务应用率继续保持100%。关税保证保险惠及26家企业,担保税款11.71亿元。统筹关区"五个两"集成推广,扩大"延时、错时+预约通关"范围,进口、出口整体通关时间较2017年压缩比均超过80%,好于全国整体水平。

(二)聚集制度创新,推出多层级创新成果

大连海关、沈阳海关以制度创新为核心,以可复制推广为目标,着力改革创新。自辽宁自贸试验区挂牌成立以来,大连海关共推出26项支持措施,形成了进出口货物通关"英特尔模式"、国际水产品中转监管创新、企业辅导员制度等多项全国首创的监管模式。其中"保税混矿"监管模式、进境粮食检疫全流程监管模式、"海关归类智能导航服务"分别入选国务院第四、第五、第六批改革试点经验在全国复制推广,有23项创新案例入选辽宁省四个批次的改革创新经验。沈阳海关发挥自贸试验区政策"试验田"作用,累计推出的19项监管创新,2项自贸创新措施被列入国务院第六批改革试点经验在全国复制推广。

(三)助力优势产业发展,服务国家战略

大连海关推进"保税领域八张牌",深化铁矿石保税混兑、跨境电子商务保税备货、船舶保税供油、保税加工信任管理等业务,支持大宗商品贸易发展,促进贸易新业态发展。深化与辽宁港口集团战略合作,建设保税船用燃料油基地,实施集装箱国际中转快速验放,支持拓展商品车过境运输业务,创新船舶维修改造换装监管模式,推进大连东北亚国际航运中心建设。支持英特尔、恒力石化等重点龙头企业发展,量身定制"嵌入式贴身监管"模式,对进口生产设备、关键部件、生产原材料,实施"先入区、后报关""智能卡口+无人机巡检"等个性化海关监管模式。创新实施"入区集中检验、出区分批核销"监管模式,支持大连商品交易所开展铁矿石期货保税交割。沈阳海关推进沈阳市跨境电子商务"两区域"、快件监管中心"三场所"建设,支持沈阳市和抚顺市建成跨境电子商务综合试验区,开通网购保税进口和直购进口业务。出台"强监管优服务"举措,制定支持民营经济发展25条措施,支持国产宝马新能源汽车整车出口至欧洲市场;帮助辽宁成大公司打开"一带一路"沿线国家市场。

三、海关在自贸试验区开展海关监管制度创新情况

(一)保税混矿监管创新

以企业需求为导向,主动作为、先行先试,创新"保税混矿"监管模式,

推进贸易多元化，拓展保税服务功能，允许特殊区域（保税监管场所）内企业对以保税方式进境的铁矿砂进行简单物理加工混合后再复运出区或离境。有效降低中国钢厂的采购成本，巩固与强化了铁矿石贸易议价能力，进一步提升供应链管理水平，实现了国外矿山向中国港口的前移。在全国首创"入区监测+加工监管+出区检验"三位一体的保税混矿监管模式。积极支持混矿后的成品矿石转口贸易发展，积极扩大日韩市场，大连关区铁矿石转口贸易量连续三年位居全国首位，有力支持了东北亚国际航运中心建设，"东北亚矿石分拨中心"地位凸显。2020年，在原有混矿作业的基础上，在全国率先开展"多国别、多矿种"的混矿业务21.5万吨。大连海关通过制度创新推进大连港保税铁矿混矿新业态发展，为打造东北亚矿石分拨与贸易增值服务中心、提升东北老工业基地整体竞争力提供重要保障。

（二）进境粮食检疫全流程监管

坚持落实总体国家安全观，打造全流程闭环监管、确保进境粮食安全；持续优化口岸营商环境，提高港口周转效率、保障企业原料供应；不断深化自贸区改革创新，探索科技智能监管、提升海关监管水平和治理能力。在前期进境粮食示范港创建基础上，结合新海关监管要求，进一步完善"初筛实验室、无害化处理设施、视频监控网络、进境粮食区域检疫监管一体化"四个核心功能，升级"进境粮食检疫全流程监管"模式，形成从海关申报、征税、现场查验、实验室检测、无害化处理到后续监管的全流程无缝衔接的海关监管模式。

一是建立现场检测实验室。将实验室前移到卸粮流水线上，改变以往卸完船后制备样品送技术中心检测的做法为边卸边检，不仅实时掌握卸粮情况，发现问题及时处理，而且提高疫情检出率、缩短检测时间、提高检测效率，取得了良好的效果。二是进行无害化处理。在港口建立粉尘等废弃物无害化处理车间，将卸粮流程中产生的粉尘等废弃物集中收集进行高温湿热无害化处理，避免粉尘中携带的疫情疫病和转基因因子回送，严控疫情扩散风险。三是推行"信息化全程监管"工作模式。通过电子信息化和视频监控手段，实现卸船、实验室检测、无害化处理、仓储、调运的全流程监管。海关可以通过视频对各环节进行实时监控和监管信息互通，实现口岸与指运地海关间的调运无缝衔接，丰富了海关对进口粮食监管的手段，提高了执法把关的能力和通关效率。

（三）进出口商品智慧申报导航服务

紧盯企业"归类难""申报不规范"影响通关效率、加大经营成本等痛点、难点问题，运用科技手段，创新管理思路，搭建了"进出口商品智慧申报导航服务"体系，使用大数据、人工智能等新技术手段，对海关历史申报数据、税则、注释、归类决定、规范申报目录等权威数据进行清洗、整合、关联，建立智慧申报导航数据库集群。同时，在辽宁电子口岸申报端为进出口企业纳税申报提供精准、权威的智能化导航服务。

一是系统功能方面，不断优化申报端对企业的引导流程，升级开发"多条件搜索引擎"，能够做到"随录入、随提示"，根据企业录入习惯精准推送导航信息，同时开发"防伪、防篡改"功能模块，在为企业提供申报导航服务的同时，能够对导航数据进行"溯源"，有效防范风险。二是数据资源方面，采用新技术手段对"高频表达方式"自动提取，并解决了由于"规范申报目录"的年度调整导致上年数据在新年度容易出现"串行""所答非所问"等问题，从而使跨年度历史数据同样可以作为有效数据为企业申报提供导航参考。三是响应速度方面，通过优化数据结构和搜索引擎策略等方式，有效简化操作、提升申报效率。经过不断摸索与测试，大连海关建成了涵盖6600多个税号、160多万条商品记录的导航数据库，覆盖大连口岸全部一般贸易进口商品。

（四）飞机行业内加工贸易保税货物便捷调拨监管模式

为沈飞工业集团量身制定创新监管模式，推出飞机行业内加工贸易保税货物便捷调拨监管模式，解决沈飞工业集团内各企业的未经加工保税料件需要进行内部调拨生产的问题，助力装备制造产业在沈阳地区做大做强，形成群体规模化效应。

一是实施"便捷监管"针对化管理，提高企业运转效率。为飞机等特殊行业的加工贸易保税货物推出"集团内部调拨"的便捷监管模式，对符合条件的试点企业，允许其未经加工的保税料件在集团内进行调拨，通过自主备案等便捷管理措施，实现监管方式由"以企业为单元"到"以'集团'为单位"的跨越，切实为企业生产增效减负。二是实施"余料结转"信息化管理，简化保税料件现场监管。运用电子账册系统，对飞机、船舶特殊行业监管模式试点企业未经加工的保税料件以"余料结转"的方式进行集团内不同企业、不同加工贸易手（账）册间自行调拨。通过推行飞机特殊行业加工贸易保税货物集团内部调拨便捷监管模式改革，释放改革红利，简化具体审批流程，提升企业运转效率。三是实施"服务监管"持续化管理，建立业务联系长效机制。建立与企业业务联系长效机制，在推行飞机特殊行业加工贸易保税货物集团内部调拨便捷监管模式监管过程中，注重企业反馈，边实践边总结，不断优化，及时梳理企业在实际运转过程中遇到的困难问题，并提出解决方案，切实破除了监管难题和障碍，让企业有实实在在的获得感。四是实施"信用管理"，强化企业主体责任的监管运行机制。通过完善制度建设，加强宣讲服务，引导企业对其申报内容的真实性、准确性、完整性承担相应责任。在信用管理的基础上，进一步减少程序性审核，允许符合条件的飞机企业自主备案、自定核销周期、自主缴税、自主核报。既要通得快，又能管得住，确保行业健康绿色发展。

(五) 出入境人员综合服务"一站式"平台

参考国际贸易"单一窗口"的运作模式，通过将海关、外事办公室、科学技术局、教育局、文化旅游局、广播电视局、大数据管理局、移民管理局等涉外部门资源整合，按照"互联网+政务服务+综合服务"的理念，以出入境人员为服务对象，利用大数据、政务云、移动互联网等信息技术建设的综合性信息服务平台，实现与各涉外部门的信息共享与信息交换，消除信息"孤岛"，实现信息共享。2020年4月，综合服务"一站式"平台已整体移交辽宁自贸试验区沈阳片区管委会。

出入境人员综合服务"一站式" 平台案例

基本情况：按照"互联网+政务服务+综合服务"的理念，以出入境人员为服务对象，利用大数据、政务云、移动互联网等信息技术建设的综合性信息服务平台，实现与各涉外部门的信息共享与信息交换，消除信息"孤岛"，实现信息共享。

政策分析：综合服务"一站式"平台将涉及出入境人员管理与服务的政府部门与延伸服务部门，通过信息化手段连接起来，解决跨部门、跨层级政务服务信息难以共享、业务难以协同、基础支撑不足等突出问题。通过与海关、外事办公室、科学技术局、教育局、文化旅游局、广播电视局、大数据管理局、移民管理局等涉外部门整合资源，优化流程，强化协同，加强涉外职能部门业务办理流程的衔接，为出入境人员证件办理、业务预约、在线申报等提供"一站式"办理服务，从"线下跑"向"网上办"、"分头办"向"协同办"转变，全面推进"一网通办"。

综合服务"一站式"平台设置了邀请外国人来华、出入境体检、外国人工作证办理、居留证办理、随行子女入学五个政务业务办理模块。邀请外国人来华业务模块可实现网上申请和进度查询等；出入境体检模块可实现出入境人员健康体检的网上申请、体检预约、进度查询等；外国人工作证办理模块可实现网上申请、数据共享等；居留证办理模块可实现网上申请、数据共享等；随行子女入学模块可实现国际、港澳台学生入学网上申请等。在实现上述政务服务功能的基础上，又设立了综合服务模块，为来华境外人员及沈阳市民提供签证代理、疫苗预约和订制旅游等服务，实现政务、综合服务一口通办，充分发挥综合服务"一站式"平台的作用。

成效：该制度的实施，在保障公共健康安全的基础上，促进了地方开放型经济发展，进一步优化了营商环境。一是全面掌握出入境旅客信息，与相关部门建立联防联控机制，构筑传染病防控"境外、口岸、境内"三道防线，建立立体联动的传染病防控体系，更加有效控制传染性疾病的传播；二是构建出入境人员大数据，统计出入境、体检、筛查结果信息，分析旅客生化品截留数据，为沈阳生态安全、反恐怖工作提供信息，实现国门安全监控；三是在综合服务方面，延伸服务范围，拓展互联网渠道，提供便利化服务。

第六节　海关支持中国（河南）自由贸易试验区建设主要情况

一、中国（河南）自由贸易试验区基本情况

2016年8月31日，国务院决定设立中国（河南）自由贸易试验区（以下简称"河南自贸试验区"）；2017年3月31日，国务院发布《国务院关于印发中国（河南）自由贸易试验区总体方案的通知》（国发〔2017〕17号）和《中国（河南）自由贸易试验区总体方案》；2017年4月1日，河南自贸试验区正式挂牌成立。

（一）区域范围

河南自贸试验区实施范围119.77平方千米，涵盖三个片区：郑州片区73.17平方千米（其中含郑州经开综合保税区1.435平方千米），开封片区19.94平方千米（其中含开封综合保税区1.78平方千米），洛阳片区26.66平方千米（其中含洛阳综合保税区1.37平方千米）。

（二）功能划分

郑州片区，重点发展智能终端、高端装备及汽车制造、生物医药等先进制造业以及现代物流、国际商贸、跨境电子商务、现代金融服务、服务外包、创意设计、商务会展、动漫游戏等现代服务业，在促进交通物流融合发展和投资贸易便利化方面推进体制机制创新，打造多式联运国际性物流中心，发挥服务"一带一路"建设的现代综合交通枢纽作用。

开封片区，重点发展服务外包、医疗旅游、创意设计、文化传媒、文化金融、艺术品交易、现代物流等服务业，提升装备制造、农副产品加工国际合作及贸易能力，构建国际文化贸易和人文旅游合作平台，打造服务贸易创新发展区和文创产业对外开放先行区，促进国际文化旅游融合发展。

洛阳片区，重点发展装备制造、机器人、新材料等高端制造业以及研发设计、电子商务、服务外包、国际文化旅游、文化创意、文化贸易、文化展示等现代服务业，提升装备制造业转型升级能力和国际产能合作能力，打造国际智能制造合作示范区，推进华夏历史文明传承创新区建设。

（三）发展情况

河南自贸试验区建设三年来，坚持以习近平新时代中国特色社会主义思想为指导，深入学习贯彻习近平总书记关于自贸试验区建设发展的重要讲话和重要指示批示精神，在省委省政府的正确领导下，着力建设开放通道、完善开放平台、深化改革创新，加快建设具有国际影响力的物流枢纽。

一是基本建成联通内外的枢纽经济。推动空中"织天网"、陆上"联地网"、一网"通全球"、海运"达四方"，形成空中、陆上、网上、海上"四路"并进的开放通道新优势。"空中丝绸之路"依托郑州—卢森堡"双枢纽"建设日新月异、成效显著。截至2019年底，郑州机场开通航线255条，其中国际航线58条，旅客吞吐量、货邮吞吐量稳居中部地区"双"第一。"陆上丝绸之路"依托中欧班列（郑州），实现每周开行往返30多个班次，境外网络遍布世界30多个国家，形成连通境内外、辐射东中西的国际陆路通道。"网上丝绸之路"形成"买全球、卖全球"的网络枢纽，首创"1210"通关监管模式并在全国推广，产品通关速度500单/秒，日均处理能力1000万包。

二是加速形成便利进出的开放口岸体系。河南自贸试验区拥有综合保税区、保税物流中心、功能性口岸等开放平台，汽车平行进口试点稳步推进，中欧班列（郑州）运邮试点正式运营。实现外贸企业入网全程无纸化、原产地证书"信用签证"，国际贸易"单一窗口"出口退税功能上线运行，航空口岸全面实施出口货物"提前申报"通关模式,一系列创新举措极大提升了贸易便利化水平。早上从河南进境的金枪鱼、车厘子等进口海鲜水果,晚上就能端上北京等地居民的餐桌。

三是积累了上下联动的制度创新成果。注重首创性探索,跨境电子商务零售进口正面监管模式等为全国首创。在商务部统筹推动下,相关部门建立了与郑州、开封、洛阳片区工作交流机制,上下联动指导开展好制度创新工作。各片区探索实施的"服务八同步""拿地即开工""一码集成服务"及企业登记身份管理实名验证系统等创新举措国内领先。

二、海关支持自贸试验区发展情况

2020年,郑州海关坚决贯彻海关总署部署,严格落实全国海关工作会议要求,结合河南省实际,持续深化改革创新和复制推广,积极发挥海关职能作用,以创新应对国际经济新形势,不断提高监管质量和服务效能,推进自贸试验区建设,全力支持河南自贸试验区高水平开放、高质量发展。郑州海关将自贸试验区作为监管制度改革创新的第一阵地,所有海关改革创新事项第一时间优先在自贸试验区落地,尤其在跨境电子商务领域的创新一直走在全国前列,"跨境电商零售进口正面监管模式"在2019年获评全国自贸试验区第三批最佳实践案例;"跨境电商零售进口退货中心仓模式"在2020年被列入国务院第六批改革试点经验在全国复制推广。

(一) 牵头监管服务体系建设,主动出台支持措施

一是结合自身职能与河南省开放型经济发展方向,牵头制定《中国(河南)自由贸易试验区监管服务体系建设专项方案》,方案涵盖构建高效便捷通关管理服务机制、推动多式联运物流监管体系建设、打造跨境电子商务发展高地、带动产业集聚发展、优化营商环境共5个方面的20项具体目标。研究出台海关支持河南自贸试验区监管服务体系建设措施共34条,通过优化跨境电子商务相关监管流程,探索食品、农产品及水产品的快速检验检疫模式等具体措施,减少企业成本,加强通关便利化,推动实现自贸试验区监管流程最优和服务效率最高。二是陆续出台实施稳外贸稳外资、服务"空中丝绸之路"建设、服务"陆上丝绸之路"建设等"1+10"专项工作方案、147条具体支持措施加强建设支持力度,服务自贸试验区发展。四年来,自贸试验区监管服务体系不断落实完善,引领效应不断增强,推动河南省外贸进出口快速稳定增长,进出口总额从2017年的5233亿元增长到2020年的6655亿元,年均增长8.34%。三是深入落实"六稳""六保"部署,狠抓复工复产措施落地。保复

工复产安全有序,保障综合保税区员工尽快返工,两个月内员工从0.6万人增长至19万人,满足企业用工需求。保产业链、供应链稳定,依托区内口岸作业区打造对外连接世界、对内辐射全国的优化功能区域,受理500余家关联上下游企业的通关监管业务,惠及200余家物料供应链企业,350余家设备及零部件供应企业。保销售渠道畅通,7×24小时通关服务常态化,针对企业货物因疫情封闭管控无法从上海浦东机场出境的困境,立即抽调骨干人员组建工作组,制定车辆入区、重新申报的通关物流方案,保障苹果手机成功从新郑机场离境出口。

(二)优化营商环境,促进贸易健康发展

一是贸易便利化水平不断提升。7×24小时通关服务实现常态化,优化进境动植物检疫审批流程,在自贸试验区实现检疫审批全流程办理。巩固压缩整体通关时效,2020年12月,河南省进口、出口货物整体通关时间分别为18.8小时和0.58小时,较2017年分别压缩82.37%和92.21%,顺利完成国务院压缩50%的目标任务,达到历史最好水平。二是放管服改革持续深化。取消报关企业注册登记行政审批,深化"证照分离"改革任务落实,对涉及的12个涉企经营许可事项分类推进审批制度改革。深化通关一体化改革,"两步申报"报关单应用率较去年同期增长了14.1倍,"提前申报"应用率提升至40.7%,"两段准入"在4个隶属海关应用实施,企业通关更加便捷。三是积极落实各项减税降费措施。2020年为河南省企业减征进口环节增值税16.6亿元,减税幅度达18.1%,减免加工贸易风险保证金1.2亿元,审核确认限上内资鼓励类投资总额160.19亿元;深化税收征管方式改革,审核关税保证保险139份,担保金额7.94亿元,签发预裁定申请数同比增长4.7倍。四是对标国际规则营造良好经营秩序取得显著成效。加强企业信用培育,全省352家企业获国际AEO便利化"通行证"。通过网上办、快递办、预约办等形式为企业办理业务提供便利,2020年河南省新增报关单位注册登记4900家,增长18.2%。

(三)助力多式联运发展,打造内陆开放高地

一是"空中丝绸之路"建设的引领作用更加凸显。充分发挥"保税+空港"双功能叠加优势,探索实施全链条"智慧监管",试行"机坪直提"模式,郑州航空口岸便利化水平进一步提升。2020年,共监管国际航空货运航班8349架次、货运量45.1万吨,分别增长110.6%、47.9%。二是积极服务"陆上丝绸之路"建设。推进郑州铁路口岸海关大监管区建设,支持郑州建设中欧班列集结中心示范工程。2020年,共监管中欧班列(郑州)1063列,货运量63.2万

吨、货值 249.2 亿元，分别增长 23.2% 和 22.8%。三是积极服务"网上丝绸之路"建设。不断完善跨境电子商务正面监管体系，打造销售服务中心，开展跨电商零售进口退货中心仓创新试点，节省企业仓储成本，压缩退货时间。将跨境零售进口延伸至出口，从跨境 B2C 拓展到 B2B，着力打造覆盖关区跨境电子商务全模式的正面监管体系。支持洛阳、南阳等新一批跨境电子商务综合试验区开展业务，支持河南省顺利举办五届全球跨境电子商务大会，扩大河南省跨境电子商务规模和影响力。郑州海关作为首批试点海关，跨境电子商务 B2B 出口试点顺利实施。2020 年，共验放跨境电子商务进出口清单 2.43 亿票、货值 306.2 亿元，分别增长 91.5%、89.4%。2021 年 5 月 8 日，国务院批复同意在河南省开展跨境电子商务零售进口药品试点。

（四）发挥平台叠加优势，带动产业集聚发展

一是自贸试验区开放支撑平台进一步做大。新设洛阳、开封 2 个综合保税区，郑州经开综合保税区整合升级，开放平台建设取得历史性突破，口岸枢纽优势更加明显。二是自贸试验区优势特色产业进一步集聚。综合运用"先入区、后报关""仓储货物按状态分类监管"等自贸试验区制度，服装包机落地到清关出区仅需 7 个小时，采取"面料预检验"模式，采信第三方检验结果，缩短检测周期，吸引全国 67 个城市服装直接从国外转至郑州分拨，2020 年监管进出口服装包机 237 班，同比增长 38.6%。探索食品、农产品及水产品的快速检验检疫模式，由"批批检验"转变为"双随机"布控检验，进口肉类通关时间由 30 天缩短至 7~10 天，进出口食品农产品检验检疫通关效率同比提高 63%。三是不断开展业务创新，培育综合保税区新兴业态发展。积极推进增值税一般纳税人资格试点，对综合保税区内企业实施问题清单清零制，解决分类监管、税负抵扣减免等问题，新郑综合保税区业务规模居全国首位，为企业累计节省税款 8.24 亿元，促进国内国外两个市场同步发展；加工制造中心规模日益壮大，持续推行的工单核销制度，使核销差异率比传统核销模式降低近 60%，每年为企业节省成本近 7000 万元，2020 年，监管成品手机 9138.1 万部，同比增长 8.8%；检测维修中心建设成效显著，拓展国外机维修后返境外、内销机维修后返境外、港澳机维修后返境外等 10 种维修模式。同时，为企业量身打造"港仓内移"模式下监管方案，将企业在香港地区的仓库搬进综合保税区内，每年为企业节约近 40% 的物流时间以及 5000 万的仓储成本，2020 年共维修手机出境 42515 台、货值 1.04 亿元，同比分别增长 212.91%、145.37%，为河南省开放型经济多元化发展作出积极贡献。

三、海关在自贸试验区开展海关监管制度创新情况

（一）跨境电子商务零售进口退货中心仓模式

跨境电子商务网购保税零售进口商品退货流程中，在风险可控的前提下，允许电商企业在海关特殊监管区域（保税物流中心B型）内设置专用退货仓，消费者退货包裹直接快递便捷入区，在退货中心仓内进行分拣、理货、退货申报、重新上架等操作，实现集约化作业与监管。降低仓储费用及仓库维护费用，减少企业在退货商品管理环节产生的经营成本，同时压缩不必要的中间环节，节省物流在途时间，比原退货流程压缩5~10天，减少因超过30天申报期限而无法完成退货流程的情况，降低时间成本，切实保障消费者退货权益，提升消费体验。

跨境电子商务零售进口退货中心仓案例

基本情况：允许电商企业在海关特殊监管区域（保税物流中心B型）内设置退货仓，并将跨境电子商务网购保税进口退货商品的分拣、理货、异常处置等作业全流程纳入海关监管。

政策分析：一是申请在区域（中心）内设置退货仓的企业应为资信良好的跨境电子商务企业；二是该企业退货仓应与其他区域（中心）内区域进行物理区隔，并设置分拣区、待上架区、不合格区等功能区块，做到科学分区管理；三是实施信用监管，加强企业自律，主管海关加强对退货包裹实货监管；四是严格按照相关公告要求，坚持退货到原监管作业场所的原则。

成效：该制度的实施，有效降低了企业经营成本及时间成本，提升了退货全流程监管效能，促进了跨境电子商务零售进口业务健康发展。电商企业通过在区域（中心）内设立退货仓，实现与区域（中心）内现有软硬件资源共享，降低经营成本；退货包裹直接由消费者快递至区域（中心）内，压缩中间环节，节省物流在途时间，比原退货流程压缩5~10天，减少因超过30天申报期限而无法完成退货流程的情况，降低时间成本，切实保障消费者退货权益，提升购物体验。海关实现对跨境电子商务退货包裹入区、在途、分拣、出区监管全覆盖，集约化高效监管，显著提升监管效能。退货仓模式进一步理顺跨境电子商务零售进口业务监管流程，打通退货"最后一公里"，实现监管闭环，规范退货流程及作业标准。

（二）跨境电子商务零售进口正面监管模式

对跨境电子商务零售进口正面监管，要牢固树立"以电商企业为单元"的监管原则，即以"'三单'真实性"为切入点，以"跨境电商企业运营全过程"为研究对象，依托企业画像实施"高风险彻查、低风险抽核"的精准差别化监管，健全事前、事中、事后相互衔接、相互佐证、相互反馈、高效严密的监管链条，将海关正面监管无缝嵌入企业经营环节，从而实现对电子化、大体量、碎片化交易行为、消费者身份、禁限商品及质量安全的有效管理，贯彻落实总体国家安全观和总署各项监管要求。

第七节 海关支持中国（浙江）自由贸易试验区建设主要情况

一、中国（浙江）自由贸易试验区基本情况

2017年3月31日，《国务院关于印发中国（浙江）自由贸易试验区总体方案的通知》（国发〔2017〕16号）发布；同年4月1日，中国（浙江）自由贸易试验区（以下简称"浙江自贸试验区"）正式挂牌成立。2020年3月31日，《国务院关于支持中国（浙江）自由贸易试验区油气全产业链开放发展的若干措施的批复》（国函〔2020〕32号）发布。2020年9月21日，《国务院关于印发北京、湖南、安徽自由贸易试验区总体方案及浙江自由贸易试验区扩展区域方案的通知》（国发〔2020〕10号）发布，同年9月24日，浙江自贸试验区扩展片区正式挂牌成立。

（一）区域范围

《中国（浙江）自由贸易试验区总体方案》明确浙江自贸试验区实施范围119.95平方千米，由陆域和相关海洋锚地组成，涵盖三个片区：舟山离岛片区78.98平方千米（含舟山港综合保税区区块二3.02平方千米），舟山岛北部片区15.62平方千米（含舟山港综合保税区区块一2.83平方千米），舟山岛南部片区25.35平方千米。

《中国（浙江）自由贸易试验区扩展区域方案》明确浙江自贸试验区扩展区域实施范围119.5平方千米，涵盖三个片区：宁波片区46平方千米（含宁波梅山综合保税区5.69平方千米、宁波北仑港综合保税区2.99平方千米、宁波保税区2.3平方千米），杭州片区37.51平方千米（含杭州综合保税区2.01平

方千米),金义片区35.99平方千米(含义乌综合保税区1.34平方千米、金义综合保税区1.26平方千米)。

(二) 功能划分

舟山离岛片区,鱼山岛重点建设国际一流的绿色石化基地,鼠浪湖岛、黄泽山岛、双子山岛、衢山岛、小衢山岛、马迹山岛重点发展油品等大宗商品储存、中转、贸易产业,海洋锚地重点发展保税燃料油供应服务。

舟山岛北部片区,重点发展油品等大宗商品贸易、保税燃料油供应、石油石化产业配套装备保税物流、仓储、制造等产业。

舟山岛南部片区,重点发展大宗商品贸易、航空制造、零部件物流、研发设计及相关配套产业,建设舟山航空产业园,着力发展水产品贸易、海洋旅游、海水利用、现代商贸、金融服务、航运、信息咨询、高新技术等产业。

宁波片区,建设链接内外、多式联运、辐射力强、成链集群的国际航运枢纽,打造具有国际影响力的油气资源配置中心、国际供应链创新中心、全球新材料科创中心、智能制造高质量发展示范区。

杭州片区,打造全国领先的新一代人工智能创新发展试验区、国家金融科技创新发展试验区和全球一流的跨境电子商务示范中心,建设数字经济高质量发展示范区。

金义片区,打造世界"小商品之都",建设国际小商品自由贸易中心、数字贸易创新中心、内陆国际物流枢纽港、制造创新示范地和"一带一路"开放合作重要平台。

(三) 发展情况

浙江自贸试验区设立以来深入学习贯彻习近平总书记关于自贸试验区建设发展的重要讲话和重要指示批示精神,大胆试、大胆闯、自主改,按照党中央、国务院赋予的战略定位,聚焦大宗商品资源配置、国际航运和物流枢纽、数字经济发展等领域,深入开展差异化改革探索,搭建了重要的开放新平台,闯出了一条独具特色的发展之路。

高质量完成第一阶段建设任务。《中国(浙江)自由贸易试验区总体方案》要求浙江自贸试验区"经过三年左右有特色的改革探索",显著提升以油品为核心的大宗商品全球配置能力。自2017年4月浙江自贸试验区挂牌成立至2020年4月,《中国(浙江)自由贸易试验区总体方案》89项试点任务实现100%实施;复制各项改革试点经验184项;形成特色制度创新成果116项,其中全国首创52项,在全国复制推广27项。制度性开放取得突破,口岸营商环境持续优化，船舶通关时间从 16 小时缩减到 2 小时。浙江自贸试验区对外贸易、利用外资快速增长，成为浙江稳外贸稳外资的新生力量。引进了霍尼韦尔、英国石油公司等 43 家世界 500 强投资和贸易企业，成为浙江对外开放的前沿阵地。

形成油气全产业链特色发展经验。浙江自贸试验区坚持创新发展，以"小切口"撬动"大改革"，致力于打造油气全产业链的自贸试验区，并成功走出了一条"无中生油""聚气发展"的差异化特色化发展道路。深入推进制度创新，充分发挥改革开放"试验田"作用，为国家深化改革持续提供浙江经验；推动大宗商品投资贸易便利化实践，截至 2020 年底油气等大宗商品贸易交易额累计突破 1 万亿元，跨境人民币结算累计突破 2000 亿元，为国家扩大开放提供了浙江案例；全面夯实产业基础，截至 2020 年底集聚油气企业 7000 余家，保税油年供应量近 500 万吨，舟山港成为全球第六大加油港，油品储备能力 3000 余万立方米，成为全国最大的石油战略储备基地，为国家战略安全贡献了浙江力量。

从聚集油气全产业链拓展到"五大功能定位"。《中国（浙江）自由贸易试验区扩展区域方案》赋予浙江自贸试验区"大宗商品资源配置基地""新型国际贸易中心""国际航运和物流枢纽""数字经济发展示范区""先进制造业集聚区"五大功能定位。浙江自贸试验区不断加强改革攻坚：一是打造以油气为核心的大宗商品资源配置基地，聚焦能源和粮食安全，建成具有国际影响力的国际油气交易中心和油气储运基地、全球一流的石化炼化一体化中心和海事服务基地，成为我国大宗商品跨境贸易人民币国际化示范区。二是打造新型国际贸易中心，重点发挥宁波、杭州、金华这些城市在跨境电商、市场采购、易货贸易等新型贸易优势，全力拓展新的国际贸易领域。三是打造国际航运与物流枢纽，大力推进海港、陆港、空港、信息港"四港"联动发展，支持全球智能物流枢纽建设，推动海上丝绸之路指数、快递物流指数等成为全球航运物流的风向标。四是打造数字经济发展示范区，加大数字基础设施建设，推进数字经济领域的国际规则、标准研究和实践，全面拓展数字产业化、产业数字化、数字生活新服务等领域。五是打造先进制造业集聚区。围绕新材料、生命健康、智能制造等新兴产业，加快关键核心技术攻关及成果转化，建立关键零部件国际国内双回路供应格局。

二、海关支持自贸试验区发展情况

杭州海关、宁波海关认真贯彻落实党中央、国务院决策部署，围绕浙江自贸试验区功能定位和发展目标，发挥海关职能作用，积极融入，主动作为，全力助推浙江自贸试验区新时代改革开放新高地建设。

(一) 深化业务改革，提升通关便利化水平

一是深入推进海关通关改革，推广应用"提前申报"，完善"提前申报"异常应急保障机制，深入推进"两步申报"改革，持续提升"两步申报"应用率，开展"两段准入"试点。二是优化进出口货物监管，推动进口原油"先放后检"检验监管模式落地实施；采取"入区监测+加工监管+出区检验"三位一体监管模式支持保税混矿业务发展，2020年监管保税混矿1704.0万吨，同比增长8.5%；优化货物转关流程，宁波—舟山出口转关货物实现自动放行与自动核销；落地进境空箱"船边直提"业务；支持"多式联运"业务发展，集装箱在宁波舟山港可跨关区开展国际中转。三是创新国际航行船舶监管，探索国际航行船舶转港数据复用模式，申报数据项减少2/3，申报时间由1小时减少到最短5分钟，入选商务部第四批自贸试验区"最佳实践案例"；开展船舶物料供退全程无纸化试点，企业无须到现场递交船舶供退纸质单证，大大提高物料供应通关效率。

(二) 聚焦特色亮点，支持油气全产业链建设

一是建立便利高效的国际航行船舶加注燃料油出口退税监管体系，进一步优化跨关区供油手续，实施保税燃料油跨关区直供无纸化试点，推进舟山口岸年供油量从2016年的106.5万吨跃增至2020年的472.4万吨。二是积极探索"保税+期货"业务创新，推动低硫燃料油期货业务落地，在全国率先开展国产出口退税低硫燃料油期货交割业务，创新开展保税燃料油期货仓单直供业务，支持上期所创新燃料油期货"境内交割+境外提货"模式，完成首票保税油品现货仓单质押业务。三是支持油气储运基地建设，优化保税油库布局，支持在宁波设立浙江首家液化天然气保税仓库，积极争取液化天然气国际航行船舶保税供应政策，稳步新增油品仓储保税仓库和出口监管仓库。

(三) 创新监管模式，推进贸易新业态发展

一是探索数字化监管模式，推动数字清关模式落地杭州，试点开展寄递渠道进口个人物品"数字清关"模式。二是支持跨境电商业务发展，实施"全年无休日，24小时内办结海关手续"通关服务，保障跨境电商商品即到即验；支持跨境电商进出口退换中心仓建设，打造"跨境电商+海外仓"业务模式，扩大跨境电商B2B出口业务；推进跨境电商"海陆空+信息"四港联动发展，开通"宁波—广西凭祥"跨境电商出口公路转关业务，填补宁波口岸跨境电商公路运输出口业务空白。三是推进市场采购发展，全面实施市场采购出口提前申报、转关单自动审放，试点市场采购方式出口预包装食品。

（四）支持项目建设，服务地方开放发展

一是支持绿色石化项目建设，帮助企业用足用好税收优惠政策，指导企业享受进口设备减免税政策，高效办理进口货物征免税证明。二是开辟绿色通道，确保重大项目支撑货物快速通关，对重点企业重点物资实行"快检快放""先放后检""随到随检"等便利化措施。三是推进宁波舟山港粮食运输"散改集"，提升自贸试验区粮食多式联运物流综合服务能力。四是支持创建进口贸易促进创新示范区，推进义乌进境水果、进境冰鲜水产品指定监管场地顺利开通运营，扩大消费品进口。

三、海关在自贸试验区开展海关监管制度创新情况

（一）外锚地保税燃料油受油船舶"申报无疫放行"制度

海关采取"事前报备、风险评估、诚信管理、闭环监管"的监管模式，在确保口岸公共卫生安全的基础上，对赴浙江自贸试验区仅办理加注保税燃料油的出入境国际航行船舶实施分级管理，为受油船舶提供"申报无疫放行"等便利化通关措施。

（二）进境保税金属矿产品检验监管制度

海关根据保税入境金属矿产品流转路径的不同，采取差别化检验监管措施，对进入自贸试验区的金属矿产品实行检疫、放射性检验和固废属性查验，强化入境前金属矿产品安全、卫生、环保项目指标的查验，简化品质检验、数量重量鉴定项目查验，采信第三方数重量鉴定结果，对入区后复出区的保税金属矿产品不予检验。

进境保税金属矿产品检验案例

基本情况：针对进口金属矿产品，探索优化金属矿产品查验，采信第三方数重量鉴定结果，对入区复出区的保税金属矿产品不予检验。

政策分析：实施保税金属矿产品预检验，对入区直接转进口的保税铁矿石，在一线入区时提前对整批保税货物进行检验，出区进口时不再进行重复检验。将第三方机构纳入保税矿产品监管体系。根据不同金属矿产品来源、性质、流向，采取不同的监管方式。

成效：对进境保税金属矿产品实施差别化监管措施，简化入区后转进口矿产品相关项目查验，并通过预检验措施，有效提高通关时效。

(三) 保税燃料油跨港区供应模式

海关在供油企业按规定取得国内水路运输相关资质后,对其跨港区船舶油料供受作业单位备案情况予以互认,即供受作业单位在两地海关、海事部门进行备案后即可以在两地范围内开展保税燃料油直供作业,建立常态化信息沟通机制,统一执法标准。

保税燃料油跨港区供应模式案例

基本情况:实施跨港区供油船舶互认管理,为保税油跨港区供应提供船舶保障。加强保税燃料油跨港区供应安全管理,建立健全保税燃料油供应企业和供油船舶准入和退出机制,落实保税燃料油跨港区作业安全管理责任,开展保税燃料油跨港区作业互通管理。

政策分析:该制度涉及海事、海关、边检、交通港航等口岸单位,海事部门应用科技手段,通过船舶自动识别系统(Automatic Identification System, AIS)、视频监控等信息化手段实施远程动态监控;供、受油地海关加强联系配合和信息共享,优化业务流程;边检部门简化查验手续;交通港航部门细化监管保障措施,既提升各部门的监管效能又实现部门间的高效联动,促进业务高效便捷。

成效:跨港区船舶油料供受作业单位备案情况予以互认,旨在减少备案环节,有助于提高供油效率。杭州海关辖区的供油船可到宁波、南京、上海等地开展国际航行船舶保税油供应业务,打破原区域限制,极大降低供油企业的仓储成本、物流成本,减少因油料二次入库而造成的损耗,提高油品企业参与全球市场的竞争力。此外,跨港区直通模式的创新使浙江自贸试验区保税燃料油供应体系建设取得重大突破,供油效率、服务效果明显提升,带动供应量快速上升。

(四) 优化进境保税油检验监管制度

海关对于在特殊监管区域内保税仓储用于复出口的保税油或用于国际航行船舶的直供油免于品质检验,实施账册管理;对于在特殊监管区域内保税仓储用于转进口的保税油依法实施品质检验。对于在特殊监管区域内保税仓储用于转进口的保税油入区环节不实施检验,出区环节实施检验;为提高通关效率,海关可依企业申请进行预检验；对于批次多、间隔短、品质稳定的保税油，海关可降低检验频次。进入特殊区域保税仓储的保税油，应在卸货口岸依法实施安全、卫生、环保项目检验。对进境保税油高级认证企业适用"集中检验、分批放行"。此外，还有实验室快速检验、优先办理通关放行手续等便利政策。

（五）优化进口粮食江海联运监管措施

海关综合运用互联网技术、电子信息化和视频监控等手段，对进口粮食调运船舶开展适载性风险管理，全程定位进江船舶，防范调运环节可能出现的短重、撒漏以及疫情扩散风险。实现进境粮食检疫从申报、锚地检疫到卸船、仓储、调运的全流程监管，使每一批粮食从口岸入境到最终加工完毕，均能实现全流程可追溯。

（六）国际航行船舶进出境通关全流程"一单多报"

依托国际贸易"单一窗口"国家标准版运输工具（船舶）申报系统，企业一次性录入船舶相关信息，实现国际航行船舶进出境通关全流程"单一窗口"网上申报和电子核放，并实现"船舶出口岸许可证"远程自助打印功能。除船员出入境证件、临时入境许可申请名单外，口岸监管部门原则上不再要求企业提交其他纸质材料。

国际航行船舶进出境通关全流程"一单多报" 案例

基本情况：依托国际贸易"单一窗口"国家标准版运输工具（船舶）申报系统，企业一次性录入船舶相关信息，分别发送至海事、海关、边检等口岸查验单位并经审批通过，能快速完成船舶进出境通关全流程手续，实现船舶进出境通关网上申报和电子核放。

政策分析：船舶代理人员通过"单一窗口"录入申报运输工具（船舶）相关数据，平台将数据同时发送给各个口岸查验单位，在船舶进出境通关全流程申报环节均可实现数据复用。口岸查验单位审批结果即时交换、电子联网核放，在执法监管层面实现互认和互助。

成效：该制度的实施，从系统层面解决了网上多头申报、数据重复录入、信息不能共享等问题，录入申报数据项由1113项减少到371项。在全国范围内率先实现"业务全流程覆盖"，实现对船舶备案、进境/港、在港、出境/港等进出境通关全流程21个业务环节的全覆盖，业务环节覆盖率达100%，企业办理业务环节的系统录入、校对、申报平均时间从 5 小时压缩到 2 小时内。同时，减轻船舶代理企业填报信息复核的负担，由"四次填报、四次复核"优化为"一次填报、一次复核"，大幅提高信息填报准确率。

（七）"海上枫桥"海上综合治理与服务创新试点

浙江自贸试验区以"平安+产业"为主线，积极探索"互联网+海上治理"新模式，打造"海上枫桥"升级版，建立海上"一警一员一艇和联席、联勤、联同"（3+4）机制，海洋与渔业部门牵头，以公安、边防、港航、海事、海关等涉海执法部门为助力，组成海上联合执法船队，提升海上治安管控和海上救助。

"海上枫桥" 海上综合治理与服务创新试点案例

基本情况：浙江自贸试验区以"平安+产业"为主线，积极探索"互联网+海上治理"新模式，打造"海上枫桥"升级版，提升海上治安管控和海上救助。

政策分析：一是海上执法"联动化"，建立海上"一警一员一艇和联席、联勤、联同"（3+4）机制，海洋与渔业部门牵头，以公安、边防、港航、海事、海关等涉海执法部门为助力，组成海上联合执法船队，加强重点港岙口、航道锚泊点、纠纷多发海域等巡查，打击海上违法犯罪及违规行为。二是海上防控"全域化"，配备海上治安管理员和海上网格员，做好渔船的治安管控、矛盾化解和隐患报送；建立船上急救站和"海上120医疗包船救助机制"。三是海上安全"智能化"，整合监控资源，将公安、海事、港航等海上监控资源统一纳入海上指挥平台，强化海上、港区、码头安全监控，推广"海上互联网"，加强安防终端建设。

成效：该制度的实施，有效提升了浙江自贸试验区海上治安管控效能，形成了海上救助新局面。政府补助救助费用，有效缓解海岛群众救助费用高的压力。"海上互联网"的应用，有效解决海上信息不灵、情况不明、管控不力的难题。

第八节　海关支持中国（湖北）自由贸易试验区建设主要情况

一、中国（湖北）自由贸易试验区基本情况

2017年3月31日，《国务院关于印发中国（湖北）自由贸易试验区总体方案的通知》（国发〔2017〕18号）发布；同年4月1日，中国（湖北）自由贸易试验区（以下简称"湖北自贸试验区"）正式挂牌成立。

（一）区域范围

湖北自贸试验区实施范围119.96平方千米，涵盖三个片区：武汉片区70平方千米（含武汉东湖综合保税区5.41平方千米），襄阳片区21.99平方千米，宜昌片区27.97平方千米。

（二）功能划分

武汉片区，重点发展新一代信息技术、生命健康、智能制造等战略性新兴产业和国际商贸、金融服务、现代物流、检验检测、研发设计、信息服务、专业服务等现代服务业。

襄阳片区，重点发展高端装备制造、新能源汽车、大数据、云计算、商贸物流、检验检测等产业。

宜昌片区，重点发展先进制造、生物医药、电子信息、新材料等高新产业及研发设计、总部经济、电子商务等现代服务业。

（三）发展情况

湖北自贸试验区，紧紧围绕"中部有序承接产业转移示范区、战略性新兴产业和高技术产业集聚区"的战略定位，大胆试、大胆闯、自主改，自贸试验区建设取得明显成效。

一是总体方案的170项改革试验任务实施率100%。根据《中国（湖北）自由贸易试验区总体方案》，湖北自贸试验区将探索六大类19项改革事项，总体方案的170项改革试验任务实施率100%；《国务院关于支持自由贸易试验区深化改革创新若干措施》（国发〔2018〕38号）中的39项改革试验任务已完成32项，完成率82%。

二是制度创新成果丰硕。湖北自贸试验区以制度创新为核心，立足武汉、襄阳、宜昌三个片区和省直、中央驻鄂相关部门的试验，总结提炼出一大批制度创新成果：共有17项制度创新成果在国家层面采纳推广，其中13项被国务院自由贸易试验区工作部际联席会议办公室印发简报；132项成果经湖北省人民政府批准在省内复制推广。

三是营商环境不断优化。湖北省人民政府实施"点单式放权"，在各片区承接省、市下放的经济社会管理权限1500多项基础上，向三个片区又下放两批96项省级经济社会管理权限。自2019年12月起，在湖北自贸试验区范围内，启动"证照分离"改革全覆盖试点工作，对534项中央和省级涉企经营许可事项实行全覆盖清单管理。截至2020年2月，湖北自贸试验区累计新增企业47273家，是原有企业存量的1.7倍。企业活跃度达到94.7%。新设外商投资企业279家，占湖北省同期新设外资企业数的24.8%；实际使用外资41.3亿美元，占湖北省同期累计实际使用外资的12.4%；累计进出口额3117.4亿元，占湖北省同期累计进出口总额的30.2%，显现出强劲的对外开放高地效应，成为引领湖北开放型经济发展的重要引擎。

四是产业集聚成效显著。武汉片区重点建设国家存储器基地、国家信息光电子创新中心、武汉光电国家实验室等重大项目，成功吸引了一批世界500百强和龙头企业落户，逐步完成"芯片—显示—智能终端"新一代信息技术全产业链布局，朝着打造长江经济带世界级产业集群迈进。截至2020年底，武汉片区已聚集生物企业2000余家，生物产业总收入突破1200亿元，年均增长率保持在30%以上。此外还建立了知识产权保护机制，推动知识产权质押融资。目前，湖北自贸试验区内的知识产权质押融资额约占湖北省总数的80%。各片区设立了知识产权服务工作站，搭建集知识产权申报、运用、保护、管理、服务于一体的知识产权公共服务平台。

二、海关支持自贸试验区发展情况

2020年以来，武汉海关深入学习贯彻习近平总书记的重要讲话和重要指示批示精神，统筹推进口岸疫情防控和促进外贸稳增长。在海关总署党委的领导下，扎实推动各项改革任务落地，坚持结合湖北特色开展制度创新的创新之路，不断提升贸易便利化水平，全力支持湖北自贸试验区建设发展。研究制定了《武汉海关优化口岸营商环境推进稳外贸稳外资2020年行动方案》（共50条措施），制定战疫情助复工稳外贸20条措施和支持湖北省综合保税区发展11条措施，得到了地方政府的高度肯定。

(一) 主动帮扶企业，助力企业开源

一是指导企业应对技术性贸易壁垒。收集整理了 72 个国家（地区）对我国采取的 706 条针对货物的管制措施，对外发布 7 期境外技术性贸易措施风险信息提示，帮助企业提前谋划，采取应对策略，稳住出口市场份额。

二是帮助企业抗击市场风险。2020 年初，俄罗斯、哈萨克斯坦两国相继暂停进口我国柑橘类水果，宜昌片区 35 家出口果园及加工厂遭遇"熔断"式市场挑战。武汉海关积极配合海关总署开展调查，组织相关企业线上培训，要求出口柑橘符合进口国官方标准，推动哈萨克斯坦 2020 年 4 月 13 日起恢复从我国进口柑橘类水果。同时帮助企业疏通宜昌柑橘南下通道，从云南瑞丽口岸出口至缅甸，依托转口贸易打开东南亚市场。

三是搭建助企暖企爱心桥。牵手重大项目、重点企业，指定专人担任企业协调员，量身定制个性化服务措施。对企业急需的进口货物，因受新冠肺炎疫情影响暂时未能取得主管部门批文的，凭主管部门出具的证明准予担保放行；及时上报免除受新冠肺炎疫情影响需全工序外发担保、办理内销征税时扣除新冠肺炎疫情影响时间等建议；调整系统参数，提高加工贸易业务自动核批比例，加快业务办理效率。深入医疗物资产业集中的湖北省仙桃市进行政策宣讲，邀请业务专家对 7 家重点企业进行培训，建立相关机构和企业的联系渠道，帮助企业合法合规出口。运用先进技术手段造就顺势监管"千里眼"，应用 5G 智能眼镜在供港活猪饲养场中试行无接触式监管，解决新冠肺炎疫情防控期间海关人员不能进场监管等难题。积极开展"互联网+网上稽核查"，减少下场核查次数，最大限度降低对企业生产经营的影响。

四是开展"牵手行动"。通过实施"一地一策""一企一策"，确保自贸试验区企业在新冠肺炎疫情期间进出口活动正常开展，"牵手"企业建立"企呼关应"微信群，收集企业问题和需求 241 个，办结 218 个。

(二) 释放政策红利，助力企业截流

一是千方百计争取政策。将企业获得感强烈的新冠肺炎疫情期间临时措施固化为制度创新成果，"远程视频实施进口货物目的地查验新模式"实施以来，进口货物目的地查验效率提升 5 倍。支持湖北省"光芯屏端网"产业链重点项目复工复产，向海关总署申请扩大 TCL 集团财务公司参与税收担保改革试点范围，自贸试验区企业武汉华星光电半导体显示技术有限公司作为该集团成员单位，可在通关环节使用集团财务公司作担保，节省企业开立保函成本。

二是不折不扣宣介政策。按照"抓住龙头企业、突出重点企业、形成示范

效应带动行业及周边企业"的部署,纵深宣传海关便利化举措。设立专门窗口受理中小微企业申请,确保随到随办、即办即享,应减尽减、应免尽免,切实提升企业获得感。

三是抓实抓细用好政策。主动对接保险公司,降低关税保证保险门槛,降低企业通关成本。联系商务部门,确定由对口行业商会开具"不可抗力事实性证明",帮助部分受新冠肺炎疫情影响无法按期交货的企业规避违约金。与商务、金融监管等部门协调解决湖北省最大加工贸易企业鸿富锦精密工业有限公司劳动力缺口、资金压力等问题,为企业加急办理近6亿元的全工序外发手续,助其"保订单、保份额、保市场"。组织专人2小时内在线完成两家新型显示器件生产企业申报分期纳税相关材料的审核会签,企业可分期缴纳税款34亿元,节约融资成本3.17亿元。

(三) 提高通关效率,助力企业通路

一是保障水路运输平稳有序。全面收集复工企业信息,帮助有装卸运输需求的企业联系码头、物流公司,开辟绿色通道保障进出口货物快速通关。落实收发货人免于到场查验等便利化措施,灵活采取"预约查验""集中查验"等多种方式避免人员聚集。

二是助力中欧班列恢复运行。制定武汉海关支持中欧班列(武汉)发展措施,促进口岸功能拓展及枢纽站点建设,推动"关铁通"合作。实时跟踪货物状态,密切联系口岸海关落实通关便利化措施,货物通关验放时间压缩50%。协调综合保税区管理部门,将积压在铁路口岸的货物转至综合保税区堆存,帮助企业快速提离,解决口岸货物积压问题。2020年3月28日,当年首趟去程中欧班列(武汉)开行,装载50个集装箱前往德国杜伊斯堡;6月16日,首开直达乌克兰的"武汉—基辅"线路;6月18日,中欧班列(武汉)首次成功运邮出境。

三是推动航空运输快速增长。成立工作专班,加强与地方政府、机场集团的沟通协调,建立风险布控、单证审核、现场查验多部门联系配合机制,分析不同机型机位资源和空间保障等特殊要求,"一机一策"制定货机监管方案。

四是支持邮路全时畅通。通过"海关发布"微信公众号发布《一只境外口罩的武汉之旅》,宣传防疫物资邮递渠道通关流程;对外公布24小时咨询电话;实施精准监管,对声明涉及新冠肺炎疫情防控物资的优先办理通关手续并协调邮政部门快速妥投。

三、海关在自贸试验区开展海关监管制度创新情况

（一）先放行、后改单作业模式

对查验后仅需改单放行的货物，允许企业选择先放行货物，后修改报关单。该项创新进一步促进了通关便利化，提高了通关效率，允许一些有申报错误的报关单先放行，然后再修改报关单据。"先放行"提升了货物的流转速度，改善了市场主体的通关体验，对于高时效的行业、高存储要求的货物具有特别重要的意义。另外，对于从内陆转关到口岸出口的货物，若企业在属地海关因申报错误改单，则有可能造成耽误口岸船期需要换载，从而带来损失，该创新较好地解决了这一问题。

（二）先出区、后报关

海关特殊监管区域及保税物流中心（B型）采用全国海关通关一体化方式申报的出境货物，可依托信息化系统先出区域及中心，再向主管海关申请办理报关手续，海关通过风险分析进行有效监管。

对于采用一体化出口申报的货物，企业可以自行运输，取代了转关模式，降低了海关的通关时间，优化了一线出口货物流程，提高了通关效率，降低了企业成本。

先出区、后报关案例

基本情况：允许电商企业在海关特殊监管区域/保税物流中心（B型）内设置退货仓，并将跨境电子商务网购保税进口退货商品的分拣、理货、异常处置等作业全流程纳入海关监管。

政策分析：在办理货物一线出口手续时，区域及中心内企业可向主管海关提出申请，或使用金关工程（二期）加工贸易及保税监管子系统的特定模块提交数据，即可实现货物先出区，自行运输至口岸海关，在运输过程中办理报关手续，货物运抵口岸海关后无查验的可即时放行。

成效：该制度的实施，有助于简化申报手续，提高通关效率，降低运输成本。在该模式下，企业可根据货物数量选择不同车型的社会车辆安排运输。车辆出区时，企业只需在辅助系统中申报出区，免除了申报转关数据、打印转关单、施封等手续。据测算，该模式下，每票货物可减少通关时间约0.3小时，降低企业成本约150元。

(三) 货物贸易"一保多用"管理模式

通过"武汉海关通关环节一体化保函管理系统",实现全关区税款类担保台账电子化。一份保函可以在不同隶属海关,为不同报关单、不同担保事项同时提供担保。在账担保税款总额不得超过保函金额,担保额度根据担保备案情况实时核扣,根据担保核销情况实时返还,一份保函可以在有效期内循环使用,最终实现"一保多用"。

第九节 海关支持中国(重庆)自由贸易试验区建设主要情况

一、中国(重庆)自由贸易试验区基本情况

2017年3月31日,《国务院关于印发中国(重庆)自由贸易试验区总体方案的通知》(国发〔2017〕19号)发布;同年4月1日,中国(重庆)自由贸易试验区(以下简称"重庆自贸试验区")正式挂牌成立。

(一) 区域范围

重庆自贸试验区实施范围119.98平方千米,涵盖三个片区:两江片区66.29平方千米(含重庆两路寸滩保税港区8.37平方千米),西永片区22.81方千米〔含重庆西永综合保税区8.8平方千米、重庆铁路保税物流中心(B型)0.15平方千米〕,果园港片区30.88平方千米〔含重庆果园保税物流中心(B型)0.2平方千米〕。

(二) 功能划分

两江片区,着力打造高端产业与高端要素集聚区,重点发展高端装备、电子核心部件、云计算、生物医药等新兴产业及总部贸易、服务贸易、电子商务、展示交易、仓储分拨、专业服务、融资租赁、研发设计等现代服务业,推进金融业开放创新,加快实施创新驱动发展战略,增强物流、技术、资本、人才等要素资源的集聚辐射能力

西永片区,着力打造加工贸易转型升级示范区,重点发展电子信息、智能装备等制造业及保税物流中转分拨等生产性服务业,优化加工贸易发展模式。

果园港片区,着力打造多式联运物流转运中心,重点发展国际中转、集拼

分拨等服务业，探索先进制造业创新发展。

(三) 发展情况

2017—2020 年，重庆自贸试验区聚焦制度创新，差异化探索成效显著，高质量发展呈现新成果。

一是发挥开放通道优势开展差异化探索。依托中欧班列（渝新欧），积极探索陆上贸易规则，开立全球首份"铁路提单国际信用证"，实现批量化运用。重庆自贸试验区制定的国际货运代理铁路联运作业规范等 3 项标准已于 2020 年获批为国家标准。2020 年 6 月，铁路提单背书转让效力得到司法审判实践支持，开创国际贸易史先河。依托西部陆海新通道，推动多式联运创新，签发了全国首张中国国际货运代理协会（CIFA）多式联运提单，推广"铁路原箱下海、一箱到底"全程多式联运模式，实现通关时间压缩 40%。依托长江黄金水道，开展江海联运一体化便利通关创新，与上海自贸试验区联动，探索水运口岸进出口货物江海联运一体化便利通关新模式，开行渝申集装箱直达快线，在全国率先开展水运转关"离港确认"模式试点，提升江运时效 40%。

二是高质量发展成效明显。培育壮大开放型经济主体，截至 2020 年底，累计新增市场主体 5 万余户，是设立前的 3.5 倍；交通运输、信息传输、软件和信息技术、高技术服务等企业占比超过 75%。2020 年，区内规模以上工业企业营业利润 77.36 亿元，同比增长 554.9%。限额以上商贸企业营业利润 69 亿元，同比增长 15.7%；2020 年，区内限额以上商贸企业营业收入达到 3500 亿元，占重庆市同类收入的 27%；规模以上服务业企业营业收入超过 1600 亿元，占比重庆市同类收入的超 37%。

三是持续强化改革创新释放政策红利。扎实推进改革试点任务落地，截至 2020 年底，重庆自贸试验区总体方案确定的 151 项改革试点任务已全部落实，复制推广全国改革试点经验和案例 216 项；持续培育制度创新成果，培育创新成果 79 项，铁路提单信用证融资结算等 6 项改革试点经验和最佳实践案例已向全国复制推广。海关特殊监管区域"四自一简"创新制度被国务院办公厅通报表彰为优化营商环境典型做法，创新物流大通道运行机制改革入选"中国改革 2020 年度 50 典型案例"。改革试点任务落地和创新成果培育进一步提升了政务服务效能，优化了营商环境。

四是加大压力测试提升开放水平。向国家上报 60 余项赋权建议，相继获批全国第四个首次进口药品和生物制品口岸、过境 144 小时免签证、启运港退税、跨境电子商务 B2B 出口、本外币合一银行账户体系、合格境内有限合伙人（Qualified Domestic Limited Partner，QDLP）等试点政策，促进了开放型经济发展。获批"利用中欧班列开展邮件快件进出口常态化运输",中欧班列(渝新欧)开行全国首趟"中国邮政号"专列。

五是持续营造优良营商环境。通过扎实推进商事制度改革、强化事中事后监管、全面提升公共服务水平、构建协同高效风险防范体系,持续优化营商环境。41项市级管理权限下放到各片区,对自贸试验区内523项中央层面设定和14项地方层面设定的涉企经营许可事项实行全覆盖清单管理;实施"多证合一""证照分离"改革和"基层注册官"制度,企业开办时间压缩至3个工作日以内;在全国率先推出"全程电子退库系统",区内正常出口业务办理时限仅5.3个工作日,低于全国10个工作日的平均水平;成立全国首家覆盖全域、专门化的自贸试验区法院;设立西部唯一的商标审查协作中心。

二、海关支持自贸试验区发展情况

2020年,重庆海关坚持以习近平新时代中国特色社会主义思想为指导,严格落实海关总署部署,坚持"创新集成"思路,推进川渝自贸试验区协同开放示范区建设,"货物贸易'一保多用'管理模式"创新制度被纳入国务院第六批自贸试验区改革试点经验,在全国范围内复制推广,为促进重庆市高质量开放、高水平发展注入创新动能。

(一)聚焦贯彻落实党中央、国务院重大决策部署

一是推动《中国(重庆)自由贸易试验区总体方案》中涉及重庆海关的48项任务全部落地,积极探索实施"选择性征收关税""基于企业诚信评价和商品风险评估的货物抽检制度""货物状态分类监管"等海关监管措施,有效释放改革创新红利,取得显著成效;力促全球维修、保税文化艺术品展示交易、飞机融资租赁、航空保税维修等一批新业态在重庆自贸试验区顺利落地发展。其中,促成"两头在外"的航空器保税维修业务顺利落地,截至2020年底已完成9架飞机的维修。

二是推动《国务院关于支持自由贸易试验区深化改革创新若干措施》(国发〔2018〕38号)涉及重庆海关事权的9项支持措施中的8项顺利落地生效,实施比例达89%。其中,由重庆海关牵头推进的"开展海关税款保证保险试点"措施已顺利落地并取得积极成效。2020年,重庆海关关税保证保险594票,关税保证保险担保金额达9.4亿元,为企业大幅降低了融资成本,获得了企业好评。此外,为落实重庆独有的"支持重庆自贸试验区利用中欧班列开展邮件快件进出口常态化运输"措施,创新推出了"中欧班列(重庆)邮件集运智能化监管",大幅提升国际邮件集运中转效率,助力中欧班列(重庆)拓展

邮件的常态化规模化运输业务。

三是结合重庆自贸试验区发展实际，因地制宜推动自贸试验区改革试点经验在重庆关区复制推广，已累计落地国务院复制推广的改革试点经验 38 项；持续优化海关监管作业流程，促进贸易便利化，有力改善了外贸营商环境，提升重庆外向型经济发展竞争力。以第六批改革试点经验"跨境电商退货中心仓模式"为例，该项业务的落地最大限度降低了企业运营成本，促进跨境电子商务网购保税零售进口正向物流和逆向物流形成完整闭环，有力保障消费者"放心买"、商家"放心卖"，进一步助力跨境电子商务行业规模化、规范化发展。

（二）聚焦高质效集成创新，增强创新发展动能

一是落实守正创新、系统集成要求，持续开展首创性、差异化的自贸试验区海关监管改革探索。促成"整车保税仓储"等新业态实现突破并实现规模化发展。2020 年通过中欧班列监管进口整车 6000 余辆，货值超过 28 亿元，助力重庆打造全国性进口整车保税仓储和物流分拨中心。

二是不断总结提炼海关监管创新制度，积极推广"重庆经验"。2020 年 7 月，"货物贸易'一保多用'管理模式""创新制度被纳入国务院第六批自贸试验区改革试点经验，在全国范围内复制推广，成为重庆海关既"四自一简"后又一项走向全国的改革试点经验。

三是紧扣成渝双城经济圈建设，推动川渝自贸试验区协同创新开放，围绕海关特殊监管区域"电子信息产业链保税监管"业务主线，与成都海关协同研究实施"综合保税区设备零配件便捷监管模式"，支持两地电子信息产业发展。

（三）聚焦对标高标准自贸区，助推高质量发展

一是对标《区域全面经济伙伴关系协定》等高水平、高标准国际国内经贸规则与发展趋势，密切关注上海自贸试验区临港新片区、海南自由贸易港等自贸改革先行区发展动态，自主开展《内陆自由贸易港建设研究探索》《自由贸易试验区海关监管制度创新研究》等课题研究工作，结合重庆外向型经济发展实际，因地制宜探索最新改革创新做法。

二是紧密围绕成渝双城经济圈建设战略部署，按照"四个一"协同工作思路，与成都海关建立自贸创新专题会议制度，联合探索符合成渝双城经济圈建设需要的创新发展途径，共同研究实施"综合保税区设备零配件便捷监管模式"，提升川渝自贸试验区联动发展效能，促进两地改革试点经验共享、协同发展。

三、 海关在自贸试验区开展海关监管制度创新情况

（一）海关特殊监管区域"四自一简"监管创新

针对海关特殊监管区域内电子产品生产企业产品个性化、小批量、多批次的特点，以及致单耗版本多、手续环节多等难点问题，海关聚焦"管减简便"，坚持问题导向，开展创新研究、系统优化、风险评估等工作，推出海关特殊监管区域"四自一简"监管创新，允许区内企业自主备案、自定核销周期、自主核报、自主补缴税款、海关简化业务核准手续，在现行法规框架内最大限度地简化企业办理业务的流程及手续，最大限度地优化海关监管和作业流程。

海关特殊监管区域"四自一简"监管创新案例

基本情况：海关在引导企业自律和加强事中事后监管的基础上，允许海关特殊监管区域区内实施"四自一简"，改革创新内容较为全面，涵盖保税加工生命全周期。

政策分析：在海关特殊监管区域内，依托统一的信息化辅助系统，将以往由企业向海关申报并递交纸质材料，改为企业在线填报、系统自动备案；将以往海关确认核销周期改为企业自定；将以往海关到企业核查盘点、核算并与企业核对达成一致后，再由企业向海关报核改为企业在自主核销周期内自主盘点，自聘审计机构开展核算并向海关报送核算结果，海关据此核销；企业需要补缴税款的，直接办理补税手续并向海关报核；将以往海关逐项核准企业业务资质，改为根据企业资信，一次性为企业开通11类业务资质，并根据企业资信变化和业务开展情况动态调整，海关不再另行核准。

一是推行区内企业自主备案。对海关特殊监管区域内企业实行智能化商品备案模式，简化备案手续。在信息化管理系统中建立丰富的商品资料库，以"系统判别+人工审核+事后复核"取代原来单一的人工审核工作，提高海关作业效率和执法统一性。

二是允许区内企业自定核销周期。允许企业根据生产计划和实际生产情况在一年内自定账册的核销周期。允许企业自定核销周期，使得企业生产管理更加灵活，更加契合了企业生产计划，同时也使得企业核销盘点工作效率明显提升，减少因核销盘点停产时间。

三是实行区内企业自主核报。允许海关特殊监管区域内企业在自聘审计、自负责任的前提下开展自主核报。实行自主核报的企业可根据生产管理实际，自主选择单耗或工单作为核算方式，结合货物进出区情况，依托信息化系统自主核算周期内业务数据，自主办理退运、内销等手续后，向海关报送核报结果，海关结合风险分析对企业核报结果进行核查。以企业"自主分析+自主核算"、海关"风险分析+后续核查"取代以往单一的海关核销模式，进一步突出企业主体责任，强化诚信管理体系建设。

四是实现区内企业自主补缴税款。对海关特殊监管区域内企业在核报过程中发现的库存短缺情况，允许企业采取主动披露的方式，自主补缴税款。取消加工贸易货物内销征税联系单，极大简化以往多部门间流转的烦琐作业流程，大幅缩减核销作业时长，有效提升便利化水平。

五是简化业务核准手续。根据海关特殊监管区域内企业资信，由信息化系统一次开通权限，目前已赋予分送集报、外发加工、维修检测、不良品交换等11项业务权限；将海关业务核准事项由原来的逐项人工纸质核准转为线上集中赋权；大幅简化业务核批手续，每年减少前置业务核批5000余次。单个业务办理时间由原来的每批次2—3天变为线上一次办结。

成效：该政策实施后，在现有业务规模内，企业办理商品备案业务系统自动通过率达98%、办理时间减少约70%；核销安排契合企业生产计划，企业生产管理更加灵活、自主；简化以往海关多部门间流转的烦琐补税作业手续，核销作业工作量及耗费时间大幅降低。经测算，该项监管创新实施后，货物进出区效率提升20%，每年平均为区内企业节约交通、管理、人力等成本5万元。

（二）货物贸易"一保多用"管理模式

针对企业反映较多的"办理风险类、税款类等不同海关业务类型担保时需分别办理手续，业务流程繁复，融资成本和担保费用较高"的问题，研究提出了"货物贸易'一保多用'管理模式"创新制度，跨业务领域实现了海关担保的"一次备案、循环使用"，实现企业一份担保文本在重庆关区内不同业务领域、不同业务现场、不同担保事项间的通用，简化业务手续，降低企业融资成本和费用，获得了市场主体的普遍好评。

货物贸易"一保多用" 管理模式案例

基本情况：围绕"进一步转变职能、创新制度、强化征管、优化服务"的要求，构建企业为管理单元的海关总担保信息化管理模式。

政策分析：该创新实现了企业一份担保文本在同一直属海关关区不同业务领域、不同业务现场、不同担保事项间的通用，有效节约企业担保成本，提升海关对总担保的管理效能；通过系统自动抓取担保货物应保数据、担保额度自动核扣、返还以及担保风险智能防控功能，加强了海关在通关前、中、后对担保数据的统筹运用和风险防控，进一步优化了总担保管理模式。

一是创新实施以企业为单元的担保管理模式。围绕建设智能化、通用化、便利化担保管理目标和构建担保一体化管理的基本原则，设定8组参数及14项模拟运算公式，实现关区同一企业风险类、税款类担保货物应保数据的自动提取，以及担保额度的自动计征；打破业务领域担保管理边界，构建了以企业为单元的海关总担保管理模式，创新实现企业一份担保文本在重庆关区内不同业务领域、不同业务现场、不同担保事项间的通用；简化业务手续，降低企业担保成本。

二是"数据重组"实现担保智能化管理。整合海关系统数据，设计搭建总担保信息化管理系统，设置授权、担保管理、担保应用、风险管理、查询统计5个子系统以及保函备案、预警、担保额度核扣、返还、担保预警、催核、担保转置等11个子模块，制定担保备案信息内容，建立报关单、平台申请单与担保数据的逻辑对应关系；制定担保智能管理规则，实现报关单、平台申请单对应货物担保所需额度在担保额度中的自动登记、核扣及返还，提升海关担保业务整体运行管理效能。

三是"多维比对"实现担保风险全程防控。事前，系统根据担保货物所需的担保额度、期限自动比对担保剩余额度、期限，并根据比对结果，完成担保申请驳回或担保额度的核扣操作；事中，系统实时对在用担保进行可用期限扫描比对，并对临期（1个月内到期）担保和超期担保作出提示或冻结操作；事后，系统自动对已担保货物期限进行比对，作出是否超期的提示，并通过短信通知功能，发送催办信息，实现海关对临期担保、超期担保、即将超额担保的自动预警、锁定和业务办理通知，进一步强化

> 海关对担保业务的风险管控能力,提升管理效能。
>
> **成效**:该制度的实施,有效帮助企业减费、提效,有效提升了重庆海关关区总担保管理效能。用"数据多跑路"实现企业成本的降低。依托信息化系统总担保管理模块自动担保额度计算、数据登记、额度扣减和返还功能,替代了原人工额度扣减,手工台账记录操作,大大简化了总担保操作流程,提升了总担保管理精准度;相应模块中的风险管控功能,辅助监管现场及时发现并处置通关前、中、后期的担保风险,有效减轻现场执法风险和管理压力。

第十节 海关支持中国(四川)自由贸易试验区建设主要情况

一、中国(四川)自由贸易试验区基本情况

2017年3月31日,《国务院关于印发中国(四川)自由贸易试验区总体方案》(国发〔2017〕20号)发布;同年4月1日,中国(四川)自由贸易试验区(以下简称"四川自贸试验区")正式挂牌成立。

(一)区域范围

四川自贸试验区实施范围119.99平方千米,涵盖三个片区:成都天府新区片区90.32平方千米[含成都高新综合保税区(双流园区)4平方千米、成都空港保税物流中心(B型)0.09平方千米],成都青白江铁路港片区9.68平方千米[含成都铁路保税物流中心(B型)0.18平方千米],川南临港片区19.99平方千米[含泸州港保税物流中心(B型)0.21平方千米]。

(二)功能划分

成都天府新区片区,重点发展现代服务业、高端制造业、高新技术、临空经济、口岸服务业等产业,建设国家重要的现代高端产业集聚区、创新驱动发展引领区、开放型金融产业创新高地、商贸物流中心和国际性航空枢纽,打造西部地区门户城市开放高地。

成都青白江铁路港片区，重点发展国际商品集散转运、分拨展示、保税物流仓储、国际货代、整车进口、特色金融等口岸服务业和信息服务、科技服务、会展服务等现代服务业，打造内陆地区联通丝绸之路经济带的西向国际贸易大通道重要支点。

川南临港片区，重点发展航运物流、港口贸易、教育医疗等现代服务业，以及装备制造、现代医药、食品饮料、融资租赁等先进制造和特色优势产业，建设成为重要区域性综合交通枢纽和成渝城市群南向开放、辐射滇黔的重要门户。

（三）发展情况

2017—2020年，四川自贸试验区在制度创新、优化营商环境、构建新开放格局等方面取得突出成效。2020年，四川自贸试验区利用外资同比增长308.6%，货物贸易进出口总值同比增长20.7%；四川省进出口规模跃居全国第8，增幅第2。

一是制度创新提升营商环境水平。159项改革试验任务实施率超99%，地方事权全面实施；三批146项省级管理权限同步下放到片区及协同改革先行区，放权频次居全国前列；在国务院发布的三批86个制度创新成果中，占11个。大胆试、大胆闯、自主改，加速提升四川营商环境的"含金量"，海内外市场主体纷至沓来。2017—2020年，四川自贸试验区累计新设企业14万家、注册资本超过1.5万亿元，新增外商投资企业1349家。四川自贸试验区以不足四川省1/4000的面积，聚集了四川省1/4的外商投资企业、贡献了1/10的进出口额、吸引了1/10的新设企业，主要指标位居第三批自贸试验区前列。

二是加快构建对外开放战略通道。四川自贸试验区充分发挥"引擎"作用，以对外战略通道为重要支撑，大幅提升四川对外开放水平，经济带动效应明显。2017—2020年，四川自贸试验区不断整合临空、临铁、临水"三临"叠加优势，加快构建起海陆空高效闭环的对外战略通道，一改"内陆腹地"的标签，成都双流国际机场国际航线增至130条；中欧班列（成渝）使成都与59个境外城市、20个境内城市互通；泸州港2020年综合吞吐箱量达15.52万标箱，实现长江黄金水道与西部陆海新通道、中欧班列无缝连接。成都青白江铁路港片区首创多式联运一单制"银担联合体"融资模式，提单累计签发超3000单，融资金额超3亿元；成功获批中欧班列运邮试点，2020年实现跨境电子商务进出口约240万单，同比增长280%；加快建设亚蓉欧国家（商品）馆等开放平台。2020年，该片区依托中欧班列实现逆势增长，进出口增速高于四川省77.49个百分点，其中出口增速高于四川省125.18个百分点。川南临港片区，着力突出内陆水港特色，提升口岸能级，泸州综合保税区、跨境电子商务综试区、进口肉类指定监管场地、国家临时开放水运口岸等相继申创成功，同步获批启运港退税政策试点。2020年，该片区跨境电子商务交易额突破1亿元；进境粮食中转量达42.5万吨，同比增长183%。

三是持续深化差别化探索。协作联动、协同发展，是四川自贸试验区深化差别化探索的重点方向。2019年8月，四川自贸试验区首批协同改革先行区正式启动建设。作为全国首创，协同改革先行区在聚焦投资、贸易、政府职能转变等共性制度试验的同时，着眼本地资源禀赋和发展潜力，推动产业优势互补、协调联动、错位发展，最大程度释放自贸试验区的发展红利。首批8家先行区已取得阶段性成效。2020年以来，四川自贸试验区携手重庆共建川渝自由贸易试验区协同开放示范区，已形成"共同向上争取""共同自主推进""共同早期收获"的3张清单，主动开展目标、领域、产业、政策、机制、时序的"六大协同"。中欧班列"成渝号"顺利开行，双方还将在探索建立中欧班列价格联盟等20个方面开展深入合作，共同构建国内国际双循环相互促进的高效大通道。此外，四川还与广东、广西、海南等开展联动试验、对比试验、互补试验，推动共享自贸红利。

二、海关支持自贸试验区发展情况

成都海关深入学习贯彻习近平总书记的重要讲话和重要指示批示精神，坚持创新驱动，全力服务自贸试验区高水平开放、高质量发展。截2020年底，四川自贸试验区总体方案中涉及海关的41项改革试验任务已全部推进实施。国务院前六批全国复制推广的经验中涉及海关的任务，凡是企业有需求且具备条件的，已结合四川实际复制推广。"冰鲜水产品'两段准入'监管模式"作为国务院第六批试点经验在全国复制推广；成都国际铁路港综合保税区正式获批设立，天府新区成都片区保税物流中心（B型）封关运行；成都进口药品和生物制品口岸成功设立；双流国际机场进境肉类、青白江铁路口岸进境粮食等海关指定监管场地通过验收。

（一）持续深化"放管服"改革，优化监管模式

持续探索推动设备零配件便捷监管模式，进一步扩大试点范围，联合大连、重庆海关共同丰富完善原有操作模式。相关试点企业已通过该便捷模式调拨、退换零配件430余票，涉及货值约8500万元，节约运营成本上千万元。推进实施冰鲜水产品"两段准入"监管模式，在保障产品质量的前提下，优化服务支持冰鲜水产品进口，口岸平均通关时间缩短至2.5小时，提离时间比原来缩短

1~2天，在提供通关便利的同时有助于企业降低仓储成本。

（二）围绕国家战略部署，开展差异化自贸创新

落实减税降费，持续探索中欧班列运费分段结算估价管理改革创新，通过科学合理分摊境外、境内段运费，实现中欧班列境内段运费不计入完税价格，有效降低了企业国际贸易成本。在此基础上，进一步细化明确操作指引，持续扩大试点范围，试点商品从进口汽车拓展至肉类、红酒、锌精矿等，从单箱试点扩大到整列应用，预计该项改革举措可为企业节约税负成本2%。助推成渝地区双城经济圈建设，积极支持川渝自贸试验区协同开放示范区建设，在川渝口岸物流合作发展、启运港退税政策优化设计、中欧班列监管模式优化等方面开展探索创新。2020年6月10日，成都海关与重庆海关签署《共同支持成渝地区双城经济圈建设合作备忘录》，同月，两关就集成创新和开展联合调研达成一致意见。保障防疫物资通关，支持企业复工复产。支持航空公司"客改货"保障航空运力，对客机改"全货机"航线；参照货机管理方式，实施机组人员不下机监管，准许航空公司提前安排载货计划，确保"即到即装即飞"，提高航空口岸货物通关效率；双流国际机场平均每周运营"客改货"航班54班，航空物流周载货能力达1760吨以上。支持中欧班列（成都）开展跨境直邮出口业务，促进跨境电子商务业务增长；支持开行"市场采购贸易专列""木材班列""整车专列""防疫物资专列"等个性化定制班列，推动"一带一路"沿线国家间稳定产业链供应链，服务企业复工复产。

（三）支持自贸试验区开放平台建设

出台《成都海关支持综合保税区和保税物流中心（B型）发展的措施》，提出12条支持措施；加强政策指导，支持成都国际铁路港、泸州综合保税区建设并助力顺利通过预验收，支持成都天府国际空港申建综合保税区。

三、海关在自贸试验区开展海关监管制度创新情况

（一）冰鲜水产品"两段准入"监管模式

冰鲜水产品"两段准入"监管模式，通过对进口冰鲜三文鱼实施"准许入境+合格入市"的"两段准入"监管，进口产品无须等待检测结果即可实施口岸附条件提离；叠加进口提前申报、双流国际机场口岸7×24小时通关等便利化措施，实现"即查即放"，有效减少货物滞港时间，大幅提升口岸通关效率。

冰鲜水产品"两段准入"监管模式案例

基本情况：根据"改革监管作业方式，实行两段准入"相关要求，为满足地方政府、企业对进口冰鲜水产品提升口岸通关时效的具体诉求，同时确保海关有效监管，在保障安全的前提下，成都海关探索实施"两段准入"监管作业改革。

政策分析：采取"三快一管"（快速口岸提离、快速边运边检、快速检测服务、强监管保安全）的监管方式，进口冰鲜三文鱼收货人可实施附条件提离，即海关抽样后口岸放行，无须等待检测结果即可提离口岸监管作业场所或海关指定场所，准予配送至销售商，待检验检测结果合格后，方可销售。

成效：一是缩短口岸通关时间，进口冰鲜三文鱼提离时间比原来缩短1~2天。二是优化口岸营商环境，该项监管作业改革覆盖成都关区12家国际贸易企业，在保障产品质量的前提下，提供了通关便利，大大降低了企业的仓储成本，促进口岸营商环境的优化和外贸稳定发展。三是提升城市名片的软实力。目前，全国30余家大型进口商，部分大型超市、海鲜市场零售商均从成都取得水产品货源，销售网络已覆盖四川、重庆、贵州等地。

（二）中欧班列运费分段结算估价管理改革

积极贯彻落实"一带一路"倡议，支持成都国际铁路港打造西部陆海新通道及陆海联运枢纽，中欧班列（成都）开行量多年来居全国中欧班列首位，服务全国超过7000家进出口企业。为进一步优化营商环境，帮助企业减税降负，在合法合规原则下，按照利润分割法将进口货物从阿拉山口等沿边口岸至成都铁路口岸的运输费用从货物完税价格中合理扣减，减少进口征税基数，降低企业国际贸易成本。

一是充分释放政策红利，严格按照《中华人民共和国海关审定进出口货物完税价格办法》条文规定，通过科学合理分摊，将货物运抵我国境内输入地点起卸后的国内段运费从完税价格中剔除。二是优化营商环境，适应中欧班列铁路运输新要求，促进建立健全铁路运输国际贸易新体系。三是为企业减负增效，科学合理区分国际、国内段运费，在合法合规合理原则下，切实减轻了企业负担，增加企业效益。开展试点以来，商品范围已逐步从汽车整车扩大到矿石产品等大宗散货。据测算，该政策全面推广后，每年可为中欧班列进口企业减负数百万元，对全国中欧班列开行城市具有示范带动效应和推广价值。同时，也是我国参与建立国际贸易新规则、形成依托跨国铁路运输的国际贸易术语及规则的有益探索。

第十一节　海关支持中国（陕西）自由贸易试验区建设主要情况

一、中国（陕西）自由贸易试验区基本情况

2017年3月31日，《国务院关于印发中国（陕西）自由贸易试验区总体方案的通知》（国发〔2017〕21号）发布；同年4月1日，中国（陕西）自由贸易试验区（以下简称"陕西自贸试验区"）正式挂牌成立。

（一）区域范围

陕西自贸试验区实施范围119.95平方千米，涵盖3个片区：中心片区87.76平方千米〔含陕西西安出口加工区A区0.75平方千米、B区0.79平方千米，西安高新综合保税区3.64平方千米和陕西西咸保税物流中心（B型）0.36平方千米〕；西安国际港务区片区26.43平方千米（含西安综合保税区6.17平方千米）；杨凌示范区片区5.76平方千米。

（二）功能划分

中心片区，重点发展战略性新兴产业和高新技术产业，着力发展高端制造、航空物流、贸易金融等产业，推进服务贸易促进体系建设，拓展科技、教育、文化、旅游、健康医疗等人文交流的深度和广度，打造面向"一带一路"的高端产业高地和人文交流高地。

西安国际港务区片区，重点发展国际贸易、现代物流、金融服务、旅游会展、电子商务等产业，建设"一带一路"国际中转内陆枢纽港、开放型金融产业创新高地及欧亚贸易和人文交流合作新平台。

杨凌示范区片区，以农业科技创新、示范推广为重点，通过全面扩大农业领域国际合作交流，打造"一带一路"现代农业国际合作中心。

（三）发展情况

2017—2020年，陕西自贸试验区建设4年来，《中国（陕西）自由贸易试

验区总体方案》明确的165项试点任务已全面实施，形成创新案例511个，其中大型机场运行协调新机制、"全球云端"零工创客共享服务平台等21项改革创新成果在全国复制推广，83项改革创新成果在全省复制推广，自贸试验区建设取得一定成效。

1. 营商环境持续优化

2017—2020年，陕西自贸试验区有效降低制度性交易成本，不断增强企业获得感。中央层面设定的523项、省级设定的10项涉企经营许可"证照分离"改革事项在自贸试验区实行全覆盖清单管理，2020年累计办理"证照分离"改革全覆盖试点事项的总量为6.8万件，惠及市场主体2.4万余户。

2. 探索推进综合行政执法体制改革，并迈出坚实步伐

"双随机，一公开"市场监管模式全面推开。大范围推行"不见面审批""一件事一次办"，率先开展"省内跨区通办""跨省通办"业务，近300项涉税业务实现全流程网上办理。

3. 投资贸易便利化不断提升

陕西自贸试验区全面落实《中华人民共和国外商投资法》及其实施条例和外资准入前国民待遇加负面清单管理模式。2020年新设外商投资企业88家，实际利用外资37.8亿美元，分别占全省的15.3%、44.8%。国际贸易"单一窗口"已推广应用了国家标准板18大类729项服务功能，主要业务覆盖率达到了100%。

4. 金融领域开放创新不断深化

推动全国首笔商业保理外币融资业务和陕西首单保税融资租赁业务成功落地；开展跨境业务区块链服务平台试点，推出"保理金单""央行·长安号票运通"央行·跨境票据通"等供应链金融产品，有效缓解中小企业融资难、融资贵。

5. 推进区域协同发展成效初显

陕西自贸试验区出台了《陕西自贸试验区协同创新区建设实施方案》，在延安、铜川、安康、宝鸡、渭南和韩城等6市相关开发区建设协同创新区。与深圳前海等21个国内自贸片区共同发起成立全国自贸片区创新联盟，与47个国内自贸片区、境外产业园设立特殊经济区域自由贸易创新联盟。

二、海关支持自贸试验区发展情况

自2017年4月陕西自贸试验区成立以来，在海关总署领导下，西安海关认真贯彻中央"以更高标准更高水平"建设自贸试验区的精神，认真落实海

关总署支持陕西自贸试验区建设举措及省委、省政府建设"一流自贸试验区"部署，围绕陕西自贸试验区的战略定位，推进转变职能、探索制度创新，力求将自贸试验区全面打造成为陕西深化改革的"试验田"和引领扩大开放新高地。

（一）深入学习贯彻习近平总书记关于自贸试验区建设发展的重要讲话和重要指示批示精神

西安海关党委坚决深入学习贯彻习近平总书记关于自贸试验区建设发展的重要讲话和重要指示批示精神，深刻领会中央推进自贸试验区的战略意义，提高工作主动性和创造性，积极争取企业和社会各界工作支持。着重强调要深入学习贯彻习近平总书记重要讲话和重要指示批示精神的深刻内涵，把握精神实质，强化使命担当，切实贯彻落实好党中央、国务院对自贸试验区的工作部署和总署的工作要求，在继续做好深化自贸试验区改革开放工作中作出应有的贡献。

（二）认真落实国务院、海关总署、陕西省政府关于自贸试验区的各项改革任务

西安海关高度重视陕西自贸试验区的建设发展，成立了西安海关推进自贸试验区领导小组，建立以需求为导向的自贸实验区创新、自贸试验区重点工作推进及复制推广评估制度和两级联络员制度3项工作机制，制定了支持陕西自贸区建设的"海关方案"，夯实自贸区改革创新制度基础，深化自贸试验区监管制度改革，不断提升跨境贸易便利化水平。

在制度创新方面，"铁路运输舱单方式归并新模式"获评国务院第四批自贸试验区复制推广监管创新制度在全国范围复制推广。国务院发布的前5批改革试点中，由海关总署牵头落实的任务共53项，除航运、港口等不涉及内陆海关业务或我省不具备开展条件的任务外，其余29项任务均得到落地实施。对第六批复制推广的试点经验"飞机行业内加工贸易保税货物便捷调拨监管模式"，今年成功在西飞集团内部试点成功，实现了保税货物在该集团内企业间自由流转、自主申报、自主存放，为企业缩短了订单时间，降低企业资金占用、进一步盘活了企业内部资源。此外，作为海关总署西部陆海新通道区域关际合作成员单位，积极参与区域海关自贸试验区协同创新和复制推广工作。

西安海关在对改革试点任务复制推广的过程中，立足本省产业特点，充分尊重企业诉求，以促进贸易便利化为原则，加快落实"放管服"改革，通过不断优化监管模式，提升服务水平，为陕西自贸试验区建设贡献了海关力量。

（三）大力提升跨境贸易便利化水平

深化自贸试验区监管改革，区内企业实现"多证合一，多项联办"，探索保税检测研发监管创新试点，试点企业通关时效压缩近 95%，减轻资金占压近 600 万元。

国际贸易"单一窗口"广泛应用，已通过国际贸易"单一窗口"实现通关作业无纸化，进出口环节验核的监管证件基本实现联网核查（其中三种因保密原因不能联网的除外）。"单一窗口"货物申报、空运舱单申报、空运运输工具申报等主要业务应用率始终保持 100%，跨境、物品申报等业务应用率也已达到 100%。

拓展"双随机、一公开"监管，常规稽查、查验人员实现 100% 随机选取，随机布控查验占比 98.6%。

"互联网+海关"优化服务，企业注册备案网上办理，行邮物品税款移动支付，进境个人邮递物品通关系统（邮 e 通）上线运行，群众可网上办理查询、申报、缴税等国际邮件通关业务，《CCC 免办证明》实现全程网上办理。

推进通关流程"去繁就简"，制定压缩货物通关时间 5 方面 17 项重点工作，开展压缩通关时间专项行动，制定 13 项具体举措，细化出台落实口岸提效降费工作方案。

三、海关在自贸试验区开展海关监管制度创新情况

铁路运输方式舱单归并新模式：加强与口岸海关协调配合，将中欧班列（长安号）货物从原来的"一柜一单"根据同一品名、同一规格、同一合同、同一公司、同一列次原则改为"一车一单"，生成一个舱单向海关进行申报，可节省 90% 以上通关费用。

> **铁路运输方式舱单归并新模式案例**
>
> **基本情况**：作为海关支持"一带一路"建设及西部大开发战略深入实施的举措，铁路运输方式舱单归并监管模式有效提升通关效率，确保"中欧班列"快速运行。
>
> **政策分析**：该监管模式仅适用于铁路运输方式舱单，"舱单归并"要求同一品名、同一规格、同一合同、同一公司、同一列次的大宗进口货物，将多节车厢的舱单归并成一个舱单，将归并后的舱单申报为一票报关单。
>
> **成效**：海关针对"中欧班列"进出口货物主要为小麦、食用油、绿豆等大宗货物的特点，推行铁路运输方式舱单归并监管新模式，将"一单一报"变更为"多单一报"，减少企业申报时间和成本，优化营商环境，促进贸易便利化。同时助推中欧班列通关时效进一步提升。

第十二节 海关支持中国（海南）自由贸易试验区建设主要情况

一、中国（海南）自由贸易试验区基本情况

2018年4月13日，习近平总书记在海南建省办经济特区30周年大会上郑重宣布，党中央决定支持海南全岛建设自由贸易试验区，支持海南逐步探索、稳步推进中国特色自由贸易港建设，分步骤、分阶段建立自由贸易港政策和制度体系。2018年4月14日，中共中央、国务院发布《关于支持海南全面深化改革开放的指导意见》，明确以现有自贸试验区试点内容为主体，结合海南特点，建设中国（海南）自由贸易试验区（以下简称"海南自贸试验区"），实施范围为海南岛全岛。2018年10月16日，《国务院关于印发中国（海南）自由贸易试验区总体方案的通知》（国发〔2018〕34号）发布，同年10月16日批复同意设立海南自贸试验区。

（一）区域范围

海南自贸试验区的实施范围为海南岛全岛。自贸试验区土地、海域开发利

用须遵守国家法律法规，贯彻生态文明和绿色发展要求，符合海南省"多规合一"总体规划，并符合节约集约用地用海的有关要求。涉及无居民海岛的，须符合《中华人民共和国海岛保护法》有关规定。

海南自贸试验区包含了两个海关特殊监管区域：洋浦保税港区和海口综合保税区。

（二）功能划分

按照海南省总体规划的要求，以发展旅游业、现代服务业、高新技术产业为主导，科学安排海南岛产业布局。按发展需要增设海关特殊监管区域，在海关特殊监管区域开展以投资贸易自由化便利化为主要内容的制度创新，主要开展国际投资贸易、保税物流、保税维修等业务。在三亚选址增设海关监管隔离区域，开展全球动植物种质资源引进和中转等业务。

（三）发展情况

海南自贸试验区自启动建设以来，聚焦加快构建开放型经济新体制、加快服务业创新发展、加快政府职能转变等重点任务，各领域基础性制度逐步建立。《中国（海南）自由贸易试验区总体方案》确定的改革试点任务全面实施，特别是与自由贸易港建设密切相关的贸易投资自由化便利化探索深入开展，建设成果不断涌现。海南自贸试验区建设取得的显著成效，为加快推进海南自由贸易港建设奠定了良好基础。

1. 贸易投资自由化便利化水平显著提升

贸易和投资自由化便利化是海南自由贸易港建设的重点。海南自贸试验区在相关领域率先开展探索，取得积极成效。例如，在贸易领域，高标准建设国际贸易"单一窗口"，主要申报业务应用率达到100%，海南特色应用功能初步形成；推进货物平均放行和结关时间体系化建设，进出口通关时间较2017年分别压缩69%和97%；洋浦保税港区试点实施"一线放开、二线高效管住"的货物进出境管理制度。在投资领域，加大保险、建筑、海上运输、新能源汽车等领域对外开放力度，对外资全面实行准入前国民待遇加负面清单管理制度。

2. 国际开放度明显提高

通过自贸试验区的建设，大大提升了海南省的国际开放度。2019年，海南自贸试验区新增外资企业数量和实际利用外资增速均超过100%。服务贸易出口增长33%，实现顺差6.5亿元。开通43条内外贸海运航线，实现东南亚主要港口全覆盖。执飞的国际航线达到103条，通达境外62个城市，2019年接待入境游客144万人次，同比增长14%。

3. 市场主体加速集聚

改革开放创新举措的落地，有效改善了营商环境，吸引了众多企业投资兴业。2019年，海南新增市场主体22万户，同比增长71%，平均日增670户。28家世界500强企业入驻海南，总部企业累计达到33家。

4. 制度创新成效明显

海南自贸试验区坚持以制度创新为核心，深入推进"放管服"改革，"一网通办""极简审批"等改革举措成效明显，85%的政府服务事项实现"不见面审批"，企业开办时间压缩至3个工作日。海南自贸试验区先后分6批总结形成了71项制度创新案例，其中，"知识产权证券化"等创新成果经评估，已基本具备向全国复制推广条件。

5. 风险防控体系逐步完善

海南自贸试验区建设坚持"管得住"是"放得开"的前提，切实防范化解各类风险。扎实推进社会信用体系建设，完成统一社会信用代码改革，横向归集省级46个部门信用数据。大数据中心功能不断提升，政务信息数据共享率达到100%，实现全天候、实时性的人流、物流、资金流进出岛信息监管。

二、海关支持自贸试验区发展情况

海口海关严格落实海关总署部署，结合海南全面深化改革开放、海南自由贸易试验区（港）建设要求，坚持"管得住才能放得开"，突出制度集成创新，强化监管、优化服务，积极推动海南自由贸易试验区（港）各项政策红利落地，为加快推进海南自由贸易港建设奠定了良好基础。

（一）精准对接服务重大国家战略，保障重点政策实施

1. 稳步保障离岛免税新政有序调整落地

不断完善离岛免税监管模式，优化监管流程，加强隔离区通道等重点环节监管，加强现场防回潜、人证验核提货等装置应用，保障离岛免税新政顺利落地实施。2020年，共监管离岛免税购物金额274.8亿元、件数3410万件、购物旅客448.4万人次，同比分别增长103.7%、87.4%、19.2%。

2. 构筑洋浦保税港区开放新优势

推动实施《中华人民共和国海关对洋浦保税港区监管办法》赋予洋浦保税港区"一线货物径予放行""区内企业取消账册管理""二线单侧申报"等8方面特殊的创新制度，支持洋浦保税港区公共信息平台开发建设，支持培育融资租赁、保税维修、跨境电子商务等新型贸易业态，组建区内消费业态研究专班，持续加大压力测试力度，拓展区域开放功能，积极促进洋浦保税港区做大做强。

2020年洋浦保税港区外贸进出口22亿元,同比增长487%。其中,进口21.9亿元,增长489%。

3. 积极推动早期安排"零关税"政策落地

聚焦贸易便利化自由化,配合总署制定有关"一负三正"部分进口商品"零关税"政策,配套制定"零关税"原辅料、交通工具及游艇海关实施办法和操作指引,同步建设相关信息化系统,促进生产要素便捷流动有效配置。2020年12月,原辅料政策实施首月,共为4家企业办理16批次"零关税"原辅料货物通关手续,货值2.43亿元,减免税款3388.15万元。

(二)立足集成创新,推动海南重大功能平台项目建设

1. 带动对外开放布局不断优化

支持海南增设海口空港综合保税区,促成海南省首个保税物流中心(B型)获批建设。印发《中国(海南)自由贸易港口岸监管设施配备建设方案》,参与海南自由贸易港口岸布局研究。支持美兰机场二期扩建、三亚港扩大开放、博鳌机场口岸开放及新海港客运枢纽项目规划建设,2020年12月国务院批复同意博鳌机场口岸对外开放,博鳌机场海关正式开关。

2. 促进新型贸易业态持续发展

支持博鳌乐城国际医疗旅游先行区加快对标国际先进水平,会同国家药品监督管理局等部门建立特许药械追溯管理平台,实现对采购、运输、通关、储藏、使用等全流程的实时跟踪管理。将进口心脏起搏器指定检验机构扩大到海口海关,填补了海南口岸不能直接进口该项高端医疗器械的空白。对进境展览用保健食品及特殊医学用途食品实施进口便利化措施。2020年,海关监管博鳌乐城国际医疗旅游先行区进口药械1.6亿元,同比增长3.6倍。支持海口综合保税区建成保税文化艺术品展示、拍卖、交易平台,开展平行车进口业务。2020年海口综合保税区外贸总值达78.3亿元,同比增长561%,占同期海口市外贸总值的87.4%。此外,海口跨境电子商务综合试验区的跨境电子商务业务也实现跨越式增长

3. 培育重点产业发展新动能

推动全球动植物种质资源引进中转基地建设取得突破,多渠道收集各领域引种需求,指导引种单位办理特许审批,创新海关监管模式,稳妥承接总署下放4类水产苗种检疫审批,推动国家(三亚)隔检中心(一期)项目于2020年底开工建设,支持三亚凤凰机场取得进境植物种苗指定监管场地资质,保障隆平高科引进192个品种的巴西玉米种子,为选育适用于国内的优质品种等科研攻关提供保障。配合海关总署印发《关于调整海南进出境游艇有关管理事项

的公告》，明确海南自驾游进境游艇免于向海关提供担保，满足海南国际旅游消费中心建设需要。

（三）持续深化放管服，着力营造一流口岸营商环境

1. 持续简政放权，进一步激发市场活力

推进"证照分离"改革，实现"审批改为备案""实行告知承诺"事项最快可当场办结。为支持海南省进一步深化审批服务综合窗口受理制改革，实现由"一事跑多窗"变为"一窗办多事"，将85项入驻省政务服务中心的政务服务事项100%纳入综合受理窗口受理。全面实施"两步申报""两段准入"等改革，进、出口整体通关时间较2017年分别压缩56.6%和98.3%，进一步巩固压缩货物整体通关时间成效，海口海关多项做法入选《中国营商环境报告2020》典型案例。

2. 持续强化监管，努力营造稳定公平透明的营商环境

在全关区推广应用单兵设备、安全智能锁设备，扩大"先期机检""智能识别"作业试点，提高机检后直接放行比例，极大提升了通关速度。试点"互联网+网上稽核查"改革，稽核查作业平均整体时长缩减50%，圆满完成租赁进口飞机专项稽查等署级重点任务，稽查作业完成率等6个指标实现100%。实现寄递渠道进口环节知识产权侵权案件零的突破，连续两年入选《中国海关保护知识产权典型案例》。

3. 持续优化服务，为企业发展、项目建设提供有力保障

对农产品、食品进出口开辟绿色通道，对原油、天然气等大宗资源性原料商品实施企业提前12小时预约通关。立足制度集成创新，推出"优质农产品出口动态认证+免证书免备案"等多批海关监管创新，持续优化海关监管模式，降低企业制度性交易成本，出台"防疫情、稳外贸"16条措施，统筹推进疫情防控和促进外贸稳增长成效显著，2020年海南备案外贸企业数量同比增加242%，海南口岸进出口值累计突破5000亿元，同比增长9.5%。落实企业反映问题"清零"机制，2020年海口海关12360热线共受理14678条话务量，接通率98%，微信发布数量336篇，得到企业、群众的好评。

（四）守稳筑牢国门安全防线，推动构建立体防控体系

1. 建立反走私联防联控机制

成功推动《海南省反走私暂行条例》出台，配合研究自贸港反走私工作方案，构建环北部湾琼州海峡"1+9"反走私联合作战体系、琼粤桂联防联控工作机制。推动海南社会管理信息化平台反走私功能模块开发和实战化演练，协

同海南开展62个重点走私风险区域视频点位建设，完成3个办案中心升级改造，电子物证实验室通过中国合格评定国家认可委员会（CNAS）评审。

2. 建立自贸港海关风险防控机制

对接海南省风险防控专项小组，成立关区自贸港海关风险防控体系研究、离岛免税及岛内居民消费品免税风险防控研判、"零关税"3张清单风险防控研判、云擎应用攻关等5个风险防控工作小组，开展自贸港早期政策落地及封关运作后风险防控体系研究。健全口岸风险防控体系，牵头省内18个部门建立常态化口岸安全风险联合防控机制，查获率、人工分析布控查获率均高于全国平均水平，推动完善海南省口岸传染病和突发公共卫生事件联防联控机制，共同守好自由贸易港生物安全防线。

3. 持续高压严打走私严守国门安全

"国门利剑2020"联合专项行动战果显著，破获成品油、新型毒品、黄金等系列走私案，案件数量、案值、涉税额同比分别增长3.8倍、2倍和3倍。严厉打击洋垃圾、象牙等濒危物种及其制品走私，"蓝天2020专项行动"取得积极战果，查获固体废物3批36.4吨，查获象牙、木材等濒危物种及其制品9宗。有力防控非洲猪瘟、鼠疫、沙漠蝗等重大动植物疫情，3种有害生物为全国口岸首次截获、13种为海南口岸首次截获。有效防控进出口食品安全风险，2020年共完成进出口食品化妆品监管监督抽检和风险监测3881批，对113批不合格产品实施技术整改、退运或销毁。加强重点敏感商品检验，2020年共监管法检进出口工业品5850批，检出不合格68批，已按相关规定出具证书帮扶企业对外索赔或技术整改处理。

第十三节　海关支持中国（山东）自由贸易试验区建设主要情况

一、中国（山东）自由贸易试验区基本情况

2019年8月26日，《国务院关于印发6个新设自由贸易试验区总体方案的通知》（国发〔2019〕16号）发布，批复设立山东、江苏、广西、河北、云南、黑龙江六个自贸试验区；同年8月31日，中国（山东）自由贸易试验区（以下简称"山东自贸试验区"）济南片区、青岛片区、烟台片区正式挂牌成立。

(一) 区域范围

山东自贸试验区实施范围 119.98 平方千米，涵盖三个片区：济南片区 37.99 平方千米（含济南章锦综合保税区 1.52 平方千米），青岛片区 52 平方千米（含青岛前湾综合保税区 9.12 平方千米、青岛西海岸综合保税区 2.01 平方千米），烟台片区 29.99 平方千米（含烟台综合保税区区块二 2.26 平方千米）。

(二) 功能划分

济南片区，重点发展人工智能、产业金融、医疗康养、文化产业、信息技术等产业，开展开放型经济新体制综合试点试验，建设全国重要的区域性经济中心、物流中心和科技创新中心。

青岛片区，重点发展现代海洋、国际贸易、航运物流、现代金融、先进制造等产业，打造东北亚国际航运枢纽、东部沿海重要的创新中心、海洋经济发展示范区，助力青岛打造我国沿海重要中心城市。

烟台片区，重点发展高端装备制造、新材料、新一代信息技术、节能环保、生物医药和生产性服务业，打造中韩贸易和投资合作先行区、海洋智能制造基地、国家科技成果和国际技术转移转化示范区。

(三) 发展情况

山东自贸试验区建设一年来，大胆试、大胆闯、自主改，总体方案中 112 项试点任务已实施 102 项，形成 60 项制度创新案例，7 项得到国家有关部委认可，36 项已在省内复制推广。同时，围绕差异化探索，重点推进高质量发展海洋经济、深化中日韩区域经济合作等并取得成效。

1. 高质量发展海洋经济

山东海域面积与陆域面积相当，海洋资源丰度指数全国第一，海洋是山东发展最大的新动能、最大的优势和潜力所在。

(1) 加快推动海洋渔业转型升级。烟台片区建设种业资源引进中转基地，打造"从一粒鱼卵，一套装备到一条完整产业链"支撑种业发展的新模式；在全国率先引入"生态链式"理念，出台渔业资源增殖放流规定，通过"精准指导+精准施策+精准检测"，探索形成海洋生态修复新模式；打破渔业近海养殖传统，投放国内首座深海智能化网箱。青岛片区投资 30 亿元建设东北亚水产品加工及贸易中心。青岛海关推荐水产企业境外注册 1627 厂次，推荐渔船欧盟注册 55 艘，居全国第一。

(2) 加快发展涉海高端服务。烟台片区全国首创海洋牧场平台确权机制和融资风险评判标准体系，创新推出"深海网箱箱体及设备抵押""海水养殖天气指数保险",为渔业养殖企业提供特色金融服务。青岛片区开展全球海洋生物基因测序服务,全国首创生物样本进口"清单式"管理,实现"一次办理,全年许可",样本检疫审批周期由 20 天缩短至 2 天。

(3) 加快建设世界一流港口。青岛港创新 10 大技术打造智慧码头,其中 8 项全球首创,创造了 44.6 自然箱/小时自动化码头装卸效率世界纪录。青岛片区创新多项监管模式,推动原油、棉花、矿石等大宗商品贸易发展,保税原油混兑调和总量突破百万吨,吸引超过 400 家油品贸易企业集聚;进口棉花检疫、鉴重、取样"集成查检"模式压缩通关时效 75% 以上;保税铁矿混配"随卸随混"模式提高了混矿效率,由 3500 吨/小时提高至 4200 吨/小时。

2. 深化中日韩区域经济合作

充分发挥山东对日韩得天独厚的地源优势和人文交流优势,重点在畅通国际物流大通道、加强便利化通关合作、共建国际园区等方面进行探索。

(1) 着力打造"东联日韩、西接欧亚"的国际物流大通道。青岛片区积极探索"一带一路"海铁公联运新模式,实现海铁公联运货物提单可背书、可转让的物权属性和金融功能;首次开通"日韩—缅甸"海转陆过境业务;优化国际过境操作流程,将日韩过境至中亚及蒙古国货物的港口端操作费用降低 80%。2020 年 1—7 月,"齐鲁号"欧亚班列开行 879 列,同比增加 41.5%,累计进出口货值 72 亿元。

(2) 着力提升与日韩便利化通关水平。青岛海关、济南海关与韩国釜山海关签订关际合作谅解备忘录,相互给予 AEO 企业通关便利措施。青岛片区建立"前置检测、结果互认"检验模式,已有 259 批输往韩国的食品农产品直接通关;烟台片区创新提出测试车辆跨国研发便利化举措。

(3) 着力构建日韩区域经济合作新平台。济南片区中日国际医疗科技园进展顺利,已与日本东丽、奥林巴斯、佳能等世界 500 强企业签约,打造国际领先的透析中心、医疗影像中心、癌症精准诊断与治疗中心。青岛片区日本"国际客厅"投入启用,已与横滨、神奈川等 4 城达成合作意向,签约落户企业机构 24 家,挂牌入住 18 家。烟台片区中韩产业园建设加速推进,签约全省首家韩资律师事务所,落地首家韩国独资职业技能培训机构、中韩国家级科创孵化基地等项目。

二、海关支持自贸试验区发展情况

2020 年,青岛、济南海关严格按照海关总署部署,坚持改革引领、创新驱动,着力激发自贸试验区内生动力,全力支持山东自贸试验区高水平开放、高

质量发展。主要工作情况如下:

(一) 青岛海关支持山东自贸试验区青岛片区、烟台片区发展情况

1. 全面推进总体方案落实落细

围绕促进贸易便利化、打造对外开放新高地,以总体方案为指引,按照创新项目优先推动、重点项目协调推进、集成项目全面推行的工作思路,主动参与、靠前服务,积极推进创新制度落地、重点项目落实、方案内容落细。

(1) 对接"两个专班",提前参与制度设计。精选业务专家参加省、市两级自贸试验区建设专班,在制度方案设计阶段主动对接、出谋划策,积极参与总体方案、实施方案的起草论证和政策解读等工作。全面比较已有12个自贸试验区的特色和优势,研究梳理其他自贸试验区已出台的400余条政策措施,结合实际加大首创性监管措施的研究探索力度。加强战略规划,起草《青岛海关2020-2022年自贸试验区和海关特殊监管区域工作方案》,为下一阶段服务自贸试验区建设提供指导性文件。

(2) 落实"两本台账",全面承接目标任务。聚焦"规定动作",承接省市任务台账。按照总体方案部署要求,全面承接112项试点任务中的25项,逐项梳理研究论证,明确责任部门和实施路径。加载"自选动作",建立本关任务台账。着眼片区定位,出台服务自贸试验区建设28项措施,围绕发挥综合保税区高地引领作用、打造一流海洋港口,加大支持力度。

2. 深入推进监管制度改革创新

积极探索"管得住,放得开,效果好"的监管创新,青岛关区共探索推进监管创新经验约30项。12项入选山东自贸试验区首批"最佳实践案例",占全省总数33%。保税原油混兑、企业集团保税监管、期货保税交割、进口大宗商品重量鉴定智慧管理、进境生物样本"清单式"监管等一系列创新已落地见效。

(1) 首创进口大宗商品重量鉴定智慧管理模式。借助"移动互联网""大数据"等信息化手段,实现移动端现场鉴定、随机派单、自动计算、风险自动预警,助力打造国际大宗商品交易中心。

(2) 首创保税原油混兑调和监管模式。从商品检验、征税、保税物流管控等方面进行海关监管制度集成创新,释放制度红利。2020年,青岛片区、烟台片区已开展保税原油混兑调和业务涉及原油156.4万吨,货值5.9亿美元,吸引英国石油公司、壳牌等世界原油巨头到山东投资布局。

3. 助力新兴业态集聚发展

(1) 支持跨境电子商务业务形成产业生态链。青岛海关顺应跨境电子商务

业务发展趋势，照"包容审慎监管、服务业态发展"的原则，探索"网购保税+线下体验"模式，高效提升了跨境电子商务商品的推广宣传力度，支持跨境电子商务商品线下体验新业态发展。通过组织关企协调会、搭建关企沟通平台、建立系统保障制度等方式，安排专人及时跟踪解决企业咨询 50 余次。助力企业顺利完成 618、双十一、双十二等电商行业大促。

（2）支持保税维修拓展升级。按照保税维修最新规定，制定监管方案，支持部分暂未列入全球维修目录清单的企业产品通过个案审批方式向有关部门争取业务资质。目前，青岛关区共有 4 个综合保税区开展保税维修业务。

（3）推动期货保税交割业务提质上量。推动 20 号天然橡胶期货保税交割业务落地，围绕地方政府打造全球大宗货物分拨中心的战略布局，按照"协同优化创新、监管服务并重"的监管理念，聚焦协同治理、聚焦优化监管、聚焦监管创新，推进 20 号橡胶期货保税交割业务高质量发展取得实效。2020 年，6 家 20 号胶期货指定交割库顺利开展业务，生成标准仓单 12079 手，12.2 万吨，实际参与交割标准仓单 10696 手，10.7 万吨，占全国实际参与交割量的 92.4%。

4. 推进自贸试验区内特殊区域转型发展

充分发挥综合保税区在自贸试验区的基础和核心平台作用，全面落实《国务院关于促进综合保税区高水平开放高质量发展的若干意见》，充分发挥海关特殊监管区域对自贸试验区的引领带动作用，实施"一区一策""精准画像"，推动有关创新制度在综合保税区全面落地。目前，片区内的青岛前湾保税港区、烟台保税港区均已获批转型为综合保税区，21 项创新监管制度已在综合保税区全面落地。

（二）济南海关支持山东自贸试验区济南片区发展情况

1. 搭建平台

搭建综合保税区优惠政策平台，强力推动济南章锦综合保税区申建，自获批设立至封关运作仅历时百天，最快速度弥补自贸试验区内高能级开放平台空缺。2020 年，济南综合保税区进出口值 95.4 亿元，同比增长 1.4 倍。做大做强铁路对外开放平台，积极指导董家铁路监管作业场所高水平规划，服务中欧班列提质升级。2020 年，济南市参与欧亚班列运营的外贸企业达到 167 家，增长 1.5 倍；进出口值 5.5 亿元，增长 3.8 倍，铁路货运服务片区企业的能力不断增强。支持打造跨境电子商务平台，推动跨境电子商务"1210"保税模式顺利落地，在济南片区首批试点跨境电子商务 B2B 出口监管模式，2020 年，济南市企业跨境电子商务出口货值 1.7 亿元，规模持续扩大。

2. 开展试点

开展保税研发监管试点，实现研发设备、材料全免税进口，吸引山东先进传感与信息技术创新研究院、智能传感材料国家重点实验室入驻综合保税区发展，助力晶正新材料公司利用保税研发业务，在全球率先开发出纳米级铌酸锂薄膜芯片材料。开展整车出口监管创新试点，主动对接重汽集团解决疫情期间整车出口受阻问题，每批次车辆节省物流时间30天，保障近2亿货值整车顺利出口，帮助企业挽回损失1.5亿元。开展多元化担保试点，在片区内首推"企财保"关税担保，实现企业自己为自己担保，为浪潮集团、晨鸣集团等5家片区重点企业担保金额12.3亿元，涉及税款20.1亿元；在加工贸易海关担保事务领域创新引入"履约保证保险"，企业办理保函费率由原先担保金额的70%下降至2.3%（2%保险费+0.3%银行手续费），每年为企业释放资金2亿元；开展高级认证企业免除担保试点，为太古飞机等企业释放资金占用8亿元。开展"链上自贸"保税展示展销试点，运用5G、物联网、区块链、边缘云等前沿科技，打造"链上自贸"保税展销数字化贸易平台，实现对出区保税展销商品"一物一码、一物一档、全程控货"的全程可追溯精准监管，助力保税展销中心"开到市民家门口"，目前已设立保税展销中心4家，展销商品200余类3000余件。该项创新得到了中央深改办及国家部委的高度认可，已作为山东省3项自贸试验区改革试点经验之一上报国务院评审。与济南自贸片区、综合保税区、浪潮集团联合成立"链上自贸"实验室，逐步探索拓展应用场景。

3. 推出创新

创新进境粮食检疫审批程序，简化审批环节，将审批时间由1个月压缩至3个工作日，保障4批次26万吨进境粮食快捷通关。创新民生物资查检模式，对进口肉类实施"即报即放""即查即放""边检边放"，促进维尔康公司肉类进口，2020年累计进口肉类1771吨，较2019年全年增长16.7倍。

第十四节　海关支持中国（江苏）自由贸易试验区建设主要情况

一、中国（江苏）自由贸易试验区基本情况

2019年8月26日，《国务院关于印发6个新设自由贸易试验区总体方案的

通知》（国发〔2019〕16号）发布；同年8月30日，中国（江苏）自由贸易试验区（以下简称"江苏自贸试验区"）正式挂牌成立。

（一）区域范围

江苏自贸试验区实施范围119.97平方千米，共涵盖三个片区：南京片区39.55平方千米，苏州片区60.15平方千米（含苏州工业园综合保税区5.28平方千米），连云港片区20.27平方千米（含连云港综合保税区2.44平方千米）。

（二）功能划分

南京片区，重点发展集成电路、生命健康、人工智能、物联网和现代金融等产业，建设具有国际影响力的自主创新先导区、现代产业示范区和对外开放合作重要平台。

苏州片区，重点发展生物医药、纳米技术应用、人工智能、新一代信息技术、高端装备制造及现代服务业等产业，建设世界一流高科技产业园区，打造全方位开放高地、国际化创新高地、高端化产业高地、现代化治理高地。

连云港片区，重点发展新医药、新材料、新能源、大数据和高端制造以及航运物流、文化旅游、健康养老等现代服务业，建设亚欧重要国际交通枢纽、集聚优质要素的开放门户、"一带一路"沿线国家（地区）交流合作平台。

（三）发展情况

2019—2020年，江苏自贸试验区认真学习贯彻习近平新时代中国特色社会主义思想，贯彻落实党中央、国务院决策部署和商务部工作安排，紧扣"打造开放型经济发展先行区、实体经济创新发展和产业转型升级示范区"战略定位，省、市和片区制定出台110多项配套政策、落地启动了百余个重大产业项目、吸引集聚了一大批高端人才、总结形成了115项制度创新经验成果，在省内首批复制推广了20项改革试点经验和20项创新实践案例。具体发展情况有如下几点：

1. 推动开放型经济发展重点实施三项探索

（1）探索从要素流动型开放向规则制度型开放转变，努力打造国际化、法治化、便利化的营商环境。加快推进"证照分离"全覆盖改革试点，积极探索商事主体登记确认制改革、"一业一证"改革，有效释放市场活力。

（2）探索自由化便利化程度更高的投资贸易制度安排，努力在更高层次用好两个市场、两种资源。落实外资准入前国民待遇加负面清单管理模式，加大服务业对外开放力度，创新优化贸易监管方式，积极发展跨境电子商务、保税检测维修、离岸转手买卖等贸易新业态新模式。

（3）探索高水平开放与高层次创新深度融合，加快集聚优质要素资源。加大高水平人才引进力度，一次性赋予境外高端人才最长5年的工作许可，加快实施国际职业资格比照认定，引进诺贝尔奖获得者、两院院士、领军人才等国内外高端人才2000余人，努力打造高水平人才"强磁场"。

2. 推动实体经济创新发展和产业转型升级着力形成三个示范

（1）努力形成提升产业创新能力的示范。聚焦新一代信息技术、高端装备制造、生物医药等重点产业，组织企业开展19项关键核心技术攻关。集成电路设计服务产业创新中心、生物药技术创新中心等一批重大创新平台加快建设，自主创新能力持续提升。

（2）加快培育先进制造业集群，形成自主可控现代产业体系的示范。建设南京片区国家医疗健康大数据试点城市和产业园。连云港片区医药产业获评五星级新型工业化产业示范基地。推动生物医药全产业链开放创新，苏州片区2019年生物医药产业竞争力位居全国第一。

（3）持续深化金融开放创新，形成金融服务实体经济的示范。拓展资本项目外汇收入支付便利化试点、贸易外汇收入支付便利化试点，支持跨国公司开展跨境资金集中运营业务，积极探索投贷联动、科技企业"白名单"等金融服务实体经济的创新举措。

3. 积极依托南京、苏州、连云港三个片区，打造特色亮点

南京片区着力增强自贸试验区的科技创新"策源"功能，在培育创新主体、集聚创新人才、优化创新生态等方面实施一系列制度创新探索实践。苏州片区充分发挥中新合作、开放创新和产业基础优势，在全国首创保税检测区内外联动模式、高端制造全产业链保税模式改革。加快建设材料科学姑苏实验室等一批重大创新平台。连云港片区充分发挥"一带一路"开放门户优势，加快发展陆海联运，努力建设亚欧国际重要交通枢纽，首创中欧班列"保税+出口"集装箱混拼、国际班列"车船直取"零等待，国际班列通行效能有效提升。

二、海关支持自贸试验区发展情况

2020年，南京海关按照江苏自贸试验区总体方案要求，对标国际先进规则，形成多项制度创新成果，推动口岸营商环境优化，支持高新产业发展，为自贸试验区高质量发展作出贡献。江苏自贸试验区设立以来，南京海关提出监管制度创新经验21项。

（一）持续优化口岸营商环境

1. 压缩进出口通关时间

通过推动"两步申报"改革，将普通进口商品初次申报要素简化到9个，显著提升申报效率。2020年试点"两步申报"报关单3.4万票,应用率达21.0%。2020年南京海关平均进口整体通关时间为41.25小时,较2018年、2019年分别缩短11.33小时、6.85小时;平均出口整体通关时间3.33小时,较2018年、2019年同期分别缩短1.57小时、0.3小时。

2. 简化海关行政审批事项办理手续

按照海关总署要求推动"证照分离"改革,对"报关企业注册登记""出口食品生产企业备案核准"实施"审批改为备案"改革;对"口岸卫生许可证(涉及公共场所)核发"实施"实行告知承诺"改革;对"保税物流中心设立审批"等13项行政许可事项实施优化审批服务改革,结合海关行政审批网上办理平台、行政审批电子印章和行政许可证书邮寄送达,可以实现企业不出门即可走完相关行政许可事项办理流程,做到审批效率更高,办事成本更低,企业体验更优。

3. 合并企业资质办理事项

"关检融合"后,原海关签发的基础资质和原检验检疫局签发的特定资质统一归并到海关办理的情况,开发上线"海关企业资质备案智能管理模块",推出"基础+特定"企业资质办理新模式,根据申请人自主选择办理的资质项目,自动比对各项资质项目的"共有信息"和"个性化信息",实现不同资质项目整合申报、同步办理、智能服务。新模式免除企业重复提交材料8项,减少数据填报41项,缩短办理时间70%。

(二)大力推动贸易新业态新模式发展

根据江苏省委省政府支持自贸试验区发展新业态新模式的要求,立足海关管理职责,支持与制造业密切相关的检测维修等服务产业发展,推动跨境电子商务业务走出新路,加快产业链条向价值链两端延伸。按照《国务院关于促进综合保税区高水平开放高质量发展的若干意见》要求,除继续巩固江苏省传统的加工制造和物流行业外,大力推动保税检测维修、研发设计和销售服务等新业态发展,丰富我省外贸模式。截至2020年底,关区内已有10个综合保税区的13家企业开展保税研发业务,8个综合保税区的29家企业开展保税维修业务。

(三)扶植生物医药产业开放创新发展

1. 进一步下放审批事权

目前D级特殊物品已下放到11个隶属海关,进口企业可以就近申请办理相关货物进口审批业务。

2. 缩短进口实验用小动物进口通关时间

医用实验鼠检疫审批平均时限已由20个工作日缩短至7个工作日，隔离期由30天缩短至14天。

3. 创新进口特殊物品查验模式

通过将进口特殊物品从口岸运输至符合条件的仓库集中监管，实施上门查验，破解特殊物品在口岸查验难的问题。

4. 支持地方公共服务平台建设

支持南京江北新区生物医药集中监管和公共服务平台建设，提出平台建设发展的意见建议，助力该平台获批国务院服务贸易创新试点最佳实践案例。

5. 开展行业需求摸底调研

开展自贸区生物医药相关行业加工贸易企业产业链情况摸底调研，为下一步推动自贸试验区生物医药开放创新政策措施做好准备工作。

第十五节　海关支持中国（广西）自由贸易试验区建设主要情况

一、中国（广西）自由贸易试验区基本情况

2019年8月26日，《国务院关于印发6个新设自由贸易试验区总体方案的通知》（国发〔2019〕16号）发布；同年8月30日，中国（广西）自由贸易试验区（以下简称"广西自贸试验区"）正式挂牌成立。

（一）区域范围

广西自贸试验区实施范围119.99平方千米，涵盖三个片区：南宁片区46.8平方千米（含南宁综合保税区2.37平方千米），钦州港片区58.19平方千米（含钦州保税港区8.81平方千米），崇左片区15平方千米（含凭祥综合保税区1.01平方千米）。

（二）功能划分

南宁片区，重点发展现代金融、智慧物流、数字经济、文化传媒等现代服务业，大力发展新兴制造产业，打造面向东盟的金融开放门户核心区和国际陆海贸易新通道重要节点。

钦州港片区，重点发展港航物流、国际贸易、绿色化工、新能源汽车关键

零部件、电子信息、生物医药等产业,打造国际陆海贸易新通道门户港和向海经济集聚区。

崇左片区,重点发展跨境贸易、跨境物流、跨境金融、跨境旅游和跨境劳务合作,打造跨境产业合作示范区,构建国际陆海贸易新通道陆路门户。

(三)发展情况

广西自贸试验区建设一年来,按照国家的统一部署,在深化面向东盟合作、创新边境经济发展、畅通国际陆海贸易新通道等方面开展了积极探索,初步形成了一批具有广西特色的创新经验成效。2019—2020年,已完成改革试点任务58项,完成率48.3%。

1. 积极探索与东盟合作的新模式

例如,友谊海关口岸实行全信息化智能通关,联检部门实施"多卡合一""人脸识别"作业,实现一站式"秒通关",通关时间缩短80%以上,大幅提高了通关效率。大力推进与新加坡、马来西亚等东盟国家AEO互认。积极构建以中国—东盟跨境金融改革创新为代表的金融开放生态,位于南宁片区的中国—东盟金融城累计引入金融机构(企业)134家。钦州港片区创新开展中马"两国双园"跨境金融合作试点,对马来西亚银行开展人民币同业融资业务,开展对马来西亚马中关丹产业园区企业人民币贷款业务,推动"两国双园"人民币便利化流动,在试点银行开设境外机构境内外汇(NRA)账户,国内贸易信用证福费廷业务对马来西亚银行开放。

2. 积极探索沿边经济发展的新路径

创新开展互市贸易"集中申报、整进整出"通关新模式,开发应用边民互市贸易申报手机APP,边民互市通关作业无纸化实现100%覆盖,整体通关时间压缩超75%,企业减少运输成本3000~6000元/车;建立边境地区跨境人民币使用"银行+服务中心"模式,便利边民互市贸易结算;开展银行间越南盾区域交易及完善人民币、越南盾汇率形成机制,累计为边民办理互市贸易结算金额175亿元;建立中越跨境劳务合作"四证两险一中心"管理模式,依托信息化系统实现跨境劳工证件"网上申报""一窗发放",开发务工人员人脸识别管理系统,已累计办证38万人次,惠及323家企业。

3. 积极探索畅通国际陆海贸易新通道的新举措

建设好国际陆海贸易新通道是国家的一项重大战略部署。广西自贸试验区围绕贸易便利化、投资自由化、物流标准化开展制度创新,有效推动国际贸易物流集聚。首创铁路集装箱与海运集装箱互认机制,在海外设立铁路集装箱还箱点,形成"原箱出口、一箱到底、海外还箱"全程国际多式联运模式;创新开展连接西部省份和东盟国家的"一口价""一单式"国际多式联运定制化服务；建设国际贸易"单一窗口"——北部湾港"智慧湾"项目，查验部门数据与港口、铁路及第三方港航服务企业实现"一朵云""一张网"互通共享等。

4. 积极打造面向东盟的"一中心、一平台、一链条"等重大创新示范项目

在推动制度创新的同时，着力建设中国—东盟经贸中心、中国—东盟特色大宗商品交易平台、北部湾港国际航行船舶保税油供应基地、北部湾大数据交易中心、北部湾国际航运服务中心等30项重大创新示范项目。加快构建面向东盟的汽车、电子信息、食品加工、绿色化工等跨境产业链。

二、海关支持自贸试验区发展情况

广西自贸试验区获批近两年来，南宁海关积极主动推进各项工作。海关试点任务推进良好，目前由海关牵头的15项试点任务中，除1项因境外疫情原因暂时不宜实施外，其余项目已全部完成；复制推广工作有序开展，国务院复制推广的前6批改革试点经验中，涉及海关工作的60项已全部在关区部署复制推广，广西自贸办发布的首批44项自治区级制度创新成果中，涉及海关工作的14项也已做好复制推广的各方面工作。

（一）全面推进自贸制度创新

紧扣自贸试验区制度创新核心任务，建立"以试点任务项目带动制度创新、以制度创新促进项目建设"的"螺旋式"滚动发展模式，始终坚持以制度创新服务产业项目发展的鲜明导向，体现系统集成、差异化创新、协同联动等导向和要求，不断尝试开展制度创新。"国际邮件、跨境电子商务、国际快件'三合一'集约式监管新模式""广西边民互市贸易集成改革"等创新经验充分体现系统集成要求，对广西外向型经济起到极大促进作用；"西部陆海新通道口岸智慧湾系统监管模式"等创新经验，在区域协同、智能化应用等方面作出新的探索，助力广西构筑高水平对外开放平台。全力争取国家层面修订出台《边民互市贸易管理办法》，争取海关总署层面出台简化跨境自驾车辆旅游的通关监管手续、进一步推进我国与东盟国家之间的AEO互认等项目，促进广西自贸试验区建设向更高水平迈进。

（二）全面落实总体方案试点任务

统筹推进国务院批复的《中国（广西）自由贸易试验区总体方案》120项试点任务中涉及海关工作的40项任务的全面落实，建立试点任务矩阵式管理清单，将任务责任落实到具体部门和人员，按时间进度规划任务推进实施路径，确定重点关键节点。牵头负责通关创新工作部的各项试点任务落实，组织自治区商务厅、药监局、广西海事局、广西边检总站等单位共同开展制度创新。积极参与贸易转型升级工作部和现代服务业创新发展工作部，按照部长单位的要求，扎实推进试点任务的探索和实施。

（三）全面复制推广自贸试验区改革试点经验

1. 全面梳理试点经验，编制政策清单

全面梳理汇总国务院已复制推广的各地试点经验，编制政策清单，向地方政府、企业精准推送，继续推动地方政府加快片区企业产业项目引进培育，激发市场主体活力，释放制度创新政策红利。

2. 查遗补漏，实现试点经验复制推广和实施

开展对国务院前五批涉及海关的52项改革试点经验全方位查遗补漏，结合广西最新发展需求和条件基础推动"铁路运输方式舱单归并""海关进境集装箱空箱检验检疫便利化措施""入境大宗工业品联动检验检疫新模式""进境保税金属矿产品检验监管制度"四项创新制度落地实施，率先实现国务院前五批试点经验在广西全部复制推广和全面实施。

3. 全面部署八项创新制度

全面部署国务院第六批改革试点经验涉及海关工作的八项创新制度，按照海关总署工作部署持续做好新一批试点经验复制推广工作。

（四）全面提升综合保税区发展绩效

将综合保税区作为自贸试验区的核心"实验室"，发挥自贸试验区制度创新和综合保税区优惠政策叠加优势，积极参与和推动地方政府做好发展绩效对标提升，进一步推动地方政府落实主体责任，配合自治区北部湾办落实好制度性安排。成立工作专班对各综合保税区进行实地调研，通报绩效评估结果，收集企业遇到的问题并逐一研究解决。

做好《综合保税区适合入区项目指引（2021版）》宣讲，组织开展综合保税区内企业项目情况摸底，培树典型案例。推动构建适应广西综合保税区高水平开放发展需求，集保税监管、检验检疫监管、物流监管、通关管理、风险防控等管理于一体的协同监管机制，并同步形成制度集成创新成果。

全力推进广西特殊区域规划建设和布局优化。推动钦州综合保税区于4月28日通过联合验收，全力支持梧州综合保税区申建工作，继续跟进落实南宁综合保税区后续建设情况，积极研究和指导桂林（荔浦）、贵港保税物流中心（B型）项目的规划和申建。

第十六节　海关支持中国（河北）自由贸易试验区建设主要情况

一、中国（河北）自由贸易试验区基本情况

2019年8月26日，《国务院关于印发6个新设自由贸易试验区总体方案的通知》（国发〔2019〕16号）发布；同年8月28日，中国（河北）自由贸易试验区（以下简称"河北自贸试验区"）正式挂牌成立。

（一）区域范围

河北自贸试验区实施范围119.97平方千米，共涵盖4个片区：雄安片区33.23平方千米，正定片区33.29平方千米（含石家庄综合保税区2.49平方千米），曹妃甸片区33.48平方千米（含曹妃甸综合保税区4.59平方千米），大兴机场片区19.97平方千米（含北京大兴国际机场综合保税区4.35平方千米）。

（二）功能划分

雄安片区，重点发展新一代信息技术、现代生命科学和生物技术、高端现代服务业等产业，建设高端高新产业开放发展引领区、数字商务发展示范区、金融创新先行区。

正定片区，重点发展临空产业、生物医药、国际物流、高端装备制造等产业、建设航空产业开放发展集聚区、生物医药产业开放创新引领区、综合物流枢纽。

曹妃甸片区，重点发展国际大宗商品贸易、港航服务、能源储配、高端装备制造等产业，建设东北亚经济合作引领区、临港经济创新示范区。

大兴机场片区，重点发展航空物流、航空科技、融资租赁等产业，建设国际交往中心功能承载区、国家航空科技创新引领区、京津冀协同发展示范区。

（三）发展情况

2019年8月，河北自贸试验区挂牌成立。2019—2020年，河北自贸试验区建设一年来，紧紧围绕服务京津冀协同发展重大国家战略，立足建设制度创新新高地和打造改革开放试验田，努力为国家试制度、为地方谋发展，改革发展各项任务取得明显成效。

1. 加快构建政策支撑体系

河北自贸试验区出台引进高端创新人才的 16 条政策措施，明确对自贸试验区内经认定的高管人员和境外高端紧缺人才给予奖励。河北省有关部门和各片区围绕推动自贸试验区改革创新和重点产业发展，相继出台了一系列支持政策。

2. 重点领域制度创新初见成效

河北自贸试验区坚持把制度创新作为核心任务，立足各片区功能定位和产业特色，积极开展首创性、差别化改革探索，形成一批制度创新成果，推出面向全省推广的首批 16 项制度创新典型案例。聚焦海事领域便利化改革创新，曹妃甸海事局围绕促进曹妃甸片区航运发展，第一时间提出了促进航运便利化的"海事十条"，其中，"大数据+船舶海上智慧交通新模式"得到商务部、交通运输部的充分肯定。在此基础上，进一步提出船舶证书"N 合 1"并联办理等创新举措，河北自贸试验区曹妃甸片区的海事创新举措达到 15 项。聚焦贸易便利化领域改革创新，曹妃甸片区立足发展国际大宗商品贸易的定位，积极探索进境保税铁矿石筛分监管新模式。2020 年，曹妃甸片区将保税仓库中的 5000 吨铁矿块成功筛分，标志着"铁矿石保税筛分"的创新举措在曹妃甸片区完成全国首票测试，通过将铁矿石筛分环节前移至保税仓库，提高了仓库利用率，为国内钢铁企业提供了更多供货渠道，降低了国内钢铁企业物流成本，优化了进口矿石交付质量。聚焦数字贸易领域改革创新，河北自贸试验区工作办公室会同有关高等院校、科研院所和知名企业形成了 2020 全球数字贸易规则与标准研究报告和河北自贸试验区数字贸易综合服务平台规划研究报告。2020 年，举办了河北自贸试验区数字贸易论坛，专题发布了这两项研究成果并提出了 2020 全球数字贸易发展倡议。

3. 营商环境持续优化

积极推动出台《中国（河北）自由贸易试验区条例》为自贸试验区改革发展提供基本制度和法律保障。自 2019 年 12 月 1 日起，在 4 个片区对 540 项涉企经营许可事项实行清单管理。河北省有关部门向各片区管委会下放首批 126 项省级行政许可事项。

二、海关支持自贸试验区发展情况

2020 年，石家庄海关贯彻落实海关总署工作部署，对《中国（河北）自由贸易试验区总体方案》中涉及海关的 22 项工作任务督导落实，针对各片区特色需求，采取一区一策方式，推动各片区自主创新和联合创新相结合，推动河北自贸试验区健康发展。截至 2020 年 12 月底，总体方案 22 项工作任务已完成

14 项。

(一) 自贸试验区海关监管制度创新加快推进

制发《中国（河北）自由贸易试验区海关监管制度创新工作指引》和创新案例汇编，"铁矿石保税筛矿"成功实施，首批保税期货原油通关入库，首票保税租赁业务落地，推广落实6批自贸试验区改革试点经验44项。曹妃甸、正定片区跨境电子商务网购保税进口业务落地，曹妃甸片区跨境电子商务出口试单成功，正定片区获批金伯利进程钻石进口指定口岸。

(二) 业务改革不断深化

深入推进"两步申报""两段准入"改革，"两段准入"试点工作在全关区铺开。推行"审批转备案"等15项涉企行政审批事项改革举措，取消海关84项证明材料提交，降低企业制度性交易成本。积极落实"双随机、一公开"监管工作，确定26项抽查事项清单并完善抽查工作指引。推进实施进口铁矿石依企业申请品质检验、进口原油"先放后检"检验监管模式改革，大幅缩短货物通关时长和节约企业经营成本。落实进口大宗商品重量鉴定方式改革。

(三) 口岸营商环境持续优化

持续压缩进出口整体通关时间，2020年12月进口、出口整体通关时间分别为26.07小时，2.22小时，较2017年分别压缩83.72%和86.28%，压缩成效均优于全国平均水平。加大国际贸易"单一窗口"推广应用，助力企业复工复产和疫情防控，提供18类729项服务事项。深化"放管服"改革，大力推进汇总征税、关税保证保险、财务公司担保等多元化担保方式，为企业减少资金占压12.79亿元。

(四) 保障防疫物资快速通关

开通"进口疫情防控物资快速通关绿色通道"，提供卸货过程中查验、"门到门"查验、设备安装中检验等便利措施。优先为进口疫情防控物资办理企业注册登记，做好慈善捐赠物资免税进口服务。验放防疫物资339批，协调兄弟海关放行81万件。

第十七节 海关支持中国（云南）自由贸易试验区建设主要情况

一、中国（云南）自由贸易试验区基本情况

2019年8月26日，《国务院关于印发6个新设自由贸易试验区总体方案的通知》（国发〔2019〕16号）发布；同年8月30日中国（云南）自由贸易试验区（以下简称"云南自贸试验区"）及3个片区正式挂牌成立。

（一）区域范围

云南自贸试验区实施范围119.86平方千米，涵盖3个片区：昆明片区76平方千米（含昆明综合保税区0.58平方千米），红河片区14.12平方千米，德宏片区29.74平方千米。

（二）功能划分

昆明片区，加强与空港经济区联动发展，重点发展高端制造、航空物流、数字经济、总部经济等产业，建设面向南亚东南亚的互联互通枢纽、信息物流中心和文化教育中心。

红河片区，加强与红河综合保税区、蒙自经济技术开发区联动发展，重点发展加工及贸易、大健康服务、跨境旅游、跨境电子商务等产业，全力打造面向东盟的加工制造基地、商贸物流中心和中越经济走廊创新合作示范区。

德宏片区，重点发展跨境电子商务、跨境产能合作、跨境金融等产业，打造沿边开放先行区、中缅经济走廊的门户枢纽。

（三）发展情况

云南自贸试验区建设一年来，按照习近平总书记"大胆试、大胆闯、自主改"的要求，紧紧围绕"打造'一带一路'和长江经济带互联互通的重要通道，建设连接南亚东南亚大通道的重要节点，推动形成我国面向南亚东南亚辐射中心、开放前沿"战略定位，在全面深化改革扩大开放的探索实践中抓规划、搭平台、育环境、强招商，推动多领域形成首创性制度创新成果，稳步向"全面推进、积厚成势"迈进。2019年挂牌成立以来截至2020年6月，云南自贸试验区增量市场主体达到31559户。

1. 创新跨境贸易新模式

推出"跨境电商+边民互市"创新模式,建设边民互市一、二级市场线上平台,在一级市场领域推行"电子交易+区块链存证溯源+跨境结算业务"试点,在二级市场采用"互联网+电商服务平台"模式,实现边民互市跨境结算全流程电子化。"跨境电商+边民互市"的创新模式,提升边民互市结算效率,推动对越出口增长。2020年上半年,实现对越出口14.3亿美元,同比增长41.8%。

2. 创新跨境产能合作新模式

以跨境电力市场为载体,在全国首创将跨境购售电主体引入平台交易,充分运用"互联网+"、电子结算等技术打造面向南亚东南亚的跨境电力市场化交易机制和合作平台,境外市场主体已可在昆明电力交易中心进行交易。不断探索中越跨境电力交易合作机制,2020年1至7月对越送电11.08亿千瓦时,同比增长8.31%。

3. 创新跨境园区建设新模式

在加快境内外加工园区建设的同时,以"外向型、劳动力密集型"产业"走出去"的首家试点企业已在缅甸木姐建厂投产,产品已开始销售,探索实践"一线两园"的跨境园区合作。

4. 创新跨境社会管理新模式

建立外籍务工管理长效机制,搭建"一站式"服务平台和利用"一网化"管理,首创推出集多种证件、生物信息为一体面向外籍务工人员的"胞波卡"。

5. 创新构建跨境金融保障新体系

探索建立中缅双边银行互开账户+网银清算+人民币对缅币撮合报价的"小同城"业务模式。设立中缅贸易结算"通汇金"平台,结算量突破2亿元。

6. 创新跨境物流新路径

开通首条中老跨境冷链干线直达运输线路。实现中缅两国甩挂跨境直达运输。与越南签订《出境保险车辆代查勘、代定损合作协议》,建立车辆保险代查勘、代定损合作机制,提升跨境车辆保险便利化。

7. 创新提升通关便利化水平

推动边境通道纳入口岸监管范围,创新"一口岸多通道"监管模式,疏导口岸通关压力,加强和规范边境通道管理,有效促进对外贸易、富民兴边。

8. 创新提升跨境贸易便利化水平

启动电子口岸建设及推广,实现"单一窗口"业务全覆盖。

二、海关支持自贸试验区发展情况

(一) 积极落实国务院下发的云南自贸试验区总体方案

《中国(云南)自由贸易试验区总体方案》中共涉及海关任务有27项(其中牵头试点任务有9项),占全部工作任务106项的四分之一,昆明海关发文指导相关隶属海关规范开展相关业务。动植物及其产品检疫审批负面清单制度;推动河口、瑞丽国际快件监管中心建设;创新出口货物专利纠纷担保放行;扩大第三方检验结果采信商品和机构范围等;对毗邻国家输入的农产品等产品实行快速检验检疫模式;对航空维修业态实行保税监管;对高附加值、高技术含量、符合环保要求的维修业态实行保税监管;实施"一口岸多通道"监管创新;支持复制跨境电子商务综合试验区探索形成的成熟经验做法;促进文物及文化艺术品在自贸试验区内的综合保税区存储、展示的文件制发工作;推进缅甸青贮饲料准入进程,促成缅甸青贮玉米在云南试点进口,多方合力确保缅甸青贮玉米试进口工作顺利开展,切实推动项目落地见效。

(二) 围绕国家对云南自贸试验区的发展定位,大力推进海关监管制度创新工作

把握住云南自贸试验区"以制度创新为核心,以可复制可推广为基本要求,全面落实中央关于加快沿边开放的要求,着力打造'一带一路'和长江经济带互联互通的重要通道,建设连接南亚东南亚大通道的重要节点,推动形成我国面向南亚东南亚辐射中心、开放前沿"。立足新海关新职能,根据海关总署制发的《自贸试验区海关监管制度创新工作规范》,围绕制度创新的4个来源及创新的6个重点,加强与地方商务部门和管委会的联系沟通,认真研究提出改革创新,进一步提升海关监管效能。

(三) 积极做好云南自贸试验区政策诉求海关专题工作

积极支持云南自贸试验区在风险可控的前提下,向国家相关部委争取政策支持,就涉及海关的六项政策诉求组织昆明海关各牵头部门认真研究、反馈,切实推进中国(云南)自由贸易试验区发展。

第十八节　海关支持中国（黑龙江）自由贸易试验区建设主要情况

一、中国（黑龙江）自由贸易试验区基本情况

2019年8月26日，《国务院关于印发6个新设自由贸易试验区总体方案的通知》（国发〔2019〕16号）发布；同年8月30日，中国（黑龙江）自由贸易试验区正式（以下简称"黑龙江自贸试验区"）挂牌成立。

（一）区域范围

黑龙江自贸试验区实施范围119.85平方千米，涵盖3个片区：哈尔滨片区79.86平方千米，黑河片区20平方千米，绥芬河片区19.99平方千米（含绥芬河综合保税区1.8平方千米）。

（二）功能划分

哈尔滨片区，重点发展新一代信息技术、新材料、高端装备、生物医药等战略性新兴产业，科技、金融、文化旅游等现代服务业和寒地冰雪经济，建设对俄罗斯及东北亚全面合作的承载高地和联通国内、辐射欧亚的国家物流枢纽，打造东北全面振兴全方位振兴的增长极和示范区。

黑河片区，重点发展跨境能源资源综合加工利用、绿色食品、商贸物流、旅游、健康、沿边金融等产业，建设跨境产业集聚区和边境城市合作示范区，打造沿边口岸物流枢纽和中俄交流合作重要基地。

绥芬河片区，重点发展木材、粮食、清洁能源等进口加工业和商贸金融、现代物流等服务业，建设商品进出口储运加工集散中心和面向国际陆海通道的陆上边境口岸型国家物流枢纽，打造中俄战略合作及东北亚开放合作的重要平台。

（三）发展情况

黑龙江自贸试验区挂牌建设一年以来，紧抓自贸试验区战略机遇，充分发挥中蒙俄经济走廊重要节点和我国向北开放重要窗口的优势，深度融入"一带一路"建设，积极探索"沿边经验"，有效释放对俄罗斯及东北亚开放合作潜力，以实实在在的合作成果为深化中俄经济贸易合作、推进中俄新时代全面战

略协作伙伴关系作出积极贡献。

1. 创新对俄贸易新模式

创新跨境电子商务"多仓联动"模式，助推跨境电子商务在新冠疫情期间实现逆势增长。创新企业"跨境"登记注册新模式，俄罗斯等外籍投资者在哈尔滨片区实现"离岸"跨境登记注册。创新俄电落地加工新模式，黑河片区率先建立了国内首个俄电加工区。创建互市贸易全流程监管模式。

2. 推进对俄通关便利化

黑河片区制定了出境自驾游一站式查验等21项通关便利举措。绥芬河片区实施舱单归并、中俄监管互认等改革措施，铁路口岸上线运行数字系统，企业通关时间由12个小时压缩至30分钟以内。疫情期间各片区为保障口岸货运通道运行发挥重要作用，黑河片区利用跨境电子商务海外仓自俄回运防疫物资1279万余件，在俄罗斯新冠疫情暴发后，又回运俄罗斯1.2亿余件抗疫物资，推动中俄双方互帮互助的关系更加紧密。

3. 推动对俄金融开放创新

金融是现代经济的血脉支撑。发展沿边金融，创新对俄金融合作是黑龙江自贸试验区开展制度创新的重要领域。为此，黑龙江推动开展境外机构境内外汇账户结汇业务，支持跨境人民币结算，完善卢布现钞跨境调运体系。绥芬河片区设立了全国首个中俄边民互市交易结算中心，开展俄籍自然人及委托代理人办理跨境人民币支付业务，为全国首创。

4. 吸引对俄合作重点项目入驻

为打造新时代改革新高地，推出一系列真金白银支持政策。24个中省直部门出台28个配套文件、近400项高质量支持措施；哈尔滨片区"黄金30条""新驱25条"，黑河片区招商10条，绥芬河片区促进经济发展扶持办法等多项含金量十足的政策，吸引一批示范性强、牵动性大的对俄合作项目陆续入驻。绿地东北亚国际博览城入驻哈尔滨片区，打造对俄罗斯及东北亚商品贸易中心；国源豆业大豆加工项目落地黑河片区，围绕俄罗斯进口大豆等农产品推动"粮头食尾"产业链发展；中俄木材加工交易中心进驻绥芬河片区，助推木材进口加工产业发展。

二、海关支持自贸试验区发展情况

（一）推出配套措施

在黑龙江自贸试验区建设伊始，哈尔滨海关便推出首批14项配套措施，其中9项已落地。随着黑龙江自贸试验区建设工作的深入，立足于建设更高水平开放型经济新体制，又出台《哈尔滨海关关于支持中国（黑龙江）自由贸易试验区建设的措施》，从推进大通关、搭建大平台、畅通大通道、服务大创新等4个方面提出了20项具体支持措施。实现了海关系统改革的集成和政策的叠加，特别是针对企业需求能够马上落地见效，受到了黑龙江省政府领导的多次肯定。哈尔滨海关党委高度重视关于自贸试验区的工作，高位推动实施的"落地一批、申报一批、储备一批"的海关特色制度创新滚动工作模式，得到海关总署、黑龙江省委省政府的高度认可。

（二）取得较好成效

哈尔滨海关关于自贸的创新政策含金量高，受到地方政府和企业普遍好评。"俄罗斯低风险植物源性中药材试进口"的举措实现了中药材进口品种由5种增加到15种，吸引了中药材产业在沿边地区聚集；"优化黑龙江边境自贸片区进境俄罗斯粮食检疫流程"实现了审批权限在自贸试验区的下放，降低了企业成本，提升了通关效率；"优化加工贸易料件消耗申报核销管理"实现了海关管理机制的优化，简化了审批手续，增强了企业获得感；"跨境运输车辆监管信息一站式备案"简化了企业跨境运输车辆备案流程，海关、公安、交通部门通过信息化手段，实现了"一次提交、后台分发、各自审核"。哈尔滨海关还按照省政府"打造一个窗口、建设四个区"的开放发展定位，以黑龙江自贸试验区建设为统领统筹推动综合保税区、保税物流中心、互市贸易区等开放功能区叠加联动发展。创新性地将黑龙江自贸试验区"俄罗斯低风险植物源性中药材试进口""优化黑龙江边境自贸片区进境俄罗斯粮食检疫流程"等与边民互市贸易进口商品落地加工政策相结合，成立工作专班推进创新举措落地实施，协调推动省内相关部门形成政策配套，相关业务处室第一时间出台操作指引、发布对外公告，主动对接片区政府和企业，引导创新举措落地实施，取得良好成效，得到地方政府和企业广泛好评。注重加强与省自贸办联系配合，配合建立省自贸试验区相关工作机制，将哈尔滨海关重点工作纳入黑龙江省自贸工作重点任务，与黑龙江省商务厅多次开展自贸试验区政策需求研讨，形成跨部门联合推动区域发展的良好态势。

第十九节 海关支持中国（北京）自由贸易试验区建设主要情况

一、中国（北京）自由贸易试验区基本情况

2020年9月21日，《国务院关于印发北京、湖南、安徽自由贸易试验区总体方案及浙江自由贸易试验区扩展区域方案的通知》（国发〔2020〕10号）发布，批复设立中国（北京）自由贸易试验区（以下简称"北京自贸试验区"）；同年9月24日，北京自贸试验区正式挂牌成立。

（一）区域范围

北京自贸试验区实施范围119.68平方千米，涵盖3个片区：科技创新片区31.85平方千米，国际商务服务片区48.34平方千米（含北京天竺综合保税区5.466平方千米），高端产业片区39.49平方千米。

（二）功能划分

科技创新片区，重点发展新一代信息技术、生物与健康、科技服务等产业，打造数字经济试验区、全球创业投资中心、科技体制改革先行示范区。

国际商务服务片区，重点发展数字贸易、文化贸易、商务会展、医疗健康、国际寄递物流、跨境金融等产业，打造临空经济创新引领示范区。

高端产业片区，高端产业片区重点发展商务服务、国际金融、文化创意、生物技术和大健康等产业，建设科技成果转换承载地、战略性新兴产业集聚区和国际高端功能机构集聚区。

（三）发展情况

早在2019年河北自贸试验区获批时，其中大兴机场片区中已含有北京区域9.97平方千米，这使得北京可以同时享受北京、河北两个自贸试验区制度创新举措。截至2021年4月，北京"两区"建设半年来，国务院批复"两区"方案中涉及的251项任务，已落地145项，实施率达到了57.8%。其中，全国首创或首批突破性政策和项目有33项，北京"两区"建设取得发展成效。发展情况体现在以下方面：

1. 试点政策

首次在北京的开放方案中提出财税支持，技术转让企业所得税、公司型创

投企业所得税两项税收试点政策在京落地实施；全国首批开展跨国公司本外币一体化资金池试点和本外币一体化账户试点，改变人民币和外汇账户双头管理局面，便利跨国公司资金安排；鼓励跨境电子商务等外贸新模式新业态发展，率先开展跨境电子商务进口医药品试点，并逐步扩大进口医药品清单范围。北京自贸试验区是全国首批开展数字人民币试点地。此外，北京自贸试验区7个组团还分别结合自身优势研究出台了产业促进政策，在人才落户、子女入学、公共服务平台建设、奖励补贴等方面提供有利条件，吸引头部企业聚集。

2. 准入拓宽

科技领域支持外籍科学家领衔承担政府支持科技项目，允许持外国人永久居留证的外籍人才创办科技型企业享受国民待遇。金融领域落实金融业开放政策，全国首家外商独资货币经纪公司、首家外商独资保险资管公司、首家外资全资控股的持牌支付机构先后获批在京注册。医疗领域全国首家研究型医院加速推进，同时开展第一批10家研究型病房示范建设工作。教育领域鼓励外商投资成人类教育培训机构（营利性非学历语言类培训机构），支持外商投资举办经营性职业技能培训机构等。

3. 制度突破

在全国率先推进特定领域高新技术企业认定"报备即批准"政策。设立北京金融法院，对金融民商事案件、金融行政案件和金融执行案件施行集中管辖。率先实现境外期货职业资格认可机制。探索在城市副中心实施相对集中行政许可权试点。

4. 机制创新

建立健全市场化招商引资激励机制，形成合理化的利益分配机制；探索京津冀自贸试验区联席机制，建立三地政务服务"同事同标"联席会商机制；建立京津自贸区政务服务通办机制；率先实现外籍人才工作许可、工作类居留许可"一窗受理、同时取证"，办理时限缩短三分之一，办理次数减少一半。

二、海关支持自贸试验区发展情况

2020年9月，习近平总书记在中国国际服务贸易交易会全球服务贸易峰会的致辞中，对北京自贸区建设提出明确要求，即设立以科技创新、服务业开放、数字经济为主要特征的自由贸易试验区，构建京津冀协同发展的高水平开放平台。北京海关深入学习贯彻习近平总书记的重要讲话和重要指示批示精神，严格按照海关总署部署，结合首都"四个中心"建设要求，全力支持北京自贸区高水平开放高质量发展。

(一) 探索新经济领域海关监管新路径

1. 创新航材保税监管模式

创新以"保税物流供应链为单元"的航材保税监管模式,做大共享经济发展优势。拓展保税物流政策,以中心化管理+去中心化库存为基础。在中国航空器材集团有限公司试点航材保税物流链改革,保税航材可在全国多地自由调拨、存储和使用。平均送修周期由传统模式的60天以上大幅缩短至目前的35天左右,航材利用率提高40%以上,单次航班成本降低20%以上。

2. 拓展免税店竞争新机制创新贸易形态

通过拓展免税店竞争新机制,创新贸易形态有力促进消费回流。一方面首创免税企业"免税、保税、跨境电商政策相衔接"业务模式,帮助免税品经营企业实现"线下免税品销售+线上跨境电商销售"的多元化经营模式;另一方面协助首旅集团获得免税店牌照,进一步扩充免税店持牌资格企业数量。有效提升竞争力的同时引入适当竞争,以优化海关监管深化免税店市场化改革。

3. 开展跨境电子商务零售进口药品海关监管

开展跨境电子商务零售进口药品海关监管,拓宽新贸易业态发展范畴。在北京海关积极推动下,北京口岸获全国首个跨境电子商务零售进口药品试点资格,实现从无到有质的飞跃,为郑州等地陆续开通跨境电子商务零售进口药品业务提供海关监管制度蓝本。

(二) 优化海关监管措施惠民生

1. 为境外高端人才进境提供通关便利

对境外高端人才设立高层次人才进境物品审批专用窗口、绿色通道,快速办理物品审批和通关手续。优化外籍人员来华就业体检服务,增设外籍人员传染病监测体检网点。增加高校团体预约通道,方便外籍留学生集中预约,为有紧急需求的外籍工作人员免费办理加急服务和健康证明自愿快递服务,当天体检当天取证。

2. 优化国际会展海关监管

打造暂时进出境展览品免税款担保驻场监管模式,对保证金数额巨大、企业缴纳困难情况,可申请海关派员驻场监管和免于担保。

3. 多措并举推高文化保税产业规模

全国首创文物入区鉴定,推动形成全国示范样本。完成首单保税展示交易高级认证企业免担保,切实降低高端艺术品展示税款担保成本。支持艺术品灵活运用一般贸易、暂时进出境和保税展示交易等多方式进出综合保税区,将艺术品出区展示交易总担保期限从6个月延长至2年。目前,天竺综合保税区艺术品进口规模占全国三分之一,是全国海外文物回流主通道之一。

(三)发挥北京海关特色在更深领域高水平开放高质量发展

一是试点"库门管理",便捷综合保税区通关模式实现货物秒及过卡。将综合保税区卡口核放单比对管理前移至企业库门,企业在自家库门出库时完成核放单比对,对比失败的就地纠正,提高海关卡口通过时效,有效缩短车辆出卡等候时间,化解卡口拥堵现象。二是扩大海关AEO高级认证企业免担保数量。目前,北京关区享受税款免担保的高级认证企业已扩充至100家,可免除税款担保事项包括暂时进出境、进境修理、减免税、进口租赁货物和进口公式定价货物等类型。2020年,共计免除税款担保金额15.83亿元,同比增长105.6%。

第二十节 海关支持中国(湖南)自由贸易试验区建设主要情况

一、中国(湖南)自由贸易试验区基本情况

2020年9月21日,《国务院关于印发北京、湖南、安徽自由贸易试验区总体方案及浙江自由贸易试验区扩展区域方案的通知》(国发〔2020〕10号)发布;同年9月24日,中国(湖南)自由贸易试验区(以下简称"湖南自贸试验区")正式挂牌成立。

(一)区域范围

湖南自贸试验区实施范围119.76平方千米,涵盖三个片区:长沙片区79.98平方千米(含长沙黄花综合保税区1.99平方千米),岳阳片区19.94平方千米(含岳阳城陵矶综合保税区2.07平方千米),郴州片区19.84平方千米(含郴州综合保税区1.06平方千米)。

(二)功能划分

长沙片区,重点对接"一带一路"建设,突出临空经济,重点发展高端装备制造、新一代信息技术、生物医药、电子商务、农业科技等产业,打造全球高端装备制造业基地、内陆地区高端现代服务业中心、中非经贸深度合作先行

区和中部地区崛起增长极。

岳阳片区，重点对接长江经济带发展战略，突出临港经济，重点发展航运物流、电子商务、新一代信息技术等产业，打造长江中游综合性航运物流中心、内陆临港经济示范区。

郴州片区，重点对接粤港澳大湾区建设，突出湘港澳直通，重点发展有色金属加工、现代物流等产业，打造内陆地区承接产业转移和加工贸易转型升级重要平台及湘粤港澳合作示范区。

(三) 发展情况

自2020年9月24日，湖南自贸试验区正式揭牌营运。截至2021年4月，《中国（湖南）自由贸易试验区总体方案》（本节简称《总体方案》）121项改革试点任务已落实近30项，初步形成近10项制度创新经验；新设企业2000余家，引进重大项目111个（其中三类500强企业投资项目17个），投资总额1767.04亿元。

1. 全力推进改革试点任务加快落实

长沙、岳阳、郴州三大片区分别建立任务清单，立足片区发展实际，有序推动改革试点任务落实落地。长沙片区改革试点任务已实施占比超过80%，湖南自贸试验区首个数字贸易特色园区—黄花数字贸易港开园；岳阳片区跨境电子商务保税进口商品通关、区内包装材料循环利用等9项改革创新事项在全省率先落地；郴州片区重点复制推广了不动产登记业务便民模式、人民币跨境支付等改革创新经验。

2. 中非经贸深度合作先行区建设

中非经贸合作研究会、中非跨境人民币中心、中非直播电商孵化中心等服务平台启动运营，中非经贸合作促进创新示范园一期已投入使用。

二、海关支持自贸试验区发展情况

2020年，长沙海关严格按照海关总署部署，结合湖南省委、省政府经济社会发展建设要求，坚持创新引领、开放崛起，紧扣海关职能和湖南各自贸片区发展实际加强制度创新，积极落实国务院批复的《总体方案》和湖南省委、省政府印发的《中国（湖南）自由贸易试验区建设实施方案》（本节简称《实施方案》）各项改革建设任务，稳步推进湖南自由贸易试验区建设。《总体方案》和《实施方案》有近40%的改革创新事项涉及海关职能。方案获批后，长沙海关第一时间成立了"长沙海关推进湖南自由贸易试验区建设工作领导小组"全面推进自贸建设工作。成立关自贸办工作专班负责推进关区"统筹协调、指导培训、考核评估"等自贸专项工作；确立了"关自贸办牵头、职能部门主导、片区隶属海关实施"的工作机制，制定《中国（湖南）自由贸易试验区建设海关制度创新责任清单》明确"任务书""时间表"和"路线图"，按照"分类、同步、协同"的实施原则和"半年见初效、一年出成效、三年全部落实落地"的时间要求，全面推进改革任务落地实施。

（一）紧扣战略定位，推动湖南省打造三个高地

《总体方案》明确了"一产业、一园区、一走廊"三大战略定位。"一产业"即打造世界级先进制造业集群，"一园区"即打造中非经贸深度合作先行区，"一走廊"即打造联通长江经济带和粤港澳大湾区的国际投资贸易走廊。长沙海关围绕战略定位，将建设自贸试验区同构建新发展格局、实施国家区域经济协调发展有机衔接起来，积极对接粤港澳大湾区建设、长江经济带建设和"一带一路"倡议，出台4个方面21项举措积极支持服务湖南省"三高四新"战略实施，支持湖南打造"国家重要先进制造业高地""核心竞争力的科技创新高地""内陆地区改革开放高地"。

1. 着力打造世界级先进制造业集群

探索在依法依规，风险可控前提下，在自贸试验区的综合保税区内积极开展"两头在外"的高技术含量、高附加值、符合环保要求的工程机械、通信设备、轨道交通装备、航空等保税维修和进口再制造。鼓励开展维修再制造装备出口，鼓励工程机械等二手设备出口，就湖南二手工程机械出口流程、规范等进行政策梳理解读，研究搭建出口信息平台、完善监管链条建议等。积极推进支持龙头企业建设面向"一带一路"沿线国家和地区的跨境寄递服务网络、国际营销和服务体系，简化汽车维修零部件CCC认证办理手续等，简化湖南制造企业进出口环节通关手续，优化湘企制造业产业链和供应链结构，提高湘企制造的核心技术能力和国际竞争能力，助力湖南先进制造业集群发展。

2. 着力打造中非经贸深度合作先行区

中非经贸深度合作是湖南自贸试验区明显区别于其他自贸试验区的特色板块。依托"中非经贸博览会"，协同商务、财政等部门共同推进建设非洲在华非资源性产品集散和交易中心，支持湖南高桥大市场建设中非坚果、咖啡、可可等贸易中心，支持建设非洲非自愿性产品加工企业办事处及原材料采购中心、非洲"一国一品"展销馆等平台，探索开展中非易货贸易，形成促进非洲非资源性产品进口的有效模式。

3. 着力打造联通长江经济带和粤港澳大湾区的国际投资贸易走廊

深度推进粤港澳大湾区口岸和湖南地区通关协作，积极开展跨省通关。在

运输、通关、检验、监管等方面进行区域合作，力争湖南城市群与粤港澳大湾区口岸实现跨关区一体化对接互认，为湘粤港澳走廊流通降本增效，加快湘粤港澳形成互补互助的区域合作分享机制。

（二）聚焦新业态发展，助力湘企稳外贸

一是大力支持跨境电子商务新型业态发展，开展跨境电子商务出口退货和跨境电子商务 B2B 出口监管试点全国，通过采取优先查验、支持清单模式监管、货到现场 24 小时内通关、便利退货等诸多优惠措施，实现跨境电子商务 B2B 出口监管全程无纸化通关。二是率先在中部地区实现邮件、快件、跨境电子商务三种业态同场监管。建设国际邮件、国际快件和跨境电子商务进出境一体化设施场所，确立邮快跨集约式发展运营和通关模式，实现对国际邮件、快件、跨境电子商务的进出口装卸、集中查验、转关监管、检疫处理等海关服务"一站式办理"。3 种业态同场监管后日均业务处理能力可达 30 万件，节约人力监管资源约 20%，现场通关效率提升 30% 以上。大大节省企业成本、提高办事效率，成功吸引了菜鸟国际、中外运等航线运营企业，新增出口跨境电子商务业务，带动了湖南省跨境电子商务全产业链的发展。

（三）优化口岸营商环境，提升贸易便利化水平

一是认真落实国务院"放管服"改革优化营商环境工作部署要求，综合用好改革举措，将支持政策执行到位。大力提升出口"提前申报"应用率，"两段准入"改革已覆盖所有可适用范围，并协调推行先期机检、充分发挥非侵入式机检效能，提升智能化监管水平，出口整体通关时间从 3.33 小时压缩至 0.6 小时。二是持续探索海关监管制度改革创新。在自贸试验区内的综合保税区推行"区内非保税包装材料便捷进出区"，允许境内入区的不涉出口关税、不涉贸易管制证件、不要求退税且不纳入海关统计的 8 类用于包装材料的货物、物品实施便捷进出区管理模式。

第二十一节　海关支持中国（安徽）自由贸易试验区建设主要情况

一、中国（安徽）自由贸易试验区基本情况

2020 年 9 月 21 日，《国务院关于印发北京、湖南、安徽自由贸易试验区总

体方案及浙江自由贸易试验区扩展区域方案的通知》（国发〔2020〕10号）发布；同年9月24日，中国（安徽）自由贸易试验区（以下简称"安徽自贸试验区"）正式挂牌成立。

（一）区域范围

安徽自贸试验区实施范围119.86平方千米，涵盖三个片区：合肥片区64.95平方千米（含合肥经济技术开发区综合保税区1.4平方千米），芜湖片区35平方千米（含芜湖综合保税区2.17平方千米），蚌埠片区19.91平方千米。

（二）功能划分

合肥片区，重点发展高端制造、集成电路、人工智能、新型显示、量子信息、科技金融、跨境电子商务等产业，打造具有全球影响力的综合性国家科学中心和产业创新中心引领区。

芜湖片区，重点发展智能网联汽车、智慧家电、航空、机器人、航运服务、跨境电子商务等产业，打造战略性新兴产业先导区、江海联运国际物流枢纽区。

蚌埠片区，重点发展硅基新材料、生物基新材料、新能源等产业，打造世界级硅基和生物基制造业中心、皖北地区科技创新和开放发展引领区。

（三）发展情况

自2020年安徽自贸试验区揭牌以来，各片区结合自身发展定位与方向，对内加快融合、对外深化合作，形成优势互补、高质量发展蓬勃态势，取得阶段性发展成效。

1. 加速推动制度创新

自2020年揭牌以来，安徽自贸试验区加速深化制度创新探索，全面落实专项行动计划，112项试点任务已全面启动实施，并在营商环境、投资贸易、科技创新、产业发展、金融服务、区域联动等领域初步形成52项制度创新举措。目前，安徽自贸试验区第一批十大标志性建设成果已正式发布。其中，合肥片区率先开展"长三角海关特殊货物检查作业一体化"改革试点，平均每票节省通关时间5.4天；芜湖片区首次实现内河港口区块链无纸化进口放货，港航单证平均办理时间由2天缩短至4小时以内；"建设洋山港—芜湖港联动接卸江海联运平台"和"长三角G60跨区域产业链集成创新机制"入选长三角自贸试验区联动发展制度创新案例。

2. 加速推动政策赋权下放

安徽自贸试验区加速推动政策赋权下放，梳理赋权需求22项研究制订自贸试验区赋权特别清单，截至2020年4月，第一批89项省级经济社会管理事项已下放到片区。探索建立"1+3+N"政策支持体系。研究出台省级支持自贸试验区高质量发展的"1"份政策意见;"3"个片区所在市政府出台具体支持政策;省内多个相关部门制定"N"个专项支持政策,形成政策合力。截至2021年5月,省发改委、省住建厅、安徽银保监局、省地方金融监管局、国家外管局安徽省分局、合肥海关等6个部门已出台相应支持政策。

3. 加快推进新兴产业聚集

安徽自贸试验区不断加快推进新兴产业聚集,编制各片区战略性新兴产业集群建设方案,推动第三代半导体、石墨烯相关重大新兴产业专项完成投资约10亿元。加快合肥片区国家级人工智能产业集群建设,创建国家级创新平台16家,带动项目投资517亿元。组建安徽省生物基聚合材料产业创新中心和安徽省硅基新材料产业创新中心;将金融服务积极嵌入蚌埠片区硅基、生物基新材料产业链发展和供应链环节,为硅基材料企业投放金融支持93.24亿元,为生物基新材料产业提供金融支持29.64亿元,助力建成千吨级聚乳酸纤维生产线。

4. 积极嵌入沪苏浙"发展链"

安徽自贸试验区由点到面,加速促进区域联动发展,编制全省主导产业长三角产业链分布地图,有针对性地开展"双招双引",积极嵌入沪苏浙创新链、产业链。全方位对标对表上海、深圳等自贸试验区政策经验,结合片区发展需求,争取赋权需求。主动加强与全国其他省市自贸试验区联动开放、协同发展,特别是积极对接长三角先进自贸试验区。健全和沪苏浙的联动发展机制,与沪苏浙商务部门签订战略合作框架协议,参与成立长三角自贸试验区联盟,加强智库合作,推动资源、信息和成果互通共享。

二、海关支持自贸试验区发展情况

(一)助力中欧班列发展

合肥海关支持"一带一路"建设,促进中欧班列发展,积极贯彻落实海关总署《海关支持中欧班列发展的措施》,研究制定了《合肥海关支持中欧班列发展的细化措施》,强化监管服务,积极推动合肥中欧班列高质量发展。

1. 建立联系协调工作机制

密切与地方政府、铁路部门、运营公司沟通协调,主动对接阿拉山口、霍尔果斯、满洲里、二连浩特海关,打通东西中3大通道。

2. 制定个性化监管服务方案

建立联系人制度,实施预约查验和免到场查验,做到货物即到即查、快速验放。2020年为江淮、安凯、奇瑞、马钢、美的和康宁等重点制造企业开辟

"定制班列" 140 班次。

3. 优化创新通关监管措施

大力推广"提前申报"和"两步申报"模式，提高通关时效；帮助企业办理舱单运单归并手续，完成舱单归并 223 份，涉及 1205 个集装箱，减少报关次数，降低报关成本。

4. 支持拓展业务范围

支持利用中欧班列开展跨境电子商务、邮件等业务，疫情期间，由芬兰赫尔辛基发往上海的 14 件约 4 吨国际邮包通过中欧班列运抵合肥。在严密监管的前提下，通过海关备案监管车，将该批邮件安全快速转运至上海邮局海关。

5. 便利中欧班列运载货物关区内转运

应用关区"物流一体化模式"申报，通过中欧班列进境货物申报成功放行入区，实现中欧班列货物保税仓储。

6. 推动多式联运业务发展

支持合肥打造陆海内外联动、东西双向互济的内陆开放新高地，支持合肥中欧班列开展"铁海联运"多式联运业务，2020 年铁海联运共发运 2.95 万标箱，货值 3.78 亿美元。

2020 年合肥中欧班列开行 568 列，46534 标箱，货值 18.14 亿美元，同比分别增长 35.24%、35.21% 和 27.56%。

（二）助力跨境电子商务业务发展

一是支持芜湖、安庆跨境电子商务综试区实现"跨境电商进口网购保税（1210）"业务通关；指导合肥跨境电子商务综试区、马鞍山市综合保税区开展跨境电子商务零售一般出口（海关监管模式代码 9610）业务。

二是引导合肥安徽省跨境电子商务综试区内出口电商企业运用"简化申报、汇总统计"方式办理报关手续，免除汇总报关环节。实现分单监管通关模式向总单监管通关模式转变，减少运抵单和离境单申报烦琐度。

三是简化转关申报实施并完成无纸化报送，跨境电子商务零售一般出口（9610）商品可采用"跨境电商"模式进行转关，同时可将转关商品品名的明细以总运单形式简化录入为"跨境电子商务商品一批"完成无纸化转关申报。中欧班列跨境电子商务出口业务常态化开展。2020 年，监管跨境一般出口、网购保税进口商品单数分别增长 144.5 倍和 98.3%。

（三）推进运用"互联网+核查"的核查方式

合肥海关在自贸试验区内推动"互联网+核查"改革试点落地。在总署指导协调下，启动推动 ERP 项目前期成果纳入总署署级项目工作。并与深圳海关通力合作，配合完成"互联网+核查"系统的业务需求、完成合肥海关已联网企业无缝对接"互联网+核查"系统技术方案等内容编写，完成合肥海关已联网企业无缝对接"互联网+核查"系统技术开发。目前已实现自贸区内首批 3 家企业在"互联网+核查"系统部署测试试运行工作。

ERP 联网服务管理项目正式投入运行后，通过系统监控功能累计补税 1188 万元，先行先试为 10 家联网监管高级认证企业办理了 24.5 亿元的免担保额度，累计为企业节约财务费用 3922 万元。

（四）创新优化海关监管模式

一是持续落实进口大宗商品"先放后检"、依企业申请实施重量鉴定、品质检验等优化海关监管模式改革措施，2020 年共对 125 批符合条件的进口铅矿、锌矿实施"先放后检"，170 批次矿产品免实施重量鉴定，26 批棉花免实施品质检验，大幅缩短放行时长。

二是针对重点企业自用零部件提离 B 保需逐批办理免 3C 证明的痛点，实施"集中申报""统一验核"，将手续减少为每月 1 次。2020 年共快速验放 65 批，确保零备件及时送达企业，生产线不间断运转。督导维修再制造企业合规建设、稳步投产。

三是研究提出境外进入自贸试验区综合保税区的食品实施"抽样后即放行"监管措施。在进口商承诺进口食品符合我国食品安全国家标准和相关检验要求（包括包装要求和储存、运输温度要求等），在进口商已建立完善的食品进口记录和销售记录制度并严格执行的条件下，对于需要送实验室检测的进口食品，抽样后即予以放行，免去等待实验室检测结果的时间，极大提高进口食品放行效率。

（五）支持口岸开发开放

一是做好海关监管场所（场地）监管。完成合肥关区首家进境种猪隔离检疫场的验收工作，审批了关区首家特殊监管区域内跨境电子商务的海关监管作业场所；支持指导合肥新桥机场获总署批准申建肉类指定监管场地，促进空港经济发展；对 3 家指定监管场地优化整合工作。二是推动"联动接卸"监管作业模式试点。参照"沪太通"模式，联合上海关，针对我省区域特点，推动洋山港与芜湖港"联动接卸"作业，既降低企业运输成本，又缩短了整体通关时间，有效优化了跨境营商环境。

(六）推广综合保税区内企业内销选择性征税政策

内销选择性征收关税政策推出后,合肥海关组织业务现场开展企业摸排,第一时间上门宣讲扩大内销选择性征收关税政策,按照《企管司关税司关于在综合保税区推广内销选择性征收关税有关事宜的通知》部署,充分运用金关工程(二期)加工贸易及保税监管子系统和 H2010 两个业务系统,梳理操作流程,积极引导企业尽快申报、充分享受政策红利。2020 全年,安徽自贸试验区芜湖辖综合保税区中达电子(芜湖)有限公司已按料件缴税内销货物 307 批次,货值 2713 万元,节省关税成本 172 万元。

第四章

自贸试验区相关政策文件

引言

为支持自贸试验区、自由贸易港的发展，我国出台了《中华人民共和国海南自由贸易港法》，全国人民代表大会常务委员会多次授权国务院在自由贸易试验区暂时调整《中华人民共和国外资企业法》《中华人民共和国中外合资经营企业法》等法律法规，为自贸试验区、自由贸易港内的政府体制改革，企业法人有关投资、贸易、经营等活动提供了有力的法律保障。同时，国务院高度重视自贸试验区改革试点经验复制推广工作，分六批在全国范围内进行复制推广，商务部、海关总署等部门也配套出台了多项政策文件，为自贸试验区改革创新提供指导。本章对自贸试验区、自由贸易港相关文件进行系统梳理，按照文件类别及时间顺序进行排列。同时，为便于读者系统了解自贸试验区复制推广经验，将六批复制推广试点经验集中进行排列。

全国人民代表大会常务委员会关于授权国务院在中国（上海）自由贸易试验区暂时调整有关法律规定的行政审批的决定

（2013年8月30日第十二届全国人民代表大会常务委员会第四次会议通过）

为加快政府职能转变，创新对外开放模式，进一步探索深化改革开放的经验，第十二届全国人民代表大会常务委员会第四次会议决定：授权国务院在上海外高桥保税区、上海外高桥保税物流园区、洋山保税港区和上海浦东机场综合保税区基础上设立的中国（上海）自由贸易试验区内，对国家规定实施准入特别管理措施之外的外商投资，暂时调整《中华人民共和国外资企业法》、《中华人民共和国中外合资经营企业法》和《中华人民共和国中外合作经营企业法》规定的有关行政审批（目录附后）。上述行政审批的调整在三年内试行，对实践证明可行的，应当修改完善有关法律；对实践证明不宜调整的，恢复施行有关法律规定。

本决定自2013年10月1日起施行。

授权国务院在中国（上海）自由贸易试验区暂时调整有关法律规定的行政审批目录

序号：1 名称：外资企业设立审批 法律规定：《中华人民共和国外资企业法》第六条："设立外资企业的申请，由国务院对外经济贸易主管部门或者国务院授权的机关审查批准。审查批准机关应当在接到申请之日起九十天内决定批准或者不批准。"内容：暂时停止实施该项行政审批，改为备案管理。

序号：2 名称：外资企业分立、合并或者其他重要事项变更审批 法律规定：《中华人民共和国外资企业法》第十条："外资企业分立、合并或者其他重要事项变更，应当报审查批准机关批准，并向工商行政管理机关办理变更登记手续。"内容：暂时停止实施该项行政审批，改为备案管理。

序号：3 名称：外资企业经营期限审批 法律规定：《中华人民共和国外资企业法》第二十条："外资企业的经营期限由外国投资者申报，由审查批准机关批准。期满需要延长的，应当在期满一百八十天以前向审查批准机关提出申请。审查批准机关应当在接到申请之日起三十天内决定批准或者不批准。"内容：暂时停止实施该项行政审批，改为备案管理。

序号：4 名称：中外合资经营企业设立审批 法律规定：《中华人民共和国中外合资经营企业法》第三条："合营各方签订的合营协议、合同、章程，应报国家对外经济贸易主管部门（以下称审查批准机关）审查批准。审查批准机关应在三个月内决定批准或不批准。合营企业经批准后，向国家工商行政管理主管部门登记，领取营业执照，开始营业。"内容：暂时停止实施该项行政审批，改为备案管理。

序号：5 名称：中外合资经营企业延长合营期限审批 法律规定：《中华人民共和国中外合资经营企业法》第十三条："合营企业的合营期限，按不同行业、不同情况，作不同的约定。有的行业的合营企业，应当约定合营期限；有的行业的合营企业，可以约定合营期限，也可以不约定合营期限。约定合营期限的合营企业，合营各方同意延长合营期限的，应在距合营期满六个月前向审查批准机关提出申请。审查批准机关应自接到申请之日起一个月内决定批准或不批准。"内容：暂时停止实施该项行政审批，改为备案管理。

序号：6 名称：中外合资经营企业解散审批 法律规定：《中华人民共和国中外合资经营企业法》第十四条："合营企业如发生严重亏损、一方不履行合同和章程规定的义务、不可抗力等，经合营各方协商同意，报请审查批准机关批准，并向国家工商行政管理主管部门登记，可终止合同。如果因违反合同而造成损失的，应由违反合同的一方承担经济责任。"内容：暂时停止实施该项行政审批，改为备案管理。

序号：7 名称：中外合作经营企业设立审批 法律规定：《中华人民共和国中外合作经营企业法》第五条："申请设立合作企业，应当将中外合作者签订的协议、合同、章程等文件报国务院对外经济贸易主管部门或者国务院授权的部门和地方政府（以下简称审查批准机关）审查批准。审查批准机关应当自接到申请之日起四十五天内决定批准或者不批准。"内容：暂时停止实施该项行政审批，改为备案管理。

序号：8 名称：中外合作经营企业协议、合同、章程重大变更审批 法律规定：《中华人民共和国中外合作经营企业法》第七条："中外合作者在合作期限内协商同意对合作企业合同作重大变更的，应当报审查批准机关批准；变更内容涉及法定工商登记项目、税务登记项目的，应当向工商行政管理机关、税务机关办理变更登记手续。"内容：暂时停止实施该项行政审批，改为备案管理。

序号：9 名称：中外合作经营企业转让合作企业合同权利、义务审批 法律规定：《中华人民共和国中外合作经营企业法》第十条："中外合作者的一方转让其在合作企业合同中的全部或者部分权利、义务的，必须经他方同意，并报审查批准机关批准。"内容：暂时停止实施该项行政审批，改为备案管理。

序号：10 名称：中外合作经营企业委托他人经营管理审批 法律规定：《中华人民共和国中外合作经营企业法》第十二条第二款："合作企业成立后改为委托中外合作者以外的他人经营管理的，必须经董事会或者联合管理机构一致同意，报审查批准机关批准，并向工商行政管理机关办理变更登记手续。"内容：暂时停止实施该项行政审批，改为备案管理。

序号：11 名称：中外合作经营企业延长合作期限审批 法律规定：《中华人民共和国中外合作经营企业法》第二十四条："合作企业的合作期限由中外合作者协商并在合作企业合同中订明。中外合作者同意延长合作期限的，应当在距合作期满一百八十天前向审查批准机关提出申请。审查批准机关应当自接到申请之日起三十天内决定批准或者不批准。"内容：暂时停止实施该项行政审批，改为备案管理。

全国人民代表大会常务委员会关于授权国务院在中国（广东）自由贸易试验区、中国（天津）自由贸易试验区、中国（福建）自由贸易试验区以及中国（上海）自由贸易试验区扩展区域暂时调整有关法律规定的行政审批的决定

（2014年12月28日第十二届全国人民代表大会常务委员会第十二次会议通过）

为进一步深化改革、扩大开放，加快政府职能转变，第十二届全国人民代表大会常务委员会第十二次会议决定：授权国务院在中国（广东）自由贸易试验区、中国（天津）自由贸易试验区、中国（福建）自由贸易试验区以及中国（上海）自由贸易试验区扩展区域内（四至范围附后），暂时调整《中华人民共和国外资企业法》、《中华人民共和国中外合资经营企业法》、《中华人民共和国中外合作经营企业法》和《中华人民共和国台湾同胞投资保护法》规定的有关行政审批（目录附后）。但是，国家规定实施准入特别管理措施的除外。上述行政审批的调整在三年内试行，对实践证明可行的，修改完善有关法律；对实践证明不宜调整的，恢复施行有关法律规定。

本决定自 2015 年 3 月 1 日起施行。

中国（广东）自由贸易试验区、中国（天津）自由贸易试验区、中国（福建）自由贸易试验区以及中国（上海）自由贸易试验区扩展区域四至范围

一、中国（广东）自由贸易试验区四至范围

（一）广州南沙新区片区共 60 平方公里（含广州南沙保税港区 7.06 平方公里）

四至范围：海港区块 15 平方公里。海港区块一，龙穴岛作业区 13 平方公里，东至虎门水道，南至南沙港三期南延线，西至龙穴南水道，北至南沙港一期北延线（其中南沙保税港区港口区和物流区面积 5.7 平方公里）。海港区块二，沙仔岛作业区 2 平方公里。明珠湾起步区区块 9 平方公里，东至环市大道，南至下横沥水道，西至灵山岛灵新大道及横沥岛凤凰大道，北至京珠高速，不包括蕉门河水道和上横沥水道水域。南沙枢纽区块 10 平方公里，东至龙穴南水道，南至深茂通道，西至灵新大道，北至三镇大道。庆盛枢纽区块 8 平方公里，东至小虎沥水道，南至广深港客运专线，西至京珠高速，北至沙湾水道。南沙湾区块 5 平方公里，东至虎门水道，南至蕉门水道，西至黄山鲁山界，北至虎门大桥，不包括大角山山体。蕉门河中心区区块 3 平方公里，东至金隆路，南至双山大道，西至凤凰大道，北至私言滘。万顷沙保税港加工制造业区块 10 平方公里，东至龙穴南水道，南至万顷沙十一涌，西至灵新公路，北至万顷沙八涌（其中南沙保税港区加工区面积 1.36 平方公里）。

（二）深圳前海蛇口片区共 28.2 平方公里

四至范围：前海区块 15 平方公里，东至月亮湾大道，南至妈湾大道，西至海滨岸线，北至双界河、宝安大道（其中深圳前海湾保税港区 3.71 平方公里，东至铲湾路，南以平南铁路、妈湾大道以及妈湾电厂北侧连线为界，西以妈湾港区码头岸线为界，北以妈湾大道、嘉实多南油厂北侧、兴海大道以及临海路连线为界）。蛇口工业区区块 13.2 平方公里，东至后海大道—金海路—爱榕路—招商路—水湾路，南至深圳湾，西至珠江口，北至东滨路、大南山山脚、赤湾六路以及赤湾二路。

（三）珠海横琴新区片区共 28 平方公里

四至范围：临澳区块 6.09 平方公里，东至契辛峡水道，南至大横琴山北麓，西至知音道，北至小横琴山南麓。休闲旅游区块 10.99 平方公里，东至契辛峡水道，南至南海，西至磨刀门水道，北至大横琴山。文创区块 1.47 平方公里，东至天羽道东河，南至横琴大道，西至艺文二道，北至港澳大道。科技研发区块 1.78 平方公里，东至艺文三道，南至大横琴山北麓，西至开新一道，北至港澳大道。高新技术区块 7.67 平方公里，东至开新二道，南至大横琴山北麓，西至磨刀门水道，北至胜洲八道。

二、中国（天津）自由贸易试验区四至范围

（一）天津港片区共 30 平方公里

四至范围：东至渤海湾，南至天津新港主航道，西至反"F"港池、西藏路，北至永定新河入海口。

（二）天津机场片区共 43.1 平方公里

四至范围：东至蓟汕高速，南至津滨快速路、民族路、津北公路，西至外环绿化带东侧，北至津汉快速路、东四道、杨北公路。

（三）滨海新区中心商务片区共 46.8 平方公里

四至范围：东至临海路、东堤路、新港二号路、天津新港主航道、新港船闸、海河、闸南路、规划路、石油新村路、大沽排水河、东环路，南至物流北路、物流北路西延长线，西至大沽排水河、河南路、海门大桥、河北路，北至大连东道、中央大道、新港三号路、海滨大道、天津港保税区北围网。

三、中国（福建）自由贸易试验区四至范围

（一）平潭片区共 43 平方公里

四至范围：港口经贸区块 16 平方公里，东至北厝路、金井三路，南至大山顶，西至海坛海峡，北至金井湾大道。高新技术产业区块 15 平方公里，东至中原六路，南至麒麟路，西至坛西大道，北至瓦瑶南路。旅游休闲区块 12 平方公里，东至坛南湾，南至山岐澳，西至寨山路，北至澳前北路。

（二）厦门片区共 43.78 平方公里

四至范围：两岸贸易中心核心区 19.37 平方公里，含象屿保税区 0.6 平方公里（已全区封关）、象屿保税物流园区 0.7 平方公里（已封关面积 0.26 平方

公里）。北侧、西侧、东侧紧邻大海，南侧以疏港路、成功大道、枋钟路为界。东南国际航运中心海沧港区24.41平方公里，含厦门海沧保税港区9.51平方公里（已封关面积5.55平方公里）。东至厦门西海域，南侧紧邻大海，西至厦漳跨海大桥，北侧以角嵩路、南海路、南海三路和兴港路为界。

（三）福州片区共31.26平方公里

四至范围：福州经济技术开发区22平方公里，含福州保税区0.6平方公里（已全区封关）和福州出口加工区1.14平方公里（已封关面积0.436平方公里）。马江—快安片区东至红山油库，南至闽江沿岸，西至鼓山镇界，北至鼓山麓；长安片区东至闽江边，南至亭江镇东街山，西至罗长高速公路和山体，北至瑁头镇界；南台岛区东至三环路，南至林浦路，西至前横南路，北面以闽江岸线为界；琅岐区东至环岛路，南至闽江码头进岛路，西至闽江边，北面以规划道路为界。福州保税港区9.26平方公里（已封关面积2.34平方公里）。A区东至西港，南至新江公路，西至经七路，北至纬六路；B区东至14号泊位，南至兴化湾，西至滩涂，北至兴林路。

四、中国（上海）自由贸易试验区扩展区域四至范围

（一）陆家嘴金融片区共34.26平方公里

四至范围：东至济阳路、浦东南路、龙阳路、锦绣路、罗山路，南至中环线，西至黄浦江，北至黄浦江。

（二）金桥开发片区共20.48平方公里

四至范围：东至外环绿带，南至锦绣东路，西至杨高路，北至巨峰路。

（三）张江高科技片区共37.2平方公里

四至范围：东至外环线、申江路，南至外环线，西至罗山路，北至龙东大道。

授权国务院在中国（广东）自由贸易试验区、中国（天津）自由贸易试验区、中国（福建）自由贸易试验区以及中国（上海）自由贸易试验区扩展区域暂时调整有关法律规定的行政审批目录

序号：1 名称：外资企业设立审批 法律规定：《中华人民共和国外资企业法》第六条："设立外资企业的申请，由国务院对外经济贸易主管部门或者国务院授权的机关审查批准。审查批准机关应当在接到申请之日起九十天内决定

批准或者不批准。"内容：暂时停止实施该项行政审批，改为备案管理。

序号：2 名称：外资企业分立、合并或者其他重要事项变更审批 法律规定：《中华人民共和国外资企业法》第十条："外资企业分立、合并或者其他重要事项变更，应当报审查批准机关批准，并向工商行政管理机关办理变更登记手续。"内容：暂时停止实施该项行政审批，改为备案管理。

序号：3 名称：外资企业经营期限审批 法律规定：《中华人民共和国外资企业法》第二十条："外资企业的经营期限由外国投资者申报，由审查批准机关批准。期满需要延长的，应当在期满一百八十天以前向审查批准机关提出申请。审查批准机关应当在接到申请之日起三十天内决定批准或者不批准。"内容：暂时停止实施该项行政审批，改为备案管理。

序号：4 名称：中外合资经营企业设立审批 法律规定：《中华人民共和国中外合资经营企业法》第三条："合营各方签订的合营协议、合同、章程，应报国家对外经济贸易主管部门（以下称审查批准机关）审查批准。审查批准机关应在三个月内决定批准或不批准。合营企业经批准后，向国家工商行政管理主管部门登记，领取营业执照，开始营业。"内容：暂时停止实施该项行政审批，改为备案管理。

序号：5 名称：中外合资经营企业延长合营期限审批 法律规定：《中华人民共和国中外合资经营企业法》第十三条："合营企业的合营期限，按不同行业、不同情况，作不同的约定。有的行业的合营企业，应当约定合营期限；有的行业的合营企业，可以约定合营期限，也可以不约定合营期限。约定合营期限的合营企业，合营各方同意延长合营期限的，应在距合营期满六个月前向审查批准机关提出申请。审查批准机关应自接到申请之日起一个月内决定批准或不批准。"内容：暂时停止实施该项行政审批，改为备案管理。

序号：6 名称：中外合资经营企业解散审批 法律规定：《中华人民共和国中外合资经营企业法》第十四条："合营企业如发生严重亏损、一方不履行合同和章程规定的义务、不可抗力等，经合营各方协商同意，报请审查批准机关批准，并向国家工商行政管理主管部门登记，可终止合同。如果因违反合同而造成损失的，应由违反合同的一方承担经济责任。"内容：暂时停止实施该项行政审批，改为备案管理。

序号：7 名称：中外合作经营企业设立审批 法律规定：《中华人民共和国中外合作经营企业法》第五条："申请设立合作企业，应当将中外合作者签订的协议、合同、章程等文件报国务院对外经济贸易主管部门或者国务院授权的部门和地方政府（以下简称审查批准机关）审查批准。审查批准机关应当自接到申请之日起四十五天内决定批准或者不批准。"内容：暂时停止实施该项行政审批，改为备案管理。

序号：8 名称：中外合作经营企业协议、合同、章程重大变更审批 法律规定：《中华人民共和国中外合作经营企业法》第七条："中外合作者在合作期限内协商同意对合作企业合同作重大变更的，应当报审查批准机关批准；变更内容涉及法定工商登记项目、税务登记项目的，应当向工商行政管理机关、税务机关办理变更登记手续。"内容：暂时停止实施该项行政审批，改为备案管理。

序号：9 名称：中外合作经营企业转让合作企业合同权利、义务审批 法律规定：《中华人民共和国中外合作经营企业法》第十条："中外合作者的一方转让其在合作企业合同中的全部或者部分权利、义务的，必须经他方同意，并报审查批准机关批准。"内容：暂时停止实施该项行政审批，改为备案管理。

序号：10 名称：中外合作经营企业委托他人经营管理审批 法律规定：《中华人民共和国中外合作经营企业法》第十二条第二款："合作企业成立后改为委托中外合作者以外的他人经营管理的，必须经董事会或者联合管理机构一致同意，报审查批准机关批准，并向工商行政管理机关办理变更登记手续。"内容：暂时停止实施该项行政审批，改为备案管理。

序号：11 名称：中外合作经营企业延长合作期限审批 法律规定：《中华人民共和国中外合作经营企业法》第二十四条："合作企业的合作期限由中外合作者协商并在合作企业合同中订明。中外合作者同意延长合作期限的，应当在距合作期满一百八十天前向审查批准机关提出申请。审查批准机关应当自接到申请之日起三十天内决定批准或者不批准。"内容：暂时停止实施该项行政审批，改为备案管理。

序号：12 名称：台湾同胞投资企业设立审批 法律规定：《中华人民共和国台湾同胞投资保护法》第八条第一款："设立台湾同胞投资企业，应当向国务院规定的部门或者国务院规定的地方人民政府提出申请，接到申请的审批机关应当自接到全部申请文件之日起四十五日内决定批准或者不批准。"内容：暂时停止实施该项行政审批，改为备案管理。

全国人民代表大会常务委员会关于授权国务院在自由贸易试验区暂时调整适用有关法律规定的决定

（2019年10月26日第十三届全国人民代表大会常务委员会第十四次会议通过）

为进一步优化营商环境，激发市场活力和社会创造力，加快政府职能转变，第十三届全国人民代表大会常务委员会第十四次会议决定：授权国务院在自由贸易试验区内，暂时调整适用《中华人民共和国对外贸易法》《中华人民共和国道路交通安全法》《中华人民共和国消防法》《中华人民共和国食品安全法》《中华人民共和国海关法》《中华人民共和国种子法》的有关规定（目录附后）。上述调整在三年内试行。对实践证明可行的，国务院应当提出修改有关法律的意见；对实践证明不宜调整的，在试点期满后恢复施行有关法律规定。

本决定自2019年12月1日起施行。

全国人民代表大会常务委员会关于授权国务院在中国（海南）自由贸易试验区暂时调整适用有关法律规定的决定

（2020年4月29日第十三届全国人民代表大会常务委员会第十七次会议通过）

为支持海南全面深化改革开放，推动中国（海南）自由贸易试验区试点政策落地，第十三届全国人民代表大会常务委员会第十七次会议决定：授权国务院在中国（海南）自由贸易试验区暂时调整适用《中华人民共和国土地管理法》《中华人民共和国种子法》《中华人民共和国海商法》的有关规定（目录附后），暂时调整适用的期限至2024年12月31日。暂时调整适用有关法律规定，必须建立健全事中事后监管制度，有效防控风险，国务院及其有关部门要加强指导、协调和监督，及时总结试点工作经验，并就暂时调整适用有关法律规定的情况向全国人民代表大会常务委员会作出中期报告。对实践证明可行的，修改完善有关法律；对实践证明不宜调整的，恢复施行有关法律规定。

本决定自 2020 年 5 月 1 日起施行。

全国人民代表大会常务委员会关于授权国务院在自由贸易试验区暂时调整适用有关法律规定的决定

（2021 年 4 月 29 日第十三届全国人民代表大会常务委员会第二十八次会议通过）

为深化"证照分离"改革，进一步推进"放管服"改革，优化营商环境，激发市场活力，加快政府职能转变，第十三届全国人民代表大会常务委员会第二十八次会议决定：授权国务院在自由贸易试验区内，暂时调整适用《中华人民共和国民办教育促进法》《中华人民共和国会计法》《中华人民共和国注册会计师法》《中华人民共和国拍卖法》《中华人民共和国银行业监督管理法》《中华人民共和国商业银行法》《中华人民共和国保险法》的有关规定（目录附后），自由贸易试验区所在县、不设区的市、市辖区的其他区域参照执行。上述调整的期限为三年，自本决定施行之日起算。

国务院及其有关部门要加强对试点工作的指导、协调和监督，及时总结试点工作经验，并就暂时调整适用有关法律规定的情况向全国人民代表大会常务委员会作出中期报告。对实践证明可行的，国务院应当提出修改有关法律的意见；对实践证明不宜调整的，在试点期限届满后恢复施行有关法律规定。

本决定自 2021 年 7 月 1 日起施行。

中华人民共和国海南自由贸易港法

（2021 年 6 月 10 日第十三届全国人民代表大会常务委员会第二十九次会议通过）

目 录

第一章　总则
第二章　贸易自由便利
第三章　投资自由便利

第四章　财政税收制度
第五章　生态环境保护
第六章　产业发展与人才支撑
第七章　综合措施
第八章　附则

第一章　总　则

第一条　为了建设高水平的中国特色海南自由贸易港，推动形成更高层次改革开放新格局，建立开放型经济新体制，促进社会主义市场经济平稳健康可持续发展，制定本法。

第二条　国家在海南岛全岛设立海南自由贸易港，分步骤、分阶段建立自由贸易港政策和制度体系，实现贸易、投资、跨境资金流动、人员进出、运输来往自由便利和数据安全有序流动。

海南自由贸易港建设和管理活动适用本法。本法没有规定的，适用其他有关法律法规的规定。

第三条　海南自由贸易港建设，应当体现中国特色，借鉴国际经验，围绕海南战略定位，发挥海南优势，推进改革创新，加强风险防范，贯彻创新、协调、绿色、开放、共享的新发展理念，坚持高质量发展，坚持总体国家安全观，坚持以人民为中心，实现经济繁荣、社会文明、生态宜居、人民幸福。

第四条　海南自由贸易港建设，以贸易投资自由化便利化为重点，以各类生产要素跨境自由有序安全便捷流动和现代产业体系为支撑，以特殊的税收制度安排、高效的社会治理体系和完备的法治体系为保障，持续优化法治化、国际化、便利化的营商环境和公平统一高效的市场环境。

第五条　海南自由贸易港实行最严格的生态环境保护制度，坚持生态优先、绿色发展，创新生态文明体制机制，建设国家生态文明试验区。

第六条　国家建立海南自由贸易港建设领导机制，统筹协调海南自由贸易港建设重大政策和重大事项。国务院发展改革、财政、商务、金融管理、海关、税务等部门按照职责分工，指导推动海南自由贸易港建设相关工作。

国家建立与海南自由贸易港建设相适应的行政管理体制，创新监管模式。

海南省应当切实履行责任，加强组织领导，全力推进海南自由贸易港建设各项工作。

第七条　国家支持海南自由贸易港建设发展，支持海南省依照中央要求和法律规定行使改革自主权。国务院及其有关部门根据海南自由贸易港建设的实际需要，及时依法授权或者委托海南省人民政府及其有关部门行使相关管理职权。

第八条 海南自由贸易港构建系统完备、科学规范、运行有效的海南自由贸易港治理体系，推动政府机构改革和职能转变，规范政府服务标准，加强预防和化解社会矛盾机制建设，提高社会治理智能化水平，完善共建共治共享的社会治理制度。

国家推进海南自由贸易港行政区划改革创新，优化行政区划设置和行政区划结构体系。

第九条 国家支持海南自由贸易港主动适应国际经济贸易规则发展和全球经济治理体系改革新趋势，积极开展国际交流合作。

第十条 海南省人民代表大会及其常务委员会可以根据本法，结合海南自由贸易港建设的具体情况和实际需要，遵循宪法规定和法律、行政法规的基本原则，就贸易、投资及相关管理活动制定法规（以下称海南自由贸易港法规），在海南自由贸易港范围内实施。

海南自由贸易港法规应当报送全国人民代表大会常务委员会和国务院备案；对法律或者行政法规的规定作变通规定的，应当说明变通的情况和理由。

海南自由贸易港法规涉及依法应当由全国人民代表大会及其常务委员会制定法律或者由国务院制定行政法规事项的，应当分别报全国人民代表大会常务委员会或者国务院批准后生效。

第二章　贸易自由便利

第十一条 国家建立健全全岛封关运作的海南自由贸易港海关监管特殊区域制度。在依法有效监管基础上，建立自由进出、安全便利的货物贸易管理制度，优化服务贸易管理措施，实现贸易自由化便利化。

第十二条 海南自由贸易港应当高标准建设口岸基础设施，加强口岸公共卫生安全、国门生物安全、食品安全、商品质量安全管控。

第十三条 在境外与海南自由贸易港之间，货物、物品可以自由进出，海关依法进行监管，列入海南自由贸易港禁止、限制进出口货物、物品清单的除外。

前款规定的清单，由国务院商务主管部门会同国务院有关部门和海南省制定。

第十四条 货物由海南自由贸易港进入境内其他地区（以下简称内地），原则上按进口规定办理相关手续。物品由海南自由贸易港进入内地，按规定进行监管。对海南自由贸易港前往内地的运输工具,简化进口管理。

货物、物品以及运输工具由内地进入海南自由贸易港,按国内流通规定管理。

货物、物品以及运输工具在海南自由贸易港和内地之间进出的具体办法由国务院有关部门会同海南省制定。

第十五条 各类市场主体在海南自由贸易港内依法自由开展货物贸易以及相关活动,海关实施低干预、高效能的监管。

在符合环境保护、安全生产等要求的前提下,海南自由贸易港对进出口货物不设存储期限,货物存放地点可以自由选择。

第十六条 海南自由贸易港实行通关便利化政策,简化货物流转流程和手续。除依法需要检验检疫或者实行许可证件管理的货物外,货物进入海南自由贸易港,海关按照有关规定径予放行,为市场主体提供通关便利服务。

第十七条 海南自由贸易港对跨境服务贸易实行负面清单管理制度,并实施相配套的资金支付和转移制度。对清单之外的跨境服务贸易,按照内外一致的原则管理。

海南自由贸易港跨境服务贸易负面清单由国务院商务主管部门会同国务院有关部门和海南省制定。

第三章 投资自由便利

第十八条 海南自由贸易港实行投资自由化便利化政策,全面推行极简审批投资制度,完善投资促进和投资保护制度,强化产权保护,保障公平竞争,营造公开、透明、可预期的投资环境。

海南自由贸易港全面放开投资准入,涉及国家安全、社会稳定、生态保护红线、重大公共利益等国家实行准入管理的领域除外。

第十九条 海南自由贸易港对外商投资实行准入前国民待遇加负面清单管理制度。特别适用于海南自由贸易港的外商投资准入负面清单由国务院有关部门会同海南省制定,报国务院批准后发布。

第二十条 国家放宽海南自由贸易港市场准入。海南自由贸易港放宽市场准入特别清单(特别措施)由国务院有关部门会同海南省制定。

海南自由贸易港实行以过程监管为重点的投资便利措施,逐步实施市场准入承诺即入制。具体办法由海南省会同国务院有关部门制定。

第二十一条 海南自由贸易港按照便利、高效、透明的原则,简化办事程序,提高办事效率,优化政务服务,建立市场主体设立便利、经营便利、注销便利等制度，优化破产程序。具体办法由海南省人民代表大会及其常务委员会制定。

第二十二条 国家依法保护自然人、法人和非法人组织在海南自由贸易港内的投资、收益和其他合法权益，加强对中小投资者的保护。

第二十三条 国家依法保护海南自由贸易港内自然人、法人和非法人组织的知识产权，促进知识产权创造、运用和管理服务能力提升，建立健全知识产权领域信用分类监管、失信惩戒等机制，对知识产权侵权行为，严格依法追究法律责任。

第二十四条 海南自由贸易港建立统一开放、竞争有序的市场体系，强化竞争政策的基础性地位，落实公平竞争审查制度，加强和改进反垄断和反不正当竞争执法，保护市场公平竞争。

海南自由贸易港的各类市场主体，在准入许可、经营运营、要素获取、标准制定、优惠政策等方面依法享受平等待遇。具体办法由海南省人民代表大会及其常务委员会制定。

第四章 财政税收制度

第二十五条 在海南自由贸易港开发建设阶段，中央财政根据实际，结合税制变化情况，对海南自由贸易港给予适当财政支持。鼓励海南省在国务院批准的限额内发行地方政府债券支持海南自由贸易港项目建设。海南省设立政府引导、市场化方式运作的海南自由贸易港建设投资基金。

第二十六条 海南自由贸易港可以根据发展需要，自主减征、免征、缓征除具有生态补偿性质外的政府性基金。

第二十七条 按照税种结构简单科学、税制要素充分优化、税负水平明显降低、收入归属清晰、财政收支基本均衡的原则，结合国家税制改革方向，建立符合需要的海南自由贸易港税制体系。

全岛封关运作时，将增值税、消费税、车辆购置税、城市维护建设税及教育费附加等税费进行简并，在货物和服务零售环节征收销售税；全岛封关运作后，进一步简化税制。

国务院财政部门会同国务院有关部门和海南省及时提出简化税制的具体方案。

第二十八条 全岛封关运作、简并税制后，海南自由贸易港对进口征税商品实行目录管理，目录之外的货物进入海南自由贸易港，免征进口关税。进口征税商品目录由国务院财政部门会同国务院有关部门和海南省制定。

全岛封关运作、简并税制前，对部分进口商品，免征进口关税、进口环节增值税和消费税。

对由海南自由贸易港离境的出口应税商品，征收出口关税。

第二十九条 货物由海南自由贸易港进入内地，原则上按照进口征税；但是，对鼓励类产业企业生产的不含进口料件或者含进口料件在海南自由贸易港加工增值达到一定比例的货物，免征关税。具体办法由国务院有关部门会同海南省制定。

货物由内地进入海南自由贸易港，按照国务院有关规定退还已征收的增值税、消费税。

全岛封关运作、简并税制前，对离岛旅客购买免税物品并提货离岛的，按照有关规定免征进口关税、进口环节增值税和消费税。全岛封关运作、简并税制后，物品在海南自由贸易港和内地之间进出的税收管理办法，由国务院有关部门会同海南省制定。

第三十条 对注册在海南自由贸易港符合条件的企业，实行企业所得税优惠；对海南自由贸易港内符合条件的个人，实行个人所得税优惠。

第三十一条 海南自由贸易港建立优化高效统一的税收征管服务体系，提高税收征管服务科学化、信息化、国际化、便民化水平，积极参与国际税收征管合作，提高税收征管服务质量和效率，保护纳税人的合法权益。

第五章 生态环境保护

第三十二条 海南自由贸易港健全生态环境评价和监测制度，制定生态环境准入清单，防止污染，保护生态环境；健全自然资源资产产权制度和有偿使用制度，促进资源节约高效利用。

第三十三条 海南自由贸易港推进国土空间规划体系建设，实行差别化的自然生态空间用途管制，严守生态保护红线，构建以国家公园为主体的自然保护地体系，推进绿色城镇化、美丽乡村建设。

海南自由贸易港严格保护海洋生态环境，建立健全陆海统筹的生态系统保护修复和污染防治区域联动机制。

第三十四条 海南自由贸易港实行严格的进出境环境安全准入管理制度，加强检验检疫能力建设，防范外来物种入侵，禁止境外固体废物输入；提高医疗废物等危险废物处理处置能力，提升突发生态环境事件应急准备与响应能力，加强生态风险防控。

第三十五条 海南自由贸易港推进建立政府主导、企业和社会参与、市场化运作、可持续的生态保护补偿机制，建立生态产品价值实现机制，鼓励利用市场机制推进生态环境保护，实现可持续发展。

第三十六条　海南自由贸易港实行环境保护目标责任制和考核评价制度。县级以上地方人民政府对本级人民政府负有环境监督管理职责的部门及其负责人和下级人民政府及其负责人的年度考核，实行环境保护目标完成情况一票否决制。

环境保护目标未完成的地区，一年内暂停审批该地区新增重点污染物排放总量的建设项目环境影响评价文件；对负有责任的地方人民政府及负有环境监督管理职责的部门的主要责任人，一年内不得提拔使用或者转任重要职务，并依法予以处分。

第三十七条　海南自由贸易港实行生态环境损害责任终身追究制。对违背科学发展要求、造成生态环境严重破坏的地方人民政府及有关部门主要负责人、直接负责的主管人员和其他直接责任人员，应当严格追究责任。

第六章　产业发展与人才支撑

第三十八条　国家支持海南自由贸易港建设开放型生态型服务型产业体系，积极发展旅游业、现代服务业、高新技术产业以及热带特色高效农业等重点产业。

第三十九条　海南自由贸易港推进国际旅游消费中心建设，推动旅游与文化体育、健康医疗、养老养生等深度融合，培育旅游新业态新模式。

第四十条　海南自由贸易港深化现代服务业对内对外开放，打造国际航运枢纽，推动港口、产业、城市融合发展，完善海洋服务基础设施，构建具有国际竞争力的海洋服务体系。

境外高水平大学、职业院校可以在海南自由贸易港设立理工农医类学校。

第四十一条　国家支持海南自由贸易港建设重大科研基础设施和条件平台，建立符合科研规律的科技创新管理制度和国际科技合作机制。

第四十二条　海南自由贸易港依法建立安全有序自由便利的数据流动管理制度，依法保护个人、组织与数据有关的权益，有序扩大通信资源和业务开放，扩大数据领域开放，促进以数据为关键要素的数字经济发展。

国家支持海南自由贸易港探索实施区域性国际数据跨境流动制度安排。

第四十三条　海南自由贸易港实施高度自由便利开放的运输政策，建立更加开放的航运制度和船舶管理制度，建设"中国洋浦港"船籍港，实行特殊的船舶登记制度；放宽空域管制和航路限制，优化航权资源配置，提升运输便利化和服务保障水平。

第四十四条 海南自由贸易港深化人才发展体制机制改革，创新人才培养支持机制，建立科学合理的人才引进、认定、使用和待遇保障机制。

第四十五条 海南自由贸易港建立高效便利的出境入境管理制度，逐步实施更大范围适用免签入境政策，延长免签停留时间，优化出境入境检查管理，提供出境入境通关便利。

第四十六条 海南自由贸易港实行更加开放的人才和停居留政策，实行更加宽松的人员临时出境入境政策、便利的工作签证政策，对外国人工作许可实行负面清单管理，进一步完善居留制度。

第四十七条 海南自由贸易港放宽境外人员参加职业资格考试的限制，对符合条件的境外专业资格认定，实行单向认可清单制度。

第七章 综合措施

第四十八条 国务院可以根据海南自由贸易港建设的需要，授权海南省人民政府审批由国务院审批的农用地转为建设用地和土地征收事项；授权海南省人民政府在不突破海南省国土空间规划明确的生态保护红线、永久基本农田面积、耕地和林地保有量、建设用地总规模等重要指标并确保质量不降低的前提下，按照国家规定的条件，对全省耕地、永久基本农田、林地、建设用地布局调整进行审批。

海南自由贸易港积极推进城乡及垦区一体化协调发展和小城镇建设用地新模式，推进农垦土地资产化。

依法保障海南自由贸易港国家重大项目用海需求。

第四十九条 海南自由贸易港建设应当切实保护耕地，加强土地管理，建立集约节约用地制度、评价标准以及存量建设用地盘活处置制度。充分利用闲置土地，以出让方式取得土地使用权进行开发的土地，超过出让合同约定的竣工日期一年未竣工的，应当在竣工前每年征收出让土地现值一定比例的土地闲置费。具体办法由海南省制定。

第五十条 海南自由贸易港坚持金融服务实体经济，推进金融改革创新，率先落实金融业开放政策。

第五十一条 海南自由贸易港建立适应高水平贸易投资自由化便利化需要的跨境资金流动管理制度，分阶段开放资本项目，逐步推进非金融企业外债项下完全可兑换，推动跨境贸易结算便利化，有序推进海南自由贸易港与境外资金自由便利流动。

第五十二条 海南自由贸易港内经批准的金融机构可以通过指定账户或者在特定区域经营离岸金融业务。

第五十三条 海南自由贸易港加强社会信用体系建设和应用,构建守信激励和失信惩戒机制。

第五十四条 国家支持探索与海南自由贸易港相适应的司法体制改革。海南自由贸易港建立多元化商事纠纷解决机制,完善国际商事纠纷案件集中审判机制,支持通过仲裁、调解等多种非诉讼方式解决纠纷。

第五十五条 海南自由贸易港建立风险预警和防控体系,防范和化解重大风险。

海关负责口岸和其他海关监管区的常规监管,依法查缉走私和实施后续监管。海警机构负责查处海上走私违法行为。海南省人民政府负责全省反走私综合治理工作,加强对非设关地的管控,建立与其他地区的反走私联防联控机制。境外与海南自由贸易港之间、海南自由贸易港与内地之间,人员、货物、物品、运输工具等均需从口岸进出。

在海南自由贸易港依法实施外商投资安全审查制度,对影响或者可能影响国家安全的外商投资进行安全审查。

海南自由贸易港建立健全金融风险防控制度,实施网络安全等级保护制度,建立人员流动风险防控制度,建立传染病和突发公共卫生事件监测预警机制与防控救治机制,保障金融、网络与数据、人员流动和公共卫生等领域的秩序和安全。

第八章 附 则

第五十六条 对本法规定的事项,在本法施行后,海南自由贸易港全岛封关运作前,国务院及其有关部门和海南省可以根据本法规定的原则,按照职责分工,制定过渡性的具体办法,推动海南自由贸易港建设。

第五十七条 本法自公布之日起施行。

国务院关于印发中国（上海）自由贸易试验区总体方案的通知

（国发〔2013〕38号）

各省、自治区、直辖市人民政府，国务院各部委、各直属机构：

国务院批准《中国（上海）自由贸易试验区总体方案》（以下简称《方案》），现予印发。

一、建立中国（上海）自由贸易试验区，是党中央、国务院作出的重大决策，是深入贯彻党的十八大精神，在新形势下推进改革开放的重大举措，对加快政府职能转变、积极探索管理模式创新、促进贸易和投资便利化，为全面深化改革和扩大开放探索新途径、积累新经验，具有重要意义。

二、上海市人民政府要精心组织好《方案》的实施工作。要探索建立投资准入前国民待遇和负面清单管理模式，深化行政审批制度改革，加快转变政府职能，全面提升事中、事后监管水平。要扩大服务业开放、推进金融领域开放创新，建设具有国际水准的投资贸易便利、监管高效便捷、法制环境规范的自由贸易试验区，使之成为推进改革和提高开放型经济水平的"试验田"，形成可复制、可推广的经验，发挥示范带动、服务全国的积极作用，促进各地区共同发展。有关部门要大力支持，做好协调配合、指导评估等工作。

三、根据《全国人民代表大会常务委员会关于授权国务院在中国（上海）自由贸易试验区暂时调整有关法律规定的行政审批的决定》，相应暂时调整有关行政法规和国务院文件的部分规定。具体由国务院另行印发。

《方案》实施中的重大问题，上海市人民政府要及时向国务院请示报告。

国务院
2013年9月18日

中国（上海）自由贸易试验区总体方案

建立中国（上海）自由贸易试验区（以下简称试验区）是党中央、国务院作出的重大决策，是深入贯彻党的十八大精神，在新形势下推进改革开放的重大举措。为全面有效推进试验区工作，制定本方案。

一、总体要求

试验区肩负着我国在新时期加快政府职能转变、积极探索管理模式创新、促进贸易和投资便利化，为全面深化改革和扩大开放探索新途径、积累新经验的重要使命，是国家战略需要。

（一）指导思想

高举中国特色社会主义伟大旗帜，以邓小平理论、"三个代表"重要思想、科学发展观为指导，紧紧围绕国家战略，进一步解放思想，坚持先行先试，以开放促改革、促发展，率先建立符合国际化和法治化要求的跨境投资和贸易规则体系，使试验区成为我国进一步融入经济全球化的重要载体，打造中国经济升级版，为实现中华民族伟大复兴的中国梦作出贡献。

（二）总体目标

经过两至三年的改革试验，加快转变政府职能，积极推进服务业扩大开放和外商投资管理体制改革，大力发展总部经济和新型贸易业态，加快探索资本项目可兑换和金融服务业全面开放，探索建立货物状态分类监管模式，努力形成促进投资和创新的政策支持体系，着力培育国际化和法治化的营商环境，力争建设成为具有国际水准的投资贸易便利、货币兑换自由、监管高效便捷、法制环境规范的自由贸易试验区，为我国扩大开放和深化改革探索新思路和新途径，更好地为全国服务。

（三）实施范围

试验区的范围涵盖上海外高桥保税区、上海外高桥保税物流园区、洋山保税港区和上海浦东机场综合保税区等4个海关特殊监管区域，并根据先行先试推进情况以及产业发展和辐射带动需要，逐步拓展实施范围和试点政策范围，形成与上海国际经济、金融、贸易、航运中心建设的联动机制。

二、主要任务和措施

紧紧围绕面向世界、服务全国的战略要求和上海"四个中心"建设的战略任务，按照先行先试、风险可控、分步推进、逐步完善的方式，把扩大开放与体制改革相结合、把培育功能与政策创新相结合，形成与国际投资、贸易通行规则相衔接的基本制度框架。

（一）加快政府职能转变

1. 深化行政管理体制改革。加快转变政府职能，改革创新政府管理方式，按照国际化、法治化的要求，积极探索建立与国际高标准投资和贸易规则体系相适应的行政管理体系，推进政府管理由注重事先审批转为注重事中、事后监管。建立一口受理、综合审批和高效运作的服务模式，完善信息网络平台，实现不同部门的协同管理机制。建立行业信息跟踪、监管和归集的综合性评估机制，加强对试验区内企业在区外经营活动全过程的跟踪、管理和监督。建立集中统一的市场监管综合执法体系，在质量技术监督、食品药品监管、知识产权、工商、税务等管理领域，实现高效监管，积极鼓励社会力量参与市场监督。提高行政透明度，完善体现投资者参与、符合国际规则的信息公开机制。完善投资者权益有效保障机制，实现各类投资主体的公平竞争，允许符合条件的外国投资者自由转移其投资收益。建立知识产权纠纷调解、援助等解决机制。

（二）扩大投资领域的开放

2. 扩大服务业开放。选择金融服务、航运服务、商贸服务、专业服务、文化服务以及社会服务领域扩大开放（具体开放清单见附件），暂停或取消投资者资质要求、股比限制、经营范围限制等准入限制措施（银行业机构、信息通信服务除外），营造有利于各类投资者平等准入的市场环境。

3. 探索建立负面清单管理模式。借鉴国际通行规则，对外商投资试行准入前国民待遇，研究制订试验区外商投资与国民待遇等不符的负面清单，改革外商投资管理模式。对负面清单之外的领域，按照内外资一致的原则，将外商投资项目由核准制改为备案制（国务院规定对国内投资项目保留核准的除外），由上海市负责办理；将外商投资企业合同章程审批改为由上海市负责备案管理，备案后按国家有关规定办理相关手续；工商登记与商事登记制度改革相衔接，逐步优化登记流程；完善国家安全审查制度，在试验区内试点开展涉及外资的国家安全审查，构建安全高效的开放型经济体系。在总结试点经验的基础上，逐步形成与国际接轨的外商投资管理制度。

4. 构筑对外投资服务促进体系。改革境外投资管理方式，对境外投资开办企业实行以备案制为主的管理方式，对境外投资一般项目实行备案制，由上海市负责备案管理，提高境外投资便利化程度。创新投资服务促进机制，加强境外投资事后管理和服务，形成多部门共享的信息监测平台，做好对外直接投资统计和年检工作。支持试验区内各类投资主体开展多种形式的境外投资。鼓励在试验区设立专业从事境外股权投资的项目公司，支持有条件的投资者设立境外投资股权投资母基金。

(三) 推进贸易发展方式转变

5. 推动贸易转型升级。积极培育贸易新型业态和功能，形成以技术、品牌、质量、服务为核心的外贸竞争新优势，加快提升我国在全球贸易价值链中的地位。鼓励跨国公司建立亚太地区总部，建立整合贸易、物流、结算等功能的营运中心。深化国际贸易结算中心试点，拓展专用账户的服务贸易跨境收付和融资功能。支持试验区内企业发展离岸业务。鼓励企业统筹开展国际国内贸易，实现内外贸一体化发展。探索在试验区内设立国际大宗商品交易和资源配置平台，开展能源产品、基本工业原料和大宗农产品的国际贸易。扩大完善期货保税交割试点，拓展仓单质押融资等功能。加快对外文化贸易基地建设。推动生物医药、软件信息、管理咨询、数据服务等外包业务发展。允许和支持各类融资租赁公司在试验区内设立项目子公司并开展境内外租赁服务。鼓励设立第三方检验鉴定机构，按照国际标准采信其检测结果。试点开展境内外高技术、高附加值的维修业务。加快培育跨境电子商务服务功能，试点建立与之相适应的海关监管、检验检疫、退税、跨境支付、物流等支撑系统。

6. 提升国际航运服务能级。积极发挥外高桥港、洋山深水港、浦东空港国际枢纽港的联动作用，探索形成具有国际竞争力的航运发展制度和运作模式。积极发展航运金融、国际船舶运输、国际船舶管理、国际航运经纪等产业。加快发展航运运价指数衍生品交易业务。推动中转集拼业务发展，允许中资公司拥有或控股拥有的非五星旗船，先行先试外贸进出口集装箱在国内沿海港口和上海港之间的沿海捎带业务。支持浦东机场增加国际中转货运航班。充分发挥上海的区域优势，利用中资"方便旗"船税收优惠政策，促进符合条件的船舶在上海落户登记。在试验区实行已在天津试点的国际船舶登记政策。简化国际船舶运输经营许可流程，形成高效率的船籍登记制度。

(四) 深化金融领域的开放创新

7. 加快金融制度创新。在风险可控前提下，可在试验区内对人民币资本项目可兑换、金融市场利率市场化、人民币跨境使用等方面创造条件进行先行先试。在试验区内实现金融机构资产方价格实行市场化定价。探索面向国际的外汇管理改革试点，建立与自由贸易试验区相适应的外汇管理体制，全面实现贸易投资便利化。鼓励企业充分利用境内外两种资源、两个市场，实现跨境融资自由化。深化外债管理方式改革，促进跨境融资便利化。深化跨国公司总部外汇资金集中运营管理试点，促进跨国公司设立区域性或全球性资金管理中心。

建立试验区金融改革创新与上海国际金融中心建设的联动机制。

8. 增强金融服务功能。推动金融服务业对符合条件的民营资本和外资金融机构全面开放,支持在试验区内设立外资银行和中外合资银行。允许金融市场在试验区内建立面向国际的交易平台。逐步允许境外企业参与商品期货交易。鼓励金融市场产品创新。支持股权托管交易机构在试验区内建立综合金融服务平台。支持开展人民币跨境再保险业务,培育发展再保险市场。

(五) 完善法制领域的制度保障

9. 完善法制保障。加快形成符合试验区发展需要的高标准投资和贸易规则体系。针对试点内容,需要停止实施有关行政法规和国务院文件的部分规定的,按规定程序办理。其中,经全国人民代表大会常务委员会授权,暂时调整《中华人民共和国外资企业法》、《中华人民共和国中外合资经营企业法》和《中华人民共和国中外合作经营企业法》规定的有关行政审批,自 2013 年 10 月 1 日起在三年内试行。各部门要支持试验区在服务业扩大开放、实施准入前国民待遇和负面清单管理模式等方面深化改革试点,及时解决试点过程中的制度保障问题。上海市要通过地方立法,建立与试点要求相适应的试验区管理制度。

三、营造相应的监管和税收制度环境

适应建立国际高水平投资和贸易服务体系的需要,创新监管模式,促进试验区内货物、服务等各类要素自由流动,推动服务业扩大开放和货物贸易深入发展,形成公开、透明的管理制度。同时,在维护现行税制公平、统一、规范的前提下,以培育功能为导向,完善相关政策。

(一) 创新监管服务模式

1. 推进实施"一线放开"。允许企业凭进口舱单将货物直接入区,再凭进境货物备案清单向主管海关办理申报手续,探索简化进出境备案清单,简化国际中转、集拼和分拨等业务进出境手续;实行"进境检疫,适当放宽进出口检验"模式,创新监管技术和方法。探索构建相对独立的以贸易便利化为主的货物贸易区域和以扩大服务领域开放为主的服务贸易区域。在确保有效监管的前提下,探索建立货物状态分类监管模式。深化功能拓展,在严格执行货物进出口税收政策的前提下,允许在特定区域设立保税展示交易平台。

2. 坚决实施"二线安全高效管住"。优化卡口管理,加强电子信息联网,通过进出境清单比对、账册管理、卡口实货核注、风险分析等加强监管,促进二线监管模式与一线监管模式相衔接,推行"方便进出,严密防范质量安全风

险"的检验检疫监管模式。加强电子账册管理,推动试验区内货物在各海关特殊监管区域之间和跨关区便捷流转。试验区内企业原则上不受地域限制,可到区外再投资或开展业务,如有专项规定要求办理相关手续,仍应按照专项规定办理。推进企业运营信息与监管系统对接。通过风险监控、第三方管理、保证金要求等方式实行有效监管,充分发挥上海市诚信体系建设的作用,加快形成企业商务诚信管理和经营活动专属管辖制度。

3. 进一步强化监管协作。以切实维护国家安全和市场公平竞争为原则,加强各有关部门与上海市政府的协同,提高维护经济社会安全的服务保障能力。试验区配合国务院有关部门严格实施经营者集中反垄断审查。加强海关、质检、工商、税务、外汇等管理部门的协作。加快完善一体化监管方式,推进组建统一高效的口岸监管机构。探索试验区统一电子围网管理,建立风险可控的海关监管机制。

(二)探索与试验区相配套的税收政策

4. 实施促进投资的税收政策。注册在试验区内的企业或个人股东,因非货币性资产对外投资等资产重组行为而产生的资产评估增值部分,可在不超过5年期限内,分期缴纳所得税。对试验区内企业以股份或出资比例等股权形式给予企业高端人才和紧缺人才的奖励,实行已在中关村等地区试点的股权激励个人所得税分期纳税政策。

5. 实施促进贸易的税收政策。将试验区内注册的融资租赁企业或金融租赁公司在试验区内设立的项目子公司纳入融资租赁出口退税试点范围。对试验区内注册的国内租赁公司或租赁公司设立的项目子公司,经国家有关部门批准从境外购买空载重量在25吨以上并租赁给国内航空公司使用的飞机,享受相关进口环节增值税优惠政策。对设在试验区内的企业生产、加工并经"二线"销往内地的货物照章征收进口环节增值税、消费税。根据企业申请,试行对该内销货物按其对应进口料件或按实际报验状态征收关税的政策。在现行政策框架下,对试验区内生产企业和生产性服务业企业进口所需的机器、设备等货物予以免税,但生活性服务业等企业进口的货物以及法律、行政法规和相关规定明确不予免税的货物除外。完善启运港退税试点政策,适时研究扩大启运地、承运企业和运输工具等试点范围。

此外,在符合税制改革方向和国际惯例,以及不导致利润转移和税基侵蚀的前提下,积极研究完善适应境外股权投资和离岸业务发展的税收政策。

四、扎实做好组织实施

国务院统筹领导和协调试验区推进工作。上海市要精心组织实施,完善工作机制,落实工作责任,根据《方案》明确的目标定位和先行先试任务,按照"成熟的可先做,再逐步完善"的要求,形成可操作的具体计划,抓紧推进实施,并在推进过程中认真研究新情况、解决新问题,重大问题要及时向国务院请示报告。各有关部门要大力支持,积极做好协调配合、指导评估等工作,共同推进相关体制机制和政策创新,把试验区建设好、管理好。

附件:中国(上海)自由贸易试验区服务业扩大开放措施

附件

中国(上海)自由贸易试验区服务业扩大开放措施

一、金融服务领域

1. 银行服务(国民经济行业分类:J 金融业——6620 货币银行服务)	
开放措施	(1)允许符合条件的外资金融机构设立外资银行,符合条件的民营资本与外资金融机构共同设立中外合资银行。在条件具备时,适时在试验区内试点设立有限牌照银行。 (2)在完善相关管理办法,加强有效监管的前提下,允许试验区内符合条件的中资银行开办离岸业务。
2. 专业健康医疗保险(国民经济行业分类:J 金融业——6812 健康和意外保险)	
开放措施	试点设立外资专业健康医疗保险机构。
3. 融资租赁(国民经济行业分类:J 金融业——6631 金融租赁服务)	
开放措施	(1)融资租赁公司在试验区内设立的单机、单船子公司不设最低注册资本限制。 (2)允许融资租赁公司兼营与主营业务有关的商业保理业务。

二、航运服务领域

4. 远洋货物运输(国民经济行业分类:G 交通运输、仓储和邮政业——5521 远洋货物运输)	
开放措施	(1)放宽中外合资、中外合作国际船舶运输企业的外资股比限制,由国务院交通运输主管部门制定相关管理试行办法。 (2)允许中资公司拥有或控股拥有的非五星旗船,先行先试外贸进出口集装箱在国内沿海港口和上海港之间的沿海捎带业务。

续表

5. 国际船舶管理（国民经济行业分类：G 交通运输、仓储和邮政业——5539 其他水上运输辅助服务）	
开放措施	允许设立外商独资国际船舶管理企业。

三、商贸服务领域

6. 增值电信（国民经济行业分类：I 信息传输、软件和信息技术服务业——6319 其他电信业务，6420 互联网信息服务，6540 数据处理和存储服务，6592 呼叫中心）	
开放措施	在保障网络信息安全的前提下，允许外资企业经营特定形式的部分增值电信业务，如涉及突破行政法规，须国务院批准同意。
7. 游戏机、游艺机销售及服务（国民经济行业分类：F 批发和零售业——5179 其他机械及电子商品批发）	
开放措施	允许外资企业从事游戏游艺设备的生产和销售，通过文化主管部门内容审查的游戏游艺设备可面向国内市场销售。

四、专业服务领域

8. 律师服务（国民经济行业分类：L 租赁和商务服务业——7221 律师及相关法律服务）	
开放措施	探索密切中国律师事务所与外国（港澳台地区）律师事务所业务合作的方式和机制。
9. 资信调查（国民经济行业分类：L 租赁和商务服务业——7295 信用服务）	
开放措施	允许设立外商投资资信调查公司。
10. 旅行社（国民经济行业分类：L 租赁和商务服务业——7271 旅行社服务）	
开放措施	允许在试验区内注册的符合条件的中外合资旅行社，从事除台湾地区以外的出境旅游业务。
11. 人才中介服务（国民经济行业分类：L 租赁和商务服务业——7262 职业中介服务）	
开放措施	（1）允许设立中外合资人才中介机构，外方合资者可以拥有不超过 70% 的股权；允许港澳服务提供者设立独资人才中介机构。 （2）外资人才中介机构最低注册资本金要求由 30 万美元降低至 12.5 万美元。
12. 投资管理（国民经济行业分类：L 租赁和商务服务业——7211 企业总部管理）	
开放措施	允许设立股份制外资投资性公司。
13. 工程设计（国民经济行业分类：M 科学研究与技术服务企业——7482 工程勘察设计）	
开放措施	对试验区内为上海市提供服务的外资工程设计（不包括工程勘察）企业，取消首次申请资质时对投资者的工程设计业绩要求。
14. 建筑服务（国民经济行业分类：E 建筑业——47 房屋建筑业，48 土木工程建筑业，49 建筑安装业，50 建筑装饰和其他建筑业）	

续表

开放措施	对试验区内的外商独资建筑企业承揽上海市的中外联合建设项目时,不受建设项目的中外方投资比例限制。

五、 文化服务领域

15. 演出经纪（国民经济行业分类：R 文化、体育和娱乐业——8941 文化娱乐经纪人）	
开放措施	取消外资演出经纪机构的股比限制,允许设立外商独资演出经纪机构,为上海市提供服务。
16. 娱乐场所（国民经济行业分类：R 文化、体育和娱乐业——8911 歌舞厅娱乐活动）	
开放措施	允许设立外商独资的娱乐场所,在试验区内提供服务。

六、 社会服务领域

17. 教育培训、职业技能培训（国民经济行业分类：P 教育——8291 职业技能培训）	
开放措施	（1） 允许举办中外合作经营性教育培训机构。 （2） 允许举办中外合作经营性职业技能培训机构。
18. 医疗服务（国民经济行业分类：Q 卫生和社会工作——8311 综合医院,8315 专科医院,8330 门诊部〔所〕）	
开放措施	允许设立外商独资医疗机构。

注：以上各项开放措施只适用于注册在中国（上海）自由贸易试验区内的企业。

国务院关于在中国（上海）自由贸易试验区内暂时调整有关行政法规和国务院文件规定的行政审批或者准入特别管理措施的决定

（国发〔2013〕51 号）

各省、自治区、直辖市人民政府,国务院各部委、各直属机构：

为加快政府职能转变,创新对外开放模式,进一步探索深化改革开放的经验,根据《全国人民代表大会常务委员会关于授权国务院在中国（上海）自由贸易试验区暂时调整有关法律规定的行政审批的决定》和《中国（上海）自由贸易试验区总体方案》的规定,国务院决定在中国（上海）自由贸易试验区内暂时调整下列行政法规和国务院文件规定的行政审批或者准入特别管理措施：

一、改革外商投资管理模式，对国家规定实施准入特别管理措施之外的外商投资，暂时调整《中华人民共和国外资企业法实施细则》《中华人民共和国中外合资经营企业法实施条例》《中华人民共和国中外合作经营企业法实施细则》《指导外商投资方向规定》《外国企业或者个人在中国境内设立合伙企业管理办法》《中外合资经营企业合营期限暂行规定》《中外合资经营企业合营各方出资的若干规定》《〈中外合资经营企业合营各方出资的若干规定〉的补充规定》《国务院关于投资体制改革的决定》《国务院关于进一步做好利用外资工作的若干意见》规定的有关行政审批。

二、扩大服务业开放，暂时调整《中华人民共和国船舶登记条例》《中华人民共和国国际海运条例》《征信业管理条例》《营业性演出管理条例》《娱乐场所管理条例》《中华人民共和国中外合作办学条例》《外商投资电信企业管理规定》《国务院办公厅转发文化部等部门关于开展电子游戏经营场所专项治理意见的通知》规定的有关行政审批以及有关资质要求、股比限制、经营范围限制等准入特别管理措施。

国务院有关部门、上海市人民政府要根据法律、行政法规和国务院文件调整情况，及时对本部门、本市制定的规章和规范性文件作相应调整，建立与试点要求相适应的管理制度。

根据《全国人民代表大会常务委员会关于授权国务院在中国（上海）自由贸易试验区暂时调整有关法律规定的行政审批的决定》和试验区改革开放措施的试验情况，本决定内容适时进行调整。

附件：国务院决定在中国（上海）自由贸易试验区内暂时调整有关行政法规和国务院文件规定的行政审批或者准入特别管理措施目录

国务院

2013 年 12 月 21 日

附件

国务院决定在中国（上海）自由贸易试验区内暂时调整有关行政法规和国务院文件规定的行政审批或者准入特别管理措施目录

序号	名称	行政法规、国务院文件规定	内容
1	外商投资项目核准（国务院规定对国内投资项目保留核准的除外）	1.《指导外商投资方向规定》 第十二条第一款的有关规定：根据现行审批权限，外商投资项目按照项目性质分别由发展计划部门和经贸部门审批、备案。 2.《外国企业或者个人在中国境内设立合伙企业管理办法》 第十三条：外国企业或者个人在中国境内设立合伙企业涉及须经政府核准的投资项目的，依照国家有关规定办理投资项目核准手续。 3.《国务院关于投资体制改革的决定》（国发〔2004〕20号） 第二部分第二项的有关规定：对于外商投资项目，政府还要从市场准入、资本项目管理等方面进行核准。 4.《国务院关于进一步做好利用外资工作的若干意见》（国发〔2010〕9号） 第四部分第十六项的有关规定：《外商投资产业指导目录》中总投资（包括增资）3亿美元以下的鼓励类、允许类项目，除《政府核准的投资项目目录》规定需由国务院有关部门核准之外，由地方政府有关部门核准。	在负面清单之外的领域，暂时停止实施该项行政审批，改为备案管理
2	外资企业设立审批	1.《中华人民共和国外资企业法实施细则》 第七条：设立外资企业的申请，由中华人民共和国对外贸易经济合作部（以下简称对外贸易经济合作部）审查批准后，发给批准证书。 设立外资企业的申请属于下列情形的，国务院授权省、自治区、直辖市和计划单列市、经济特区人民政府审查批准后，发给批准证书： （一）投资总额在国务院规定的投资审批权限以内的； （二）不需要国家调拨原材料，不影响能源、交通运输、外贸出口配额等全国综合平衡的。 省、自治区、直辖市和计划单列市、经济特区人民政府在国务院授权范围内批准设立外资企业，应当在批准后15天内报对外贸易经济合作部备案（对外贸易经济合作部和省、自治区、直辖市和计划单列市、经济特区人民政府，以下统称审批机关）。 第十六条：外资企业的章程经审批机关批准后生效，修改时同。	在负面清单之外的领域，暂时停止实施该项行政审批，改为备案管理

续表1

序号	名称	行政法规、国务院文件规定	内容
2	外资企业设立审批	2.《指导外商投资方向规定》 第十二条第一款的有关规定：外商投资企业的合同、章程由外经贸部门审批、备案。其中，限制类限额以下的外商投资项目由省、自治区、直辖市及计划单列市人民政府的相应主管部门审批，同时报上级主管部门和行业主管部门备案，此类项目的审批权不得下放。属于服务贸易领域逐步开放的外商投资项目，按照国家有关规定审批。 3.《国务院关于进一步做好利用外资工作的若干意见》（国发〔2010〕9号） 第四部分第十六项的有关规定：服务业领域外商投资企业的设立（金融、电信服务除外）由地方政府按照有关规定进行审批。 4.《政府核准的投资项目目录（2013年本）》 第十二条第三款：外商投资企业的设立及变更事项，按现行有关规定由商务部和地方政府核准。	在负面清单之外的领域，暂时停止实施该项行政审批，改为备案管理
3	外资企业分立、合并或者其他原因导致资本发生重大变动审批	《中华人民共和国外资企业法实施细则》 第十七条：外资企业的分立、合并或者由于其他原因导致资本发生重大变动，须经审批机关批准，并应当聘请中国的注册会计师验证和出具验资报告；经审批机关批准后，向工商行政管理机关办理变更登记手续。	在负面清单之外的领域，暂时停止实施该项行政审批，改为备案管理
4	外资企业注册资本减少、增加、转让审批	《中华人民共和国外资企业法实施细则》 第二十一条：外资企业在经营期内不得减少其注册资本。但是，因投资总额和生产经营规模等发生变化，确需减少的，须经审批机关批准。 第二十二条：外资企业注册资本的增加、转让，须经审批机关批准，并向工商行政管理机关办理变更登记手续。	在负面清单之外的领域，暂时停止实施该项行政审批，改为备案管理
5	外资企业财产或者权益对外抵押、转让审批	《中华人民共和国外资企业法实施细则》 第二十三条：外资企业将其财产或者权益对外抵押、转让，须经审批机关批准并向工商行政管理机关备案。	在负面清单之外的领域，暂时停止实施该项行政审批，改为备案管理

续表2

序号	名称	行政法规、国务院文件规定	内容
6	外国投资者出资审批	《中华人民共和国外资企业法实施细则》 第二十五条第二款：经审批机关批准，外国投资者也可以用其从中国境内举办的其他外商投资企业获得的人民币利润出资。	在负面清单之外的领域，暂时停止实施该项行政审批，改为备案管理
7	外国投资者延期出资审批	《中华人民共和国外资企业法实施细则》 第三十一条第二款：外国投资者有正当理由要求延期出资的，应当经审批机关同意，并报工商行政管理机关备案。	在负面清单之外的领域，暂时停止实施该项行政审批，改为备案管理
8	外资企业经营期限审批	《中华人民共和国外资企业法实施细则》 第四十条：外资企业的土地使用年限，与经批准的该外资企业的经营期限相同。 第七十条：外资企业的经营期限，根据不同行业和企业的具体情况，由外国投资者在设立外资企业的申请书中拟订，经审批机关批准。 第七十一条第二款：外资企业经营期满需要延长经营期限的，应当在距经营期满180天前向审批机关报送延长经营期限的申请书。审批机关应当在收到申请书之日起30天内决定批准或者不批准。	在负面清单之外的领域，暂时停止实施该项行政审批，改为备案管理
9	外资企业终止核准	《中华人民共和国外资企业法实施细则》 第七十二条第二款：外资企业如存在前款第（二）、（三）、（四）项所列情形，应当自行提交终止申请书，报审批机关核准。审批机关作出核准的日期为企业的终止日期。 第七十三条：外资企业依照本实施细则第七十二条第（一）、（二）、（三）、（六）项的规定终止的，应当在终止之日起15天内对外公告并通知债权人，并在终止公告发出之日起15天内，提出清算程序、原则和清算委员会人选，报审批机关审核后进行清算。	在负面清单之外的领域，暂时停止实施该项行政审批，改为备案管理

续表3

序号	名称	行政法规、国务院文件规定	内容
10	中外合资经营企业设立审批	《中华人民共和国中外合资经营企业法实施条例》 第六条第一款、第二款、第三款： 在中国境内设立合营企业，必须经中华人民共和国对外贸易经济合作部（以下简称对外贸易经济合作部）审查批准。批准后，由对外贸易经济合作部发给批准证书。 凡具备下列条件的，国务院授权省、自治区、直辖市人民政府或者国务院有关部门审批： （一）投资总额在国务院规定的投资审批权限以内，中国合营者的资金来源已经落实的； （二）不需要国家增拨原材料，不影响燃料、动力、交通运输、外贸出口配额等方面的全国平衡的。 依照前款批准设立的合营企业，应当报对外贸易经济合作部备案。 第十四条：合营企业协议、合同和章程经审批机构批准后生效，其修改时同。	在负面清单之外的领域，暂时停止实施该项行政审批，改为备案管理
11	中外合资经营企业转让股权审批	《中华人民共和国中外合资经营企业法实施条例》 第二十条第一款：合营一方向第三者转让其全部或者部分股权的，须经合营他方同意，并报审批机构批准，向登记管理机构办理变更登记手续。	在负面清单之外的领域，暂时停止实施该项行政审批，改为备案管理
12	中外合资经营企业增加、减少注册资本审批	《中华人民共和国中外合资经营企业法实施条例》 第十九条：合营企业在合营期内不得减少其注册资本。因投资总额和生产经营规模等发生变化，确需减少的，须经审批机构批准。 第二十一条：合营企业注册资本的增加、减少，应当由董事会会议通过，并报审批机构批准，向登记管理机构办理变更登记手续。	在负面清单之外的领域，暂时停止实施该项行政审批，改为备案管理
13	中外合资经营企业出资方式审批	《中华人民共和国中外合资经营企业法实施条例》 第二十七条：外国合营者作为出资的机器设备或者其他物料、工业产权或者专有技术，应当报审批机构批准。	在负面清单之外的领域，暂时停止实施该项行政审批，改为备案管理

续表4

序号	名称	行政法规、国务院文件规定	内容
14	中外合资经营企业经营期限审批	《中外合资经营企业合营期限暂行规定》 第四条：合营各方在合营合同中不约定合营期限的合营企业，按照国家规定的审批权限和程序审批。除对外经济贸易部直接审批的外，其他审批机关应当在批准后30天内报对外经济贸易部备案。 第六条第一款：在本规定施行之前已经批准设立的合营企业，按照批准的合营合同约定的期限执行，但属本规定第三条规定以外的合营企业，合营各方一致同意将合营合同中合营期限条款修改为不约定合营期限的，合营各方应当申报理由，签订修改合营合同的协议，并提出申请，报原审批机关审查。	在负面清单之外的领域，暂时停止实施该项行政审批，改为备案管理
15	中外合资经营企业解散审批	1.《中华人民共和国中外合资经营企业法实施条例》 第九十条第二款：前款第（二）、（四）、（五）、（六）项情况发生的，由董事会提出解散申请书，报审批机构批准；第（三）项情况发生的，由履行合同的一方提出申请，报审批机构批准。 2.《中外合资经营企业合营各方出资的若干规定》 第七条第一款：合营一方未按照合营合同的规定如期缴付或者缴清其出资的，即构成违约。守约方应当催告违约方在一个月内缴付或者缴清出资。逾期仍未缴付或者缴清的，视同违约方放弃在合营合同中的一切权利，自动退出合营企业。守约方应当在逾期后一个月内，向原审批机关申请批准解散合营企业或者申请批准另找合营者承担违约方在合营合同中的权利和义务。守约方可以依法要求违约方赔偿因未缴付或者缴清出资造成的经济损失。	在负面清单之外的领域，暂时停止实施该项行政审批，改为备案管理
16	中外合资经营、中外合作经营、外商独资经营企业出资审批	《〈中外合资经营企业合营各方出资的若干规定〉的补充规定》的全部条文	在负面清单之外的领域，暂时停止实施该项行政审批，改为备案管理

续表5

序号	名称	行政法规、国务院文件规定	内容
17	中外合作经营企业设立审批	《中华人民共和国中外合作经营企业法实施细则》 第六条：设立合作企业由对外贸易经济合作部或者国务院授权的部门和地方人民政府审查批准。 设立合作企业属于下列情形的，由国务院授权的部门或者地方人民政府审查批准： （一）投资总额在国务院规定由国务院授权的部门或者地方人民政府审批的投资限额以内的； （二）自筹资金，并且不需要国家平衡建设、生产条件的； （三）产品出口不需要领取国家有关主管部门发放的出口配额、许可证，或者虽需要领取，但在报送项目建议书前已征得国家有关主管部门同意的； （四）有法律、行政法规规定由国务院授权的部门或者地方人民政府审查批准的其他情形的。	在负面清单之外的领域，暂时停止实施该项行政审批，改为备案管理
18	中外合作经营企业协议、合同、章程重大变更审批	《中华人民共和国中外合作经营企业法实施细则》 第十一条：合作企业协议、合同、章程自审查批准机关颁发批准证书之日起生效。在合作期限内，合作企业协议、合同、章程有重大变更的，须经审查批准机关批准。	在负面清单之外的领域，暂时停止实施该项行政审批，改为备案管理
19	中外合作经营企业注册资本减少审批	《中华人民共和国中外合作经营企业法实施细则》 第十六条第二款：合作企业注册资本在合作期限内不得减少。但是，因投资总额和生产经营规模等变化，确需减少的，须经审查批准机关批准。	在负面清单之外的领域，暂时停止实施该项行政审批，改为备案管理
20	中外合作经营企业转让合作企业合同权利审批	《中华人民共和国中外合作经营企业法实施细则》 第二十三条第一款：合作各方之间相互转让或者合作一方向合作他方以外的他人转让属于其在合作企业合同中全部或者部分权利的，须经合作他方书面同意，并报审查批准机关批准。	在负面清单之外的领域，暂时停止实施该项行政审批，改为备案管理
21	中外合作经营企业委托经营管理合同审批	《中华人民共和国中外合作经营企业法实施细则》 第三十五条第二款：合作企业应当将董事会或者联合管理委员会的决议、签订的委托经营管理合同，连同被委托人的资信证明等文件，一并报送审查批准机关批准。审查批准机关应当自收到有关文件之日起30天内决定批准或者不批准。	在负面清单之外的领域，暂时停止实施该项行政审批，改为备案管理

续表6

序号	名称	行政法规、国务院文件规定	内容
22	外国合作者先行回收投资报审查批准机关审批	《中华人民共和国中外合作经营企业法实施细则》 第四十五条第一款：外国合作者依照本实施细则第四十四条第二项和第三项的规定提出先行回收投资的申请，应当具体说明先行回收投资的总额、期限和方式，经财政税务机关审查同意后，报审查批准机关审批。	在负面清单之外的领域，暂时停止实施该项行政审批，改为备案管理
23	中外合作经营企业延长合作期限审批	《中华人民共和国中外合作经营企业法实施细则》 第四十七条第二款：合作企业期限届满，合作各方协商同意要求延长合作期限的，应当在期限届满的180天前向审查批准机关提出申请，说明原合作企业合同执行情况、延长合作期限的原因，同时报送合作各方就延长的期限内各方的权利、义务等事项所达成的协议。审查批准机关应当自接到申请之日起30天内，决定批准或者不批准。 第四十七条第四款：合作企业合同约定外国合作者先行回收投资，并且投资已经回收完毕的，合作企业期限届满不再延长；但是，外国合作者增加投资的，经合作各方协商同意，可以依照本条第二款的规定向审查批准机关申请延长合作期限。	在负面清单之外的领域，暂时停止实施该项行政审批，改为备案管理
24	中外合作经营企业解散审批	1.《中华人民共和国中外合作经营企业法实施细则》 第四十八条第二款：前款第二项、第四项所列情形发生，应当由合作企业的董事会或者联合管理委员会做出决定，报审查批准机关批准。在前款第三项所列情形下，不履行合作企业合同、章程规定的义务的中外合作者一方或者数方，应当对履行合同的他方因此遭受的损失承担赔偿责任；履行合同的一方或者数方有权向审查批准机关提出申请，解散合作企业。 2.《中外合资经营企业合营各方出资的若干规定》 第七条第一款：合营一方未按照合营合同的规定如期缴付或者缴清其出资的，即构成违约。守约方应当催告违约方在一个月内缴付或者缴清出资。逾期仍未缴付或者缴清的，视同违约方放弃在合营合同中的一切权利，自动退出合营企业。守约方应当在逾期后一个月内，向原审批机关申请批准解散合营企业或者申请批准另找合营者承担违约方在合营合同中的权利和义务。守约方可以依法要求违约方赔偿因未缴付或者缴清出资造成的经济损失。 第十条：中外合作经营企业合作各方的出资参照本规定执行。	在负面清单之外的领域，暂时停止实施该项行政审批，改为备案管理

续表7

序号	名称	行政法规、国务院文件规定	内容
25	放宽中外合资、中外合作国际船舶运输企业的外资股比限制	1.《中华人民共和国船舶登记条例》 第二条第一款第二项：依据中华人民共和国法律设立的主要营业所在中华人民共和国境内的企业法人的船舶。但是，在该法人的注册资本中有外商出资的，中方投资人的出资额不得低于50%。 2.《中华人民共和国国际海运条例》 第二十九条第二款、第三款、第四款： 经营国际船舶运输、国际船舶代理业务的中外合资经营企业，企业中外商的出资比例不得超过49%。 经营国际船舶运输、国际船舶代理业务的中外合作经营企业，企业中外商的投资比例比照适用前款规定。 中外合资国际船舶运输企业和中外合作国际船舶运输企业的董事会主席和总经理，由中外合资、合作双方协商后由中方指定。	暂时停止实施相关规定内容，由国务院交通运输主管部门制定相关管理办法
26	允许设立外商独资国际船舶管理企业	《中华人民共和国国际海运条例》 第二十九条第一款：经国务院交通主管部门批准，外商可以依照有关法律、行政法规以及国家其他有关规定，投资设立中外合资经营企业或者中外合作经营企业，经营国际船舶运输、国际船舶代理、国际船舶管理、国际海运货物装卸、国际海运货物仓储、国际海运集装箱站和堆场业务；并可以投资设立外资企业经营国际海运货物仓储业务。	暂时停止实施相关规定内容，由国务院交通运输主管部门制定相关管理办法
27	允许设立外商投资资信调查公司	《征信业管理条例》 第四十五条：外商投资征信机构的设立条件，由国务院征信业监督管理部门会同国务院有关部门制定，报国务院批准。 境外征信机构在境内经营征信业务，应当经国务院征信业监督管理部门批准。	暂时停止实施相关规定内容，由国务院征信业监督管理部门制定相关管理办法
28	取消外资演出经纪机构的股比限制，允许设立外商独资演出经纪机构，为上海市提供服务	《营业性演出管理条例》 第十一条第一款、第二款： 外国投资者可以与中国投资者依法设立中外合资经营、中外合作经营的演出经纪机构、演出场所经营单位；不得设立中外合资经营、中外合作经营、外资经营的文艺表演团体，不得设立外资经营的演出经纪机构、演出场所经营单位。 设立中外合资经营的演出经纪机构、演出场所经营单位，中国合营者的投资比例应当不低于51%；设立中外合作经营的演出经纪机构、演出场所经营单位，中国合作者应当拥有经营主导权。	暂时停止实施相关规定内容，由国务院文化主管部门制定相关管理办法

续表8

序号	名称	行政法规、国务院文件规定	内容
29	允许设立外商独资的娱乐场所，在试验区内提供服务	《娱乐场所管理条例》 第六条：外国投资者可以与中国投资者依法设立中外合资经营、中外合作经营的娱乐场所，不得设立外商独资经营的娱乐场所。	暂时停止实施相关规定内容，由国务院文化主管部门制定相关管理办法
30	允许举办中外合作的经营性教育培训机构和经营性职业技能培训机构	《中华人民共和国中外合作办学条例》 第六十条：在工商行政管理部门登记注册的经营性的中外合作举办的培训机构的管理办法，由国务院另行规定。	暂时停止实施相关规定内容，由上海市制定发布相关管理办法
31	在保障网络信息安全的前提下，允许外资企业经营特定形式的部分增值电信业务	《外商投资电信企业管理规定》 第二条：外商投资电信企业，是指外国投资者同中国投资者在中华人民共和国境内依法以中外合资经营形式，共同投资设立的经营电信业务的企业。 第六条第二款：经营增值电信业务（包括基础电信业务中的无线寻呼业务）的外商投资电信企业的外方投资者在企业中的出资比例，最终不得超过50%。 第十二条：设立外商投资电信企业经营省、自治区、直辖市范围内增值电信业务，由中方主要投资者向省、自治区、直辖市电信管理机构提出申请并报送下列文件： （一）本规定第十条规定的资格证明或者有关确认文件； （二）电信条例规定的经营增值电信业务应当具备的其他条件的证明或者确认文件。 省、自治区、直辖市电信管理机构应当自收到申请之日起60日内签署意见。同意的，转报国务院工业和信息化主管部门；不同意的，应当书面通知申请人并说明理由。 国务院工业和信息化主管部门应当自收到省、自治区、直辖市电信管理机构签署同意的申请文件之日起30日内审查完毕，作出批准或者不予批准的决定。予以批准的，颁发《外商投资经营电信业务审定意见书》；不予批准的，应当书面通知申请人并说明理由。 第十四条：设立外商投资电信企业，按照国家有关规定，其投资项目需要经国务院发展改革部门核准的，国务院工业和信息化主管部门应当在颁发《外商投资经营电信业务审定意见书》前，将申请材料转送国务院发展改革部门核准。转送国务院发展改革部门核准的，本规定第十一条、第十二条规定的审批期限可以延长30日。	暂时停止实施相关规定内容，由国务院工业和信息化主管部门制定相关管理办法

续表9

序号	名称	行政法规、国务院文件规定	内容
31	在保障网络信息安全的前提下,允许外资企业经营特定形式的部分增值电信业务	第十五条:设立外商投资电信企业,属于经营基础电信业务或者跨省、自治区、直辖市范围增值电信业务的,由中方主要投资者凭《外商投资经营电信业务审定意见书》向国务院商务主管部门报送拟设立外商投资电信企业的合同、章程;属于经营省、自治区、直辖市范围内增值电信业务的,由中方主要投资者凭《外商投资经营电信业务审定意见书》向省、自治区、直辖市人民政府商务主管部门报送拟设立外商投资电信企业的合同、章程。 国务院商务主管部门和省、自治区、直辖市人民政府商务主管部门应当自收到报送的拟设立外商投资电信企业的合同、章程之日起90日内审查完毕,作出批准或者不予批准的决定。予以批准的,颁发《外商投资企业批准证书》;不予批准的,应当书面通知申请人并说明理由。 第十六条:外商投资电信企业的中方主要投资者凭《外商投资企业批准证书》,到国务院工业和信息化主管部门办理《电信业务经营许可证》手续。 第十七条:外商投资电信企业的中方主要投资者凭《外商投资企业批准证书》和《电信业务经营许可证》,向工商行政管理机关办理外商投资电信企业注册登记手续。 第十八条:违反本规定第六条规定的,由国务院工业和信息化主管部门责令限期改正,并处10万元以上50万元以下的罚款;逾期不改正的,由国务院工业和信息化主管部门吊销《电信业务经营许可证》,并由原颁发《外商投资企业批准证书》的商务主管部门撤销其《外商投资企业批准证书》。 第十九条:违反本规定第十七条规定的,由国务院工业和信息化主管部门责令限期改正,并处20万元以上100万元以下的罚款;逾期不改正的,由国务院工业和信息化主管部门吊销《电信业务经营许可证》,并由原颁发《外商投资企业批准证书》的商务主管部门撤销其《外商投资企业批准证书》。 第二十条:申请设立外商投资电信企业,提供虚假、伪造的资格证明或者确认文件骗取批准的,批准无效,由国务院工业和信息化主管部门处20万元以上100万元以下的罚款,吊销《电信业务经营许可证》,并由原颁发《外商投资企业批准证书》的商务主管部门撤销其《外商投资企业批准证书》。	暂时停止实施相关规定内容,由国务院工业和信息化主管部门制定相关管理办法

续表10

序号	名称	行政法规、国务院文件规定	内容
32	允许外资企业从事游戏游艺设备的生产和销售,通过文化主管部门内容审查的游戏游艺设备可面向国内市场销售	《国务院办公厅转发文化部等部门关于开展电子游戏经营场所专项治理意见的通知》(国办发〔2000〕44号) 二、自本意见发布之日起,各地要立即停止审批新的电子游戏经营场所,也不得审批现有的电子游戏经营场所增添或更新任何类型的电子游戏设备。 六、自本意见发布之日起,面向国内的电子游戏设备及其零、附件生产、销售即行停止。任何企业、个人不得再从事面向国内的电子游戏设备及其零、附件的生产、销售活动。一经发现向电子游戏经营场所销售电子游戏设备及其零、附件的,由经贸、信息产业部门会同工商行政管理等部门依照有关规定进行处理。 除加工贸易方式外,严格限制以其他贸易方式进口电子游戏设备及其零、附件(海关商品编号95041000、95043010、95049010)。对电子游戏设备及其零、附件的加工贸易业务,列入限制类加工贸易产品,并实行加工贸易保证金台账实转制度,外经贸部门要严格审批和管理,海关加强实际监管,其产品只能返销出境;逾期不能出口的,由海关依法予以收缴,或监督有关企业予以销毁。各地海关要加大查验力度,实施重点查控,坚决打击通过伪报、夹藏等方式走私电子游戏设备及其零、附件的非法行为。	暂时停止实施相关规定内容

国务院关于在中国(上海)自由贸易试验区内暂时调整实施有关行政法规和经国务院批准的部门规章规定的准入特别管理措施的决定

(国发〔2014〕38号)

各省、自治区、直辖市人民政府,国务院各部委、各直属机构:

为适应在中国(上海)自由贸易试验区进一步扩大开放的需要,国务院决定在试验区内暂时调整实施《中华人民共和国国际海运条例》、《中华人民共和国认证认可条例》、《盐业管理条例》以及《外商投资产业指导目录》、《汽车产业发展政策》、《外商投资民用航空业规定》规定的有关资质要求、股比限制、经营范围等准入特别管理措施（目录附后）。

国务院有关部门、上海市人民政府要根据上述调整，及时对本部门、本市制定的规章和规范性文件作相应调整，建立与进一步扩大开放相适应的管理制度。

国务院将根据试验区改革开放措施的实施情况，适时对本决定的内容进行调整。

附件：国务院决定在中国（上海）自由贸易试验区内暂时调整实施有关行政法规和经国务院批准的部门规章规定的准入特别管理措施目录

国务院
2014 年 9 月 4 日

附件

国务院决定在中国（上海）自由贸易试验区内暂时调整实施有关行政法规和经国务院批准的部门规章规定的准入特别管理措施目录

序号	准入特别管理措施	调整实施情况
1	《中华人民共和国国际海运条例》 第二十九条第一款：经国务院交通主管部门批准，外商可以依照有关法律、行政法规以及国家其他有关规定，投资设立中外合资经营企业或者中外合作经营企业，经营国际船舶运输、国际船舶代理、国际船舶管理、国际海运货物装卸、国际海运货物仓储、国际海运集装箱站和堆场业务；并可以投资设立外资企业经营国际海运货物仓储业务。	暂时停止实施相关内容，允许外商以独资形式从事国际海运货物装卸、国际海运集装箱站和堆场业务
2	《中华人民共和国国际海运条例》 第二十九条第二款、第三款： 经营国际船舶运输、国际船舶代理业务的中外合资经营企业，企业中外商的出资比例不得超过49%。 经营国际船舶运输、国际船舶代理业务的中外合作经营企业，企业中外商的投资比例比照适用前款规定。 《外商投资产业指导目录》 限制外商投资产业目录 六、批发和零售业 5. 船舶代理（中方控股）、外轮理货（限于合资、合作）	暂时停止实施相关内容，允许外商以合资、合作形式从事公共国际船舶代理业务，外方持股比例放宽至51%

续表1

序号	准入特别管理措施	调整实施情况
3	《中华人民共和国认证认可条例》 第十一条第一款：设立外商投资的认证机构除应当符合本条例第十条规定的条件外，还应当符合下列条件： （一）外方投资者取得其所在国家或者地区认可机构的认可； （二）外方投资者具有3年以上从事认证活动的业务经历。 《外商投资产业指导目录》 限制外商投资产业目录 十、科学研究、技术服务和地质勘查业 2. 进出口商品检验、鉴定、认证公司	暂时停止实施相关内容，取消对外商投资进出口商品认证公司的限制，取消对投资方的资质要求
4	《盐业管理条例》 第二十条：盐的批发业务，由各级盐业公司统一经营。未设盐业公司的地方，由县级以上人民政府授权的单位统一组织经营。	暂时停止实施相关内容，允许外商以独资形式从事盐的批发，服务范围限于试验区内
5	《外商投资产业指导目录》 鼓励外商投资产业目录 二、采矿业 4. 提高原油采收率及相关新技术的开发应用（限于合资、合作）	暂时停止实施相关内容，允许外商以独资形式从事提高原油采收率（以工程服务形式）及相关新技术的开发应用
6	《外商投资产业指导目录》 鼓励外商投资产业目录 二、采矿业 5. 物探、钻井、测井、录井、井下作业等石油勘探开发新技术的开发与应用（限于合资、合作）	暂时停止实施相关内容，允许外商以独资形式从事物探、钻井、测井、录井、井下作业等石油勘探开发新技术的开发与应用
7	《外商投资产业指导目录》 禁止外商投资产业目录 三、制造业 （一）饮料制造业 1. 我国传统工艺的绿茶及特种茶加工（名茶、黑茶等）	暂时停止实施相关内容，允许外商以合资、合作形式（中方控股）从事中国传统工艺的绿茶加工
8	《外商投资产业指导目录》 鼓励外商投资产业目录 三、制造业 （八）造纸及纸制品业 1. 主要利用境外木材资源的单条生产线年产30万吨及以上规模化学木浆和单条生产线年产10万吨及以上规模化学机械木浆以及同步建设的高档纸及纸板生产（限于合资、合作）	暂时停止实施相关内容，允许外商以独资形式从事主要利用境外木材资源的单条生产线年产30万吨及以上规模化学木浆和单条生产线年产10万吨及以上规模化学机械木浆以及同步建设的高档纸及纸板生产

续表2

序号	准入特别管理措施	调整实施情况
9	《外商投资产业指导目录》 鼓励外商投资产业目录 三、制造业 （十七）通用设备制造业 7. 400吨及以上轮式、履带式起重机械制造（限于合资、合作）	暂时停止实施相关内容，允许外商以独资形式从事400吨及以上轮式、履带式起重机械制造
10	《外商投资产业指导目录》 限制外商投资产业目录 三、制造业 （十）通用设备制造业 1. 各类普通级（P0）轴承及零件（钢球、保持架）、毛坯制造	暂时停止实施相关内容，取消对外商投资各类普通级（P0）轴承及零件（钢球、保持架）、毛坯制造的限制
11	《外商投资产业指导目录》 限制外商投资产业目录 三、制造业 （十一）专用设备制造业 2. 320马力及以下推土机、30吨级及以下液压挖掘机、6吨级及以下轮式装载机、220马力及以下平地机、压路机、叉车、135吨级及以下电力传动非公路自卸翻斗车、60吨级及以下液力机械传动非公路自卸翻斗车、沥青混凝土搅拌与摊铺设备和高空作业机械、园林机械和机具、商品混凝土机械（托泵、搅拌车、搅拌站、泵车）制造	暂时停止实施相关内容，取消对外商投资15吨级以下（不含15吨）液压挖掘机、3吨级以下（不含3吨）轮式装载机制造的限制
12	《外商投资产业指导目录》 限制外商投资产业目录 三、制造业 （十一）专用设备制造业 1. 一般涤纶长丝、短纤维设备制造	暂时停止实施相关内容，取消对外商投资一般涤纶长丝、短纤维设备制造的限制
13	《外商投资产业指导目录》 鼓励外商投资产业目录 三、制造业 （十九）交通运输设备制造业 3. 汽车电子装置制造与研发：发动机和底盘电子控制系统及关键零部件，车载电子技术（汽车信息系统和导航系统），汽车电子总线网络技术（限于合资），电子控制系统的输入（传感器和采样系统）输出（执行器）部件，电动助力转向系统电子控制器（限于合资），嵌入式电子集成系统（限于合资、合作）、电控式空气弹簧，电子控制式悬挂系统，电子气门系统装置，电子组合仪表，ABS/TCS/ESP系统，电路制动系统（BBW），变速器电控单元（TCU），轮胎气压监测系统（TPMS），车载故障诊断仪（OBD），发动机防盗系统，自动避撞系统，汽车、摩托车型试验及维修用检测系统	暂时停止实施相关内容，允许外商以独资形式从事汽车电子总线网络技术、电动助力转向系统电子控制器制造与研发

续表3

序号	准入特别管理措施	调整实施情况
14	《外商投资产业指导目录》 鼓励外商投资产业目录 三、制造业 （十九）交通运输设备制造业 6. 轨道交通运输设备（限于合资、合作）：高速铁路、铁路客运专线、城际铁路、干线铁路及城市轨道交通运输设备的整车和关键零部件（牵引传动系统、控制系统、制动系统）的研发、设计与制造；高速铁路、铁路客运专线、城际铁路及城市轨道交通乘客服务设施和设备的研发、设计与制造，信息化建设中有关信息系统的设计与研发；高速铁路、铁路客运专线、城际铁路的轨道和桥梁设备研发、设计与制造，轨道交通运输通信信号系统的研发、设计与制造，电气化铁路设备和器材制造、铁路噪声和振动控制技术与研发、铁路客车排污设备制造、铁路运输安全监测设备制造	暂时停止实施相关内容，允许外商以独资形式投资与高速铁路、铁路客运专线、城际铁路配套的乘客服务设施和设备的研发、设计与制造，与高速铁路、铁路客运专线、城际铁路相关的轨道和桥梁设备研发、设计与制造，电气化铁路设备和器材制造、铁路客车排污设备制造
15	《外商投资产业指导目录》 鼓励外商投资产业目录 三、制造业 （十九）交通运输设备制造业 18. 豪华邮轮及深水（3000米以上）海洋工程装备的设计（限于合资、合作） 24. 游艇的设计与制造（限于合资、合作）	暂时停止实施相关内容，允许外商以独资形式从事豪华邮轮、游艇的设计
16	《外商投资产业指导目录》 鼓励外商投资产业目录 三、制造业 （十九）交通运输设备制造业 22. 船舶舱室机械的设计与制造（中方相对控股）	暂时停止实施相关内容，允许外商以独资形式从事船舶舱室机械的设计
17	《外商投资产业指导目录》 鼓励外商投资产业目录 三、制造业 （十九）交通运输设备制造业 13. 航空发动机及零部件、航空辅助动力系统设计、制造与维修（限于合资、合作）	暂时停止实施相关内容，允许外商以独资形式从事航空发动机零部件的设计、制造与维修

续表4

序号	准入特别管理措施	调整实施情况
18	《汽车产业发展政策》 第四十八条：汽车整车、专用汽车、农用运输车和摩托车中外合资生产企业的中方股份比例不得低于50%。股票上市的汽车整车、专用汽车、农用运输车和摩托车股份公司对外出售法人股份时，中方法人之一必须相对控股且大于外资法人股之和。同一家外商可在国内建立两家（含两家）以下生产同类（乘用车类、商用车类、摩托车类）整车产品的合资企业，如与中方合资伙伴联合兼并国内其它汽车生产企业可不受两家的限制。境外具有法人资格的企业相对控股另一家企业，则视为同一家外商。	暂时停止实施相关内容，允许外商以独资形式从事摩托车（排量≤250ml）生产
19	《外商投资产业指导目录》 鼓励外商投资产业目录 三、制造业 （十九）交通运输设备制造业 5. 大排量（排量>250ml）摩托车关键零部件制造：摩托车电控燃油喷射技术（限于合资、合作）、达到中国摩托车Ⅲ阶段污染物排放标准的发动机排放控制装置	暂时停止实施相关内容，允许外商以独资形式从事大排量（排量>250ml）摩托车关键零部件制造：摩托车电控燃油喷射技术
20	《外商投资产业指导目录》 鼓励外商投资产业目录 三、制造业 （二十）电气机械及器材制造业 6. 输变电设备制造（限于合资、合作）：非晶态合金变压器、500千伏及以上高压开关用操作机构、灭弧装置、大型盆式绝缘子（1000千伏、50千安以上），500千伏及以上变压器用出线装置、套管（交流500、750、1000千伏，直流所有规格）、调压开关（交流500、750、1000千伏有载、无载调压开关），直流输电用干式平波电抗器、±800千伏直流输电用换流阀（水冷设备、直流场设备），符合欧盟RoHS指令的电器触头材料及无Pb、Cd的焊料	暂时停止实施相关内容，允许外商以独资形式从事符合欧盟RoHS指令的电器触头材料及无Pb、Cd的焊料制造
21	《外商投资产业指导目录》 鼓励外商投资产业目录 五、交通运输、仓储和邮政业 2. 支线铁路、地方铁路及其桥梁、隧道、轮渡和站场设施的建设、经营（限于合资、合作）	暂时停止实施相关内容，允许外商以独资形式从事地方铁路及其桥梁、隧道、轮渡和站场设施的建设、经营
22	《外商投资产业指导目录》 限制外商投资产业目录 六、批发和零售业 2. 粮食收购，粮食、棉花、植物油、食糖、烟草、原油、农药、农膜、化肥的批发、零售、配送（设立超过30家分店、销售来自多个供应商的不同种类和品牌商品的连锁店由中方控股）	暂时停止实施相关内容，允许外商以独资形式从事植物油、食糖、化肥的批发、零售、配送，粮食、棉花的零售、配送，取消门店数量限制

续表5

序号	准入特别管理措施	调整实施情况
23	《外商投资产业指导目录》 限制外商投资产业目录 六、批发和零售业 1. 直销、邮购、网上销售	暂时停止实施相关内容，取消对外商投资邮购和一般商品网上销售的限制
24	《外商投资产业指导目录》 限制外商投资产业目录 五、交通运输、仓储和邮政业 1. 铁路货物运输公司	暂时停止实施相关内容，允许外商以独资形式从事铁路货物运输业务
25	《外商投资民用航空业规定》 第四条：外商投资方式包括： （一）合资、合作经营（简称"合营"）； （二）购买民航企业的股份，包括民航企业在境外发行的股票以及在境内发行的上市外资股； （三）其他经批准的投资方式。 外商以合作经营方式投资公共航空运输和从事公务飞行、空中游览的通用航空企业，必须取得中国法人资格。	允许外商以独资形式从事航空运输销售代理业务
26	《外商投资产业指导目录》 限制外商投资产业目录 八、房地产业 3. 房地产二级市场交易及房地产中介或经纪公司	暂时停止实施相关内容，取消对外商投资房地产中介或经纪公司的限制
27	《外商投资产业指导目录》 限制外商投资产业目录 十、科学研究、技术服务和地质勘查业 3. 摄影服务（含空中摄影等特技摄影服务，但不包括测绘航空摄影，限于合资）	暂时停止实施相关内容，允许外商以独资形式从事摄影服务（不含空中摄影等特技摄影服务）

国务院关于印发中国（广东）自由贸易试验区总体方案的通知

（国发〔2015〕18号）

各省、自治区、直辖市人民政府，国务院各部委、各直属机构：

国务院批准《中国（广东）自由贸易试验区总体方案》（以下简称《方案》），现予印发。

一、建立中国（广东）自由贸易试验区（以下简称自贸试验区），是党中央、国务院作出的重大决策，是在新形势下推进改革开放和促进内地与港澳深度合作的重要举措，对加快政府职能转变、积极探索管理模式创新、促进贸易和投资便利化，为全面深化改革和扩大开放探索新途径、积累新经验，具有重要意义。

二、自贸试验区要当好改革开放排头兵、创新发展先行者，以制度创新为核心，贯彻"一带一路"建设等国家战略[①]，在构建开放型经济新体制、探索粤港澳经济合作新模式、建设法治化营商环境等方面，率先挖掘改革潜力，破解改革难题。要积极探索外商投资准入前国民待遇加负面清单管理模式，深化行政管理体制改革，提高行政管理效能，提升事中事后监管能力和水平。

三、广东省人民政府和有关部门要解放思想、改革创新，大胆实践、积极探索，统筹谋划、加强协调，支持自贸试验区先行先试。要加强组织领导，明确责任主体，精心组织好《方案》实施工作，有效防控各类风险。要及时总结评估试点实施效果，形成可复制可推广的改革经验，发挥示范带动、服务全国的积极作用。

四、根据《全国人民代表大会常务委员会关于授权国务院在中国（广东）自由贸易试验区、中国（天津）自由贸易试验区、中国（福建）自由贸易试验区以及中国（上海）自由贸易试验区扩展区域暂时调整有关法律规定的行政审批的决定》，相应暂时调整有关行政法规和国务院文件的部分规定。具体由国务院另行印发。

五、《方案》实施中的重大问题，广东省人民政府要及时向国务院请示报告。

国务院
2015 年 4 月 8 日

中国（广东）自由贸易试验区总体方案

建立中国（广东）自由贸易试验区（以下简称自贸试验区）是党中央、国务院作出的重大决策，是新形势下全面深化改革、扩大开放和促进内地与港澳深度合作的重大举措。为全面有效推进自贸试验区建设，制定本方案。

[①] 此处应为倡议，为尊重原文，此处不做修改。下同。

一、总体要求

（一）指导思想

全面贯彻落实党的十八大和十八届二中、三中、四中全会精神，按照党中央、国务院决策部署，紧紧围绕国家战略，进一步解放思想，先行先试，以开放促改革、促发展，以制度创新为核心，促进内地与港澳经济深度合作，为全面深化改革和扩大开放探索新途径、积累新经验，发挥示范带动、服务全国的积极作用。

（二）战略定位

依托港澳、服务内地、面向世界，将自贸试验区建设成为粤港澳深度合作示范区、21世纪海上丝绸之路重要枢纽和全国新一轮改革开放先行地。

（三）发展目标

经过三至五年改革试验，营造国际化、市场化、法治化营商环境，构建开放型经济新体制，实现粤港澳深度合作，形成国际经济合作竞争新优势，力争建成符合国际高标准的法制环境规范、投资贸易便利、辐射带动功能突出、监管安全高效的自由贸易园区。

二、区位布局

（一）实施范围

自贸试验区的实施范围116.2平方公里，涵盖3个片区：广州南沙新区片区60平方公里（含广州南沙保税港区7.06平方公里），深圳前海蛇口片区28.2平方公里（含深圳前海湾保税港区3.71平方公里），珠海横琴新区片区28平方公里。

自贸试验区土地开发利用须遵守土地利用法律法规。

（二）功能划分

按区域布局划分，广州南沙新区片区重点发展航运物流、特色金融、国际商贸、高端制造等产业，建设以生产性服务业为主导的现代产业新高地和具有世界先进水平的综合服务枢纽；深圳前海蛇口片区重点发展金融、现代物流、信息服务、科技服务等战略性新兴服务业，建设我国金融业对外开放试验示范窗口、世界服务贸易重要基地和国际性枢纽港；珠海横琴新区片区重点发展旅游休闲健康、商务金融服务、文化科教和高新技术等产业，建设文化教育开放先导区和国际商务服务休闲旅游基地，打造促进澳门经济适度多元发展新载体。

按海关监管方式划分，广州南沙新区片区和深圳前海蛇口片区内的非海关特殊监管区域，重点探索体制机制创新，积极发展现代服务业和高端制造业；广州南沙保税港区和深圳前海湾保税港区等海关特殊监管区域，试点以货物贸易便利化为主要内容的制度创新，主要开展国际贸易和保税服务等业务；珠海横琴新区片区试点有关货物贸易便利化和现代服务业发展的制度创新。

三、主要任务和措施

（一）建设国际化、市场化、法治化营商环境

1. 优化法治环境。在扩大开放的制度建设上大胆探索、先行先试，加快形成高标准投资贸易规则体系。按照统一、公开、公平原则，试点开展对内对外开放的执法与司法建设，实现各类市场主体公平竞争。强化自贸试验区制度性和程序性法规规章建设，完善公众参与法规规章起草机制，探索委托第三方起草法规规章草案。对涉及自贸试验区投资贸易等商事案件，建立专业化审理机制。完善知识产权管理和执法体制，完善知识产权纠纷调解和维权援助机制，探索建立自贸试验区重点产业知识产权快速维权机制。发展国际仲裁、商事调解机制。

2. 创新行政管理体制。按照权责一致原则，建立行政权责清单制度，明确政府职能边界。深化行政审批制度改革，最大限度取消行政审批事项。推进行政审批标准化、信息化建设，探索全程电子化登记和电子营业执照管理，建立一口受理、同步审批的"一站式"高效服务模式，建设市场准入统一平台和国际贸易"单一窗口"，实现多部门信息共享和协同管理。深化投资管理体制改革，对实行备案制的企业投资项目，探索备案文件自动获准制。建立集中统一的综合行政执法体系，相对集中执法权，建设网上执法办案系统，建设联勤联动指挥平台。提高知识产权行政执法与海关保护的协调性和便捷性。探索设立法定机构，将专业性、技术性或社会参与性较强的公共管理和服务职能交由法定机构承担。建立行政咨询体系，成立由粤港澳专业人士组成的专业咨询委员会，为自贸试验区发展提供咨询。推进建立一体化的廉政监督新机制。

3. 建立宽进严管的市场准入和监管制度。实施自贸试验区外商投资负面清单制度，减少和取消对外商投资准入限制，重点扩大服务业和制造业对外开放，提高开放度和透明度。对外商投资实行准入前国民待遇加负面清单管理模式，对外商投资准入特别管理措施（负面清单）之外领域的外商投资项目实行备案制（国务院规定对国内投资项目保留核准的除外），由广东省负责办理；根据

全国人民代表大会常务委员会授权,将外商投资企业设立、变更及合同章程审批改为备案管理,由广东省负责办理,备案后按国家有关规定办理相关手续。健全社会诚信体系,建立企业诚信制度,开展信用调查和等级评价,完善企业信用约束机制,实施守信激励和失信惩戒制度。完善企业信用信息公示系统,实施企业年报公示、经营异常名录和严重违法企业名单制度。以商务诚信为核心,在追溯、监管、执法、处罚、先行赔付等方面强化全流程监管。配合国家有关部门实施外商投资国家安全审查和经营者集中反垄断审查,实施外商投资全周期监管。探索把服务相关行业的管理职能交由社会组织承担,建立健全行业协会法人治理结构。根据高标准国际投资和贸易规则要求,强化企业责任,完善工资支付保障和集体协商制度,建立工作环境损害监督等制度,严格执行环境保护法规和标准,探索开展出口产品低碳认证。

(二) 深入推进粤港澳服务贸易自由化

4. 进一步扩大对港澳服务业开放。在《内地与香港关于建立更紧密经贸关系的安排》、《内地与澳门关于建立更紧密经贸关系的安排》及其补充协议(以下统称《安排》)框架下探索对港澳更深度的开放,进一步取消或放宽对港澳投资者的资质要求、股比限制、经营范围等准入限制,重点在金融服务、交通航运服务、商贸服务、专业服务、科技服务等领域取得突破。允许港澳服务提供者在自贸试验区设立独资国际船舶运输企业,经营国际海上船舶运输服务。允许港澳服务提供者在自贸试验区设立自费出国留学中介服务机构。支持在自贸试验区内设立的港澳资旅行社(各限5家)经营内地居民出国(境)(不包括台湾地区)团队旅游业务。在自贸试验区内试行粤港澳认证及相关检测业务互认制度,实行"一次认证、一次检测、三地通行",适度放开港澳认证机构进入自贸试验区开展认证检测业务,比照内地认证机构、检查机构和实验室,给予港澳服务提供者在内地设立的合资与独资认证机构、检查机构和实验室同等待遇。允许港澳服务提供者发展高端医疗服务,开展粤港澳医疗机构转诊合作试点。建设具有粤港澳特色的中医药产业基地。优化自贸试验区区域布局,规划特定区域,建设港澳现代服务业集聚发展区。

5. 促进服务要素便捷流动。推进粤港澳服务行业管理标准和规则相衔接。结合国家关于外籍高层次人才认定以及入出境和工作生活待遇政策,研究制订自贸试验区港澳及外籍高层次人才认定办法,为高层次人才入出境、在华停居留提供便利,在项目申报、创新创业、评价激励、服务保障等方面给予特殊政策。探索通过特殊机制安排,推进粤港澳服务业人员职业资格互认。探索在自贸试验区工作、居住的港澳人士社会保障与港澳有效衔接。创新粤港澳口岸通关模式,推进建设统一高效、与港澳联动的口岸监管机制,加快推进粤港、粤澳之间信息互换、监管互认、执法互助。加快实施澳门车辆在横琴与澳门间便利进出政策,制定粤港、粤澳游艇出入境便利化措施。支持建设自贸试验区至我国国际通信业务出入口局的直达国际数据专用通道,建设互联互通的信息环境。

(三) 强化国际贸易功能集成

6. 推进贸易发展方式转变。粤港澳共同加强与 21 世纪海上丝绸之路沿线国家和地区的贸易往来,开拓国际市场。鼓励企业在自贸试验区设立总部,建立整合物流、贸易、结算等功能的营运中心。探索自贸试验区与港澳联动发展离岸贸易。加强粤港澳会展业合作,在严格执行货物进出口税收政策前提下,允许在海关特殊监管区域内设立保税展示交易平台。支持开展汽车平行进口试点,平行进口汽车应符合国家质量安全标准,进口商应承担售后服务、召回、"三包"等责任,并向消费者警示消费风险。鼓励融资租赁业创新发展,对注册在自贸试验区海关特殊监管区域内的融资租赁企业进出口飞机、船舶和海洋工程结构物等大型设备涉及跨关区的,在确保有效监管和执行现行相关税收政策前提下,按物流实际需要,实行海关异地委托监管。支持在海关特殊监管区域内开展期货保税交割、仓单质押融资等业务。创新粤港澳电子商务互动发展模式。按照公平竞争原则,积极发展跨境电子商务,完善相应的海关监管、检验检疫、退税、跨境支付、物流等支撑系统,加快推进跨境贸易电子商务配套平台建设。拓展服务贸易新领域,搭建服务贸易公共服务平台。建立华南地区知识产权运营中心,探索开展知识产权处置和收益管理改革试点。积极承接服务外包,推进软件研发、工业设计、信息管理等业务发展。加强粤港澳产品检验检测技术和标准研究合作,逐步推进第三方结果采信,逐步扩大粤港澳三方计量服务互认范畴。改革和加强原产地证签证管理,便利证书申领,强化事中事后监管。

7. 增强国际航运服务功能。建立自贸试验区与粤港澳海空港联动机制,建设 21 世纪海上丝绸之路物流枢纽,探索具有国际竞争力的航运发展制度和协同运作模式。探索与港澳在货运代理和货物运输等方面的规范和标准对接,推动港澳国际航运高端产业向内地延伸和拓展。积极发展国际船舶运输、国际船舶管理、国际船员服务、国际航运经纪等产业,支持港澳投资国际远洋、国际航空运输服务,允许在自贸试验区试点航空快件国际和台港澳中转集拼业务。允许设立外商独资国际船舶管理企业。放宽在自贸试验区设立的中外合资、中外合作国际船舶企业的外资股比限制。允许外商以合资、合作形式从事公共国际船舶代理业务,外方持股比例放宽至 51%,将外资经营国际船舶管理业务的许可权限下放给广东省。促进航运金融发展,建设航运交易信息平台,发展航运电子商务、支付结算等业务,推进组建专业化地方法人航运保险机构,允许境内外保险公司和保险经纪公司等服务中介设立营业机构并开展航运保险业务,探索航运运价指数场外衍生品开发与交易业务。推动中转集拼业务发展,允许中资公司拥有或控股拥有的非五星旗船,试点开展外贸集装箱在国内沿海港口和自贸试验区内港口之间的沿海捎带业务。在落实国际船舶登记制度相关配套政策基础上,自贸试验区海关特殊监管区域内中方投资人持有船公司的股权比例可低于50%。充分利用现有中资"方便旗"船税收优惠政策,促进符合条件的船舶在自贸试验区落户登记。允许在自贸试验区内注册的内地资本邮轮企业所属"方便旗"邮轮,经批准从事两岸四地邮轮运输和其他国内运输。简化国际船舶运输经营许可程序,优化船舶营运、检验与登记业务流程,形成高效率的船舶登记制度。

（四）深化金融领域开放创新

8. 推动跨境人民币业务创新发展。推动人民币作为自贸试验区与港澳地区及国外跨境大额贸易和投资计价、结算的主要货币。推动自贸试验区与港澳地区开展双向人民币融资。在总结其他地区相关试点经验、完善宏观审慎管理机制基础上,研究适时允许自贸试验区企业在一定范围内进行跨境人民币融资、允许自贸试验区银行业金融机构与港澳同业机构开展跨境人民币借款等业务。支持粤港澳三地机构在自贸试验区共同设立人民币海外投贷基金。允许自贸试验区金融机构和企业从港澳及国外借用人民币资金。支持自贸试验区内港澳资企业的境外母公司按规定在境内资本市场发行人民币债券。研究探索自贸试验区企业在香港股票市场发行人民币股票,放宽区内企业在境外发行本外币债券的审批和规模限制,所筹资金根据需要可调回区内使用。支持符合条件的港澳金融机构在自贸试验区以人民币进行新设、增资或参股自贸试验区内金融机构等直接投资活动。在《安排》框架下,研究探索自贸试验区金融机构与港澳地区同业开展跨境人民币信贷资产转让业务。允许自贸试验区证券公司、基金管理公司、期货公司、保险公司等非银行金融机构开展与港澳地区跨境人民币业务。支持与港澳地区开展个人跨境人民币业务创新。

9. 推动适应粤港澳服务贸易自由化的金融创新。在《安排》框架下,完善金融业负面清单准入模式,简化金融机构准入方式,推动自贸试验区金融服务业对港澳地区进一步开放。允许符合条件的外国金融机构设立外商独资银行,符合条件的外国金融机构与中国公司、企业出资共同设立中外合资银行。在条件具备时,适时在自贸试验区内试点设立有限牌照银行。降低港澳资保险公司进入自贸试验区的门槛,支持符合条件的港澳保险公司在自贸试验区设立分支机构,对进入自贸试验区的港澳保险公司分支机构视同内地保险机构,适用相同或相近的监管法规。支持符合条件的港澳保险中介机构进入自贸试验区,适用与内地保险中介机构相同或相近的准入标准和监管法规。在自贸试验区建立与粤港澳商贸、旅游、物流、信息等服务贸易自由化相适应的金融服务体系。积极推动个人本外币兑换特许机构、外汇代兑点发展和银行卡使用,便利港元、澳门元在自贸试验区兑换使用。在完善相关管理办法、加强有效监管前提下,支持商业银行在自贸试验区内设立机构开展外币离岸业务,允许自贸试验区内符合条件的中资银行试点开办外币离岸业务。允许外资股权投资管理机构、外资创业投资管理机构在自贸试验区发起管理人民币股权投资和创业投资基金。建立健全全口径外债宏观审慎管理框架,探索外债管理新模式。在《安排》框架下,推动自贸试验区公共服务领域的支付服务向粤港澳三地银行业开放,允许自贸试验区内注册设立的、拟从事支付服务的港澳资非金融机构,在符合支付服务市场发展政策导向以及《非金融机构支付服务管理办法》规定资质条件的前提下,依法从事第三方支付业务。支持符合条件的内地和港澳地区机构在自贸试验区设立金融租赁公司、融资租赁公司,开展飞机、船舶和海洋工程设备等融资租赁业务。统一内外资融资租赁企业准入标准、审批流程和事中事后监管,允许注册在自贸试验区内由广东省商务主管部门准入的内资融资租赁企业享受与现行内资融资租赁试点企业同等待遇。支持商业保理业务发展,探索适合商业保理发展的外汇管理模式。稳妥推进外商投资典当行试点。创新知识产权投融资及保险、风险投资、信托等金融服务,推动建立知识产权质物处置机制。发展与港澳地区保险服务贸易,探索与港澳地区保险产品互认、资金互通、市场互联的机制。支持自贸试验区内符合互认条件的基金产品参与内地与香港基金产品互认。允许自贸试验区在符合国家规定前提下开展贵金属(除黄金外)跨境现货交易。允许境内期货交易所在自贸试验区内的海关特殊监管区域设立大宗商品期货保税交割仓库,支持港澳地区企业参与商品期货交易。

10. 推动投融资便利化。探索实行本外币账户管理新模式,在账户设置、账户业务范围、资金划转和流动监测机制方面进行创新。探索通过自由贸易账户和其他风险可控的方式,开展跨境投融资创新业务。在风险可控前提下,开展以资本项目可兑换为重点的外汇管理改革试点。支持自贸试验区金融机构与港澳地区同业合作开展跨境担保业务。允许在自贸试验区注册的机构在宏观审慎框架下从境外融入本外币资金和境外发行本外币债券。深化外汇管理改革,将直接投资外汇登记下放银行办理,外商直接投资项下外汇资本金可意愿结汇,进一步提高对外放款比例。提高投融资便利化水平，统一内外资企业外债政策，建立健全外债宏观审慎管理制度。区内试行资本项目限额内可兑换，符合条件的区内机构在限额内自主开展直接投资、并购、债务工具、金融类投资等交易。构建个人跨境投资权益保护制度，严格投资者适当性管理。建立健全对区内个人投资的资金流动监测预警和风险防范机制。深化跨国公司本外币资金集中运营管理改革试点。研究探索自贸试验区与港澳地区和21世纪海上丝绸之路沿线国家按照规定开展符合条件的跨境金融资产交易。按照国家规定设立面向港澳和国际的新型要素交易平台，引入港澳投资者参股自贸试验区要素交易平台，逐步提高港澳投资者参与自贸试验区要素平台交易的便利化水平。研究设立以碳排放为首个品种的创新型期货交易所。

11. 建立健全自贸试验区金融风险防控体系。构建自贸试验区金融宏观审慎管理体系，建立金融监管协调机制，完善跨行业、跨市场的金融风险监测评估机制，加强对重大风险的识别和系统性金融风险的防范。探索建立本外币一体化管理机制。综合利用金融机构及企业主体的本外币数据信息，对企业、个人跨境收支进行全面监测、评价并实施分类管理。根据宏观审慎管理需要，加强对跨境资金流动、套利金融交易的监测和管理。做好反洗钱、反恐怖融资工作，防范非法资金跨境、跨区流动，完善粤港澳反洗钱和反恐怖融资监管合作和信息共享机制。探索在自贸试验区建立粤港澳金融消费者权益保护协作机制以及和解、专业调解、仲裁等金融纠纷司法替代性解决机制，鼓励金融行业协会、自律组织独立或者联合依法开展专业调解，建立调解与仲裁、诉讼的对接机制，加大金融消费者维权支持力度，依法维护金融消费者合法权益。支持建立健全金融消费者教育服务体系，积极创新自贸试验区特色的多元化金融消费者教育产品和方式。

（五）增强自贸试验区辐射带动功能

12. 引领珠三角地区加工贸易转型升级。发挥自贸试验区高端要素集聚优势，搭建服务于加工贸易转型升级的技术研发、工业设计、知识产权等公共服务平台。支持在自贸试验区发展加工贸易结算业务、建设结算中心。支持设立符合内销规定的加工贸易产品内销平台，建设加工贸易产品内销后续服务基地。推进企业依托海关特殊监管区域开展面向国内外市场的高技术、高附加值的检测维修等保税服务业务。允许外商开展机电产品及零部件维修与再制造业务。建立专利导航产业发展工作机制。支持企业依托自贸试验区开展自主营销，拓展境内外营销网络。

13. 打造泛珠三角区域发展综合服务区。推动自贸试验区与泛珠三角区域开展广泛的经贸合作，依托自贸试验区深化与港澳合作，更好地发挥辐射和带动作用。鼓励自贸试验区内企业统筹开展国际国内贸易，形成内外贸相互促进机制。扶持和培育外贸综合服务企业，为中小企业提供通关、融资、退税、国际结算等服务。强化对泛珠三角区域的市场集聚和辐射功能，开展大宗商品现货交易和国际贸易，探索构建国际商品交易集散中心、信息中心和价格形成中心。

14. 建设内地企业和个人"走出去"重要窗口。依托港澳在金融服务、信息资讯、国际贸易网络、风险管理等方面的优势，将自贸试验区建设成为内地企业和个人"走出去"的窗口和综合服务平台，支持国内企业和个人参与21世纪海上丝绸之路建设。扩大企业和个人对外投资，完善"走出去"政策促进、服务保障和风险防控体系。鼓励企业和个人创新对外投资合作方式，开展绿地投资、并购投资、证券投资、联合投资等，逐步减少对个人对外投资的外汇管制。允许自贸试验区金融机构按规定为自贸试验区内个人投资者投资香港资本市场的股票、债券及其他有价证券提供服务。加强与港澳在项目对接、投资拓展、信息交流、人才培训等方面交流合作，共同到境外开展基础设施建设和能源资源等合作。探索将境外产业投资与港澳资本市场有机结合，鼓励在自贸试验区设立专业从事境外股权投资的项目公司，支持有条件的投资者设立境外投资股权投资母基金。

四、 监管服务和税收政策

（一） 监管服务模式

1. 创新通关监管服务模式。广州南沙保税港区、深圳前海湾保税港区等现有海关特殊监管区域，比照中国（上海）自由贸易试验区内海关特殊监管区域的有关监管模式，实行"一线放开"、"二线安全高效管住"的通关监管服务模式，同时实施海关特殊监管区域整合优化措施，并根据自贸试验区发展需要，不断探索口岸监管制度创新。如海关特殊监管区域规划面积不能满足发展需求的，可按现行海关特殊监管区域管理规定申请扩大区域面积。除废物原料、危险化学品及其包装、散装货物外，检验检疫在一线实施"进境检疫，适当放宽进出口检验"模式，创新监管技术和方法；促进二线监管模式与一线监管模式相衔接，简化检验检疫流程，在二线推行"方便进出，严密防范质量安全风险"的检验检疫监管模式。

广州南沙新区片区、深圳前海蛇口片区内的非海关特殊监管区域，按照现行通关模式实施监管，不新增一线、二线分线管理方式。

珠海横琴新区片区按照《国务院关于横琴开发有关政策的批复》（国函〔2011〕85号）确定的"一线放宽、二线管住、人货分离、分类管理"原则实施分线管理。经一线进入横琴的进口废物原料、危险化学品及其包装、进入横琴后无法分清批次的散装货物，按现行进出口商品检验模式管理。

2. 加强监管协作。以切实维护国家安全和市场公平竞争为原则，加强各部门与广东省人民政府的协同，完善政府经济调节、市场监管、社会管理和公共服务职能，提高维护经济社会安全的服务保障能力。

（二）税收政策

抓紧落实现有相关税收政策，充分发挥现有政策的支持促进作用。中国（上海）自由贸易试验区已经试点的税收政策原则上可在自贸试验区进行试点，其中促进贸易的选择性征收关税、其他相关进出口税收等政策在自贸试验区内的海关特殊监管区域进行试点。自贸试验区内的海关特殊监管区域实施范围和税收政策适用范围维持不变。深圳前海深港现代服务业合作区、珠海横琴税收优惠政策不适用于自贸试验区内其他区域。此外，在符合税制改革方向和国际惯例，以及不导致利润转移和税基侵蚀前提下，积极研究完善适应境外股权投资和离岸业务发展的税收政策。结合上海试点实施情况，在统筹评估政策成效基础上，研究实施启运港退税政策试点问题。符合条件的地区可按照政策规定申请实施境外旅客购物离境退税政策。

五、保障机制

（一）法制保障

全国人民代表大会常务委员会已经授权国务院，暂时调整《中华人民共和国外资企业法》、《中华人民共和国中外合资经营企业法》、《中华人民共和国中外合作经营企业法》和《中华人民共和国台湾同胞投资保护法》规定的有关行政审批，自2015年3月1日至2018年2月28日试行。自贸试验区需要暂时调整实施有关行政法规、国务院文件和经国务院批准的部门规章的部分规定的，按规定程序办理。各有关部门要支持自贸试验区在扩大投资领域开放、实施负面清单管理模式、创新投资管理体制等方面深化改革试点，及时解决试点过程中的制度保障问题。授权广东省制定自贸试验区落实《安排》的配套细则。广东省要通过地方立法，制定自贸试验区条例和管理办法。

（二）组织实施

在国务院的领导和统筹协调下，由广东省根据试点内容，按照总体筹划、分步实施、率先突破、逐步完善的原则组织实施。按照既有利于合力推进自贸试验区建设，又有利于各片区独立自主运作的原则，建立精简高效、统一管理、分级负责的自贸试验区管理体系。自贸试验区建设相关事宜纳入粤港、粤澳合作联席会议机制。各有关部门要大力支持，加强指导和服务，共同推进相关体制机制创新，并注意研究新情况，解决新问题，总结新经验，重大事项要及时报告国务院，共同把自贸试验区建设好、管理好。

（三）评估推广

自贸试验区要及时总结改革创新经验和成果。商务部、广东省人民政府要会同相关部门，对自贸试验区试点政策执行情况进行综合和专项评估，必要时委托内地和港澳第三方机构进行独立评估，并将评估结果报告国务院。对试点效果好且可复制可推广的成果，经国务院同意后推广到全国其他地区。

国务院关于印发中国（天津）自由贸易试验区总体方案的通知

（国发〔2015〕19号）

各省、自治区、直辖市人民政府，国务院各部委、各直属机构：

国务院批准《中国（天津）自由贸易试验区总体方案》（以下简称《方案》），现予印发。

一、建立中国（天津）自由贸易试验区（以下简称自贸试验区），是党中央、国务院作出的重大决策，是在新形势下推进改革开放和加快实施京津冀协同发展战略的重要举措，对加快政府职能转变、积极探索管理模式创新、促进贸易和投资便利化，为全面深化改革和扩大开放探索新途径、积累新经验，具有重要意义。

二、自贸试验区要当好改革开放排头兵、创新发展先行者，以制度创新为核心，贯彻京津冀协同发展等国家战略，在构建开放型经济新体制、探索区域经济合作新模式、建设法治化营商环境等方面，率先挖掘改革潜力，破解改革难题。要积极探索外商投资准入前国民待遇加负面清单管理模式，深化行政管理体制改革，提升事中事后监管能力和水平。

三、天津市人民政府和有关部门要解放思想、改革创新，大胆实践、积极探索，统筹谋划、加强协调，支持自贸试验区先行先试。要加强组织领导，明确责任主体，精心组织好《方案》实施工作，有效防控各类风险。要及时总结评估试点实施效果，形成可复制可推广的改革经验，发挥示范带动、服务全国的积极作用。

四、根据《全国人民代表大会常务委员会关于授权国务院在中国（广东）自由贸易试验区、中国（天津）自由贸易试验区、中国（福建）自由贸易试验区以及中国（上海）自由贸易试验区扩展区域暂时调整有关法律规定的行政审批的决定》，相应暂时调整有关行政法规和国务院文件的部分规定。具体由国务院另行印发。

五、《方案》实施中的重大问题，天津市人民政府要及时向国务院请示报告。

国务院
2015年4月8日

中国（天津）自由贸易试验区总体方案

建立中国（天津）自由贸易试验区（以下简称自贸试验区）是党中央、国务院作出的重大决策，是新形势下全面深化改革、扩大开放和加快推进京津冀协同发展战略的重大举措。为全面有效推进自贸试验区建设，制定本方案。

一、总体要求

（一）指导思想

全面贯彻落实党的十八大和十八届二中、三中、四中全会精神，按照党中央、国务院决策部署，紧紧围绕国家战略，以开放促改革、促发展、促转型，以制度创新为核心，发挥市场在资源配置中的决定性作用，探索转变政府职能新途径，探索扩大开放新模式，努力打造京津冀协同发展对外开放新引擎，着力营造国际化、市场化、法治化营商环境，为我国全面深化改革和扩大开放探索新途径、积累新经验，发挥示范带动、服务全国的积极作用。

（二）战略定位

以制度创新为核心任务，以可复制可推广为基本要求，努力成为京津冀协同发展高水平对外开放平台、全国改革开放先行区和制度创新试验田、面向世界的高水平自由贸易园区。

(三) 总体目标

经过三至五年改革探索，将自贸试验区建设成为贸易自由、投资便利、高端产业集聚、金融服务完善、法制环境规范、监管高效便捷、辐射带动效应明显的国际一流自由贸易园区，在京津冀协同发展和我国经济转型发展中发挥示范引领作用。

二、 区位布局

(一) 实施范围

自贸试验区的实施范围119.9平方公里，涵盖3个片区：天津港片区30平方公里（含东疆保税港区10平方公里），天津机场片区43.1平方公里（含天津港保税区空港部分1平方公里和滨海新区综合保税区1.96平方公里），滨海新区中心商务片区46.8平方公里（含天津港保税区海港部分和保税物流园区4平方公里）。

自贸试验区土地开发利用须遵守土地利用法律法规。

(二) 功能划分

按区域布局划分，天津港片区重点发展航运物流、国际贸易、融资租赁等现代服务业；天津机场片区重点发展航空航天、装备制造、新一代信息技术等高端制造业和研发设计、航空物流等生产性服务业；滨海新区中心商务片区重点发展以金融创新为主的现代服务业。

按海关监管方式划分，自贸试验区内的海关特殊监管区域重点探索以贸易便利化为主要内容的制度创新，开展货物贸易、融资租赁、保税加工和保税物流等业务；非海关特殊监管区域重点探索投资制度改革，完善事中事后监管，推动金融制度创新，积极发展现代服务业和高端制造业。

三、 主要任务和措施

(一) 加快政府职能转变

创新行政管理方式，提升行政管理水平，建设适应国际化、市场化、法治化要求和贸易投资便利化需求的服务体系。

1. 深化行政体制改革。加快行政审批制度改革，实行审管职能分离，建立综合统一的行政审批机构，实施"一颗印章管审批"。推进政府管理由注重事前审批向注重事中事后监管转变，完善信息网络平台，提高行政透明度，实现部门协同管理。健全社会信用体系；建立行业信息跟踪、监管和归集的综合性评估机制，加强对企业的管理、监督和服务，健全企业及从业人员信用信息记录和披露制度，完善企业信用约束机制；完善企业信用信息公示系统，实施企业年度报告公示、经营异常名录和严重违法企业名单制度；探索建立市场主体信用评级标准，实施分类管理。提高执法效能，建立集中统一的综合执法机构，整合执法力量，实行"一支队伍管执法"，鼓励社会力量参与市场监督，加大对违法行为打击力度。构建反垄断审查机制。加强知识产权保护和服务，完善知识产权管理和执法体制以及纠纷调解、援助、仲裁等服务机制。发挥专业化社会机构力量，提高知识产权保护成效。将原由政府部门承担的资产评估、鉴定、咨询、认证、检验检测等职能逐步交由法律、会计、信用、检验检测认证等专业服务机构承担。

2. 提高行政管理效能。天津市依法向自贸试验区下放经济管理权限。自贸试验区内工作部门依法公开管理权限和流程，建立各部门权责清单制度。建立健全行政审批管理目录制度，完善"一口受理"服务模式，改革审批事项，优化审批流程，缩短审批时间，推进审批后监管标准规范制度建设。加强发展规划、政策、标准的制定和实施工作。

(二) 扩大投资领域开放

稳步扩大开放领域，改革"引进来"和"走出去"投资管理方式，突出重点，创新机制，有效监管，完善服务，探索建立与国际通行做法接轨的基本制度框架。

3. 降低投资准入门槛。实施自贸试验区外商投资负面清单制度，减少和取消对外商投资准入限制，提高开放度和透明度。重点选择航运服务、商贸服务、专业服务、文化服务、社会服务等现代服务业和装备制造、新一代信息技术等先进制造业领域扩大对外开放，积极有效吸引外资；金融领域，在完善相关配套措施前提下，研究适当减少对境外投资者资质要求、股权比例、业务范围等准入限制。鼓励跨国公司设立地区性总部、研发中心、销售中心、物流中心和结算中心，鼓励先进制造业延伸价值链，与现代服务业融合发展。支持外资股权投资基金规范创新发展，完善资本金结汇、投资基金管理等新模式，鼓励外资股权投资、创业投资管理机构发起管理人民币股权投资和创业投资基金。允许取得国际资质的外籍和港澳台地区专业服务人员和机构，在自贸试验区内依照有关规定开展相关业务。允许取得中国注册会计师资格的港澳专业人士，在自贸试验区试点担任合伙制事务所的合伙人。

4. 改革外商投资管理模式。探索对外商投资实行准入前国民待遇加负面清单管理模式。对外商投资准入特别管理措施（负面清单）之外领域，按照内外资一致原则，外商投资项目实行备案制（国务院规定对国内投资项目保留核准的除外），由天津市负责办理；根据全国人民代表大会常务委员会授权，将外商投资企业设立、变更及合同章程审批改为备案管理，备案由天津市负责办理，备案后按国家有关规定办理相关手续。配合国家有关部门实施外商投资国家安全审查制度。完善市场主体信用信息公示系统，实施外商投资全周期监管，建立健全境外追偿保障机制。完善投资者权益保障机制，允许符合条件的境外投资者自由转移其投资收益。

5. 构建对外投资合作服务平台。确立企业及个人对外投资主体地位，支持企业及个人开展多种形式的境外投资合作，在法律法规规定范围内，允许自担风险到各国各地区自由承揽项目。逐步减少个人对外投资的外汇管制。对不涉及敏感国家和地区、敏感行业的境外投资项目全部实行备案制，属市级管理权限的由自贸试验区负责备案。建立对外投资合作"一站式"服务平台。加强对外投资合作事后管理和服务，建设多部门信息共享平台，完善境外资产和人员安全风险预警和应急保障体系。鼓励设立从事境外投资的股权投资企业和项目公司，支持设立从事境外投资的股权投资母基金。

（三）推动贸易转型升级

积极培育新型贸易方式，打造以技术、品牌、质量、服务为核心的外贸竞争新优势，探索形成具有国际竞争力的航运业发展环境。

6. 完善国际贸易服务功能。积极探索服务贸易发展的新途径和新模式，搭建服务贸易公共服务平台、服务贸易促进平台，推动现有融资平台依法合规为中小服务贸易企业提供融资服务。按照公平竞争原则，积极发展跨境电子商务，并完善与之相适应的海关监管、检验检疫、退税、跨境支付、物流等支撑系统。发展服务外包业务，建设文化服务贸易基地。建设亚太经济合作组织绿色供应链合作网络天津示范中心，探索建立绿色供应链管理体系，鼓励开展绿色贸易。探索开展财政资金支持形成的知识产权处置和收益管理改革试点，建立华北地区知识产权运营中心，发展知识产权服务业。开展知识产权跨境交易，创新知识产权投融资及保险、风险投资、信托等金融服务，推动建立知识产权质物处置机制。

加快建设国家进口贸易促进创新示范区，促进对外贸易平衡发展。鼓励企业统筹开展国际国内贸易，实现内外贸一体化发展。支持进口先进技术、关键设备及零部件和资源类商品。支持开展汽车平行进口试点，平行进口汽车应符合国家质量安全标准，进口商应承担售后服务、召回、"三包"等责任，并向消费者警示消费风险。建立国际贸易"单一窗口"管理服务模式。在执行现行税收政策前提下，提升超大超限货物的通关、运输、口岸服务等综合能力。扶持和培育外贸综合服务企业，为从事国际采购的中小企业提供通关、融资、退税、国际结算等服务。

在总结期货保税交割试点经验基础上，鼓励国内期货交易所在自贸试验区的海关特殊监管区域内开展业务，扩大期货保税交割试点品种，拓展仓单质押融资等功能，推动完善仓单质押融资所涉及的仓单确权等工作。依法合规开展大宗商品现货交易，探索建立与国际大宗商品交易相适应的外汇管理和海关监管制度。在严格执行货物进出口税收政策前提下，允许在海关特殊监管区域内设立保税展示交易平台。开展境内外高技术、高附加值产品的维修业务试点。探索开展境外高技术、高附加值产品的再制造业务试点。允许外商开展机电产品及零部件维修与再制造业务。推动建立检验检疫证书国际联网核查机制，推进标准和结果互认。改革和加强原产地证签证管理，便利证书申领，强化事中事后监管。鼓励设立第三方检验检测鉴定机构，逐步推动实施第三方结果采信。

7. 增强国际航运服务功能。促进航运要素集聚，探索形成具有国际竞争力的航运发展机制和运作模式。积极发挥天津港和滨海国际机场的海空联动作用。允许设立外商独资国际船舶管理企业。放宽在自贸试验区设立的中外合资、中外合作国际船舶企业的外资股比限制。允许外商以合资、合作形式从事公共国际船舶代理业务，外方持股比例放宽至51%，将外资经营国际船舶管理业务的许可权限下放给天津市。大力发展航运金融、航运保险业，建设中国北方国际航运融资中心，鼓励境内外航运保险公司和保险经纪公司等航运服务中介机构设立营业机构并开展业务。在落实国际船舶登记制度相关配套政策基础上，中方投资人持有船公司的股权比例可低于50%。充分利用现有中资"方便旗"船税收优惠政策，促进符合条件的船舶在自贸试验区落户登记。

完善集疏运体系，加密航线航班。推动海运集装箱和航空快件国际中转集拼业务发展。允许中资公司拥有或控股拥有的非五星旗船，试点开展外贸集装箱在国内沿海港口和天津港之间的沿海捎带业务。支持天津滨海国际机场增加国际客货运航班，建设航空物流中心。完善国际邮轮旅游支持政策，提升邮轮旅游供应服务和配套设施水平，建立邮轮旅游岸上配送中心和邮轮旅游营销中心。允许在自贸试验区内注册的符合条件的中外合资旅行社，从事除台湾地区以外的出境旅游业务。符合条件的地区可按政策规定申请实施境外旅客购物离境退税政策。

8. 创新通关监管服务模式。自贸试验区内的海关特殊监管区域比照中国

（上海）自由贸易试验区内的海关特殊监管区域有关监管模式，实施"一线放开"、"二线安全高效管住"的通关监管服务模式，积极推动实施海关特殊监管区域整合优化改革措施。可根据自贸试验区发展需求，按现行管理规定向国家申请扩大海关特殊监管区域面积。自贸试验区内的非海关特殊监管区域，仍按照现行模式实施监管。不断探索口岸监管制度创新。

强化监管协作。加强电子口岸建设，推动实现海关、检验检疫等口岸监管部门信息共享。推进企业运营信息与监管系统对接。逐步实现基于企业诚信评价的货物抽验制度。除废物原料、危险化学品及其包装、散装货物外，检验检疫在一线实行"进境检疫，适当放宽进出口检验"模式，创新监管技术和方法；在二线简化检验检疫流程，推行"方便进出，严密防范质量安全风险"的检验检疫监管模式。提高知识产权行政执法与海关保护的协调性和便捷性，建立知识产权执法协作调度中心。

（四）深化金融领域开放创新

深化金融体制改革，实施业务模式创新，培育新型金融市场，加强风险控制，推进投融资便利化、利率市场化和人民币跨境使用，做大做强融资租赁业，服务实体经济发展。

9. 推进金融制度创新。开展利率市场化和人民币资本项目可兑换试点。将自贸试验区内符合条件的金融机构纳入优先发行大额可转让存单的机构范围，在自贸试验区内开展大额可转让存单发行试点。区内试行资本项目限额内可兑换，符合条件的区内机构在限额内自主开展直接投资、并购、债务工具、金融类投资等交易。深化外汇管理改革，将直接投资外汇登记下放银行办理，外商直接投资项下外汇资本金可意愿结汇，进一步提高对外放款比例。提高投融资便利化水平，解决自贸试验区内企业特别是中小企业融资难、融资贵问题，统一内外资企业外债政策，建立健全外债宏观审慎管理制度。放宽区内企业在境外发行本外币债券的审批和规模限制，所筹资金根据需要可调回区内使用。

推动跨境人民币业务创新发展，鼓励在人民币跨境使用方面先行先试，鼓励企业充分利用境内外两种资源、两个市场，实现跨境融资自由化。支持跨国公司本外币资金集中运营管理。支持自贸试验区内符合条件的单位和个人按照规定双向投资于境内外证券期货市场。支持通过自由贸易账户或其他风险可控的方式，促进跨境投融资便利化和资本项目可兑换的先行先试。

探索在自贸试验区内建立金融消费者权益保护协作机制以及和解、专业调解、仲裁等金融纠纷司法替代性解决机制，鼓励金融行业协会、自律组织独立或者联合依法开展专业调解，建立调解与仲裁、诉讼的对接机制，加大金融消费者维权支持力度,依法维护金融消费者合法权益。支持建立健全证券投资消费者教育服务体系,积极创新自贸试验区特色的多元化证券投资消费者教育产品和方式。

10. 增强金融服务功能。推动金融服务业对符合条件的民营资本全面开放,在加强监管前提下,允许具备条件的民间资本依法发起设立中小型银行等金融机构。支持在自贸试验区内设立外资银行和中外合资银行。条件具备时适时在自贸试验区内试点设立有限牌照银行。对中小型金融机构实行差别化管理。在完善相关管理办法,加强有效监管前提下,允许自贸试验区内符合条件的中资银行试点开办外币离岸业务。鼓励金融机构积极开展动产融资业务,利用动产融资统一登记平台,服务中小企业发展。支持商业保理业务发展,探索适合商业保理发展的外汇管理模式。开展人民币跨境再保险业务,培育发展再保险市场。支持在自贸试验区内设立专业机构,开展巨灾保险试点工作。逐步允许境外企业参与商品期货交易。

11. 提升租赁业发展水平。率先推进租赁业政策制度创新,形成与国际接轨的租赁业发展环境。加快建设国家租赁创新示范区。在自贸试验区的海关特殊监管区域内,支持设立中国天津租赁平台,推进租赁资产公示等试点。支持设立中国金融租赁登记流转平台,推进租赁资产登记、公示、流转等试点。统一内外资融资租赁企业准入标准、审批流程和事中事后监管,允许注册在自贸试验区内由天津市商务主管部门准入的内资融资租赁企业享受与现行内资融资租赁试点企业同等待遇。支持符合条件的金融租赁公司和融资租赁公司设立专业子公司。支持金融租赁公司和融资租赁公司在符合相关规定前提下,设立项目公司经营大型设备、成套设备等融资租赁业务,并开展境内外租赁业务。经相关部门认可,允许融资租赁企业开展主营业务相关的保理业务和福费廷业务。支持租赁业境外融资,鼓励各类租赁公司扩大跨境人民币资金使用范围。对注册在自贸试验区海关特殊监管区域内的融资租赁企业进出口飞机、船舶和海洋工程结构物等大型设备涉及跨关区的,在确保有效监管和执行现行相关税收政策前提下,按物流实际需要,实行海关异地委托监管。

12. 建立健全金融风险防控体系。建立金融监管协调机制,完善跨行业、跨市场的金融风险监测评估机制,加强对重大风险的识别和系统性金融风险的防范。完善对持有各类牌照金融机构的分类监管机制,加强金融监管协调与合作。探索建立跨境资金流动风险监管机制,对企业跨境收支进行全面监测评价,实施分类管理。强化外汇风险防控,实施主体监管,建立合规评价体系,以大数据为依托开展事中事后管理。做好反洗钱、反恐怖融资工作,防范非法资金跨境、跨区流动。

（五）推动实施京津冀协同发展战略

发挥自贸试验区对外开放高地的综合优势，推动京津冀地区外向型经济发展，构建全方位、多层次、宽领域的区域开放型经济新格局。

13. 增强口岸服务辐射功能。完善京津冀海关区域通关一体化和检验检疫通关业务一体化改革。优化内陆无水港布局，支持内陆地区在条件具备时申请设立海关特殊监管区域和保税监管场所。完善天津口岸与无水港之间在途运输监管模式，推动与内陆口岸通关协作，实现相关部门信息互换、监管互认、执法互助。结合上海试点实施情况，在统筹评估政策成效基础上，研究实施启运港退税试点政策。进一步推动津冀两地港口一体化，在优化港口产业结构的同时，实现两地港口间错位发展和优势互补。支持京冀两地在自贸试验区建设专属物流园区，开展现代物流业务。完善以天津港为出海口的保税物流网络，将意愿结汇等创新政策辐射延伸至京冀两地及港口腹地。依托亚欧大陆桥连接功能，完善多式联运体系，增强对沿线国家及地区转口贸易服务功能，发挥中蒙俄经济走廊重要节点作用和海上合作战略支点作用，推动"一带一路"建设。

14. 促进区域产业转型升级。抓住全球产业重新布局机遇，充分利用国内国外两种资源、两个市场，提高聚集国际资源要素的能力。通过自贸试验区高端产业集聚，促进京津冀地区优化现代服务业、先进制造业和战略性新兴产业布局，创新区域经济合作模式。以产业链为纽带，在自贸试验区建立市场化运作的产业转移引导基金，促进京津冀地区在研发设计、生产销售和物流配送等环节的协同配合。增强自贸试验区大宗商品交易市场的集散功能。加强交易市场互联互通，推动各类资源合理高效流转。鼓励三地企业通过跨区域兼并重组实现产业转型升级，在基础设施、公共设施建设运营领域，推广运用政府和社会资本合作（PPP）等新型投融资模式。鼓励航运物流、航空航天、装备制造、电子信息、生物医药等产业向自贸试验区集聚，形成有利于推动产业集群发展的体制机制，促使自贸试验区成为京津冀地区产业转型升级的新引擎。

15. 推动区域金融市场一体化。探索京津冀金融改革创新试验，开展金融监管、金融产品和服务方面的创新。加强区域金融监管协作，破除地域限制。在遵守国家规定前提下，京津冀三地产权交易市场、技术交易市场、排污权交易市场和碳排放权交易市场可在自贸试验区内开展合作，促进区域排污权指标有偿分配使用。支持金融服务外包企业发展。鼓励和引导互联网金融业健康发展。鼓励自贸试验区金融机构探索与京津冀协同发展相适应的产品创新和管理模式创新，优化京津冀地区金融资源配置。

16. 构筑服务区域发展的科技创新和人才高地。充分发挥自贸试验区和国家自主创新示范区政策叠加优势，将自贸试验区打造成具有创新示范和带动作用的区域性创新平台，增强科技进步对经济增长的贡献度。坚持需求导向和产业化方向，推动科研机构、高校、企业协同创新。积极发展科技金融。依法合规开展知识产权转让，建立专利导航产业发展协同工作机制。根据区域特点和发展需求，针对区域创新发展中面临的突出问题，在自贸试验区内开展有针对性的政策试点。支持京津冀三地政府按规定共同出资，与国家新兴产业创业投资引导基金、国家科技成果转化引导基金形成合作机制。联合国内外知名股权投资机构共同成立创投基金，在自贸试验区先行先试。建立健全科技成果转化交易市场。推动教育部、天津市共建教育国际化综合改革试验区，支持引进境外优质教育资源，开展合作办学。按照国际通行做法探索人才评价方法，实施更加积极的创新人才引进政策，强化激励，吸引领军科学家、企业家、归国创业人员等高端人才，建设国际化人才特区。为符合条件的外国籍高层次人才提供入境及居留便利，进一步简化签证等相关审批程序。

四、保障机制

（一）健全法制保障体系

全国人民代表大会常务委员会已经授权国务院，暂时调整《中华人民共和国外资企业法》、《中华人民共和国中外合资经营企业法》、《中华人民共和国中外合作经营企业法》和《中华人民共和国台湾同胞投资保护法》规定的有关行政审批，自2015年3月1日至2018年2月28日试行。自贸试验区需要暂时调整实施有关行政法规、国务院文件和经国务院批准的部门规章的部分规定的，按规定程序办理。各有关部门要支持自贸试验区在扩大投资领域开放、实施负面清单管理模式、创新投资管理体制等方面深化改革试点，及时解决试点过程中的制度保障问题。天津市要通过地方立法，建立与试点要求相适应的自贸试验区管理制度。

（二）优化行政管理服务环境

转变政府职能，推进落实各项改革创新措施，加强自贸试验区经济运行管理和风险防控，规范市场经济秩序，提高行政管理水平和综合服务能力。加强海关、质检、工商、税务、金融监管及外汇等部门协作，依托地方政府主导的电子口岸等公共电子信息平台，整合监管信息，实现相关监管部门信息共享，共同提高维护经济社会安全的服务保障能力。

(三) 完善配套税收政策

中国(上海)自由贸易试验区已经试点的税收政策原则上可在自贸试验区进行试点,其中促进贸易的选择性征收关税、其他相关进出口税收等政策在自贸试验区内的海关特殊监管区域进行试点。自贸试验区内的海关特殊监管区域实施范围和税收政策适用范围维持不变。此外,在符合税制改革方向和国际惯例,以及不导致利润转移和税基侵蚀前提下,积极研究完善适应境外股权投资和离岸业务发展的税收政策。

(四) 抓好组织实施工作

在国务院的领导和统筹协调下,由天津市根据试点内容,按照总体筹划、分步实施、率先突破、逐步完善的原则组织实施。对出现的新情况、新问题,要认真研究,及时调整试点内容和政策措施,重大事项要及时向国务院请示报告。各有关部门要大力支持,加强指导和服务,共同推进相关体制机制创新,把自贸试验区建设好、管理好。

(五) 建立评估推广机制

自贸试验区要及时总结改革创新经验和成果。商务部、天津市人民政府要会同相关部门,对自贸试验区试点政策执行情况进行综合和专项评估,必要时委托第三方机构进行独立评估,并将评估结果报告国务院。对试点效果好且可复制可推广的成果,经国务院同意后率先在京津冀地区复制推广,具备条件的,进一步推广到全国其他地区。

国务院关于印发中国(福建)自由贸易试验区总体方案的通知

(国发〔2015〕20号)

各省、自治区、直辖市人民政府,国务院各部委、各直属机构:

国务院批准《中国(福建)自由贸易试验区总体方案》(以下简称《方案》),现予印发。

一、建立中国(福建)自由贸易试验区(以下简称自贸试验区),是党中央、国务院作出的重大决策,是在新形势下推进改革开放和深化两岸经济合作的重要举措,对加快政府职能转变、积极探索管理模式创新、促进贸易和投资便利化,为全面深化改革和扩大开放探索新途径、积累新经验,具有重要意义。

二、自贸试验区要当好改革开放排头兵、创新发展先行者,以制度创新为核心,贯彻"一带一路"建设等国家战略①,在构建开放型经济新体制、探索闽台经济合作新模式、建设法治化营商环境等方面,率先挖掘改革潜力,破解改革难题。要积极探索外商投资准入前国民待遇加负面清单管理模式,深化行政管理体制改革,提升事中事后监管能力和水平。

三、福建省人民政府和有关部门要解放思想、改革创新,大胆实践、积极探索,统筹谋划、加强协调,支持自贸试验区先行先试。要加强组织领导,明确责任主体,精心组织好《方案》实施工作,有效防控各类风险。要及时总结评估试点实施效果,形成可复制可推广的改革经验,发挥示范带动、服务全国的积极作用。

四、根据《全国人民代表大会常务委员会关于授权国务院在中国(广东)自由贸易试验区、中国(天津)自由贸易试验区、中国(福建)自由贸易试验区以及中国(上海)自由贸易试验区扩展区域暂时调整有关法律规定的行政审批的决定》,相应暂时调整有关行政法规和国务院文件的部分规定。具体由国务院另行印发。

五、《方案》实施中的重大问题,福建省人民政府要及时向国务院请示报告。

国务院

2015 年 4 月 8 日

中国(福建)自由贸易试验区总体方案

建立中国(福建)自由贸易试验区(以下简称自贸试验区)是党中央、国务院作出的重大决策,是新形势下全面深化改革、扩大开放和深化两岸经济合作采取的重大举措。为全面有效推进自贸试验区建设,制定本方案。

---

① 此处应为倡议,为尊重原文,此处不做修改。下同。

一、总体要求

（一）指导思想

全面贯彻落实党的十八大和十八届二中、三中、四中全会精神，按照党中央、国务院决策部署，紧紧围绕国家战略，立足于深化两岸经济合作，立足于体制机制创新，进一步解放思想，先行先试，为深化两岸经济合作探索新模式，为加强与 21 世纪海上丝绸之路沿线国家和地区的交流合作拓展新途径，为我国全面深化改革和扩大开放积累新经验，发挥示范带动、服务全国的积极作用。

（二）战略定位

围绕立足两岸、服务全国、面向世界的战略要求，充分发挥改革先行优势，营造国际化、市场化、法治化营商环境，把自贸试验区建设成为改革创新试验田；充分发挥对台优势，率先推进与台湾地区投资贸易自由化进程，把自贸试验区建设成为深化两岸经济合作的示范区；充分发挥对外开放前沿优势，建设 21 世纪海上丝绸之路核心区，打造面向 21 世纪海上丝绸之路沿线国家和地区开放合作新高地。

（三）发展目标

坚持扩大开放与深化改革相结合、功能培育与制度创新相结合，加快政府职能转变，建立与国际投资贸易规则相适应的新体制。创新两岸合作机制，推动货物、服务、资金、人员等各类要素自由流动，增强闽台经济关联度。加快形成更高水平的对外开放新格局，拓展与 21 世纪海上丝绸之路沿线国家和地区交流合作的深度和广度。经过三至五年改革探索，力争建成投资贸易便利、金融创新功能突出、服务体系健全、监管高效便捷、法制环境规范的自由贸易园区。

二、区位布局

（一）实施范围

自贸试验区的实施范围 118.04 平方公里，涵盖 3 个片区：平潭片区 43 平方公里，厦门片区 43.78 平方公里（含象屿保税区 0.6 平方公里、象屿保税物流园区 0.7 平方公里、厦门海沧保税港区 9.51 平方公里），福州片区 31.26 平方公里（含福州保税区 0.6 平方公里、福州出口加工区 1.14 平方公里、福州保税港区 9.26 平方公里）。

自贸试验区土地开发利用须遵守土地利用法律法规。

(二) 功能划分

按区域布局划分，平潭片区重点建设两岸共同家园和国际旅游岛，在投资贸易和资金人员往来方面实施更加自由便利的措施；厦门片区重点建设两岸新兴产业和现代服务业合作示范区、东南国际航运中心、两岸区域性金融服务中心和两岸贸易中心；福州片区重点建设先进制造业基地、21世纪海上丝绸之路沿线国家和地区交流合作的重要平台、两岸服务贸易与金融创新合作示范区。

按海关监管方式划分，自贸试验区内的海关特殊监管区域重点探索以贸易便利化为主要内容的制度创新，开展国际贸易、保税加工和保税物流等业务；非海关特殊监管区域重点探索投资体制改革，推动金融制度创新，积极发展现代服务业和高端制造业。

三、主要任务和措施

（一）切实转变政府职能

1. 深化行政管理体制改革。按照国际化、市场化、法治化要求，加快推进政府管理模式创新，福建省能够下放的经济社会管理权限，全部下放给自贸试验区。依法公开管理权限和流程。加快行政审批制度改革，促进审批标准化、规范化。建立健全行政审批目录制度，实行"一口受理"服务模式。完善知识产权管理和执法体制以及纠纷调解、援助、仲裁等服务机制。健全社会服务体系，将原由政府部门承担的资产评估、鉴定、咨询、认证、检验检测等职能逐步交由法律、会计、信用、检验检测认证等专业服务机构承担。

（二）推进投资管理体制改革

2. 改革外商投资管理模式。探索对外商投资实行准入前国民待遇加负面清单管理模式。对外商投资准入特别管理措施（负面清单）之外领域，按照内外资一致原则，外商投资项目实行备案制（国务院规定对国内投资项目保留核准的除外），由福建省办理；根据全国人民代表大会常务委员会授权，将外商投资企业设立、变更及合同章程审批改为备案管理，备案由福建省负责办理，备案后按国家有关规定办理相关手续。配合国家有关部门实施外商投资国家安全审查和经营者集中反垄断审查。强化外商投资实际控制人管理，完善市场主体信用信息公示系统，实施外商投资全周期监管，建立健全境外追偿保障机制。减少项目前置审批，推进网上并联审批。

放宽外资准入。实施自贸试验区外商投资负面清单制度，减少和取消对外商投资准入限制，提高开放度和透明度。先行选择航运服务、商贸服务、专业服务、文化服务、社会服务及先进制造业等领域扩大对外开放，积极有效吸引外资。降低外商投资性公司准入条件。稳步推进外商投资商业保理、典当行试点。完善投资者权益保障机制，允许符合条件的境外投资者自由转移其合法投资收益。

3. 构建对外投资促进体系。改革境外投资管理方式，将自贸试验区建设成为企业"走出去"的窗口和综合服务平台。对一般境外投资项目和设立企业实行备案制，属省级管理权限的，由自贸试验区负责备案管理。确立企业及个人对外投资主体地位，支持企业在境外设立股权投资企业和专业从事境外股权投资的项目公司，支持设立从事境外投资的股权投资母基金。支持自贸试验区内企业和个人使用自有金融资产进行对外直接投资、自由承揽项目。建立对外投资合作"一站式"服务平台。加强境外投资事后管理和服务，完善境外资产和人员安全风险预警和应急保障体系。

（三）推进贸易发展方式转变

4. 拓展新型贸易方式。积极培育贸易新型业态和功能，形成以技术、品牌、质量、服务为核心的外贸竞争新优势。按照国家规定建设服务实体经济的国际国内大宗商品交易和资源配置平台，开展大宗商品国际贸易。按照公平竞争原则，发展跨境电子商务，完善与之相适应的海关监管、检验检疫、退税、跨境支付、物流等支撑系统。在严格执行货物进出口税收政策前提下，允许在海关特殊监管区内设立保税展示交易平台。符合条件的地区可按政策规定申请实施境外旅客购物离境退税政策。允许境内期货交易所开展期货保税交割试点。推进动漫创意、信息管理、数据处理、供应链管理、飞机及零部件维修等服务外包业务发展。开展飞机等高技术含量、高附加值产品境内外维修业务试点，建立整合物流、贸易、结算等功能的营运中心。扩大对外文化贸易和版权贸易。支持开展汽车平行进口试点，平行进口汽车应符合国家质量安全标准，进口商应承担售后服务、召回、"三包"等责任，并向消费者警示消费风险。

5. 提升航运服务功能。探索具有国际竞争力的航运发展制度和运作模式。允许设立外商独资国际船舶管理企业。放宽在自贸试验区设立的中外合资、中外合作国际船舶企业的外资股比限制。允许外商以合资、合作形式从事公共国际船舶代理业务，外方持股比例放宽至51%，将外资经营国际船舶管理业务的许可权限下放给福建省，简化国际船舶运输经营许可流程。加快国际船舶登记制度创新，充分利用现有中资"方便旗"船税收优惠政策，促进符合条件的船舶在自贸试验区落户登记。允许自贸试验区试点海运快件国际和台港澳中转集拼业务。允许在自贸试验区内注册的大陆资本邮轮企业所属的"方便旗"邮轮，经批准从事两岸四地邮轮运输。允许中资公司拥有或控股拥有的非五星旗船，试点开展外贸集装箱在国内沿海港口和自贸试验区内港口之间的沿海捎带业务。支持推动自贸试验区内符合条件的对外开放口岸对部分国家人员实施72小时过境免签证政策。结合上海试点实施情况，在统筹评估政策成效基础上，研究实施启运港退税试点政策。

6. 推进通关机制创新。建设国际贸易"单一窗口"，全程实施无纸化通关。推进自贸试验区内各区域之间通关一体化。简化《内地与香港关于建立更紧密经贸关系的安排》、《内地与澳门关于建立更紧密经贸关系的安排》以及《海峡两岸经济合作框架协议》（以下简称框架协议）下货物进口原产地证书提交需求。在确保有效监管前提下，简化自贸试验区内的海关特殊监管区域产品内销手续，促进内销便利化。大力发展转口贸易，放宽海运货物直接运输判定标准。试行企业自主报税、自助通关、自助审放、重点稽核的通关征管作业。在确保有效监管前提下，在海关特殊监管区域探索建立货物实施状态分类监管模式。允许海关特殊监管区域内企业生产、加工并内销的货物试行选择性征收关税政策。试行动植物及其产品检疫审批负面清单制度。支持自贸试验区与21世纪海上丝绸之路沿线国家和地区开展海关、检验检疫、认证认可、标准计量等方面的合作与交流，探索实施与21世纪海上丝绸之路沿线国家和地区开展贸易供应链安全与便利合作。

（四）率先推进与台湾地区投资贸易自由

7. 探索闽台产业合作新模式。在产业扶持、科研活动、品牌建设、市场开拓等方面，支持台资企业加快发展。推动台湾先进制造业、战略性新兴产业、现代服务业等产业在自贸试验区内集聚发展，重点承接台湾地区产业转移。取消在自贸试验区内从事农作物（粮棉油作物除外）新品种选育（转基因除外）和种子生产（转基因除外）的两岸合资企业由大陆方面控股要求，但台商不能独资。支持自贸试验区内品牌企业赴台湾投资，促进闽台产业链深度融合。探索闽台合作研发创新，合作打造品牌，合作参与制定标准，拓展产业价值链多环节合作，对接台湾自由经济示范区，构建双向投资促进合作新机制。

8. 扩大对台服务贸易开放。推进服务贸易对台更深度开放，促进闽台服务要素自由流动。进一步扩大通信、运输、旅游、医疗等行业对台开放。支持自贸试验区在框架协议下，先行试点，加快实施。对符合条件的台商，投资自贸试验区内服务行业的资质、门槛要求比照大陆企业。允许持台湾地区身份证明文件的自然人到自贸试验区注册个体工商户，无需经过外资备案（不包括特许经营，具体营业范围由工商总局会同福建省发布）。探索在自贸试验区内推动两岸社会保险等方面对接，将台胞证号管理纳入公民统一社会信用代码管理范畴，方便台胞办理社会保险、理财业务等。探索台湾专业人才在自贸试验区内行政企事业单位、科研院所等机构任职。深入落实《海峡两岸共同打击犯罪及司法互助协议》，创新合作形式，加强两岸司法合作。发展知识产权服务业，扩大对台知识产权服务，开展两岸知识产权经济发展试点。

电信和运输服务领域开放。允许台湾服务提供者在自贸试验区内试点设立合资或独资企业，提供离岸呼叫中心业务及大陆境内多方通信业务、存储转发类业务、呼叫中心业务、国际互联网接入服务业务（为上网用户提供国际互联网接入服务）和信息服务业务（仅限应用商店）。允许台湾服务提供者在自贸试验区内直接申请设立独资海员外派机构并仅向台湾船东所属的商船提供船员派遣服务，无须事先成立船舶管理公司。对台湾投资者在自贸试验区内设立道路客货运站（场）项目和变更的申请，以及在自贸试验区内投资的生产型企业从事货运方面的道路运输业务立项和变更的申请，委托福建省审核或审批。

商贸服务领域开放。在自贸试验区内，允许申请成为赴台游组团社的3家台资合资旅行社试点经营福建居民赴台湾地区团队旅游业务。允许台湾导游、领队经自贸试验区旅游主管部门培训认证后换发证件，在福州市、厦门市和平潭综合实验区执业。允许在自贸试验区内居住一年以上的持台湾方面身份证明文件的自然人报考导游资格证，并按规定申领导游证后在大陆执业。允许台湾服务提供者以跨境交付方式在自贸试验区内试点举办展览，委托福建省按规定审批在自贸试验区内举办的涉台经济技术展览会。

建筑业服务领域开放。在自贸试验区内，允许符合条件的台资独资建筑业企业承接福建省内建筑工程项目，不受项目双方投资比例限制。允许取得大陆一级注册建筑师或一级注册结构工程师资格的台湾专业人士作为合伙人，按相应资质标准要求在自贸试验区内设立建筑工程设计事务所并提供相应服务。台湾服务提供者在自贸试验区内设立建设工程设计企业，其在台湾和大陆的业绩可共同作为个人业绩评定依据，但在台湾完成的业绩规模标准应符合大陆建设项目规模划分标准。台湾服务提供者在自贸试验区内投资设立的独资建筑业企业承揽合营建设项目时，不受建设项目的合营方投资比例限制。台湾服务提供者在自贸试验区内设立的独资物业服务企业，在申请大陆企业资质时，可将在台湾和大陆承接的物业建筑面积共同作为评定依据。

产品认证服务领域开放。在强制性产品认证领域，允许经台湾主管机关确认并经台湾认可机构认可的、具备大陆强制性产品认证制度相关产品检测能力的台湾检测机构，在自贸试验区内与大陆指定机构开展合作承担强制性产品认证检测任务，检测范围限于两岸主管机关达成一致的产品，产品范围涉及制造商为台湾当地合法注册企业且产品在台湾设计定型、在自贸试验区内加工或生产的产品。允许经台湾认可机构认可的具备相关产品检测能力的台湾检测机构在自贸试验区设立分支机构，并依法取得资质认定，承担认证服务的范围包括食品类别和其他自愿性产品认证领域。在自愿性产品认证领域，允许经台湾认可机构认可的具备相关产品检测能力的台湾检测机构与大陆认证机构在自贸试验区内开展合作，对台湾本地或在自贸试验区内生产或加工的产品进行检测。台湾服务提供者在台湾和大陆从事环境污染治理设施运营的实践时间，可共同作为其在自贸试验区内申请企业环境污染治理设施运营资质的评定依据。

工程技术服务领域开放。允许台湾服务提供者在自贸试验区内设立的建设工程设计企业聘用台湾注册建筑师、注册工程师，并将其作为本企业申请建设工程设计资质的主要专业技术人员，在资质审查时不考核其专业技术职称条件，只考核其学历、从事工程设计实践年限、在台湾的注册资格、工程设计业绩及信誉。台湾服务提供者在自贸试验区内设立的建设工程设计企业中，出任主要技术人员且持有台湾方面身份证明文件的自然人，不受每人每年在大陆累计居住时间应当不少于6个月的限制。台湾服务提供者在自贸试验区内设立的建筑业企业可以聘用台湾专业技术人员作为企业经理，但须具有相应的从事工程管理工作经历；可以聘用台湾建筑业专业人员作为工程技术和经济管理人员，但须满足相应的技术职称要求。台湾服务提供者在自贸试验区内投资设立的建筑业企业申报资质应按大陆有关规定办理，取得建筑业企业资质后，可依规定在大陆参加工程投标。台湾服务提供者在自贸试验区内设立的建筑业企业中，出任工程技术人员和经济管理人员且持有台湾方面身份证明文件的自然人，不受每人每年在大陆累计居住时间应当不少于3个月的限制。允许台湾建筑、规划等服务机构执业人员，持台湾相关机构颁发的证书，经批准在自贸试验区内开展业务。允许通过考试取得大陆注册结构工程师、注册土木工程师（港口与航道）、注册公用设备工程师、注册电气工程师资格的台湾专业人士在自贸试验区内执业，不受在台湾注册执业与否的限制，按照大陆有关规定作为福建省内工程设计企业申报企业资质时所要求的注册执业人员予以认定。

专业技术服务领域开放。允许台湾会计师在自贸试验区内设立的符合《代理记账管理办法》规定的中介机构从事代理记账业务。从事代理记账业务的台湾会计师应取得大陆会计从业资格，主管代理记账业务的负责人应当具有大陆会计师以上（含会计师）专业技术资格。允许取得大陆注册会计师资格的台湾专业人士担任自贸试验区内合伙制会计师事务所合伙人，具体办法由福建省制定,报财政部批准后实施。允许符合规定的持台湾方面身份证明文件的自然人参加护士执业资格考试,考试成绩合格者发给相应的资格证书,在证书许可范围内开展业务。允许台湾地区其他医疗专业技术人员比照港澳相关医疗专业人员按照大陆执业管理规定在自贸试验区内从事医疗相关活动。允许取得台湾药剂师执照的持台湾方面身份证明文件的自然人在取得大陆《执业药师资格证书》后,按照大陆《执业药师注册管理暂行办法》等相关文件规定办理注册并执业。

上述各领域开放措施在框架协议下实施,并且只适用于注册在自贸试验区内的企业。

9. 推动对台货物贸易自由。积极创新监管模式,提高贸易便利化水平。建立闽台通关合作机制,开展货物通关、贸易统计、原产地证书核查、"经认证的经营者"互认、检验检测认证等方面合作,逐步实现信息互换、监管互认、执法互助。完善自贸试验区对台小额贸易管理方式。支持自贸试验区发展两岸电子商务,允许符合条件的台商在自贸试验区内试点设立合资或独资企业,提供在线数据处理与交易处理业务（仅限于经营类电子商务）,申请可参照大陆企业同等条件。检验检疫部门对符合条件的跨境电商入境快件采取便利措施。除国家禁止、限制进口的商品,废物原料、危险化学品及其包装、大宗散装商品外,简化自贸试验区内进口原产于台湾商品有关手续。对台湾地区输往自贸试验区的农产品、水产品、食品和花卉苗木等产品试行快速检验检疫模式。进一步优化从台湾进口部分保健食品、化妆品、医疗器械、中药材的审评审批程序。改革和加强原产地证签证管理,便利证书申领,强化事中事后监管。

10. 促进两岸往来更加便利。推动人员往来便利化,在自贸试验区实施更加便利的台湾居民入出境政策。对在自贸试验区内投资、就业的台湾企业高级管理人员、专家和技术人员,在项目申报、入出境等方面给予便利。为自贸试验区内台资企业外籍员工办理就业许可手续提供便利,放宽签证、居留许可有效期限。对自贸试验区内符合条件的外籍员工,提供入境、过境、停居留便利。自贸试验区内一般性赴台文化团组审批权下放给福建省。加快落实台湾车辆在自贸试验区与台湾之间便利进出境政策,推动实施两岸机动车辆互通和驾驶证互认,简化临时入境车辆牌照手续。推动厦门—金门和马尾—马祖游艇、帆船出入境简化手续。

（五）推进金融领域开放创新

11. 扩大金融对外开放。建立与自贸试验区相适应的账户管理体系。完善人民币涉外账户管理模式,简化人民币涉外账户分类,促进跨境贸易、投融资结算便利化。自贸试验区内试行资本项目限额内可兑换，符合条件的自贸试验区内机构在限额内自主开展直接投资、并购、债务工具、金融类投资等交易。深化外汇管理改革，将直接投资外汇登记下放银行办理，外商直接投资项下外汇资本金可意愿结汇，进一步提高对外放款比例。提高投融资便利化水平，统一内外资企业外债政策，建立健全外债宏观审慎管理制度。允许自贸试验区内企业、银行从境外借入本外币资金，企业借入的外币资金可结汇使用。探索建立境外融资与跨境资金流动宏观审慎管理政策框架，支持企业开展国际商业贷款等各类境外融资活动。放宽自贸试验区内法人金融机构和企业在境外发行人民币和外币债券的审批和规模限制，所筹资金可根据需要调回自贸试验区内使用。支持跨国公司本外币资金集中运营管理。探索在自贸试验区内设立单独领取牌照的专业金融托管服务机构，允许自贸试验区内银行和支付机构、托管机构与境外银行和支付机构开展跨境支付合作。构建跨境个人投资者保护制度，严格投资者适当性管理。强化风险防控，实施主体监管，建立合规评价体系，以大数据为依托开展事中事后管理。

12. 拓展金融服务功能。推进利率市场化，允许符合条件的金融机构试点发行企业和个人大额可转让存单。研究探索自贸试验区内金融机构（含准金融机构）向境外转让人民币资产、销售人民币理财产品，多渠道探索跨境资金流动。推动开展跨境人民币业务创新，推进自贸试验区内企业和个人跨境贸易与投资人民币结算业务。在完善相关管理办法、加强有效监管前提下，允许自贸试验区内符合条件的中资银行试点开办外币离岸业务。支持自贸试验区内法人银行按有关规定开展资产证券化业务。创新知识产权投融资及保险、风险投资、信托等金融服务，推动建立知识产权质物处置机制。经相关部门许可，拓展自贸试验区内融资租赁业务经营范围、融资渠道，简化涉外业务办理流程。统一内外资融资租赁企业准入标准、设立审批和事中事后监管，允许注册在自贸试验区内由福建省有关主管部门准入的内资融资租赁企业享受与现行内资试点企业同等待遇。支持自贸试验区内设立多币种的产业投资基金，研究设立多币种的土地信托基金等。支持符合条件的自贸试验区内机构按照规定双向投资于境内外证券期货市场。在合法合规、风险可控前提下，逐步开展商品场外衍生品交易。支持厦门两岸区域性金融服务中心建设。支持境内期货交易所根据需要在平潭设立期货交割仓库。

13. 推动两岸金融合作先行先试。在对台小额贸易市场设立外币兑换机构。允许自贸试验区银行业金融机构与台湾同业开展跨境人民币借款等业务。支持台湾地区的银行向自贸试验区内企业或项目发放跨境人民币贷款。对自贸试验区内的台湾金融机构向母行（公司）借用中长期外债实行外债指标单列，并按余额进行管理。在框架协议下，研究探索自贸试验区金融服务业对台资进一步开放，降低台资金融机构准入和业务门槛，适度提高参股大陆金融机构持股比例，并参照大陆金融机构监管。按照国家区域发展规划，为自贸试验区内台资法人金融机构在大陆设立分支机构开设绿色通道。支持在自贸试验区设立两岸合资银行等金融机构。探索允许台湾地区的银行及其在大陆设立的法人银行在福建省设立的分行参照大陆关于申请设立支行的规定，申请在自贸试验区内设立异地（不同于分行所在城市）支行。台湾地区的银行在大陆的营业性机构经营台资企业人民币业务时，服务对象可包括被认定为视同台湾投资者的第三地投资者在自贸试验区设立的企业。在符合相关规定前提下，支持两岸银行业在自贸试验区内进行相关股权投资合作。研究探索台湾地区的银行在自贸试验区内设立的营业性机构一经开业即可经营人民币业务。在框架协议下，允许自贸试验区内大陆的商业银行从事代客境外理财业务时，可以投资符合条件的台湾金融产品；允许台资金融机构以人民币合格境外机构投资者方式投资自贸试验区内资本市场。研究探索放宽符合条件的台资金融机构参股自贸试验区证券基金机构股权比例限制。研究探索允许符合条件的台资金融机构按照大陆有关规定在自贸试验区内设立合资基金管理公司，台资持股比例可达50%以上。研究探索允许符合设立外资参股证券公司条件的台资金融机构按照大陆有关规定在自贸试验区内新设立2家两岸合资的全牌照证券公司，大陆股东不限于证券公司，其中一家台资合并持股比例最高可达51%，另一家台资合并持股比例不超过49%、且取消大陆单一股东须持股49%的限制。支持符合条件的台资保险公司到自贸试验区设立经营机构。支持福建省股权交易场所拓展业务范围，为台资企业提供综合金融服务。加强两岸在金融纠纷调解、仲裁、诉讼及金融消费者维权支持方面的合作，健全多元化纠纷解决渠道。

（六）培育平潭开放开发新优势

14. 推进服务贸易自由化。赋予平潭制定相应从业规范和标准的权限，在框架协议下，允许台湾建筑、规划、医疗、旅游等服务机构执业人员，持台湾有关机构颁发的证书，按规定范围在自贸试验区内开展业务。探索在自贸试验区内行政企事业单位等机构任职的台湾同胞试行两岸同等学历、任职资历对接互认，研究探索技能等级对接互认。对台商独资或控股开发的建设项目，借鉴台湾的规划及工程管理体制。

15. 推动航运自由化。简化船舶进出港口手续，对国内航行船舶进出港海事实行报告制度。支持简化入区申报手续，探索试行相关电子数据自动填报。

探索在自贸试验区内对台试行监管互认。对平潭片区与台湾之间进出口商品原则上不实施检验（废物原料、危险化学品及其包装、大宗散装货物以及国家另有特别规定的除外），检验检疫部门加强事后监管。

16. 建设国际旅游岛。加快旅游产业转型升级，推行国际通行的旅游服务标准，开发特色旅游产品，拓展文化体育竞技功能，建设休闲度假旅游目的地。研究推动平潭实施部分国家旅游团入境免签政策，对台湾居民实施更加便利的入出境制度。平潭国际旅游岛建设方案另行报批。

四、 保障机制

（一） 实行有效监管

1. 围网区域监管。对自贸试验区内的海关特殊监管区域，比照中国（上海）自由贸易试验区内的海关特殊监管区域有关监管模式，实行"一线放开"、"二线安全高效管住"的通关监管服务模式，推动海关特殊监管区域整合优化。对平潭片区按照"一线放宽、二线管住、人货分离、分类管理"原则实施分线管理。除废物原料、危险化学品及其包装、散装货物外，检验检疫在一线实施"进境检疫，适当放宽进出口检验"模式，在二线推行"方便进出，严密防范质量安全风险"的检验检疫监管模式。

2. 全区域监管。建立自贸试验区内企业信用信息采集共享和失信联动惩戒机制，开展使用第三方信用服务机构的信用评级报告试点。完善企业信用信息公示系统，实施企业年度报告公示、经营异常名录和严重违法企业名单制度，建立相应的激励、警示、惩戒制度。建立常态化监测预警、总结评估机制，落实企业社会责任，对自贸试验区内各项业务实施有效监控。加强监管信息共享和综合执法。构筑以商务诚信为核心，覆盖源头溯源、检验检疫、监管、执法、处罚、先行赔付等方面的全流程市场监管体系。建立各部门监管数据和信息归集、交换、共享机制，切实加强事中事后动态监管。整合执法主体，形成权责统一、权威高效的综合执法体制。提高知识产权行政执法与海关保护的协调性与便捷性，建立知识产权执法协作调度中心和专利导航产业发展工作机制。完善金融监管措施，逐步建立跨境资金流动风险监管机制，完善风险监控指标，对企业跨境收支进行全面监测评价，实行分类管理。做好反洗钱、反恐怖融资工作，防范非法资金跨境、跨区流动。探索在自贸试验区内建立有别于区外的金融监管协调机制，形成符合自贸试验区内金融业发展特点的监管体制。健全符合自贸试验区内金融业发展实际的监控指标，实现对自贸试验区内金融机构风险可控。

（二）健全法制保障

全国人民代表大会常务委员会已经授权国务院，暂时调整《中华人民共和国外资企业法》、《中华人民共和国中外合资经营企业法》、《中华人民共和国中外合作经营企业法》和《中华人民共和国台湾同胞投资保护法》规定的有关行政审批，自2015年3月1日至2018年2月28日试行。自贸试验区需要暂时调整实施有关行政法规、国务院文件和经国务院批准的部门规章的部分规定的，按规定程序办理。各有关部门要支持自贸试验区在对台先行先试、拓展与21世纪海上丝绸之路沿线国家和地区交流合作等方面深化改革试点，及时解决试点过程中的制度保障问题。福建省要通过地方立法，建立与试点要求相适应的自贸试验区管理制度。

（三）完善税收环境

自贸试验区抓紧落实好现有相关税收政策，充分发挥现有政策的支持促进作用。中国（上海）自由贸易试验区已经试点的税收政策原则上可在自贸试验区进行试点，其中促进贸易的选择性征收关税、其他相关进出口税收等政策在自贸试验区内的海关特殊监管区域进行试点。自贸试验区内的海关特殊监管区域实施范围和税收政策适用范围维持不变。平潭综合实验区税收优惠政策不适用于自贸试验区内其他区域。此外，在符合税制改革方向和国际惯例，以及不导致利润转移和税基侵蚀前提下，积极研究完善适应境外股权投资和离岸业务发展的税收政策。

（四）组织实施

在国务院的领导和统筹协调下，由福建省根据试点内容，按照总体筹划、分步实施、率先突破、逐步完善的原则组织实施。各有关部门要大力支持，加强指导和服务，共同推进相关体制机制创新，在实施过程中要注意研究新情况，解决新问题，总结新经验，重大事项要及时报告国务院，努力推进自贸试验区更好更快发展。

（五）评估推广机制

自贸试验区要及时总结改革创新经验和成果。商务部、福建省人民政府要会同相关部门，对自贸试验区试点政策执行情况进行综合和专项评估，必要时委托第三方机构进行独立评估，并将评估结果报告国务院。对试点效果好且可复制可推广的成果，经国务院同意后推广到全国其他地区。

国务院关于印发进一步深化中国（上海）自由贸易试验区改革开放方案的通知

（国发〔2015〕21号）

各省、自治区、直辖市人民政府，国务院各部委、各直属机构：

国务院批准《进一步深化中国（上海）自由贸易试验区改革开放方案》（以下简称《方案》），现予印发。

一、进一步深化中国（上海）自由贸易试验区（以下简称自贸试验区）改革开放，是党中央、国务院作出的重大决策，是在新形势下为全面深化改革和扩大开放探索新途径、积累新经验的重要举措，对加快政府职能转变、积极探索管理模式创新、促进贸易和投资便利化、形成深化改革新动力、扩大开放新优势，具有重要意义。

二、扩展区域后的自贸试验区要当好改革开放排头兵、创新发展先行者，继续以制度创新为核心，贯彻长江经济带发展等国家战略，在构建开放型经济新体制、探索区域经济合作新模式、建设法治化营商环境等方面，率先挖掘改革潜力，破解改革难题。要积极探索外商投资准入前国民待遇加负面清单管理模式，深化行政管理体制改革，提升事中事后监管能力和水平。

三、上海市人民政府和有关部门要解放思想、改革创新，大胆实践、积极探索，统筹谋划、加强协调，支持自贸试验区先行先试。要加强组织领导，明确责任主体，精心组织好《方案》实施工作，有效防控各类风险。要及时总结评估试点实施效果，形成可复制可推广的改革经验，更好地发挥示范引领、服务全国的积极作用。

四、根据《全国人民代表大会常务委员会关于授权国务院在中国（广东）自由贸易试验区、中国（天津）自由贸易试验区、中国（福建）自由贸易试验区以及中国（上海）自由贸易试验区扩展区域暂时调整有关法律规定的行政审批的决定》，相应暂时调整有关行政法规和国务院文件的部分规定。具体由国务院另行印发。

五、《方案》实施中的重大问题,上海市人民政府要及时向国务院请示报告。

国务院
2015年4月8日

进一步深化中国(上海)自由贸易试验区改革开放方案

中国(上海)自由贸易试验区(以下简称自贸试验区)运行以来,围绕加快政府职能转变,推动体制机制创新,营造国际化、市场化、法治化营商环境等积极探索,取得了重要阶段性成果。为贯彻落实党中央、国务院关于进一步深化自贸试验区改革开放的要求,深入推进《中国(上海)自由贸易试验区总体方案》确定的各项任务,制定本方案。

一、总体要求

(一)指导思想

全面贯彻落实党的十八大和十八届二中、三中、四中全会精神,按照党中央、国务院决策部署,紧紧围绕国家战略,进一步解放思想,坚持先行先试,把制度创新作为核心任务,把防控风险作为重要底线,把企业作为重要主体,以开放促改革、促发展,加快政府职能转变,在更广领域和更大空间积极探索以制度创新推动全面深化改革的新路径,率先建立符合国际化、市场化、法治化要求的投资和贸易规则体系,使自贸试验区成为我国进一步融入经济全球化的重要载体,推动"一带一路"建设和长江经济带发展,做好可复制可推广经验总结推广,更好地发挥示范引领、服务全国的积极作用。

(二)发展目标

按照党中央、国务院对自贸试验区"继续积极大胆闯、大胆试、自主改"、"探索不停步、深耕试验区"的要求,深化完善以负面清单管理为核心的投资管理制度、以贸易便利化为重点的贸易监管制度、以资本项目可兑换和金融服务业开放为目标的金融创新制度、以政府职能转变为核心的事中事后监管制度,形成与国际投资贸易通行规则相衔接的制度创新体系,充分发挥金融贸易、先进制造、科技创新等重点功能承载区的辐射带动作用,力争建设成为开放度最高的投资贸易便利、货币兑换自由、监管高效便捷、法制环境规范的自由贸易园区。

(三) 实施范围

自贸试验区的实施范围 120.72 平方公里，涵盖上海外高桥保税区、上海外高桥保税物流园区、洋山保税港区、上海浦东机场综合保税区 4 个海关特殊监管区域（28.78 平方公里）以及陆家嘴金融片区（34.26 平方公里）、金桥开发片区（20.48 平方公里）、张江高科技片区（37.2 平方公里）。

自贸试验区土地开发利用须遵守土地利用法律法规。浦东新区要加大自主改革力度，加快政府职能转变，加强事中事后监管等管理模式创新，加强与上海国际经济、金融、贸易、航运中心建设的联动机制。

二、 主要任务和措施

(一) 加快政府职能转变

1. 完善负面清单管理模式。推动负面清单制度成为市场准入管理的主要方式，转变以行政审批为主的行政管理方式，制定发布政府权力清单和责任清单，进一步厘清政府和市场的关系。强化事中事后监管，推进监管标准规范制度建设，加快形成行政监管、行业自律、社会监督、公众参与的综合监管体系。

2. 加强社会信用体系应用。完善公共信用信息目录和公共信用信息应用清单，在市场监管、城市管理、社会治理、公共服务、产业促进等方面，扩大信用信息和信用产品应用，强化政府信用信息公开，探索建立采信第三方信用产品和服务的制度安排。支持信用产品开发，促进征信市场发展。

3. 加强信息共享和服务平台应用。加快以大数据中心和信息交换枢纽为主要功能的信息共享和服务平台建设，扩大部门间信息交换和应用领域，逐步统一信息标准，加强信息安全保障，推进部门协同管理，为加强事中事后监管提供支撑。

4. 健全综合执法体系。明确执法主体以及相对统一的执法程序和文书，建立联动联勤平台，完善网上执法办案系统。健全城市管理、市场监督等综合执法体系，建立信息共享、资源整合、执法联动、措施协同的监管工作机制。

5. 健全社会力量参与市场监督制度。通过扶持引导、购买服务、制定标准等制度安排，支持行业协会和专业服务机构参与市场监督。探索引入第三方专业机构参与企业信息审查等事项，建立社会组织与企业、行业之间的服务对接机制。充分发挥自贸试验区社会参与委员会作用，推动行业组织诚信自律。试点扩大涉外民办非企业单位登记范围。支持全国性、区域性行业协会入驻，探索引入竞争机制，在规模较大、交叉的行业以及新兴业态中试行"一业多会、适度竞争"。

6. 完善企业年度报告公示和经营异常名录制度。根据《企业信息公示暂行条例》，完善企业年度报告公示实施办法。采取书面检查、实地核查、网络监测、大数据比对等方式，对自贸试验区内企业年报公示信息进行抽查，依法将抽查结果通过企业信用信息公示系统向社会公示，营造企业自律环境。

7. 健全国家安全审查和反垄断审查协助工作机制。建立地方参与国家安全审查和反垄断审查的长效机制，配合国家有关部门做好相关工作。在地方事权范围内，加强相关部门协作，实现信息互通、协同研判、执法协助，进一步发挥自贸试验区在国家安全审查和反垄断审查工作中的建议申报、调查配合、信息共享等方面的协助作用。

8. 推动产业预警制度创新。配合国家有关部门试点建立与开放市场环境相匹配的产业预警体系，及时发布产业预警信息。上海市人民政府可选择重点敏感产业，通过实施技术指导、员工培训等政策，帮助企业克服贸易中遇到的困难，促进产业升级。

9. 推动信息公开制度创新。提高行政透明度，主动公开自贸试验区相关政策内容、管理规定、办事程序等信息，方便企业查询。对涉及自贸试验区的地方政府规章和规范性文件，主动公开草案内容，接受公众评论，并在公布和实施之间预留合理期限。实施投资者可以提请上海市人民政府对自贸试验区管理委员会制定的规范性文件进行审查的制度。

10. 推动公平竞争制度创新。严格环境保护执法，建立环境违法法人"黑名单"制度。加大宣传培训力度，引导自贸试验区内企业申请环境能源管理体系认证和推进自评价工作，建立长效跟踪评价机制。

11. 推动权益保护制度创新。完善专利、商标、版权等知识产权行政管理和执法体制机制，完善司法保护、行政监管、仲裁、第三方调解等知识产权纠纷多元解决机制，完善知识产权工作社会参与机制。优化知识产权发展环境，集聚国际知识产权资源，推进上海亚太知识产权中心建设。进一步对接国际商事争议解决规则，优化自贸试验区仲裁规则，支持国际知名商事争议解决机构入驻，提高商事纠纷仲裁国际化程度。探索建立全国性的自贸试验区仲裁法律服务联盟和亚太仲裁机构交流合作机制，加快打造面向全球的亚太仲裁中心。

12. 深化科技创新体制机制改革。充分发挥自贸试验区和国家自主创新示范区政策叠加优势，全面推进知识产权、科研院所、高等教育、人才流动、国际合作等领域体制机制改革，建立积极灵活的创新人才发展制度，健全企业主体创新投入制度，建立健全财政资金支持形成的知识产权处置和收益机制，建立专利导航产业发展工作机制，构建市场导向的科技成果转移转化制度，完善符合创新规律的政府管理制度，推动形成创新要素自由流动的开放合作新局面，在投贷联动金融服务模式创新、技术类无形资产入股、发展新型产业技术研发组织等方面加大探索力度，加快建设具有全球影响力的科技创新中心。

（二）深化与扩大开放相适应的投资管理制度创新

13. 进一步扩大服务业和制造业等领域开放。探索实施自贸试验区外商投资负面清单制度，减少和取消对外商投资准入限制，提高开放度和透明度。自贸试验区已试点的对外开放措施适用于陆家嘴金融片区、金桥开发片区和张江高科技片区。根据国家对外开放战略要求，在服务业和先进制造业等领域进一步扩大开放。在严格遵照全国人民代表大会常务委员会授权的前提下，自贸试验区部分对外开放措施和事中事后监管措施辐射到整个浦东新区，涉及调整行政法规、国务院文件和经国务院批准的部门规章的部分规定的，按规定程序办理。

14. 推进外商投资和境外投资管理制度改革。对外商投资准入特别管理措施（负面清单）之外领域，按照内外资一致原则，外商投资项目实行备案制（国务院规定对国内投资项目保留核准的除外）；根据全国人民代表大会常务委员会授权，将外商投资企业设立、变更及合同章程审批改为备案管理，备案后按国家有关规定办理相关手续。对境外投资项目和境外投资开办企业实行以备案制为主的管理方式，建立完善境外投资服务促进平台。试点建立境外融资与跨境资金流动宏观审慎管理政策框架，支持企业开展国际商业贷款等各类境外融资活动。统一内外资企业外债政策，建立健全外债宏观审慎管理制度。

15. 深化商事登记制度改革。探索企业登记住所、企业名称、经营范围登记等改革，开展集中登记试点。推进"先照后证"改革。探索许可证清单管理模式。简化和完善企业注销流程，试行对个体工商户、未开业企业、无债权债务企业实行简易注销程序。

16. 完善企业准入"单一窗口"制度。加快企业准入"单一窗口"从企业设立向企业工商变更、统计登记、报关报检单位备案登记等环节拓展，逐步扩大"单一窗口"受理事项范围。探索开展电子营业执照和企业登记全程电子化试点工作。探索实行工商营业执照、组织机构代码证和税务登记证"多证联办"或"三证合一"登记制度。

（三）积极推进贸易监管制度创新

17. 在自贸试验区内的海关特殊监管区域深化"一线放开"、"二线安全高效管住"贸易便利化改革。推进海关特殊监管区域整合优化，完善功能。加快形成贸易便利化创新举措的制度规范，覆盖到所有符合条件的企业。加强口岸监管部门联动，规范并公布通关作业时限。鼓励企业参与"自主报税、自助通关、自动审放、重点稽核"等监管制度创新试点。

18. 推进国际贸易"单一窗口"建设。完善国际贸易"单一窗口"的货物进出口和运输工具进出境的应用功能，进一步优化口岸监管执法流程和通关流程，实现贸易许可、支付结算、资质登记等平台功能，将涉及贸易监管的部门逐步纳入"单一窗口"管理平台。探索长三角区域国际贸易"单一窗口"建设，推动长江经济带通关一体化。

19. 统筹研究推进货物状态分类监管试点。按照管得住、成本和风险可控原则，规范政策，创新监管模式，在自贸试验区内的海关特殊监管区域统筹研究推进货物状态分类监管试点。

20. 推动贸易转型升级。推进亚太示范电子口岸网络建设。加快推进大宗商品现货市场和资源配置平台建设，强化监管、创新制度、探索经验。深化贸易平台功能，依法合规开展文化版权交易、艺术品交易、印刷品对外加工等贸易，大力发展知识产权专业服务业。推动生物医药、软件信息等新兴服务贸易和技术贸易发展。按照公平竞争原则，开展跨境电子商务业务，促进上海跨境电子商务公共服务平台与境内外各类企业直接对接。统一内外资融资租赁企业准入标准、审批流程和事中事后监管制度。探索融资租赁物登记制度，在符合国家规定前提下开展租赁资产交易。探索适合保理业务发展的境外融资管理新模式。稳妥推进外商投资典当行试点。

21. 完善具有国际竞争力的航运发展制度和运作模式。建设具有较强服务功能和辐射能力的上海国际航运中心，不断提高全球航运资源配置能力。加快国际船舶登记制度创新，充分利用现有中资"方便旗"船税收优惠政策，促进符合条件的船舶在上海落户登记。扩大国际中转集拼业务，拓展海运国际中转集拼业务试点范围，打造具有国际竞争力的拆、拼箱运作环境，实现洋山保税港区、外高桥保税物流园区集装箱国际中转集拼业务规模化运作；拓展浦东机场货邮中转业务，增加国际中转集拼航线和试点企业，在完善总运单拆分国际中转业务基础上，拓展分运单集拼国际中转业务。优化沿海捎带业务监管模式，提高中资非五星旗船沿海捎带业务通关效率。推动与旅游业相关的邮轮、游艇等旅游运输工具出行便利化。在符合国家规定前提下，发展航运运价衍生品交易业务。深化多港区联动机制，推进外高桥港、洋山深水港、浦东空港国际枢纽港联动发展。符合条件的地区可按规定申请实施境外旅客购物离境退税政策。

(四) 深入推进金融制度创新

22. 加大金融创新开放力度，加强与上海国际金融中心建设的联动。具体方案由人民银行会同有关部门和上海市人民政府另行报批。

(五) 加强法制和政策保障

23. 健全法制保障体系。全国人民代表大会常务委员会已经授权国务院，在自贸试验区扩展区域暂时调整《中华人民共和国外资企业法》、《中华人民共和国中外合资经营企业法》、《中华人民共和国中外合作经营企业法》和《中华人民共和国台湾同胞投资保护法》规定的有关行政审批；扩展区域涉及《国务院关于在中国（上海）自由贸易试验区内暂时调整有关行政法规和国务院文件规定的行政审批或者准入特别管理措施的决定》（国发〔2013〕51号）和《国务院关于在中国（上海）自由贸易试验区内暂时调整实施有关行政法规和经国务院批准的部门规章规定的准入特别管理措施的决定》（国发〔2014〕38号）暂时调整实施有关行政法规、国务院文件和经国务院批准的部门规章的部分规定的，按规定程序办理；自贸试验区需要暂时调整实施其他有关行政法规、国务院文件和经国务院批准的部门规章的部分规定的，按规定程序办理。加强地方立法，对试点成熟的改革事项，适时将相关规范性文件上升为地方性法规和规章。建立自贸试验区综合法律服务窗口等司法保障和服务体系。

24. 探索适应企业国际化发展需要的创新人才服务体系和国际人才流动通行制度。完善创新人才集聚和培育机制，支持中外合作人才培训项目发展，加大对海外人才服务力度，提高境内外人员出入境、外籍人员签证和居留、就业许可、驾照申领等事项办理的便利化程度。

25. 研究完善促进投资和贸易的税收政策。自贸试验区内的海关特殊监管区域实施范围和税收政策适用范围维持不变。在符合税制改革方向和国际惯例，以及不导致利润转移和税基侵蚀前提下，调整完善对外投资所得抵免方式；研究完善适用于境外股权投资和离岸业务的税收制度。

三、扎实做好组织实施

在国务院的领导和协调下，由上海市根据自贸试验区的目标定位和先行先试任务，精心组织实施，调整完善管理体制和工作机制，形成可操作的具体计划。对出现的新情况、新问题，认真研究，及时调整试点内容和政策措施，重大事项及时向国务院请示报告。各有关部门要继续给予大力支持，加强指导和服务，共同推进相关体制机制创新，把自贸试验区建设好、管理好。

国务院关于加快实施自由贸易区战略的若干意见

(国发〔2015〕69号)

各省、自治区、直辖市人民政府,国务院各部委、各直属机构:

加快实施自由贸易区战略是我国新一轮对外开放的重要内容。党的十八大提出加快实施自由贸易区战略,十八届三中、五中全会进一步要求以周边为基础加快实施自由贸易区战略,形成面向全球的高标准自由贸易区网络。当前,全球范围内自由贸易区的数量不断增加,自由贸易区谈判涵盖议题快速拓展,自由化水平显著提高。我国经济发展进入新常态,外贸发展机遇和挑战并存,"引进来"、"走出去"正面临新的发展形势。加快实施自由贸易区战略是我国适应经济全球化新趋势的客观要求,是全面深化改革、构建开放型经济新体制的必然选择。为加快实施自由贸易区战略,现提出如下意见:

一、总体要求

(一) 指导思想

全面贯彻党的十八大和十八届三中、四中、五中全会精神,认真落实党中央、国务院决策部署,按照"四个全面"战略布局要求,坚持使市场在资源配置中起决定性作用和更好发挥政府作用,坚持统筹考虑和综合运用国际国内两个市场、两种资源,坚持与推进共建"一带一路"和国家对外战略紧密衔接,坚持把握开放主动和维护国家安全,逐步构筑起立足周边、辐射"一带一路"、面向全球的高标准自由贸易区网络。

(二) 基本原则

一是扩大开放,深化改革。加快实施更加主动的自由贸易区战略,通过自由贸易区扩大开放,提高开放水平和质量,深度参与国际规则制定,拓展开放型经济新空间,形成全方位开放新格局,开创高水平开放新局面,促进全面深化改革,更好地服务国内发展。

二是全面参与,重点突破。全方位参与自由贸易区等各种区域贸易安排合作,重点加快与周边、"一带一路"沿线以及产能合作重点国家、地区和区域经济集团商建自由贸易区。

三是互利共赢，共同发展。树立正确义利观，兼顾各方利益和关切，考虑发展中经济体和最不发达经济体的实际情况，寻求利益契合点和合作公约数，努力构建互利共赢的自由贸易区网络，推动我国与世界各国、各地区共同发展。

四是科学评估，防控风险。加强科学论证，做好风险评估，努力排除自由贸易区建设中的风险因素。同时，提高开放环境下的政府监管能力，建立健全并严格实施安全审查、反垄断和事中事后监管等方面的法律法规，确保国家安全。

（三）目标任务

近期，加快正在进行的自由贸易区谈判进程，在条件具备的情况下逐步提升已有自由贸易区的自由化水平，积极推动与我国周边大部分国家和地区建立自由贸易区，使我国与自由贸易伙伴的贸易额占我国对外贸易总额的比重达到或超过多数发达国家和新兴经济体水平；中长期，形成包括邻近国家和地区、涵盖"一带一路"沿线国家以及辐射五大洲重要国家的全球自由贸易区网络，使我国大部分对外贸易、双向投资实现自由化和便利化。

二、进一步优化自由贸易区建设布局

（四）加快构建周边自由贸易区

力争与所有毗邻国家和地区建立自由贸易区，不断深化经贸关系，构建合作共赢的周边大市场。

（五）积极推进"一带一路"沿线自由贸易区

结合周边自由贸易区建设和推进国际产能合作，积极同"一带一路"沿线国家商建自由贸易区，形成"一带一路"大市场，将"一带一路"打造成畅通之路、商贸之路、开放之路。

（六）逐步形成全球自由贸易区网络

争取同大部分新兴经济体、发展中大国、主要区域经济集团和部分发达国家建立自由贸易区，构建金砖国家大市场、新兴经济体大市场和发展中国家大市场等。

三、加快建设高水平自由贸易区

（七）提高货物贸易开放水平

坚持进出口并重，通过自由贸易区改善与自由贸易伙伴双向市场准入，合理设计原产地规则，促进对自由贸易伙伴贸易的发展，推动构建更高效的全球和区域价值链。在确保经济安全、产业安全和考虑产业动态发展需要的前提下，稳步扩大货物贸易市场准入。同时，坚持与自由贸易伙伴共同削减关税和非关税壁垒，相互开放货物贸易市场，实现互利共赢。

（八）扩大服务业对外开放

通过自由贸易区等途径实施开放带动战略，充分发挥服务业和服务贸易对我国调整经济结构、转变经济发展方式和带动就业的促进作用。推进金融、教育、文化、医疗等服务业领域有序开放，放开育幼养老、建筑设计、会计审计、商贸物流、电子商务等服务业领域外资准入限制。

加快发展对外文化贸易，创新对外文化贸易方式，推出更多体现中华优秀文化、展示当代中国形象、面向国际市场的文化产品和服务。讲好中国故事、传播好中国声音、阐释好中国特色，更好地推动中华文化"走出去"。吸引外商投资于法律法规许可的文化产业领域，积极吸收借鉴国外优秀文化成果，切实维护国家文化安全。

在与自由贸易伙伴协商一致的基础上，逐步推进以负面清单模式开展谈判，先行先试、大胆探索、与时俱进，积极扩大服务业开放，推进服务贸易便利化和自由化。

（九）放宽投资准入

大力推进投资市场开放和外资管理体制改革，进一步优化外商投资环境。加快自由贸易区投资领域谈判，有序推进以准入前国民待遇加负面清单模式开展谈判。在维护好我国作为投资东道国利益和监管权的前提下，为我国投资者"走出去"营造更好的市场准入和投资保护条件，实质性改善我国与自由贸易伙伴双向投资准入。在自由贸易区内积极稳妥推进人民币资本项目可兑换的各项试点，便利境内外主体跨境投融资。加强与自由贸易伙伴货币合作，促进贸易投资便利化。

（十）推进规则谈判

结合全面深化改革和全面依法治国的要求，对符合我国社会主义市场经济体制建设和经济社会稳定发展需要的规则议题，在自由贸易区谈判中积极参与。

参照国际通行规则及其发展趋势，结合我国发展水平和治理能力，加快推进知识产权保护、环境保护、电子商务、竞争政策、政府采购等新议题谈判。

知识产权保护方面，通过自由贸易区建设，为我国企业"走出去"营造更加公平的知识产权保护环境，推动各方完善知识产权保护制度，加大知识产权保护和执法力度，增强企业和公众的知识产权保护意识，提升我国企业在知识产权保护领域的适应和应对能力。

环境保护方面，通过自由贸易区建设进一步加强环境保护立法和执法工作，借鉴国际经验探讨建立有关环境影响评价机制的可行性，促进贸易、投资与环境和谐发展。

电子商务方面，通过自由贸易区建设推动我国与自由贸易伙伴电子商务企业的合作，营造对彼此有利的电子商务规则环境。

竞争政策方面，发挥市场在资源配置中的决定性作用，通过自由贸易区建设进一步促进完善我国竞争政策法律环境，构建法治化、国际化的营商环境。

政府采购方面，条件成熟时与自由贸易伙伴在自由贸易区框架下开展政府采购市场开放谈判，推动政府采购市场互惠对等开放。

（十一）提升贸易便利化水平

加强原产地管理，推进电子联网建设，加强与自由贸易伙伴原产地电子数据交换，积极探索在更大范围实施经核准出口商原产地自主声明制度。改革海关监管、检验检疫等管理体制，加强关检等领域合作，逐步实现国际贸易"单一窗口"受理。简化海关通关手续和环节，加速放行低风险货物，加强与自由贸易伙伴海关的协调与合作，推进实现"经认证经营者"互认，提升通关便利化水平。提高检验检疫效率，实行法检目录动态调整。加快推行检验检疫申报无纸化，完善检验检疫电子证书联网核查，加强与自由贸易伙伴电子证书数据交换。增强检验检疫标准和程序的透明度。

（十二）推进规制合作

加强与自由贸易伙伴就各自监管体系的信息交换，加快推进在技术性贸易壁垒、卫生与植物卫生措施、具体行业部门监管标准和资格等方面的互认，促进在监管体系、程序、方法和标准方面适度融合，降低贸易成本，提高贸易效率。

（十三）推动自然人移动便利化

配合我国"走出去"战略的实施，通过自由贸易区建设推动自然人移动便利化，为我国境外投资企业的人员出入境提供更多便利条件。

（十四）加强经济技术合作

不断丰富自由贸易区建设内涵，适当纳入产业合作、发展合作、全球价值链等经济技术合作议题，推动我国与自由贸易伙伴的务实合作。

四、健全保障体系

（十五）继续深化自由贸易试验区试点

上海等自由贸易试验区是我国主动适应经济发展新趋势和国际经贸规则新变化、以开放促改革促发展的试验田。可把对外自由贸易区谈判中具有共性的难点、焦点问题，在上海等自由贸易试验区内先行先试，通过在局部地区进行压力测试，积累防控和化解风险的经验，探索最佳开放模式，为对外谈判提供实践依据。

（十六）完善外商投资法律法规

推动修订中外合资经营企业法、中外合作经营企业法和外资企业法，研究制订新的外资基础性法律，改革外商投资管理体制，实行准入前国民待遇加负面清单的管理模式，完善外商投资国家安全审查制度，保持外资政策稳定、透明、可预期。

（十七）完善事中事后监管的基础性制度

按照全面依法治国的要求，以转变政府职能为核心，在简政放权的同时，加强事中事后监管，通过推进建立社会信用体系、信息共享和综合执法制度、企业年度报告公示和经营异常名录制度、社会力量参与市场监督制度、外商投资信息报告制度、外商投资信息公示平台、境外追偿保障机制等，加强对市场主体"宽进"以后的过程监督和后续管理。

（十八）继续做好贸易救济工作

在扩大产业开放的同时，有效运用世贸组织和自由贸易协定的合法权利，依法开展贸易救济调查，加大对外交涉力度，维护国内产业企业合法权益。强化中央、地方、行业协会商会、企业四体联动的贸易摩擦综合应对机制，指导企业做好贸易摩擦预警、咨询、对话、磋商、诉讼等工作。

（十九）研究建立贸易调整援助机制

在减少政策扭曲、规范产业支持政策的基础上，借鉴有关国家实践经验，研究建立符合世贸组织规则和我国国情的贸易调整援助机制，对因关税减让而受到冲击的产业、企业和个人提供援助，提升其竞争力，促进产业调整。

五、 完善支持机制

(二十) 完善自由贸易区谈判第三方评估制度

参照我国此前自由贸易区谈判经验，借鉴其他国家开展自由贸易区谈判评估的有益做法，进一步完善第三方评估制度，通过第三方机构对自由贸易区谈判进行利弊分析和风险评估。

(二十一) 加强已生效自由贸易协定实施工作

商务部要会同国内各有关部门、地方政府，综合协调推进协定实施工作。优化政府公共服务，全面、及时提供有关自由贸易伙伴的贸易、投资及其他相关领域法律法规和政策信息等咨询服务。加强地方和产业对自由贸易协定实施工作的参与，打造协定实施的示范地区和行业。特别要加强西部地区和有关产业的参与，使自由贸易区建设更好地服务西部地区经济社会建设，促进我国区域协调发展。做好宣传推介，定期开展评估和分析，查找和解决实施中存在的问题，不断挖掘协定潜力，研究改进实施方法，提升企业利用自由贸易协定的便利性，提高协定利用率，用足用好优惠措施。

(二十二) 加强对自由贸易区建设的人才支持

增强自由贸易区谈判人员配备，加大对外谈判人员教育培训投入，加强经济外交人才培养工作，逐步建立一支政治素质好、全局意识强、熟悉国内产业、精通国际经贸规则、外语水平高、谈判能力出色的自由贸易区建设领导、管理和谈判人才队伍。积极发挥相关领域专家的作用，吸收各类专业人士参与相关谈判的预案研究和政策咨询。

六、 加强组织实施

加快实施自由贸易区战略是一项长期、涉及面广的系统工作，各有关方面要加强协调，形成合力。商务部要会同相关部门研究制订加快实施自由贸易区战略的行动计划，建立协调工作机制。地方各级人民政府要结合本地实际，围绕实施自由贸易区战略推进地方相关工作，调动有关企业充分利用自由贸易协定的积极性，提高协定利用率。

国务院

2015 年 12 月 6 日

国务院关于在自由贸易试验区暂时调整有关行政法规、国务院文件和经国务院批准的部门规章规定的决定

（国发〔2016〕41号）

各省、自治区、直辖市人民政府，国务院各部委、各直属机构：

为保障自由贸易试验区有关改革开放措施依法顺利实施，根据《全国人民代表大会常务委员会关于授权国务院在中国（广东）自由贸易试验区、中国（天津）自由贸易试验区、中国（福建）自由贸易试验区以及中国（上海）自由贸易试验区扩展区域暂时调整有关法律规定的行政审批的决定》，以及《中国（广东）自由贸易试验区总体方案》、《中国（天津）自由贸易试验区总体方案》、《中国（福建）自由贸易试验区总体方案》和《进一步深化中国（上海）自由贸易试验区改革开放方案》，国务院决定，在自由贸易试验区暂时调整《中华人民共和国外资企业法实施细则》等18部行政法规、《国务院关于投资体制改革的决定》等4件国务院文件、《外商投资产业指导目录（2015年修订）》等4件经国务院批准的部门规章的有关规定（目录附后）。

国务院有关部门和天津市、上海市、福建省、广东省人民政府要根据上述调整情况，及时对本部门、本省市制定的规章和规范性文件作相应调整，建立与试点要求相适应的管理制度。

根据自由贸易试验区改革开放措施的试验情况，本决定内容适时进行调整。

附件：国务院决定在自由贸易试验区暂时调整有关行政法规、国务院文件和经国务院批准的部门规章规定目录

国务院
2016年7月1日

附件

国务院决定在自由贸易试验区暂时调整有关行政法规、国务院文件和经国务院批准的部门规章规定目录

序号	有关行政法规、国务院文件和经国务院批准的部门规章规定	调整情况	实施范围
1	1.《指导外商投资方向规定》 第十二条第一款的有关规定：根据现行审批权限，外商投资项目按照项目性质分别由发展计划部门和经贸部门审批、备案。 2.《外国企业或者个人在中国境内设立合伙企业管理办法》 第十三条：外国企业或者个人在中国境内设立合伙企业涉及须经政府核准的投资项目的，依照国家有关规定办理投资项目核准手续。 3.《国务院关于投资体制改革的决定》（国发〔2004〕20号） 第二部分第二项的有关规定：对于外商投资项目，政府还要从市场准入、资本项目管理等方面进行核准。 4.《国务院关于进一步做好利用外资工作的若干意见》（国发〔2010〕9号） 第四部分第十六项的有关规定：《外商投资产业指导目录》中总投资（包括增资）3亿美元以下的鼓励类、允许类项目，除《政府核准的投资项目目录》规定需由国务院有关部门核准之外，由地方政府有关部门核准。	在负面清单之外的领域，暂时停止实施外商投资项目核准（国务院规定对国内投资项目保留核准的除外），改为备案管理	广东、天津、福建自由贸易试验区，上海自由贸易试验区扩展区域
2	《政府核准的投资项目目录（2014年本）》 十一、外商投资 《外商投资产业指导目录》中有中方控股（含相对控股）要求的总投资（含增资）10亿美元及以上鼓励类项目，总投资（含增资）1亿美元及以上限制类（不含房地产）项目，由国务院投资主管部门核准，其中总投资（含增资）20亿美元及以上项目报国务院备案。《外商投资产业指导目录》限制类中的房地产项目和总投资（含增资）小于1亿美元的其他限制类项目，由省级政府核准。《外商投资产业指导目录》中有中方控股（含相对控股）要求的总投资（含增资）小于10亿美元的鼓励类项目，由地方政府核准。	在负面清单之外的领域，暂时停止实施外商投资项目核准（国务院规定对国内投资项目保留核准的除外），改为备案管理	上海、广东、天津、福建自由贸易试验区

续表1

序号	有关行政法规、国务院文件和经国务院批准的部门规章规定	调整情况	实施范围
3	1.《中华人民共和国外资企业法实施细则》 第七条：设立外资企业的申请，由中华人民共和国对外贸易经济合作部（以下简称对外贸易经济合作部）审查批准后，发给批准证书。 设立外资企业的申请属于下列情形的，国务院授权省、自治区、直辖市和计划单列市、经济特区人民政府审查批准后，发给批准证书： （一）投资总额在国务院规定的投资审批权限以内的； （二）不需要国家调拨原材料，不影响能源、交通运输、外贸出口配额等全国综合平衡的。 省、自治区、直辖市和计划单列市、经济特区人民政府在国务院授权范围内批准设立外资企业，应当在批准后15天内报对外贸易经济合作部备案（对外贸易经济合作部和省、自治区、直辖市和计划单列市、经济特区人民政府，以下统称审批机关）。 第十六条：外资企业的章程经审批机关批准后生效，修改时同。 2.《指导外商投资方向规定》 第十二条第一款的有关规定：外商投资企业的合同、章程由外经贸部门审批、备案。其中，限制类限额以下的外商投资项目由省、自治区、直辖市及计划单列市人民政府的相应主管部门审批，同时报上级主管部门和行业主管部门备案，此类项目的审批权不得下放。属于服务贸易领域逐步开放的外商投资项目，按照国家有关规定审批。 3.《国务院关于进一步做好利用外资工作的若干意见》（国发〔2010〕9号） 第四部分第十六项的有关规定：服务业领域外商投资企业的设立（金融、电信服务除外）由地方政府按照有关规定进行审批。	在负面清单之外的领域，暂时停止实施外资企业设立审批，改为备案管理	广东、天津、福建自由贸易试验区，上海自由贸易试验区扩展区域

续表2

序号	有关行政法规、国务院文件和经国务院批准的部门规章规定	调整情况	实施范围
4	《中华人民共和国外资企业法实施细则》 第十七条：外资企业的分立、合并或者由于其他原因导致资本发生重大变动，须经审批机关批准，并应当聘请中国的注册会计师验证和出具验资报告；经审批机关批准后，向工商行政管理机关办理变更登记手续。	在负面清单之外的领域，暂时停止实施外资企业分立、合并或者其他原因导致资本发生重大变动审批，改为备案管理	广东、天津、福建自由贸易试验区，上海自由贸易试验区扩展区域
5	《中华人民共和国外资企业法实施细则》 第二十一条：外资企业在经营期内不得减少其注册资本。但是，因投资总额和生产经营规模等发生变化，确需减少的，须经审批机关批准。 第二十二条：外资企业注册资本的增加、转让，须经审批机关批准，并向工商行政管理机关办理变更登记手续。	在负面清单之外的领域，暂时停止实施外资企业注册资本减少、增加、转让审批，改为备案管理	广东、天津、福建自由贸易试验区，上海自由贸易试验区扩展区域
6	《中华人民共和国外资企业法实施细则》 第二十三条：外资企业将其财产或者权益对外抵押、转让，须经审批机关批准并向工商行政管理机关备案。	在负面清单之外的领域，暂时停止实施外资企业财产或者权益对外抵押、转让审批，改为备案管理	广东、天津、福建自由贸易试验区，上海自由贸易试验区扩展区域
7	《中华人民共和国外资企业法实施细则》 第二十五条第二款：经审批机关批准，外国投资者也可以用其从中国境内举办的其他外商投资企业获得的人民币利润出资。	在负面清单之外的领域，暂时停止实施外国投资者出资方式审批，改为备案管理	广东、天津、福建自由贸易试验区，上海自由贸易试验区扩展区域
8	《中华人民共和国外资企业法实施细则》 第三十八条：外资企业的土地使用年限，与经批准的该外资企业的经营期限相同。 第六十八条：外资企业的经营期限，根据不同行业和企业的具体情况，由外国投资者在设立外资企业的申请书中拟订，经审批机关批准。 第六十九条第二款：外资企业经营期满需要延长经营期限的，应当在距经营期满180天前向审批机关报送延长经营期限的申请书。审批机关应当在收到申请书之日起30天内决定批准或者不批准。	在负面清单之外的领域，暂时停止实施外资企业经营期限审批，改为备案管理	广东、天津、福建自由贸易试验区，上海自由贸易试验区扩展区域

续表3

序号	有关行政法规、国务院文件和经国务院批准的部门规章规定	调整情况	实施范围
9	《中华人民共和国外资企业法实施细则》 第七十条第二款：外资企业如存在前款第（二）、（三）、（四）项所列情形，应当自行提交终止申请书，报审批机关核准。审批机关作出核准的日期为企业的终止日期。 第七十一条：外资企业依照本实施细则第七十条第（一）、（二）、（三）、（六）项的规定终止的，应当在终止之日起15天内对外公告并通知债权人，并在终止公告发出之日起15天内，提出清算程序、原则和清算委员会人选，报审批机关审核后进行清算。	在负面清单之外的领域，暂时停止实施外资企业终止核准，改为备案管理	广东、天津、福建自由贸易试验区，上海自由贸易试验区扩展区域
10	1.《中华人民共和国中外合资经营企业法实施条例》 第六条第一款、第二款、第三款： 在中国境内设立合营企业，必须经中华人民共和国对外贸易经济合作部（以下简称对外贸易经济合作部）审查批准。批准后，由对外贸易经济合作部发给批准证书。 凡具备下列条件的，国务院授权省、自治区、直辖市人民政府或者国务院有关部门审批： （一）投资总额在国务院规定的投资审批权限以内，中国合营者的资金来源已经落实的； （二）不需要国家增拨原材料，不影响燃料、动力、交通运输、外贸出口配额等方面的全国平衡的。 依照前款批准设立的合营企业，应当报对外贸易经济合作部备案。 第十四条：合营企业协议、合同和章程经审批机构批准后生效，其修改时同。 2.《指导外商投资方向规定》 第十二条第一款的有关规定：外商投资企业的合同、章程由外经贸部门审批、备案。其中，限制类限额以下的外商投资项目由省、自治区、直辖市及计划单列市人民政府的相应主管部门审批，同时报上级主管部门和行业主管部门备案，此类项目的审批权不得下放。属于服务贸易领域逐步开放的外商投资项目，按照国家有关规定审批。 3.《国务院关于进一步做好利用外资工作的若干意见》（国发〔2010〕9号） 第四部分第十六项的有关规定：服务业领域外商投资企业的设立（金融、电信服务除外）由地方政府按照有关规定进行审批。	在负面清单之外的领域，暂时停止实施中外合资经营企业设立审批，改为备案管理	广东、天津、福建自由贸易试验区，上海自由贸易试验区扩展区域

续表4

序号	有关行政法规、国务院文件和经国务院批准的部门规章规定	调整情况	实施范围
11	《中华人民共和国中外合资经营企业法实施条例》 第二十条第一款：合营一方向第三者转让其全部或者部分股权的，须经合营他方同意，并报审批机构批准，向登记管理机构办理变更登记手续。	在负面清单之外的领域，暂时停止实施中外合资经营企业转让股权审批，改为备案管理	广东、天津、福建自由贸易试验区，上海自由贸易试验区扩展区域
12	《中华人民共和国中外合资经营企业法实施条例》 第十九条：合营企业在合营期内不得减少其注册资本。因投资总额和生产经营规模等发生变化，确需减少的，须经审批机构批准。 第二十一条：合营企业注册资本的增加、减少，应当由董事会会议通过，并报审批机构批准，向登记管理机构办理变更登记手续。	在负面清单之外的领域，暂时停止实施中外合资经营企业增加、减少注册资本审批，改为备案管理	广东、天津、福建自由贸易试验区，上海自由贸易试验区扩展区域
13	《中华人民共和国中外合资经营企业法实施条例》 第二十七条：外国合营者作为出资的机器设备或者其他物料、工业产权或者专有技术，应当报审批机构批准。	在负面清单之外的领域，暂时停止实施外国合营者出资方式审批，改为备案管理	广东、天津、福建自由贸易试验区，上海自由贸易试验区扩展区域
14	《中外合资经营企业合营期限暂行规定》 第四条：合营各方在合营合同中不约定合营期限的合营企业，按照国家规定的审批权限和程序审批。除对外经济贸易部直接审批的外，其他审批机关应当在批准后30天内报对外经济贸易部备案。 第六条第一款：在本规定施行之前已经批准设立的合营企业，按照批准的合营合同约定的期限执行，但属本规定第三条规定以外的合营企业，合营各方一致同意将合营合同中合营期限条款修改为不约定合营期限的，合营各方应当申报理由，签订修改合营合同的协议，并提出申请，报原审批机关审查。	在负面清单之外的领域，暂时停止实施中外合资经营企业经营期限审批，改为备案管理	广东、天津、福建自由贸易试验区，上海自由贸易试验区扩展区域
15	《中华人民共和国中外合资经营企业法实施条例》 第九十条第二款：前款第（二）、（四）、（五）、（六）项情况发生的，由董事会提出解散申请书，报审批机构批准；第（三）项情况发生的，由履行合同的一方提出申请，报审批机构批准。	在负面清单之外的领域，暂时停止实施中外合资经营企业解散审批，改为备案管理	广东、天津、福建自由贸易试验区，上海自由贸易试验区扩展区域

续表5

序号	有关行政法规、国务院文件和经国务院批准的部门规章规定	调整情况	实施范围
16	1.《中华人民共和国中外合作经营企业法实施细则》 第六条：设立合作企业由对外贸易经济合作部或者国务院授权的部门和地方人民政府审查批准。 设立合作企业属于下列情形的，由国务院授权的部门或者地方人民政府审查批准： （一）投资总额在国务院规定由国务院授权的部门或者地方人民政府审批的投资限额以内的； （二）自筹资金，并且不需要国家平衡建设、生产条件的； （三）产品出口不需要领取国家有关主管部门发放的出口配额、许可证，或者虽需要领取，但在报送项目建议书前已征得国家有关主管部门同意的； （四）有法律、行政法规规定由国务院授权的部门或者地方人民政府审查批准的其他情形。 2.《指导外商投资方向规定》 第十二条第一款的有关规定：外商投资企业的合同、章程由外经贸部门审批、备案。其中，限制类限额以下的外商投资项目由省、自治区、直辖市及计划单列市人民政府的相应主管部门审批，同时报上级主管部门和行业主管部门备案，此类项目的审批权不得下放。属于服务贸易领域逐步开放的外商投资项目，按照国家有关规定审批。 3.《国务院关于进一步做好利用外资工作的若干意见》（国发〔2010〕9号） 第四部分第十六项的有关规定：服务业领域外商投资企业的设立（金融、电信服务除外）由地方政府按照有关规定进行审批。	在负面清单之外的领域，暂时停止实施中外合作经营企业设立审批，改为备案管理	广东、天津、福建自由贸易试验区，上海自由贸易试验区扩展区域
17	《中华人民共和国中外合作经营企业法实施细则》 第十一条：合作企业协议、合同、章程自审查批准机关颁发批准证书之日起生效。在合作期限内，合作企业协议、合同、章程有重大变更的，须经审查批准机关批准。	在负面清单之外的领域，暂时停止实施中外合作经营企业协议、合同、章程重大变更审批，改为备案管理	广东、天津、福建自由贸易试验区，上海自由贸易试验区扩展区域
18	《中华人民共和国中外合作经营企业法实施细则》 第十六条第二款：合作企业注册资本在合作期限内不得减少。但是，因投资总额和生产经营规模等变化，确需减少的，须经审查批准机关批准。	在负面清单之外的领域，暂时停止实施中外合作经营企业注册资本减少审批，改为备案管理	广东、天津、福建自由贸易试验区，上海自由贸易试验区扩展区域

续表6

序号	有关行政法规、国务院文件和经国务院批准的部门规章规定	调整情况	实施范围
19	《中华人民共和国中外合作经营企业法实施细则》 第二十三条第一款：合作各方之间相互转让或者合作一方向合作他方以外的他人转让属于其在合作企业合同中全部或者部分权利的，须经合作他方书面同意，并报审查批准机关批准。	在负面清单之外的领域，暂时停止实施中外合作经营企业合作方转让其在合作企业合同中的权利审批，改为备案管理	广东、天津、福建自由贸易试验区，上海自由贸易试验区扩展区域
20	《中华人民共和国中外合作经营企业法实施细则》 第三十五条第二款：合作企业应当将董事会或者联合管理委员会的决议、签订的委托经营管理合同，连同被委托人的资信证明等文件，一并报送审查批准机关批准。审查批准机关应当自收到有关文件之日起30天内决定批准或者不批准。	在负面清单之外的领域，暂时停止实施中外合作经营企业委托经营管理合同审批，改为备案管理	广东、天津、福建自由贸易试验区，上海自由贸易试验区扩展区域
21	《中华人民共和国中外合作经营企业法实施细则》 第四十五条第一款：外国合作者依照本实施细则第四十四条第二项和第三项的规定提出先行回收投资的申请，应当具体说明先行回收投资的总额、期限和方式，经财政税务机关审查同意后，报审查批准机关审批。	在负面清单之外的领域，暂时停止实施外国合作者先行回收投资报审查批准机关审批，改为备案管理	广东、天津、福建自由贸易试验区，上海自由贸易试验区扩展区域
22	《中华人民共和国中外合作经营企业法实施细则》 第四十七条第二款：合作企业期限届满，合作各方协商同意要求延长合作期限的，应当在期限届满的180天前向审查批准机关提出申请，说明原合作企业合同执行情况，延长合作期限的原因，同时报送合作各方就延长的期限内各方的权利、义务等事项所达成的协议。审查批准机关应当自接到申请之日起30天内，决定批准或者不批准。 第四十七条第四款：合作企业合同约定外国合作者先行回收投资，并且投资已经回收完毕的，合作企业期限届满不再延长；但是，外国合作者增加投资的，经合作各方协商同意，可以依照本条第二款的规定向审查批准机关申请延长合作期限。	在负面清单之外的领域，暂时停止实施中外合作经营企业延长合作期限审批，改为备案管理	广东、天津、福建自由贸易试验区，上海自由贸易试验区扩展区域

续表7

序号	有关行政法规、国务院文件和经国务院批准的部门规章规定	调整情况	实施范围
23	《中华人民共和国中外合作经营企业法实施细则》 第四十八条第二款：前款第二项、第四项所列情形发生，应当由合作企业的董事会或者联合管理委员会做出决定，报审查批准机关批准。在前款第三项所列情形下，不履行合作企业合同、章程规定的义务的中外合作者一方或者数方，应当对履行合同的他方因此遭受的损失承担赔偿责任；履行合同的一方或者数方有权向审查批准机关提出申请，解散合作企业。	在负面清单之外的领域，暂时停止实施中外合作经营企业解散审批，改为备案管理	广东、天津、福建自由贸易试验区，上海自由贸易试验区扩展区域
24	《中华人民共和国台湾同胞投资保护法实施细则》 第十条：设立台湾同胞投资企业，应当向对外贸易经济合作部或者国务院授权的部门和地方人民政府提出申请，接到申请的审批机关应当自接到全部申请文件之日起45日内决定批准或者不批准。 设立台湾同胞投资企业的申请经批准后，申请人应当自接到批准证书之日起30日内，依法向企业登记机关登记注册，领取营业执照。	在负面清单之外的领域，暂时停止实施台湾同胞投资企业设立审批，改为备案管理	广东、天津、福建自由贸易试验区，上海自由贸易试验区扩展区域
25	《外商投资产业指导目录（2015年修订）》限制外商投资产业目录 1. 农作物新品种选育和种子生产（中方控股）	对从事农作物（粮棉油作物除外）新品种选育（转基因除外）和种子生产（转基因除外）的两岸合资企业，暂时停止实施由大陆方面控股的要求，但台商不能独资	福建自由贸易试验区
26	《外商投资产业指导目录（2015年修订）》鼓励外商投资产业目录 11. 石油、天然气（含油页岩、油砂、页岩气、煤层气等非常规油气）的勘探、开发和矿井瓦斯利用（限于合资、合作）	暂时停止实施相关内容，允许外商以独资形式从事矿井瓦斯利用	上海、广东、天津、福建自由贸易试验区

续表8

序号	有关行政法规、国务院文件和经国务院批准的部门规章规定	调整情况	实施范围
27	《外商投资产业指导目录（2015年修订）》鼓励外商投资产业目录 206. 汽车电子装置制造与研发：发动机和底盘电子控制系统及关键零部件，车载电子技术（汽车信息系统和导航系统），汽车电子总线网络技术（限于合资），电子控制系统的输入（传感器和采样系统）输出（执行器）部件，电动助力转向系统电子控制器（限于合资），嵌入式电子集成系统、电控式空气弹簧，电子控制式悬挂系统，电子气门系统装置，电子组合仪表，ABS/TCS/ESP系统，电路制动系统（BBW），变速器电控单元（TCU），轮胎气压监测系统（TPMS），车载故障诊断仪（OBD），发动机防盗系统，自动避撞系统，汽车、摩托车型试验及维修用检测系统	暂时停止实施相关内容，允许外商以独资形式从事汽车电子总线网络技术、电动助力转向系统电子控制器的制造与研发	上海、广东、天津、福建自由贸易试验区
28	《外商投资产业指导目录（2015年修订）》鼓励外商投资产业目录 207. 新能源汽车关键零部件制造：能量型动力电池（能量密度≥110Wh/kg，循环寿命≥2000次，外资比例不超过50%），电池正极材料（比容量≥150mAh/g，循环寿命2000次不低于初始放电容量的80%），电池隔膜（厚度15~40μm，孔隙率40%~60%）；电池管理系统，电机管理系统，电动汽车电控集成；电动汽车驱动电机（峰值功率密度≥2.5kW/kg，高效区：65%工作区效率≥80%），车用DC/DC（输入电压100~400V），大功率电子器件（IGBT，电压等级≥600V，电流≥300A）；插电式混合动力机电耦合驱动系统	暂时停止实施相关内容，允许外商以独资形式从事能量型动力电池（能量密度≥110Wh/kg，循环寿命≥2000次）的制造	上海、广东、天津、福建自由贸易试验区
29	《外商投资产业指导目录（2015年修订）》鼓励外商投资产业目录 209. 轨道交通运输设备（限于合资、合作）	暂时停止实施相关内容，允许外商以独资形式从事与高速铁路、铁路客运专线、城际铁路配套的乘客服务设施和设备的研发、设计与制造，与高速铁路、铁路客运专线、城际铁路相关的轨道和桥梁设备研发、设计与制造，电气化铁路设备和器材制造，铁路客车排污设备制造	上海、广东、天津、福建自由贸易试验区

续表9

序号	有关行政法规、国务院文件和经国务院批准的部门规章规定	调整情况	实施范围
30	《外商投资产业指导目录（2015年修订）》鼓励外商投资产业目录 341. 综合水利枢纽的建设、经营（中方控股）	暂时停止实施相关内容，允许外商以独资形式从事综合水利枢纽的建设、经营	上海、广东、天津、福建自由贸易试验区
31	《外商投资产业指导目录（2015年修订）》限制外商投资产业目录 6. 豆油、菜籽油、花生油、棉籽油、茶籽油、葵花籽油、棕榈油等食用油脂加工（中方控股），大米、面粉、原糖加工，玉米深加工	暂时停止实施相关内容，允许外商以独资形式从事豆油、菜籽油、花生油、棉籽油、茶籽油、葵花籽油、棕榈油等食用油脂加工；暂时停止实施对外商从事大米、面粉、原糖加工和玉米深加工的限制	上海、广东、天津、福建自由贸易试验区
32	《外商投资产业指导目录（2015年修订）》限制外商投资产业目录 7. 生物液体燃料（燃料乙醇、生物柴油）生产（中方控股）	暂时停止实施相关内容，允许外商以独资形式从事生物液体燃料（燃料乙醇、生物柴油）生产	上海、广东、天津、福建自由贸易试验区
33	《外商投资产业指导目录（2015年修订）》限制外商投资产业目录 21. 粮食收购，粮食、棉花批发，大型农产品批发市场建设、经营	暂时停止实施对外商从事粮食收购，粮食、棉花批发，大型农产品批发市场建设、经营的限制	上海、广东、天津、福建自由贸易试验区

续表10

序号	有关行政法规、国务院文件和经国务院批准的部门规章规定	调整情况	实施范围
34	1.《营业性演出管理条例》 第十条第一款、第二款： 外国投资者可以与中国投资者依法设立中外合资经营、中外合作经营的演出经纪机构、演出场所经营单位；不得设立中外合资经营、中外合作经营、外资经营的文艺表演团体，不得设立外资经营的演出经纪机构、演出场所经营单位。 设立中外合资经营的演出经纪机构、演出场所经营单位，中国合营者的投资比例应当不低于51%；设立中外合作经营的演出经纪机构、演出场所经营单位，中国合作者应当拥有经营主导权。 第十一条第二款：台湾地区的投资者可以在内地投资设立合资、合作经营的演出经纪机构、演出场所经营单位，但内地合营者的投资比例应当不低于51%，内地合作者应当拥有经营主导权；不得设立合资、合作、独资经营的文艺表演团体和独资经营的演出经纪机构、演出场所经营单位。 2.《外商投资产业指导目录（2015年修订）》 限制外商投资产业目录 38. 演出经纪机构（中方控股）	暂时停止实施相关内容，允许外国投资者、台湾地区的投资者设立独资演出经纪机构为本省市提供服务	广东、天津、福建自由贸易试验区，上海自由贸易试验区扩展区域
35	1.《中华人民共和国国际海运条例》 第二十八条：经国务院交通主管部门批准，外商可以依照有关法律、行政法规以及国家其他有关规定，投资设立中外合资经营企业或者中外合作经营企业，经营国际船舶运输、国际船舶代理、国际船舶管理、国际海运货物装卸、国际海运货物仓储和国际海运集装箱站和堆场业务；并可以投资设立外资企业经营国际海运货物仓储业务。 经营国际船舶运输、国际船舶代理业务的中外合资经营企业，企业中外商的出资比例不得超过49%。 经营国际船舶运输、国际船舶代理业务的中外合作经营企业，企业中外商的投资比例比照适用前款规定。 中外合资国际船舶运输企业和中外合作国际船舶运输企业的董事会主席和总经理，由中外合资、合作双方协商后由中方指定。 2.《外商投资产业指导目录（2015年修订）》 限制外商投资产业目录 22. 船舶代理（中方控股）、外轮理货（限于合资、合作）	暂时停止实施相关内容，允许设立外商独资国际船舶管理、国际海运货物装卸、国际海运集装箱站和堆场企业，允许外商以合资、合作形式从事公共国际船舶代理业务，外方持股比例放宽至51%，由国务院交通运输主管部门制定相关管理办法	广东、天津、福建自由贸易试验区，上海自由贸易试验区扩展区域

续表11

序号	有关行政法规、国务院文件和经国务院批准的部门规章规定	调整情况	实施范围
36	1.《中华人民共和国国际海运条例》 第二十八条：经国务院交通主管部门批准，外商可以依照有关法律、行政法规以及国家其他有关规定，投资设立中外合资经营企业或者中外合作经营企业，经营国际船舶运输、国际船舶代理、国际船舶管理、国际海运货物装卸、国际海运货物仓储、国际海运集装箱站和堆场业务；并可以投资设立外资企业经营国际海运货物仓储业务。 经营国际船舶运输、国际船舶代理业务的中外合资经营企业，企业中外商的出资比例不得超过49%。 经营国际船舶运输、国际船舶代理业务的中外合作经营企业，企业中外商的投资比例比照适用前款规定。 中外合资国际船舶运输企业和中外合作国际船舶运输企业的董事会主席和总经理，由中外合资、合作双方协商后由中方指定。 2.《外商投资产业指导目录（2015年修订）》鼓励外商投资产业目录 310.定期、不定期国际海上运输业务（限于合资、合作）	暂时停止实施相关内容，允许设立外商独资国际船舶运输企业，从事国际海上船舶运输业务，由国务院交通运输主管部门制定相关管理办法	上海自由贸易试验区
37	1.《中华人民共和国国际海运条例》 第二十八条：经国务院交通主管部门批准，外商可以依照有关法律、行政法规以及国家其他有关规定，投资设立中外合资经营企业或者中外合作经营企业，经营国际船舶运输、国际船舶代理、国际船舶管理、国际海运货物装卸、国际海运货物仓储、国际海运集装箱站和堆场业务；并可以投资设立外资企业经营国际海运货物仓储业务。 经营国际船舶运输、国际船舶代理业务的中外合资经营企业，企业中外商的出资比例不得超过49%。 经营国际船舶运输、国际船舶代理业务的中外合作经营企业，企业中外商的投资比例比照适用前款规定。 中外合资国际船舶运输企业和中外合作国际船舶运输企业的董事会主席和总经理，由中外合资、合作双方协商后由中方指定。 2.《外商投资产业指导目录（2015年修订）》鼓励外商投资产业目录 310.定期、不定期国际海上运输业务（限于合资、合作）	暂时停止实施相关内容，放宽设立中外合资、中外合作国际船舶运输企业的外商出资比例、投资比例限制，由国务院交通运输主管部门制定相关管理办法	广东、天津、福建自由贸易试验区

续表12

序号	有关行政法规、国务院文件和经国务院批准的部门规章规定	调整情况	实施范围
38	1.《中华人民共和国船舶登记条例》 第二条第一款：下列船舶应当依照本条例规定进行登记： （一）在中华人民共和国境内有住所或者主要营业所的中国公民的船舶。 （二）依据中华人民共和国法律设立的主要营业所在中华人民共和国境内的企业法人的船舶。但是，在该法人的注册资本中有外商出资的，中方投资人的出资额不得低于50%。 （三）中华人民共和国政府公务船舶和事业法人的船舶。 （四）中华人民共和国港务监督机构认为应当登记的其他船舶。 2.《中华人民共和国船舶和海上设施检验条例》 第十三条：下列中国籍船舶，必须向中国船级社申请入级检验： （一）从事国际航行的船舶； （二）在海上航行的乘客定额100人以上的客船； （三）载重量1000吨以上的油船； （四）滚装船、液化气体运输船和散装化学品运输船； （五）船舶所有人或者经营人要求入级的其他船舶。	暂时停止实施相关内容，加快国际船舶登记制度创新，基于对等原则逐步放开船级准入，由国务院交通运输主管部门制定相关管理办法	上海、广东、天津、福建自由贸易试验区
39	《印刷业管理条例》 第十三条：国家允许设立中外合资经营印刷企业、中外合作经营印刷企业，允许设立从事包装装潢印刷品印刷经营活动的外资企业。具体办法由国务院出版行政部门会同国务院对外经济贸易主管部门制定。	暂时停止实施相关内容，允许设立从事其他印刷品印刷经营活动的外资企业，由国务院新闻出版主管部门制定相关管理办法	上海、广东、天津、福建自由贸易试验区
40	《外商投资民用航空业规定》 第四条第一款：外商投资方式包括： （一）合资、合作经营（简称"合营"）； （二）购买民航企业的股份，包括民航企业在境外发行的股票以及在境内发行的上市外资股； （三）其他经批准的投资方式。	暂时停止实施相关内容，允许外商以独资形式投资设立航空运输销售代理企业，由国务院民用航空主管部门制定相关管理办法	广东、天津、福建自由贸易试验区，上海自由贸易试验区扩展区域

续表13

序号	有关行政法规、国务院文件和经国务院批准的部门规章规定	调整情况	实施范围
41	《外商投资民用航空业规定》 第四条第一款：外商投资方式包括： （一）合资、合作经营（简称"合营"）； （二）购买民航企业的股份，包括民航企业在境外发行的股票以及在境内发行的上市外资股； （三）其他经批准的投资方式。 第六条第四款：外商投资飞机维修（有承揽国际维修市场业务的义务）和航空油料项目，由中方控股；货运仓储、地面服务、航空食品、停车场等项目，外商投资比例由中外双方商定。	暂时停止实施相关内容，允许外商以独资形式投资设立航空货运仓储、地面服务、航空食品、停车场项目；放宽外商投资通用飞机维修由中方控股的限制；取消外商投资飞机维修承揽国际维修市场业务的义务要求。由国务院民用航空主管部门制定相关管理办法	上海、广东、天津、福建自由贸易试验区
42	《中华人民共和国认证认可条例》 第十一条第一款：外商投资企业取得认证机构资质，除应当符合本条例第十条规定的条件外，还应当符合下列条件： （一）外方投资者取得其所在国家或者地区认可机构的认可； （二）外方投资者具有3年以上从事认证活动的业务经历。	暂时停止实施外商投资企业取得认证机构资质的特殊要求，由国务院质量监督检验检疫主管部门制定相关管理办法	广东、天津、福建自由贸易试验区，上海自由贸易试验区扩展区域
43	《娱乐场所管理条例》 第六条：外国投资者可以与中国投资者依法设立中外合资经营、中外合作经营的娱乐场所，不得设立外商独资经营的娱乐场所。	暂时停止实施相关内容，允许设立外商独资经营的娱乐场所，在自由贸易试验区内提供服务，由国务院文化主管部门制定相关管理办法	广东、天津、福建自由贸易试验区，上海自由贸易试验区扩展区域

续表14

序号	有关行政法规、国务院文件和经国务院批准的部门规章规定	调整情况	实施范围
44	《中华人民共和国中外合作办学条例》 第六十条：在工商行政管理部门登记注册的经营性的中外合作举办的培训机构的管理办法，由国务院另行规定。	暂时停止实施相关内容，由国务院教育主管部门会同有关部门就经营性的中外合作举办的培训机构制定相关管理办法	广东、天津、福建自由贸易试验区，上海自由贸易试验区扩展区域
45	《旅行社条例》 第二十三条：外商投资旅行社不得经营中国内地居民出国旅游业务以及赴香港特别行政区、澳门特别行政区和台湾地区旅游的业务，但是国务院决定或者我国签署的自由贸易协定和内地与香港、澳门关于建立更紧密经贸关系的安排另有规定的除外。	暂时停止实施相关内容，允许在自由贸易试验区内注册的符合条件的外商投资旅行社经营中国内地居民出境旅游业务（台湾地区除外），由国务院旅游主管部门制定相关管理办法	上海、广东、天津、福建自由贸易试验区
46	1.《汽车产业发展政策》 第四十八条：汽车整车、专用汽车、农用运输车和摩托车中外合资生产企业的中方股份比例不得低于50%。股票上市的汽车整车、专用汽车、农用运输车和摩托车股份公司对外出售法人股份时，中方法人之一必须相对控股且大于外资法人股之和。同一家外商可在国内建立两家（含两家）以下生产同类（乘用车类、商用车类、摩托车类）整车产品的合资企业，如与中方合资伙伴联合兼并国内其他汽车生产企业可不受两家的限制。境外具有法人资格的企业相对控股另一家企业，则视为同一家外商。 2.《外商投资产业指导目录（2015年修订）》限制外商投资产业目录 11. 汽车整车、专用汽车和摩托车制造：中方股比不低于50%，同一家外商可在国内建立两家（含两家）以下生产同类（乘用车类、商用车类、摩托车类）整车产品的合资企业，如与中方合资伙伴联合兼并国内其他汽车生产企业可不受两家的限制。	暂时停止实施相关内容，允许外商以独资形式从事摩托车生产，由国务院工业和信息化主管部门会同有关部门修订相关管理办法	上海、广东、天津、福建自由贸易试验区

续表15

序号	有关行政法规、国务院文件和经国务院批准的部门规章规定	调整情况	实施范围
47	《钢铁产业发展政策》 第二十三条第四款：境外钢铁企业投资中国钢铁工业，须具有钢铁自主知识产权技术，其上年普通钢产量必须达到1000万吨以上或高合金特殊钢产量达到100万吨。投资中国钢铁工业的境外非钢铁企业，必须具有强大的资金实力和较高的公信度，提供银行、会计事务所出具的验资和企业业绩证明。境外企业投资国内钢铁行业，必须结合国内现有钢铁企业的改造和搬迁实施，不布新点。外商投资我国钢铁行业，原则上不允许外商控股。	暂时停止实施外商投资钢铁行业原则上不允许外商控股的要求，以及对外商的资质要求，允许设立外商独资钢铁生产企业，由国务院工业和信息化主管部门会同有关部门修订相关管理办法	上海、广东、天津、福建自由贸易试验区
48	《盐业管理条例》 第二十条：盐的批发业务，由各级盐业公司统一经营。未设盐业公司的地方，由县级以上人民政府授权的单位统一组织经营。	暂时停止实施相关内容，允许外商以独资形式在自由贸易试验区内从事盐的批发业务	广东、天津、福建自由贸易试验区，上海自由贸易试验区扩展区域
49	《国务院办公厅转发国土资源部等部门关于进一步鼓励外商投资勘查开采非油气矿产资源若干意见的通知》（国办发〔2000〕70号） 一、进一步开放非油气矿产资源探矿权、采矿权市场 （三）外商投资从事风险勘探，经外经贸部批准，到工商行政管理机关依法登记注册，向国土资源部申请探矿权。 （六）外商申请设立采矿企业，须经外经贸部批准，到工商行政管理机关依法登记注册，向国土资源部申请采矿权。	暂时停止实施商务主管部门实施的外商在负面清单之外的非油气矿产资源领域从事风险勘探和设立采矿企业审批，改为备案管理	上海、广东、天津、福建自由贸易试验区
50	《直销管理条例》 第七条：申请成为直销企业，应当具备下列条件： （一）投资者具有良好的商业信誉，在提出申请前连续5年没有重大违法经营记录；外国投资者还应当有3年以上在中国境外从事直销活动的经验； （二）实缴注册资本不低于人民币8000万元； （三）依照本条例规定在指定银行足额缴纳了保证金； （四）依照规定建立了信息报备和披露制度。	暂时停止实施外国投资者应当有3年以上在中国境外从事直销活动的经验的要求，由国务院商务主管部门制定相关管理办法	上海、广东、天津、福建自由贸易试验区
51	《外商投资产业指导目录（2015年修订）》限制外商投资产业目录 23. 加油站（同一外国投资者设立超过30家分店、销售来自多个供应商的不同种类和品牌成品油的连锁加油站，由中方控股）建设、经营。	暂时停止实施相关内容，允许外商以独资形式从事加油站建设、经营，由国务院商务主管部门制定相关管理办法	上海、广东、天津、福建自由贸易试验区

国务院关于印发中国（辽宁）自由贸易试验区总体方案的通知

(国发〔2017〕15号)

各省、自治区、直辖市人民政府，国务院各部委、各直属机构：

现将《中国（辽宁）自由贸易试验区总体方案》印发给你们，请认真贯彻执行。

国务院
2017年3月15日

中国（辽宁）自由贸易试验区总体方案

建立中国（辽宁）自由贸易试验区（以下简称自贸试验区）是党中央、国务院作出的重大决策，是新形势下全面深化改革、扩大开放和推动东北地区等老工业基地振兴的重大举措。为全面有效推进自贸试验区建设，制定本方案。

一、总体要求

（一）指导思想

全面贯彻党的十八大和十八届三中、四中、五中、六中全会精神，深入贯彻习近平总书记系列重要讲话精神和治国理政新理念新思想新战略，认真落实党中央、国务院决策部署，统筹推进"五位一体"总体布局和协调推进"四个全面"战略布局，坚持稳中求进工作总基调，牢固树立和贯彻落实创新、协调、绿色、开放、共享的发展理念，进一步解放思想、先行先试，以开放促改革、促发展，着力完善体制机制，着力推进结构调整，着力鼓励创新创业，着力保障和改善民生，为全面深化改革和扩大开放探索新途径、积累新经验，发挥示范带动、服务全国的积极作用。

（二）战略定位

以制度创新为核心，以可复制可推广为基本要求，加快市场取向体制机制改革、积极推动结构调整，努力将自贸试验区建设成为提升东北老工业基地发展整体竞争力和对外开放水平的新引擎。

（三）发展目标

经过三至五年改革探索，形成与国际投资贸易通行规则相衔接的制度创新体系，营造法治化、国际化、便利化的营商环境，巩固提升对人才、资本等要素的吸引力，努力建成高端产业集聚、投资贸易便利、金融服务完善、监管高效便捷、法治环境规范的高水平高标准自由贸易园区，引领东北地区转变经济发展方式、提高经济发展质量和水平。

二、区位布局

（一）实施范围

自贸试验区的实施范围119.89平方公里，涵盖3个片区：大连片区59.96平方公里（含大连保税区1.25平方公里、大连出口加工区2.95平方公里、大连大窑湾保税港区6.88平方公里），沈阳片区29.97平方公里，营口片区29.96平方公里。

自贸试验区土地开发利用须遵守土地利用、环境保护、城乡规划法律法规，符合土地利用总体规划，并符合节约集约用地的有关要求；涉及海域的，须符合《中华人民共和国海域使用管理法》有关规定和国务院印发的《全国海洋主体功能区规划》、国务院批复的海洋功能区划、辽宁省出台的海洋生态红线制度；涉及无居民海岛的，须符合《中华人民共和国海岛保护法》有关规定。

（二）功能划分

按区域布局划分，大连片区重点发展港航物流、金融商贸、先进装备制造、高新技术、循环经济、航运服务等产业，推动东北亚国际航运中心、国际物流中心建设进程，形成面向东北亚开放合作的战略高地；沈阳片区重点发展装备制造、汽车及零部件、航空装备等先进制造业和金融、科技、物流等现代服务业，提高国家新型工业化示范城市、东北地区科技创新中心发展水平，建设具有国际竞争力的先进装备制造业基地；营口片区重点发展商贸物流、跨境电商、金融等现代服务业和新一代信息技术、高端装备制造等战略性新兴产业，建设区域性国际物流中心和高端装备制造、高新技术产业基地，构建国际海铁联运大通道的重要枢纽。

按海关监管方式划分，自贸试验区内的海关特殊监管区域重点探索以贸易便利化为主要内容的制度创新，开展保税加工、保税物流、保税服务等业务；

非海关特殊监管区域重点探索投资体制改革,推进制造业转型、金融创新和服务业开放。

三、主要任务和措施

(一)切实转变政府职能

1. 深化行政管理体制改革。深入推进简政放权、放管结合、优化服务改革。辽宁省能够下放的经济社会管理权限,全部下放给自贸试验区。建立权责清单制度、行政审批管理目录制度。深化商事制度改革。推进政府管理由注重事前审批向注重事中事后监管转变,构建事前诚信承诺、事中评估分类、事后联动奖惩的全链条信用监管体系。完善信息网络平台,建立企业信用信息采集共享机制,实现跨部门协同管理。实施"多规合一"改革。配合商务部开展经营者集中反垄断审查。

2. 打造更加公平便利的营商环境。开展知识产权综合管理改革试点。紧扣创新发展需求,发挥专利、商标、版权等知识产权的引领作用,打通知识产权创造、运用、保护、管理、服务全链条,建立高效的知识产权综合管理体制,构建便民利民的知识产权公共服务体系,探索支撑创新发展的知识产权运行机制,推动形成权界清晰、分工合理、责权一致、运转高效、法治保障的体制机制。搭建便利化的知识产权公共服务平台,设立知识产权服务工作站,大力发展知识产权专业服务业。探索建立自贸试验区跨部门知识产权执法协作机制,完善纠纷调解、援助、仲裁工作机制。探索建立自贸试验区重点产业专利导航制度和重点产业快速协同保护机制。

推动税收服务创新,包括一窗国地办税、一厅自助办理、培训辅导点单、缴纳方式多元、业务自主预约、税银信息互动、税收遵从合作、创新网上服务等举措。推进产业预警、信息公开、公平竞争、权益保障制度创新。建立健全国际仲裁、商事调解机制。

(二)深化投资领域改革

3. 提升利用外资水平。对外商投资实行准入前国民待遇加负面清单管理制度,着力构建与负面清单管理方式相适应的事中事后监管制度。外商投资准入特别管理措施(负面清单)之外领域的外商投资项目(国务院规定对国内投资项目保留核准的除外)和外商投资企业设立及变更实行备案制,由自贸试验区负责办理。进一步减少或取消外商投资准入限制,提高开放度和透明度,做好对外开放的压力测试和风险测试。积极有效引进境外资金、先进技术和高端人才，提升利用外资综合质量。外商在自贸试验区内投资适用《自由贸易试验区外商投资准入特别管理措施（负面清单）》和《自由贸易试验区外商投资国家安全审查试行办法》。探索强化外商投资实际控制人管理，建立外商投资信息报告制度和外商投资信息公示平台，充分发挥国家企业信用信息公示系统作用，提升外商投资全周期监管的科学性、规范性和透明度。完善投资者权益保障机制，允许符合条件的境外投资者自由转移其投资收益。

4. 构筑对外投资服务促进体系。实行以备案制为主的境外投资管理方式。鼓励企业开展多种形式的对外投资合作。发挥优惠贷款作用，支持自贸试验区内企业参与大型成套设备出口、工程承包和大型投资项目。支持"走出去"企业以境外资产和股权、矿权等权益为抵押获得贷款，提高企业融资能力。完善"走出去"政策促进、服务保障和风险防控体系，扩大企业对外投资。

（三）推进贸易转型升级

5. 实施贸易便利化措施。依托电子口岸公共平台，完善国际贸易"单一窗口"的货物进出口和运输工具进出境的应用功能，实现贸易许可、资质登记等平台作用，将涉及贸易监管的部门逐步纳入"单一窗口"管理平台，进一步优化口岸监管执法流程和通关流程。将出口退税申报功能纳入"单一窗口"建设项目。推进自贸试验区内各区域之间通关一体化。大力发展转口贸易，放宽海运货物直接运输判定标准。优化沿海捎带业务监管模式，提高中资非五星旗船沿海捎带业务通关效率。在执行现行税收政策的前提下，提升超大超限货物的通关、运输、口岸服务等综合能力。鼓励企业参与"自主报税、自助通关、自动审放、重点稽核"等监管制度创新试点。加快形成贸易便利化创新举措的标准化制度规范，覆盖到所有符合条件的企业。

自贸试验区内的海关特殊监管区域实施"一线放开"、"二线安全高效管住"的通关监管服务模式。在确保有效监管前提下，在海关特殊监管区域探索建立货物状态分类监管模式。在严格执行货物进出口税收政策的前提下，允许在海关特殊监管区域内设立保税展示交易平台。试点开展境内外高技术、高附加值、风险可控的维修业务。对注册在自贸试验区海关特殊监管区域内的融资租赁企业进出口飞机、船舶和海洋工程结构物等大型设备涉及跨关区的，在确保有效监管和执行现行相关税收政策的前提下，按物流实际需要，实行海关异地委托监管。

6. 完善国际贸易服务体系。建立离岸贸易制度，发展离岸贸易。培育跨国企业设立面对国内外两个市场的结算中心和区域性总部，建立整合物流、贸易等功能的营运中心。依托大连商品交易所，支持拓展新的交易品种，促进发展大宗商品国际贸易。探索建立与国际大宗商品交易相适应的外汇管理和海关监管制度。鼓励国内期货交易所在自贸试验区海关特殊监管区域内开展期货保税交易、仓单质押融资等业务。在总结期货保税交割试点经验基础上,扩大期货保税交割试点的品种。推动自贸试验区内符合条件的原油加工企业申请原油进口及使用资质。鼓励自贸试验区内企业统筹开展国际国内贸易,形成内外贸一体化发展促进机制。推进对外文化贸易基地建设,深化艺术品交易市场功能拓展。推动检测维修、生物医药、软件信息、管理咨询、数据服务、文化创意等服务外包业务发展。依托中国(大连)跨境电子商务综合试验区,加快推进跨境贸易电子商务配套平台建设。按照公平竞争原则,完善海关监管、检验检疫、退税、物流等国际贸易支撑系统。鼓励设立第三方检验鉴定机构,积极推进采信第三方检验鉴定结果。

(四) 深化金融领域开放创新

7. 推动跨境人民币业务创新发展。探索建立与自贸试验区相适应的本外币账户管理体系,促进跨境贸易、投融资结算便利化。允许自贸试验区内企业的境外母公司或子公司按照有关规定在境内发行人民币债券。允许外资股权投资管理机构、外资创业投资管理机构在自贸试验区发起管理人民币股权投资和创业投资基金。允许自贸试验区内租赁公司在境外开立人民币账户用于跨境人民币租赁业务。扩大人民币跨境使用,自贸试验区内银行可按有关规定发放境外项目人民币贷款。开展跨国企业集团跨境双向人民币资金池业务。

8. 深化外汇管理体制改革。进一步简化经常项目外汇收支手续,在真实、合法交易基础上,自贸试验区内货物贸易外汇管理分类等级为A类企业的外汇收入无需开立待核查账户。银行按照"了解客户、了解业务、尽职审查"的展业三原则办理经常项目收结汇、购付汇手续。进一步简化资金池管理,允许经银行审核真实、合法的电子单证办理经常项目集中收付汇、轧差净额结算业务。支持商业保理业务发展,探索适合商业保理发展的外汇管理模式。允许自贸试验区内符合条件的融资租赁业务收取外币租金。支持发展总部经济。放宽跨国公司外汇资金集中运营管理准入条件。

9. 增强金融服务功能。进一步推进内资融资租赁企业试点,注册在自贸试验区内的内资融资租赁试点企业由自贸试验区所在省级商务主管部门和同级国家税务局审核;加强事中事后监管,探索建立融资租赁企业设立和变更的备案制度、违反行业管理规定的处罚制度、失信和经营异常企业公示制度、属地监管部门对企业定期抽查检查制度。支持自贸试验区内符合互认条件的基金产品参与内地与香港基金产品互认。取消对自贸试验区内保险支公司高管人员任职资格的事前审批，由自贸试验区所在省级保监机构实施备案管理。逐步允许境外企业参与商品期货交易。结合自贸试验区产业基础和产业发展方向，围绕新型工业化方向和产业转型升级需求，创新金融产品和金融服务。进一步提升金融服务实体经济的能力，逐步完善适合东北老工业基地振兴发展的新型金融支撑体系。

10. 建立健全金融风险防控体系。落实风险为本的原则，探索建立跨境资金流动风险监管机制，强化开展反洗钱、反恐怖融资、反逃税工作，防止非法资金跨境、跨区流动。建立适应金融改革创新举措的事中事后监管体系。

（五）加快老工业基地结构调整

11. 深化国资国企改革。完善国有企业治理模式和经营机制，实施分类监管和改革，探索健全以管资本为主的国有资产监管体系。稳妥推进自贸试验区内企业混合所有制改革，探索各种所有制资本优势互补、相互促进的体制机制。建立健全产权清晰、权责明确、政企分开、管理科学的现代企业制度。推进经营性国有资产集中统一监管，优化国有资本配置，放大国有资本功能，大力推进国有资产资本化。简化地方国有创投企业股权投资退出程序，地方国有创投企业使用国有资产评估报告实行事后备案。

12. 促进产业转型升级。完善有利于推动产业集群发展的体制机制，鼓励智能装备、海洋工程装备、航空制造、汽车（重点是新能源汽车）、新材料、高技术船舶、电子信息、生物医药和高端医疗器械、商贸及快递等现代物流、海水利用等产业向自贸试验区集聚。加快工业化与信息化深度融合，培育发展大数据、云计算、工业互联网等新一代信息技术产业，构建先进装备制造业、战略性新兴产业和现代服务业融合发展的产业布局。利用地方政府投资设立的产业（创业）投资引导基金，支持新兴特色产业集群式发展。鼓励自贸试验区内企业通过跨区域兼并重组推动产业整合。加快中德（沈阳）高端装备制造产业园、大连国家生态工业示范园区与自贸试验区协同发展，打造国际产业投资贸易合作平台。

13. 发展生产性服务业。鼓励自贸试验区内企业开展系统集成、设备租赁、提供解决方案、再制造、检验检测、远程咨询等增值服务。推进专业技术研发、工业设计等集成创新载体及工程研究中心、科研实验室、企业技术中心建设。搭建科技成果推广、科技管理咨询、市场营销等公共服务平台。支持设立符合规定的加工贸易产品内销平台和加工贸易采购、分拨中心。鼓励金融机构、装备制造企业集团在自贸试验区内设立租赁公司或专营租赁业务的子公司，重点开展飞机、船舶、海洋工程结构物、轨道交通车辆、农用机械、高端医疗设备、大型成套设备等融资租赁服务。

14. 构筑科技创新和人才高地。推动科研机构、高校、企业协同创新。按市场化方式，加强与国家科技成果转化引导基金、战略性新兴产业创业投资引导基金、国家中小企业发展基金的对接，设立一批专业化创业投资子基金。依托现有交易场所开展科技成果转化交易。引进境外优质教育资源，推动教育国际化。探索适应企业国际化发展需要的创新人才服务体系和国际人才流动制度。完善创新人才集聚和培育机制，推进人才、项目、资金深度融合。加大对海外人才服务力度，提高境内外人员出入境、外籍人员签证和居留、就业许可、驾照申领等事项办理的便利化水平。

15. 推进东北一体化协同发展。增强自贸试验区口岸服务辐射功能，完善海关通关一体化改革，开展货物通关、贸易统计、"经认证的经营者"互认、检验检测认证等方面合作，逐步实现信息互换、监管互认、执法互助。优化内陆无水港和物流网络布局，加速实现自贸试验区与东北其他地区口岸间互通互联，推进东北地区在研发设计、生产销售、物流配送、人才交流、教育培训等方面的协同配合。

（六）加强东北亚区域开放合作

16. 推进与东北亚全方位经济合作。充分发挥辽宁作为全国重要的老工业基地和欧亚大陆桥东部重要节点的区位、交通、产业及人文等综合优势，推进国家自主创新示范区、全面创新改革试验区、大连金普新区、国家级经济技术开发区、国家级高新技术产业开发区与自贸试验区的互动发展。加快融入"一带一路"建设，不断扩大和丰富东北亚区域合作内涵，全面融入中蒙俄经济走廊建设，巩固对日、对韩合作，加速利用国际国内两个市场、两种资源，进一步扩大东北亚国际合作，在更大范围、更宽领域参与国际竞争。

17. 加快构建双向投资促进合作新机制。推进自贸试验区与"一带一路"沿线国家及日、韩、朝等国的国际产能和装备制造合作，完善国际产能合作金融支持体系，促进由装备产品输出为主向技术输出、资本输出、产品输出、服务输出和标准输出并举转变，加大优势产业"走出去"拓展国际市场的步伐。充分利用自贸试验区国际化贸易规则，提升优势产品在"一带一路"沿线国家及日、韩、朝等国的市场占有率。引导优势企业开展境外工程承包，投资建设境外园区。推动日、韩、俄等国先进制造业、战略性新兴产业、现代服务业等产业在自贸试验区内集聚发展。探索与东北亚各国在文化、教育、体育、卫生、娱乐等专业服务领域开展投资合作。

18. 构建连接亚欧的海陆空大通道。依托自贸试验区加快大连东北亚国际航运中心建设进程，推进营口港海铁联运和沈阳跨境铁路通道建设。加快沈阳内陆无水港建设步伐，支持海关多式联运监管中心建设，构建沈阳—营口陆海联运系统。支持自贸试验区与"一带一路"沿线国家开展海关、检验检疫、认证认可、标准计量等方面的合作与交流，探索与"一带一路"沿线国家开展贸易供应链安全与便利合作。

19. 建设现代物流体系和国际航运中心。打造面向东北亚的现代物流体系和具有国际竞争力的港航发展制度与运作模式。深化自贸试验区多港区联动机制，推进海陆空邮联动发展。建立航空物流枢纽中心，促进港航要素集聚，增强空港服务功能。加快东北亚区域性邮轮港口和国际客滚中心建设。加强邮政和快递集散中心建设，依托日韩海运和中欧班列（辽宁）海铁联运运输邮件、快件，建设有影响力的国际邮件互换局。在交通运输领域，完善快件处理设施和绿色通道。将外资经营国际船舶管理业务的许可权限下放给辽宁省。建设保税航油站和保税油供应基地。支持开展船员管理改革试点工作，在船员培训方面按规定给予政策支持。推动与旅游相关的邮轮、游艇等旅游运输工具出行的便利化。

四、保障机制

（一）强化法制保障

自贸试验区需要暂时调整实施有关行政法规、国务院文件和经国务院批准的部门规章的部分规定的，按规定程序办理。各有关部门要支持自贸试验区在各领域深化改革开放试点、加大压力测试，辽宁省要通过地方立法，建立与试点要求相适应的自贸试验区管理制度。

（二）完善配套税收政策

落实现有相关税收政策，充分发挥现有政策的支持促进作用。中国（上海）自由贸易试验区、中国（广东）自由贸易试验区、中国（天津）自由贸易试验区和中国（福建）自由贸易试验区已经试点的税收政策原则上可在自贸试验区进行试点，其中促进贸易的选择性征收关税、其他相关进出口税收等政策在自贸试验区内的海关特殊监管区域进行试点。自贸试验区内的海关特殊监管区域范围和税收政策适用范围维持不变。此外，在符合税制改革方向和国际惯例，以及不导致利润转移和税基侵蚀的前提下，积极研究完善境外所得税收抵免的税收政策。

（三）加强组织实施

按照党中央、国务院统一部署，在国务院自由贸易试验区工作部际联席会议统筹协调下，由辽宁省完善试点任务组织实施保障机制，按照总体筹划、分步实施、率先突破、逐步完善的原则加快实施。各有关部门要大力支持，及时制定实施细则或办法，加强指导和服务，共同推进相关体制机制创新，把自贸试验区建设好、管理好。在实施过程中，要创新思路、寻找规律、解决问题、积累经验；要充分发挥地方和部门的积极性，因地制宜、突出特色，做好对比试验和互补试验；要抓好改革措施的落实，重大事项要及时向国务院请示报告。

（四）总结推广可复制的试点经验

自贸试验区要及时总结改革创新经验和成果。国务院自由贸易试验区工作部际联席会议办公室要会同辽宁省人民政府及有关部门，及时总结评估自贸试验区改革开放创新试点任务实施效果，加强各领域试点经验系统集成，并委托第三方机构进行独立评估。对试点效果好、风险可控且可复制可推广的成果，实施分类审查程序后复制推广至全国其他地区。

国务院关于印发中国（浙江）自由贸易试验区总体方案的通知

（国发〔2017〕16号）

各省、自治区、直辖市人民政府，国务院各部委、各直属机构：

现将《中国（浙江）自由贸易试验区总体方案》印发给你们，请认真贯彻执行。

国务院
2017年3月15日

中国（浙江）自由贸易试验区总体方案

建立中国（浙江）自由贸易试验区（以下简称自贸试验区）是党中央、国务院作出的重大决策，是新形势下全面深化改革、扩大开放和提升我国资源配置全球竞争力的重大举措。为全面有效推进自贸试验区建设，制定本方案。

一、总体要求

（一）指导思想

全面贯彻党的十八大和十八届三中、四中、五中、六中全会精神，深入贯彻习近平总书记系列重要讲话精神和治国理政新理念新思想新战略，认真落实党中央、国务院决策部署，统筹推进"五位一体"总体布局和协调推进"四个全面"战略布局，坚持稳中求进工作总基调，牢固树立和贯彻落实创新、协调、绿色、开放、共享的发展理念，进一步解放思想、先行先试，以开放促改革、促发展，为新形势下推动大宗商品贸易自由化发挥示范引领作用，努力营造法治化、国际化、便利化营商环境，为全面深化改革和扩大开放探索新途径、积累新经验，发挥示范带动、服务全国的积极作用。

（二）战略定位

以制度创新为核心，以可复制可推广为基本要求，将自贸试验区建设成为东部地区重要海上开放门户示范区、国际大宗商品贸易自由化先导区和具有国际影响力的资源配置基地。

（三）发展目标

经过三年左右有特色的改革探索，基本实现投资贸易便利、高端产业集聚、法治环境规范、金融服务完善、监管高效便捷、辐射带动作用突出，以油品为核心的大宗商品全球配置能力显著提升，对接国际标准初步建成自由贸易港区先行区。

二、区位布局

（一）实施范围

自贸试验区的实施范围119.95平方公里，由陆域和相关海洋锚地组成，涵盖三个片区：舟山离岛片区78.98平方公里（含舟山港综合保税区区块二3.02平方公里），舟山岛北部片区15.62平方公里（含舟山港综合保税区区块一2.83平方公里），舟山岛南部片区25.35平方公里。

自贸试验区土地开发利用须遵守土地利用、环境保护、城乡规划法律法规，符合土地利用总体规划，并符合节约集约用地的有关要求；涉及海域的，须符合《中华人民共和国海域使用管理法》有关规定和国务院印发的《全国海洋主体功能区规划》、国务院批复的海洋功能区划、近岸海域环境功能区划、浙江省出台的海洋生态红线制度；涉及无居民海岛的，须符合《中华人民共和国海岛保护法》有关规定。

(二) 功能划分

按区域布局划分，舟山离岛片区鱼山岛重点建设国际一流的绿色石化基地，鼠浪湖岛、黄泽山岛、双子山岛、衢山岛、小衢山岛、马迹山岛重点发展油品等大宗商品储存、中转、贸易产业，海洋锚地重点发展保税燃料油供应服务；舟山岛北部片区重点发展油品等大宗商品贸易、保税燃料油供应、石油石化产业配套装备保税物流、仓储、制造等产业；舟山岛南部片区重点发展大宗商品交易、航空制造、零部件物流、研发设计及相关配套产业，建设舟山航空产业园，着力发展水产品贸易、海洋旅游、海水利用、现代商贸、金融服务、航运、信息咨询、高新技术等产业。

按海关监管方式划分，自贸试验区内的海关特殊监管区域重点探索以贸易便利化为主要内容的制度创新，重点开展国际贸易和保税加工、保税物流、保税服务等业务；非海关特殊监管区域重点探索投资制度、金融制度等体制机制创新，积极发展以油品为核心的大宗商品中转、加工贸易、保税燃料油供应、装备制造、航空制造、国际海事服务等业务。

三、主要任务和措施

(一) 切实转变政府职能

1. 深化行政体制改革。深入推进简政放权、放管结合、优化服务改革。建立权责明确、管理高效、运转协调的自贸试验区行政管理体制。深化完善自贸试验区行政管理权力清单、责任清单。深化行政审批制度改革，建立精简高效的统一行政审批机构，开展相对集中行政许可权改革，依法统一行使相关行政许可权。建立市场准入统一平台，依托电子口岸公共平台建设国际贸易"单一窗口"。深化商事制度改革，全面落实"多证合一、一照一码"等措施。深化完善陆上和海洋综合行政执法体系改革。

开展知识产权综合管理改革试点。紧扣创新发展需求，发挥专利、商标、版权等知识产权的引领作用，打通知识产权创造、运用、保护、管理、服务全链条，建立高效的知识产权综合管理体制，构建便民利民的知识产权公共服务体系，探索支撑创新发展的知识产权运行机制，推动形成权界清晰、分工合理、责权一致、运转高效、法治保障的体制机制。搭建便利化的知识产权公共服务平台，设立知识产权服务工作站，大力发展知识产权专业服务业。探索建立自贸试验区跨部门知识产权执法协作机制，完善纠纷调解、援助、仲裁工作机制。

探索建立自贸试验区重点产业专利导航制度和重点产业快速协同保护机制。

推动税收服务创新，包括一窗国地办税、一厅自助办理、培训辅导点单、缴纳方式多元、业务自主预约、税银信息互动、税收遵从合作、创新网上服务等举措。

2. 建立统一开放的市场准入和高标准监管制度。建立与自贸试验区相适应的行政监督管理制度，加强与负面清单管理体制相适应的事中事后监管体系建设。完善社会信用体系，推动各部门间依法履职信息的联通和共享。健全守信激励和失信惩戒机制。对涉及自贸试验区内的投资贸易等商事案件，建立专业化审理机制。严格执行环境保护法规和标准。强化安全监管保障，制定安全生产区域规划，建立自贸试验区油品安全管理制度。建立健全应急联动机制，充实应急救援力量，全力强化应急保障。鼓励企业履行社会责任，保障劳动者权益。配合商务部开展经营者集中反垄断审查。

3. 提升利用外资水平。对外商投资实行准入前国民待遇加负面清单管理制度，着力构建与负面清单管理方式相适应的事中事后监管制度。外商投资准入特别管理措施（负面清单）之外领域的外商投资项目（国务院规定对国内投资项目保留核准的除外）和外商投资企业设立及变更实行备案制，由自贸试验区负责办理。进一步减少或取消外商投资准入限制，提高开放度和透明度，做好对外开放的压力测试和风险测试。积极有效引进境外资金、先进技术和高端人才，提升利用外资综合质量。外商在自贸试验区内投资适用《自由贸易试验区外商投资准入特别管理措施（负面清单）》和《自由贸易试验区外商投资国家安全审查试行办法》。探索强化外商投资实际控制人管理，建立外商投资信息报告制度和外商投资信息公示平台，充分发挥国家企业信用信息公示系统作用，提升外商投资全周期监管的科学性、规范性和透明度。完善投资者权益保障机制，允许符合条件的境外投资者自由转移其投资收益。

（二）推动油品全产业链投资便利化和贸易自由化

4. 建设国际海事服务基地。对照国际通行税收政策，增强国际竞争力，探索研究推动油品全产业链发展的政策措施。建设东北亚保税燃料油加注中心。制订中国（浙江）自由贸易试验区国际航行船舶保税油管理办法，将区内国际航行船舶保税加油许可权下放至舟山市人民政府。吸引保税燃料油供应商开展供油服务，鼓励企业总部或结算中心落户，丰富市场竞争主体。加快供油港口、储罐、加注锚地等配套设施建设，合理布局海上保税燃料油加注区域，允许在自贸试验区内设立海上保税燃料油供应仓库。在符合监管条件的前提下，允许注册在自贸试验区内的企业开展不同税号下保税油品混兑调和。鼓励自贸试验区内油品企业生产保税燃料油。允许开展保税燃料油跨关区直供业务。全力优化通关等服务方式，将保税燃料油加注纳入"单一窗口"申报平台，开通挂港加油船舶通航、通关特殊通道，简化和加快加油船舶进出自贸试验区通关手续，方便符合条件的船舶驶入特定海域（码头）进行加油操作。

加快拓展国际船舶管理服务。积极培育壮大外轮供应企业，丰富外轮供应品种，为进入自贸试验区的船舶提供生活用品、备品备件、物料、工程服务和代理服务等服务。加快发展自贸试验区内国际船舶修造业务，在海关特殊监管区域内对修造所需的相关进口船舶配件予以保税，支持舟山港船舶配件交易市场建设。

提升国际航运服务功能。积极探索有助于促进油品等大宗商品贸易的航运制度和运作模式。适应自贸试验区发展需要，支持自贸试验区引导液货危险品运输企业加强整合，实现规模化、集约化发展。大力发展转口贸易，放宽海运货物直接运输判定标准。优化沿海捎带业务监管模式，提高中资非五星旗船沿海捎带业务通关效率。推动与旅游相关的邮轮、游艇等旅游运输工具出行的便利化。积极推动国际航运相关的海事、金融、法律、经纪等服务业发展。支持境内外企业开展航运保险、航运仲裁、海损理算、航运交易等高端航运服务。探索组建海洋保险等专业性法人机构，允许符合条件的境内外保险代理公司、保险经纪和保险公估公司等中介机构在自贸试验区设立营业机构并依法开展相关业务。吸引海事仲裁机构和船级社等入驻，打造国际航运服务平台。

5. 建设国际油品储运基地。完善油品储运基础设施。加快码头、管网、油罐、地下油库、锚地、物流基地等物流基础设施建设。以原油、成品油为重点，承接全球资源，面向亚太市场，满足国内需求，在舟山离岛片区布局形成大型油品储运基地。

推进油品储运投资便利化。培育多元化的油品储运主体，鼓励各类主体按照国际标准参与投资建设油品接卸泊位、储运罐区、输油管道等设施。加快自贸试验区港口岸线使用审批。

完善油品储备体系。以原油为主要品种，积极开展汽油、柴油、航空煤油、液化气等储备，科学合理确定储备品种，探索和创新油品储备模式，建立国储、义储、商储、企储相结合的储存体系和运作模式，允许国储租赁符合条件的民企油罐、商储租赁国有企业商业油罐。建立油品储存可动用应急机制。

加强油品储备国际合作。盘活民间闲置的油品储备库资源，为国际组织、跨国石油公司等储存油品。支持与国际产油国共建油品储存基地，加快形成舟山国际油品保税交割体系。

6. 建设国际石化基地。建设国际一流的石化基地。按照国家战略布局，实行最严格的环保准入和监管措施，在鱼山岛打造国际一流的石化产业基地。支持基地以原油精炼为基础产品，以乙烯、芳烃等高端产品为特色，完善上下游一体化产业链，加快形成国际一流的石化产业集群。

扩大油品加工领域投资开放。鼓励国内外投资商以资源、资金、技术、市场参与建设经营石化基地。允许世界一流石油化工企业以及"一带一路"沿线石油富集国企业参与投资建设。

落实产业配套政策。赋予自贸试验区内符合条件的油品加工企业原油进口资质和配额，给予原油进口使用权。

7. 建设国际油品交易中心。依托中国（浙江）大宗商品交易中心，开展原油、成品油、保税燃料油现货交易，条件成熟时开展与期货相关的业务。

放宽原油、成品油资质和配额限制（允许量），支持赋予符合条件的2~3家自贸试验区内企业原油进口和使用资质。支持自贸试验区企业积极开展油品离岸和在岸贸易。

集聚境内外原油贸易商做强原油现货交易，加快形成具有国际影响力的原油现货交易市场。加快设立舟山国际原油保税交割中心。鼓励在中国（浙江）大宗商品交易中心开展原油现货交易。

大力发展成品油内外贸分销网络和交易市场。支持在中国（浙江）大宗商品交易中心开展成品油现货交易，在扩大现货交易的基础上，支持自贸试验区发展成品油交割、仓储、保税。简化成品油批发资质条件，支持开展成品油内贸分销业务，逐步搭建成品油内贸分销网络。

建设东北亚保税燃料油交易中心。加快在中国（浙江）大宗商品交易中心开展保税燃料油现货交易，在扩大现货交易基础上，支持自贸试验区发展保税燃料油交割、仓储、保税。

积极开展天然气交易。加快完善天然气配套管网、码头等基础设施布局，实现管网互联互通。

8. 加快石油石化科技研发和人才集聚。积极支持舟山创建以石油石化产业为特色的国家高新技术产业开发区，鼓励在自贸试验区内开展石油石化科学研究和技术服务，加快形成国际石油石化人才培养和集聚机制。

（三）拓展新型贸易投资方式

9. 建设国际矿石中转基地。依托鼠浪湖岛、马迹山岛矿石中转码头，建设国际配矿贸易中心，以接卸外贸进口矿石为主，为长江沿线冶金企业提供中转运输服务，优化完善区域矿石接卸系统布局，为我国沿海、东亚地区提供仓储、分销、加工及配送服务。依托中国（浙江）大宗商品交易中心，大力发展矿石现货交易和国际贸易，形成区域性的矿石信息中心和价格形成中心。支持海关特殊监管区域内矿石保税储存、保税加工、保税出口。

10. 建设舟山航空产业园。在朱家尖岛布局建设舟山航空产业园，通过通用飞机总装组装、制造，对接国际航空产业转移，形成航空产业集群。在环境风险可控的前提下开展飞机零部件制造维修业务试点，积极引进飞行驾驶培训、空中旅游观光、通用航空基地运营服务及相关科研机构，鼓励高端先进航空制造、零部件物流、研发设计及配套产业向自贸试验区集聚。

11. 加强现代贸易投资合作。依托港澳在金融服务、信息资讯、国际贸易网络、风险管理等方面的优势，将自贸试验区建设成为内地企业"走出去"的窗口和综合服务平台。加强与港澳在项目对接、投资拓展、信息交流、人才培训等方面交流合作，共同到境外开展基础设施建设和能源等合作。按照公平竞争原则，积极发展跨境电子商务，完善相应的海关监管、检验检疫、退税、物流等支撑系统，加快推进跨境贸易电子商务配套平台建设。

（四）推动金融管理领域体制机制创新

12. 扩大金融服务领域开放。允许符合条件的中资商业银行立足当地实际需求，依据监管政策导向，在自贸试验区内设立分支机构。支持外资银行在自贸试验区内设立子行、分行、专营机构。支持符合条件的民营资本在区内依法设立金融租赁公司、财务公司等金融机构，支持符合条件的境内纯中资民营企业发起设立民营银行。支持金融租赁公司在自贸试验区内设立专业子公司。支持商业保理业务发展，探索适合保理业务发展的外汇管理模式。支持自贸试验区内符合条件的企业按规定开展人民币境外证券投资等业务。允许外资股权投资管理机构、外资创业投资管理机构在自贸试验区发起管理人民币股权投资和创业投资基金。进一步简化经常项目外汇收支手续，在真实、合法交易基础上，自贸试验区内货物贸易外汇管理分类等级为 A 类企业的外汇收入无需开立待核查账户。允许自贸试验区内符合条件的融资租赁业务收取外币租金。支持自贸试验区内符合条件的个人按规定投资境内外证券市场。支持自贸试验区内符合互认条件的基金产品参与内地与香港基金产品互认。

13. 拓展金融服务功能。探索建立与自贸试验区相适应的本外币账户管理体系，促进跨境贸易、投融资结算便利化。为符合条件的自贸试验区内主体办理油品贸易相关的跨境经常项下结算业务、政策允许的资本项下结算业务。在自贸试验区内设立的法人机构可根据经营和管理需要，按规定开展跨国公司外汇资金集中运营管理业务和跨国企业集团内跨境双向人民币资金池业务、享受跨境投融资汇兑便利等政策。支持融资租赁公司依托自贸试验区在大宗商品领域开展包含人民币计价结算、跨境双向人民币资金池等跨境人民币创新业务。鼓励地方政府通过引入社会资本方式，在自贸试验区内设立跨境人民币各类投资基金，按注册地管理，开展跨境人民币双向投资业务。允许自贸试验区内从事油品等大宗商品为主的交易平台或交易所在约定的商业银行设立贸易专用账户，存放大宗商品交易保证金。支持自贸试验区发展与油品贸易相关的总部经济，放宽跨国公司外汇资金集中运营管理的准入条件。进一步简化资金池管理，允许经银行审核真实、合法的电子单证办理经常项目集中收付汇、轧差净额结算业务。允许自贸试验区开展油品现期货交易初期采用双币种计价、结算，逐步探索采用人民币计价、结算，推动人民币国际化进程。完善结售汇管理。允许境内外金融机构、金融技术企业、金融信息服务企业参与自贸试验区油品交易现货市场建设。逐步允许境外企业参与商品期货交易。加强与国际金融机构和国际油品贸易公司的合作，积极构建与国际接轨的油品贸易信息统计、监测体系，建立油品交易市场风险管理体系。

14. 积极发展融资租赁与保险业务。鼓励境内外投资者在自贸试验区设立融资租赁企业，进一步推进内资融资租赁企业试点，注册在自贸试验区内的内资融资租赁试点企业由自贸试验区所在省级商务主管部门和同级国家税务局审核；加强事中事后监管，探索建立融资租赁企业设立和变更的备案制度、违反行业管理规定的处罚制度、失信和经营异常企业公示制度、属地监管部门对企业定期抽查检查制度。支持融资租赁企业在自贸试验区设立特殊项目公司。根据期货保税交割业务需要，允许自贸试验区拓展仓单质押融资等功能，推动完善仓单质押融资所涉及的仓单确权等工作。支持在自贸试验区内探索设立服务石油行业的专营保险公司或分支机构，设立为保险业发展提供配套服务的保险经纪、保险代理、风险评估、损失理算、法律咨询等专业性保险服务机构。取消对自贸试验区内保险支公司高管人员任职资格的事前审批，由自贸试验区所在省保监局实施备案管理。创新针对石油行业的特殊风险分散机制，开展能源、化工等特殊风险保险业务，加大再保险对巨灾保险、特殊风险保险的支持力度。

15. 建立健全金融风险防范体系。落实风险为本的原则，探索建立跨境资金流动风险监管机制，强化开展反洗钱、反恐怖融资、反逃税工作，防止非法资金跨境、跨区流动，切实防范开放环境下的金融风险。

（五）推动通关监管领域体制机制创新

16. 创新通关监管服务模式。对自贸试验区内的海关特殊监管区域实施"一线放开"、"二线安全高效管住"的通关监管服务模式。按照严密防范质量安全风险和最大便利化的原则，一线主要实施进出境现场检疫、查验及处理；二线主要实施进出口产品检验检疫监管及实验室检测，维护质量安全。

在确保有效监管前提下，在海关特殊监管区域探索建立货物状态分类监管模式。对注册在自贸试验区海关特殊监管区域内的融资租赁企业进出口飞机、船舶和海洋工程结构物等大型设备涉及跨关区的，在确保有效监管和执行现行相关税收政策的前提下，按物流实际需要，实行海关异地委托监管。在严格执行货物进出口税收政策的前提下，允许在海关特殊监管区域内设立保税展示交易平台。加快形成贸易便利化创新举措的标准化制度规范，覆盖到所有符合条件的企业。完善通关合作机制，开展货物通关、贸易统计、"经认证的经营者"互认、检验检测认证等方面合作，逐步实现信息互换、监管互认、执法互助。支持自贸试验区与"一带一路"沿线国家开展海关、检验检疫、认证认可、标准计量等方面的合作与交流，探索与"一带一路"沿线国家开展贸易供应链安全与便利合作。依托电子口岸公共平台，完善国际贸易"单一窗口"的货物进出口和运输工具进出境的应用功能。将出口退税申报功能纳入国际贸易"单一窗口"建设项目。进一步优化口岸监管执法流程和通关流程，实现贸易许可、资质登记等平台功能，将涉及贸易监管的部门逐步纳入"单一窗口"管理平台。在执行现行税收政策的前提下，提升超大超限货物的通关、运输、口岸服务等综合能力。推进自贸试验区内各区域之间通关一体化。

对自贸试验区内本国人员和外籍人员实行相应的便捷安全管控措施。支持舟山普陀山机场航空口岸对外开放。支持浙江省人民政府向国务院申请在舟山对外开放口岸开展外国人口岸签证业务。在自贸试验区实施人才签证制度。加强外国人才工作部门机构和队伍建设。对外籍高层次人才开辟绿色通道，制定有效政策，简化手续，为高层次人才入出境、工作、在华停居留提供便利。允许获得硕士及以上学位的优秀外国留学生毕业后直接在自贸试验区工作。提供有针对性的指导服务和语言学习机会，多形式多渠道帮助外国人才更好融入中国社会。

四、保障机制

（一）强化法制保障

自贸试验区需要暂时调整实施有关行政法规、国务院文件和经国务院批准的部门规章的部分规定的，按规定程序办理。各有关部门要支持自贸试验区在各领域深化改革开放试点、加大压力测试、加强监管、防控风险，做好与相关法律立改废释的衔接，及时解决试点过程中的制度保障问题。浙江省要通过地方立法，建立与试点要求相适应的自贸试验区管理制度。

(二) 完善配套税收政策

落实现有相关税收政策，充分发挥现有政策的支持促进作用。中国（上海）自由贸易试验区、中国（广东）自由贸易试验区、中国（天津）自由贸易试验区和中国（福建）自由贸易试验区已经试点的税收政策原则上可在自贸试验区进行试点，其中促进贸易的选择性征收关税、其他相关进出口税收等政策在自贸试验区内的海关特殊监管区域进行试点。自贸试验区内的海关特殊监管区域范围和税收政策适用范围维持不变。此外，在符合税制改革方向和国际惯例，以及不导致利润转移和税基侵蚀的前提下，积极研究完善境外所得税收抵免的税收政策。

(三) 加强组织实施

按照党中央、国务院统一部署，在国务院自由贸易试验区工作部际联席会议统筹协调下，由浙江省完善试点任务组织实施保障机制，按照总体筹划、分步实施、率先突破、逐步完善的原则加快实施。各有关部门要大力支持，及时制定实施细则或办法，加强指导和服务，共同推进相关体制机制创新，把自贸试验区建设好、管理好。在实施过程中，要创新思路、寻找规律、解决问题、积累经验；要充分发挥地方和部门的积极性，因地制宜、突出特色，做好对比试验和互补试验；要抓好改革措施的落实，重大事项要及时向国务院请示报告。

(四) 总结推广可复制的试点经验

自贸试验区要及时总结改革创新经验和成果。国务院自由贸易试验区工作部际联席会议办公室要会同浙江省人民政府及有关部门，及时总结评估自贸试验区改革开放创新试点任务实施效果，加强各领域试点经验系统集成，并委托第三方机构进行独立评估。对试点效果好、风险可控且可复制可推广的成果，实施分类审查程序后复制推广至全国其他地区。

国务院关于印发中国（河南）自由贸易试验区总体方案的通知

（国发〔2017〕17号）

各省、自治区、直辖市人民政府，国务院各部委、各直属机构：

现将《中国（河南）自由贸易试验区总体方案》印发给你们，请认真贯彻执行。

国务院
2017年3月15日

中国（河南）自由贸易试验区总体方案

建立中国（河南）自由贸易试验区（以下简称自贸试验区）是党中央、国务院作出的重大决策，是新形势下全面深化改革、扩大开放和深入推进"一带一路"建设的重大举措。为全面有效推进自贸试验区建设，制定本方案。

一、总体要求

（一）指导思想

全面贯彻党的十八大和十八届三中、四中、五中、六中全会精神，深入贯彻习近平总书记系列重要讲话精神和治国理政新理念新思想新战略，认真落实党中央、国务院决策部署，统筹推进"五位一体"总体布局和协调推进"四个全面"战略布局，坚持稳中求进工作总基调，牢固树立和贯彻落实创新、协调、绿色、开放、共享的发展理念，进一步解放思想、先行先试，以开放促改革、促发展，为加强与"一带一路"沿线国家交流合作拓展新空间、搭建新平台，为全面深化改革和扩大开放探索新途径、积累新经验，发挥示范带动、服务全国的积极作用。

（二）战略定位

以制度创新为核心，以可复制可推广为基本要求，加快建设贯通南北、连接东西的现代立体交通体系和现代物流体系,将自贸试验区建设成为服务于"一带一路"建设的现代综合交通枢纽、全面改革开放试验田和内陆开放型经济示范区。

(三) 发展目标

经过三至五年改革探索,形成与国际投资贸易通行规则相衔接的制度创新体系,营造法治化、国际化、便利化的营商环境,努力将自贸试验区建设成为投资贸易便利、高端产业集聚、交通物流通达、监管高效便捷、辐射带动作用突出的高水平高标准自由贸易园区,引领内陆经济转型发展,推动构建全方位对外开放新格局。

二、区位布局

(一) 实施范围

自贸试验区的实施范围119.77平方公里,涵盖三个片区:郑州片区73.17平方公里(含河南郑州出口加工区A区0.89平方公里、河南保税物流中心0.41平方公里),开封片区19.94平方公里,洛阳片区26.66平方公里。

自贸试验区土地开发利用须遵守土地利用、环境保护、城乡规划法律法规,符合土地利用总体规划,并符合节约集约用地的有关要求。

(二) 功能划分

按区域布局划分,郑州片区重点发展智能终端、高端装备及汽车制造、生物医药等先进制造业以及现代物流、国际商贸、跨境电商、现代金融服务、服务外包、创意设计、商务会展、动漫游戏等现代服务业,在促进交通物流融合发展和投资贸易便利化方面推进体制机制创新,打造多式联运国际性物流中心,发挥服务"一带一路"建设的现代综合交通枢纽作用;开封片区重点发展服务外包、医疗旅游、创意设计、文化传媒、文化金融、艺术品交易、现代物流等服务业,提升装备制造、农副产品加工国际合作及贸易能力,构建国际文化贸易和人文旅游合作平台,打造服务贸易创新发展区和文创产业对外开放先行区,促进国际文化旅游融合发展;洛阳片区重点发展装备制造、机器人、新材料等高端制造业以及研发设计、电子商务、服务外包、国际文化旅游、文化创意、文化贸易、文化展示等现代服务业,提升装备制造业转型升级能力和国际产能合作能力,打造国际智能制造合作示范区,推进华夏历史文明传承创新区建设。

按海关监管方式划分,自贸试验区内的海关特殊监管区域重点探索以贸易便利化为主要内容的制度创新,开展保税加工、保税物流、保税服务等业务;

非海关特殊监管区域重点探索投资体制改革，创新内陆地区开放发展机制，完善事中事后监管，积极发展高端制造业和现代服务业。

三、主要任务和措施

（一）加快政府职能转变

1. 深化行政管理体制改革。深入推进简政放权、放管结合、优化服务改革，最大限度减少行政审批事项。探索相对集中的行政许可权模式，建立综合统一的行政审批机构。完善"一口受理"服务模式，推进行政审批规范化、标准化、信息化建设，实施行政审批目录化管理。深化投融资体制改革，试行企业投资项目承诺制。精简投资项目准入阶段的相关手续，探索建立"多评合一、统一评审"的新模式。简化整合投资项目报建手续，探索实行先建后验的管理模式。深化商事制度改革，全面实施"五证合一、一照一码"登记制度，探索实行"多证合一"模式，积极推动工商登记全程电子化和使用电子营业执照。将由政府部门承担的资产评估、鉴定、咨询等职能逐步交由法律、会计、信用等专业服务机构承担。开展知识产权综合管理改革试点，紧扣创新发展需求，发挥专利、商标、版权等知识产权的引领作用，打通知识产权创造、运用、保护、管理、服务全链条，建立高效的知识产权综合管理体制，构建便民利民的知识产权公共服务体系，探索支撑创新发展的知识产权运行机制，推动形成权界清晰、分工合理、责权一致、运转高效、法治保障的体制机制。探索建立自贸试验区跨部门知识产权执法协作机制，完善纠纷调解、援助、仲裁工作机制。

2. 完善市场监管机制。推进政府管理由注重事前审批向注重事中事后监管转变，完善信息网络平台，提高行政透明度，实现跨部门协同管理。完善社会信用体系，推动各部门间依法履职信息的联通和共享。健全守信激励和失信惩戒机制。建立集中统一的综合行政执法体系，建设网上执法办案系统。选择重点敏感产业，配合国家有关部门建立与开放市场环境相匹配的产业预警体系，及时发布产业预警信息。建立资源环境承载能力监测预警机制和社会监督举报机制，探索试行环境损害责任追究和赔偿制度。实施公平竞争审查制度。配合商务部开展经营者集中反垄断审查。建立部门协同监管机制，统筹多元化监管力量，整合监管信息，打造事前诚信承诺、事中评估分类、事后联动奖惩的全链条信用监管体系。

3. 提高行政服务效能。河南省依法向自贸试验区下放经济社会管理权限。完善行政部门权力清单和责任清单，建立健全清单动态管理机制。推广政府和社会资本合作模式，完善基本公共服务体系，提高公共服务供给效率。大力推行"互联网+政务服务",推进实体政务大厅向网上办事大厅延伸,打造政务服务"一张网",对企业和群众办事实行"一号申请、一窗受理、一网通办"。推动税收服务创新,包括一窗国地办税、一厅自助办理、培训辅导点单、缴纳方式多元、业务自主预约、税银信息互动、税收遵从合作、创新网上服务等举措。建立自贸试验区综合统计调查、监测分析制度。建立完善深化改革量化指标体系,加快形成更有吸引力的法治化、国际化、便利化营商环境。

(二) 扩大投资领域开放

4. 提升利用外资水平。对外商投资实行准入前国民待遇加负面清单管理制度,着力构建与负面清单管理方式相适应的事中事后监管制度。外商投资准入特别管理措施(负面清单)之外领域的外商投资项目(国务院规定对国内投资项目保留核准的除外)和外商投资企业设立及变更实行备案制,由自贸试验区负责办理。进一步减少或取消外商投资准入限制,提高开放度和透明度,做好对外开放的压力测试和风险测试。积极有效引进境外资金、先进技术和高端人才,提升利用外资综合质量。大力引进国际组织和机构、金融总部、区域性总部入驻自贸试验区。外商在自贸试验区内投资适用《自由贸易试验区外商投资准入特别管理措施(负面清单)》和《自由贸易试验区外商投资国家安全审查试行办法》。探索强化外商投资实际控制人管理,建立外商投资信息报告制度和外商投资信息公示平台,充分发挥国家企业信用信息公示系统作用,提升外商投资全周期监管的科学性、规范性和透明度。完善投资者权益保障机制,允许符合条件的境外投资者自由转移其投资收益。

5. 构建对外投资合作服务平台。改革境外投资管理方式,将自贸试验区建设成为企业"走出去"的窗口和综合服务平台。对一般境外投资项目和设立企业实行备案制,属省级管理权限的,由自贸试验区负责备案管理。确立企业对外投资主体地位,支持自贸试验区内企业开展多种形式的对外直接投资。完善"走出去"政策促进、服务保障和风险防控体系。加强与港澳在项目对接、投资拓展、信息交流、人才培训等方面交流合作,共同开拓国际市场。加强境外投资事后管理和服务,完善境外资产和人员安全风险预警和应急保障体系。

(三) 推动贸易转型升级

6. 完善外贸发展载体。依托郑州商品交易所,支持拓展新的交易品种,促进发展大宗商品国际贸易。探索建立与国际大宗商品交易相适应的外汇管理和海关监管制度。在总结期货保税交割试点经验基础上,鼓励国内期货交易所在自贸试验区的海关特殊监管区域内开展期货保税交易、仓单质押融资等业务,扩大期货保税交割试点的品种。搭建便利化的知识产权公共服务平台，设立知识产权服务工作站，大力发展知识产权专业服务业。探索建立自贸试验区重点产业专利导航制度和重点产业快速协同保护机制。探索建设中部地区知识产权运营中心，加快建设郑州国家知识产权服务业集聚区。深化艺术品交易市场功能拓展。依托电子口岸公共平台，建设国际贸易"单一窗口"，将出口退税申报功能纳入国际贸易"单一窗口"建设项目。加快形成贸易便利化创新举措的标准化制度规范，覆盖到所有符合条件的企业。

7. 拓展新型贸易方式。积极培育贸易新型业态和功能，形成以技术、品牌、质量、服务为核心的竞争新优势。大力发展服务贸易，推进金融、文化创意、客户服务、供应链管理等服务外包发展。在环境风险可控的前提下开展飞机及零部件维修试点。按照公平竞争原则，依托中国（郑州）跨境电子商务综合试验区，积极发展跨境电子商务，完善相应的海关监管、检验检疫、退税、物流等支撑系统，加快推进跨境贸易电子商务配套平台建设。支持企业建设出口商品"海外仓"和海外运营中心，加快融入境外零售体系，探索建设全球性产品交易展示中心和国内进出口货物集散中心。支持电子信息、装备制造、智能终端、汽车及零部件、航空航天等辐射能力和技术溢出能力强的先进制造业加工贸易发展，搭建服务于加工贸易转型升级的技术研发、工业设计等公共服务平台，建设加工贸易产品内销后续服务基地。引导优势企业积极参与国际标准化活动，打造质量标准品牌新高地。积极发展离岸贸易。推动转口贸易发展，依托国际空港、陆港和各类口岸，完善国际中转集拼和国际转口贸易枢纽功能。

8. 创新通关监管机制。自贸试验区内的海关特殊监管区域实施"一线放开"、"二线安全高效管住"的通关监管服务模式。在确保有效监管前提下，在海关特殊监管区域探索建立货物状态分类监管模式。鼓励企业参与"自主报税、自助通关、自动审放、重点稽核"等监管制度创新试点。按照严密防范质量安全风险和最大便利化的原则，一线主要实施进出境现场检疫、查验及处理；二线主要实施进出口产品检验检疫监管及实验室检测，维护质量安全。完善国际贸易"单一窗口"的货物进出口和运输工具进出境的应用功能，进一步优化监管执法流程和通关流程，实现贸易许可、资质登记等平台功能，将涉及贸易监管的部门逐步纳入"单一窗口"管理平台。完善通关合作机制，开展货物通关、贸易统计、"经认证的经营者"互认、检验检测认证等方面合作，逐步实现信息互换、监管互认、执法互助。推进自贸试验区内各区域之间通关一体化。支持自贸试验区与"一带一路"沿线国家开展海关、检验检疫、认证认可、标准计量等方面的合作与交流，探索与"一带一路"沿线国家开展贸易供应链安全便利合作。

(四) 深化金融领域开放创新

9. 扩大金融对内对外开放。进一步简化经常项目外汇收支手续，在真实、合法交易基础上，自贸试验区内货物贸易外汇管理分类等级为 A 类企业的外汇收入无需开立待核查账户。推动金融服务业对符合条件的民营资本有序开放，在符合现行法律法规及国家政策导向的前提下，允许符合条件的境内纯中资民营企业在自贸试验区依法发起设立中小型银行等金融机构。探索自贸试验区内符合条件的单位和个人按照规定双向投资于境内外证券市场。允许外资股权投资管理机构、外资创业投资管理机构在自贸试验区发起管理人民币股权投资和创业投资基金。支持发展总部经济，放宽跨国公司外汇资金集中运营管理准入条件。逐步允许境外企业参与商品期货交易。支持保险机构在自贸试验区内开展业务创新，探索特殊风险分散机制，加大再保险对巨灾保险、特殊风险的保险保障力度。取消对自贸试验区内保险支公司高管人员任职资格的事前审批，由省级保监机构实施备案管理。

10. 拓展金融服务功能。拓展跨境电子商务金融服务，开展跨境电子商务人民币结算，推动跨境电子商务线上融资及担保方式创新，鼓励保险机构发展出口信用保险，拓宽服务领域。支持自贸试验区发展科技金融，按照国务院统一部署，积极争取纳入投贷联动试点。创建金融集成电路（IC）卡"一卡通"示范区。进一步简化资金池管理，允许经银行审核真实、合法的电子单证办理经常项目集中收付汇、轧差净额结算业务。进一步推进内资融资租赁企业试点，注册在自贸试验区内的内资融资租赁试点企业由自贸试验区所在省级商务主管部门和同级国家税务局审核；加强事中事后监管，探索建立融资租赁企业设立和变更的备案制度、违反行业管理规定的处罚制度、失信和经营异常企业公示制度、属地监管部门对企业定期抽查检查制度。支持在自贸试验区设立金融租赁公司、融资租赁公司，在符合相关规定前提下，设立项目公司开展飞机、工程机械、大型设备等融资租赁业务。允许自贸试验区内符合条件的融资租赁业务收取外币租金。支持商业保理业务发展，探索适合商业保理发展的监管模式。银行按照"了解客户、了解业务、尽职审查"的展业三原则办理经常项目结收汇、购付汇手续。

11. 推动跨境投融资创新。探索建立与自贸试验区相适应的本外币账户管理体系，促进跨境贸易、投融资结算便利化。在健全风险防控机制的前提下，允许自贸试验区内符合条件的企业、金融机构按照有关规定通过贷款、发债等形式从境外自主融入本外币资金，拓宽境外资金回流渠道。允许自贸试验区内跨国企业集团开展跨境双向人民币资金池业务。允许自贸试验区内企业的境外母公司按照有关规定在境内发行人民币债券。自贸试验区内银行可按有关规定发放境外项目人民币贷款。支持开展人民币跨境再保险业务，培育发展再保险市场。支持自贸试验区内符合互认条件的基金产品参与内地与香港基金产品互认。

12. 建立健全金融风险防控体系。建立对持有各类牌照金融机构的分类监管机制，健全符合自贸试验区内金融业发展实际的监控指标，完善金融监管措施，加强监管协调与合作，确保自贸试验区内金融机构风险可控。逐步建立跨境资金流动风险监管机制，对企业跨境收支进行全面监测评价。做好反洗钱、反恐怖融资、反逃税工作，防范非法资金跨境、跨区流动。建立健全自贸试验区金融消费者权益保护工作机制。

（五）增强服务"一带一路"建设的交通物流枢纽功能

13. 畅通国际交通物流通道。增加国际货运航线航班，构建连接全球主要枢纽机场的空中通道。积极探索以郑州和国外重要枢纽城市协同联动的国内国外"双枢纽"发展模式。依托陆桥通道，加密至丝绸之路经济带沿线国家的中欧班列（郑州），支持开展拼箱、集装箱分装大型设备、国际邮运业务，允许在国内沿线口岸和郑州国际陆港之间开展进出口集装箱加挂业务试点；开通至沿海港口的快捷货运列车，构建东联西进、陆海相通的国际运输通道。完善促进国际便利化运输的相关政策和双边运输合作机制，增加便利运输协定的过境站点和运输线路，加快海外物流基地建设。支持建设自贸试验区至我国国际通信业务出入口局的直达国际数据专用通道，打造互联互通的"信息丝绸之路"，推动国际交通物流通道建设。

14. 完善国内陆空集疏网络。鼓励快递企业利用铁路运送快件，配套建设快件物流基地，依托自贸试验区推动郑州建设全国快递中转集散中心，打造覆盖全国主要经济区域的4小时快件集疏网络。支持国内外快递企业在自贸试验区内的非海关特殊监管区域办理符合条件的国际快件属地报关报检业务。开展道路货运无车承运人试点，加快普及公路甩挂运输，扩大"卡车航班"覆盖范围和运营规模，构建以郑州为中心500公里范围的公路集疏圈。支持周边省市在自贸试验区建设专属物流园区，开展现代物流业务。加密完善至国内热点城市的"空中快线"，鼓励发展全货机航班、腹舱货运，构建长距离航空集疏网。

15. 开展多式联运先行示范。发展以"一单制"为核心的便捷多式联运。建立健全适合内陆多式联运的标准规范和服务规则，加强与国际联运规则的相互衔接。鼓励企业间联盟合作，率先突破陆空联运、公铁联运，试点推进快件空铁联运,打造多式联运国际性物流中心。在交通运输领域,完善快件处理设施和绿色通道。拓展郑州机场"空空+空地"货物集疏模式,增加国际中转集拼航线和试点企业。支持设立国际航空运输服务企业,在条件具备时,在自贸试验区试点航空快件国际中转及集拼业务。依托航空和铁路口岸,促进海关特殊监管区域协调联动,创新多式联运(内陆型)监管模式,推进铁路舱单与海运、公路、航空舱单共享和舱单分拨、分拆、合并。建设承载"一单制"电子标签赋码及信息汇集、共享、监测等功能的公共服务平台,推进不同运输方式、不同企业间多式联运信息开放共享和互联互通。在执行现行税收政策前提下,提升超大超限货物的通关、运输、口岸服务等综合能力。推进跨方式技术装备标准化,推广应用托盘、集装箱等标准运载单元。

16. 扩大航空服务对外开放。积极引入基地航空公司和国内外知名物流集成商。允许具备条件的外国航空公司和基地航空公司开展国际航班代码共享。探索与国际枢纽机场建立航空货运联盟,在航线网络、货品、数据共享等方面开展合作。支持航空器及零部件研发、制造、维修企业在自贸试验区集聚,对海关特殊监管区域内企业生产所需的进口机器、设备予以免税。对注册在自贸试验区海关特殊监管区域内的融资租赁企业进出口飞机等大型设备涉及跨关区的,在确保有效监管和执行现行相关税收政策的前提下,按物流实际需要,实行海关异地委托监管。

17. 推进内陆口岸经济创新发展。依托自贸试验区带动郑州航空和铁路国际枢纽口岸建设,支持设立药品、进境植物种苗、木材等指定口岸,提升进境粮食、进口肉类等口岸运营水平,促进各类口岸与物流、贸易联动发展,形成辐射全球主要经济体、带动区域产业升级的口岸开放新格局。探索前端研发设计和后端销售服务"两头在区"、中间加工环节在外的企业集聚模式,优化先进制造业、现代服务业布局,打造高质高端高附加值产业集群,建设中西部制造业总部基地。支持开展进境邮件"一点通关、分拨全国",研究开展跨境电子商务和商业快件及邮政包裹搭乘中欧班列(郑州)出口等业务。充分发挥海关特殊监管区域功能政策优势,促进形成具有世界竞争力的高技术含量产品售后维修中心。在严格执行货物进出口税收和检验检疫监督管理政策的前提下,允许在海关特殊监管区域内设立保税展示交易平台。

18. 促进国际医疗旅游产业融合发展。发挥国际航空网络和文化旅游优势,积极吸引国际高端医疗企业和研发机构集聚,以健康检查、慢病治疗康复、中医养生保健、整形美容、先进医疗技术研发和孵化为重点,培育康复、健身、养生与休闲旅游融合发展新业态。鼓励自贸试验区在医疗机构治未病服务项目纳入收费项目和确定收费标准等方面先行试点。鼓励社会资本在自贸试验区举办规范的中医养生保健机构。自贸试验区内医疗机构按照现行干细胞临床研究规定开展相关工作。允许在自贸试验区内注册的符合条件的中外合资旅行社，从事除台湾地区以外的出境旅游业务。

19. 培育"一带一路"合作交流新优势。建立健全与"一带一路"沿线国家的合作机制，重点在农业、矿业、装备制造、物流、工程承包、科技教育等领域开展国际合作。建设服务于内陆地区"走出去"和"引进来"的重要窗口，探索内外贸相互促进机制、与"一带一路"沿线国家重点城市产能合作机制，吸引企业统筹开展国际国内贸易，建设一批双向合作经贸产业园区。探索与"一带一路"沿线国家文化交流、文化贸易创新发展机制，推进文化传承和开发，完善服务链条，推进华夏历史文明传承创新区建设。围绕服务"一带一路"建设，探索食品、农产品及水产品的快速检验检疫模式，优化药品、保健食品、化妆品、医疗器械的审评审批程序。支持河南省与教育部在自贸试验区合作共建教育国际化综合改革试验区，积极引进境外优质教育资源开展高水平、示范性合作办学，加大对"一带一路"沿线国家的中国政府奖学金支持力度。积极为经贸类团组和企业人员出国（境）提供便利。研究制定自贸试验区外籍高层次人才认定办法，落实人才签证实施细则，明确外国人才申请和取得人才签证的标准条件和办理程序。对外籍高层次人才开辟绿色通道、简化手续，为高层次人才入出境、工作、在华停居留提供便利。允许获得硕士及以上学位的优秀外国留学生毕业后直接在自贸试验区工作。提供有针对性的指导服务和语言学习机会，多形式多渠道帮助外国人才更好融入中国社会。

四、保障机制

（一）强化法制保障

自贸试验区需要暂时调整实施有关行政法规、国务院文件和经国务院批准的部门规章的部分规定的，按规定程序办理。各有关部门要支持自贸试验区在各领域深化改革开放试点、加大压力测试、加强监管、防控风险，做好与相关法律立改废释的衔接，及时解决试点过程中的制度保障问题。河南省要通过地方立法，建立与试点要求相适应的自贸试验区管理制度。

（二）完善配套税收政策

落实现有相关税收政策，充分发挥现有政策的支持促进作用。中国（上海）自由贸易试验区、中国（广东）自由贸易试验区、中国（天津）自由贸试验区和中国（福建）自由贸易试验区已经试点的税收政策原则上可在自贸试验区进行试点，其中促进贸易的选择性征收关税、其他相关进出口税收等政策在自贸试验区内的海关特殊监管区域进行试点。自贸试验区内的海关特殊监管区域范围和税收政策适用范围维持不变。此外，在符合税制改革方向和国际惯例，以及不导致利润转移和税基侵蚀的前提下，积极研究完善境外所得税收抵免的税收政策。

（三）加强组织实施

按照党中央、国务院统一部署，在国务院自由贸易试验区工作部际联席会议统筹协调下，由河南省完善试点任务组织实施保障机制，按照总体筹划、分步实施、率先突破、逐步完善的原则加快实施。各有关部门要大力支持，及时制定实施细则或办法，加强指导和服务，共同推进相关体制机制创新，把自贸试验区建设好、管理好。在实施过程中，要创新思路、寻找规律、解决问题、积累经验；要充分发挥地方和部门的积极性，因地制宜、突出特色，做好对比试验和互补试验；要抓好改革措施的落实，重大事项要及时向国务院请示报告。

（四）总结推广可复制的试点经验

自贸试验区要及时总结改革创新经验和成果。国务院自由贸易试验区工作部际联席会议办公室要会同河南省人民政府及有关部门，及时总结评估自贸试验区改革开放创新试点任务实施效果，加强各领域试点经验系统集成，并委托第三方机构进行独立评估。对试点效果好、风险可控且可复制可推广的成果，实施分类审查程序后复制推广至全国其他地区。

国务院关于印发中国（湖北）自由贸易试验区总体方案的通知

（国发〔2017〕18号）

各省、自治区、直辖市人民政府，国务院各部委、各直属机构：

现将《中国（湖北）自由贸易试验区总体方案》印发给你们，请认真贯彻执行。

国务院

2017年3月15日

中国（湖北）自由贸易试验区总体方案

建立中国（湖北）自由贸易试验区（以下简称自贸试验区）是党中央、国务院作出的重大决策，是新形势下全面深化改革、扩大开放和加快推进中部崛起、长江经济带发展的重大举措。为全面有效推进自贸试验区建设，制定本方案。

一、总体要求

（一）指导思想

全面贯彻党的十八大和十八届三中、四中、五中、六中全会精神，深入贯彻习近平总书记系列重要讲话精神和治国理政新理念新思想新战略，认真落实党中央、国务院决策部署，统筹推进"五位一体"总体布局和协调推进"四个全面"战略布局，坚持稳中求进工作总基调，牢固树立和贯彻落实创新、协调、绿色、开放、共享的发展理念，进一步解放思想、先行先试，以开放促改革、促发展，按照"开放先导、创新驱动、绿色引领、产业集聚"的总体思路，全力打造区域经济发展新引擎，为全面深化改革和扩大开放探索新途径、积累新经验，发挥示范带动、服务全国的积极作用。

（二）战略定位

以制度创新为核心，以可复制可推广为基本要求，立足中部、辐射全国、走向世界，努力成为中部有序承接产业转移示范区、战略性新兴产业和高技术产业集聚区、全面改革开放试验田和内陆对外开放新高地。

（三）发展目标

经过三至五年改革探索，对接国际高标准投资贸易规则体系，力争建成高端产业集聚、创新创业活跃、金融服务完善、监管高效便捷、辐射带动作用突出的高水平高标准自由贸易园区，在实施中部崛起战略和推进长江经济带发展中发挥示范作用。

二、区位布局

（一）实施范围

自贸试验区的实施范围119.96平方公里，涵盖三个片区：武汉片区70平方公里（含武汉东湖综合保税区5.41平方公里），襄阳片区21.99平方公里

（含襄阳保税物流中心〔B型〕0.281平方公里），宜昌片区27.97平方公里。

自贸试验区土地开发利用须遵守土地利用、环境保护、城乡规划法律法规，符合土地利用总体规划，并符合节约集约用地的有关要求。

（二）功能划分

按区域布局划分，武汉片区重点发展新一代信息技术、生命健康、智能制造等战略性新兴产业和国际商贸、金融服务、现代物流、检验检测、研发设计、信息服务、专业服务等现代服务业；襄阳片区重点发展高端装备制造、新能源汽车、大数据、云计算、商贸物流、检验检测等产业；宜昌片区重点发展先进制造、生物医药、电子信息、新材料等高新产业及研发设计、总部经济、电子商务等现代服务业。

按海关监管方式划分，自贸试验区内的海关特殊监管区域重点探索以贸易便利化为主要内容的制度创新，主要开展保税加工、保税物流、保税服务等业务；非海关特殊监管区域重点探索投资体制改革，完善事中事后监管，推动金融制度创新，积极发展现代服务业和高端制造业。

三、主要任务和措施

（一）加快政府职能转变

1. 深化行政管理体制改革。按照打造法治化、国际化、便利化营商环境的要求，深入推进简政放权、放管结合、优化服务改革，加快推动政府管理模式创新。湖北省能够下放给自贸试验区的经济社会管理权限，全部依法下放。自贸试验区内工作部门依法公开管理权限和流程，建立各部门权力清单和责任清单制度，明确政府职能边界。探索实行市场准入负面清单制度。加快行政审批制度改革，最大限度取消行政审批事项，建立健全行政审批目录管理制度，实行审管职能分离，建立相对集中行政许可权机制，完善"一口受理"服务模式。推进行政审批标准化、信息化建设。开展"证照分离"改革试点。深化商事制度改革，探索"多证合一"模式，开展企业登记全程电子化和电子营业执照试点。推动税收服务创新，包括一窗国地办税、一厅自助办理、培训辅导点单、缴纳方式多元、业务自主预约、税银信息互动、税收遵从合作、创新网上服务等。健全社会服务体系，将由政府部门承担的资产评估、鉴定、咨询、认证、检验检测等职能逐步交由法律、会计、信用、检验检测认证等专业服务机构承担。对接国际商事争议解决规则，提高商事纠纷仲裁国际化程度。

2. 强化事中事后监管。建立健全以信用监管为核心的事中事后监管体系。

完善社会信用体系,推动各部门间依法履职信息的联通和共享。健全守信激励和失信惩戒机制。探索大数据监管,加强风险监测分析。建立集中统一的综合执法体系,提高执法效能。配合商务部开展经营者集中反垄断审查。支持社会力量多渠道参与市场监督。

(二) 深化投资领域改革

3. 提升利用外资水平。对外商投资实行准入前国民待遇加负面清单管理制度,着力构建与负面清单管理方式相适应的事中事后监管制度。外商投资准入特别管理措施(负面清单)之外领域的外商投资项目(国务院规定对国内投资项目保留核准的除外)和外商投资企业设立及变更实行备案制,由自贸试验区负责办理。进一步减少或取消外商投资准入限制,提高开放度和透明度,做好对外开放的压力测试和风险测试。积极有效引进境外资金、先进技术和高端人才,提升利用外资综合质量。外商在自贸试验区内投资适用《自由贸易试验区外商投资准入特别管理措施(负面清单)》和《自由贸易试验区外商投资国家安全审查试行办法》。探索强化外商投资实际控制人管理,建立外商投资信息报告制度和外商投资信息公示平台,充分发挥国家企业信用信息公示系统作用,提升外商投资全周期监管的科学性、规范性和透明度。完善投资者权益保障机制,允许符合条件的境外投资者自由转移其投资收益。探索优化投资准入后的管理流程,提升投资便利化水平。

4. 完善对外投资合作促进体系。确立企业对外投资主体地位,支持企业按规定开展多种形式的对外直接投资。对在境外投资开办企业,实行以备案制为主的管理方式,属省级管理权限的,由自贸试验区负责办理。鼓励企业创新对外投资合作方式。完善对外投资合作相关政策促进、服务保障和风险防控体系,推动企业"走出去"方式转型升级,加强国际产能和装备制造合作,融入"一带一路"建设。

(三) 推动贸易转型升级

5. 培育新型贸易方式。积极培育、拓展新型贸易业态和功能,形成以技术、品牌、质量、服务为核心的外贸竞争新优势。按照公平竞争原则,积极发展跨境电子商务,完善相应的海关监管、检验检疫、退税、物流等支撑系统,加快推进跨境贸易电子商务配套平台建设。扶持和培育外贸综合服务平台,为中小企业提供通关、融资、退税等服务。

支持国内期货交易所在自贸试验区的海关特殊监管区域内开展期货保税交割、仓单质押融资等业务,在总结期货保税交割试点经验基础上,适时扩大期货保税交割试点的品种。在严格执行货物进出口税收政策前提下,允许在海关特殊监管区域内设立保税展示交易平台。在环境风险可控的前提下,开展境内外高技术、高附加值产品的检测维修业务试点。探索开展境外高技术、高附加值产品的再制造业务试点。

6. 加快服务贸易创新发展。搭建服务贸易促进平台,探索与服务贸易特点相适应的监管模式。推动发展技术转让、许可证贸易、技术咨询及服务、成套设备引进等多种形式的技术贸易。扩大对外文化贸易和版权贸易。积极承接信息技术、生物医药研发、管理咨询、工程设计等服务外包业务。

7. 创新通关监管服务模式。自贸试验区内的海关特殊监管区域比照中国(上海)自由贸易试验区,实施"一线放开"、"二线安全高效管住"的通关监管服务模式。自贸试验区内的非海关特殊监管区域,仍按照现行模式实施监管。加快形成贸易便利化创新举措的标准化制度规范,覆盖到所有符合条件的企业。依托电子口岸公共平台,加快建设国际贸易"单一窗口",将出口退税申报功能纳入建设项目。积极推动海关、检验检疫、边防、海事等口岸监管部门实现信息互换、监管互认、执法互助。探索在海关特殊监管区域之间使用社会运输工具进行转关作业。支持湖北省内口岸、海关特殊监管区域与自贸试验区联动发展。鼓励企业参与"自主报税、自助通关、自动审放、重点稽核"等监管制度创新试点。在执行现行税收政策前提下,提升超大超限货物的通关、运输、口岸服务等综合能力。在确保有效监管前提下,在海关特殊监管区域探索建立货物状态分类监管模式。实行保税展示交易货物分线监管、预检验和登记核销管理模式。推动建立检验检疫证书国际联网核查机制。鼓励设立第三方检验检测鉴定机构,实施第三方结果采信。有序推进基于企业诚信评价的货物抽验制度。检验检疫按照一线放开、二线管住、严密防范质量安全风险和最大便利化的原则,一线主要实施进出境现场检疫、查验及处理;二线主要实施进出口产品检验检疫监管及实验室检测,维护质量安全。深化长江经济带海关通关一体化改革。完善通关合作机制,开展货物通关、贸易统计、"经认证的经营者"互认、检验检测认证等方面合作。支持自贸试验区与"一带一路"沿线国家开展海关、检验检疫、认证认可、标准计量等方面的合作与交流,探索与"一带一路"沿线国家开展贸易供应链安全与便利合作。

(四) 深化金融领域开放创新

8. 扩大金融领域对外开放。探索建立与自贸试验区相适应的本外币账户管理体系,促进跨境贸易、投融资结算便利化。在风险可控前提下,时机成熟时,开展以资本项目可兑换为重点的外汇管理改革试点。拓宽自贸试验区内企业资本项下外币资金结汇用途。自贸试验区内企业可根据自身经营和管理需要，开展集团内跨境双向人民币资金池业务。放宽跨国公司外汇资金集中运营管理准入条件。进一步简化资金池管理，允许经银行审核真实、合法的电子单证办理经常项目集中收付汇、轧差净额结算业务。进一步简化经常项目外汇收支手续，在真实、合法交易基础上，自贸试验区内货物贸易外汇管理分类等级为A类企业的外汇收入无需开立待核查账户。银行按照"了解客户、了解业务、尽职审查"的展业三原则办理经常项目收结汇、购付汇手续。提高自贸试验区内企业跨境投资便利化程度。允许自贸试验区内企业的境外母公司按照有关规定在境内发行人民币债券。支持自贸试验区内银行发放境外人民币贷款。允许自贸试验区内银行和已获相应业务许可的非银行支付机构与境外银行和支付机构开展跨境支付合作。鼓励取得互联网支付业务许可的湖北省法人支付机构申请本外币跨境支付业务许可，支持已获得本外币跨境支付业务许可的全国性支付机构在自贸试验区内设立分支机构，按规定为跨境电商交易提供本外币资金收付及结售汇业务。支持自贸试验区内符合互认条件的基金产品参与内地与香港基金产品互认。逐步允许境外企业参与商品期货交易。支持自贸试验区内保险机构开展境外投资。

9. 增强金融服务功能。允许中、外资银行立足当地实际需求，依据监管政策导向，在自贸试验区内新设分行或专营机构、将区内现有银行网点升格为分行。支持符合条件的境内纯中资民营企业在武汉片区发起设立民营银行，服务长江经济带发展。在符合法律法规及政策导向的前提下，支持外资在自贸试验区内设立金融机构。支持符合条件的发起人在自贸试验区内设立金融租赁、汽车金融、消费金融公司和企业集团财务公司等非银行金融机构。支持自贸试验区内银行业金融机构按有关规定开展信贷资产证券化业务。将自贸试验区内符合条件的金融机构纳入优先发行大额可转让存单的机构范围，在自贸试验区内开展大额可转让存单发行试点。鼓励金融机构积极开展动产融资业务，利用动产融资统一登记平台，服务中小企业发展。支持商业保理业务发展，探索适合商业保理业务发展的监管模式。支持证券经营机构在自贸试验区内注册成立分公司或专业子公司，支持证券经营机构利用自贸试验区平台"走出去"，取得合格境内机构投资者（QDII）和人民币合格境内机构投资者（RQDII）资格，开展境外证券投资业务；支持其境外子公司取得合格境外机构投资者（QFII）、人民币合格境外机构投资者（RQFII）资格；支持境外股权投资基金以合格境外有限合伙人（QFLP）开展跨境投资相关业务。支持在自贸试验区内设立健康保险、科技保险和内河航运保险等专业保险机构，扩大出口信用保险覆盖面。

完善保险市场体系，推动保险产品研发中心、再保险中心等功能型平台建设。取消对自贸试验区内保险支公司高管人员任职资格的事前审批，由省级保监机构实施备案管理。

大力发展融资租赁业务。进一步推进内资融资租赁企业试点，注册在自贸试验区内的内资融资租赁试点企业由自贸试验区所在省级商务主管部门和同级国家税务局审核；加强事中事后监管，探索建立融资租赁企业设立和变更的备案制度、违反行业管理规定的处罚制度、失信和经营异常企业公示制度、属地监管部门对企业定期抽查检查制度。允许符合条件的融资租赁业务收取外币租金，简化船舶、飞机等大型融资租赁项目预付款手续。支持开展跨境融资租赁服务。支持符合条件的金融租赁公司和融资租赁公司设立专业子公司。经相关部门认可，允许融资租赁公司开展主营业务相关的福费廷业务。对注册在自贸试验区海关特殊监管区域内的融资租赁企业进出口飞机、船舶等大型设备涉及跨关区的，在确保有效监管和执行现行相关税收政策前提下，按物流实际需要，实行海关异地委托监管。支持租赁业境外融资，鼓励各类租赁公司扩大跨境人民币资金使用范围。允许自贸试验区内融资租赁机构依法合规开展跨境双向人民币资金池业务。

10. 推进科技金融创新。完善自贸试验区内股权、技术等资本或要素交易市场，允许外资参与投资。允许外资股权投资管理机构、外资创业投资管理机构在自贸试验区内发起管理人民币股权投资和创业投资基金。鼓励境外天使投资、创业投资等风险投资机构在自贸试验区内开展业务，鼓励"内投外"和"外投内"双向股权投资基金发展，试点开展合格境外有限合伙人（QFLP）和人民币合格境外有限合伙人（RQFLP）业务。鼓励在自贸试验区内设立成套设备进出口保理公司等中介服务机构，有条件的可探索设立并规范发展科技型融资担保公司。促进金融和互联网的融合发展。支持科技型企业通过外资金融机构开展海外上市、离岸并购、特殊目的载体收购。支持武汉股权托管交易中心在依法合规的前提下创新发展，支持武汉股权托管交易中心设立海外归国人员创新创业企业板，推动建立武汉股权托管交易中心与全国中小企业股份转让系统之间的合作对接机制。建立知识产权质押融资市场化风险补偿机制，按照风险可控、商业可持续的原则，开展知识产权质押融资。加快发展科技保险，推进专利保险试点。积极引进海外创新投资机构落户自贸试验区开展相关业务。

11. 建立健全金融风险防控体系。建立金融监管协调机制，完善跨行业、跨市场的金融风险监测评估机制，加强对重大风险的识别和对系统性金融风险的防范。完善对持有各类牌照金融机构的分类监管机制。探索建立跨境资金流动风险监管机制,对企业跨境收支进行全面监测评价,实施分类管理。强化外汇风险防控,实施主体监管,建立合规评价体系,以大数据为依托开展事中事后监管。做好反洗钱、反恐怖融资、反逃税工作,防范非法资金跨境、跨区流动。

(五) 推动创新驱动发展

12. 深化科技体制改革。全面推进产业技术创新、科技成果转移转化、科研机构改革、知识产权保护运用、国际创新合作等领域体制机制改革。完善以企业为主体的产业技术创新体系,健全企业主体创新投入机制,支持国有科技型企业开展股权和分红激励。构建市场导向的科技成果转移转化体系。大力发展技术转移中介服务机构,完善技术经纪人制度。完善高校院所科研评价制度。

13. 健全知识产权保护运用机制。开展知识产权综合管理改革试点。紧扣创新发展需求,发挥专利、商标、版权等知识产权的引领作用,打通知识产权创造、运用、保护、管理、服务全链条,建立高效的知识产权综合管理体制,构建便民利民的知识产权公共服务体系,探索支撑创新发展的知识产权运行机制,推动形成权界清晰、分工合理、责权一致、运转高效、法治保障的体制机制。

搭建便利化的知识产权公共服务平台,设立知识产权服务工作站,大力发展知识产权专业服务业。加快建设武汉东湖国家知识产权服务业集聚区。探索建立自贸试验区跨部门知识产权执法协作机制,完善纠纷调解、援助、仲裁工作机制。探索建立自贸试验区重点产业专利导航制度和重点产业快速协同保护机制。建立长江经济带知识产权运营中心,积极推进高校知识产权运营等特色平台建设。

14. 集聚和利用国际创新要素。加快建设现有国家技术标准创新基地和国家宽带网络产品质量监督检验中心。发挥国家技术转移中部中心的作用,促进国际先进技术向自贸试验区转移转化。鼓励国外企业在自贸试验区内设立外资研发中心。鼓励在自贸试验区内建设国际化创新创业孵化平台,重点吸引国际知名孵化器、创业投资机构、高端创新创业人才集聚。

积极融入全球创新网络。鼓励自贸试验区内的企业、高校院所"走出去",在国外设立研发机构,参与国际科技项目合作。简化自贸试验区内企业海外技术并购审批手续,试行以事后备案代替事前审批。探索通过并购、技术转移、合作参股等多种方式在海外建立孵化基地。

15. 构建人才支撑系统。健全人才激励机制。实行以增加知识价值为导向的激励机制,探索高校、科研院所负责人年薪制和急需紧缺等特殊人才协议工资、项目工资等多种分配办法。完善科研人才双向流动机制，鼓励高校院所科技人员离岗创新创业或到企业兼职。制定外国人在自贸试验区工作管理办法。研究制定自贸试验区外籍高层次人才认定办法，落实人才签证实施细则，明确外国人才申请和取得人才签证的标准条件和办理程序。放宽外国高层次人才工作许可年龄限制。对外籍高层次人才开辟绿色通道、简化手续，为高层次人才入出境、工作、在华停居留提供便利。允许获得硕士及以上学位的优秀外国留学生毕业后直接在自贸试验区工作。探索建立技术移民制度，放宽技术型人才取得外国人永久居留证的条件；对持有外国人永久居留证的外籍高层次人才在自贸试验区内创办科技型企业等创新活动，给予其与中国公民同等的待遇。放宽科研事业单位对外籍人员的岗位限制。提供有针对性的指导服务和语言学习机会，多形式多渠道帮助外国人才更好地融入中国社会。鼓励有条件的国内人力资源服务机构"走出去"与国外人力资源服务机构开展合作，在境外设立分支机构，积极参与国际人才竞争与合作。推进跨国教育和人才培养合作，支持引进境外知名大学、外国机构与中方教育机构合作在自贸试验区内创办人才培养机构；支持在自贸试验区内设立外籍人员子女学校，鼓励中方教育机构与海外学校共建友好学校和人才实习实训基地。建立涉自贸试验区法律服务人才培养机制。

（六）促进中部地区和长江经济带产业转型升级

16. 加快建设长江中游航运中心。鼓励拓展干支直达、江海直达航线和近洋航线。促进航运要素集聚，支持依托自贸试验区发展长江航运电子商务等业务，培育航运保险、海事仲裁、船舶检测认证等高端航运服务业态，探索形成具有国际竞争力的航运发展机制和运作模式。将武汉长江中游航运中心打造成通江达海、辐射中部、面向全国、具有国际影响力的现代化航运中心，初步形成资源高度集聚、服务功能齐全、市场环境优良、现代物流便捷高效的内河航运体系，提升服务长江经济带发展能力。

增强航运服务功能。在保障安全的前提下，放宽船舶融资租赁登记地选择，简化换证程序。将外资经营国际船舶管理业务的许可权限下放给湖北省。逐步开放中国籍国际航行船舶入级检验，允许特定条件下租用外籍船舶从事临时运输。扩大内外贸同船运输、国轮捎带运输适用范围，提升运力资源综合效能。

17. 构建国际物流枢纽。大力推进铁、水、公、空多式联运。支持自贸试验区内有条件的铁路、航空、内河口岸升级为一类开放口岸。贯彻落实"一带一路"建设战略①，推进中欧班列（武汉）发展，支持设立中欧班列华中拆拼

---

① 此处应为倡议，为尊重原文，此处不做修改。下同。

箱中心。支持有条件的航空口岸开通和增加国际客货运航班,开通至各大洲主要物流节点城市的全货运航线和国际中转货运航班。支持设立国际航空运输服务企业,在条件具备时,在自贸试验区试点航空快件国际中转集拼业务。大力引进国际物流企业在自贸试验区内建立区域总部或营运中心,支持在自贸试验区内设立国际邮件互换局和交换站。支持国内外快递企业在自贸试验区内的非海关特殊监管区域,办理符合条件的国际快件属地报关报检业务。支持建设多式联运物流监管中心,对换装地不改变施封状态的予以直接放行。

18. 促进区域产业转型升级和绿色发展。发挥自贸试验区作为开放高地的综合优势,支持非公企业进入电力、铁路、民航、电信等特许经营领域,支持军民融合深度发展,推动各类要素有序自由流动和优化配置。支持自贸试验区发展总部经济。充分利用长江经济带产业基金等跨区域的产业转移引导基金,推动中部地区和长江经济带产业合理布局、协同发展。全面整合老工业基地调整改造等产业政策资源,推进传统优势产业的跨区域兼并重组、技术改造和转型升级。创新推进战略性新兴产业集聚发展的体制机制,支持建立符合发展需求的制造业创新中心,大力发展股权投资基金等新型投融资模式,鼓励信息技术、智能制造、新能源汽车、生物医药、海工装备、航空航天、北斗、轨道交通装备等高端产业向自贸试验区集聚,推进与提升新型工业化产业示范基地建设,在重点领域培育打造长江经济带世界级产业集群。支持建立"互联网+制造"融合发展的标准、认证、安全管理等体制机制。促进"设计+"、"旅游+"、"物流+"、"养老+"、"商业+"等新型服务业态发展。统筹研究部分国家旅游团入境免签政策,打造国际文化旅游目的地。允许在自贸试验区内注册的符合条件的中外合资旅行社,从事除台湾地区以外的出境旅游业务。按照全国主体功能区规划要求,探索在自贸试验区内建立生态环境硬约束机制,明确环境质量要求,促进中部地区和长江经济带绿色发展。支持建立环评会商、联合执法、信息共享、预警应急联动机制。探索建立环境保护、绿色发展指标体系。

19. 打造区域发展综合服务平台。推动自贸试验区与中部和长江经济带其他地区开展广泛的经贸合作,更好地发挥示范带动作用。推动国家级经济技术开发区与自贸试验区互动发展。探索构建区域商品交易集散中心、信息中心和价格形成中心,增强对中部地区的市场集聚和辐射功能。在遵守国家规定前提下,中部地区产权交易市场、技术交易市场、排污权交易市场和碳排放权交易市场可在自贸试验区内开展合作。

四、保障机制

(一) 强化法制保障

自贸试验区需要暂时调整实施有关行政法规、国务院文件和经国务院批准的部门规章的部分规定的,按规定程序办理。各有关部门要支持自贸试验区在各领域深化改革开放试点、加大压力测试、加强监管、防控风险,做好与相关法律立改废释的衔接,及时解决试点过程中的制度保障问题。湖北省要通过地方立法,制定自贸试验区条例和管理办法,不断完善法制保障体系。

(二) 完善配套税收政策

落实现有相关税收政策,充分发挥现有政策的支持促进作用。中国(上海)自由贸易试验区、中国(广东)自由贸易试验区、中国(天津)自由贸易试验区和中国(福建)自由贸易试验区已经试点的税收政策原则上可在自贸试验区进行试点,其中促进贸易的选择性征收关税、其他相关进出口税收等政策在自贸试验区内的海关特殊监管区域进行试点。自贸试验区内的海关特殊监管区域范围和税收政策适用范围维持不变。此外,在符合税制改革方向和国际惯例,以及不导致利润转移和税基侵蚀的前提下,积极研究完善境外所得税收抵免的税收政策。

(三) 加强组织实施

按照党中央、国务院统一部署,在国务院自由贸易试验区工作部际联席会议统筹协调下,由湖北省完善试点任务组织实施保障机制,按照总体筹划、分步实施、率先突破、逐步完善的原则加快实施。按照既有利于合力推进自贸试验区建设,又有利于各片区独立自主运作的原则,建立精简高效、统一管理、分级负责的自贸试验区管理体系。各有关部门要大力支持,及时制定实施细则或办法,加强指导和服务,共同推进相关体制机制创新,把自贸试验区建设好、管理好。在实施过程中,要创新思路、寻找规律、解决问题、积累经验;要充分发挥地方和部门的积极性,因地制宜、突出特色,做好对比试验和互补试验;要抓好改革措施的落实,重大事项要及时向国务院请示报告。

(四) 总结推广可复制的试点经验

自贸试验区要及时总结改革创新经验和成果。国务院自由贸易试验区工作部际联席会议办公室要会同湖北省人民政府及有关部门,及时总结评估自贸试验区改革开放创新试点任务实施效果,加强各领域试点经验系统集成,并委托第三方机构进行独立评估。对试点效果好、风险可控且可复制可推广的成果,实施分类审查程序后复制推广至全国其他地区。

国务院关于印发中国（重庆）自由贸易试验区总体方案的通知

（国发〔2017〕19号）

各省、自治区、直辖市人民政府，国务院各部委、各直属机构：

现将《中国（重庆）自由贸易试验区总体方案》印发给你们，请认真贯彻执行。

国务院
2017年3月15日

中国（重庆）自由贸易试验区总体方案

建立中国（重庆）自由贸易试验区（以下简称自贸试验区）是党中央、国务院作出的重大决策，是新形势下全面深化改革、扩大开放和深入推进"一带一路"建设、长江经济带发展、西部大开发战略的重大举措。为全面有效推进自贸试验区建设，制定本方案。

一、总体要求

（一）指导思想

全面贯彻党的十八大和十八届三中、四中、五中、六中全会精神，深入贯彻习近平总书记系列重要讲话精神和治国理政新理念新思想新战略，认真落实党中央、国务院决策部署，统筹推进"五位一体"总体布局和协调推进"四个全面"战略布局，坚持稳中求进工作总基调，牢固树立和贯彻落实创新、协调、绿色、开放、共享的发展理念，进一步解放思想、先行先试，以开放促改革、促发展，努力为新形势下内陆开放型经济发展起到示范引领作用，为"一带一路"建设和长江经济带发展打好坚实基础，为全面深化改革和扩大开放探索新途径、积累新经验，发挥示范带动、服务全国的积极作用。

(二) 战略定位

以制度创新为核心，以可复制可推广为基本要求，全面落实党中央、国务院关于发挥重庆战略支点和连接点重要作用、加大西部地区门户城市开放力度的要求，努力将自贸试验区建设成为"一带一路"和长江经济带互联互通重要枢纽、西部大开发战略重要支点。

(三) 发展目标

经过三至五年改革探索，努力建成投资贸易便利、高端产业集聚、监管高效便捷、金融服务完善、法治环境规范、辐射带动作用突出的高水平高标准自由贸易园区，努力建成服务于"一带一路"建设和长江经济带发展的国际物流枢纽和口岸高地，推动构建西部地区门户城市全方位开放新格局，带动西部大开发战略深入实施。

二、区位布局

(一) 实施范围

自贸试验区的实施范围 119.98 平方公里，涵盖 3 个片区：两江片区 66.29 平方公里（含重庆两路寸滩保税港区 8.37 平方公里），西永片区 22.81 平方公里（含重庆西永综合保税区 8.8 平方公里、重庆铁路保税物流中心〔B 型〕0.15 平方公里），果园港片区 30.88 平方公里。

自贸试验区土地开发利用须遵守土地利用、环境保护、城乡规划法律法规，符合土地利用总体规划，并符合节约集约用地的有关要求。

(二) 功能划分

按区域布局划分，两江片区着力打造高端产业与高端要素集聚区，重点发展高端装备、电子核心部件、云计算、生物医药等新兴产业及总部贸易、服务贸易、电子商务、展示交易、仓储分拨、专业服务、融资租赁、研发设计等现代服务业，推进金融业开放创新，加快实施创新驱动发展战略，增强物流、技术、资本、人才等要素资源的集聚辐射能力；西永片区着力打造加工贸易转型升级示范区，重点发展电子信息、智能装备等制造业及保税物流中转分拨等生产性服务业，优化加工贸易发展模式；果园港片区着力打造多式联运物流转运中心，重点发展国际中转、集拼分拨等服务业，探索先进制造业创新发展。

按海关监管方式划分，自贸试验区内的海关特殊监管区域重点探索以贸易便利化为主要内容的制度创新，开展保税加工、保税物流、保税服务等业务；非海关特殊监管区域重点探索投资领域开放、投资管理体制改革、完善事中事后监管，推动金融制度创新，积极发展高端制造业和现代服务业。

三、主要任务和措施

（一）建设法治化国际化便利化营商环境

1. 优化法治环境。在扩大开放的制度建设上大胆探索、先行先试，加快形成高标准投资贸易规则体系。按照统一、公开、公平原则，试点开展对内对外开放的执法与司法建设，实现各类主体公平竞争。对涉及自贸试验区投资贸易等商事案件，建立专业化审理机制。支持发展国际仲裁、商事调解机制。开展知识产权综合管理改革试点。紧扣创新发展需求，发挥专利、商标、版权等知识产权的引领作用，打通知识产权创造、运用、保护、管理、服务全链条，建立高效的知识产权综合管理体制，构建便民利民的知识产权公共服务体系，探索支撑创新发展的知识产权运行机制，推动形成权界清晰、分工合理、责权一致、运转高效、法治保障的体制机制。搭建便利化的知识产权公共服务平台，设立知识产权服务工作站，大力发展知识产权专业服务业。探索建立自贸试验区跨部门知识产权执法协作机制，完善纠纷调解、援助、仲裁工作机制。探索建立自贸试验区重点产业专利导航制度和重点产业快速协同保护机制。

2. 深化行政管理体制改革。以切实维护国家安全和市场公平竞争为原则，加强各部门与重庆市人民政府的协同，完善政府的经济调节、市场监管、社会管理和公共服务职能，提高维护经济社会安全的服务保障能力。按照权责一致原则，建立行政权责清单制度，明确政府职能边界。深化行政审批制度改革，进一步取消和调整行政审批项目，健全行政审批服务体系。进一步创新和优化服务，推进政府部分职能向行业协会商会转移试点，减少政府对微观事务的管理。探索建立以综合监管为基础、专业监管为支撑的事中事后监管体系。构建市场主体自律、业界自治、社会监督、政府监管"四位一体"的综合监管体系，充分发挥社会多元共治的作用。完善社会信用体系，推动各部门间依法履职信息的联通和共享。健全守信激励和失信惩戒机制。健全市场主体权益保障机制。公开权力运行流程，完善网上行政审批系统，探索建立体现投资者参与、符合国际规则的信息公开机制。配合商务部开展经营者集中反垄断审查。

3. 提高行政管理效能。重庆市依法向自贸试验区下放经济管理权限，精简行政机构，提高行政效能。实施全程电子化登记和电子营业执照管理，建立"一口受理、同步审批"的"一站式"高效服务模式。完善企业准入"一窗式"受理制度，实现多部门信息共享和协同管理。推动税收服务创新，包括一窗国地办税、一厅自助办理、培训辅导点单、缴纳方式多元化、业务自主预约、税银信息互动、税收遵从合作、创新网上服务等举措。建设社区服务中心，统筹自贸试验区内社会事务，完善便民服务机制，提供高标准的社区公共服务和市政管理服务。

（二）扩大投资领域开放

4. 提升利用外资水平。对外商投资实行准入前国民待遇加负面清单管理制度，着力构建与负面清单管理方式相适应的事中事后监管制度。外商投资准入特别管理措施（负面清单）之外领域的外商投资项目（国务院规定对国内投资项目保留核准的除外）和外商投资企业设立及变更实行备案制，由自贸试验区负责办理。进一步减少或取消外商投资准入限制，提高开放度和透明度，做好对外开放的压力测试和风险测试。积极有效引进境外资金、先进技术和高端人才，提升利用外资综合质量。外商在自贸试验区内投资适用《自由贸易试验区外商投资准入特别管理措施（负面清单）》和《自由贸易试验区外商投资国家安全审查试行办法》。探索强化外商投资实际控制人管理，建立外商投资信息报告制度和外商投资信息公示平台，充分发挥国家企业信用公示系统作用，提升外商投资全周期监管的科学性、规范性和透明度。建立多部门共享的外资管理综合信息数据系统。完善投资者权益保障机制，允许符合条件的境外投资者自由转移其投资收益。

5. 构筑对外投资服务促进体系。实施对外投资管理体制改革，确立企业对外投资主体地位，对不涉及敏感国家和地区、敏感行业的境外投资项目实行备案制，支持企业开展多种形式的境外投资合作，在法律法规规定的范围内，允许自担风险到境外开展投资合作。鼓励企业创新对外投资合作方式。依托港澳在金融服务、信息资讯、国际贸易网络、风险管理等方面的优势，将自贸试验区建设成为内地企业"走出去"的窗口和综合服务平台。加强与港澳在项目对接、投资拓展、信息交流、人才培训等方面交流合作，共同开拓国际市场。加强境外投资事后管理和服务，完善境外资产和人员安全风险预警和应急保障体系。

（三）推进贸易转型升级

6. 促进加工贸易转型升级。充分发挥重庆作为加工贸易承接转移示范地的优势和作用，在自贸试验区打造产业梯度转移的国际加工基地，完善以"整机+核心零部件+原材料"为龙头的全流程产业链，推动加工贸易由水平分工变为垂直整合，鼓励向产业链、价值链高端拓展，提高附加值。探索"产业链+价值链+物流链"的内陆加工贸易发展新模式。实施仓储企业联网监管，实行加工贸易工单式核销，探索更为先进的核销制度。支持在自贸试验区设立符合内销规定的加工贸易产品内销平台，建设加工贸易产品内销后续服务基地。大力培育高端饰品、精密仪器、智能机器人、集成电路、平板显示等加工贸易新产业集群，搭建加工贸易转型升级的技术研发、工业设计、知识产权等公共服务平台。

7. 大力发展服务贸易。鼓励跨国公司在自贸试验区设立地区性总部、研发中心、销售中心、维修中心、物流中心和结算中心，鼓励先进制造业延伸价值链，与现代服务业融合发展。支持"互联网+"发展，推进互联网与现代制造产业深度融合，推广大数据分析在商贸服务、医疗、教育、金融和公共管理等领域的应用。大力发展面向设计开发、生产制造、售后服务全过程的检验检测、标准、认证等第三方服务。鼓励开展研发设计、高技术高附加值产品开发和面向全球市场、风险可控的境内外维修、检测、拆解等业务。依托自贸试验区内的海关特殊监管区域，加快发展对外文化贸易，支持开展面向全球的保税文化艺术品的展示、拍卖、交易业务。深化艺术品交易市场功能拓展。培育文化产业，重点发展影视后期制作、光盘复刻、印刷、胶片拷贝等。

8. 加快发展新型贸易。支持自贸试验区内企业开展全球维修、国际分拨中转等业务。鼓励开展国内商品海外寄售代销业务。支持发展市场采购贸易。大力发展转口贸易，放宽海运货物直接运输判定标准。在自贸试验区海关特殊监管区域内，大力发展临空产业，拓宽进境维修领域，加快发展航空维修业务。允许在自贸试验区海关特殊监管区域内开展进口汽车整车保税仓储业务和保税货物质押融资业务。支持符合条件的境内外机构在自贸试验区内设立金融租赁公司、融资租赁公司，开展飞机、船舶和大型工程设备等融资租赁业务。按照公平竞争原则，积极发展跨境电子商务，完善相应的海关监管、检验检疫、退税、物流等支撑系统，加快推进跨境贸易电子商务配套平台建设。支持在自贸试验区海关特殊监管区域内建立进出口货物集散中心。支持发展国际快递物流，条件具备时，在自贸试验区试点航空快件国际中转集拼业务。支持国内外快递企业在自贸试验区内的非海关特殊监管区域，办理符合条件的国际快件属地报关、报检业务。

9. 实施高效监管服务模式。探索创新海关特殊监管区域监管模式、监管制度。在自贸试验区海关特殊监管区域内，实施"一线放开"、"二线安全高效管住"的通关监管服务模式。根据自贸试验区发展需求，不断探索口岸监管制度创新。推进将企业运营信息纳入监管系统。逐步实现基于企业诚信评价和商品风险评估的货物抽检制度。除废物原料、危险化学品及其包装、散装货物外，检验检疫在一线实行"进出境检疫，重点和敏感商品检验"模式，创新监管技术和方法；在二线简化检验检疫流程，推行"方便进出，严密防范质量安全风险"的检验检疫监管模式。推进自贸试验区检验检疫电子服务平台、数据交换平台和检验检疫智能执法系统建设，提高检验检疫对各类新业态的信息监管服务水平。探索内陆通关及口岸监管"空检通放"新模式。

10. 推进通关机制创新。深化保税货物流转模式改革。在确保有效监管前提下，在海关特殊监管区域探索建立货物状态分类监管模式。对注册在自贸试验区海关特殊监管区域内的融资租赁企业进出口飞机、船舶、海洋工程结构物等大型设备涉及跨关区的，在确保有效监管和执行现行相关税收政策的前提下，按物流实际需要，实行海关异地委托监管。推进海关通关一体化改革。鼓励企业参与"自主报税、自助通关、自动审放、重点稽核"等监管制度创新试点。依托电子口岸公共平台，完善国际贸易"单一窗口"的货物进出口、运输工具进出境、贸易协定实施等应用功能，进一步优化口岸监管执法流程和通关流程，实现贸易许可、资质登记等平台功能，将涉及贸易监管的部门逐步纳入"单一窗口"管理平台。支持将出口退税申报功能纳入国际贸易"单一窗口"建设项目。在符合监管要求和条件的前提下，支持开展进口整车在汽车整车进口口岸间转关试点。在执行现行税收政策前提下，提升超大超限货物通关、运输、口岸服务等综合能力。对入境维修复出口、入境再制造机电料件免于实施装运前检验。加快形成贸易便利化创新举措的标准化制度规范，覆盖到自贸试验区内所有符合条件的企业。

（四）深化金融领域开放创新

11. 优化跨境金融结算服务。支持自贸试验区开展适应内陆加工贸易、转口贸易等多种贸易业态的结算便利化试点。探索与要素市场跨境交易相适应的外汇收支便利化措施，支持区域要素市场开展国际贸易业务。支持发展总部经济，放宽跨国公司外汇资金集中运营管理准入条件。允许重庆市内银行业金融机构与自贸试验区内持有《支付业务许可证》且许可业务范围包括互联网支付的支付机构合作，按照有关管理政策为跨境电子商务（货物贸易或服务贸易）提供跨境本外币支付结算服务。进一步深化支付机构跨境外汇支付业务试点，在保证交易真实性情况下，逐步扩大服务贸易业务范围。

12. 推动跨境人民币业务创新发展。推动自贸试验区与境外开展双向人民币融资。自贸试验区内企业可根据自身经营和管理需要，开展集团内跨境双向人民币资金池业务。允许在自贸试验区内注册的融资租赁企业开展跨境双向人民币资金池业务。允许自贸试验区内租赁企业在境外开立人民币账户用于跨境人民币租赁业务。支持自贸试验区内保险机构开展跨境人民币再保险和全球保单分入业务。研究探索区内金融机构在依法合规、风险可控的前提下向境外销售人民币理财产品、开展人民币项下跨境担保等业务。鼓励在自贸试验区内设立人民币海外投贷基金。在自贸试验区开展人民币基金投资境外项目试点政策下，开展区域性净头寸总规模约束管理试点。允许外资股权投资管理机构、外资创业投资管理机构在自贸试验区发起管理人民币股权投资和创业投资基金。鼓励自贸试验区内金融机构积极创新面向国际的人民币金融产品，扩大境外人民币投资境内金融产品的范围。支持自贸试验区内符合条件的企业按规定开展人民币境外证券投资业务。

13. 探索跨境投融资便利化改革创新。探索建立与自贸试验区相适应的本外币账户管理体系，促进跨境贸易、投融资结算便利化。进一步简化经常项目外汇收支手续，在真实、合法交易基础上，自贸试验区内货物贸易外汇管理分类等级为A类企业的外汇收入无需开立待核查账户。银行按照"了解客户、了解业务、尽职审查"的展业三原则办理经常项目收结汇、购付汇业务。允许自贸试验区内符合条件的融资租赁业务收取外币租金。支持自贸试验区内企业和金融机构通过境外上市、按照有关规定发行债券及标准化金融证券等方式开展境外融资并将资金调回境内使用。支持自贸试验区内符合条件的单位和个人按照规定双向投资于境内外证券市场。逐步允许境外企业参与商品期货交易。支持商业保理业务发展，探索适合商业保理业务发展的监管模式。

14. 增强跨境金融服务功能。支持符合条件的民间资本、境外资本在符合现行法律法规及政策导向的前提下，在自贸试验区内发起和参与设立金融机构。在遵循机构总部统一业务管理政策的前提下，授予自贸试验区内银行业金融机构更多业务自主权，在风险可控的前提下自主开展资金交易业务。支持证券经营机构在自贸试验区内依法设立分支机构或专业子公司。支持在自贸试验区内设立货币兑换、征信等专业化机构。支持符合条件的重庆市证券期货经营机构进入银行间外汇市场，开展人民币对外汇即期业务和衍生品交易。支持自贸试验区符合互认条件的基金产品参与内地与香港基金产品互认。支持符合条件的银行业金融机构在自贸试验区内发行大额存单，区内注册的内外资企业均可参与投资。支持在自贸试验区设立内外资再保险、外资健康保险、国际多式联运物流专业保险等机构。鼓励在自贸试验区设立保险资产管理公司、自保公司、相互制保险机构等新型保险组织，以及为保险业发展提供配套服务的保险经纪、保险代理等专业性保险服务机构。探索在自贸试验区开展巨灾保险服务创新试点。支持在自贸试验区内建立保险资产登记交易平台。鼓励国内期货交易所在自贸试验区的海关特殊监管区域内开展期货保税交易、仓单质押融资等业务。在总结期货保税交割试点经验基础上，鼓励国内期货交易所在自贸试验区的海关特殊监管区域内开展业务，扩大期货保税交割试点的品种。进一步推进内资融资租赁企业试点，注册在自贸试验区内的内资融资租赁试点企业由自贸试验区所在省级商务主管部门和同级国家税务局审核；加强事中事后监管，探索建立融资租赁企业设立和变更的备案制度、违反行业管理规定的处罚制度、失信和经营异常企业公示制度、属地监管部门对企业定期抽查检查制度。支持自贸试验区发展科技金融，按照国务院统一部署，积极争取纳入投贷联动试点。

15. 完善金融风险防控体系。落实风险为本的原则，探索建立跨境资金流动风险监管机制，强化做好反洗钱、反恐怖融资、反逃税工作，防范非法资金跨境、跨区流动。探索建立综合性金融监管协调机制，深入开展跨行业、跨市场的金融风险监测评估，加强对重大风险的预警防范，切实防范开放环境下的金融风险。

（五）推进"一带一路"和长江经济带联动发展

16. 构建多式联运国际物流体系。支持在自贸试验区内建立海关多式联运监管中心，打造覆盖铁、公、水、空多种运输方式的国际物流运输体系。依托中欧国际铁路联运通道，强化运输安全，提高运输效率，降低运输成本，构建中欧陆路国际贸易通道和规则体系，发展国际铁路联运；依托长江黄金水道，探索建立沪渝外贸集装箱"五定"快班轮三峡船闸优先放行机制，发展江海联运；依托渝昆泛亚铁路通道、东南沿海港口、陆路边境口岸，以铁路和高速公路网为陆路通道，发展铁海联运和跨区域、跨国境的国际陆路运输；依托重庆江北国际机场，探索空域和航空资源管理改革，支持国内外大型企业设立基地航空公司，完善集疏运体系，加密航线航班，构建基本覆盖全球主要经济体的航线网络。

17. 探索建立"一带一路"政策支持体系。以中欧国际铁路联运通道为重点，完善自贸试验区与"一带一路"沿线各国海关、检验检疫、标准认证部门和机构之间的通关合作机制，开展货物通关、贸易统计、"经认证的经营者"互认、检验检测认证等方面合作，逐步实现信息互换、监管互认、执法互助。探索与"一带一路"沿线国家开展贸易供应链安全与便利化合作。支持自贸试验区内企业以自建、收购、股权合作等多种方式在"一带一路"沿线国家建立境外营销、物流、结算等区域性运营总部。支持以自贸试验区为依托建设中德、中韩等国际经贸、产业、人文合作平台。探索共同出资、共同受益的资本运作模式，支持在自贸试验区建立市场化的合作基金，为基础设施建设、投资贸易和产业发展提供资金支持。加强自贸试验区与"一带一路"沿线国家的高校联合培养和交流合作，加快培养适合多双边贸易投资的各方面人才。研究制定自贸试验区外籍高层次人才认定办法，落实人才签证实施细则，明确外国人才申请和取得人才签证的标准条件和办理程序，对外籍高层次人才开辟绿色通道，简化手续，为高层次人才入出境、工作、在华停居留提供便利。允许获得硕士及以上学位的外国优秀留学生毕业后直接在自贸试验区工作，完善留学生实习居留、工作居留和创新创业奖励制度。

（六）推动长江经济带和成渝城市群协同发展

18. 探索建立区域联动发展机制。通过自贸试验区高端产业聚集，促进内陆地区现代服务业、先进制造业和战略性新兴产业加快发展。创新区域经济合作、利益共享模式，促进区域一体化发展。依托长江黄金水道，推进自贸试验区内沿江区域有序承接产业转移。鼓励拓展服务功能和范围，自贸试验区内企业原则上不受地域限制，可到区外再投资或开展业务，如有特殊规定要求办理相关手续，应按照相关规定办理。提升自贸试验区与周边地区交通运输服务水平，优化运输组织，创新服务方式，推进自贸试验区与周边城市客运服务公交化运营，鼓励同城化服务。鼓励在自贸试验区发展货运班线、城际速递、共同配送等多样化、专业化服务方式。

19. 促进区域产业转型升级。以产业链为纽带，在自贸试验区内建立市场化运作的产业转移引导基金，促进长江经济带各省市、成渝城市群的相关园区、企业、研发机构等在研发设计、生产销售和物流配送等环节的协同配合。充分发挥长江黄金水道的重大件运输通道优势，整合内陆装备制造业优势资源，推动汽车、重型机械、船舶配套设备、轨道交通设备等向自贸试验区沿江区域集中。充分发挥自贸试验区高端要素集聚平台作用，瞄准全球和国家科技创新趋势，重点突破创新链的关键技术、产业链的关键环节，加快形成电子核心部件、新材料、物联网、航空器及零部件研发制造、高端交通装备、新能源汽车及智能汽车、生物医药、能源环保装备、智能终端等战略性新兴产业集群。在自贸试验区设立区域联合研发和配套协作平台，提高装备设计、制造和集成能力。鼓励各地区高校、科研院所在自贸试验区打造创新创业发展平台，发展新型创业孵化机构。完善自贸试验区创新创业服务体系，大力发展创业辅导、信息咨询、技术支持、融资担保、成果交易、检验检测认证等公共服务。

20. 增强口岸服务辐射功能。按照"零距离换乘"、"无缝衔接"的要求，强化自贸试验区与周边地区水运、铁路、公路、航空等运输方式有机衔接。拓展口岸功能，扩大水运口岸范围，完善自贸试验区内进口整车、水果、肉类等指定口岸建设。推动自贸试验区根据实际需要申报设立进口粮食、植物种苗、金伯利进程国际证书制度等指定口岸和指定实施机构，提升内陆口岸对周边的辐射带动作用。鼓励发展直接或间接依托口岸的经济业态，强化自贸试验区口岸服务功能，提升便利化程度，聚集人流、物流、资金流、信息流，带动腹地经济融入国际国内两个市场，形成扩大开放的叠加效应。

四、保障机制

（一）强化法制保障

自贸试验区需要暂时调整实施有关行政法规、国务院文件和经国务院批准的部门规章的部分规定的，按规定程序办理。各有关部门要支持自贸试验区在各领域深化改革开放试点、加大压力测试、加强监管、防控风险，做好与相关法律立改废释的衔接，及时解决试点过程中的制度保障问题。重庆市要通过地方立法，建立与试点要求相适应的自贸试验区管理制度。

（二）完善配套税收政策

落实现有相关税收政策，充分发挥现有政策的支持促进作用。中国（上海）自由贸易试验区、中国（广东）自由贸易试验区、中国（天津）自由贸易试验区和中国（福建）自由贸易试验区已经试点的税收政策原则上可在自贸试验区进行试点，其中促进贸易的选择性征收关税、其他相关进出口税收等政策在自贸试验区内的海关特殊监管区域进行试点。自贸试验区内的海关特殊监管区域范围和税收政策适用范围维持不变。此外，在符合税制改革方向和国际惯例，以及不导致利润转移和税基侵蚀的前提下，积极研究完善境外所得税收抵免的税收政策。

（三）加强组织实施

按照党中央、国务院统一部署，在国务院自由贸易试验区工作部际联席会议统筹协调下，由重庆市完善试点任务组织实施保障机制，按照总体筹划、分步实施、率先突破、逐步完善的原则加快实施；按照既有利于合力推进自贸试验区建设，又有利于各片区独立自主运作的原则，建立精简高效、统一管理、分级负责的自贸试验区管理体系。各有关部门要大力支持，及时制定实施细则或办法，加强指导和服务，共同推进相关体制机制创新，把自贸试验区建设好、管理好。在实施过程中，要创新思路、寻找规律、解决问题、积累经验；要充分发挥地方和部门的积极性，因地制宜、突出特色，做好对比试验和互补试验；要抓好改革措施的落实，重大事项要及时向国务院请示报告。

（四）总结推广可复制的试点经验

自贸试验区要及时总结改革创新经验和成果。国务院自由贸易试验区工作部际联席会议办公室要会同重庆市人民政府及有关部门，及时总结评估自贸试验区改革开放创新试点任务实施效果，加强各领域试点经验系统集成，并委托第三方机构进行独立评估。对试点效果好、风险可控且可复制可推广的成果，实施分类审查程序后复制推广至全国其他地区。

国务院关于印发中国（四川）自由贸易试验区总体方案的通知

（国发〔2017〕20号）

各省、自治区、直辖市人民政府，国务院各部委、各直属机构：

现将《中国（四川）自由贸易试验区总体方案》印发给你们，请认真贯彻执行。

国务院
2017年3月15日

中国（四川）自由贸易试验区总体方案

建立中国（四川）自由贸易试验区（以下简称自贸试验区）是党中央、国务院作出的重大决策，是新形势下全面深化改革、扩大开放和深入推进西部大开发、长江经济带发展的重大举措。为全面有效推进自贸试验区建设，制定本方案。

一、总体要求

（一）指导思想

全面贯彻党的十八大和十八届三中、四中、五中、六中全会精神，深入贯彻习近平总书记系列重要讲话精神和治国理政新理念新思想新战略，认真落实党中央、国务院决策部署，统筹推进"五位一体"总体布局和协调推进"四个全面"战略布局,坚持稳中求进工作总基调,牢固树立和贯彻落实创新、协调、绿色、开放、共享的发展理念,进一步解放思想、先行先试,以开放促改革、促发展,以推进供给侧结构性改革为主线,积极培育内陆地区参与国际经济合作竞争新优势,全力打造区域协调发展新引擎,为全面深化改革和扩大开放探索新途径、积累新经验,发挥示范带动、服务全国的积极作用。

(二)战略定位

以制度创新为核心,以可复制可推广为基本要求,立足内陆、承东启西,服务全国、面向世界,将自贸试验区建设成为西部门户城市开发开放引领区、内陆开放战略支撑带先导区、国际开放通道枢纽区、内陆开放型经济新高地、内陆与沿海沿边沿江协同开放示范区。

(三)发展目标

经过三至五年改革探索,力争建成法治环境规范、投资贸易便利、创新要素集聚、监管高效便捷、协同开放效果显著的高水平高标准自由贸易园区,在打造内陆开放型经济高地、深入推进西部大开发和长江经济带发展中发挥示范作用。

二、区位布局

(一)实施范围

自贸试验区的实施范围119.99平方公里,涵盖3个片区:成都天府新区片区90.32平方公里(含成都高新综合保税区区块四〔双流园区〕4平方公里、成都空港保税物流中心〔B型〕0.09平方公里),成都青白江铁路港片区9.68平方公里(含成都铁路保税物流中心〔B型〕0.18平方公里),川南临港片区19.99平方公里(含泸州港保税物流中心〔B型〕0.21平方公里)。

自贸试验区土地开发利用须遵守土地利用、环境保护、城乡规划法律法规,符合土地利用总体规划,并符合节约集约用地的有关要求。

(二)功能划分

按区域布局划分,成都天府新区片区重点发展现代服务业、高端制造业、高新技术、临空经济、口岸服务等产业,建设国家重要的现代高端产业集聚区、创新驱动发展引领区、开放型金融产业创新高地、商贸物流中心和国际性航空枢纽,打造西部地区门户城市开放高地;成都青白江铁路港片区重点发展国际商品集散转运、分拨展示、保税物流仓储、国际货代、整车进口、特色金融等口岸服务业和信息服务、科技服务、会展服务等现代服务业,打造内陆地区联通丝绸之路经济带的西向国际贸易大通道重要支点；川南临港片区重点发展航运物流、港口贸易、教育医疗等现代服务业，以及装备制造、现代医药、食品饮料等先进制造和特色优势产业，建设成为重要区域性综合交通枢纽和成渝城市群南向开放、辐射滇黔的重要门户。

按海关监管方式划分，自贸试验区内的海关特殊监管区域重点探索以贸易便利化为主要内容的制度创新，开展保税加工、保税物流、保税服务等业务；非海关特殊监管区域重点探索投资、金融、创新创业等制度改革，完善事中事后监管，积极发展现代服务业和高端制造业。

三、主要任务和措施

（一）切实转变政府职能

1. 推进简政放权。按照权责一致原则，建立行政权责清单制度，明确政府职能边界。深化政府机构改革，探索设立法定机构，推进相关政府机构从直接提供公共服务转变为通过合同管理交由第三方机构提供。深化行政审批制度改革，最大限度取消行政审批事项。推进行政审批标准化、信息化建设，探索全程电子化登记、电子营业执照管理。放宽企业名称表述限制，开放企业名称数据库，推行企业名称自主申报、网上核准，完善企业名称争议纠纷处理机制。放宽企业住所登记条件，探索以邮政通信地址作为企业住所的登记方式。建立"一窗受理、协同审批"的"一站式"高效服务模式，建设市场准入统一平台，实现多部门信息共享和协同管理。依托"互联网+税务"，创新税收征管服务。

2. 构建事中事后监管体系。推进统一社会信用代码制度建设和部门间数据交换共享，建设公共信用信息目录和运用清单。完善社会信用体系，推动各部门间依法履职信息的联通和共享。健全守信激励和失信惩戒机制。建立企业网上信用承诺制度。政府部门加强对第三方企业信用征信、评估机构开展企业登记评价工作的引导和监督检查。规范开放征信服务，为公民、企业、社会组织、司法部门、政府机构提供信用查询等服务。在监管、执法等方面全面推行"双随机"抽查监管机制。完善行业监管制度和资格审查制度，进一步规范开展文化、教育、信息服务的内容审查。构建事前提醒告知、轻微违法约谈与告诫、严重违法依法处置的"三段式"监管方式。建立健全律师、公证员、司法鉴定人员等法律服务工作者诚信执业制度、违法违规执业惩戒制度。

3. 优化法治环境。建立统一集中的综合行政执法体系，相对集中执法权，建设网上执法办案系统，建设联勤联动指挥平台。建立健全国际仲裁、商事调解机制。对标高标准国际规则，强化企业责任，完善工资支付保障机制，建立工作环境损害监督等制度，严格执行环境保护法规和标准，探索开展出口产品低碳认证。配合商务部开展经营者集中反垄断审查。建立健全廉洁监督机制。开展知识产权综合管理改革试点。紧扣创新发展需求，发挥专利、商标、版权等知识产权的引领作用，打通知识产权创造、运用、保护、管理、服务全链条，建立高效的知识产权综合管理体制，构建便民利民的知识产权公共服务体系，探索支撑创新发展的知识产权运行机制，推动形成权界清晰、分工合理、责权一致、运转高效、法治保障的体制机制。探索建立自贸试验区跨部门知识产权执法协作机制，完善纠纷调解、援助、仲裁工作机制。

4. 建设多方参与的社会治理新体系。健全依法决策机制，明确重大行政决策的范围和标准，把专家咨询、社会听证、第三方评估作为重大行政决策必经程序，建立决策问责和纠错机制。建立行政咨询体系，成立由专业人士组成的专业咨询委员会，为自贸试验区发展提供咨询。编制向社会组织转移职能目录，将由政府部门承担的资产评估、鉴定、认证、检验检测等逐步交由专业服务机构承担。

（二）统筹双向投资合作

5. 提升利用外资水平。对外商投资实行准入前国民待遇加负面清单管理制度，着力构建与负面清单管理方式相适应的事中事后监管制度。外商投资准入特别管理措施（负面清单）之外领域的外商投资项目（国务院规定对国内投资项目保留核准的除外）和外商投资企业设立及变更实行备案制，由自贸试验区负责办理。进一步减少或取消外商投资准入限制，提高开放度和透明度，做好对外开放的压力测试和风险测试。允许在自贸试验区内注册的符合条件的中外合资旅行社，从事除台湾地区以外的出境旅游业务；鼓励外资企业通过多种形式参与投资医疗服务业；鼓励外资发展"互联网+"健康服务。积极有效引进境外资金、先进技术和高端人才，提升利用外资综合质量。外商在自贸试验区投资适用《自由贸易试验区外商投资准入特别管理措施（负面清单）》和《自由贸易试验区外商投资国家安全审查试行办法》。探索强化外商投资实际控制人管理，建立外商投资信息报告制度和外商投资信息公示平台，充分发挥国家企业信用信息公示系统作用，提升外商投资全周期监管的科学性、规范性和透明度。完善投资者权益保障机制，允许符合条件的境外投资者自由转移其投资收益。

6. 构筑对外投资服务促进体系。实施对外投资管理体制改革，确立企业对外投资主体地位，支持企业开展多种形式的境外投资合作，在法律法规规定的范围内，允许自担风险到境外自由承揽项目。建立对外投资合作"一站式"服务平台。加强境外投资事后管理和服务，完善境外资产和人员安全风险预警和应急保障体系。依托港澳在金融服务、信息资讯、国际贸易网络、风险管理等方面的优势，将自贸试验区建设成为企业"走出去"的窗口和综合服务平台。

7. 创新国际产能合作。对一般性境外投资项目和设立企业实行备案制。为企业对外投资提供高效优质的金融支持和服务保障。鼓励地方政府引入社会资本在自贸试验区内设立境内机构投资者投资基金和境外合作基金。提高办理境外资产评估和抵押处置手续便利化程度。探索开展知识产权、股权、探矿权、采矿权、应收账款、订单、出口退税等抵质押融资业务。推动企业用好"内保外贷"等政策，开展企业"走出去"综合性金融创新服务。加快"中国标准"国际化推广，积极开展与主要贸易国别标准的比对，推动认证认可结果与主要贸易投资合作国家（地区）双向互认。加强与港澳在项目对接、投资拓展、信息交流、人才培训等方面交流合作，共同赴境外开展基础设施建设和能源资源等合作。

8. 深化园区国际合作。坚持引资、引智、引技与优势产业、产品、技术及服务"走出去"相结合，围绕产业合作、科技创新、中小企业合作、职业教育、新型城镇化等领域合作发展，采取"平台+园区"、"政府+机构+企业"的共享开放合作模式，支持在自贸试验区内建设国别产业合作园区，推进创新创业、产业升级。探索建立土地节约集约利用新模式，自贸试验区内土地可以按不同功能用途混合利用，允许同一地块或同一建筑兼容多种功能，产业用地实行弹性年期供应，根据产业政策和项目类别可采取先租后让、差异化年期出让等供地措施。

9. 深化国有企业改革。坚持市场化导向，进一步完善自贸试验区内国有企业现代企业制度，建立健全长效激励约束机制，提升国有资本监管的针对性和有效性。设立国有资本运营平台，提升资本运营能力和水平。鼓励国有企业依托自贸试验区探索创新发展新路径。进一步推进自贸试验区内国有企业产权多元化改革，稳妥发展混合所有制经济。探索国家铁路运输企业、国家铁路控股合资铁路公司与地方政府合作参与成都国际铁路港运营管理，推动铁路资源有效整合。

（三）推动贸易便利化

10. 加快服务贸易创新发展。加快推进服务贸易创新发展试点，积极探索服务贸易发展新模式，建立完善服务贸易公共服务体系和贸易促进平台。重点推进与欧洲地区在产业人才合作、企业对接联动、项目载体共建、商务环境优化等领域的深入合作，提升对欧服务贸易水平。加快发展技术创新和商业模式创新相融合的新兴服务贸易和技术贸易。在海关特殊监管区域内不断拓展保税维修、检测、研发等业务。对注册在自贸试验区海关特殊监管区域内的融资租赁企业进出口飞机、船舶、海洋工程结构物等大型结构设备涉及跨关区的，在确保有效监管和执行现行相关税收政策的前提下，按物流实际需要，实行海关异地委托监管。在环境风险可控的前提下，支持在海关特殊监管区域内开展航空发动机等高技术含量、高附加值商品境内外维修业务试点。鼓励发展动漫创意、信息管理、数据处理、供应链管理等服务外包产业。搭建便利化的知识产权公共服务平台，设立知识产权服务工作站，大力发展知识产权专业服务业。探索建立自贸试验区重点产业专利导航制度和重点产业快速协同保护机制。依托现有交易场所开展知识产权跨境交易，推动建立市场化运作的知识产权质物处置机制。支持和鼓励商标品牌服务机构在品牌设计、价值评估、注册代理、法律服务等方面不断提升服务水平。扩大对外文化贸易和版权贸易。深化艺术品交易市场功能拓展，支持在海关特殊监管区域（保税监管场所）内开展艺术品保税业务，为境内外艺术品生产、物流、仓储、展示和交易提供服务，对从境外进入海关特殊监管区域（保税监管场所）的文化产品，除法律、行政法规和规章另有规定的外，不实行许可证管理。创新文化服务海外推广模式，支持发展以传统手工技艺、武术、戏曲、民族音乐和舞蹈等为代表的非物质文化遗产与旅游、会展、品牌授权相结合的开发模式，鼓励广播影视、新闻出版等企业以项目合作方式进入国际市场，试点国外巡演的商业化运作。大力发展中医药服务贸易，建立四川省中医药服务及贸易大平台，积极与境外开展中药材种植、研发等合作，鼓励开展中医药国际健康旅游线路建设，扩大国际市场。允许境外服务提供者以跨境交付形式提供管理培训、咨询服务。

11. 促进服务要素自由流动。为服务贸易专业人才出入境提供便利。研究制定自贸试验区外籍高层次人才认定办法，落实人才签证实施细则，明确外国人才申请和取得人才签证的标准条件和办理程序。对外籍高层次人才开辟绿色通道、简化手续，为高层次人才入出境、工作、在华停居留提供便利。允许获得硕士及以上学位的优秀外国留学生毕业后直接在自贸试验区工作。提供有针对性的指导服务和语言学习机会，多形式多渠道帮助外国人才更好地融入中国社会。创新建设国际社区，探索外籍人士参与社区治理模式。

12. 助推外贸转型升级。在执行现行税收政策的前提下，允许在自贸试验区非海关特殊监管区域内依托现有交易场所开展大宗商品交易。完善进口商品网络零售和进出口分拨物流体系。探索中欧班列（成都）邮（快）件运输，推动跨境电子商务发展。探索建立适应跨境电商贸易特点的检验检疫监管机制。

在严格执行货物进出口税收政策前提下,允许在海关特殊监管区域内设立保税展示交易平台。在海关特殊监管区域内推动保税售后维修业务升级,构建"全球市场销售、本地运营结算"的新型外贸业态新模式。

13. 创新口岸服务机制。加大对口岸和场站公共服务的政策和资金支持。制定口岸作业、报关报检、查验等环节的工作和服务标准。创新税收担保模式,推行涉税担保信息化管理,支持符合条件的涉税担保业务适用总担保制度。建设完善四川电子口岸,依托电子口岸公共平台建设国际贸易"单一窗口",实现口岸服务一体化。推动口岸监管部门信息互换、监管互认、执法互助。推进企业运营信息与监管系统对接,鼓励企业参与"自主报税、自助通关、自动审放、重点稽核"等监管制度创新试点。创新自贸试验区国际会展检验检疫监管模式。探索检验检疫证书国际联网核查机制。支持自贸试验区与"一带一路"沿线国家开展海关、检验检疫、认证认可、标准计量等方面的合作与交流,探索与"一带一路"沿线国家开展贸易供应链安全与便利合作。

14. 优化监管通关流程。实施24小时预约通关服务,建立进出口货物口岸放行时间评价体系。健全与跨境电子商务、进口特殊商品指定口岸、外贸综合服务发展相适应的通关管理机制。积极推动实施一体化通关。积极推进无纸化申报、无纸化放行,探索施检过程无纸化。在确保有效监管前提下,鼓励口岸监管部门优化查验机制。建设空、铁、公、水多式联运物流监管中心,多方联网共享物流全程信息,实现多式联运货物"单一窗口"办理。深化保税货物流转模式改革。对资信良好、管理规范、符合海关监管要求的企业,探索实施自动备案、自核单耗和自主核报。试行企业"主动披露"制度,对企业主动报告海关未发现的违规事项,可依法视情从轻、减轻或不予行政处罚。在确保有效监管前提下,在海关特殊监管区域探索建立货物状态分类监管模式。支持区外法人企业依法在海关特殊监管区域(保税监管场所)内设立分支机构。加强与深圳、珠海等口岸机构的沟通与合作,全面实现供港澳蔬菜出口直放。

(四)深化金融领域改革创新

15. 促进跨境投融资便利化。探索建立与自贸试验区相适应的本外币账户管理体系,促进跨境贸易、投融资结算便利化。鼓励允许自贸试验区内法人金融机构和企业按照有关规定在境外发行人民币和外币债券,所筹资金可根据需要调回自贸试验区内使用。支持符合条件的企业参与跨国公司总部外汇资金集中运营管理和跨境双向人民币资金池业务。支持跨国公司成立全球或区域结算中心。研究探索自贸试验区内银行业金融机构在依法合规、风险可控的前提下,向境外销售人民币理财产品、开展人民币项下跨境担保等业务。允许自贸试区内符合条件的金融机构和企业按照规定开展境外证券投资业务。

16. 增强金融服务功能。在符合现行法律法规及政策导向的前提下，支持在自贸试验区内设立银行、证券、保险等金融机构。支持外资银行和中外合资银行在自贸试验区内设立营业性机构，发挥外资银行跨境业务的网络平台优势，为跨境企业提供综合金融服务。支持银行业金融机构与已获相应业务许可资质的非银行支付机构合作开展企业和个人跨境货物贸易、服务贸易人民币结算服务。加快发展金融IC卡（芯片银行卡）和移动金融，打造金融IC卡无障碍示范区。优化境外银行卡刷卡消费环境。支持在自贸试验区内设立货币兑换、征信等专业化机构。支持符合条件的自贸试验区内机构按照规定投资境内外证券市场。支持股权托管交易机构在自贸试验区内建立综合金融服务平台。依托现有交易场所开展长江上游生产要素国际交易业务以及粮食、矿石和建筑材料等大宗商品现货交易业务。支持设立健康、科技、养老等专业保险机构。支持注册在自贸试验区内的法人寿险机构创新发展。支持自贸试验区内保险机构大力开展跨境人民币再保险。鼓励各类保险机构在自贸试验区创新特殊风险分散机制，开展特殊风险保险业务。鼓励保险公司创新保险产品，不断拓展责任保险服务领域。建立完善巨灾保险制度。支持专业性保险中介机构等服务机构以及从事再保险业务的社会组织和个人在自贸试验区依法开展相关业务，为保险业发展提供专业技术配套服务。探索与"一带一路"沿线国家的金融合作。支持符合条件的"一带一路"沿线国家的金融机构在自贸试验区以人民币进行新设、增资或参股自贸试验区金融机构等直接投资活动。进一步简化经常项目外汇收支手续，在真实、合法交易基础上，自贸试验区内货物贸易外汇管理分类等级为A类企业的外汇收入无需开立待核查账户。银行按照"了解客户、了解业务、尽职审查"的展业三原则办理经常项目收结汇、购付汇手续。

17. 发展新兴金融业态。积极引进设立各类金融总部、专业子公司、区域总部等机构。支持民营资本依法合规进入金融业，依法设立财务公司、汽车金融公司和消费金融公司等金融机构，支持符合条件的境内纯中资民营企业发起设立民营银行。地方可结合实际试点设立地方资产管理公司和并购基金等。研究探索自贸试验区内金融机构在依法合规、风险可控的前提下，依托各类跨境投融资工具，研发跨市场投资理财产品。支持自贸试验区发展科技金融，按照国务院统一部署，积极争取纳入投贷联动试点，促进创业创新。鼓励通过社会资本设立融资担保基金，缓解中小微企业融资难。支持符合条件的内地和港澳台机构在自贸试验区设立金融租赁公司、融资租赁公司，鼓励在飞机、船舶及其零部件、机器人、农机、医疗设备及基础设施等领域开展业务，支持其在符合相关规定前提下，设立项目公司开展境内外融资租赁业务。支持在海关特殊监管区域内开展飞机融资租赁。允许自贸试验区内符合条件的融资租赁业务收取外币租金。进一步推进内资融资租赁企业试点，注册在自贸试验区内的内资融资租赁试点企业由自贸试验区所在省级商务主管部门和同级国家税务局审核；加强事中事后监管，探索建立融资租赁企业设立和变更的备案制度、违反行业管理规定的处罚制度、失信和经营异常企业公示制度、属地监管部门对企业定期抽查检查制度。支持租赁业境外融资，鼓励各类租赁公司扩大跨境人民币资金使用范围。鼓励国内期货交易所在自贸试验区的海关特殊监管区域内开展期货保税交易、仓单质押融资等业务。支持证券业经营机构在自贸试验区内依法设立分支机构或专业子公司。支持商业保理业务发展，探索适合商业保理业务发展的监管模式。

18. 探索创新金融监管机制。探索建立与自贸试验区相适应的新型风险监管体系。落实风险为本的原则，探索建立跨境资金流动风险监管机制，强化开展反洗钱、反恐怖融资、反逃税工作，防止非法资金跨境、跨区流动。鼓励金融行业协会、自律组织独立或者联合依法开展专业调解，建立调解与仲裁、诉讼的对接机制，加大对金融消费者维权的支持力度。支持建立健全金融消费者教育服务体系，积极创新自贸试验区特色多元化金融消费者教育产品和方式。

（五）实施内陆与沿海沿边沿江协同开放战略

19. 增强产业辐射带动能力。探索形成有利于高端制造业和现代服务业向自贸试验区集聚集群发展的体制机制。探索自贸试验区与周边地区产业合作新路径，促进区域产业合理布局、优势互补、错位发展。促进研发设计、生产销售和物流配送等环节协同配合。建立市场化运作的产业基金，建立产业协作发展和收益分享机制。发挥川酒优势，在自贸试验区内探索白酒产销体制创新。深化中国国际酒业博览会功能，依托现有交易场所开展国际性酒类产品展示、投资、技术等交易，打造中国白酒创新创业集聚地。依法合规开展大宗商品现货交易，加快推进大宗商品现货市场发展，强化监管、创新制度、探索经验。推动西部地区区域金融合作，依托现有交易场所在西部地区开展产权、技术、排污权、碳排放权等交易。鼓励企业跨区域兼并重组，在基础设施、公共设施建设运营领域，推广政府和社会资本合作等投融资模式。构建自贸试验区与陕滇黔渝藏等西部地区、东部发达地区和长江经济带的国家级开发区协同合作机制，探索共建产业合作园区。探索自贸试验区与其他长江经济带自贸试验区协同开放机制，实现成果共享、监管互认、业务互通。积极承接东部地区优势产业转移，着力打造与东部产业配套协作的高端制造业、现代服务业和临港产业基地。

20. 畅通国际开放通道。依托双流航空枢纽、成都国际铁路港、川南临港口岸，构建与"一带一路"沿线相关国家和长江经济带空、铁、公、水联运的综合物流服务体系。支持成都国际铁路港建设国家对外开放口岸，依托中欧班列（成都）等打造国际铁路运输重要枢纽，推进与泛欧泛亚国家（地区）枢纽城市的互联互通。积极探索与"一带一路"沿线国家相关机构在运输安全、环境保护、通关查验等方面建立合作机制。加快推进国际航空枢纽建设，大力发展临空经济。支持国际航班代码共享，鼓励符合条件的航空公司新开、加密、优化国际（地区）国内航线。构建国际（地区）国内有效衔接、相互支撑的航线网络和航班时刻分配机制。允许设立符合条件的全货运基地航空公司。优化多种运输方式衔接、中转流程，完善多式联运标准和服务规则，探索与沿海沿边沿江重要枢纽城市高效联运新模式，加速构建集高铁、地铁、城际铁路、高速公路于一体的综合交通体系，建设中欧陆空联运基地。推进内陆地区国际多式联运示范建设，试点签发具备物权凭证性质的多式联运提单，探索多式联运"一单制"。在交通运输领域，完善快件处理设施和绿色通道。加快发展快递等现代物流业。

21. 打造沿江开放口岸。支持川南临港片区设立国家对外开放口岸，加快建设高等级航道，促进与长江主要港口的协同开放合作。打造长江口岸现代航运服务系统，推进水运口岸"单一窗口"试点。支持开展内外贸同船运输、国轮捎带业务。大力发展船舶交易、航运物流信息、船员培训、船舶维修等航运服务业。创新长江船舶登记制度，优化船舶运营、检验与登记业务流程，简化入区申报手续，试行电子数据自动填报，加快智能物流网络建设。推进与沿海沿江口岸信息对接互联。大力发展长江航运金融服务，探索组建专业化地方法人航运保险机构，鼓励境内外航运服务中介机构设立营业机构。

（六）激活创新创业要素

22. 优化创新创业制度环境。建立完善技术类无形资产交易制度，制定技术类国有无形资产管理办法。加强国际科技合作平台建设。在海关特殊监管区域内创新企业研发进口设备及材料监管模式，降低企业研发成本。

23. 创新科技金融服务机制。建立科技企业信用评价体系和标准，引导金融机构探索完善科技企业信用风险管理机制。引导境内外资本为创新创业项目提供投融资支持，拓宽创新创业项目境外融资渠道。

24. 整合全球创新创业要素。加强与发达国家（地区）在高端技术、重点技术领域的联合研究和技术引进。引导国内外知名孵化机构和优秀平台运营团队参与构建"众创空间—孵化器—加速器—产业园"全链条创新创业体系。探索本土高校自主扩大海外留学生招生规模，与国外高校合作开展学科建设。开展海外人才离岸创新创业试点，完善创新创业人才社会服务机制。

四、保障机制

（一）强化法制保障

自贸试验区需要暂时调整实施有关行政法规、国务院文件和经国务院批准的部门规章的部分规定的，按规定程序办理。各有关部门要支持自贸试验区在各领域深化改革开放试点、加大压力测试、加强监管、防控风险，做好与相关法律立改废释的衔接，及时解决试点过程中的制度保障问题。四川省要通过地方立法，建立与试点要求相适应的自贸试验区管理制度。

（二）完善配套税收政策

落实现有相关税收政策，充分发挥现有政策的支持促进作用。中国（上海）自由贸易试验区、中国（广东）自由贸易试验区、中国（天津）自由贸易试验区和中国（福建）自由贸易试验区已经试点的税收政策原则上可在自贸试验区进行试点，其中，促进贸易的选择性征收关税、其他相关进出口税收等政策在自贸试验区内的海关特殊监管区域进行试点。自贸试验区内的海关特殊监管区域范围和税收政策适用范围维持不变。此外，在符合税制改革方向和国际惯例，以及不导致利润转移和税基侵蚀的前提下，积极研究完善境外所得税收抵免的税收政策。

（三）加强组织实施

按照党中央、国务院统一部署，在国务院自由贸易试验区工作部际联席会议统筹协调下，由四川省完善试点任务组织实施保障机制，按照总体筹划、分步实施、率先突破、逐步完善的原则加快实施。按照既有利于整体推进自贸试验区建设，又有利于发挥各片区积极性的原则，建立精简高效、统筹协调的自贸试验区管理体系。各有关部门要大力支持，及时制定实施细则或办法，加强指导和服务，共同推进相关体制机制创新，把自贸试验区建设好、管理好。在实施过程中，要创新思路、寻找规律、解决问题、积累经验；要充分发挥地方和部门的积极性，因地制宜、突出特色，做好对比试验和互补试验；要抓好改革措施的落实，重大事项要及时向国务院请示报告。

（四）总结推广可复制的试点经验

自贸试验区要及时总结改革创新经验和成果。国务院自由贸易试验区工作部际联席会议办公室要会同四川省人民政府及有关部门,及时总结评估自贸试验区改革开放创新试点任务实施效果,加强各领域试点经验系统集成,并委托第三方机构进行独立评估。对试点效果好、风险可控且可复制可推广的成果,实施分类审查程序后复制推广至全国其他地区。

国务院关于印发中国（陕西）自由贸易试验区总体方案的通知

（国发〔2017〕21号）

各省、自治区、直辖市人民政府,国务院各部委、各直属机构:

现将《中国（陕西）自由贸易试验区总体方案》印发给你们,请认真贯彻执行。

国务院
2017年3月15日

中国（陕西）自由贸易试验区总体方案

建立中国（陕西）自由贸易试验区（以下简称自贸试验区）是党中央、国务院作出的重大决策,是新形势下全面深化改革、扩大开放和加快推进"一带一路"建设、深入推进西部大开发的重大举措。为全面有效推进自贸试验区建设,制定本方案。

一、总体要求

（一）指导思想

全面贯彻党的十八大和十八届三中、四中、五中、六中全会精神,深入贯彻习近平总书记系列重要讲话精神和治国理政新理念新思想新战略,认真落实党中央、国务院决策部署,统筹推进"五位一体"总体布局和协调推进"四个全面"战略布局,坚持稳中求进工作总基调,牢固树立和贯彻落实创新、协调、绿色、开放、共享的发展理念,进一步解放思想、先行先试,以开放促改革、促发展，立足于推进"一带一路"建设和西部大开发，为全面深化改革和扩大开放探索新途径、积累新经验，发挥示范带动、服务全国的积极作用。

（二）战略定位

以制度创新为核心，以可复制可推广为基本要求，全面落实党中央、国务院关于更好发挥"一带一路"建设对西部大开发带动作用、加大西部地区门户城市开放力度的要求，努力将自贸试验区建设成为全面改革开放试验田、内陆型改革开放新高地、"一带一路"经济合作和人文交流重要支点。

（三）发展目标

经过三至五年改革探索，形成与国际投资贸易通行规则相衔接的制度创新体系，营造法治化、国际化、便利化的营商环境，努力建成投资贸易便利、高端产业聚集、金融服务完善、人文交流深入、监管高效便捷、法治环境规范的高水平高标准自由贸易园区，推动"一带一路"建设和西部大开发战略的深入实施。

二、区位布局

（一）实施范围

自贸试验区的实施范围119.95平方公里，涵盖3个片区：中心片区87.76平方公里（含陕西西安出口加工区A区0.75平方公里、B区0.79平方公里，西安高新综合保税区3.64平方公里和陕西西咸保税物流中心〔B型〕0.36平方公里），西安国际港务区片区26.43平方公里（含西安综合保税区6.17平方公里），杨凌示范区片区5.76平方公里。

自贸试验区土地开发利用须遵守土地利用、环境保护、城乡规划法律法规，符合土地利用总体规划，并符合节约集约用地的有关要求。

（二）功能划分

按区域布局划分，自贸试验区中心片区重点发展战略性新兴产业和高新技术产业，着力发展高端制造、航空物流、贸易金融等产业，推进服务贸易促进体系建设，拓展科技、教育、文化、旅游、健康医疗等人文交流的深度和广度，打造面向"一带一路"的高端产业高地和人文交流高地；西安国际港务区片区重点发展国际贸易、现代物流、金融服务、旅游会展、电子商务等产业，建设"一带一路"国际中转内陆枢纽港、开放型金融产业创新高地及欧亚贸易和人文交流合作新平台；杨凌示范区片区以农业科技创新、示范推广为重点，通过全面扩大农业领域国际合作交流，打造"一带一路"现代农业国际合作中心。

按海关监管方式划分，自贸试验区内的海关特殊监管区域重点探索以贸易便利化为主要内容的制度创新，开展保税加工、保税物流、保税服务等业务；非海关特殊监管区域重点探索投资体制改革，创新内陆地区开放发展机制，完善事中事后监管，推动金融制度创新，积极发展现代服务业和先进制造业。

三、主要任务和措施

（一）切实转变政府职能

1. 改革创新政府管理方式。按照法治化、国际化、便利化的要求，积极探索建立与国际高标准投资和贸易规则体系相适应的行政管理体系，推动政府管理由注重事前审批转为注重事中事后监管。深化商事制度改革。实施"多证合一"综合审批服务运行模式，建立"一口受理、并联审批"工作机制。推动税收服务创新，包括一窗国地办税、一厅自助办理、培训辅导点单、缴纳方式多元、业务自主预约、税银信息互动、税收遵从合作、创新网上服务等举措。打造事前诚信承诺、事中评估分类、事后联动奖惩的全链条信用监管体系。完善社会信用体系，推动各部门间依法履职信息的联通和共享。健全守信激励和失信惩戒机制。配合商务部开展经营者集中反垄断审查。建立优质、高效、便捷的法律服务体系，建设网上法律服务平台，为自贸试验区内企业提供律师、公证、司法鉴定等综合性法律服务。推动与"一带一路"沿线国家执法联络网络建设。

2. 开展知识产权综合管理改革试点。紧扣创新发展需求，发挥专利、商标、版权等知识产权的引领作用，打通知识产权创造、运用、保护、管理、服务全链条，建立高效的知识产权综合管理体制，构建便民利民的知识产权公共服务体系，探索支撑创新发展的知识产权运行机制，推动形成权界清晰、分工合理、责权一致、运转高效、法治保障的体制机制。探索建立自贸试验区跨部门知识产权执法协作机制，完善纠纷调解、援助、仲裁工作机制。探索建立重点产业快速协同保护机制。

（二）深化投资领域改革

3. 提升利用外资水平。对外商投资实行准入前国民待遇加负面清单管理制度，着力构建与负面清单管理方式相适应的事中事后监管制度。外商投资准入特别管理措施（负面清单）之外领域的外商投资项目（国务院规定对国内投资项目保留核准的除外）和外商投资企业设立及变更实行备案制，由自贸试验区负责办理。进一步减少或取消外商投资准入限制，提高开放度和透明度，做好对外开放的压力测试和风险测试。鼓励外资更多投向高端装备制造、新一代信息技术、新材料、生物医药等先进制造业领域。鼓励跨国公司在自贸试验区设立地区总部、研发中心、销售中心、物流中心和结算中心。积极有效引进境外资金、先进技术和高端人才，提升利用外资综合质量。外商在自贸试验区内投资适用《自由贸易试验区外商投资准入特别管理措施（负面清单）》和《自由贸易试验区外商投资国家安全审查试行办法》。探索强化外商投资实际控制人管理，建立外商投资信息报告制度和外商投资信息公示平台，充分发挥国家企业信用信息公示系统作用，提升外商投资全周期监管的科学性、规范性和透明度。完善投资者权益保障机制，允许符合条件的境外投资者自由转移其投资收益。

4. 构建对外投资促进体系。将自贸试验区建设成为企业"走出去"的窗口和综合服务平台。对一般境外投资项目和设立企业实行备案制，属省级管理权限的，由自贸试验区负责备案管理。确立企业对外投资主体地位，支持企业开展多种形式的对外直接投资。建立对外投资合作"一站式"服务平台。加强境外投资事中事后监管和服务，完善境外资产和人员安全风险防范和应急保障体系。

（三）推动贸易转型升级

5. 拓展新型贸易方式。积极培育贸易新型业态和功能，形成以技术、品牌、质量、服务为核心的外贸竞争新优势。鼓励企业统筹开展国际国内贸易，实现内外贸一体化发展。支持进口先进技术和资源类商品。扶持和培育外贸综合服务企业，为中小企业提供通关、融资、退税、保险等服务。

探索创新服务贸易发展模式，扩大服务贸易双向开放。建立以政府部门"服务清单"制度为核心的服务贸易服务体系，建立一批具有项目对接、海外市场拓展、技术共享等功能的服务贸易公共服务平台。大力发展生产性服务贸易，引导出口企业从生产型企业向生产服务型企业转变，推动金融、保险、物流、信息、研发设计等资本和技术密集型服务出口。推进企业依托海关特殊监管区域开展面向国内外市场的高技术、高附加值的检测维修等保税服务业务。巩固提高旅游、航空运输等传统服务业竞争力，大力促进文化艺术、数字出版、动漫游戏开发、软件开发测试、中医药、技术等服务贸易发展。打造服务外包产业集聚区，培育一批领头企业和国际品牌，提高服务外包产业国际竞争力。支持知识产权服务业集聚发展，完善挂牌竞价、交易、信息检索、政策咨询、价值评估等功能，推动知识产权跨境交易便利化。

6. 创新通关监管服务模式。不断探索海关监管和检验检疫制度创新，鼓励企业参与"自主报税、自助通关、自动审放、重点稽核"等监管制度创新试点。依托电子口岸公共平台，开展国际贸易"单一窗口"建设，完善货物进出口和运输工具进出境的应用功能，进一步优化口岸监管执法流程和通关流程，实现贸易许可、资质登记平台功能。将出口退税申报功能纳入"单一窗口"建设项目，将涉及贸易监管的部门逐步纳入"单一窗口"管理平台。

完善海关特殊监管区域功能。自贸试验区海关特殊监管区域内实施"一线放开"、"二线安全高效管住"的通关监管服务模式。在确保有效监管前提下，在海关特殊监管区域探索建立货物状态分类监管模式。对注册在自贸试验区海关特殊监管区域内的融资租赁企业进出口飞机、船舶等大型设备涉及跨关区的，在确保有效监管和执行现行相关税收政策的前提下，按物流实际需要，实行海关异地委托监管。在执行现行税收政策的前提下，提升超大超限货物的通关、运输、口岸服务等综合能力。在严格执行货物进出口税收政策的前提下，允许在自贸试验区内的海关特殊监管区域设立保税展示交易平台。加快形成贸易便利化创新举措的标准化制度规范，覆盖到所有符合条件的企业。

完善通关合作机制。开展货物通关、贸易统计、原产地证书核查、"经认证的经营者"互认、检验检测认证等方面合作，逐步实现信息互换、监管互认、执法互助。支持自贸试验区与"一带一路"沿线国家开展海关、检验检疫、认证认可、标准计量等方面的合作与交流，探索与"一带一路"沿线国家开展贸易供应链安全与便利合作。推进自贸试验区内各区域之间通关一体化。

（四）深化金融领域开放创新

7. 推动金融制度创新。探索建立与自贸试验区相适应的本外币账户管理体系，促进跨境贸易、投融资便利化。推动人民币作为自贸试验区与"一带一路"沿线国家跨境贸易和投资计价、结算的主要货币。拓展跨境电子商务人民币结算。推行自贸试验区内跨国企业集团跨境双向人民币资金池业务。支持自贸试验区内符合互认条件的基金产品参与内地与香港基金产品互认。自贸试验区内银行可按有关规定发放境外项目人民币贷款。

支持自贸试验区内符合条件的企业按规定开展境外证券投资。支持开展人民币跨境再保险业务，培育发展再保险市场。大力发展自贸试验区国际航运、国际贸易等重点产业责任保险、信用保险、融资租赁保险。取消对自贸试验区内保险支公司高管人员任职资格的事前审批，由省级保监机构实施备案管理。支持商业保理业务发展，探索适合商业保理发展的外汇管理模式。

8. 增强金融服务功能。支持符合条件的"一带一路"沿线国家的金融机构在自贸试验区内以人民币直接投资设立或参股金融机构。支持符合条件的法人在自贸试验区内依法设立金融租赁公司、财务公司、汽车金融公司、消费金融公司等金融机构。支持符合条件的境内纯中资民营企业发起设立民营银行。支持全国性中资商业银行、陕西本地银行、符合条件的外资银行在自贸试验区内新设分行或营业机构。允许外商投资在自贸试验区内新设一家合资证券公司。进一步推进内资融资租赁企业试点，注册在自贸试验区内的内资融资租赁试点企业由自贸试验区所在省级商务主管部门和同级国家税务局审核；加强事中事后监管，探索建立融资租赁企业设立和变更的备案制度、违反行业管理规定的处罚制度、失信和经营异常企业公示制度、属地监管部门对企业定期抽查检查制度。

鼓励自贸试验区内银行业金融机构为能源、科技、文化、绿色环保等领域企业提供高效优质金融服务。放宽跨国公司外汇资金集中运营管理准入条件。进一步简化资金池管理，允许经银行审核真实、合法的电子单证办理经常项目集中收付汇、轧差净额结算业务。进一步简化经常项目外汇收支手续，在真实、合法交易基础上，自贸试验区内货物贸易外汇管理分类等级为 A 类企业的外汇收入无需开立待核查账户。银行按照"了解客户、了解业务、尽职审查"的展业三原则办理经常项目收结汇、购付汇手续。允许自贸试验区内符合条件的融资租赁业务收取外币租金。

允许外资股权投资管理机构、外资创业投资管理机构在自贸试验区内发起管理人民币股权投资和创业投资基金。地方可结合实际，引入社会资本在自贸试验区内设立多币种的产业股权投资基金、产业结构调整基金、创业投资基金和服务贸易创新发展引导基金，为符合产业导向的企业提供融资支持服务。鼓励金融机构创新金融产品和服务，为"轻资产"服务贸易企业提供融资便利。鼓励各类金融机构创新供应链融资、贸易融资等业务。

9. 建立健全金融风险防范体系。落实风险为本的原则，探索建立跨境资金流动风险监管机制，强化开展反洗钱、反恐怖融资、反逃税工作，防止非法资金跨境、跨区流动，切实防范开放环境下的金融风险。

（五）扩大与"一带一路"沿线国家经济合作

10. 创新互联互通合作机制。健全政府对话、企业合作、民间互动的多层次、多领域合作机制。按照共商、共建、共享的原则，构筑全方位立体化开放大通道，建设"一带一路"交通、商贸、快递物流中心。创新航空港、陆港联动发展机制。完善集疏运体系，加密航线航班，增加国际货运航线航班。在自贸试验区内组建符合条件的本地货运航空公司，大力发展空港货运物流，打造国家航空运输枢纽。拓展西安陆路口岸铁路监管功能，推动国际中转集拼业务发展。提升中欧班列（西安）辐射能力，推动将中欧班列（西安）纳入中欧

"安智贸"试点计划。深入发展多式联运，引进航运及国际船舶运输服务等经纪公司。引导多式联运企业联盟合作，在设施共享、单证统一、规则衔接、信息互联等方面先行先试。建设国际邮件互换局（交换站）。加快西安领事馆区建设。

11. 创新国际产能合作模式。系统推进与"一带一路"沿线国家产能合作机制建设。发挥金融对"一带一路"经济合作的推动作用，地方可根据实际需要，引入社会资本推动设立"走出去"发展引导基金。

推动合作园区建设。按照开放、共享的原则，加强境外经贸合作区、产业集聚区、农业合作区等建设，开启"两国双园"国际产能合作新模式。

打造绿色丝绸之路。制定鼓励绿色消费的经济政策，落实绿色产品认证制度，建立政府监督、企业自律、公众参与的环保监督机制。支持自贸试验区内的企业按照绿色低碳要求和循环经济理念设计发展战略、生产流程、营销模式、企业文化，打造绿色低碳企业集群和国家级绿色品牌企业。鼓励自贸试验区内绿色低碳龙头企业"走出去"，建设国际产能合作绿色产业园区。加强自贸试验区内重点产业知识产权海外布局和风险防控。

12. 创新现代农业交流合作机制。打造农业领域国际合作交流创新平台，积极推进国际旱作农业交流与合作，组建面向"一带一路"沿线国家的现代农业合作联盟和全球农业智库联盟，拓展在农业新技术、新品种、新业态以及节水农业、设施农业、农业装备制造等领域的国际合作。创立国家（杨凌）农业技术标准创新基地，承担农业技术标准的制定工作，提升"杨凌农科"品牌标准的国际化水平。创新中外农业高等教育和职业教育联合办学模式，开展面向"一带一路"沿线国家的援外农业技术培训。支持杨凌示范区片区加快建设国家现代农业国际创新园和"星创天地"。深化农业金融改革创新，允许引进符合条件的国外专业保险公司，开展涉农保险业务。支持建设"一带一路"现代农业国际合作中心。

（六）创建与"一带一路"沿线国家人文交流新模式

13. 创新科技合作机制。建立健全政府间科技创新合作及对话机制。发挥企业创新主体作用，引导企业成为"一带一路"科技创新合作的投入、执行和收益主体，形成骨干企业先导带动、中小企业大规模参与的合作局面，并吸引社会力量参与。积极发现与"一带一路"沿线国家产业发展的契合点和共振点，引导各类创新主体在沿线国家共建创新平台，深化产学研合作，鼓励企业设立海外研发中心。发挥民间组织作用，鼓励通过青年交往、志愿者互派、学术往来与交流等方式，丰富民间科技交往内容，鼓励民间科技组织广泛开展各类科技公益活动。探索建设信息丝绸之路。以信息基础设施为载体,开辟以通信和互联网产业为抓手的新型国际贸易之路,推动"一带一路"信息文明的创新与传播。

14. 创新教育合作机制。拓展与"一带一路"沿线国家跨境教育合作空间,推动教育资源共享,建设智力丝绸之路。围绕"一带一路"建设需求,调整优化相关院校的学科及专业设置,推进面向"一带一路"沿线国家的教育培训基地建设。在自贸试验区设立国际汉唐学院和中国书法学院。允许获得硕士及以上学位的优秀外国留学生毕业后直接在自贸试验区工作,完善留学生实习居留、工作居留和创新创业奖励制度。

15. 创新文化交流合作机制。加强与"一带一路"沿线国家合作,构建全方位、多层次、宽领域的对外文化交流新格局。保护和传承中华老字号,大力推动中医药、中华传统餐饮、工艺美术等企业"走出去"。与"一带一路"沿线国家共同开展文物保护与考古研究工作,开展博物馆国际交流与合作,建设以丝绸之路文化为主题的智慧博物馆国际合作交流平台和历史文化研究交流平台。依托自贸试验区开展陕西文物国际展示、国际交流试点。鼓励社会资本以多种形式参与文化产业和文化园区建设。鼓励民营文化企业健康快速发展。加强对非物质文化遗产、民间文艺、传统知识的普查、保护和合理利用,振兴传统工艺,推进文化创意、设计服务与相关产业融合发展,打造"国风秦韵"等具有国际影响力的文化品牌。建设中影丝路国际电影城等一批文化产业项目,推出一批具有国际影响力的文化艺术精品。依托现有交易场所,在国家政策法规允许范围内开展文化艺术品交易业务。

发展对外文化贸易。积极推动文化产品和服务出口,减少对文化出口的行政审批事项。拓展艺术品交易市场功能。对完全针对国外外语市场开展出版业务的非公有制企业、中外合资企业给予特殊政策扶持。依托海关特殊监管区域政策功能,促进文化产业发展。加快西安国家数字出版基地、西安印刷包装产业基地建设,创建国家级出版物物流基地。开展文化产品跨境电子商务试点,依托现有交易场所开展文化产品跨境电子交易,鼓励文化企业借助电子商务等新型交易模式拓展国际业务。试点以政府和社会资本合作(PPP)等模式推动对外文化投资。加强文化知识产权保护。积极推进文化金融改革创新。

16. 创新旅游合作机制。深化旅游业资源开放、信息共享、行业监管、公共服务、旅游安全、标准化服务等方面的国际合作,提升旅游服务水平。允许在自贸试验区内注册的符合条件的中外合资旅行社,从事除台湾地区以外的出境旅游服务。吸引外商投资旅行社在自贸试验区内设立公司运营总部。积极与

"一带一路"沿线国家签订旅游合作框架协议、旅游合作备忘录等整体性协议，合作举办国际旅游展会。推动中医药健康旅游发展。

17. 创新医疗卫生合作机制。发挥陕西医疗资源、医学教育、医学科研及区位优势，在卫生合作机制、重点传染病防控、重大慢性非传染性疾病防治、突发急性传染病防控与紧急医学救援、能力建设与人才培养、传统医药、卫生体制和政策、卫生发展援助、健康产业发展等重点领域，与"一带一路"沿线国家进行广泛合作。允许"一带一路"沿线国家与国内中医药服务机构在自贸试验区内投资中医理疗、康复、培训、宣传、国际推广等机构，搭建中医药健康养生国际综合服务平台。

（七）推动西部大开发战略深入实施

18. 带动区域开放型经济发展。充分利用自贸试验区的载体和平台作用，在积极承接外向型产业转移的同时，将陕西的科技、产业优势向西部其他地区辐射。培育建设产业集群发展带，推动关中—天水、新疆天山北坡、呼包银榆等重点经济区域协同开放、一体发展，形成西部地区新增长极。联合西部地区相关省份开展多式联运，畅通沟通境内外、连接东中西的新亚欧大陆桥国际经济走廊。建立西部地区联合对外合作交流平台，以资源优势为重点，以资源加工工业为主体，强化国际国内交流，带动西部贫困地区、民族地区开放战略实施。加强区域口岸合作，推动陆港联动，实现口岸功能延伸，提升对外开放、公共卫生安全保障能力。推动检验检疫部门与地方卫生部门等加强联防联控合作，防止传染病跨境传播。

19. 推动区域创新发展。积极鼓励自贸试验区各科研院所与西部地区各类企业合作，推进协同创新。及时总结推广"双创"示范、系统推进全面创新改革及知识产权保护的经验，推动有条件的地区建设具有强大带动力的创新型城市和区域创新中心，培育一批知识产权试点示范城市和知识产权强市、强县。创新军民融合发展机制，建立军民成果双向转化"人才池"和"专利池"。建立重点产业专利导航工作机制，建设国家知识产权服务业聚集区。积极推动国家军民融合知识产权运营工作，依托国家知识产权运营军民融合特色试点平台，探索国防专利横向流通转化、国防专利解密与普通专利跟进保护有机衔接、普通专利参与军品研发生产等机制，促进军民科技成果共享共用。推动西部地区军民技术相互有效利用，开展军民两用技术联合攻关，推动产业化发展。

20. 促进区域产业转型升级。通过自贸试验区高端产业集聚，促进西部地区优化现代服务业、先进制造业和战略性新兴产业布局，创新区域经济合作模式。以产业链为纽带，促进西部地区在研发设计、生产销售和物流配送等环节的协同配合，支持西部地区企业通过跨区域兼并重组实现产业转型升级。

21. 构建服务区域发展的人才高地。率先在自贸试验区建立健全高层次人才评价机制、简化高层次人才评价认定程序、完善符合条件的外国籍高层次人才签证及居留政策等，推动境内外专业人才双向流动，为外国籍高层次人才来陕工作开辟绿色通道，简化手续，在出入境、工作、停居留等方面提供便利，积累经验并向西部地区推广。联合打造西部优质人才载体，提升西部地区高层次人才发展及创业创新平台建设水平。建设面向西部地区的高层次人才综合服务体系，大力发展人力资源服务业。

四、保障机制

（一）强化法制保障

自贸试验区需要暂时调整实施有关行政法规、国务院文件和经国务院批准的部门规章的部分规定的，按规定程序办理。各有关部门要支持自贸试验区在各领域深化改革开放试点、加大压力测试、加强监管、防控风险，做好与相关法律立改废释的衔接，及时解决试点过程中的制度保障问题。陕西省要通过地方立法，建立与试点要求相适应的自贸试验区管理制度。

（二）完善配套税收政策

落实现有相关税收政策，充分发挥现有政策的支撑促进作用。中国（上海）自由贸易试验区、中国（广东）自由贸易试验区、中国（天津）自由贸易试验区和中国（福建）自由贸易试验区已经试点的税收政策原则上可在自贸试验区进行试点，其中促进贸易的选择性征收关税、其他相关进出口税收等政策在自贸试验区内的海关特殊监管区域进行试点。自贸试验区内的海关特殊监管区域范围和税收政策适用范围维持不变。此外，在符合税制改革方向和国际惯例，以及不导致利润转移和税基侵蚀的前提下，积极研究完善境外所得税收抵免的税收政策。

（三）加强组织实施

按照党中央、国务院统一部署，在国务院自由贸易试验区工作部际联席会议统筹协调下，由陕西省完善试点任务组织实施保障机制，按照总体筹划、分步实施、率先突破、逐步完善的原则加快实施；按照既有利于合力推进自贸试验区建设，又有利于各片区独立自主运作的原则，建立精简高效、统一管理、分级负责的自贸试验区管理体系。各有关部门要大力支持，及时制定实施细则或办法，加强指导和服务，共同推进相关体制机制创新，把自贸试验区建设好、管理好。在实施过程中，要创新思路、寻找规律、解决问题、积累经验；要充分发挥地方和部门的积极性，因地制宜、突出特色，做好对比试验和互补试验；要抓好改革措施的落实，重大事项要及时向国务院请示报告。

（四）总结推广可复制的试点经验

自贸试验区要及时总结改革创新经验和成果。国务院自由贸易试验区工作部际联席会议办公室要会同陕西省人民政府及有关部门，及时总结评估自贸试验区改革开放创新试点任务实施效果，加强各领域试点经验系统集成，并委托第三方机构进行独立评估。对试点效果好、风险可控且可复制可推广的成果，实施分类审查程序后复制推广至全国其他地区。

国务院关于印发全面深化中国（上海）自由贸易试验区改革开放方案的通知

（国发〔2017〕23号）

各省、自治区、直辖市人民政府，国务院各部委、各直属机构：

现将《全面深化中国（上海）自由贸易试验区改革开放方案》印发给你们，请认真贯彻执行。

国务院
2017年3月30日

全面深化中国（上海）自由贸易试验区改革开放方案

建设中国（上海）自由贸易试验区（以下简称自贸试验区）是党中央、国务院在新形势下全面深化改革和扩大开放的战略举措。自贸试验区建设三年多来取得重大进展，总体达到预期目标。为贯彻落实党中央、国务院决策部署，对照国际最高标准、最好水平的自由贸易区，全面深化自贸试验区改革开放，加快构建开放型经济新体制，在新一轮改革开放中进一步发挥引领示范作用，制定本方案。

一、总体要求

(一) 指导思想

全面贯彻党的十八大和十八届三中、四中、五中、六中全会精神，深入贯彻习近平总书记系列重要讲话精神和治国理政新理念新思想新战略，认真落实党中央、国务院决策部署，统筹推进"五位一体"总体布局和协调推进"四个全面"战略布局，坚持稳中求进工作总基调，坚定践行新发展理念，坚持以制度创新为核心，继续解放思想、勇于突破、当好标杆，进一步对照国际最高标准、查找短板弱项，大胆试、大胆闯、自主改，坚持全方位对外开放，推动贸易和投资自由化便利化，加大压力测试，切实有效防控风险，以开放促改革、促发展、促创新；进一步加强与上海国际金融中心和具有全球影响力的科技创新中心建设的联动，不断放大政策集成效应，主动服务"一带一路"建设和长江经济带发展，形成经济转型发展新动能和国际竞争新优势；更大力度转变政府职能，加快探索一级地方政府管理体制创新，全面提升政府治理能力；发挥先发优势，加强改革系统集成，力争取得更多可复制推广的制度创新成果，进一步彰显全面深化改革和扩大开放试验田作用。

(二) 建设目标

到 2020 年，率先建立同国际投资和贸易通行规则相衔接的制度体系，把自贸试验区建设成为投资贸易自由、规则开放透明、监管公平高效、营商环境便利的国际高标准自由贸易园区，健全各类市场主体平等准入和有序竞争的投资管理体系、促进贸易转型升级和通关便利的贸易监管服务体系、深化金融开放创新和有效防控风险的金融服务体系、符合市场经济规则和治理能力现代化要求的政府管理体系，率先形成法治化、国际化、便利化的营商环境和公平、统一、高效的市场环境。强化自贸试验区改革同上海市改革的联动，各项改革试点任务具备条件的在浦东新区范围内全面实施，或在上海市推广试验。

二、加强改革系统集成，建设开放和创新融为一体的综合改革试验区

加强制度创新的系统性、整体性、协同性，围绕深化投资管理体制改革、优化贸易监管服务体系、完善创新促进机制，统筹各环节改革，增强各部门协同，注重改革举措的配套组合，有效破解束缚创新的瓶颈，更大程度激发市场活力。

（三）建立更加开放透明的市场准入管理模式

实施市场准入负面清单和外商投资负面清单制度。在完善市场准入负面清单的基础上，对各类市场主体实行一致管理的，进一步优化、简化办事环节和流程，对业务牌照和资质申请统一审核标准和时限，促进公平竞争。进一步提高外商投资负面清单的透明度和市场准入的可预期性。实施公平竞争审查制度，清理和取消资质资格获取、招投标、权益保护等方面存在的差别化待遇，实现各类市场主体依法平等准入清单之外的行业、领域和业务。

（四）全面深化商事登记制度改革

保障企业登记自主权，尊重企业自主经营的权利。开展企业名称登记制度改革，除涉及前置审批事项或企业名称核准与企业登记不在同一机关外，企业名称不再预先核准。放宽住所（经营场所）登记条件，有效释放场地资源。优化营业执照的经营范围等登记方式。推行全程电子化登记和电子营业执照改革试点。探索建立普通注销登记制度和简易注销登记制度相互配套的市场主体退出制度。开展"一照多址"改革试点。

（五）全面实现"证照分离"

深化"先照后证"改革，进一步加大探索力度。把涉及市场准入的许可审批事项适时纳入改革试点，能取消的全部取消，需要保留审批的，按照告知承诺和加强市场准入管理等方式进一步优化调整，在改革许可管理方式、完善风险防范措施的基础上，进一步扩大实行告知承诺的领域。加强许可管理与企业设立登记管理的衔接，实现统一社会信用代码在各许可管理环节的"一码贯通"。实施生产许可"一企一证"，探索取消生产许可证产品检验。

（六）建成国际先进水平的国际贸易"单一窗口"

借鉴联合国国际贸易"单一窗口"标准，实施贸易数据协同、简化和标准化。纳入海港、空港和海关特殊监管区域的物流作业功能，通过银行机构或非银行支付机构建立收费账单功能，便利企业办理支付和查询。实现物流和监管等信息的交换共享，为进出口货物质量安全追溯信息的管理和查询提供便利。推动将国际贸易"单一窗口"覆盖领域拓展至服务贸易，逐步纳入技术贸易、服务外包、维修服务等，待条件成熟后逐步将服务贸易出口退（免）税申报纳入"单一窗口"管理。与国家层面"单一窗口"标准规范融合对接，推进长江经济带跨区域通关业务办理，加强数据衔接和协同监管。

（七）建立安全高效便捷的海关综合监管新模式

深化实施全国海关通关一体化、"双随机、一公开"监管以及"互联网+海关"等举措，进一步改革海关业务管理方式，对接国际贸易"单一窗口"，建立权责统一、集成集约、智慧智能、高效便利的海关综合监管新模式。综合应用大数据、云计算、互联网和物联网技术，扩大"自主报税、自助通关、自动审放、重点稽核"试点范围。深化"一线放开"、"二线安全高效管住"改革，强化综合执法，推进协同治理，探索设立与"区港一体"发展需求相适应的配套管理制度。创新加工贸易出口货物专利纠纷担保放行方式。支持海关特殊监管区域外的企业开展高附加值、高技术、无污染的维修业务。深入实施货物状态分类监管，研究将试点从物流仓储企业扩大到贸易、生产加工企业，具备条件时，在上海市其他符合条件的海关特殊监管区域推广实施。

（八）建立检验检疫风险分类监管综合评定机制

完善进口商品风险预警快速反应机制，加强进口货物不合格风险监测，实施消费品等商品召回制度。建立综合应用合格评定新机制，设立国家质量基础检验检疫综合应用示范园区。在制定发布不适用于第三方检验结果采信目录清单基础上，积极推进扩大商品和项目的第三方检验结果采信。探索扩大检验鉴定结果国际互认的范围。

（九）建立具有国际竞争力的创新产业监管模式

优化生物医药全球协同研发的试验用特殊物品的准入许可，完善准入许可的内容和方式。完善有利于提升集成电路全产业链国际竞争力的海关监管模式。研究制定再制造旧机电设备允许进口目录，在风险可控的前提下，试点数控机床、工程设备、通信设备等进口再制造。探索引入市场化保险机制，提高医药生产等领域的监管效率。

（十）优化创新要素的市场配置机制

完善药品上市许可持有人制度。允许自贸试验区内医疗器械注册申请人委托上海市医疗器械生产企业生产产品。健全完善更加符合社会主义市场经济规律、人才成长规律和人才发展流动规律的人才认定标准和推荐方式，标准统一、程序规范的外国人来华工作许可制度及高效、便捷的人才签证制度，吸引更多外籍高层次人才参与创新创业，为其提供出入境和停居留便利，并按规定享受我国鼓励创新创业的相关政策。根据法律法规规定，支持持有外国人永久居留证的外籍高层次人才创办科技型企业，给予与中国籍公民同等待遇。深化上海股权托管交易中心"科技创新板"试点，完善对科创企业的金融服务。支持外资企业设立联合创新平台，协同本土中小微企业开展创新成果产业化项目推进。深化推进金融中心与科技创新中心建设相结合的科技金融模式创新。

(十一) 健全知识产权保护和运用体系

充分发挥专利、商标、版权等知识产权引领作用，打通知识产权创造、运用、保护、管理和服务的全链条，提升知识产权质量和效益。以若干优势产业为重点，进一步简化和优化知识产权审查和注册流程，创新知识产权快速维权工作机制。探索互联网、电子商务、大数据等领域的知识产权保护规则。建立健全知识产权服务标准，完善知识产权服务体系。完善知识产权纠纷多元解决机制。支持企业运用知识产权进行海外股权投资。创新发展知识产权金融服务。深化完善有利于激励创新的知识产权归属制度。

三、加强同国际通行规则相衔接，建立开放型经济体系的风险压力测试区

按照国际最高标准，为推动实施新一轮高水平对外开放进行更为充分的压力测试，探索开放型经济发展新领域，形成适应经济更加开放要求的系统试点经验。

(十二) 进一步放宽投资准入

最大限度缩减自贸试验区外商投资负面清单，推进金融服务、电信、互联网、文化、文物、维修、航运服务等专业服务业和先进制造业领域对外开放。除特殊领域外，取消对外商投资企业经营期限的特别管理要求。对符合条件的外资创业投资企业和股权投资企业开展境内投资项目，探索实施管理新模式。完善国家安全审查、反垄断审查等投资审查制度。

(十三) 实施贸易便利化新规则

优化口岸通关流程，推进各环节监管方式改革，探索公布涵盖各通关环节的货物平均放行时间。最大限度实现覆盖船舶抵离、港口作业、货物通关等口岸作业各环节的全程无纸化，推进贸易领域证书证明的电子化管理。深化亚太示范电子口岸网络试点。推动实施原产地预裁定制度。根据自由贸易协定规定，推动实施原产地自主声明制度。推进企业信用等级的跨部门共享，对高信用等级企业降低查验率。深化完善安全预警和国际竞争力提升的产业安全保障机制。

(十四) 创新跨境服务贸易管理模式

在风险可控的前提下，加快推进金融保险、文化旅游、教育卫生等高端服务领域的贸易便利化。提高与服务贸易相关的货物暂时进口便利，拓展暂时进口货物单证制度适用范围，延长单证册的有效期。探索兼顾安全和效率的数字产品贸易监管模式。大力发展中医药服务贸易，扩大中医药服务贸易国际市场准入，推动中医药海外创新发展。深化国际船舶登记制度创新，进一步便利国

际船舶管理企业从事海员外派服务。在合适领域分层次逐步取消或放宽对跨境交付、自然人移动等模式的服务贸易限制措施。探索完善服务贸易统计体系,建立服务贸易监测制度。

(十五)进一步深化金融开放创新

加强与上海国际金融中心建设的联动,积极有序实施《进一步推进中国(上海)自由贸易试验区金融开放创新试点加快上海国际金融中心建设方案》。加快构建面向国际的金融市场体系,建设人民币全球服务体系,有序推进资本项目可兑换试点。加快建立金融监管协调机制,提升金融监管能力,防范金融风险。

(十六)设立自由贸易港区

在洋山保税港区和上海浦东机场综合保税区等海关特殊监管区域内,设立自由贸易港区。对标国际最高水平,实施更高标准的"一线放开"、"二线安全高效管住"贸易监管制度。根据国家授权实行集约管理体制,在口岸风险有效防控的前提下,依托信息化监管手段,取消或最大程度简化入区货物的贸易管制措施,最大程度简化一线申报手续。探索实施符合国际通行做法的金融、外汇、投资和出入境管理制度,建立和完善风险防控体系。

四、进一步转变政府职能,打造提升政府治理能力的先行区

加强自贸试验区建设与浦东新区转变一级地方政府职能的联动,系统推进简政放权、放管结合、优化服务改革,在行政机构改革、管理体制创新、运行机制优化、服务方式转变等方面改革创新,全面提升开放环境下政府治理能力。

(十七)健全以简政放权为重点的行政管理体制

加快推进简政放权,深化行政审批制度改革。以厘清政府、市场、社会关系为重点,进一步取消和简化审批事项,最大限度地给市场放权。推动实现市场准入、执业资格等领域的管理方式转变。深化大部门制改革,在市场监管、经济发展、社会管理和公共服务、改革和法制、环保和城建五个职能模块,按照精简高效原则形成跨部门的协同机制。

(十八)深化创新事中事后监管体制机制

按照探索建立新的政府经济管理体制要求,深化分类综合执法改革,围绕审批、监管、执法适度分离,完善市场监管、城市管理领域的综合执法改革。推进交通运输综合行政执法改革,加强执法协调。将异常名录信息归集范围扩大到市场监管以外的行政部门,健全跨部门"双告知、双反馈、双跟踪"许可

办理机制和"双随机、双评估、双公示"监管协同机制。落实市场主体首负责任制,在安全生产、产品质量、环境保护等领域建立市场主体社会责任报告制度和责任追溯制度。鼓励社会力量参与市场监督,建立健全会计、审计、法律、检验检测认证等第三方专业机构参与市场监管的制度安排。

(十九)优化信息互联共享的政府服务体系

加快构建以企业需求为导向、大数据分析为支撑的"互联网+政务服务"体系。建立央地协同、条块衔接的信息共享机制,明确部门间信息互联互通的边界规则。以数据共享为基础,再造业务流程,实现市场准入"单窗通办"、"全网通办",个人事务"全区通办",政务服务"全员协办"。探索建立公共信用信息和金融信用信息互补机制。探索形成市场主体信用等级标准体系,培育发展信用信息专业服务市场。

五、创新合作发展模式,成为服务国家"一带一路"建设、推动市场主体走出去的桥头堡

坚持"引进来"和"走出去"有机结合,创新经贸投资合作、产业核心技术研发、国际化融资模式,探索搭建"一带一路"开放合作新平台,建设服务"一带一路"的市场要素资源配置功能枢纽,发挥自贸试验区在服务"一带一路"战略[①]中的辐射带动作用。

(二十)以高标准便利化措施促进经贸合作

对接亚太示范电子口岸网络,积极推进上海国际贸易"单一窗口"与"一带一路"沿线口岸的信息互换和服务共享。率先探索互联互通监管合作新模式,在认证认可、标准计量等方面开展多双边合作交流。加快建设门户复合型国际航空枢纽。促进上海港口与21世纪海上丝绸之路航线港口的合作对接,形成连接国内外重点口岸的亚太供应链中心枢纽。建立综合性对外投资促进机构和境外投资公共信息服务平台,在法律查明和律师服务、商事纠纷调解和仲裁、财务会计和审计服务等方面开展业务合作。打造"一带一路"产权交易中心与技术转移平台,促进"一带一路"产业科技合作。积极推进能源、港口、通信、高端装备制造等领域的国际产能合作和建设能力合作。

(二十一)增强"一带一路"金融服务功能

推动上海国际金融中心与"一带一路"沿线国家和地区金融市场的深度合作、互联互通。加强与境外人民币离岸市场战略合作,稳妥推进境外机构和企

---

① 此处应为倡议,为尊重原文,此处不做修改。下同。

业发行人民币债券和资产证券化产品,支持优质境外企业利用上海资本市场发展壮大,吸引沿线国家央行、主权财富基金和投资者投资境内人民币资产,为"一带一路"重大项目提供融资服务。大力发展海外投资保险、出口信用保险、货物运输保险、工程建设保险等业务,为企业海外投资、产品技术输出、承接"一带一路"重大工程提供综合保险服务。支持金砖国家新开发银行的发展。

(二十二)探索具有国际竞争力的离岸税制安排

适应企业参与国际竞争和服务"一带一路"建设的需求,在不导致税基侵蚀和利润转移的前提下,基于真实贸易和服务背景,结合服务贸易创新试点工作,研究探索服务贸易创新试点扩围的税收政策安排。

六、服务全国改革开放大局,形成更多可复制推广的制度创新成果

紧紧把握自贸试验区的基本定位,坚持先行先试,充分发挥各方面的改革创新主动性和创造性,为全面深化改革和扩大开放,取得更多制度创新成果。

(二十三)加快形成系统性的改革经验和模式

把理念创新、体制机制创新、政策创新和加强风险防控等方面的改革试点经验作为重点,加强试点经验的总结和系统集成。对于市场准入、贸易便利化、创新发展体制机制等领域的改革,加快形成可以在全国复制推广的经验。对于进一步扩大开放、对接高标准国际经贸规则等压力测试事项,积极探索经验,为国家推进构建多双边经贸合作新格局做好政策储备。对于政府管理模式创新等改革事项,在改革理念和组织推进等方面总结形成可供其他地区借鉴的改革经验。

七、抓好工作落实

在国务院自由贸易试验区工作部际联席会议统筹协调下,充分发挥地方和部门的积极性,抓好改革措施的落实。按照总体筹划、分步实施、率先突破、逐步完善的原则,各有关部门要大力支持,及时制定实施细则或办法,加强指导和服务;对涉及法律法规调整的改革事项,及时强化法制保障,做好与相关法律立改废释的衔接,共同推进相关体制机制创新,并注意加强监管、防控风险。上海市要把握基本定位,强化使命担当,创新思路、寻找规律、解决问题、积累经验,完善工作机制,系统推进改革试点任务的落实,继续当好全国改革开放排头兵、创新发展先行者。重大事项要及时向国务院请示报告。

国务院关于在自由贸易试验区暂时调整有关行政法规、国务院文件和经国务院批准的部门规章规定的决定

(国发〔2017〕57号)

各省、自治区、直辖市人民政府，国务院各部委、各直属机构：

为保障自由贸易试验区有关改革开放措施依法顺利实施，国务院决定，在自由贸易试验区暂时调整《中华人民共和国船舶登记条例》等11部行政法规，《国务院办公厅转发国家计委关于城市轨道交通设备国产化实施意见的通知》、《国务院办公厅关于加强城市快速轨道交通建设管理的通知》2件国务院文件以及《外商投资产业指导目录（2017年修订）》、《外商投资民用航空业规定》2件经国务院批准的部门规章的有关规定（目录附后）。

国务院有关部门和上海市、广东省、天津市、福建省、辽宁省、浙江省、河南省、湖北省、重庆市、四川省、陕西省人民政府要根据有关行政法规、国务院文件和经国务院批准的部门规章的调整情况，及时对本部门、本省市制定的规章和规范性文件作相应调整，建立与试点要求相适应的管理制度。

根据自由贸易试验区改革开放措施的试验情况，本决定内容适时进行调整。

附件：国务院决定在自由贸易试验区暂时调整有关行政法规、国务院文件和经国务院批准的部门规章规定目录

国务院
2017年12月25日

附件

国务院决定在自由贸易试验区暂时调整有关行政法规、
国务院文件和经国务院批准的部门规章规定目录

序号	有关行政法规、国务院文件和经国务院批准的部门规章规定	调整情况
1	1.《中华人民共和国船舶登记条例》 第二条第一款：下列船舶应当依照本条例规定进行登记： （一）在中华人民共和国境内有住所或者主要营业所的中国公民的船舶。 （二）依据中华人民共和国法律设立的主要营业所在中华人民共和国境内的企业法人的船舶。但是，在该法人的注册资本中有外商出资的，中方投资人的出资额不得低于50%。 （三）中华人民共和国政府公务船舶和事业法人的船舶。 （四）中华人民共和国港务监督机构认为应当登记的其他船舶。 2.《中华人民共和国船舶和海上设施检验条例》 第十三条：下列中国籍船舶，必须向中国船级社申请入级检验： （一）从事国际航行的船舶； （二）在海上航行的乘客定额100人以上的客船； （三）载重量1000吨以上的油船； （四）滚装船、液化气体运输船和散装化学品运输船； （五）船舶所有人或者经营人要求入级的其他船舶。	暂时停止实施相关内容，加快国际船舶登记制度创新，基于对等原则逐步放开船级准入，由国务院交通运输主管部门制定相关管理办法
2	《印刷业管理条例》 第十四条：国家允许设立中外合资经营印刷企业、中外合作经营印刷企业，允许设立从事包装装潢印刷品印刷经营活动的外资企业。具体办法由国务院出版行政部门会同国务院对外经济贸易主管部门制定。	暂时停止实施相关内容，允许设立从事其他印刷品印刷经营活动的外资企业，由国务院新闻出版主管部门制定相关管理办法
3	《外商投资民用航空业规定》 第四条第一款：外商投资方式包括： （一）合资、合作经营（简称"合营"）； （二）购买民航企业的股份，包括民航企业在境外发行的股票以及在境内发行的上市外资股； （三）其他经批准的投资方式。 第六条第四款：外商投资飞机维修（有承揽国际维修市场业务的义务）和航空油料项目，由中方控股；货运仓储、地面服务、航空食品、停车场等项目，外商投资比例由中外双方商定。	暂时停止实施相关内容，允许外商以独资形式投资设立航空运输销售代理企业和航空货运仓储、地面服务、航空食品、停车场项目；放宽外商投资通用飞机维修由中方控股的限制；取消外商投资飞机维修承揽国际维修市场业务的义务要求。由国务院民用航空主管部门制定相关管理办法

续表1

序号	有关行政法规、国务院文件和经国务院批准的部门规章规定	调整情况
4	《中华人民共和国认证认可条例》 第十一条第一款：外商投资企业取得认证机构资质，除应当符合本条例第十条规定的条件外，还应当符合下列条件： （一）外方投资者取得其所在国家或者地区认可机构的认可； （二）外方投资者具有3年以上从事认证活动的业务经历。	暂时停止实施外商投资企业取得认证机构资质的特殊要求，由国务院质量监督检验检疫主管部门制定相关管理办法
5	《娱乐场所管理条例》 第六条：外国投资者可以与中国投资者依法设立中外合资经营、中外合作经营的娱乐场所，不得设立外商独资经营的娱乐场所。	暂时停止实施相关内容，允许设立外商独资经营的娱乐场所，在自由贸易试验区内提供服务，由国务院文化主管部门制定相关管理办法
6	《中华人民共和国中外合作办学条例》 第六十条：在工商行政管理部门登记注册的经营性的中外合作举办的培训机构的管理办法，由国务院另行规定。	暂时停止实施相关内容，由国务院教育主管部门会同有关部门就经营性的中外合作举办的培训机构制定相关管理办法
7	《旅行社条例》 第二十三条：外商投资旅行社不得经营中国内地居民出国旅游业务以及赴香港特别行政区、澳门特别行政区和台湾地区旅游的业务，但是国务院决定或者我国签署的自由贸易协定和内地与香港、澳门关于建立更紧密经贸关系的安排另有规定的除外。	暂时停止实施相关内容，允许在自由贸易试验区内注册的符合条件的中外合资旅行社经营中国内地居民出境旅游业务（台湾地区除外），由国务院旅游主管部门制定相关管理办法
8	《直销管理条例》 第七条：申请成为直销企业，应当具备下列条件： （一）投资者具有良好的商业信誉，在提出申请前连续5年没有重大违法经营记录；外国投资者还应当有3年以上在中国境外从事直销活动的经验； （二）实缴注册资本不低于人民币8000万元； （三）依照本条例规定在指定银行足额缴纳了保证金； （四）依照规定建立了信息报备和披露制度。	暂时停止实施外国投资者应当有3年以上在中国境外从事直销活动的经验的要求，由国务院商务主管部门制定相关管理办法
9	《外商投资产业指导目录（2017年修订）》 限制外商投资产业目录 24. 加油站（同一外国投资者设立超过30家分店、销售来自多个供应商的不同种类和品牌成品油的连锁加油站，由中方控股）建设、经营	暂时停止实施相关内容，允许外商以独资形式从事加油站建设、经营，由国务院商务主管部门制定相关管理办法

续表2

序号	有关行政法规、国务院文件和经国务院批准的部门规章规定	调整情况
10	1.《中华人民共和国国际海运条例》 第二十八条：经国务院交通主管部门批准，外商可以依照有关法律、行政法规以及国家其他有关规定，投资设立中外合资经营企业或者中外合作经营企业，经营国际船舶运输、国际船舶代理、国际船舶管理、国际海运货物装卸、国际海运货物仓储、国际海运集装箱站和堆场业务；并可以投资设立外资企业经营国际海运货物仓储业务。 经营国际船舶运输、国际船舶代理业务的中外合资经营企业，企业中外商的出资比例不得超过49%。 经营国际船舶运输、国际船舶代理业务的中外合作经营企业，企业中外商的投资比例比照适用前款规定。 中外合资国际船舶运输企业和中外合作国际船舶运输企业的董事会主席和总经理，由中外合资、合作双方协商后由中方指定。 2.《外商投资产业指导目录（2017年修订）》 限制外商投资产业目录 17. 国内水上运输公司（中方控股），国际海上运输公司（限于合资、合作） 23. 船舶代理（中方控股）	暂时停止实施相关内容，允许设立外商独资国际船舶运输、国际船舶管理、国际海运货物装卸、国际海运集装箱站和堆场企业，允许外商以合资、合作形式从事国际船舶代理业务，外方持股比例放宽至51%
11	《外商投资产业指导目录（2017年修订）》 限制外商投资产业目录 22. 稻谷、小麦、玉米收购、批发	暂时停止实施相关内容，取消外商从事稻谷、小麦、玉米收购、批发的限制
12	《外商投资产业指导目录（2017年修订）》 限制外商投资产业目录 9. 干线、支线飞机设计、制造与维修，3吨级及以上直升机设计与制造，地面、水面效应航行器制造及无人机、浮空器设计与制造（中方控股） 10. 通用飞机设计、制造与维修（限于合资、合作）	暂时停止实施相关内容，允许外商以独资形式从事6吨级9座以下通用飞机设计、制造与维修业务；取消3吨级及以上民用直升机设计与制造的投资比例限制
13	1.《国务院办公厅转发国家计委关于城市轨道交通设备国产化实施意见的通知》（国办发〔1999〕20号） 第三部分的有关规定：城市轨道交通项目，无论使用何种建设资金，其全部轨道车辆和机电设备的平均国产化率确保不低于70%。 2.《国务院办公厅关于加强城市快速轨道交通建设管理的通知》（国办发〔2003〕81号） 第六部分的有关规定：要不断提高城轨交通项目设备的国产化比例，对国产化率达不到70%的项目不予审批。	暂时停止实施相关内容，取消外商投资城市轨道交通项目设备国产化比例须达到70%以上的限制

续表3

序号	有关行政法规、国务院文件和经国务院批准的部门规章规定	调整情况
14	《外商投资产业指导目录（2017年修订）》 禁止外商投资产业目录 26. 互联网新闻信息服务、网络出版服务、网络视听节目服务、互联网上网服务营业场所、互联网文化经营（音乐除外）、互联网公众发布信息服务	暂时停止实施相关内容，允许外商投资互联网上网服务营业场所
15	《中华人民共和国外资银行管理条例》 第三十四条第一款：外资银行营业性机构经营本条例第二十九条或者第三十一条规定业务范围内的人民币业务的，应当具备下列条件，并经国务院银行业监督管理机构批准： （一）提出申请前在中华人民共和国境内开业1年以上； （二）国务院银行业监督管理机构规定的其他审慎性条件。	暂时停止实施相关内容，取消对外资银行营业性机构经营人民币业务的开业年限限制
16	1.《营业性演出管理条例》 第十条第一款、第二款：外国投资者可以与中国投资者依法设立中外合资经营、中外合作经营的演出经纪机构、演出场所经营单位；不得设立中外合资经营、中外合作经营、外资经营的文艺表演团体，不得设立外资经营的演出经纪机构、演出场所经营单位。 设立中外合资经营的演出经纪机构、演出场所经营单位，中国合营者的投资比例应当不低于51%；设立中外合作经营的演出经纪机构、演出场所经营单位，中国合作者应当拥有经营主导权。 第十一条第二款：台湾地区的投资者可以在内地投资设立合资、合作经营的演出经纪机构、演出场所经营单位，但内地合营者的投资比例应当不低于51%，内地合作者应当拥有经营主导权；不得设立合资、合作、独资经营的文艺表演团体和独资经营的演出经纪机构、演出场所经营单位。 2.《外商投资产业指导目录（2017年修订）》 限制外商投资产业目录 35. 演出经纪机构（中方控股）	暂时停止实施相关内容，允许外国投资者、台湾地区的投资者设立独资演出经纪机构为设有自由贸易试验区的省、直辖市提供服务，由国务院文化主管部门制定相关管理办法

注：第1项至第9项此前已经在上海、广东、天津、福建自由贸易试验区作了暂时调整，此次暂时调整适用于其他自由贸易试验区。第10项至第16项适用于所有自由贸易试验区。

国务院关于印发进一步深化中国（广东）自由贸易试验区改革开放方案的通知

（国发〔2018〕13号）

各省、自治区、直辖市人民政府，国务院各部委、各直属机构：

现将《进一步深化中国（广东）自由贸易试验区改革开放方案》印发给你们，请认真贯彻执行。

国务院

2018年5月4日

进一步深化中国（广东）自由贸易试验区改革开放方案

建设自由贸易试验区是党中央、国务院在新形势下全面深化改革和扩大开放的战略举措。中国（广东）自由贸易试验区（以下简称自贸试验区）运行以来，建设取得阶段性成果，总体达到预期目标。为贯彻落实党中央、国务院决策部署，进一步深化自贸试验区改革开放，支持香港、澳门融入国家发展大局，制定本方案。

一、总体要求

（一）指导思想

高举中国特色社会主义伟大旗帜，全面贯彻党的十九大精神，以习近平新时代中国特色社会主义思想为指导，贯彻落实党中央、国务院决策部署，统筹推进"五位一体"总体布局和协调推进"四个全面"战略布局，坚持稳中求进工作总基调，坚定践行新发展理念，坚持以供给侧结构性改革为主线，以制度创新为核心，以风险防控为底线，继续解放思想、先行先试，对标国际先进规则，赋予自贸试验区更大改革自主权，以开放促改革、促发展、促创新，推动形成全面开放新格局。更加注重系统集成，加大压力测试，切实有效防控风险，探索更高水平的对外开放和更深层次的改革创新，率先构建开放型经济新体制，形成经济转型发展新动能和国际竞争新优势，推动提升我国参与全球经济治理的影响力和话语权。

(二) 建设目标

到 2020 年，率先对标国际投资和贸易通行规则，建立与国际航运枢纽、国际贸易中心和金融业对外开放试验示范窗口相适应的制度体系，打造开放型经济新体制先行区、高水平对外开放门户枢纽和粤港澳大湾区合作示范区。强化自贸试验区同广东省改革的联动，各项改革试点任务具备条件的在珠江三角洲地区全面实施，或在广东省推广试验。

二、 对标国际先进规则，建设开放型经济新体制先行区

(三) 进一步转变政府职能

依法将下放至地级及以上城市的省级管理权限下放至自贸试验区。深化商事制度改革，开展"证照分离"改革试点。健全事中事后监管体系，完善国家企业信用信息公示系统和公共信用信息平台，建立中央与地方信息共享机制。深入推进"互联网+政务服务"，推动企业专属网页与各级政府部门系统对接，优化信息互联共享的政府服务体系。进一步推进法定机构改革，探索经济管理的市场化运作模式。

(四) 建立更加开放透明的市场准入管理模式

进一步完善外商投资准入前国民待遇加负面清单管理制度，大幅度放宽市场准入，扩大服务业对外开放，提高自贸试验区外商投资负面清单开放度和透明度，着力构建与负面清单管理方式相适应的事中事后监管制度。除特殊领域外，取消对外商投资企业经营期限的特别管理要求。对于符合条件的外资创业投资企业和股权投资企业开展境内投资项目，探索实施管理新模式。清理和取消资质资格获取、招投标、权益保护等方面的差别化待遇，实现各类市场主体依法平等准入相关行业、领域和业务。

(五) 进一步提升贸易便利化水平

加快建设具有国际先进水平的中国（广东）国际贸易"单一窗口"。实现与国家层面"单一窗口"标准规范融合对接。探索推动将国际贸易"单一窗口"拓展至技术贸易、服务外包、维修服务等服务贸易领域，待条件成熟后逐步将服务贸易出口退（免）税申报纳入"单一窗口"管理。推进进出口产品质量溯源体系建设，拓展可追溯商品种类。扩大第三方检验结果采信商品和机构范围。拓展货物暂准进口单证册制度适用范围，延长单证册的有效期。创新出

口货物专利纠纷担保放行方式。公布货物平均放行时间，进一步压缩进出口商品和跨境邮件、快件放行时间。在符合监管要求的前提下，支持大型快递企业设立快件中心，支持邮政快递企业跨境电子商务渠道建设。

（六）创新贸易综合监管模式

深入实施货物状态分类监管，研究将试点从物流仓储企业扩大到符合条件的贸易、生产加工企业，具备条件时，在广东省其他符合条件的海关特殊监管区域推广实施。试点开展高技术含量、高附加值项目境内外检测维修和再制造业务。在风险可控前提下，积极探索开展数控机床、工程设备、通信设备等进口再制造，创新维修监管模式，开展外籍邮轮船舶维修业务。取消平行进口汽车保税仓储业务时限，完善平行进口汽车审价机制，推动试点企业适用预审价、汇总征税等通关便利化措施。在符合相关监管政策的前提下，支持跨境电子商务保税备货业务商品进入海关特殊监管区域时先理货后报关。试点实施进口非特殊用途化妆品备案管理，管理权限下放至广东省。允许自贸试验区内医疗器械注册申请人委托广东省医疗器械生产企业生产产品。优化生物医药全球协同研发的试验用生物材料和特殊物品的检疫查验流程。

（七）健全金融创新发展和监管体制

积极有序实施《中国人民银行关于金融支持中国（广东）自由贸易试验区建设的指导意见》。推动建立与自贸试验区改革开放相适应的账户管理体系。支持符合条件的中外资金融机构深化股权和业务合作。构建金融业综合统计体系，加强金融信用信息基础设施建设。探索在前海蛇口片区开展金融综合监管试点，在依法合规的前提下，实施以合作监管与协调监管为支撑的综合监管。地方政府要在坚持金融管理主要是中央事权的前提下，按照中央统一规则，强化属地风险处置责任。健全金融监管体系，守住不发生系统性金融风险的底线。完善跨境资金监控体制机制，强化反洗钱、反恐怖融资、反逃税工作，及时发现跨境洗钱和恐怖融资风险，防范利用跨境贸易从事洗钱犯罪活动。

（八）完善知识产权保护和运用体系

推进知识产权综合执法，建立跨部门、跨区域的知识产权案件移送、信息通报、配合调查等机制。建立包含行政执法、仲裁、调解等在内的多元化知识产权争端解决与维权援助机制，探索建立自贸试验区重点产业知识产权快速维权机制。探索互联网、电子商务、大数据等领域的知识产权保护规则。探索建立公允的知识产权评估机制，完善知识产权质押登记制度、知识产权质押融资风险分担机制以及方便快捷的质物处置机制，为扩大以知识产权质押为基础的融资提供支持。建立专利导航产业发展工作机制。深化完善有利于激励创新的知识产权归属制度。

（九）建设公正廉洁的法治环境

进一步推动在民商事等重点领域和关键环节改革的配套立法。完善港澳陪审员制度。扩大合伙联营律师事务所业务范围，支持外国法律查明中心发展。推进"诉调对接"、"调仲对接"，建立公正高效便捷的经贸纠纷解决机制，加强商事法律综合服务。推进廉洁示范区建设，建立派驻、巡视巡察、执纪审查、审计监督一体化监督体系，实现对重点领域、重要岗位、重大工程项目、重大资金使用、公共资源交易廉政风险防控的全覆盖。完善激励保障和容错纠错机制。

（十）推动人才管理改革

探索将有关境外人才省级管理权限赋予自贸试验区。开展外国高层次人才服务"一卡通"试点，建立安居保障、子女入学和医疗保健服务通道。创新人力资本入股办法，鼓励企业实施股权分红激励措施。鼓励地方政府设立高层次人才创业引导基金。高层次人才创办科技型企业申请科研项目，符合条件的纳入财政科研资金支持范围。支持在自贸试验区内工作的高层次人才享受快速通关便利。营造有利于人才集聚的制度环境、人文环境和生活环境，促进创新驱动发展。

（十一）维护劳动者合法权益

推进劳动保障监察综合行政执法，强化以随机抽查为基础的日常监管，健全分类监管机制。加强最低工资、工时、职业安全与卫生及工作条件方面的政策研究与执法。完善工资支付保障制度，完善劳动关系矛盾风险预警防范体系。全面推行企业劳动保障监察守法诚信等级评价制度，实现评价信息的归集与共享，对严重失信的用人单位实施联合惩戒。

（十二）加强环境保护

创新环境保护管理制度，实施企业环保承诺制，探索分类管理、同类简化、试行备案的建设项目环评管理模式，建立环境保护联防联控协作机制。探索开展出口产品低碳认证。推进海洋生态文明和海绵城市建设。

三、争创国际经济合作竞争新优势，打造高水平对外开放门户枢纽

（十三）建设国际航运枢纽

扩大对21世纪海上丝绸之路沿线国家和地区港口的投资，打造全球港口链。完善集疏运体系，推动广州南沙港铁路建设，优化公路、铁路、海运、内河航运多种运输方式的衔接，构建公铁海河多式联运网络。加密通达世界各大港口的货运航线，重点增加欧美远洋航线。促进与21世纪海上丝绸之路沿线国家和地区港口的合作对接。畅通与香港之间的物流大通道，创新与香港港口的通关模式，发展海空联运中转业务，建立与香港机场的快件海空联运、铁空联运通道。推动港口与航运、铁路、公路、货代、仓储等上下游企业之间以及与口岸联检部门之间的物流信息互通共享。

打造高端航运服务集聚区。促进国际中转、中转集拼、甩挂运输、沿海捎带业务发展，建设国际中转中心。深化国际船舶登记制度创新，推动国际船舶登记配套制度改革。逐步形成专业化第三方船舶管理市场。支持具备相关资质的船舶供油企业开展国际航行船舶保税油供应业务，建设华南国际航行船舶保税油供应基地。大力推动邮轮旅游发展，试点实施国际邮轮入境外国旅游团15天免签政策。深入推进粤港澳游艇自由行，进一步提升游艇通关便利化水平。鼓励社会资本设立海洋产业基金。推动成立航运保险领域社会组织。

（十四）建设国际贸易中心

推动建立统筹国内和国际市场、空港和海港资源、在岸和离岸业务、货物贸易和服务贸易的全球供应链核心枢纽。推动跨国公司在自贸试验区设立全球或地区总部，鼓励金融、物流、信息、会展、科技研发、商品和要素交易等专业化服务企业设立国际业务总部、窗口企业和涉外专业服务机构。进一步支持转口贸易、离岸贸易、维修检测、研发设计等国际业务规范快速发展，促进国际贸易新业态发展，制定并完善跨境电子商务、汽车平行进口、融资租赁等业态的配套监管制度。支持在珠海设立跨境电子商务综合试验区。探索适应商业保理发展的外汇管理模式，发展国际保理业务。积极发展中医药服务贸易。

创新跨境服务贸易管理。在风险可控的前提下，发展通过信息通讯网络提供跨境服务的模式，在专业服务领域率先试点服务贸易跨境交付，探索兼顾安全和效率的数字产品贸易监管模式。支持服务贸易合法资金跨境收付。探索完善服务贸易统计体系，建立服务贸易监测制度。在符合税制改革和国际惯例，

以及不导致利润转移和税基侵蚀的前提下,基于真实贸易和服务背景,结合服务贸易创新发展试点工作,研究探索服务贸易创新发展试点扩围的税收政策安排。

(十五)建设金融业对外开放试验示范窗口

积极吸引各类国内外总部机构和大型企业集团设立结算中心。支持深圳证券交易所加强同其他金砖国家交易所的合作。继续研究设立以碳排放为首个交易品种的创新型期货交易所。依托自贸试验区现有金融资产交易平台,依法合规开展相关业务,逐步提高境外投资者参与境内要素平台交易的便利化水平。大力发展海外投资保险、出口信用保险、货物运输保险、工程建设保险等业务。在有效防范风险的前提下,探索建立与港澳地区资金互通、市场互联的机制。深化与港澳及国际再保险市场合作,完善再保险产业链,建设区域性再保险中心。

发展科技金融。按照国务院统一部署,支持自贸试验区积极争取纳入投贷联动试点,促进创新创业。建设广东区域性股权市场,根据资本市场对外开放进程,适时引进港澳及国际投资机构参与交易。大力发展金融科技,在依法合规前提下,加快区块链、大数据技术的研究和运用。

四、开拓协调发展新领域,打造粤港澳大湾区合作示范区

(十六)促进粤港澳经济深度合作

充分发挥自贸试验区全面推进内地同香港、澳门互利合作的示范引领带动作用,以粤港澳大湾区建设、粤港澳合作、泛珠三角区域合作等为重点,加快建设粤港澳大湾区国际航运、国际金融、国际科技创新的重要承载区,打造与港澳营商环境对接、经济发展协同的合作体系。进一步推动粤港澳职业资格互认试点工作。在条件成熟时,在珠澳口岸实行"合作查验、一次放行"和"入境查验、出境监控"的查验通关模式。推进广州南沙粤港深度合作区先行区、粤澳产业园、粤澳信息港、广东海洋经济综合示范区和横琴国际休闲旅游岛等重大项目建设。积极引进港澳高端服务业和高层次人才。

(十七)深入推进粤港澳服务贸易自由化

推动在内地与香港、内地与澳门《关于建立更紧密经贸关系的安排》框架下对港澳在金融、法律、建筑、航运等领域进一步开放。拓展金融 IC 卡和移动金融在自贸试验区公共服务领域的应用,为粤港澳居民跨境往来提供便捷的支付服务。研究推进在自贸试验区工作的港澳金融专业人士通过培训测试的方式

申请获得内地从业资格，其在港澳的从业经历可视同内地从业经历。允许自贸试验区内港澳与内地合伙联营律师事务所的内地律师受理、承办内地法律适用的行政诉讼法律事务。允许自贸试验区内港澳与内地合伙联营律师事务所以本所名义聘用港澳律师。研究在建设领域（包括规划、工程咨询、设计、测量和建造等）取得香港执业资格的专业人士在自贸试验区港商独资或控股的开发建设项目直接执业或开办工程技术服务有关企业的模式；允许港商独资或控股的开发建设项目试点采用香港工程建设管理模式；支持自贸试验区探索制定香港规划、建筑、设计、测量、工程、园境等顾问公司和工程承建商在自贸试验区注册成立公司或提供服务的准入标准和业务范围界定标准，以及香港企业参与自贸试验区内项目投标的资格条件。将自贸试验区内港澳航线作为国内特殊航线管理。

（十八）创新粤港澳科技合作机制

加强与珠三角国家自主创新示范区联动发展。推动与港澳在科技金融、技术研发和转化、知识产权保护和运用、人才引进和培养、科技园建设和运营方面的交流与合作。实施粤港澳科技创新合作发展计划和粤港澳联合创新资助计划。推动成立促进粤港澳产学研创新的社会组织。推动地方创新券和科研经费跨粤港澳三地使用。建设粤港澳产业发展数据库、技术路线图数据库、创新主体信息数据库和高端人才信息数据库，整合、发布粤港澳创新资源和科技合作供需信息。支持香港纳米科技及先进材料、资讯及通讯技术、物流及供应链管理应用技术等研发中心，以及国家科技兴海产业示范基地等落户自贸试验区。按照《国家实验室组建方案（试行）》，坚持高标准、高水平、突出重点，推动海洋科学领域广东省实验室建设发展。支持粤港澳共建国家级科技成果孵化基地和科技企业孵化器，促进港澳及国际研究机构的先进技术成果向内地转移转化。

（十九）建设粤港澳青年创新创业合作示范基地

推进南沙粤港澳（国际）青年创新工场、前海深港青年梦工场、横琴澳门青年创业谷等粤港澳青年创新创业平台建设。推动创新创业基地与粤港澳地区的天使基金、私募基金、融资担保公司、证券公司等机构合作，按照市场化原则设立粤港澳青年发展基金、创业引导基金、创业导师基金等。为港澳青年创业投资企业提供直通车服务，开通港澳中小企业专属网页，提供免费注册地址、办公场地、便利化商事登记等服务。

(二十) 携手港澳参与"一带一路"建设

与港澳共同完善企业参与"一带一路"建设的服务和促进体系。完善境外投资项目和境外投资开办企业的管理模式。建设企业"走出去"综合服务平台,为企业对外投资提供投资备案、金融、会计、法律、安全预警等服务。支持粤港澳机构(银行机构除外)合作设立人民币海外投贷基金,为企业"走出去"开展投资、并购提供投融资服务。推动成立服务"一带一路"建设的法律类社会组织,加快推进"一带一路"法治地图建设。充分利用国际商事法庭等"一带一路"争端解决机制和机构,公正高效化解纠纷,营造良好营商环境。主动对接与"一带一路"沿线国家和地区的合作项目,完善"前港、中园、后城"的合作模式。与"一带一路"沿线国家和地区自由贸易园区在投资、贸易、金融等方面开展功能对接。加强对"一带一路"沿线国家和地区技术性贸易措施与标准的研究,探索与"一带一路"沿线国家和地区自由贸易园区口岸在认证认可、标准计量、检验检测等方面开展多双边合作交流。

五、抓好工作落实

加强组织实施,在国务院自由贸易试验区工作部际联席会议统筹协调下,充分发挥地方和部门积极性,抓好改革举措的落实;各部门要大力支持,及时制定实施细则或办法,加强指导和服务;广东省要把握基本定位,强化使命担当,完善工作机制,系统推进改革试点任务落实。强化法制保障,自贸试验区需要暂时调整实施有关法律、行政法规、经国务院批准的部门规章和国务院文件的部分规定的,按规定程序办理。及时评估推广,加快形成系统性改革经验,实施分类审查程序后复制推广至全国其他地区。重大事项要及时向党中央、国务院请示报告。

国务院关于印发进一步深化中国(天津)自由贸易试验区改革开放方案的通知

(国发〔2018〕14号)

各省、自治区、直辖市人民政府,国务院各部委、各直属机构:

现将《进一步深化中国(天津)自由贸易试验区改革开放方案》印发给你

们，请认真贯彻执行。

国务院
2018 年 5 月 4 日

进一步深化中国（天津）自由贸易试验区改革开放方案

建设自由贸易试验区是党中央、国务院在新形势下全面深化改革和扩大开放的战略举措。中国（天津）自由贸易试验区（以下简称自贸试验区）运行以来，建设取得阶段性成果，总体达到预期目标。为贯彻落实党中央、国务院决策部署，进一步深化自贸试验区改革开放，深入推动京津冀协同发展，制定本方案。

一、总体要求

（一）指导思想

高举中国特色社会主义伟大旗帜，全面贯彻党的十九大精神，以习近平新时代中国特色社会主义思想为指导，贯彻落实党中央、国务院决策部署，统筹推进"五位一体"总体布局和协调推进"四个全面"战略布局，坚持稳中求进工作总基调，坚定践行新发展理念，坚持以供给侧结构性改革为主线，以制度创新为核心，以风险防控为底线，继续解放思想、先行先试，对标国际先进规则，赋予自贸试验区更大改革自主权，以开放促改革、促发展、促创新，推动形成全面开放新格局。在更广领域和更高层次探索全面深化改革、扩大开放的新路径、新模式，进一步厘清政府与市场的关系，着力构建与国际接轨的高标准投资贸易规则体系，严守风险防控底线，努力将自贸试验区打造成为服务"一带一路"建设和京津冀协同发展的高水平对外开放平台，取得更多可复制可推广的制度创新成果。

（二）建设目标

到 2020 年，率先建立同国际投资和贸易通行规则相衔接的制度体系，形成法治化、国际化、便利化营商环境，努力构筑开放型经济新体制，增创国际竞争新优势，建设京津冀协同发展示范区。强化自贸试验区改革与天津市改革的联动，各项改革试点任务具备条件的在滨海新区范围内全面实施，或在天津市推广试验。

二、对标国际先进规则，构筑开放型经济新体制

（三）深入推进行政审批职能与流程优化

开展"证照分离"改革试点。精简投资项目准入手续，探索建立"多评合一、统一评审"新模式。简化整合投资项目报建手续，探索实行先建后验管理模式。实行建设项目联合验收，实现"一口受理"、"两验终验"，推行"函证结合"、"容缺后补"等改革。探索实行"一址多证"。探索实施生产许可"一企一证"。推动实现统一社会信用代码在各许可管理环节的"一码贯通"。全面推进行政审批和行政服务标准化。实施全程电子化登记和电子营业执照管理。随增值税、消费税附征的城市维护建设税、教育费附加免于零申报。将国际快递业务（代理）经营许可审批事项下放至天津市邮政管理局。

（四）建立更加开放透明的市场准入管理模式

进一步完善外商投资准入前国民待遇加负面清单管理制度，大幅度放宽市场准入，扩大服务业对外开放，提高自贸试验区外商投资负面清单开放度和透明度，着力构建与负面清单管理方式相适应的事中事后监管制度。除特殊领域外，取消对外商投资企业经营期限的特别管理要求。推动衔接准入后管理措施，实施公平竞争审查制度，清理和取消资质资格获取、招投标、权益保护等方面的差别化待遇，实现各类市场主体依法平等准入相关行业、领域和业务。

（五）进一步深化金融开放和监管创新

积极有序实施《中国人民银行关于金融支持中国（天津）自由贸易试验区建设的指导意见》。鼓励符合条件的银行机构在依法合规和有效控制风险的前提下继续发展离岸金融业务。发布银行业市场准入报告类事项监管清单，统一规范中外资银行报告类事项监管要求。在依法合规条件下，允许外资金融机构在自贸试验区设立外资银行，允许民营资本与外资金融机构在自贸试验区共同设立中外合资银行。支持自贸试验区内符合互认条件的基金产品参与内地与香港基金产品互认。支持私募股权投资基金开展跨境投融资业务。探索知识产权证券化业务。健全金融监管体系，守住不发生系统性金融风险的底线。完善跨境资金监控体制机制，强化反洗钱、反恐怖融资、反逃税工作，及时发现跨境洗钱和恐怖融资风险，防范利用跨境贸易从事洗钱犯罪活动。探索在滨海新区中心商务片区开展金融综合监管试点，依法合规开展以小额贷款、私募基金、担保、资产管理等为重点，以合作监管与协调监管为支撑的金融综合监管改革。地方政府要在坚持金融管理主要是中央事权的前提下，按照中央统一规则，强

化属地风险处置责任。

(六) 建成高水平的国际贸易"单一窗口"

借鉴联合国国际贸易"单一窗口"标准,实施贸易数据协同、简化和标准化。探索推动将中国(天津)国际贸易"单一窗口"覆盖领域拓展至技术贸易、服务外包、维修服务等服务贸易领域。待条件成熟后逐步将出口退(免)税申报纳入"单一窗口"管理。最大限度实现覆盖船舶抵离、港口作业、货物通关等口岸作业各环节的全程无纸化,推进贸易领域证书证明电子化管理。实现与国家层面"单一窗口"标准规范融合对接,加强数据衔接和协同监管。推进企业信用等级信息跨部门共享。推进"单一窗口"与"一带一路"沿线国家和地区口岸信息互换和服务共享。

(七) 创新贸易综合监管模式

探索开展电子围网监管模式。深入实施货物状态分类监管,研究将试点从物流仓储企业扩大到贸易、生产加工企业,具备条件时,在天津市其他符合条件的海关特殊监管区域推广实施。完善船舶、海洋工程结构物融资租赁标的物海关异地委托监管制度。创新海关税款担保模式。创新出口货物专利纠纷担保放行方式。推动实施原产地预裁定制度。依照自由贸易协定安排,推动实施原产地自主声明制度。提高与服务贸易相关的货物暂时进口便利。支持国内外快递企业在自贸试验区内的非海关特殊监管区域,办理符合条件的国际快件属地报关、报检业务。探索外检内放等贸易便利化措施。

(八) 增强国际航运和口岸服务功能

深化国际船舶登记制度创新,推动国际船舶登记配套制度改革。逐步开放中国籍国际航行船舶入级检验。加强与国际船舶管理公司合作,逐步形成专业化第三方船舶管理市场。探索开展邮轮公海游试点。建设邮轮旅游岸上国际配送中心,创建与国际配送业务相适应的海关监管制度。大力发展离岸贸易和转口贸易,放宽海运货物直接运输判定标准。支持设立地方法人性质航运保险机构。支持建设自贸试验区至国际通信出入口局的国际互联网数据专用通道。完善天津国际邮件互换局功能,提高国际邮件通关效率。研究在东疆国际邮轮码头口岸实施国际邮轮入境外国旅游团15天免签政策。支持天津空港口岸成为汽车整车、食用水生动物、肉类进口指定口岸以及邮件、快件转运口岸。推动海洋经济示范区建设。

(九) 创新要素市场配置机制

对符合条件的外资创业投资企业和股权投资企业开展境内投资项目,探索实施管理新模式。支持外资企业设立联合创新平台,协同中小微企业开展创新成果产业化项目推进。探索知识产权综合管理改革。探索建立公允的知识产权评估机制,完善知识产权质押登记制度、知识产权质押融资风险分担机制以及质物处置机制。搭建便利化的知识产权公共服务平台,完善知识产权服务体系。健全知识产权纠纷多元解决机制。深化完善有利于激励创新的知识产权归属制度。创新发展知识产权金融服务。加强商事法律综合服务。探索建立土地节约集约利用新模式,自贸试验区内土地可以按不同功能用途混合利用,允许同一地块或同一建筑兼容多种功能,产业用地实行弹性年期供应,根据产业政策和项目类别可采取先租后让、差异化年期出让等供地措施。创新人力资本入股办法,鼓励企业实施股权分红激励措施。支持持有外国人永久居留证的外籍高层次人才创办科技型企业,给予与中国籍公民同等待遇。探索开展职业资格国际互认,鼓励符合条件的服务业领域外籍专业人才到自贸试验区工作,放宽服务业聘雇高层次和急需紧缺外籍专业人才条件限制。

(十) 进一步深化事中事后监管体制创新

建立央地协同、条块衔接的信息共享机制,明确部门间信息互联互通的边界规则。探索建立公共信用信息和金融信用信息互补机制。完善跨部门、跨领域的守信联合激励与失信联合惩戒机制。建立企业主体责任清单、违法行为提示清单、行政约谈和企业自查自改制度。落实市场主体首负责任制,在安全生产、产品质量、环境保护等领域建立市场主体社会责任报告制度和责任追溯制度。实施风险分级管理,积极推进部门间风险信息互联共享。

三、 培育发展新动能,增创国际竞争新优势

(十一) 积极推动前沿新兴技术和产业孵化

建设人工智能产业研发、制造、检测、应用中心,探索设立人工智能产业领域社会组织,开展人工智能重大问题研究、标准研制、试点示范、产业推进和国际合作。建设先进通信技术创新基地。探索建设基因诊断技术应用示范中心,开展出生缺陷疾病、肿瘤等重大疾病防治应用。创新医药产业监管模式。优化生物医药全球协同研发的试验用特殊物品准入许可。对符合国家有关规定的药品实行优先审评审批。支持药品研发机构参与药品上市许可人制度试点。允许自贸试验区内医疗器械注册申请人委托天津市医疗器械生产企业生产产品。试点实施进口非特殊用途化妆品备案管理,管理权限下放至天津市。支持自贸试验区内医疗机构开展国际合作,引进国际多中心临床试验,与国外机构同步

开展重大疾病新药临床试验。

(十二) 建设新型贸易产业集聚区

创新跨境服务贸易管理模式。在风险可控的前提下，加快推进金融保险、文化旅游、教育卫生等高端服务领域的贸易便利化。拓展货物暂准进口单证册制度适用范围，延长单证册有效期。探索兼顾安全和效率的数字产品贸易监管模式。在合适领域分层次逐步放宽或取消对跨境交付、自然人移动等模式服务贸易限制措施。允许外国律师事务所与中国律师事务所在自贸试验区内实行联营，允许在自贸试验区设立代表处的外国律师事务所与中国律师事务所通过协议方式互派律师担任法律顾问。大力发展中医药服务贸易，扩大中医药服务贸易国际市场准入，推动中医药海外创新发展。

创新发展跨境电子商务。鼓励企业建设出口产品"海外仓"和海外运营中心。在符合相关监管政策前提下，支持跨境电商网购保税进口商品进入海关特殊监管区域时先理货后报关。支持开展保税备货、境内交付模式的跨境电商保税展示业务。

创新汽车平行进口试点。取消平行进口汽车保税仓储业务时限，完善平行进口汽车审价机制，推动试点企业适用预审价、汇总征税等通关便利化措施。在风险可控、依法合规前提下，在海关特殊监管区域内开展平行进口汽车标准符合性整改等业务。推动实现自贸试验区汽车平行进口服务和管理平台与海关数据信息系统联网。支持建设全国平行进口汽车大数据中心、客服中心和销售定价中心。支持开展平行进口汽车售后服务标准建设。支持定期举办平行进口汽车展会。在汽车平行进口试点基础上，进一步研究探索先进技术装备、关键零部件及其他机电产品（医疗器械等高风险产品除外）、一般消费品等平行进口。

发展维修和再制造业务。试点开展高技术含量、高附加值项目境内外检测维修和再制造业务。在风险可控前提下，创新维修监管模式，开展外籍邮轮船舶维修业务，积极探索开展工程机械、数控机床、通信设备等进口再制造。

创新大宗商品和文化贸易管理模式。在海关特殊监管区域内创新大宗商品现货市场保税交易制度，探索商品备案自动审核、货到即时备案、涉税担保实时验放等措施。支持依法合规开展大宗商品现货离岸交易业务。支持具备相关资质的船舶供油企业开展国际航行船舶保税油供应业务，建设华北国际航行船舶保税油供应基地。支持在海关特殊监管区域依法合规开展面向全球的保税文化艺术品展示、拍卖、交易业务。

(十三) 落实与完善促进服务贸易的税收政策

在符合税制改革和国际惯例，以及不导致利润转移和税基侵蚀的前提下，基于真实贸易和服务背景，结合服务贸易创新发展试点工作，研究探索服务贸易创新发展试点扩围的税收政策安排。落实境外所得税收抵免政策。

(十四) 支持服务实体经济的金融业务健康发展

支持社会资本在自贸试验区设立境外股权投资基金，支持保险资金等长期资金在符合规定前提下委托保险资产管理、证券等经营机构开展跨境投资。支持企业发行绿色债券，扩大直接融资规模。加快设立全国性金融租赁行业社会组织。推动租赁公司接入金融信用信息基础数据库。在强化监管前提下，研究融资租赁企业税前扣除政策。探索两家及以上金融租赁公司共同设立项目公司开展租赁业务。率先开展租赁产业配套外汇制度创新试点。加快国际租赁业务创新发展，推动装备、技术、资本和管理"走出去"。支持海关、外汇等部门开展数据交换合作，鼓励自贸试验区内符合资质要求的保理企业开展离岸、跨境、跨省市国际保理业务。

四、深化协作发展，建设京津冀协同发展示范区

(十五) 发挥对外开放引领作用

支持在自贸试验区内设立外商独资或控股企业开展支线和通用飞机维修业务，允许在自贸试验区设立外商独资演出经纪机构，为京津冀地区提供服务。支持京津冀地区能源、钢铁、对外承包工程等企业通过自贸试验区与"一带一路"沿线国家和地区开展合作。鼓励社会资本在自贸试验区设立京津冀跨国并购基金。建设面向"一带一路"沿线国家和地区的"走出去"综合服务中心，依托港澳在金融服务、信息资讯、国际贸易网络、风险管理等方面的优势，为企业对外投资提供投资备案、跨境金融、会计审计、外国法律查明和律师服务、国别咨询等综合服务。积极参与中蒙俄经济走廊、中巴经济走廊建设。支持企业运用知识产权进行境外股权投资。打造国家海外工程出口基地。扩大"走出去"项目境外投资保险规模，支持保险公司为企业提供综合保险服务。

(十六) 增强港口口岸服务辐射功能

发挥天津的北方国际航运核心区优势，开展口岸通关流程和物流流程综合优化改革试点，打造京津冀地区国际贸易大通道。构建京津冀检验检疫产业转移协同、贸易便利化协同、创新驱动发展协同、监管协同、技术发展协同等"五协同"体系。推进国检试验区建设，拉动腹地产业发展。增强港口中转集

拼功能，逐步将中欧班列（天津）发展为集跨境电子商务、中转集拼、国际海铁联运等功能于一体的综合系统。吸引"一带一路"沿线国家和地区航空公司开辟往返或经停天津的航线。

(十七) 优化区域金融资源配置

探索建立与自贸试验区改革开放相适应的账户管理体系，服务京津冀企业国际化经营。稳妥推进境外机构和企业发行人民币债券等产品，吸引"一带一路"沿线国家和地区中央银行、主权财富基金和投资者投资境内人民币资产。鼓励保险资金支持租赁业发展，丰富保险投资工具。鼓励符合条件的金融租赁公司和融资租赁企业利用银行间市场发行债券和资产证券化产品，支持京津冀协同发展重点产业项目建设。支持服务京津冀协同发展的租赁和保理项目开展跨境融资。适时试点在自贸试验区面向国内外投资者发行地方政府债券。探索研究京津冀区域内股权市场依法合规开展非经营性业务合作，根据资本市场对外开放进程适时引进港澳及合格境外投资者参与投资交易。

(十八) 完善服务协同发展机制

加强顶层设计和统筹安排，依托现有工作机制，率先向京津冀地区复制推广创新成果，借鉴北京市服务业扩大开放综合试点经验，更好推动自贸试验区服务京津冀协同发展。

五、抓好工作落实

加强组织实施，在国务院自由贸易试验区工作部际联席会议统筹协调下，充分发挥地方和部门积极性，抓好改革举措的落实；各部门要大力支持，及时制定实施细则或办法，加强指导和服务；天津市要把握基本定位，强化使命担当，完善工作机制，系统推进改革试点任务落实。强化法制保障，自贸试验区需要暂时调整实施有关法律、行政法规、经国务院批准的部门规章和国务院文件的部分规定的，按规定程序办理。及时评估推广，加快形成系统性改革经验，实施分类审查程序后复制推广至全国其他地区。重大事项要及时向党中央、国务院请示报告。

国务院关于印发进一步深化中国（福建）自由贸易试验区改革开放方案的通知

（国发〔2018〕15号）

各省、自治区、直辖市人民政府，国务院各部委、各直属机构：

现将《进一步深化中国（福建）自由贸易试验区改革开放方案》印发给你们，请认真贯彻执行。

国务院
2018年5月4日

进一步深化中国（福建）自由贸易试验区改革开放方案

建设自由贸易试验区是党中央、国务院在新形势下全面深化改革和扩大开放的战略举措。中国（福建）自由贸易试验区（以下简称自贸试验区）运行以来，建设取得阶段性成果，总体达到预期目标。为贯彻落实党中央、国务院决策部署，进一步深化自贸试验区改革开放，扩大两岸经济文化交流合作，制定本方案。

一、总体要求

（一）指导思想

高举中国特色社会主义伟大旗帜，全面贯彻党的十九大精神，以习近平新时代中国特色社会主义思想为指导，贯彻落实党中央、国务院决策部署，统筹推进"五位一体"总体布局和协调推进"四个全面"战略布局，坚持稳中求进工作总基调，坚定践行新发展理念，坚持以供给侧结构性改革为主线，以制度创新为核心，以风险防控为底线，继续解放思想、先行先试，对标国际先进规则，赋予自贸试验区更大改革自主权，以开放促改革、促发展、促创新，推动形成全面开放新格局；加快建立与市场化相适应的政府管理体系，进一步提升政府治理水平；发挥沿海近台优势，在深化两岸经济合作、推动21世纪海上丝绸之路建设方面发挥更大作用；加强改革系统集成，力争取得更多可复制可推广的制度创新成果，更好地服务全国改革开放大局。

(二) 建设目标

到 2020 年，率先建立同国际投资和贸易通行规则相衔接的制度体系，形成法治化、国际化、便利化营商环境，打造开放和创新融为一体的综合改革试验区、深化两岸经济合作示范区和面向 21 世纪海上丝绸之路沿线国家和地区开放合作新高地。强化自贸试验区改革同福建省改革的联动，各项改革试点任务具备条件的在福州市、厦门市和平潭综合实验区范围内全面实施，或在福建省推广试验。

二、 对标国际先进规则，深入推进各领域改革创新

(三) 进一步放宽投资准入

进一步完善外商投资准入前国民待遇加负面清单管理制度，大幅度放宽市场准入，扩大服务业对外开放，提高自贸试验区外商投资负面清单的开放度和透明度，着力构建与负面清单管理方式相适应的事中事后监管制度。清理和取消资质资格获取、招投标、权益保护等方面存在的差别化待遇，实现各类市场主体依法平等准入相关行业、领域和业务。配合做好国家安全审查、反垄断审查等相关工作。

(四) 提升国际贸易便利化水平

探索更为便利的加工贸易核销制度，建立以供应链为单元的新型加工贸易监管模式。深入实施货物状态分类监管，研究将试点从物流仓储企业扩大到贸易、生产加工企业，具备条件时，在福建省其他符合条件的海关特殊监管区域推广实施。推广应用货物暂准进口单证册制度。支持设立国检试验区，创新集成检验检疫综合性改革措施。扩大第三方检验检测结果采信商品范围。推进进出口产品质量追溯体系建设，实现重点敏感产品全过程信息可追溯。试点实施海事、交通、船检三部门联合办理船舶证书机制。加强口岸管理部门执法合作，拓展"一站式作业"。赋予自贸试验区内符合条件的 2—3 家企业原油进口资质和配额。

(五) 打造高标准的国际化营商环境

参照国际通行营商环境评价指标，从企业开办、施工许可、产权登记、信贷获取、投资者保护、纳税、破产清算等方面梳理和对标，查找薄弱环节，加大改革力度，着力构建稳定、公平、透明、可预期的一流营商环境。

(六) 进一步深化金融开放和监管创新

积极有序实施《中国人民银行关于金融支持中国（福建）自由贸易试验区的指导意见》，研究出台支持自贸试验区深化金融开放创新实施方案。自贸试验区内符合条件的跨国公司可根据自身经营需要备案开展集团内跨境双向人民币资金池业务。探索建立与自贸试验区改革开放相适应的账户管理体系。支持建设以项目投融资服务等为重点的全国性基金管理服务平台。支持自贸试验区内银行业金融机构在依法合规、风险可控的前提下，向企业发放信用贷款。加强与"一带一路"沿线国家和地区在金融领域的交流合作。健全金融监管体系，守住不发生系统性金融风险的底线。完善跨境资金监控体制机制，强化反洗钱、反恐怖融资、反逃税工作，及时发现跨境洗钱和恐怖融资风险，防范利用跨境贸易从事洗钱犯罪活动。地方政府要在坚持金融管理主要是中央事权的前提下，按照中央统一规则，强化属地风险处置责任。

(七) 强化创新要素支撑

建立容错纠错和正向激励机制，鼓励改革创新。开展外国高层次人才服务"一卡通"试点。实施便利外籍高层次人才出入境、工作、在华停居留、永久居留等措施。简化商务人员、高层次人才出入境签证手续。探索知识产权综合管理改革，完善有利于激励创新的知识产权归属制度，健全知识产权保护和运用体系。

三、持续推进简政放权，进一步提升政府治理水平

(八) 推进政府服务标准化、透明化

调整完善省级管理权限下放方式，推动关联、相近类别审批事项全链条取消、下放或委托。将更多后置审批事项由串联审批改为并联审批，将更多单项审查与验收改为综合审查与验收，进一步减少检验、检测、认定、认证事项。深化市场准入负面清单制度改革。健全综合审批信息平台和国家企业信用信息公示系统，推行行政审批标准化、模块化，加强部门间信息共享和业务协同，实现相同信息"一次采集、一档管理"。清理规范基层证明材料，没有法律法规依据的一律取消，对确需保留的实行清单管理。全面推进决策、执行、管理、服务、结果公开和重点领域政府信息公开。

(九) 深入推进"互联网+政务服务"

整合资源与数据，加快构建一体化互联网政务服务平台。加强部门间系统对接联动，统一身份认证，按需共享数据，实行"一号申请、一窗受理、一网

通办"。涉及企业注册登记、年度报告、项目投资、生产经营、商标专利、资质认定、税费办理、安全生产等方面的政务服务事项，最大限度实行网上受理、网上办理、网上反馈。加快完善电子证照系统。

（十）创新事中事后监管体制机制

推动各部门审批系统、证照系统、监管系统信息交换与共享，建立基于大数据的高效监管模式。将经营异常企业和严重违法失信企业信息统一归集到福建省公共信用信息平台，并与实施失信联合惩戒的部门共享，完善守信得益、失信受惩的信用体系。健全跨部门联合抽查监管制度，实行"双随机、四公示"监管机制。完善风险防控机制，重点防控市场开放和业务创新等方面的风险。深化综合行政执法体制改革，推进相对集中行政许可权改革试点。在市场监管、城市管理、国土资源、知识产权等重点领域，推行行政执法公示、执法全过程记录、重大执法决定法制审核等制度。健全商事法律综合服务平台，加强仲裁、调解等服务。整合政府部门、行业协会、企业、社会公众等力量，建立社会多元共治机制。

四、加强改革系统集成，形成更多可复制可推广的制度创新成果

（十一）推进商事制度集成化改革

除涉及前置审批事项或名称核准与企业登记不在同一机关外，取消名称预核准环节，名称核准与企业设立登记、名称变更可以同时办理。创新经营范围登记方式。探索对同一主管部门保留的多种审批或备案事项实行"一企一证"。推行"1+N"证照模式，在企业统一社会信用代码基础上，可按需附加经营许可证号，企业按需取证。开展"证照分离"改革试点。推广电子证照和电子签名应用。

（十二）深化投资项目审批全流程改革

试点企业投资项目承诺制，探索创新以政策性条件引导、企业信用承诺、监管有效约束为核心的先建后验管理模式。进一步简化、整合投资项目报建手续。对实行核准制的投资项目推行"多评合一、多图联审、区域评估、联合验收"等模式。对同一阶段需办理的各类审查审批事项实行"一表申请、一口受理、并联审查、一章审批、一次出件"方式，压缩自由裁量权。实行"超时默认""缺席默认"，强化审批时限约束。

（十三）建成国际先进水平的国际贸易"单一窗口"

支持中国（福建）国际贸易"单一窗口"建设，将外贸企业资质备案、贸

易许可和原产地证办理、货物进出口和船舶出入境申报、出口退税申报等国际贸易主要环节纳入国际贸易"单一窗口"建设。整合归集通关、物流、金融等口岸、贸易数据信息，实现物流和监管信息系统之间的数据交换共享，打造福建省统一的口岸公共信息服务平台。实现与国家层面"单一窗口"标准规范融合对接，推进省域"单一窗口"互联互通，促进跨区域通关合作、数据互换和协同监管。

（十四）创新产业发展服务模式

支持在福州、厦门设立跨境电子商务综合试验区。将厦门纳入海峡两岸电子商务经济合作实验区。试点航空快件国际中转集拼业务。对注册在自贸试验区海关特殊监管区域内的融资租赁企业进出口飞机、船舶和海洋工程结构物等大型设备涉及跨关区的，在确保有效监管和执行现行相关税收政策的前提下，按物流实际需要，实行海关异地委托监管。依法合规支持厦门机电设备展示交易平台、厦门国际酒类展示交易平台、平潭新丝路跨境交易中心等建设。在满足有关要求的前提下，支持厦门建设毛燕进口指定口岸。研究探索文化艺术品、文物等在海关特殊监管区域开展保税展示交易。支持福州物联网产业基地建设。支持福州、厦门互联网经济集聚区发展。积极探索与国际航空维修业特点和发展相适应的监管模式，研究调整降低部分航材进口税率，支持厦门打造一站式航空维修基地。加快福州、厦门汽车整车进口口岸建设，开展3C认证改革试点。

（十五）促进区域联动发展

加强自贸试验区与平潭综合实验区、福州新区、福厦泉国家自主创新示范区、漳州市构建开放型经济新体制综合试点试验等的联动。充分发挥自贸试验区辐射带动作用，促进厦（门）漳（州）泉（州）一体化发展。推动平潭综合实验区与福州新区等周边地区联动发展，强化福州对平潭的腹地支撑作用。推动海洋经济示范区建设。加强与其他自由贸易试验区的交流合作。

五、进一步发挥沿海近台优势，深化两岸经济合作

（十六）创新产业合作新机制

探索在文化产业、体育产业、教育等领域进一步对台扩大开放。深化集成电路、光学仪器、精密机械等先进制造业和冷链物流、文化创意、健康养老、中医药等现代服务业对台合作。加强与台湾健保、长期照护等机构合作，支持设立两岸健康养老试验区。深化闽台在研发创新、服务外包、品牌打造、标准制定、市场开拓等方面的合作，促进闽台产业深度融合。

（十七）建立通关合作新模式

推动闽台国际贸易"单一窗口"通关数据信息互换。增加对进口台湾商品实施检验检疫"源头管理、快速验放"的种类。研究台湾船员获得大陆适任证书的培训标准，实现对台船员培训常态化。实施"小三通"客船进出港手续便捷化措施。探索推动厦金游艇自由行。发挥平潭全岛电子围网功能，简化区内货物流转程序。加快建设海西进出境动植物检疫隔离处理中心。完善两岸检验检疫数据交换中心功能，加快闽台标准、技术法规等效性评估和合格评定信息系统建设，推动两岸信息互换、监管互认、执法互助。

（十八）加强闽台金融合作

允许自贸试验区符合条件的银行机构为境外企业和个人开立新台币账户，完善两岸货币现钞调运机制。试点新台币区域性银行间市场交易。支持自贸试验区内符合条件的台资金融机构在银行间债券市场开展承销业务。支持将海峡股权交易中心建成服务台资企业的专业化区域性股权市场。探索建立与台湾地区征信产品互认机制。建立闽台金融沟通常态对接交流机制。

（十九）打造创新创业新平台

研究出台便利台胞在自贸试验区学习、创业、就业、生活的政策措施。支持在自贸试验区就业、生活的台胞在医疗、融资、购房、住宿等方面享受与大陆居民同等待遇，台湾企业在科研经费申请等方面享受与大陆企业同等待遇。推进创业园、创业社区、创业家庭等创业载体建设，做大做强厦门两岸青年创业创新创客基地、平潭台湾创业园、福州台湾青年创业创新创客基地等"三创"基地。建立台胞创业支持服务中心。鼓励台湾地区知识产权权利人在自贸试验区创业发展，鼓励台湾地区居民在大陆取得专利代理人资格证书并执业。推动直接采认台湾地区职业技能资格。扩大台湾地区专业人才在自贸试验区内行政企事业单位、科研院所等机构任职范围，吸引台湾地区专业人才在社会管理服务、中介服务等领域就业。

（二十）拓展交流交往新渠道

在自贸试验区内对台商独资或控股开发的建设项目，借鉴台湾地区的规划及工程管理体制，探索实施"一区两标"。允许台湾地区车辆按照相关管理规定临时入闽行驶，并提供相应便利。支持平潭国际旅游岛建设。探索建立两岸企业信用库，建立信用联动机制，实现信用联合奖惩。支持平潭建设两岸同胞共同家园，在平潭、厦门、福州开展台胞参与城乡社区治理试点。探索社区居民自治新模式，构建两岸融合示范社区。拓宽厦门—金门、马尾—马祖合作领域，在投资、贸易、航运、资金等方面营造更加开放便利的环境。加强两岸工商界、智库、商（协）会和专业服务机构的交流合作，推动自贸试验区打造对台交流合作新平台。

六、加强交流合作，加快建设 21 世纪海上丝绸之路核心区

（二十一）推进互联互通

加强与"一带一路"沿线国家和地区港口合作，加快福州机场二期工程和厦门新机场建设，增开航线、航班，建设国际物流大通道。支持厦门东南国际航运中心建设，推动邮轮、游艇等出行便利化，试点实施国际邮轮入境外国旅游团 15 天免签政策，加快厦门邮轮港口建设。支持厦门建设东南亚海事服务基地，发展邮轮物品供应，对国际航行船舶开放保税油供给。支持境内外企业开展航运保险、航运仲裁、海损理算、航运交易、船舶融资租赁等高端航运服务，打造国际航运服务平台。利用现有方便旗船税收政策，促进符合条件的船舶在自贸试验区落户登记。优化沿海捎带业务监管模式，提高中资方便旗船沿海捎带业务通关效率。支持中欧班列（福州）、中欧班列（厦门）开展国际多式联运业务，探索推出多式联运提单。推进实施中欧安全智能贸易航线试点。推动福州与 21 世纪海上丝绸之路沿线国家和地区扩大航权安排，提高福州机场航班保障能力，吸引沿线国家和地区航空公司开辟经停福州的航线。积极推进国际贸易"单一窗口"与"一带一路"沿线口岸的信息互换和服务共享。

（二十二）建设合作平台

继续支持开展对外援助交流培训。支持中国—东盟海产品交易所建设区域性海产品现货交易中心，在 21 世纪海上丝绸之路沿线国家和地区设立交易分中心。境外交易分中心的交易、资金结算等与境内交易场所应相互隔离。支持在自贸试验区内建立中国—东盟产业合作园。支持企业在"一带一路"沿线国家和地区建设产业合作园区或制造基地、营销平台。支持先进装备、技术标准、管理理念"走出去"，打造一批跨国公司和国际知名品牌。

（二十三）创新合作模式

加强与"一带一路"沿线国家和地区在通关、认证认可、标准计量等方面合作，扩大开展经认证经营者（AEO）互认的范围，促进贸易畅通。加强与 21 世纪海上丝绸之路沿线国家和地区文化交流和人员往来合作，携手台湾地区共同传承中华优秀传统文化，促进文化认同和民心相通。充分发挥华侨华人作用，

吸引更多华商参与自贸试验区建设。吸引 21 世纪海上丝绸之路沿线国家和地区领事馆或签证中心落地福州。推动与金砖国家建立合作机制。

七、抓好工作落实

加强组织实施，在国务院自由贸易试验区工作部际联席会议统筹协调下，充分发挥地方和部门积极性，抓好改革举措的落实；各部门要大力支持，及时制定实施细则或办法，加强指导和服务；福建省要把握基本定位，强化使命担当，完善工作机制，系统推进改革试点任务落实。强化法制保障，自贸试验区需要暂时调整实施有关法律、行政法规、经国务院批准的部门规章和国务院文件的部分规定的，按规定程序办理。及时评估推广，加快形成系统性改革经验，实施分类审查程序后复制推广至全国其他地区。重大事项要及时向党中央、国务院请示报告。

国务院关于印发中国（海南）自由贸易试验区总体方案的通知

（国发〔2018〕34 号）

各省、自治区、直辖市人民政府，国务院各部委、各直属机构：

现将《中国（海南）自由贸易试验区总体方案》印发给你们，请认真贯彻执行。

国务院
2018 年 9 月 24 日

中国（海南）自由贸易试验区总体方案

赋予海南经济特区改革开放新的使命，是习近平总书记亲自谋划、亲自部署、亲自推动的重大国家战略。建设中国（海南）自由贸易试验区（以下简称自贸试验区）是党中央、国务院着眼于国际国内发展大局，深入研究、统筹考虑、科学谋划作出的重大决策，是彰显我国扩大对外开放、积极推动经济全球化决心的重大举措。为深入贯彻习近平总书记在庆祝海南建省办经济特区 30 周年大会上的重要讲话精神，落实《中共中央 国务院关于支持海南全面深化改革开放的指导意见》要求，高标准高质量建设自贸试验区，制定本方案。

一、 总体要求

（一） 指导思想

高举中国特色社会主义伟大旗帜，全面贯彻党的十九大和十九届二中、三中全会精神，以习近平新时代中国特色社会主义思想为指导，坚持和加强党的全面领导，坚持以人民为中心的发展思想，坚持稳中求进工作总基调，坚持新发展理念，坚持高质量发展，统筹推进"五位一体"总体布局和协调推进"四个全面"战略布局，以供给侧结构性改革为主线，解放思想、大胆创新，坚持开放为先，以制度创新为核心，赋予更大改革自主权，大胆试、大胆闯、自主改，深化简政放权、放管结合、优化服务改革，加快形成法治化、国际化、便利化的营商环境和公平开放统一高效的市场环境，将生态文明理念贯穿自贸试验区建设全过程，积极探索自贸试验区生态绿色发展新模式，加强改革系统集成，力争取得更多制度创新成果，彰显全面深化改革和扩大开放试验田作用。

（二） 战略定位

发挥海南岛全岛试点的整体优势，紧紧围绕建设全面深化改革开放试验区、国家生态文明试验区、国际旅游消费中心和国家重大战略服务保障区，实行更加积极主动的开放战略，加快构建开放型经济新体制，推动形成全面开放新格局，把海南打造成为我国面向太平洋和印度洋的重要对外开放门户。

（三） 发展目标

对标国际先进规则，持续深化改革探索，以高水平开放推动高质量发展，加快建立开放型生态型服务型产业体系。到2020年，自贸试验区建设取得重要进展，国际开放度显著提高，努力建成投资贸易便利、法治环境规范、金融服务完善、监管安全高效、生态环境质量一流、辐射带动作用突出的高标准高质量自贸试验区，为逐步探索、稳步推进海南自由贸易港建设，分步骤、分阶段建立自由贸易港政策体系打好坚实基础。

二、 在海南全岛建设自由贸易试验区

（四） 实施范围

自贸试验区的实施范围为海南岛全岛。自贸试验区土地、海域开发利用须遵守国家法律法规，贯彻生态文明和绿色发展要求，符合海南省"多规合一"

总体规划，并符合节约集约用地用海的有关要求。涉及无居民海岛的，须符合《中华人民共和国海岛保护法》有关规定。

（五）功能划分

按照海南省总体规划的要求，以发展旅游业、现代服务业、高新技术产业为主导，科学安排海南岛产业布局。按发展需要增设海关特殊监管区域，在海关特殊监管区域开展以投资贸易自由化便利化为主要内容的制度创新，主要开展国际投资贸易、保税物流、保税维修等业务。在三亚选址增设海关监管隔离区域，开展全球动植物种质资源引进和中转等业务。

三、加快构建开放型经济新体制

（六）大幅放宽外资市场准入

对外资全面实行准入前国民待遇加负面清单管理制度。深化现代农业、高新技术产业、现代服务业对外开放，在种业、医疗、教育、旅游、电信、互联网、文化、金融、航空、海洋经济、新能源汽车制造等重点领域加大开放力度。取消蔬菜新品种选育和种子生产外资股比限制。将增值电信业务外资准入审批权下放给海南省，取消国内多方通信服务业务、上网用户互联网接入服务业务、存储转发类业务外资股比限制，允许外商投资国内互联网虚拟专用网业务（外资股比不超过50%）。允许设立外商投资文艺表演团体（中方控股）。放宽人身险公司外资股比限制至51%。取消船舶（含分段）及干线、支线、通用飞机设计、制造与维修外资股比限制。取消石油天然气勘探开发须通过与中国政府批准的具有对外合作专营权的油气公司签署产品分成合同方式进行的要求。取消国际海上运输公司、国际船舶代理公司外资股比限制。允许在自贸试验区内设立的外商独资建筑业企业承揽区内建筑工程项目，不受项目双方投资比例限制。允许取得我国一级注册建筑师或一级注册结构工程师资格的境外专业人士作为合伙人，按相应资质标准要求设立建筑工程设计事务所。取消新能源汽车制造外资准入限制。

（七）提升贸易便利化水平

对进出海南洋浦保税港区的货物，除禁止进出口和限制出口以及需要检验检疫的货物外，试行"一线放开、二线高效管住"的货物进出境管理制度。加快建设具有国际先进水平的国际贸易"单一窗口"，推动数据协同、简化和标准化，实现物流和监管等信息的全流程采集，实现监管单位的信息互换、监管互认、执法互助。以口岸管理部门的通关物流状态信息为基础，整合作业信息，形成完整的通关物流状态综合信息库，为企业提供全程数据服务。加强口岸管理部门执法合作，推行跨部门一次性联合检查。实施海事、交通、船检三部门船舶证书信息共享。积极推进货物平均放行和结关时间体系化建设，构建规范的测算标准和透明的公布机制。扩大第三方检验结果采信商品和机构范围。依照自由贸易协定安排，推动实施原产地自主声明制度和原产地预裁定制度。拓展暂时进口货物单证制度适用范围，延长单证册的有效期。平行进口汽车企业可以使用价格预裁定、汇总征税等通关便利化措施。创新出口货物专利纠纷担保放行方式。支持开展海关税款保证保险试点。简化野生动植物出口许可程序。

（八）创新贸易综合监管模式

研究赋予海关特殊监管区域内企业增值税一般纳税人资格，在海关特殊监管区域全面实施货物状态分类监管。研究支持对海关特殊监管区域外"两头在外"航空维修业态实行保税监管。在风险可控前提下，创新维修监管模式，开展外籍邮轮船舶维修业务。完善进口商品风险预警快速反应机制，加强安全风险监测，实施安全问题调查制度。建设重要产品进出口安全追溯体系，实现重点敏感产品全过程信息可追溯，与国家重要产品追溯平台对接，实现信息共享。对优质农产品出口免于出具检验检疫证书和备案。优化生物医药全球协同研发的试验用特殊物品的检疫查验流程。完善国际邮件互换局（交换站）布局，加强国际快件监管中心建设，打造重要跨境电商寄递中心。支持在海关特殊监管区域和保税监管场所设立大宗商品期货保税交割库。

（九）推动贸易转型升级

培育贸易新业态新模式，支持发展跨境电商、全球维修等业态。探索建立跨境服务贸易负面清单管理制度。支持海南享受服务外包示范城市政策，建立特色服务出口基地。支持海南设立跨境电子商务综合试验区，完善和提升海关监管、金融、物流等支持体系。支持跨境电商企业建设覆盖重点国别、重点市场的海外仓。支持开展跨境电商零售进口网购保税。支持在海关特殊监管区域设立国际文化艺术品交易场所，依法合规开展面向全球的保税文化艺术品展示、拍卖、交易业务。试点实施进口非特殊用途化妆品备案管理。支持开展橡胶等大宗商品现货离岸交易和保税交割业务。支持跨国公司、贸易公司建立和发展全球或区域贸易网络，打造区域性离岸贸易中心。支持具备资质的供油企业开展国际航行船舶保税油供应业务，建设保税油供应基地。将国际快递业务经营许可审批权下放到海南省邮政管理局。

(十) 加快金融开放创新

充分发挥金融支持自贸试验区建设的重要作用,出台金融领域的一揽子政策措施,以服务实体经济、促进贸易投融资便利化为出发点和落脚点,以制度创新为核心,大力推动自贸试验区金融开放创新。进一步扩大人民币跨境使用、探索资本项目可兑换、深化外汇管理改革、探索投融资汇兑便利化,扩大金融业开放,为贸易投资便利化提供优质金融服务。

(十一) 加强"一带一路"国际合作

按照"共商、共建、共享"的原则,构筑全方位立体化开放通道。鼓励"一带一路"国家和地区参与自贸试验区建设。支持"一带一路"国家在海南设立领事机构。支持与"一带一路"国家开展科技人文交流、共建联合实验室、科技园区合作、技术转移等科技创新合作。推动海口、三亚与"一带一路"国家和地区扩大包括第五航权在内的航权安排,提高机场航班保障能力,吸引相关国家和地区航空公司开辟经停海南的航线。与"一带一路"国家和地区自由贸易园区在投资、贸易、金融、教育等方面开展交流合作与功能对接。

四、加快服务业创新发展

(十二) 推动现代服务业集聚发展

依托博鳌乐城国际医疗旅游先行区,大力发展国际医疗旅游和高端医疗服务,对先行区范围内确需进口的、关税税率较高的部分医疗器械研究适当降低关税。支持开展干细胞临床前沿医疗技术研究项目。依托现有医药产业基础,探索开展重大新药创制国家科技重大专项成果转移转化试点。鼓励中外航空公司新开或加密海南直达全球主要客源地的国际航线。支持举办国际商品博览会、国际电影节、中国(海南)国际海洋产业博览会等大型国际展览会、节庆活动,以及文化旅游、国际品牌等适合海南产业特点的展会。优化国际会议、赛事、展览监管,进一步简化展品检疫审批管理。支持引进国际化的规划、建筑工程、建筑设计、仲裁、会计、知识产权、医疗健康、影视、会展等专业服务机构,推进服务要素集聚。授权自贸试验区制定港澳专业人才执业管理办法,允许具有港澳执业资格的金融、建筑、规划、专利代理等服务领域专业人才经备案后为自贸试验区内企业提供专业服务。支持海南开展供应链创新与应用试点。打造联通国际国内的全球性商贸物流节点,促进港口、机场、铁路车站、物流园区等物流信息互通。加强冷链基础设施网络建设,打造出岛快速冷链通道,提供高质量的冷链快递物流服务。在交通运输领域完善快件处理设施和绿色通道，提高国际快递处理能力，服务带动跨境电商等相关产业集聚。建设以天然橡胶为主的国际热带农产品交易中心、定价中心、价格指数发布中心。设立热带农产品拍卖中心。支持完善跨境消费服务功能。高标准建设商务诚信示范省。

(十三) 提升国际航运能力

依托自贸试验区，科学有序开发利用海洋资源，培育壮大特色海洋经济，建设南海服务保障基地。建设具有较强服务功能和辐射能力的国际航运枢纽，不断提高全球航运资源配置能力。大力引进国内外航运企业在自贸试验区设立区域总部或营运中心，促进航运要素集聚。积极培育壮大外轮供应企业，丰富外轮供应品种，为进入自贸试验区的船舶提供生活用品、备品备件、物料、工程服务和代理服务等。利用现有方便旗船税收政策，促进符合条件的船舶在自贸试验区落户登记。扩大内外贸同船运输、国轮捎带运输适用范围，提升运力资源综合效能。支持境内外企业和机构开展航运保险、航运仲裁、海损理算、航运交易、船舶融资租赁等高端航运服务，打造现代国际航运服务平台。支持设立专业化地方法人航运保险机构。培育发展专业化第三方船舶管理公司。逐步开放中国籍国际航行船舶入级检验。将无船承运、外资经营国际船舶管理业务行政许可权下放给海南省。

(十四) 提升高端旅游服务能力

发展环海南岛邮轮航线，支持邮轮企业根据市场需求依法拓展东南亚等地区邮轮航线，不断丰富由海南邮轮港口始发的邮轮航线产品。研究支持三亚等邮轮港口参与中资方便旗邮轮公海游试点，将海南纳入国际旅游"一程多站"航线。积极支持实施外国旅游团乘坐邮轮15天入境免签政策。优化对邮轮和邮轮旅客的检疫监管模式。建设邮轮旅游岸上国际配送中心，创建与国际配送业务相适应的检验、检疫、验放等海关监管制度。简化游艇入境手续。允许海南对境外游艇开展临时开放水域审批试点。实施琼港澳游艇自由行。建设一流的国际旅行卫生保健中心，为出入境人员提供高质量的国际旅行医疗服务。加强旅游行业信用体系建设。

(十五) 加大科技国际合作力度

创建南繁育种科技开放发展平台。划定特定区域，通过指定口岸管辖和加强生物安全管理，建设全球动植物种质资源引进中转基地，探索建立中转隔离基地（保护区）、检疫中心、种质保存中心、种源交易中心。推进农业对外合作科技支撑与人才培训基地建设。引进国际深远海领域科研机构、高校等前沿科技资源，打造国际一流的深海科技创新平台。搭建航天科技开发开放平台，推动商用航天发展和航天国际合作。

五、 加快政府职能转变

（十六） 深化机构和行政体制改革

赋予海南省人民政府更多自主权，科学配置行政资源，大力转变政府职能，深化"放管服"改革。探索建立与自贸试验区建设相适应的行政管理体制。支持自贸试验区探索按照实际需要加大同类编制资源的统筹使用。深化完善综合行政执法体制改革。实行包容审慎监管，提高执法效能。

（十七） 打造国际一流营商环境

借鉴国际经验，开展营商环境评价，在开办企业、办理施工许可证、获得电力、登记财产、获得信贷、保护少数投资者、纳税、跨境贸易、执行合同和办理破产等方面加大改革力度。推动准入前和准入后管理措施的有效衔接，实施公平竞争审查制度，实现各类市场主体依法平等准入相关行业、领域和业务。加快推行"证照分离"改革，全面推进"多证合一"改革。简化外商投资企业设立程序，全面实行外商投资企业商务备案与工商登记"一口办理"。探索建立普通注销登记制度和简易注销登记制度相互配套的市场主体退出制度。

（十八） 深入推进行政管理职能与流程优化

全面推进行政审批和行政服务标准化。调整完善省级管理权限下放，推动关联、相近类别审批事项全链条取消、下放或委托。海南省人民政府报国务院批准土地征收事项由国务院授权海南省人民政府批准。推行"极简审批"改革。精简投资项目准入手续，探索实施先建后验管理新模式。实行建设项目联合验收，实现"一口受理"、"两验终验"，推行"函证结合"、"容缺后补"等改革。清理规范基层证明，对暂不宜取消的实行清单管理。

（十九） 全面推行"互联网+政务服务"模式

整合资源与数据，加快构建一体化互联网政务服务平台。涉及企业注册登记、年度报告、项目投资、生产经营、商标专利、资质认定、税费办理、安全生产等方面的政务服务事项，最大限度实行网上受理、网上办理、网上反馈。实施全程电子化登记和电子营业执照管理。围绕行政管理、司法管理、城市管理、环境保护等社会治理的热点难点问题，促进人工智能技术应用，提高社会治理智能化水平。

(二十) 完善知识产权保护和运用体系

推进知识产权综合执法，建立跨部门、跨区域的知识产权案件移送、信息通报、配合调查等机制。支持建立知识产权交易中心，推动知识产权运营服务体系建设。建立包含行政执法、仲裁、调解在内的多元化知识产权争端解决与维权援助机制，探索建立重点产业、重点领域知识产权快速维权机制。探索建立自贸试验区专业市场知识产权保护工作机制，完善流通领域知识产权保护体系。探索建立公允的知识产权评估机制，完善知识产权质押登记制度、知识产权质押融资风险分担机制以及方便快捷的质物处置机制，为扩大以知识产权质押为基础的融资提供支持。鼓励探索知识产权证券化，完善知识产权交易体系与交易机制。深化完善有利于激励创新的知识产权归属制度。搭建便利化的知识产权公共服务平台，设立知识产权服务工作站，大力发展知识产权专业服务业。

(二十一) 提高外国人才工作便利度

为在自贸试验区工作和创业的外国人才提供出入境、居留和永久居留便利。支持开展国际人才管理改革试点，允许外籍技术技能人员按规定在自贸试验区工作。探索建立与国际接轨的全球人才招聘制度和吸引外国高技术人才的管理制度。开辟外国人才绿色通道，深入实施外国人来华工作许可制度。开展外国高端人才服务"一卡通"试点，建立住房、子女入学、就医社保服务通道。

六、加强重大风险防控体系和机制建设

(二十二) 建立健全事中事后监管制度

以风险防控为底线，维护国家安全和社会安全。外商在自贸试验区内投资适用《自由贸易试验区外商投资国家安全审查试行办法》。自贸试验区要建立健全以信用监管为核心、与负面清单管理方式相适应的事中事后监管体系。配合做好国家安全审查、反垄断审查等相关工作。制定重大风险防控规划和制度，建立应急响应机制，协调解决风险防控中的重大问题。完善社会信用体系，加强信用信息归集共享，推行企业信息公示，健全守信激励和失信惩戒机制。推动各部门间依法履职信息联通共享。建立大数据高效监管模式，加强风险监测分析，建立完善信用风险分类监管。

(二十三) 建立健全贸易风险防控体系

优化海关监管方式，强化进出境安全准入管理，完善对国家禁止和限制入境货物、物品的监管，精准高效打击走私活动。全面落实联合缉私和统一处理、综合治理的缉私体制。构建自贸试验区进出境安全风险信息平台。确保进出口

货物的交易真实、合法，防范不法企业借助货物进出口的便利化措施从事非法融资、非法跨境资金转移等违法活动。

(二十四) 建立健全金融风险防控体系

打好防范化解重大风险攻坚战，有效履行属地金融监管职责，建立区域金融监管协调机制，加强对重大风险的识别和对系统性金融风险的防范，严厉打击洗钱、恐怖融资、逃税等金融违法犯罪活动，有效防范金融风险。

(二十五) 加强口岸风险防控

进一步提升口岸核心能力建设，提高口岸传染病防控水平。坚决防范对外经贸往来中的生态环境风险，严格引进种质资源的隔离与监管，严格野生动植物进口管理，防止生物入侵对海岛生态环境的破坏。加强口岸动植物疫病疫情监测，形成多部门协作的疫病疫情和有害生物联防联控局面。完善人员信息采集管控体系，加强对出入境核生化等涉恐材料检查力度。

七、坚持和加强党对自贸试验区建设的全面领导

(二十六) 加强党的领导

坚持和加强党对改革开放的领导。把党的领导贯穿于自贸试验区建设的全过程，增强"四个意识"，坚定"四个自信"，自觉维护以习近平同志为核心的党中央权威和集中统一领导，培育践行社会主义核心价值观，确保改革开放的社会主义方向，营造风清气正的良好政治生态。海南省要用习近平新时代中国特色社会主义思想指导改革开放，坚持全面从严治党，把党的政治建设摆在首位，坚决反对腐败、反对"四风"。

(二十七) 强化法制保障

本方案提出的各项改革政策措施，凡涉及调整现行法律或行政法规的，经全国人大及其常委会或国务院统一授权后实施。各有关部门要支持自贸试验区在各领域深化改革开放试点、加大压力测试、加强监管、防控风险，做好与相关法律法规立改废释的衔接，及时解决试点过程中的制度保障问题。海南省要加强经济特区立法，建立与试点要求相适应的管理制度，建立公正透明、体系完备的法制环境。

(二十八) 完善配套政策

完善人才发展制度，建设高素质专业化干部队伍，全面提升人才服务水平。加大对水利、港口、机场、公路、铁路、综合枢纽等重大基础设施建设的支持

力度。落实现有相关税收政策，充分发挥现有政策的支持促进作用。在其他自由贸易试验区已经试点可复制的税收政策均可在海南自贸试验区进行试点，其中促进贸易的选择性征收关税、其他相关进出口税收等政策在自贸试验区内的海关特殊监管区域进行试点。自贸试验区内的海关特殊监管区域的实施范围和税收政策适用范围维持不变。加快完善军地土地置换政策。

(二十九) 加强组织实施

按照党中央、国务院统一部署，在国务院自由贸易试验区工作部际联席会议统筹协调下，由海南省完善试点任务组织实施保障机制，按照总体筹划、分步实施、率先突破、逐步完善的原则，扎扎实实推进各项工作。其他自由贸易试验区施行的政策，凡符合海南发展定位的，海南省均可按程序报批后在自贸试验区进行试点。各有关部门要根据海南建设自贸试验区需要，及时向海南省下放相关管理权限，给予充分的改革自主权，同时加强指导和服务，共同推进相关体制机制创新。自贸试验区建设要更好服务和融入"一带一路"建设、海洋强国、军民融合发展等国家重大战略。要以防控风险为底线，建立健全全面风险管理体系和机制，完善风险防控和处置机制，出台有关政策时，要深入论证、严格把关，成熟一项，推出一项，实现区域稳定安全高效运行。要坚持高标准高质量建设自贸试验区，落实好各项改革试点任务，真正把自贸试验区建设成为全面深化改革开放的新高地。重大事项及时向党中央、国务院请示报告。

国务院关于支持自由贸易试验区深化改革创新若干措施的通知

(国发〔2018〕38号)

各省、自治区、直辖市人民政府，国务院各部委、各直属机构：

建设自由贸易试验区（以下简称自贸试验区）是党中央、国务院在新形势下全面深化改革和扩大开放的战略举措。党的十九大报告强调要赋予自贸试验区更大改革自主权，为新时代自贸试验区建设指明了新方向、提出了新要求。为贯彻落实党中央、国务院决策部署，支持自贸试验区深化改革创新，进一步提高建设质量，现将有关事项通知如下：

一、营造优良投资环境

（一）借鉴北京市服务业扩大开放综合试点经验，放宽外商投资建设工程设计企业外籍技术人员的比例要求、放宽人才中介机构限制。（负责部门：人力资源社会保障部、住房城乡建设部、商务部；适用范围：所有自贸试验区，以下除标注适用于特定自贸试验区的措施外，适用范围均为所有自贸试验区）

（二）编制下达全国土地利用计划时，考虑自贸试验区的实际情况，合理安排有关省（市）的用地计划；有关地方应优先支持自贸试验区建设，促进其健康有序发展。（负责部门：自然资源部）

（三）将建筑工程施工许可、建筑施工企业安全生产许可等工程审批类权限下放至自贸试验区。（负责部门：住房城乡建设部）

（四）授权自贸试验区开展试点工作，将省级及以下机关实施的建筑企业资质申请、升级、增项许可改为实行告知承诺制。（负责部门：住房城乡建设部）

（五）将外商投资设立建筑业（包括设计、施工、监理、检测、造价咨询等所有工程建设相关主体）资质许可的省级及以下审批权限下放至自贸试验区。（负责部门：住房城乡建设部）

（六）自贸试验区内的外商独资建筑业企业承揽本省（市）的中外联合建设项目时，不受建设项目的中外方投资比例限制。（负责部门：住房城乡建设部）

（七）在《内地与香港关于建立更紧密经贸关系的安排》、《内地与澳门关于建立更紧密经贸关系的安排》、《海峡两岸经济合作框架协议》下，对自贸试验区内的港澳台资建筑业企业，不再执行《外商投资建筑业企业管理规定》中关于工程承包范围的限制性规定。（负责部门：住房城乡建设部）

（八）对于自贸试验区内为本省（市）服务的外商投资工程设计（工程勘察除外）企业，取消首次申请资质时对投资者的工程设计业绩要求。（负责部门：住房城乡建设部）

（九）卫生健康行政部门对自贸试验区内的社会办医疗机构配置乙类大型医用设备实行告知承诺制。（负责部门：卫生健康委）

（十）自贸试验区内医疗机构可根据自身的技术能力，按照有关规定开展干细胞临床前沿医疗技术研究项目。（负责部门：卫生健康委）

（十一）允许自贸试验区创新推出与国际接轨的税收服务举措。（负责部门：税务总局）

（十二）省级市场监管部门可以将外国（地区）企业常驻代表机构登记注册初审权限下放至自贸试验区有外资登记管理权限的市场监管部门。（负责部门：市场监管总局）

（十三）支持在自贸试验区设置商标受理窗口。（负责部门：知识产权局）

（十四）在自贸试验区设立受理点，受理商标权质押登记。（负责部门：知识产权局）

（十五）进一步放宽对专利代理机构股东的条件限制，新设立有限责任制专利代理机构的，允许不超过五分之一不具有专利代理人资格、年满18周岁、能够在专利代理机构专职工作的中国公民担任股东。（负责部门：知识产权局）

（十六）加强顶层设计，在自贸试验区探索创新政府储备与企业储备相结合的石油储备模式。（负责部门：发展改革委、粮食和储备局；适用范围：浙江自贸试验区）

二、提升贸易便利化水平

（十七）研究支持对海关特殊监管区域外的"两头在外"航空维修业态实行保税监管。（负责部门：商务部、海关总署、财政部、税务总局）

（十八）支持有条件的自贸试验区研究和探索赋予国际铁路运单物权凭证功能，将铁路运单作为信用证议付票据，提高国际铁路货运联运水平。（负责部门：商务部、银保监会、铁路局、中国铁路总公司）

（十九）支持符合条件的自贸试验区开展汽车平行进口试点。（负责部门：商务部）

（二十）授予自贸试验区自由进出口技术合同登记管理权限。（负责部门：商务部）

（二十一）支持在自贸试验区依法合规建设能源、工业原材料、大宗农产品等国际贸易平台和现货交易市场。（负责部门：商务部）

（二十二）开展艺术品保税仓储，在自贸试验区内海关特殊监管区域之间以及海关特殊监管区域与境外之间进出货物的备案环节，省级文化部门不再核发批准文件。支持开展艺术品进出口经营活动，凭省级文化部门核发的准予进出口批准文件办理海关验放手续；省级文化部门核发的批准文件在有效期内可一证多批使用，但最多不超过六批。（负责部门：文化和旅游部、海关总署）

（二十三）支持自贸试验区开展海关税款保证保险试点。（负责部门：海关总署、银保监会）

（二十四）国际贸易"单一窗口"标准版增加航空、铁路舱单申报功能。（负责部门：海关总署、民航局、中国铁路总公司）

（二十五）支持自贸试验区试点汽车平行进口保税仓储业务。（负责部门：海关总署）

（二十六）积极探索通过国际贸易"单一窗口"与"一带一路"重点国家和地区开展互联互通和信息共享，推动国际贸易"单一窗口"标准版新项目率先在自贸试验区开展试点，促进贸易便利化。（负责部门：海关总署）

（二十七）在符合国家口岸管理规定的前提下，优先审理自贸试验区内口岸开放项目。（负责部门：海关总署）

（二十八）在自贸试验区试点实施进口非特殊用途化妆品备案管理。（负责部门：药监局）

（二十九）支持平潭口岸建设进境种苗、水果、食用水生动物等监管作业场所。（负责部门：海关总署；适用范围：福建自贸试验区）

（三十）在对外航权谈判中支持郑州机场利用第五航权，在平等互利的基础上允许外国航空公司承载经郑州至第三国的客货业务，积极向国外航空公司推荐并引导申请进入中国市场的国外航空公司执飞郑州机场。（负责部门：民航局；适用范围：河南自贸试验区）

（三十一）在对外航权谈判中支持西安机场利用第五航权，在平等互利的基础上允许外国航空公司承载经西安至第三国的客货业务，积极向国外航空公司推荐并引导申请进入中国市场的国外航空公司执飞西安机场。（负责部门：民航局；适用范围：陕西自贸试验区）

（三十二）进一步加大对西安航空物流发展的支持力度。（负责部门：民航局；适用范围：陕西自贸试验区）

（三十三）支持利用中欧班列开展邮件快件进出口常态化运输。（负责部门：邮政局、中国铁路总公司；适用范围：重庆自贸试验区）

（三十四）支持设立首次进口药品和生物制品口岸。（负责部门：药监局、海关总署；适用范围：重庆自贸试验区）

（三十五）将台湾地区生产且经平潭口岸进口的第一类医疗器械的备案管理权限下放至福建省药品监督管理部门。（负责部门：药监局；适用范围：福建自贸试验区）

三、 推动金融创新服务实体经济

（三十六）进一步简化保险分支机构行政审批，建立完善自贸试验区企业保险需求信息共享平台。（负责部门：银保监会）

（三十七）允许自贸试验区内银行业金融机构在依法合规、风险可控的前提下按相关规定为境外机构办理人民币衍生产品等业务。（负责部门：人民银行、银保监会、外汇局）

（三十八）支持坚持市场定位、满足监管要求、符合行政许可相关业务资格条件的地方法人银行在依法合规、风险可控的前提下开展人民币与外汇衍生产品业务，或申请与具备资格的银行业金融机构合作开展远期结售汇业务等。（负责部门：人民银行、银保监会、外汇局）

（三十九）支持自贸试验区依托适合自身特点的账户体系开展人民币跨境业务。（负责部门：人民银行）

（四十）鼓励、支持自贸试验区内银行业金融机构基于真实需求和审慎原则向境外机构和境外项目发放人民币贷款，满足"走出去"企业的海外投资、项目建设、工程承包、大型设备出口等融资需求。自贸试验区内银行业金融机构发放境外人民币贷款，应严格审查借款人资信和项目背景，确保资金使用符合要求。（负责部门：人民银行、外交部、发展改革委、商务部、国资委、银保监会）

（四十一）允许银行将自贸试验区交易所出具的纸质交易凭证（须经交易双方确认）替代双方贸易合同，作为贸易真实性审核依据。（负责部门：银保监会）

（四十二）支持自贸试验区内符合条件的个人按照规定开展境外证券投资。（负责部门：证监会、人民银行）

（四十三）支持在有条件的自贸试验区开展知识产权证券化试点。（负责部门：证监会、知识产权局）

（四十四）允许平潭各金融机构试点人民币与新台币直接清算，允许境外机构境内外汇账户办理定期存款业务。（负责部门：人民银行、外汇局；适用范围：福建自贸试验区）

（四十五）推动与大宗商品出口国、"一带一路"国家和地区在油品等大宗商品贸易中使用人民币计价、结算，引导银行业金融机构根据"谁进口、谁付汇"原则办理油品贸易的跨境支付业务，支持自贸试验区保税燃料油供应以人民币计价、结算。（负责部门：人民银行等部门；适用范围：浙江自贸试验区）

（四十六）允许自贸试验区内银行业金融机构按相关规定向台湾地区金融同业跨境拆出短期人民币资金。（负责部门：人民银行；适用范围：福建自贸试验区）

（四十七）支持"海峡基金业综合服务平台"根据规定向中国证券投资基金业协会申请登记，开展私募投资基金服务业务。支持符合条件的台资保险机构在自贸试验区内设立保险营业机构。（负责部门：银保监会、证监会；适用范围：福建自贸试验区）

四、推进人力资源领域先行先试

（四十八）增强企业用工灵活性，支持自贸试验区内制造企业生产高峰时节与劳动者签订以完成一定工作任务为期限的劳动合同、短期固定期限劳动合同；允许劳务派遣员工从事企业研发中心研发岗位临时性工作。（负责部门：人力资源社会保障部）

（四十九）将在自贸试验区内设立中外合资和外商独资人才中介机构审批权限下放至自贸试验区，由自贸试验区相关职能部门审批并报省（市）人力资源社会保障部门备案。（负责部门：人力资源社会保障部）

（五十）研究制定外国留学生在我国境内勤工助学管理制度，由自贸试验区制定有关实施细则，实现规范管理。（负责部门：教育部）

（五十一）鼓励在吸纳非卫生技术人员在医疗机构提供中医治未病服务、医疗机构中医治未病专职医师职称晋升、中医治未病服务项目收费等方面先行试点。（负责部门：中医药局）

（五十二）授权自贸试验区制定相关港澳专业人才执业管理办法（国家法律法规暂不允许的除外），允许具有港澳执业资格的金融、建筑、规划、专利代理等领域专业人才，经相关部门或机构备案后，按规定范围为自贸试验区内企业提供专业服务。（负责部门：人力资源社会保障部、住房城乡建设部、银保监会、证监会、知识产权局；适用范围：广东自贸试验区）

（五十三）支持自贸试验区开展非标准就业形式下劳动用工管理和服务试点。（负责部门：人力资源社会保障部；适用范围：上海自贸试验区）

五、切实做好组织实施

坚持党的领导。坚持和加强党对改革开放的领导，把党的领导贯穿于自贸试验区建设全过程。要以习近平新时代中国特色社会主义思想为指导，全面贯彻党的十九大和十九届二中、三中全会精神，深刻认识支持自贸试验区深化改革创新的重大意义，贯彻新发展理念，鼓励地方大胆试、大胆闯、自主改，进一步发挥自贸试验区全面深化改革和扩大开放试验田作用。

维护国家安全。各有关地区和部门、各自贸试验区要牢固树立总体国家安全观，在中央国家安全领导机构统筹领导下，贯彻执行国家安全方针政策和法律法规，强化底线思维和风险意识，维护国家核心利益和政治安全，主动服务大局。各有关省（市）人民政府依法管理本行政区域内自贸试验区的国家安全工作。各有关部门依职责管理指导本系统、本领域国家安全工作，可根据维护国家安全和核心利益需要按程序调整有关措施。

强化组织管理。各有关地区和部门要高度重视、密切协作，不断提高自贸试验区建设和管理水平。国务院自由贸易试验区工作部际联席会议办公室要切实发挥统筹协调作用，加强横向协作、纵向联动，进行差别化指导。各有关部门要加强指导和服务，积极协调指导自贸试验区解决发展中遇到的问题。各有关省（市）人民政府要承担起主体责任，完善工作机制，构建精简高效、权责明晰的自贸试验区管理体制，加强人才培养，打造高素质管理队伍。

狠抓工作落实。各有关地区和部门要以钉钉子精神抓好深化改革创新措施落实工作。国务院自由贸易试验区工作部际联席会议办公室要加强督促检查，对督查中发现的问题要明确责任、限时整改，及时总结评估，对效果好、风险可控的成果，复制推广至全国其他地区。各有关部门要依职责做好改革措施的细化分解，全程过问、一抓到底。各有关省（市）要将落实支持措施作为本地区重点工作，加强监督评估、压实工作责任，推进措施落地生效，同时研究出台本省（市）进一步支持自贸试验区深化改革创新的措施。需调整有关行政法规、国务院文件和部门规章规定的，要按法定程序办理。重大事项及时向党中央、国务院请示报告。

国务院

2018 年 11 月 7 日

国务院关于印发中国（上海）自由贸易试验区临港新片区总体方案的通知

（国发〔2019〕15号）

各省、自治区、直辖市人民政府，国务院各部委、各直属机构：

现将《中国（上海）自由贸易试验区临港新片区总体方案》印发给你们，请认真贯彻执行。

国务院
2019年7月27日

中国（上海）自由贸易试验区临港新片区总体方案

设立中国（上海）自由贸易试验区临港新片区（以下简称新片区），是以习近平同志为核心的党中央总揽全局、科学决策作出的进一步扩大开放重大战略部署，是新时代彰显我国坚持全方位开放鲜明态度、主动引领经济全球化健康发展的重要举措。为深入贯彻习近平总书记在首届中国国际进口博览会期间的重要讲话精神，在更深层次、更宽领域、以更大力度推进全方位高水平开放，制定本方案。

一、总体要求

（一）指导思想

以习近平新时代中国特色社会主义思想为指导，全面贯彻党的十九大和十九届二中、三中全会精神，坚持新发展理念，坚持高质量发展，推动经济发展质量变革、效率变革、动力变革，对标国际上公认的竞争力最强的自由贸易园区，选择国家战略需要、国际市场需求大、对开放度要求高但其他地区尚不具备实施条件的重点领域，实施具有较强国际市场竞争力的开放政策和制度，加大开放型经济的风险压力测试，实现新片区与境外投资经营便利、货物自由进出、资金流动便利、运输高度开放、人员自由执业、信息快捷联通，打造更具国际市场影响力和竞争力的特殊经济功能区，主动服务和融入国家重大战略，更好服务对外开放总体战略布局。

（二）发展目标

到 2025 年，建立比较成熟的投资贸易自由化便利化制度体系，打造一批更高开放度的功能型平台，集聚一批世界一流企业，区域创造力和竞争力显著增强，经济实力和经济总量大幅跃升。到 2035 年，建成具有较强国际市场影响力和竞争力的特殊经济功能区，形成更加成熟定型的制度成果，打造全球高端资源要素配置的核心功能，成为我国深度融入经济全球化的重要载体。

（三）规划范围

在上海大治河以南、金汇港以东以及小洋山岛、浦东国际机场南侧区域设置新片区。按照"整体规划、分步实施"原则，先行启动南汇新城、临港装备产业区、小洋山岛、浦东机场南侧等区域，面积为 119.5 平方公里。

新片区的开发利用须遵守土地、无居民海岛利用和生态环境、城乡规划等法律法规，并符合节约集约利用资源的有关要求；支持按照国家相关法规和程序，办理合理必需用海。

二、建立以投资贸易自由化为核心的制度体系

在适用自由贸易试验区各项开放创新措施的基础上，支持新片区以投资自由、贸易自由、资金自由、运输自由、人员从业自由等为重点，推进投资贸易自由化便利化。

（四）实施公平竞争的投资经营便利

借鉴国际上自由贸易园区的通行做法，实施外商投资安全审查制度，在电信、保险、证券、科研和技术服务、教育、卫生等重点领域加大对外开放力度，放宽注册资本、投资方式等限制，促进各类市场主体公平竞争。探索试行商事主体登记确认制，尊重市场主体民事权利，对申请人提交的文件实行形式审查。深入实施"证照分离"改革。支持新片区加强国际商事纠纷审判组织建设。允许境外知名仲裁及争议解决机构经上海市人民政府司法行政部门登记并报国务院司法行政部门备案，在新片区内设立业务机构，就国际商事、海事、投资等领域发生的民商事争议开展仲裁业务，依法支持和保障中外当事人在仲裁前和仲裁中的财产保全、证据保全、行为保全等临时措施的申请和执行。

（五）实施高标准的贸易自由化

在新片区内设立物理围网区域，建立洋山特殊综合保税区，作为对标国际

公认、竞争力最强自由贸易园区的重要载体,在全面实施综合保税区政策的基础上,取消不必要的贸易监管、许可和程序要求,实施更高水平的贸易自由化便利化政策和制度。对境外抵离物理围网区域的货物,探索实施以安全监管为主、体现更高水平贸易自由化便利化的监管模式,提高口岸监管服务效率,增强国际中转集拼枢纽功能。支持新片区发展具有国际竞争力的重点产业,根据企业的业务特点,积极探索相适应的海关监管制度。相关监管政策制度由海关总署牵头另行制定。推进服务贸易自由化,加快文化服务、技术产品、信息通讯、医疗健康等资本技术密集型服务贸易发展,创新跨境电商服务模式,鼓励跨境电商企业在新片区内建立国际配送平台。根据油气体制改革进程和产业需要,研究赋予新片区内符合条件的企业原油进口资质。

(六)实施资金便利收付的跨境金融管理制度

在风险可控的前提下,按照法律法规规定,借鉴国际通行的金融监管规则,进一步简化优质企业跨境人民币业务办理流程,推动跨境金融服务便利化。研究开展自由贸易账户本外币一体化功能试点,探索新片区内资本自由流入流出和自由兑换。支持新片区内企业参照国际通行规则依法合规开展跨境金融活动,支持金融机构在依法合规、风险可控、商业可持续的前提下为新片区内企业和非居民提供跨境发债、跨境投资并购和跨境资金集中运营等跨境金融服务。新片区内企业从境外募集的资金、符合条件的金融机构从境外募集的资金及其提供跨境服务取得的收入,可自主用于新片区内及境外的经营投资活动。支持符合条件的金融机构开展跨境证券投资、跨境保险资产管理等业务。按照国家统筹规划、服务实体、风险可控、分步推进的原则,稳步推进资本项目可兑换。先行先试金融业对外开放措施,积极落实放宽金融机构外资持股比例、拓宽外资金融机构业务经营范围等措施,支持符合条件的境外投资者依法设立各类金融机构,保障中外资金融机构依法平等经营。经国家金融管理部门授权,运用科技手段提升金融服务水平和监管能力,建立统一高效的金融管理体制机制,切实防范金融风险。

(七)实施高度开放的国际运输管理

提升拓展全球枢纽港功能,在沿海捎带、国际船舶登记、国际航权开放等方面加强探索,提高对国际航线、货物资源的集聚和配置能力。逐步放开船舶法定检验。在确保有效监管、风险可控前提下,对境内制造船舶在"中国洋山港"登记从事国际运输的,视同出口,给予出口退税。进一步完善启运港退税相关政策,优化监管流程,扩大中资方便旗船沿海捎带政策实施效果,研究在对等原则下允许外籍国际航行船舶开展以洋山港为国际中转港的外贸集装箱沿海捎带业务。推动浦东国际机场与"一带一路"沿线国家和地区扩大包括第五航权在内的航权安排，吸引相关国家和地区航空公司开辟经停航线。支持浦东国际机场探索航空中转集拼业务。以洋山深水港、浦东国际机场与芦潮港铁路集装箱中心站为载体，推动海运、空运、铁路运输信息共享，提高多式联运的运行效率。

（八）实施自由便利的人员管理

放宽现代服务业高端人才从业限制，在人员出入境、外籍人才永久居留等方面实施更加开放便利的政策措施。建立外国人在新片区内工作许可制度和人才签证制度。允许具有境外职业资格的金融、建筑、规划、设计等领域符合条件的专业人才经备案后，在新片区内提供服务，其在境外的从业经历可视同国内从业经历。除涉及国家主权、安全外，允许境外人士在新片区内申请参加我国相关职业资格考试。探索在法医毒物司法鉴定、环境损害司法鉴定等技术含量高的领域开展和加强技术合作。为到新片区内从事商务、交流、访问等经贸活动的外国人提供更加便利的签证和停居留政策措施。制定和完善海外人才引进政策和管理办法，给予科研创新领军人才及团队等海外高层次人才办理工作许可、永久或长期居留手续"绿色通道"。探索实施外籍人员配额管理制度，为新片区内注册企业急需的外国人才提供更加便利的服务。

（九）实施国际互联网数据跨境安全有序流动

建设完备的国际通信设施，加快 5G、IPv6、云计算、物联网、车联网等新一代信息基础设施建设，提升新片区内宽带接入能力、网络服务质量和应用水平，构建安全便利的国际互联网数据专用通道。支持新片区聚焦集成电路、人工智能、生物医药、总部经济等关键领域，试点开展数据跨境流动的安全评估，建立数据保护能力认证、数据流通备份审查、跨境数据流通和交易风险评估等数据安全管理机制。开展国际合作规则试点，加大对专利、版权、企业商业秘密等权利及数据的保护力度，主动参与引领全球数字经济交流合作。

（十）实施具有国际竞争力的税收制度和政策

对境外进入物理围网区域内的货物、物理围网区域内企业之间的货物交易和服务实行特殊的税收政策。扩大新片区服务出口增值税政策适用范围，研究适应境外投资和离岸业务发展的新片区税收政策。对新片区内符合条件的从事集成电路、人工智能、生物医药、民用航空等关键领域核心环节生产研发的企业，自设立之日起 5 年内减按 15% 的税率征收企业所得税。研究实施境外人才个人所得税税负差额补贴政策。在不导致税基侵蚀和利润转移的前提下，探索试点自由贸易账户的税收政策安排。

三、建立全面风险管理制度

以风险防控为底线，以分类监管、协同监管、智能监管为基础，全面提升风险防范水平和安全监管水平。

（十一）强化重点领域监管

建立涵盖新片区管理机构、行业主管部门、区内企业和相关运营主体的一体化信息管理服务平台。聚焦投资、贸易、金融、网络、生态环境、文化安全、人员进出、反恐反分裂、公共道德等重点领域，进一步完善外商投资安全审查、反垄断审查、行业管理、用户认证、行为审计等管理措施，在风险研判和防控中加强信息技术应用，建立联防联控机制，实施严格监管、精准监管、有效监管。建立检疫、原产地、知识产权、国际公约、跨境资金等特殊领域的风险精准监测机制，实现全流程的风险实时监测和动态预警管理。

（十二）加强信用分级管理

完善信用评价基本规则和标准，实施经营者适当性管理，按照"守法便利"原则，把信用等级作为企业享受优惠政策和制度便利的重要依据。建立主动披露制度，实施失信名单披露、市场禁入和退出制度。完善商事登记撤销制度，对以欺骗、贿赂等不正当手段取得登记的，登记机关可以依法撤销登记。

（十三）强化边界安全

高标准建设智能化监管基础设施，实现监管信息互联互认共享。守住"一线"国门安全、"二线"经济社会安全。加强进境安全管理，对新片区进境货物实行"两段准入"监管模式。对禁限管制（核生化导爆、毒品等）、重大疫情、高风险商品安全等重大紧急或放行后难以管控的风险，以及法律、行政法规有明确要求的，依法实施"准许入境"监管。对非高风险商品检验、风险可控的检疫等其他风险可依法实施"合格入市"监管。

四、建设具有国际市场竞争力的开放型产业体系

发挥开放型制度体系优势，推动统筹国际业务、跨境金融服务、前沿科技研发、跨境服务贸易等功能集聚，强化开放型经济集聚功能。加快存量企业转型升级，整体提升区域产业能级。

（十四）建立以关键核心技术为突破口的前沿产业集群

建设集成电路综合性产业基地，优化进口料件全程保税监管模式，支持跨国公司设立离岸研发和制造中心，推动核心芯片、特色工艺、关键装备和基础材料等重点领域发展。建设人工智能创新及应用示范区，加快应用场景开放力度，推动智能汽车、智能制造、智能机器人等新产业新业态发展。建设民用航空产业集聚区，以大型客机和民用航空发动机为核心，加速集聚基础研究、技术开发、产品研制、试验验证等配套产业，推动总装交付、生产配套、运营维护、文旅服务等航空全产业链发展。建设面向"一带一路"沿线国家和地区的维修和绿色再制造中心，建立绿色认证和评级体系，支持在综合保税区开展数控机床、工程设备等产品入境维修和再制造，提升高端智能再制造产业国际竞争力。

（十五）发展新型国际贸易

建设亚太供应链管理中心，完善新型国际贸易与国际市场投融资服务的系统性制度支撑体系，吸引总部型机构集聚。发展跨境数字贸易，支持建立跨境电商海外仓。建设国际医疗服务集聚区，支持与境外机构合作开发跨境医疗保险产品、开展国际医疗保险结算试点。允许符合条件的外商独资企业开展面向全球的文化艺术品展示、拍卖、交易。

（十六）建设高能级全球航运枢纽

支持浦东国际机场建设世界级航空枢纽，建设具有物流、分拣和监管集成功能的航空货站，打造区域性航空总部基地和航空快件国际枢纽中心。推进全面实施国际旅客及其行李通程联运。建设国际航运补给服务体系，提升船舶和航空用品供应、维修、备件、燃料油等综合服务能力。支持内外资企业和机构开展航运融资、航运保险、航运结算、航材租赁、船舶交易和航运仲裁等服务，探索发展航运指数衍生品业务，提升高端航运服务功能。

（十七）拓展跨境金融服务功能

大力提升人民币跨境金融服务能力，拓展人民币跨境金融服务深度和广度。支持开展人民币跨境贸易融资和再融资业务。鼓励跨国公司设立全球或区域资金管理中心。加快发展飞机、船舶等融资租赁业务，鼓励发展环境污染责任保险等绿色金融业务。

（十八）促进产城融合发展

进一步拓宽国际优质资本和经验进入教育、医疗、文化、体育、园区建设、城市管理等公共服务领域的渠道，加强新片区各类基础设施建设管理，提升高品质国际化的城市服务功能。

（十九）加强与长三角协同创新发展

支持境内外投资者在新片区设立联合创新专项资金，就重大科研项目开展合作，允许相关资金在长三角地区自由使用。支持境内投资者在境外发起的私募基金参与新片区创新型科技企业融资，凡符合条件的可在长三角地区投资。支持新片区优势产业向长三角地区拓展形成产业集群。

五、加快推进实施

新片区参照经济特区管理。国家有关部门和上海市要按照总体方案的要求，加强法治建设和风险防控，切实维护国家安全和社会安全，扎实推进各项改革试点任务落地见效。

（二十）加强党的领导

增强"四个意识"，坚定"四个自信"，做到"两个维护"，培育践行社会主义核心价值观，把党的建设始终贯穿于新片区规划建设的全过程，把党的政治优势、组织优势转化为新片区全面深化改革和扩大开放的坚强保障。

（二十一）加大赋权力度

赋予新片区更大的自主发展、自主改革和自主创新管理权限，在风险可控的前提下授权新片区管理机构自主开展贴近市场的创新业务。新片区的各项改革开放举措，凡涉及调整现行法律或行政法规的，按法定程序经全国人大或国务院统一授权后实施。

（二十二）带动长三角新一轮改革开放

定期总结评估新片区在投资管理、贸易监管、金融开放、人才流动、运输管理、风险管控等方面的制度经验，制定推广清单，明确推广范围和监管要求，按程序报批后有序推广实施。加强新片区与海关特殊监管区域、经济技术开发区联动，放大辐射带动效应。

（二十三）抓紧组织实施

国家有关部门进一步向上海市和中央在沪单位放权，按照总体方案，支持、指导制定相关实施细则。

上海市要切实履行主体责任，高标准高质量建设新片区，加快形成成熟定型的制度体系和管理体制，更好地激发市场主体参与国际市场的活力。重大事项及时向党中央、国务院请示报告。

国务院关于印发 6 个新设自由贸易试验区总体方案的通知

(国发〔2019〕16 号)

各省、自治区、直辖市人民政府，国务院各部委、各直属机构：

现将《中国（山东）自由贸易试验区总体方案》、《中国（江苏）自由贸易试验区总体方案》、《中国（广西）自由贸易试验区总体方案》、《中国（河北）自由贸易试验区总体方案》、《中国（云南）自由贸易试验区总体方案》、《中国（黑龙江）自由贸易试验区总体方案》印发给你们，请认真贯彻执行。

国务院
2019 年 8 月 2 日

中国（山东）自由贸易试验区总体方案

建立中国（山东）自由贸易试验区（以下简称自贸试验区）是党中央、国务院作出的重大决策，是新时代推进改革开放的战略举措。为高标准高质量建设自贸试验区，制定本方案。

一、总体要求

（一）指导思想

以习近平新时代中国特色社会主义思想为指导，全面贯彻党的十九大和十九届二中、三中全会精神，统筹推进"五位一体"总体布局和协调推进"四个全面"战略布局，坚持稳中求进工作总基调，坚持新发展理念，坚持高质量发展，以供给侧结构性改革为主线，主动服务和融入国家重大战略，更好服务对外开放总体战略布局，解放思想、大胆创新，把自贸试验区建设成为新时代改革开放的新高地。

（二）战略定位及发展目标

以制度创新为核心，以可复制可推广为基本要求，全面落实中央关于增强经济社会发展创新力、转变经济发展方式、建设海洋强国的要求,加快推进新旧发展动能接续转换、发展海洋经济,形成对外开放新高地。经过三至五年改革探索,对标国际先进规则,形成更多有国际竞争力的制度创新成果,推动经济发展质量变革、效率变革、动力变革,努力建成贸易投资便利、金融服务完善、监管安全高效、辐射带动作用突出的高标准高质量自由贸易园区。

二、 区位布局

(一) 实施范围

自贸试验区的实施范围119.98平方公里,涵盖三个片区:济南片区37.99平方公里,青岛片区52平方公里(含青岛前湾保税港区9.12平方公里、青岛西海岸综合保税区2.01平方公里),烟台片区29.99平方公里(含烟台保税港区区块二2.26平方公里)。

自贸试验区土地开发利用须遵守土地利用、生态环境保护、城乡规划法律法规,符合土地利用总体规划和城乡规划,并符合节约集约用地的有关要求;涉及海洋的,须符合《中华人民共和国海域使用管理法》、《中华人民共和国海洋环境保护法》等法律法规有关规定。

(二) 功能划分

济南片区重点发展人工智能、产业金融、医疗康养、文化产业、信息技术等产业,开展开放型经济新体制综合试点试验,建设全国重要的区域性经济中心、物流中心和科技创新中心;青岛片区重点发展现代海洋、国际贸易、航运物流、现代金融、先进制造等产业,打造东北亚国际航运枢纽、东部沿海重要的创新中心、海洋经济发展示范区,助力青岛打造我国沿海重要中心城市;烟台片区重点发展高端装备制造、新材料、新一代信息技术、节能环保、生物医药和生产性服务业,打造中韩贸易和投资合作先行区、海洋智能制造基地、国家科技成果和国际技术转移转化示范区。

三、 主要任务和措施

(一) 加快转变政府职能

1. 打造国际一流营商环境。深化商事制度改革,推进"证照分离"改革全覆盖。山东省能够下放的经济社会管理权限全部下放给自贸试验区。推行"极简审批"、"不见面审批(服务)",深化"一次办好"改革。全面开展工程建设项目审批制度改革。应用人工智能技术,提高社会治理水平。建立健全以信用监管为核心、与负面清单管理方式相适应的事中事后监管体系。强化竞争政策的基础性地位。配合做好外商投资安全审查工作。

(二) 深化投资领域改革

2. 深入推进投资自由化便利化。全面落实外商投资准入前国民待遇加负面清单管理制度。探索建立外商投资信息报告制度。支持外商投资企业参与氢能源汽车标准制定。支持外商独资设立经营性教育培训和职业技能培训机构。支持外商投资设立航空运输销售代理企业。统一内外资人才中介机构投资者资质要求，由自贸试验区管理机构负责审批，报省级人力资源社会保障部门备案。允许注册在自贸试验区内的符合条件的外资旅行社从事除台湾地区以外的出境旅游业务。

3. 完善投资促进和保护机制。建立健全外商投资服务体系，完善外商投资促进、项目跟踪服务和投诉工作机制。鼓励自贸试验区在法定权限内制定外商投资促进政策。试点建设面向中小企业的双向投资促进公共服务平台。完善企业"走出去"综合服务体系。支持"走出去"企业以境外资产和股权、采矿权等权益为抵押获得贷款。

(三) 推动贸易转型升级

4. 提升贸易便利化水平。探索食品农产品等检验检疫和追溯标准国际互认机制，扩大第三方检验结果采信商品和机构范围。创新出口货物专利纠纷担保放行方式。大力发展过境贸易。集中开展境内外货物中转、集拼和国际分拨配送业务。在海关特殊监管区域全面实施货物状态分类监管。对注册在自贸试验区海关特殊监管区域内的融资租赁企业进出口飞机、船舶、海洋工程结构物等大型设备涉及跨关区的，在确保有效监管和执行现行税收政策的前提下，实行海关异地委托监管。探索取消自贸试验区海关特殊监管区域内企业从事贸易经纪与代理的经营许可或改为备案，法律法规另有规定的除外。对符合国家环保要求允许进口的高附加值数控机床、工程设备、电子设备、通信设备等旧机电设备的进口、加工后再出口，海关给予通关便利。支持在自贸试验区符合条件的片区设立综合保税区。

5. 培育贸易新业态新模式。支持自贸试验区内企业开展跨境电商进出口业务，逐步实现自贸试验区内综合保税区依法依规全面适用跨境电商零售进口政策。在风险可控、依法依规前提下，积极开展飞机零部件循环再制造。支持自贸试验区的汽车整车进口口岸建设。支持青岛片区适时增加汽车平行进口试点企业数量。加快发展数字化贸易。促进文物及文化艺术品在自贸试验区内综合保税区存储、展示等。

6. 持续优化贸易结构。根据石油天然气体制改革进程和产业需要，研究赋予自贸试验区内符合条件的企业原油进口资质。允许自贸试验区内注册企业开展不同税号下保税油品混兑调和。支持具备相关资质的船舶供油企业开展国际航行船舶保税油供应业务。支持依托现有交易场所依法依规开展棉花等大宗商品交易。支持设立食品农产品进口指定监管作业场地，打造食品农产品、葡萄酒进出口集散中心。对海关特殊监管区域外有条件企业开展高附加值、高技术含量、符合环保要求的"两头在外"检测、维修和再制造业态实行保税监管。

（四）深化金融领域开放创新

7. 扩大人民币跨境使用。探索通过人民币资本项下输出贸易项下回流方式，重点推动贸易和投资领域的人民币跨境使用。支持符合条件的跨国公司按规定开展跨境人民币资金池业务。支持自贸试验区内银行按规定发放境外人民币贷款。探索自贸试验区内金融机构按规定开展跨境资产转让等业务时使用人民币计价结算，并纳入全口径跨境融资宏观审慎管理。

8. 促进跨境投融资便利化。开展资本项目收入支付便利化改革试点。自贸试验区内货物贸易外汇管理分类等级为A类的企业货物贸易收入可直接进入经常项目结算账户。研究开展合格境内有限合伙人（QDLP）试点工作。支持在自贸试验区依法依规设立外商投资金融机构。探索设立专业从事境内股权投资类基金公司。支持外资股权投资管理机构、外资创业投资管理机构在自贸试验区发起管理人民币股权投资和创业投资基金。

9. 探索实施金融创新。在严格监管前提下审慎有序进行金融综合经营试点。支持本地法人银行开展股债联动业务试点。探索发展私募股权投资二级交易基金。鼓励创新知识产权保险业务，开展基金管理服务专项改革创新。支持自贸试验区内保险法人机构依法依规开展境外投资。支持符合条件的融资租赁公司在自贸试验区内设立专业子公司。根据期货保税交割业务需要，允许拓展仓单质押融资功能，推动完善仓单质押融资所涉及的仓单确权等工作。加强对重大风险的识别和系统性金融风险的防范。强化反洗钱、反恐怖融资、反逃税工作。

（五）推动创新驱动发展

10. 加强创新能力建设。支持建设海外创新孵化中心、海外人才离岸创新创业基地等创新平台。支持企业联合金融机构、高校、科研院所建设产业创新平台。支持建设山东产业技术研究院。鼓励外国著名高校来华开展合作办学。

推动双元制职业教育发展，设立智能制造技师学院。支持青岛片区开展高水平中德合作办学。

11. 推进医疗医药行业发展。在相关制度安排框架下，允许港澳服务提供者按规定设立独资医疗机构。支持整形美容、先进医疗技术研发和孵化等行业发展。自贸试验区内医疗机构可按有关规定开展干细胞临床前沿医疗技术研究。加快创新药品审批上市，对抗癌药、罕见病用药等临床急需创新药品实施优先审评审批。优化生物医药全球协同研发试验用特殊物品的检疫查验流程。开展医疗器械注册人制度试点，允许自贸试验区内医疗器械注册人委托山东省医疗器械生产企业生产产品。允许引入和创建国际医学组织，承办国际医学会议。给予医疗人才、先进医疗技术优先准入。鼓励在符合条件的人员在医疗机构提供中医治未病服务、医疗机构中医治未病专职医师职称晋升等方面先行先试。

12. 健全知识产权保护和运用体系。建立知识产权争端解决与快速维权机制。支持建立知识产权运营中心。完善知识产权评估机制、质押融资风险分担机制和方便快捷的质物处置机制。探索人才和技术资本化评估机制，实现知识产权可作价、成果转化能估价、人才团队有身价。放宽对专利代理机构股东和合伙人的条件限制。

13. 优化外籍及港澳台人才发展环境。支持港澳台专业人才和符合条件的外籍专业人才到自贸试验区工作。进一步为来自贸试验区开展商务、旅游等活动的外国人提供入出境便利。开展外国高端人才服务"一卡通"试点。在国际会议、对外邀请、使节来访等需审核审批事项上，建立外事审核审批直通车制度。

（六）高质量发展海洋经济

14. 加快发展海洋特色产业。建设东北亚水产品加工及贸易中心。推进海洋工程装备研究院及重大研发、试验验证平台和智慧码头建设，发展涉海装备研发制造、维修、服务等产业。支持探索建设现代化海洋种业资源引进中转基地，加快优质水产苗种的检疫准入。优化海洋生物种质及其生物制品进口许可程序，加强海洋生物种质和基因资源研究及产业应用。推进国家海洋药物中试基地、蓝色药库研发生产基地建设，将海洋药物按规定纳入国家医保目录。支持自贸试验区内有条件的金融机构提供各类涉海金融服务。

15. 提升海洋国际合作水平。发挥东亚海洋合作平台作用，区内区外联动，深化开放合作。支持涉海高校、科研院所、国家实验室、企业与国内外机构共建海洋实验室和海洋研究中心。支持国际海洋组织在山东省设立分支机构。搭建国际海洋基因组学联盟，开展全球海洋生物基因测序服务。支持涉海企业参与国际标准制定。

16. 提升航运服务能力。建设航运大数据综合信息平台。探索依托现有交易场所依法依规开展船舶等航运要素交易。支持青岛国际海洋产权交易中心试点开展国际范围船舶交易。支持设立国际中转集拼货物多功能集拼仓库。逐步开放中国籍国际航行船舶入级检验。支持开展外籍邮轮船舶维修业务。发挥港口功能优势，建立以"一单制"为核心的多式联运服务体系，完善山东省中欧班列运营平台，构建东联日韩、西接欧亚大陆的东西互联互通大通道。加强自贸试验区与海港、空港联动，推进海陆空邮协同发展。

（七）深化中日韩区域经济合作

17. 探索三国地方经济合作。强化优势互补，探索共同开拓第三方市场。高标准建设中韩（烟台）产业园，创新"两国双园"合作模式。支持合作建设医养健康中心。推动建立国际化科技成果转移转化平台。支持依规开展人民币海外基金业务。允许国外交易所在自贸试验区内设立办事机构。

18. 推进区域合作交流便利化。加强中日、中韩海关间"经认证的经营者（AEO）"互认合作，构建信息互换、监管互认、执法互助以及检验检疫、标准计量等方面高效顺畅的合作机制。与日本、韩国合作确定鲜活农副产品目录清单，加快开通快速通关绿色通道。创新自由贸易协定缔约方之间班轮卫生检疫"电讯申报、无疫通行"监管模式。

四、保障机制

坚持和加强党对改革开放的领导，把党的领导贯穿于自贸试验区建设的全过程。强化底线思维和风险意识，完善风险防控和处置机制，实现区域稳定安全高效运行，切实维护国家安全和社会安全。在国务院自由贸易试验区工作部际联席会议统筹协调下，充分发挥地方和部门积极性，抓好各项改革试点任务落实，高标准高质量建设自贸试验区。山东省要完善工作机制，构建精简高效、权责明晰的自贸试验区管理体制，加强人才培养，打造高素质管理队伍；要加强地方立法，建立公正透明、体系完备的法治环境。自贸试验区各片区要把工作做细，制度做实，严格监督，严格执纪执法。各有关部门要及时下放相关管理权限，给予充分的改革自主权。本方案提出的各项改革政策措施，凡涉及调整现行法律或行政法规的，按规定程序办理。重大事项及时向党中央、国务院请示报告。

中国（江苏）自由贸易试验区总体方案

建立中国（江苏）自由贸易试验区（以下简称自贸试验区）是党中央、国务院作出的重大决策，是新时代推进改革开放的战略举措。为高标准高质量建设自贸试验区，制定本方案。

一、总体要求

（一）指导思想

以习近平新时代中国特色社会主义思想为指导，全面贯彻党的十九大和十九届二中、三中全会精神，统筹推进"五位一体"总体布局和协调推进"四个全面"战略布局，坚持稳中求进工作总基调，坚持新发展理念，坚持高质量发展，以供给侧结构性改革为主线，主动服务和融入国家重大战略，更好服务对外开放总体战略布局，解放思想、大胆创新，把自贸试验区建设成为新时代改革开放的新高地。

（二）战略定位及发展目标

以制度创新为核心，以可复制可推广为基本要求，全面落实中央关于深化产业结构调整、深入实施创新驱动发展战略的要求，推动全方位高水平对外开放，加快"一带一路"交汇点建设，着力打造开放型经济发展先行区、实体经济创新发展和产业转型升级示范区。经过三至五年改革探索，对标国际先进规则，形成更多有国际竞争力的制度创新成果，推动经济发展质量变革、效率变革、动力变革，努力建成贸易投资便利、高端产业集聚、金融服务完善、监管安全高效、辐射带动作用突出的高标准高质量自由贸易园区。

二、区位布局

（一）实施范围

自贸试验区的实施范围119.97平方公里，涵盖三个片区：南京片区39.55平方公里，苏州片区60.15平方公里（含苏州工业园综合保税区5.28平方公里），连云港片区20.27平方公里（含连云港综合保税区2.44平方公里）。

自贸试验区土地开发利用须遵守土地利用、生态环境保护、城乡规划法律法规，符合土地利用总体规划和城乡规划，并符合节约集约用地的有关要求；涉及海洋的，须符合《中华人民共和国海域使用管理法》、《中华人民共和国海洋环境保护法》等法律法规有关规定。

（二）功能划分

南京片区建设具有国际影响力的自主创新先导区、现代产业示范区和对外开放合作重要平台；苏州片区建设世界一流高科技产业园区，打造全方位开放高地、国际化创新高地、高端化产业高地、现代化治理高地；连云港片区建设亚欧重要国际交通枢纽、集聚优质要素的开放门户、"一带一路"沿线国家（地区）交流合作平台。

三、主要任务和措施

（一）加快转变政府职能

1. 打造国际一流营商环境。推进"证照分离"改革全覆盖，持续推动"多证合一"。推进"2个工作日内开办企业、3个工作日内获得不动产登记、30个工作日内取得工业建设项目施工许可证"改革。加强商事审判队伍建设，发展国际商事仲裁、调解等司法替代性解决机制。强化竞争政策的基础性地位。

2. 推进行政管理职能与流程优化。江苏省能够下放的经济社会管理权限，全部下放给自贸试验区。推进综合行政执法体制改革。全面推行"互联网+政务服务"模式。深化"不见面审批（服务）"改革和办税缴费便利化改革。探索高新技术企业认定流程和方式改革。

3. 创新事中事后监管体制机制。建立健全以信用监管为核心、与负面清单管理方式相适应的事中事后监管体系。配合做好外商投资安全审查工作。落实市场主体首负责任制，在安全生产、资源节约、环境保护等领域建立市场主体社会责任报告制度和责任追溯制度。

（二）深化投资领域改革

4. 深入推进投资自由化便利化。全面落实外商投资准入前国民待遇加负面清单管理制度。探索建立外商投资信息报告制度。深入实施公平竞争审查制度，实现各类市场主体依法平等准入。对符合条件的外资创业投资企业和股权投资企业开展境内投资项目，探索实施监管新模式。探索允许外商投资企业将资本项目收入划转或结汇并依法用于境内股权投资。支持外商独资设立经营性教育培训和职业技能培训机构。支持外商投资设立航空运输销售代理企业。统一内外资人才中介机构投资者资质要求，由自贸试验区管理机构负责审批，报省级人力资源社会保障部门备案。

5. 完善投资促进和保护机制。建立健全外商投资服务体系，完善外商投资促进、项目跟踪服务和投诉工作机制。鼓励自贸试验区在法定权限内制定外商投资促进政策。推广市场化招商模式，成立企业化招商机构。实施重大外资项目"直通车"制度。建立完善地方政府招商引资诚信制度。

6. 提高境外投资合作水平。创新境外投资管理，将自贸试验区建设成为企业"走出去"的窗口和综合服务平台。支持建设国家级境外投资服务中心。投资境外非贸易类实体项目的自贸试验区内企业因外保内贷履约形成对外债务时，应办理外债登记，并纳入全口径跨境融资宏观审慎管理。支持依法依规开展人民币海外基金业务。

7. 大力发展总部经济。进一步完善总部经济促进政策，打造总部经济群。推进企业跨境财务结算中心集聚发展，开展跨国公司总部外汇资金集中运营管理。跨境财务结算中心经批准可以进入境内银行间外汇市场交易。支持符合条件的跨国企业集团设立跨境人民币资金池，集中管理集团内人民币资金。

（三）推动贸易转型升级

8. 提升贸易便利化水平。加快建设具有国际先进水平的国际贸易"单一窗口"。推动数据协同、简化和标准化，实现铁路、海关、口岸等相关部门的信息互换、监管互认和执法互助。探索食品、农产品检验检疫和追溯标准国际互认机制。扩大第三方检验结果采信商品和机构范围。优化口岸通关流程，推进货物平均放行和结关时间体系化建设。创新出口货物专利纠纷担保放行方式。支持银行为真实合法的贸易结算提供优质服务。

9. 创新贸易综合监管模式。探索与自贸试验区外机场、港口、铁路以及海关特殊监管区域的联动发展。支持自贸试验区内企业开展跨境电商进出口业务，逐步实现自贸试验区内综合保税区依法依规全面适用跨境电商零售进口政策。支持国际邮件互换局（交换站）和国际快件监管中心建设。完善进口商品质量安全风险预警与快速反应监管体系。支持自贸试验区的汽车整车进口口岸建设。支持依法依规建设首次进口药品和生物制品口岸。搭建生物医药集中监管和公共服务平台。开展进境生物材料风险评估，优化对细胞、组织切片等基础性原料的检疫准入流程。优化生物医药全球协同研发的试验用特殊物品的检疫查验流程。支持在海关特殊监管区域和保税监管场所设立大宗商品期货保税交割库，开展期货保税交割、仓单质押融资等业务。允许海关接受软件报关。

10. 推动服务贸易创新发展。建立完善服务贸易创新发展跨部门协调机制，探索服务贸易行政审批及服务事项集中办理改革。探索建设服务贸易境外促进中心，构建中小微服务贸易企业融资担保体系。打造以数字化贸易为标志的新型服务贸易中心。推动中医药服务贸易创新发展。推进人民币在服务贸易领域的跨境使用。

（四）深化金融领域开放创新

11. 扩大金融领域对内对外开放。支持依法依规设立中外合资银行、民营银行、保险、证券、公募基金、持牌资产管理机构等法人金融机构。支持设立保险资产管理公司。支持发展离岸保险业务。探索投融资汇兑便利化。探索自贸试验区内上市公司外资股东直接参与上市公司配售增发业务，支持外籍员工直接参与境内上市公司股权激励计划。加强对重大风险的识别和系统性金融风险的防范。强化反洗钱、反恐怖融资、反逃税工作。

12. 强化金融对实体经济的支撑。在有效防范风险的基础上，稳妥有序开展供应链金融业务，探索债券、股权融资支持工具试点。支持开展外债注销登记下放给银行办理试点。扩大资本项目收入结汇支付便利化试点规模。依法依规创新绿色金融产品和服务。鼓励保险公司创新产品和服务，为能源、化工等提供保障。

13. 推进金融支持科技创新。研究设立跨境双向股权投资基金。支持开展政府投资基金投向种子期、初创期科技企业的退出试点，探索政府投资基金退出机制和让利机制。研究开展合格境内投资企业（QDIE）政策试点。支持自贸试验区内基金小镇依法依规开展私募投资基金服务。

（五）推动创新驱动发展

14. 支持制造业创新发展。发展前瞻性先导性产业。建设下一代互联网国家工程中心。建设国家集成电路设计服务产业创新平台、国家健康医疗大数据中心。推进5G试商用城市建设，打造国家级车联网先导区。在风险可控、依法依规前提下，积极开展高技术、高附加值、符合环保要求的旧机电产品维修和再制造，探索开展高端装备绿色再制造试点。开展医疗器械注册人制度试点，允许自贸试验区内医疗器械注册人委托江苏省医疗器械生产企业生产产品。

15. 推动现代服务业集聚发展。打造健康服务发展先行区。在相关制度安排框架下，允许港澳台服务提供者按规定设立独资医疗机构。加快质子放射治疗系统、手术机器人等大型创新医疗设备和创新药物审批。探索开展前沿医疗技术研究项目、重大新药创制国家科技重大专项成果转移转化试点。推动邮轮、游艇等旅游出行便利化。促进文物及文化艺术品在自贸试验区内的综合保税区存储、展示等。打造品牌化、市场化、国际化的展会平台。

16. 构建开放创新载体。建设高水平产业创新平台，鼓励外资设立研发中心，建设国别合作创新园区、协同创新中心、海外创新机构，构建开放创新生态系统。推进国家级开发区等开放创新平台与自贸试验区互动发展。

17. 完善知识产权保护和运用体系。推进知识产权保护中心建设。完善知识产权金融创新体系，创新知识产权融资产品。完善知识产权评估机制、质押融资风险分担机制和方便快捷的质物处置机制。探索推进职务发明创造所有权、处置权和收益权改革。支持国外知识产权服务机构在自贸试验区依法探索设立办事机构，开展相关业务。

18. 优化创新要素市场配置机制。探索国际人才管理改革试点，为在自贸试验区工作和创业的外国人提供入出境、居留和永久居留便利。开辟外国人才绿色通道，探索开展职业资格国际互认，探索放宽自贸试验区聘雇高层次和急需紧缺外籍专业人才条件限制。开展外国高端人才服务"一卡通"试点，建立住房、子女入学、就医社保服务通道。允许外籍及港澳台地区技术技能人员按规定在自贸试验区工作。支持完善人才跨境金融服务。创新国有建设用地开发利用及监管模式。

（六）积极服务国家战略

19. 推动"一带一路"交汇点建设。支持在自贸试验区内建立多式联运中心，探索建立以"一单制"为核心的便捷多式联运体系。授予自贸试验区铁路对外开放口岸资质。支持规划建设铁路集装箱中心站。建设大宗商品集散中心。促进国际运输便利化，加快海外物流基地建设。搭建新亚欧大陆桥陆海联运电子数据交换通道。加强与"一带一路"沿线国家（地区）口岸执法机构的机制化合作。推动将中欧班列（连云港）纳入中欧安全智能贸易航线试点计划。将外资经营国际船舶管理业务备案下放至江苏省。加强"一带一路"国际产能合作，支持自贸试验区内企业与相关国家的机构合作，参与建设境外经贸合作区、产能合作区等。

20. 推动长江经济带和长江三角洲区域一体化发展。加强与长江经济带和长江三角洲有关省市合作。加快建设扬子江生态文明创新中心。支持完善长江"生态眼"多源感知系统。在自贸试验区打造高水平国际化协同创新共同体，共同培育先进制造业集群和科创高地。加快建设现代产业集聚区，主动服务长江三角洲区域重点产业的优化布局和统筹发展。

四、保障机制

坚持和加强党对改革开放的领导，把党的领导贯穿于自贸试验区建设的全过程。强化底线思维和风险意识，完善风险防控和处置机制，实现区域稳定安全高效运行，切实维护国家安全和社会安全。在国务院自由贸易试验区工作部际联席会议统筹协调下，充分发挥地方和部门积极性，抓好各项改革试点任务落实，高标准高质量建设自贸试验区。江苏省要完善工作机制，构建精简高效、权责明晰的自贸试验区管理体制，加强人才培养，打造高素质管理队伍；要加强地方立法，建立公正透明、体系完备的法治环境。自贸试验区各片区要把工作做细，制度做实，严格监督，严格执纪执法。各有关部门要及时下放相关管理权限，给予充分的改革自主权。本方案提出的各项改革政策措施，凡涉及调整现行法律或行政法规的，按规定程序办理。重大事项及时向党中央、国务院请示报告。

中国（广西）自由贸易试验区总体方案

建立中国（广西）自由贸易试验区（以下简称自贸试验区）是党中央、国务院作出的重大决策，是新时代推进改革开放的战略举措。为高标准高质量建设自贸试验区，制定本方案。

一、总体要求

（一）指导思想

以习近平新时代中国特色社会主义思想为指导，全面贯彻党的十九大和十九届二中、三中全会精神，统筹推进"五位一体"总体布局和协调推进"四个全面"战略布局，坚持稳中求进工作总基调，坚持新发展理念，坚持高质量发展，以供给侧结构性改革为主线，主动服务和融入国家重大战略，更好服务对外开放总体战略布局，解放思想、大胆创新，把自贸试验区建设成为新时代改革开放的新高地。

（二）战略定位及发展目标

以制度创新为核心，以可复制可推广为基本要求，全面落实中央关于打造西南中南地区开放发展新的战略支点的要求，发挥广西与东盟国家陆海相邻的独特优势，着力建设西南中南西北出海口、面向东盟的国际陆海贸易新通道，形成21世纪海上丝绸之路和丝绸之路经济带有机衔接的重要门户。经过三至五年改革探索，对标国际先进规则，形成更多有国际竞争力的制度创新成果，推动经济发展质量变革、效率变革、动力变革，努力建成贸易投资便利、金融服务完善、监管安全高效、辐射带动作用突出、引领中国—东盟开放合作的高标准高质量自由贸易园区。

二、区位布局

(一) 实施范围

自贸试验区的实施范围119.99平方公里，涵盖三个片区：南宁片区46.8平方公里（含南宁综合保税区2.37平方公里），钦州港片区58.19平方公里（含钦州保税港区8.81平方公里），崇左片区15平方公里（含凭祥综合保税区1.01平方公里）。

自贸试验区土地开发利用须遵守土地利用、生态环境保护、城乡规划法律法规，符合土地利用总体规划和城乡规划，并符合节约集约用地的有关要求；涉及海洋的，须符合《中华人民共和国海域使用管理法》、《中华人民共和国海岛保护法》、《中华人民共和国海洋环境保护法》等法律法规有关规定。

(二) 功能划分

南宁片区重点发展现代金融、智慧物流、数字经济、文化传媒等现代服务业，大力发展新兴制造产业，打造面向东盟的金融开放门户核心区和国际陆海贸易新通道重要节点；钦州港片区重点发展港航物流、国际贸易、绿色化工、新能源汽车关键零部件、电子信息、生物医药等产业，打造国际陆海贸易新通道门户港和向海经济集聚区；崇左片区重点发展跨境贸易、跨境物流、跨境金融、跨境旅游和跨境劳务合作，打造跨境产业合作示范区，构建国际陆海贸易新通道陆路门户。

三、主要任务和措施

(一) 加快转变政府职能

1. 打造国际一流营商环境。推进"证照分离"改革全覆盖。深化"一事通办"改革。对标国际标准，在开办企业、办理建筑许可、登记财产等方面加大改革力度。推进重要工业产品生产许可制度改革。探索建立普通注销登记制度和简易注销登记制度相互配套的市场主体退出制度。强化竞争政策的基础性地位。配合做好外商投资安全审查工作。

2. 深入推进行政管理职能与流程优化。调整完善省级管理权限下放内容和方式。推行"极简审批"改革。实施相对集中行政许可权改革试点。优化经营范围登记改革试点。探索实施投资项目先建后验管理新模式。全面开展工程建设项目审批制度改革，实现"一口受理"、"两验终验"，推行"函证结合"、"容缺后补"等改革。全面推行"互联网+政务服务"模式，涉企政务服务事项实现"应上尽上、全程在线"。继续探索创新公共部门绩效管理模式。建立企业信用修复制度。

(二) 深化投资领域改革

3. 深入推进投资自由化便利化。全面落实外商投资准入前国民待遇加负面清单管理制度。探索建立外商投资信息报告制度。支持外商独资设立经营性教育培训和职业技能培训机构。统一内外资人才中介机构投资者资质要求，由自贸试验区管理机构负责审批，报省级人力资源社会保障部门备案。支持外商投资设立航空运输销售代理企业。支持将无船承运、外资经营国际船舶管理业务备案下放给广西。深化国际文化创意和体育赛事合作，依托现有交易场所开展演艺及文化创意知识产权交易。

4. 完善投资促进和保护机制。建立健全外商投资服务体系，完善外商投资促进、项目跟踪服务和投诉工作机制。鼓励自贸试验区在法定权限内制定外商投资促进政策。推动准入前和准入后管理措施的有效衔接，实施公平竞争审查制度。

5. 提高境外投资合作水平。完善企业"走出去"综合服务和风险防控体系。鼓励企业"走出去"在周边国家开展农业合作。鼓励金融机构提高对境外资产或权益的处置能力，支持"走出去"企业以境外资产和股权、采矿权等权益为抵押获得贷款。

(三) 推动贸易转型升级

6. 提升贸易便利化水平。加快建设国际贸易"单一窗口"，依托"单一窗口"标准版，探索与东盟国家"单一窗口"互联互通。试行"两步申报"通关监管新模式。探索对自贸试验区海关特殊监管区域内企业取消工单核销和单耗管理。依照自由贸易协定安排，推动实施原产地自主声明制度和原产地预裁定制度。优化生物医药全球协同研发的试验用特殊物品的检疫查验流程。优先审理自贸试验区相关口岸开放项目。支持依法依规建设首次进口药品和生物制品口岸。研究开展贸易调整援助试点。

7. 培育贸易新业态新模式。逐步实现自贸试验区内综合保税区依法依规全面适用跨境电商零售进口政策。支持在自贸试验区的海关特殊监管区域开展现货交易、保税交割、融资租赁业务。开展平行进口汽车试点。支持发展国际贸易、现代金融等总部经济。在综合保税区内开展高技术、高附加值、符合环保要求的保税检测和全球维修业务，试点通信设备等进口再制造。促进文物及文化艺术品在自贸试验区内综合保税区存储、展示等。

（四）深化金融领域开放创新

8. 打造面向东盟的金融开放门户。深化以人民币面向东盟跨区域使用为重点的金融改革。推动人民币与东盟国家货币通过银行间市场区域挂牌交易。完善货币现钞跨境调运机制。支持符合规定的私募基金管理人、证券公司、商业银行、金融资产投资公司等机构，依法依规发起设立民营企业股权融资支持工具。支持在自贸试验区依法发起设立民营银行等金融机构。培育融资租赁主体。研究设立中国—东盟金融合作学院。

9. 促进跨境投融资便利化。支持自贸试验区内银行按规定发放境外人民币贷款。支持金融机构和企业赴境外发行人民币债券并回流使用。在宏观审慎管理框架下，探索自贸试验区内金融股权交易平台向境外银行开展不良资产转让业务。放宽跨国公司外汇资金集中运营管理准入条件。拓宽企业资本项下外币资金结汇用途。支持企业境外母公司按照有关规定在境内发行人民币债券。支持符合条件的跨境电子商务企业在宏观审慎管理框架下开展人民币境外借款业务。鼓励跨境电子商务活动中使用人民币计价结算。加强对重大风险的识别和系统性金融风险的防范。强化反洗钱、反恐怖融资、反逃税工作。

（五）推动创新驱动发展

10. 强化科技创新支撑引领。优化新兴行业经营范围登记工作。探索进口研发样品、设备等进出自贸试验区海关特殊监管区域的便利监管措施。支持为创新创业企业提供股权和债权相结合的融资方式。支持与东盟国家共建联合实验室、创新平台、科技园区。支持建立面向东盟的国际科技合作组织。充分发挥中国—东盟技术转移中心作用。探索建立知识产权快速维权机制。完善知识产权交易体系与交易机制。完善知识产权评估机制、质押融资风险分担机制和方便快捷的质物处置机制。

11. 推进人力资源领域改革。深入实施外国人来华工作许可制度。开辟外籍及港澳台人才绿色通道。开展外国高端人才服务"一卡通"试点。为在自贸试验区工作和创业的外籍及港澳台人才提供入出境、居留和永久居留便利。探索建立科技创新引才引智计点积分制度。为来自贸试验区开展商务、旅游等活动的外国人提供入出境便利。

（六）构建面向东盟的国际陆海贸易新通道

12. 畅通国际大通道。支持广西与中西部省（自治区、直辖市）及国际陆海贸易新通道沿线国家和地区建立完善合作机制，实现物流资源整合和高效匹配。支持开通和加密北部湾港国际海运航线。支持北部湾港开行至中西部地区的海铁联运班列，与中欧班列无缝衔接。加快构建经西部地区联通"一带一路"的大能力铁路货运通道。加密中国—中南半岛跨境货运班列、国际道路运输线路。强化南宁空港、南宁国际铁路港的服务支撑能力。支持建设南宁临空经济示范区。支持更多航空公司设立运行基地和分（子）公司。支持加密南宁至东南亚、南亚的客货运航空航线。

13. 创新多式联运服务。建设以海铁联运为主干的多式联运体系，支持开展多式联运"一单制"改革。探索建立国际陆海贸易新通道班列全程定价机制。探索在东盟国家主要港口设立铁路集装箱还箱点。加快推进跨境运输便利化，推进实施中欧安全智能贸易航线试点计划。探索"跨境电子商务+国际联运"新模式。

14. 打造对东盟合作先行先试示范区。依托现有交易场所依法依规开展面向东盟的大宗特色商品交易。支持在中国—马来西亚"两国双园"间形成更加高效便利的国际产业链合作关系。推动中国—马来西亚全球电子商务平台落户自贸试验区。加强与东盟国家在通关、认证认可、标准计量等方面合作，大力推进"经认证的经营者（AEO）"互认合作。支持发展面向东盟的临港石化产业，延伸产业链，提升产业精细化水平。支持在自贸试验区内发展新能源汽车产业，加强与东盟国家在汽车产业的国际合作，符合条件的新能源汽车投资项目按照《汽车产业投资管理规定》办理。支持发展以东盟国家中草药为原料的医药产业。支持自贸试验区内医疗机构与东盟国家依法同步开展重大疾病新药临床试验。自贸试验区内医疗机构可根据自身的技术能力，按照有关规定开展干细胞临床前沿医疗技术研究项目。加快推进中国—东盟信息港建设。与东盟国家加强北斗导航、大数据、人工智能等产业合作。支持中国—东盟博览会服务区域从中国—东盟向"一带一路"沿线国家（地区）延伸。在国际会展检验检疫监管模式下，支持博览会扩大原产于东盟国家农产品的展示。支持中西部地区在自贸试验区设立面向东盟的开放型园区。

（七）形成"一带一路"有机衔接的重要门户

15. 打造西部陆海联通门户港。加快建设服务西南中南西北的国际陆海联运基地。深化泛北部湾次区域合作，加快推进中国—东盟港口城市网络建设。支持钦州港提升集装箱干线运输水平。支持北部湾港重大港航及公共项目用海用地。支持设立航运、物流区域总部或运营中心，开展国际中转、中转集拼、航运交易等服务。探索依托现有交易场所依法依规开展船舶等航运要素交易。支持开展北部湾港至粤港澳大湾区的内外贸集装箱同船运输。探索建立更加开放的国际船舶登记制度。

16. 建设中国—中南半岛陆路门户。深度参与澜沧江—湄公河次区域合作，加快推进中国—中南半岛经济走廊建设。推动经友谊关口岸的中越直通车范围延伸至西部重要节点城市。创新边境口岸出入境车辆电讯检疫监管制度。加快推进跨境运输车辆牌证互认。鼓励发展中国—东盟跨境汽车自驾游。积极推动车辆、人员自助通关。支持边境小额贸易创新发展和转型升级。探索边境贸易管理更加便利化，推进企业信用管理。充分发挥中国—东盟边境贸易凭祥检验检疫试验区作用。探索开展跨境动物疫病区域化管理工作。开展跨境劳务谈判，规范边境地区外籍劳务人员试点工作。

四、保障机制

坚持和加强党对改革开放的领导，把党的领导贯穿于自贸试验区建设的全过程。强化底线思维和风险意识，完善风险防控和处置机制，实现区域稳定安全高效运行，切实维护国家安全和社会安全。在国务院自由贸易试验区工作部际联席会议统筹协调下，充分发挥地方和部门积极性，抓好各项改革试点任务落实，高标准高质量建设自贸试验区。广西壮族自治区要完善工作机制，构建精简高效、权责明晰的自贸试验区管理体制和用编用人制度，加强人才培养，打造高素质管理队伍；要加强地方立法，建立公正透明、体系完备的法治环境。自贸试验区各片区要把工作做细，制度做实，严格监督，严格执纪执法。各有关部门要及时下放相关管理权限，给予充分的改革自主权。本方案提出的各项改革政策措施，凡涉及调整现行法律或行政法规的，按规定程序办理。重大事项及时向党中央、国务院请示报告。

中国（河北）自由贸易试验区总体方案

建立中国（河北）自由贸易试验区（以下简称自贸试验区）是党中央、国务院作出的重大决策，是新时代推进改革开放的战略举措。为高标准高质量建设自贸试验区，制定本方案。

一、总体要求

（一）指导思想

以习近平新时代中国特色社会主义思想为指导，全面贯彻党的十九大和十九届二中、三中全会精神，统筹推进"五位一体"总体布局和协调推进"四个全面"战略布局，坚持稳中求进工作总基调，坚持新发展理念，坚持高质量发展,以供给侧结构性改革为主线,主动服务和融入国家重大战略,更好服务对外开放总体战略布局,解放思想、大胆创新,把自贸试验区建设成为新时代改革开放的新高地。

(二) 战略定位及发展目标

以制度创新为核心,以可复制可推广为基本要求,全面落实中央关于京津冀协同发展战略和高标准高质量建设雄安新区要求,积极承接北京非首都功能疏解和京津科技成果转化,着力建设国际商贸物流重要枢纽、新型工业化基地、全球创新高地和开放发展先行区。经过三至五年改革探索,对标国际先进规则,形成更多有国际竞争力的制度创新成果,推动经济发展质量变革、效率变革、动力变革,努力建成贸易投资自由便利、高端高新产业集聚、金融服务开放创新、政府治理包容审慎、区域发展高度协同的高标准高质量自由贸易园区。

二、区位布局

(一) 实施范围

自贸试验区的实施范围119.97平方公里,涵盖四个片区:雄安片区33.23平方公里,正定片区33.29平方公里(含石家庄综合保税区2.86平方公里),曹妃甸片区33.48平方公里(含曹妃甸综合保税区4.59平方公里),大兴机场片区19.97平方公里。

自贸试验区土地开发利用须遵守土地利用、生态环境保护、城乡规划法律法规,符合土地利用总体规划和城乡规划,并符合节约集约用地的有关要求;涉及海洋的,须符合《中华人民共和国海域使用管理法》、《中华人民共和国海洋环境保护法》等法律法规有关规定。

(二) 功能划分

雄安片区重点发展新一代信息技术、现代生命科学和生物技术、高端现代服务业等产业,建设高端高新产业开放发展引领区、数字商务发展示范区、金融创新先行区。正定片区重点发展临空产业、生物医药、国际物流、高端装备制造等产业,建设航空产业开放发展集聚区、生物医药产业开放创新引领区、综合物流枢纽。曹妃甸片区重点发展国际大宗商品贸易、港航服务、能源储配、高端装备制造等产业,建设东北亚经济合作引领区、临港经济创新示范区。大兴机场片区重点发展航空物流、航空科技、融资租赁等产业,建设国际交往中心功能承载区、国家航空科技创新引领区、京津冀协同发展示范区。

三、 主要任务和措施

（一）加快转变政府职能

1. 打造国际一流营商环境。推进"证照分离"改革全覆盖。调整完善省级管理权限下放内容和方式。全面开展工程建设项目审批制度改革，实现"一口受理"、"两验终验"，推行"函证结合"、"容缺后补"等改革。探索实施投资项目先建后验管理新模式。对环境影响小、环境风险不高的建设项目探索推行环境影响评价承诺备案制，对建设项目环境许可、现场勘察实施同类豁免或简化模式。搭建知识产权服务工作站。建立完善知识产权评估机制、质押登记制度、质押融资风险分担机制以及方便快捷的质物处置机制。强化竞争政策的基础性地位。配合做好外商投资安全审查工作。

（二）深化投资领域改革

2. 深入推进投资自由化便利化。全面落实外商投资准入前国民待遇加负面清单管理制度。探索建立外商投资信息报告制度。允许取得我国一级注册建筑师或一级注册结构工程师资格的境外专业人士作为合伙人，按相应资质标准要求设立建筑工程设计事务所。支持外商独资设立经营性教育培训和职业技能培训机构。支持外商投资设立航空运输销售代理企业。统一内外资人才中介机构投资者资质要求，由自贸试验区管理机构负责审批，报省级人力资源社会保障部门备案。

3. 完善投资促进和保护机制。建立健全外商投资服务体系，完善外商投资促进、项目跟踪服务和投诉工作机制。鼓励自贸试验区在法定权限内制定外商投资促进政策。完善"走出去"综合服务和风险防控体系。支持"走出去"企业以境外资产和股权、采矿权等权益为抵押获得贷款。

（三）推动贸易转型升级

4. 提升贸易便利化水平。在海关特殊监管区域深入实施货物状态分类监管。探索以企业为单元的税收担保制度。允许展会展品提前备案，以担保方式放行展品，展品展后结转进入海关特殊监管区域予以核销。支持在雄安片区设立综合保税区。支持曹妃甸开展平行进口汽车试点。支持曹妃甸片区建设国际海运快件监管中心。研究开展贸易调整援助试点。

5. 支持开展国际大宗商品贸易。依托现有交易场所，依法依规开展矿石、钢铁、煤炭、木材、天然气、粮食、食糖等大宗商品现货交易。支持建立大宗商品期货保税交割仓库、跨境交易平台。支持开展矿石混配业务，完善仓储、分销、加工及配送体系。发展国际能源储配贸易，允许商储租赁国有企业商业油罐，支持开展成品油和保税燃料油交割、仓储，允许自贸试验区内企业开展不同税号下保税油品混兑调和。支持建设液化天然气（LNG）储运设施，完善配送体系。

6. 建设国际商贸物流重要枢纽。支持设立多式联运中心。培育发展航运企业。支持设立航运保险机构。支持曹妃甸片区设立国际船舶备件供船公共平台、设备翻新中心和船舶配件市场。在对外航权谈判中，在平等互利基础上，积极争取石家庄正定国际机场航空枢纽建设所需的包括第五航权在内的国际航权。在符合省内统一规划前提下，研究推进在正定片区按相关规定申请设立 A 类低空飞行服务站。支持北京大兴国际机场申请设立水果、种子种苗、食用水生动物、肉类、冰鲜水产品等其他特殊商品进出口指定监管作业场地。加强北京大兴国际机场临空经济区与自贸试验区的改革联动、发展联动。支持正定片区设立进口钻石指定口岸。

（四）深化金融领域开放创新

7. 增强金融服务功能。支持符合条件的商业银行注册设立金融资产投资子公司。支持设立直销银行、征信机构等。支持试点设立健康保险等外资专业保险机构。研究开展合格境外有限合伙人（QFLP）和合格境内投资企业（QDIE）业务试点，放宽项目投资限制，提高基金持股比例。加强对重大风险的识别和系统性金融风险的防范。强化反洗钱、反恐怖融资、反逃税工作。

8. 深化外汇管理体制改革。放宽跨国公司外汇资金集中运营管理准入条件。探索研究符合条件的融资租赁公司和商业保理公司进入银行间外汇市场。允许货物贸易外汇管理分类等级为 A 类的企业货物贸易收入无需开立待核查账户。

9. 推动跨境人民币业务创新。支持自贸试验区内银行按规定发放境外人民币贷款，探索开展境内人民币贸易融资资产跨境转让业务，并纳入全口径跨境融资宏观审慎管理。支持企业境外母公司按照有关规定在境内发行人民币债券。

（五）推动高端高新产业开放发展

10. 支持生物医药和生命健康产业开放发展。优化生物医药全球协同研发的试验用特殊物品的检疫查验流程。建立新药研发用材料、试剂和设备进口绿色通道，免除企业一次性进口药品通关单，实行一次审批、分次核销。适度放宽医药研发用小剂量特殊化学制剂的管理，支持在自贸试验区内建立备货仓库。简化一公斤以内的药物样品、中间体出境空运手续。支持石家庄依法依规建设进口药品口岸，条件成熟时设立首次进口药品和生物制品口岸。建立基因检测技术应用示范中心和公共技术平台，支持开展基因测序技术临床应用，支持开展感染微生物、罕见病等基因质谱试点。支持自贸试验区内符合条件的医疗卫生机构，按照有关规定开展干细胞临床前沿医疗技术研究项目，建立项目备案绿色通道。开展医疗器械注册人制度试点。优化二类医疗器械审批流程。支持开展医疗器械跨区域生产试点。设立医药知识产权维权援助分中心。

11. 支持装备制造产业开放创新。支持建设国家进口高端装备再制造产业示范园区。试点数控机床、石油钻采产品等高附加值大型成套设备及关键零部件进口再制造。放宽高端装备制造产品售后维修进出口管理，适当延长售后维修设备和备件返厂期限。对符合条件的入境维修复出口免于实施装运前检验。完善装备制造出口产品退换货制度，允许出口企业按照"先出口后回收"方式办理境外用户退换货业务。允许进口入境期限不超过一年的二手研发专用关键设备。简化对非民用进口机电设备免3C认证手续。

（六）引领雄安新区高质量发展

12. 建设金融创新先行区。在依法依规前提下，探索监管"沙盒机制"。推进绿色金融第三方认证计划，探索开展环境信息强制披露试点，建立绿色金融国际标准。加快培育排污权、节能量、水权等环境权益交易市场，依托现有交易场所开展碳排放权、水权、新能源现货交易。支持股权众筹试点在雄安股权交易所先行先试。

13. 建设数字商务发展示范区。发展大数据交易、数据中心和数字内容等高端数字化贸易业态。支持建立数字化贸易综合服务平台。探索符合国情的数字化贸易发展规则，参与数据资产国际贸易规则和协议制定。探索兼顾安全和效率的数字化贸易监管模式。推进公共数据利用改革试点。建立大数据资产评估定价、交易规则、标准合约等政策体系。依托现有交易场所开展数据资产交易。推进基于区块链、电子身份（eID）确权认证等技术的大数据可信交易。支持开展数据资产管理、安全保障、数据交易、结算、交付和融资等业务。

建设从雄安片区到国际通信业务出入口局的直达数据链路。支持发展数据服务外包业务。在数字商务发展示范区内探索建立影视、游戏和音乐等数字内容加工与运营中心，依法依规开展数字内容加工与运营服务。针对数字商务发展示范区内数字内容相关行业企业，建立健全事中事后监管机制，通过内容审查、行业自律、守信激励、黑白名单等方式实现监管全覆盖。引导企业加强个人隐私信息保护，及时公布和更新企业收集使用个人信息的策略等。建立数据泄露事件报告制度。

14. 推进生命科学与生物技术创新发展。鼓励企业进行免疫细胞治疗、单抗药物、基因治疗、组织工程等新技术研究，允许企业依法依规开展新型生物治疗业务。建立人类遗传资源临床试验备案制度。支持雄安片区建设基因数据中心。

（七）推动京津冀协同发展

15. 推动区域产业协同创新。支持北京中关村、天津滨海新区等与自贸试验区深度合作创新发展。支持建立总部设在雄安片区的国际科学共同体或科技组织。

16. 促进要素跨区域流动。支持北京非首都功能优先向自贸试验区疏解转移。已在北京、天津取得生产经营资质、认证的企业搬迁到自贸试验区后，经审核继续享有原有资质、认证。允许符合条件的北京、天津企业将注册地变更到自贸试验区后，继续使用原企业名称。建立人才跨区域资质互认、双向聘任等制度，在待遇、职称评定等方面根据个人意愿予以保留或调整。

四、保障机制

坚持和加强党对改革开放的领导，把党的领导贯穿于自贸试验区建设的全过程。强化底线思维和风险意识，完善风险防控和处置机制，实现区域稳定安全高效运行，切实维护国家安全和社会安全。在国务院自由贸易试验区工作部际联席会议统筹协调下，充分发挥地方和部门积极性，抓好各项改革试点任务落实，高标准高质量建设自贸试验区。河北省要完善工作机制，构建精简高效、权责明晰的自贸试验区管理体制，加强人才培养，打造高素质管理队伍；要加强地方立法，建立公正透明、体系完备的法治环境。自贸试验区各片区要把工作做细，制度做实，严格监督，严格执纪执法。各有关部门要及时下放相关管理权限，给予充分的改革自主权。本方案提出的各项改革政策措施，凡涉及调整现行法律或行政法规的，按规定程序办理。重大事项及时向党中央、国务院请示报告。

中国（云南）自由贸易试验区总体方案

建立中国（云南）自由贸易试验区（以下简称自贸试验区）是党中央、国务院作出的重大决策，是新时代推进改革开放的战略举措。为高标准高质量建设自贸试验区，制定本方案。

一、总体要求

（一）指导思想

以习近平新时代中国特色社会主义思想为指导，全面贯彻党的十九大和十九届二中、三中全会精神，统筹推进"五位一体"总体布局和协调推进"四个全面"战略布局，坚持稳中求进工作总基调，坚持新发展理念，坚持高质量发展，以供给侧结构性改革为主线，主动服务和融入国家重大战略，更好服务对外开放总体战略布局，解放思想、大胆创新，把自贸试验区建设成为新时代改革开放的新高地。

（二）战略定位及发展目标

以制度创新为核心，以可复制可推广为基本要求，全面落实中央关于加快沿边开放的要求，着力打造"一带一路"和长江经济带互联互通的重要通道，建设连接南亚东南亚大通道的重要节点，推动形成我国面向南亚东南亚辐射中心、开放前沿。经过三至五年改革探索，对标国际先进规则，形成更多有国际竞争力的制度创新成果，推动经济发展质量变革、效率变革、动力变革，努力建成贸易投资便利、交通物流通达、要素流动自由、金融服务创新完善、监管安全高效、生态环境质量一流、辐射带动作用突出的高标准高质量自由贸易园区。

二、区位布局

（一）实施范围

自贸试验区的实施范围119.86平方公里，涵盖三个片区：昆明片区76平方公里（含昆明综合保税区0.58平方公里），红河片区14.12平方公里，德宏片区29.74平方公里。

自贸试验区土地开发利用须遵守土地利用、生态环境保护、城乡规划法律法规，符合土地利用总体规划和城乡规划，并符合节约集约用地的有关要求。

（二）功能划分

昆明片区加强与空港经济区联动发展，重点发展高端制造、航空物流、数字经济、总部经济等产业，建设面向南亚东南亚的互联互通枢纽、信息物流中心和文化教育中心；红河片区加强与红河综合保税区、蒙自经济技术开发区联动发展，重点发展加工及贸易、大健康服务、跨境旅游、跨境电商等产业，全力打造面向东盟的加工制造基地、商贸物流中心和中越经济走廊创新合作示范区;德宏片区重点发展跨境电商、跨境产能合作、跨境金融等产业,打造沿边开放先行区、中缅经济走廊的门户枢纽。

三、主要任务和措施

(一)加快转变政府职能

1. 推进行政管理职能与流程优化。推进"证照分离"改革全覆盖,突出"照后减证"。调整完善省级管理权限下放内容和方式。全面推进行政审批和行政服务标准化,推行"互联网+政务服务"模式,拓展"一部手机办事通"一网通办功能。全面开展工程建设项目审批制度改革。精简投资项目准入手续,实施先建后验管理新模式。

2. 优化外籍及港澳台人才发展环境。探索将有关外籍及港澳台人才省级管理权限赋予自贸试验区。探索开展职业资格国际互认,允许外籍及港澳台技术技能人员按规定在自贸试验区就业,允许在中国高校毕业的优秀留学生在自贸试验区就业和创业,向其发放工作许可。开展外国高端人才服务"一卡通"试点。建设澜湄职业教育培训基地。

3. 创新事中事后监管体制机制。建立健全以信用监管为核心、与负面清单管理方式相适应的事中事后监管体系。强化竞争政策的基础性地位。配合做好外商投资安全审查工作。

(二)深化投资领域改革

4. 深入推进投资自由化便利化。全面落实外商投资准入前国民待遇加负面清单管理制度。探索建立外商投资信息报告制度。支持外商独资设立经营性教育培训和职业技能培训机构。支持外商投资设立航空运输销售代理企业。统一内外资人才中介机构投资者资质要求,由自贸试验区管理机构负责审批,报省级人力资源社会保障部门备案。

5. 完善投资促进和保护机制。建立健全外商投资服务体系,完善外商投资促进、项目跟踪服务和投诉工作机制。鼓励自贸试验区在法定权限内制定外商投资促进政策。加强外商投资合法权益保护。建立健全国际商事调解、仲裁机制。推动知识产权运营服务体系建设。实施公平竞争审查制度。

(三)推动贸易转型升级

6. 提升贸易便利化水平。加快建设具有国际先进水平的国际贸易"单一窗口",探索拓展至技术贸易、服务外包、维修服务等服务贸易领域,待条件成熟后,逐步将服务出口退(免)税申报纳入"单一窗口"管理。大力发展检验检测、标准、认证等第三方服务，扩大第三方检验结果采信商品和机构范围。创新出口货物专利纠纷担保放行方式。研究开展贸易调整援助试点。

7. 创新贸易监管模式。实施"一口岸多通道"监管创新。支持对海关特殊监管区域外的"两头在外"航空维修业态实行保税监管，打造一站式航空维修基地。试行动植物及其产品检疫审批负面清单制度。优化生物医药全球协同研发的试验用特殊物品的检疫查验流程。做好国际会议、赛事、展演、展览监管，简化展品检疫审批管理。

8. 创新推进跨境电子商务发展。鼓励建设出口产品公共海外仓和海外运营中心。依法依规开展跨境电商人民币结算，推动跨境电商线上融资及担保方式创新。试点航空快件国际中转集拼业务。加快河口、瑞丽国际快件监管中心建设。支持在红河片区、德宏片区建设边境仓。支持复制跨境电商综合试验区探索形成的成熟经验做法。

9. 培育新业态新模式。加快构建5G产业体系，推动互联网、大数据、人工智能与实体经济深度融合。加快推进面向南亚东南亚的离岸呼叫中心业务。对海关特殊监管区域外有条件企业开展高附加值、高技术含量、符合环保要求的"两头在外"检测、维修业态实行保税监管。促进文物及文化艺术品在自贸试验区内的综合保税区存储、展示等。支持云南设立汽车整车进口口岸，开展平行进口汽车试点。探索先进技术装备、关键零部件及其他机电产品（医疗器械等高风险产品除外）等平行进口。医疗机构可按照规定开展干细胞临床前沿医疗技术研究项目。大力发展中医药服务贸易，推动中医药海外创新发展。支持开展全球动植物种质资源引进和中转等业务。

（四）深化金融领域开放创新

10. 扩大金融领域对外开放。支持符合条件的南亚东南亚等国家金融机构设立外资金融分支机构（证券期货经营机构除外）。鼓励自贸试验区内符合条件的保理企业开展跨地区的保理业务。拓展"银税互动"受惠面。推进与南亚东南亚国家签订保险业双边监管合作协议，优化跨境保险规则，实现理赔查勘相互委托或结果互认。加强对重大风险的识别和系统性金融风险的防范。支持加强与周边国家的金融监管协作，强化反洗钱、反恐怖融资、反逃税工作。

11. 推动跨境人民币业务创新发展。推动人民币作为跨境贸易和投资计价、结算货币。研究推动金融机构参与人民币与周边国家非主要国际储备货币银行间市场区域交易。支持企业境外母公司按照有关规定在境内发行人民币债券。支持金融机构和企业按规定从境外融入人民币资金。支持依法依规开展人民币海外基金业务。

12. 促进跨境投融资便利化。支持银行业金融机构按规定开展跨境融资业务。允许银行和已获相应业务许可的非银行支付机构通过具备合法资质的清算机构与境外银行、支付机构开展跨境支付合作。放宽跨国公司外汇资金集中运营管理准入条件。支持金融租赁公司和融资租赁公司在符合相关规定前提下，开展境内外租赁业务。

（五）创新沿边经济社会发展新模式

13. 创新沿边跨境经济合作模式。依托跨境经济合作区、边境经济合作区开展国际产能合作。适时出台姐告边境贸易区管理条例，完善政策法规体系。与周边国家推动实施"一次认证、一次检测、一地两检、双边互认"通关模式。推动机动车牌和驾驶证互认，简化临时入境车辆牌照手续，允许外国运输车辆进入红河片区、德宏片区。深入推进跨境动物疫病区域化管理试点。对毗邻国家输入的农产品、水产品、种子种苗及花卉苗木等产品实行快速检验检疫模式。支持建设境外农业经贸合作区，稳步解决跨境农业合作返销农产品检验检疫准入。支持"走出去"企业以境外资产和股权、林权、采矿权等权益为抵押获得贷款。

14. 探索推进边境地区人员往来便利化。积极推进与毗邻国家签署跨境人力资源合作协议，探索建立外籍务工人员管理长效机制。研究外籍员工办理就业许可、签证及居留许可便利措施。进一步为来自贸试验区开展商贸、旅游等活动的外国人提供入出境便利。开辟境外人员入境就医紧急救助通道。自贸试验区经贸、科技人员可向审批机关申请办理一次审批、一年多次有效出国任务批件。简化内地人员办理《中华人民共和国出入境通行证》提交的资料和手续。在国际会议、对外邀请、使节来访等需审核审批事项上，建立外事审核审批直通车制度。

15. 加大科技领域国际合作力度。引导各类创新主体在"一带一路"沿线国家（地区）共建创新平台，鼓励企业设立海外研发中心。支持云南与周边国家共建科技成果孵化基地和科技企业孵化器。按市场化方式，设立一批专业化投资基金。

（六）加快建设我国面向南亚东南亚辐射中心

16. 构建连接南亚东南亚的国际开放大通道。加快推动孟中印缅经济走廊、中国—中南半岛经济走廊陆路大通道建设，构建区域运输大动脉。建设昆明国际航空枢纽和空港型国家物流枢纽，在对外航权谈判中，在平等互利基础上，积极争取昆明航空枢纽建设所需的包括第五航权在内的国际航权。支持昆明长水国际机场开展航班时刻改革试点。完善昆明区域性国际通信业务出入口局功能，扩容国际通信出口带宽。依托昆明电力交易中心，进一步丰富现货产品种类，逐步建成面向南亚东南亚跨境电力合作交易平台。

17. 打造区域跨境物流中心。支持开展面向南亚东南亚国家的国际多式联运试点，推进国际道路运输便利化进程。支持创新发展现代供应链。加强冷链基础设施网络建设。加快建设面向南亚东南亚的跨境物流公共信息平台。加快推进中缅、中越、中老、中老泰等国际物流大通道建设，允许企业在周边国家运营（或参与运营）的货运车辆进入云南境内停靠和装卸货。拓展昆明长水国际机场"空空+空地"货物集疏模式，鼓励发展全货机航班、腹舱货运，构建面向南亚东南亚航空物流集散中心。

18. 建设沿边资源储备基地。支持建设成品油与天然气储备库。试点牛肉、天然橡胶等产品储备制度改革，支持红河片区、德宏片区建立大宗产品储备基地。推动碳排放权交易资源储备。依托现有交易场所依法依规开展有色金属、咖啡、橡胶、畜产品等优势产品交易，设立农产品、有色金属拍卖中心。

19. 全力打造世界一流的健康生活目的地。支持引进国内外高端医疗资源，建设区域性国际诊疗保健合作中心。加快创新药品审批上市，对抗癌药、罕见病用药等临床急需的创新药品实施优先审评审批。建立仿制药研发公共平台，加大对仿制药政策支持力度，引进境外仿制药公司和技术人员。支持建设现代化中药研发平台。支持云南疫苗产品开展世界卫生组织预认证和国际注册。开展医疗器械注册人制度试点。建立孟中印缅经济走廊旅游合作机制，支持打通连接多国的边境旅游环线，推出自驾游等跨境旅游产品，鼓励设立边境旅游试验区和跨境旅游合作区。

四、 保障机制

坚持和加强党对改革开放的领导，把党的领导贯穿于自贸试验区建设的全过程。强化底线思维和风险意识，完善风险防控和处置机制，实现区域稳定安全高效运行，切实维护国家安全和社会安全。在国务院自由贸易试验区工作部际联席会议统筹协调下，充分发挥地方和部门积极性，抓好各项改革试点任务落实，高标准高质量建设自贸试验区。云南省要完善工作机制，构建精简高效、权责明晰的自贸试验区管理体制，加强人才培养，打造高素质管理队伍；要加强地方立法，建立公正透明、体系完备的法治环境。自贸试验区各片区要把工作做细，制度做实，严格监督，严格执纪执法。各有关部门要及时下放相关管理权限，给予充分的改革自主权。本方案提出的各项改革政策措施，凡涉及调整现行法律或行政法规的，按规定程序办理。重大事项及时向党中央、国务院请示报告。

中国（黑龙江）自由贸易试验区总体方案

建立中国（黑龙江）自由贸易试验区（以下简称自贸试验区）是党中央、国务院作出的重大决策，是新时代推进改革开放的战略举措。为高标准高质量建设自贸试验区，制定本方案。

一、总体要求

（一）指导思想

以习近平新时代中国特色社会主义思想为指导，全面贯彻党的十九大和十九届二中、三中全会精神，统筹推进"五位一体"总体布局和协调推进"四个全面"战略布局，坚持稳中求进工作总基调，坚持新发展理念，坚持高质量发展，以供给侧结构性改革为主线，主动服务和融入国家重大战略，更好服务对外开放总体战略布局，解放思想、大胆创新，把自贸试验区建设成为新时代改革开放的新高地。

（二）战略定位及发展目标

以制度创新为核心，以可复制可推广为基本要求，全面落实中央关于推动东北全面振兴全方位振兴、建成向北开放重要窗口的要求，着力深化产业结构调整，打造对俄罗斯及东北亚区域合作的中心枢纽。经过三至五年改革探索，对标国际先进规则，形成更多有国际竞争力的制度创新成果，推动经济发展质量变革、效率变革、动力变革，努力建成营商环境优良、贸易投资便利、高端产业集聚、服务体系完善、监管安全高效的高标准高质量自由贸易园区。

二、区位布局

（一）实施范围

自贸试验区的实施范围119.85平方公里，涵盖三个片区：哈尔滨片区79.86平方公里，黑河片区20平方公里，绥芬河片区19.99平方公里（含绥芬河综合保税区1.8平方公里）。

自贸试验区土地开发利用须遵守土地利用、生态环境保护、城乡规划法律法规，符合土地利用总体规划和城乡规划，并符合节约集约用地的有关要求。

(二) 功能划分

哈尔滨片区重点发展新一代信息技术、新材料、高端装备、生物医药等战略性新兴产业,科技、金融、文化旅游等现代服务业和寒地冰雪经济,建设对俄罗斯及东北亚全面合作的承载高地和联通国内、辐射欧亚的国家物流枢纽,打造东北全面振兴全方位振兴的增长极和示范区;黑河片区重点发展跨境能源资源综合加工利用、绿色食品、商贸物流、旅游、健康、沿边金融等产业,建设跨境产业集聚区和边境城市合作示范区,打造沿边口岸物流枢纽和中俄交流合作重要基地;绥芬河片区重点发展木材、粮食、清洁能源等进口加工业和商贸金融、现代物流等服务业,建设商品进出口储运加工集散中心和面向国际陆海通道的陆上边境口岸型国家物流枢纽,打造中俄战略合作及东北亚开放合作的重要平台。

三、主要任务和措施

(一) 加快转变政府职能

1. 打造国际一流营商环境。推进"证照分离"改革全覆盖和政务服务"最多跑一次"。调整完善省级管理权限下放内容和方式。深入探索地方营商环境法治化体系建设。探索建立普通注销登记制度和简易注销登记制度相互配套的市场主体退出制度。完善知识产权评估机制、质押融资风险分担机制和方便快捷的质物处置机制。加强国际商事仲裁交流合作,提高商事纠纷仲裁国际化水平。建立健全以信用监管为核心、与负面清单管理方式相适应的事中事后监管体系。强化竞争政策的基础性地位。配合做好外商投资安全审查工作。

(二) 深化投资领域改革

2. 深入推进投资自由化便利化。全面落实外商投资准入前国民待遇加负面清单管理制度。探索建立外商投资信息报告制度。探索允许外商投资企业将资本项目收入划转或结汇依法用于境内股权投资。支持外商独资设立经营性教育培训和职业技能培训机构。支持外商投资设立航空运输销售代理企业。统一内外资人才中介机构投资者资质要求,由自贸试验区管理机构负责审批,报省级人力资源社会保障部门备案。

3. 完善投资促进和保护机制。建立健全外商投资服务体系,完善外商投资促进、项目跟踪服务和投诉工作机制。鼓励自贸试验区在法定权限内制定外商投资促进政策。

4. 提高境外投资合作水平。鼓励金融机构提高对境外资产或权益的处置能力。支持"走出去"企业以境外资产和股权、采矿权等权益为抵押获得贷款。支持自贸试验区内企业开展出口信用保险项下贸易融资,在风险可控、商业可持续前提下,对效益好、资信良好的企业免抵押、免担保。

(三) 推动贸易转型升级

5. 提升贸易便利化水平。加快建设具有国际先进水平的国际贸易"单一窗口",探索拓展至技术贸易、服务外包、维修服务等服务贸易领域,待条件成熟后,逐步将服务出口退(免)税申报纳入"单一窗口"管理。在海关特殊监管区域全面实施货物状态分类监管。扩大第三方检验结果采信商品和机构范围。创新出口货物专利纠纷担保放行方式。在风险可控的前提下优化鲜活产品检验检疫流程,研究与周边国家确定鲜活农副产品目录清单。优化生物医药全球协同研发的试验用特殊物品的检疫查验流程。支持在自贸试验区符合条件的片区设立综合保税区。

6. 培育贸易新业态新模式。支持跨境电子商务综合试验区建设。支持自贸试验区内企业开展跨境电商进出口业务,逐步实现自贸试验区内综合保税区依法依规全面适用跨境电商零售进口政策。对海关特殊监管区域外有条件企业开展高附加值、高技术含量、符合环保要求的"两头在外"检测、维修业态实行保税监管。支持自贸试验区的汽车整车进口口岸建设,允许自贸试验区内汽车整车进口口岸开展平行进口汽车试点。支持哈尔滨片区申请设立国家文化出口基地。促进文物及文化艺术品在自贸试验区内的综合保税区存储、展示等。

(四) 深化金融领域开放创新

7. 促进跨境投融资便利化。研究开展直接投资、外债和境外上市资本项目外汇收入结汇支付便利化试点。在依法依规前提下,允许非银行支付机构选择自贸试验区内有资质的备付金银行开立跨境人民币备付金账户。扩大人民币跨境使用,允许金融机构和企业从俄罗斯等国家和地区融入人民币资金,并纳入全口径跨境融资宏观审慎管理。探索以第三方担保、境内外资产、境外项目抵押等方式支持企业开展境内外融资。

8. 增强金融服务功能。允许银行业金融机构与俄罗斯商业银行开展卢布现钞跨境调运业务资金头寸清算,完善卢布现钞跨境调运体系。支持自贸试验区内金融机构依法依规参与租赁业境外融资、远期结售汇、人民币对外汇掉期、人民币对外汇期权等涉外业务试点。加强对重大风险的识别和系统性金融风险的防范。强化反洗钱、反恐怖融资、反逃税工作。

(五) 培育东北振兴发展新动能

9. 加快实体经济转型升级。积极扶持高端装备、智能制造、新一代信息技术、新能源、新材料等新兴产业发展。推动国防工业体系与地方工业体系深度融合，积极发展航空航天、海工装备、新材料、新能源、人工智能等军民融合重点和新兴产业。加快国家新药临床试验基地建设。加快创新药品审批上市，对抗癌药、罕见病用药等临床急需的创新药品实施优先审评审批。允许企业生产和出口符合进口国注册产品标准的药品。开展医疗器械注册人制度试点，允许开展免疫细胞研究试点。支持医药企业申请特殊危险化学品运输资质。支持中药材种养殖规范化基地建设，允许委托省级药品监管部门审批中药材进口许可事项。开展国有资本投资、运营公司试点。支持成立股份制电力现货交易机构。鼓励实行工业用地弹性出让和年租政策，允许采用协议方式续期。支持开展无车承运人试点。支持设立哈尔滨临空经济区，加强临空经济区与自贸试验区的改革联动、发展联动。支持开展低空空域管理改革试点。

10. 推进创新驱动发展。支持开展科技成果转化激励政策试点，支持金融机构开展知识产权质押融资。鼓励企事业单位采取科技成果作价入股、股权期权激励、优先购买股份等方式，奖励有突出贡献的科技人才。高校、科研院所科研人员经所在单位同意，按国家有关规定可在科技研发企业兼职并获得报酬。允许高校、科研院所设立一定比例的流动岗位，吸引具有创新实践经验的企业家、科技人才兼职。推进黑龙江与广东对口合作，复制推广粤港澳大湾区先进经验，建设深圳（哈尔滨）产业园区。支持哈尔滨片区设立国家级自主创新示范区。支持新建扩建黑龙江石墨新材料实验室、哈尔滨网络安全实验室等创新平台。

支持开展国际人才管理改革试点。开展海外人才离岸创新创业试点。允许在中国高校毕业的优秀留学生在自贸试验区就业和创业。探索高校国际学生勤工助学管理制度。支持企业设立高寒、边境地区人才津贴。对企业为解决关键技术难题引进海外高层次人才和智力的，按引进境外技术、管理人才项目给予立项支持。

(六) 建设以对俄罗斯及东北亚为重点的开放合作高地

11. 建设面向俄罗斯及东北亚的交通物流枢纽。进一步扩大内贸跨境运输货物范围和进境口岸范围。支持哈尔滨片区设立内陆无水港，根据运输需求及境外铁路建设情况，适时启动绥化至黑河铁路扩能改造，推进绥芬河至俄罗斯格罗杰阔沃区间铁路扩能改造。加快推进哈尔滨国际航空枢纽建设，在对外航权谈判中,在平等互利基础上,积极争取哈尔滨航空枢纽建设所需的包括第五航权在内的国际航权。支持绥芬河片区设立铁路危险化学品办理站。

12. 提升沿边地区开放水平。建设进口能源资源国家储备基地。支持自贸试验区内企业自周边国家进口钾肥,满足本省农业发展需要。支持成立独立法人的对俄罗斯购电运营主体,将俄罗斯电力使用范围扩大到黑河片区。支持自贸试验区内企业"走出去"开展境外农业合作,建设境外农业合作园区,鼓励企业对境外投资合作所得回运产品开展贸易和加工。加快推进对俄罗斯饲草准入进程,支持在一线口岸设立种子种苗、冰鲜水产品等进口指定监管作业场地。建立与口岸贸易额、过货量、鼓励类与限制类产品等综合因素挂钩的边境地区转移支付增长机制。加快发展黑河黑龙江大桥桥头区经济,探索"两国双园"合作新模式。加快黑河寒区国际汽车研发试验基地建设。

13. 畅通交往渠道。进一步为来自贸试验区开展商务、旅游等活动的外国人提供入出境便利。允许注册在自贸试验区内的符合条件的外资旅行社从事除台湾地区以外的出境旅游业务。推进黑河口岸游轮(艇)界江自由行,研究大黑河岛设立国际游艇码头口岸。积极吸引国际高端医疗企业和研发机构集聚,培育康复、健身、养生与休闲旅游融合发展新业态。研究推进中俄博览会永久会址建设。允许展会展品提前备案,以担保方式放行。支持举办大型国际冰雪赛事。

四、保障机制

坚持和加强党对改革开放的领导,把党的领导贯穿于自贸试验区建设的全过程。强化底线思维和风险意识,完善风险防控和处置机制,实现区域稳定安全高效运行,切实维护国家安全和社会安全。在国务院自由贸易试验区工作部际联席会议统筹协调下,充分发挥地方和部门积极性,抓好各项改革试点任务落实,高标准高质量建设自贸试验区。黑龙江省要完善工作机制,构建精简高效、权责明晰的自贸试验区管理体制,加强人才培养,打造高素质管理队伍;要加强地方立法,建立公正透明、体系完备的法治环境。自贸试验区各片区要把工作做细,制度做实,严格监督,严格执纪执法。各有关部门要及时下放相关管理权限,给予充分的改革自主权。本方案提出的各项改革政策措施,凡涉及调整现行法律或行政法规的,按规定程序办理。重大事项及时向党中央、国务院请示报告。

国务院关于印发北京、湖南、安徽自由贸易试验区总体方案及浙江自由贸易试验区扩展区域方案的通知

（国发〔2020〕10号）

各省、自治区、直辖市人民政府，国务院各部委、各直属机构：

现将《中国（北京）自由贸易试验区总体方案》、《中国（湖南）自由贸易试验区总体方案》、《中国（安徽）自由贸易试验区总体方案》、《中国（浙江）自由贸易试验区扩展区域方案》印发给你们，请认真贯彻执行。

国务院

2020年8月30日

中国（北京）自由贸易试验区总体方案

建立中国（北京）自由贸易试验区（以下简称自贸试验区）是党中央、国务院作出的重大决策，是新时代推进改革开放的重要战略举措。为高标准高质量建设自贸试验区，制定本方案。

一、总体要求

（一）指导思想

以习近平新时代中国特色社会主义思想为指导，全面贯彻党的十九大和十九届二中、三中、四中全会精神，统筹推进"五位一体"总体布局和协调推进"四个全面"战略布局，坚持稳中求进工作总基调，坚持新发展理念，坚持高质量发展，以供给侧结构性改革为主线，主动服务和融入国家重大战略，建设更高水平开放型经济新体制，以开放促改革、促发展、促创新，把自贸试验区建设成为新时代改革开放新高地。

（二）战略定位及发展目标

以制度创新为核心，以可复制可推广为基本要求，全面落实中央关于深入实施创新驱动发展、推动京津冀协同发展战略等要求，助力建设具有全球影响

力的科技创新中心,加快打造服务业扩大开放先行区、数字经济试验区,着力构建京津冀协同发展的高水平对外开放平台。

赋予自贸试验区更大改革自主权,深入开展差别化探索。对标国际先进规则,加大开放力度,开展规则、规制、管理、标准等制度型开放。经过三至五年改革探索,强化原始创新、技术创新、开放创新、协同创新优势能力,形成更多有国际竞争力的制度创新成果,为进一步扩大对外开放积累实践经验,努力建成贸易投资便利、营商环境优异、创新生态一流、高端产业集聚、金融服务完善、国际经济交往活跃、监管安全高效、辐射带动作用突出的高标准高质量自由贸易园区。强化自贸试验区改革同北京市改革的联动,各项改革试点任务具备条件的在中关村国家自主创新示范区全面实施,并逐步在北京市推广试验。

二、区位布局

(一) 实施范围

自贸试验区的实施范围 119.68 平方公里,涵盖三个片区:科技创新片区 31.85 平方公里,国际商务服务片区 48.34 平方公里(含北京天竺综合保税区 5.466 平方公里),高端产业片区 39.49 平方公里。

自贸试验区的开发利用须遵守土地利用、生态环境保护、规划相关法律法规,符合国土空间规划,并符合节约集约用地的有关要求。

(二) 功能划分

科技创新片区重点发展新一代信息技术、生物与健康、科技服务等产业,打造数字经济试验区、全球创业投资中心、科技体制改革先行示范区;国际商务服务片区重点发展数字贸易、文化贸易、商务会展、医疗健康、国际寄递物流、跨境金融等产业,打造临空经济创新引领示范区;高端产业片区重点发展商务服务、国际金融、文化创意、生物技术和大健康等产业,建设科技成果转换承载地、战略性新兴产业集聚区和国际高端功能机构集聚区。

三、主要任务和措施

(一) 推动投资贸易自由化便利化

1. 深化投资领域改革。全面落实外商投资准入前国民待遇加负面清单管理制度。探索引进考试机构及理工类国际教材。完善外商投资促进、项目跟踪服务和投诉工作机制。鼓励在法定权限内制定投资和产业促进政策。完善"走出去"综合服务和风险防控体系，提高境外投资便利化水平，优化企业境外投资外汇管理流程。

2. 提升贸易便利化水平。推动北京首都国际机场、北京大兴国际机场扩大包括第五航权在内的航权安排。持续拓展国际贸易"单一窗口"服务功能和应用领域。开展跨境电子商务零售进口药品试点工作，具体按程序报批。适度放宽医药研发用小剂量特殊化学制剂的管理，支持在区内建立备货仓库。对符合政策的区内研发机构科研设备进口免税。进一步拓展整车进口口岸功能。支持北京天竺综合保税区打造具有服务贸易特色的综合保税区。

3. 创新服务贸易管理。试行跨境服务贸易负面清单管理模式。在有条件的区域最大限度放宽服务贸易准入限制。为研发、执业、参展、交流、培训等高端人才提供签证便利。创新监管服务模式，对区内企业、交易单据、人员、资金、商品等进行追溯和监管。

（二）深化金融领域开放创新

4. 扩大金融领域开放。开展本外币一体化试点。允许区内银行为境外机构人民币银行结算账户（NRA账户）发放境外人民币贷款，研究推进境外机构投资者境内证券投资渠道整合，研究推动境外投资者用一个NRA账户处理境内证券投资事宜。允许更多外资银行获得证券投资基金托管资格。支持设立重点支持文创产业发展的民营银行。鼓励符合条件的中资银行开展跨境金融服务，支持有真实贸易背景的跨境金融服务需求。推动重点行业跨境人民币业务和外汇业务便利化。探索赋予中关村科创企业更多跨境金融选择权，在宏观审慎框架下自主决定跨境融资方式、金额和时机等，创新企业外债管理方式，逐步实现中关村国家自主创新示范区非金融企业外债项下完全可兑换。支持依法合规地通过市场化方式设立境内外私募平行基金。便利符合条件的私募和资产管理机构开展境外投资。支持跨国公司通过在境内设立符合条件的投资性公司，依法合规设立财务公司。开展区内企业外债一次性登记试点，不再逐笔登记。

5. 促进金融科技创新。围绕支付清算、登记托管、征信评级、资产交易、数据管理等环节，支持金融科技重大项目落地，支持借助科技手段提升金融基础设施服务水平。充分发挥金融科技创新监管试点机制作用，在有利于服务实体经济、风险可控、充分保护消费者合法权益的前提下稳妥开展金融科技创新。支持人民银行数字货币研究所设立金融科技中心，建设法定数字货币试验区和数字金融体系，依托人民银行贸易金融区块链平台，形成贸易金融区块链标准体系，加强监管创新。建设金融科技应用场景试验区，建立应用场景发布机制。

6. 强化金融服务实体经济。允许通过北京产权交易所等依法合规开展实物资产、股权转让、增资扩股的跨境交易。在依法依规、风险可控的前提下，支持区内汽车金融公司开展跨境融资，按照有关规定申请保险兼业代理资格；研究简化汽车金融公司发行金融债券、信贷资产证券化或外资股东发行熊猫债券等相关手续。允许区内注册的融资租赁母公司和子公司共享企业外债额度。将区内注册的内资融资租赁企业试点确认工作委托给北京市主管部门。

（三）推动创新驱动发展

7. 优化人才全流程服务体系。探索制定分层分类人才吸引政策。试点开展外籍人才配额管理制度，探索推荐制人才引进模式。优化外国人来华工作许可、居留许可审批流程。采取"线上+线下"模式，建立全链条一站式服务窗口和服务站点。探索建立过往资历认可机制，允许具有境外职业资格的金融、建筑设计、规划等领域符合条件的专业人才经备案后，依规办理工作居留证件，并在区内提供服务，其境外从业经历可视同境内从业经历。对境外人才发生的医疗费用，开展区内医院与国际保险实时结算试点。探索优化非标准就业形式下劳动保障服务。

8. 强化知识产权运用保护。探索研究鼓励技术转移的税收政策。探索建立公允的知识产权评估机制，完善知识产权质押登记制度、知识产权质押融资风险分担机制以及质物处置机制。设立知识产权交易中心，审慎规范探索开展知识产权证券化。开展外国专利代理机构设立常驻代表机构试点工作。探索国际数字产品专利、版权、商业秘密等知识产权保护制度建设。充分发挥中国（中关村）知识产权保护中心的作用，建立专利快速审查、快速确权和快速维权的协同保护体系。

9. 营造国际一流创新创业生态。赋予科研人员职务科技成果所有权或长期使用权，探索形成市场化赋权、成果评价、收益分配等制度。鼓励跨国公司设立研发中心，开展"反向创新"。推动中国检测标准转化为国际通用标准。探索优化对科研机构访问国际学术前沿网站的安全保障服务。推进标准化厂房建设，健全工业用地市场供应体系。探索实施综合用地模式，在用途、功能不冲突前提下，实现一宗地块具有多种土地用途、建筑复合使用（住宅用途除外），按照不同用途建筑面积计算土地出让金，不得分割转让。探索实行产业链供地。

（四）创新数字经济发展环境

10. 增强数字贸易国际竞争力。对标国际先进水平，探索符合国情的数字贸易发展规则，加强跨境数据保护规制合作，促进数字证书和电子签名的国际互认。探索制定信息技术安全、数据隐私保护、跨境数据流动等重点领域规则。

探索创制数据确权、数据资产、数据服务等交易标准及数据交易流通的定价、结算、质量认证等服务体系，规范交易行为。探索开展数字贸易统计监测。

11. 鼓励发展数字经济新业态新模式。加快新一代信息基础设施建设，探索构建安全便利的国际互联网数据专用通道。应用区块链等数字技术系统规范跨境贸易、法律合规、技术标准的实施，保障跨境贸易多边合作的无纸化、动态化、标准化。依托区块链技术应用，整合高精尖制造业企业信息和信用数据，打造高效便捷的通关模式。探索建立允许相关机构在可控范围内对新产品、新业务进行测试的监管机制。

12. 探索建设国际信息产业和数字贸易港。在风险可控的前提下，在软件实名认证、数据产地标签识别、数据产品进出口等方面先行先试。建设数字版权交易平台，带动知识产权保护、知识产权融资业务发展。对软件和互联网服务贸易进行高效、便利的数字进出口检验。积极探索针对企业的数据保护能力的第三方认证机制。探索建立适应海外客户需求的网站备案制度。

(五) 高质量发展优势产业

13. 助力国际交往中心建设。着眼于服务国家总体外交，持续提升重大国事活动服务保障能力。鼓励国际组织集聚。探索开展本外币合一跨境资金池试点，支持符合条件的跨国企业集团在境内外成员之间集中开展本外币资金余缺调剂和归集业务，对跨境资金流动实行双向宏观审慎管理。探索消费、预办登机一体化试点。鼓励适度竞争，完善免税店相关政策。在北京首都国际机场周边打造功能完善的组团式会展综合体。提升中国国际服务贸易交易会规格和能级，将其打造成为国际服务贸易主平台。

14. 满足高品质文化消费需求。打造国际影视动漫版权贸易平台，探索开展文化知识产权保险业务，开展宝玉石交易业务，做强"一带一路"文化展示交易馆。允许符合条件的外资企业开展面向全球的文化艺术品（非文物）展示、拍卖、交易业务。鼓励海外文物回流，积极研究调整现行进口税收政策，进一步给予支持。探索创新综合保税区内国际高端艺术展品担保监管模式。

15. 创新发展全球领先的医疗健康产业。简化国内生物医药研发主体开展国际合作研发的审批流程。加速急需医疗器械和研发用材料试剂、设备通关。对临床急需且我国尚无同品种产品获准注册的医疗器械加快审批，保障临床需求。开展跨境远程医疗等临床医学研究，区内医疗机构可根据自身技术能力，按照有关规定开展干细胞临床前沿医疗技术研究项目。探索开展去中心化临床试验（DCT）试点。支持设立医疗器械创新北京服务站和人类遗传资源服务站，加快医药产业转化速度。

16. 优化发展航空服务。推动北京首都国际机场和北京大兴国际机场联动发展,建设世界级航空枢纽。优化航材保税监管措施,降低航材运营成本。试点开展公务机按照包修协议报关业务,将公务机所有人、运营人及委托代理公司纳入试点申请主体范围。对符合列目规则的航空专用零部件,研究单独设立本国子目。

(六) 探索京津冀协同发展新路径

17. 助力高标准建设城市副中心。探索实施相对集中行政许可权试点。鼓励金融机构开展全球资产配置,建设全球财富管理中心。支持设立全国自愿减排等碳交易中心。规范探索开展跨境绿色信贷资产证券化、绿色债券、绿色股权投融资业务,支持相关企业融资发展。支持符合条件的金融机构设立专营机构。在国家金融监管机构等的指导下,支持设立北京城市副中心金融风险监测预警与监管创新联合实验室,构建京津冀金融风险监测预警平台。简化特殊人才引进流程。

18. 深化产业链协同发展。将自贸试验区打造为京津冀产业合作新平台,创新跨区域产业合作,探索建立总部—生产基地、园区共建、整体搬迁等多元化产业对接合作模式。鼓励北京、天津、河北自贸试验区抱团参与"一带一路"建设,坚持稳妥有序原则,共建、共享境内外合作园区。

19. 推动形成统一开放市场。加强京津冀三地技术市场融通合作,对有效期内整体迁移的高新技术企业保留其高新技术企业资格。逐步实现北京、天津、河北自贸试验区内政务服务"同事同标",推动实现政务服务区域通办、标准互认和采信、检验检测结果互认和采信。探索建立北京、天津、河北自贸试验区联合授信机制,健全完善京津冀一体化征信体系。

(七) 加快转变政府职能

20. 持续打造国际一流营商环境。推进"证照分离"改革。对新经济模式实施审慎包容监管,探索对新技术新产品加强事中事后监管。下放国际快递业务(代理)经营许可审批权。开展企业投资项目"区域评估+标准地+告知承诺制+政府配套服务"改革。探索取消施工图审查(或缩小审查范围)、实行告知承诺制和设计人员终身负责制等工程建设领域审批制度改革。

21. 强化多元化法治保障。允许境外知名仲裁及争议解决机构经北京市人民政府司法行政部门登记并报国务院司法行政部门备案,在区内设立业务机构,就国际商事、投资等领域民商事争议开展仲裁业务,依法支持和保障中外当事人在仲裁前和仲裁中的财产保全、证据保全、行为保全等临时措施的申请和执行。积极完善公证、调解、仲裁、行政裁决、行政复议、诉讼等有机衔接、相互协调的多元化纠纷解决机制。支持国际商事争端预防与解决组织落地运营。充分利用现有审判资源，为金融诉讼提供绿色通道。

22. 健全开放型经济风险防范体系。推行以信用为基础的分级分类监管制度。聚焦投资、贸易、网络、生物安全、生态环境、文化安全、人员进出、反恐反分裂、公共道德等重点领域，进一步落实好外商投资安全审查制度，完善反垄断审查、行业管理、用户认证、行为审计等管理措施。健全金融风险监测和预警机制，强化反洗钱、反恐怖融资和反逃税工作，不断提升金融风险防控能力。坚持底线思维，依托信息技术创新风险研判和风险防控手段，建立联防联控机制。

四、保障机制

坚持和加强党对改革开放的领导，把党的领导贯穿于自贸试验区建设的全过程。牢固树立总体国家安全观，强化底线思维和风险意识，切实加强自贸试验区风险防控体系建设，完善风险防控和处置机制，维护国家安全和社会安全，牢牢守住不发生区域性系统性风险底线。在国务院自由贸易试验区工作部际联席会议统筹协调下，充分发挥地方和部门积极性，抓好各项改革试点任务落实，高标准高质量建设自贸试验区。北京市要完善工作机制，构建精简高效、权责明晰的自贸试验区管理体制，加强人才培养，打造高素质专业化管理队伍；要加强地方立法，建立公正透明、体系完备的法治环境；要强化主体责任，加强监测预警，深入开展风险评估，制定相关工作方案，切实防范化解重大风险；要建立完善自贸试验区制度创新容错机制，坚持"三个区分开来"，鼓励大胆试、大胆闯；要统筹推进新冠肺炎疫情防控和自贸试验区高质量发展工作，全面落实"外防输入、内防反弹"要求，努力把疫情造成的损失降到最低限度。北京市和有关部门要依法及时下放相关管理权限，完善配套政策，确保各项改革举措落地实施。自贸试验区各片区要把工作做细，制度做实，严格监督，严格执纪执法。本方案提出的各项改革政策措施，凡涉及调整现行法律或行政法规的，按规定程序办理。重大事项及时向党中央、国务院请示报告。

中国（湖南）自由贸易试验区总体方案

建立中国（湖南）自由贸易试验区（以下简称自贸试验区）是党中央、国务院作出的重大决策，是新时代推进改革开放的重要战略举措。为高标准高质量建设自贸试验区，制定本方案。

一、总体要求

（一）指导思想

以习近平新时代中国特色社会主义思想为指导，全面贯彻党的十九大和十九届二中、三中、四中全会精神，统筹推进"五位一体"总体布局和协调推进"四个全面"战略布局，坚持稳中求进工作总基调，坚持新发展理念，坚持高质量发展，以供给侧结构性改革为主线，主动服务和融入国家重大战略，建设更高水平开放型经济新体制，以开放促改革、促发展、促创新，把自贸试验区建设成为新时代改革开放新高地。

（二）战略定位及发展目标

以制度创新为核心，以可复制可推广为基本要求，全面落实中央关于加快建设制造强国、实施中部崛起战略等要求，发挥东部沿海地区和中西部地区过渡带、长江经济带和沿海开放经济带结合部的区位优势，着力打造世界级先进制造业集群、联通长江经济带和粤港澳大湾区的国际投资贸易走廊、中非经贸深度合作先行区和内陆开放新高地。

赋予自贸试验区更大改革自主权，深入开展差别化探索。对标国际先进规则，加大开放力度，开展规则、规制、管理、标准等制度型开放。经过三至五年改革探索，形成更多有国际竞争力的制度创新成果，为进一步扩大对外开放积累实践经验，推动先进制造业高质量发展，提升关键领域创新能力和水平，形成中非经贸合作新路径新机制，努力建成贸易投资便利、产业布局优化、金融服务完善、监管安全高效、辐射带动作用突出的高标准高质量自由贸易园区。

二、区位布局

（一）实施范围

自贸试验区的实施范围119.76平方公里，涵盖三个片区：长沙片区79.98平方公里（含长沙黄花综合保税区1.99平方公里），岳阳片区19.94平方公里（含岳阳城陵矶综合保税区2.07平方公里），郴州片区19.84平方公里（含郴州综合保税区1.06平方公里）。

自贸试验区的开发利用须遵守土地利用、生态环境保护、规划相关法律法规，符合国土空间规划，并符合节约集约用地的有关要求。

（二）功能划分

长沙片区重点对接"一带一路"建设，突出临空经济，重点发展高端装备制造、新一代信息技术、生物医药、电子商务、农业科技等产业，打造全球高端装备制造业基地、内陆地区高端现代服务业中心、中非经贸深度合作先行区和中部地区崛起增长极。岳阳片区重点对接长江经济带发展战略，突出临港经济，重点发展航运物流、电子商务、新一代信息技术等产业，打造长江中游综合性航运物流中心、内陆临港经济示范区。郴州片区重点对接粤港澳大湾区建设，突出湘港澳直通，重点发展有色金属加工、现代物流等产业，打造内陆地区承接产业转移和加工贸易转型升级重要平台以及湘粤港澳合作示范区。

三、主要任务和措施

（一）加快转变政府职能

1. 营造国际一流营商环境。开展优化营商环境改革举措先行先试。开展强化竞争政策实施试点，创造公平竞争的制度环境。推进电力改革试点，进一步降低企业用电成本。加强重大项目用地保障。发挥好现行税收优惠政策对创新的激励作用。吸引跨国公司在区内设立地区总部。

2. 优化行政管理职能与流程。深化商事制度改革，探索商事主体登记确认制，试行"自主查询、自主申报"制度。开展"证照分离"改革全覆盖试点。进一步深化工程建设项目审批制度改革。推进"一业一证"改革。促进5G和人工智能技术应用，提升"互联网+政务服务"水平。深化"一件事一次办"改革。

3. 创新事中事后监管体制机制。加强信用体系建设，实行信用风险分类监管。建立重大风险防控和应对机制，依托国家企业信用信息公示系统（湖南）创新事中事后监管。建立商事纠纷诉前调解、仲裁制度，支持搭建国际商事仲裁平台。

（二）深化投资领域改革

4. 建立更加开放透明的市场准入管理模式。全面落实外商投资准入前国民待遇加负面清单管理制度。完善外商投资信息报告制度，推进部门数据共享，实行市场监管、商务、外汇年报"多报合一"。完善投资便利化机制，建立外商投资一站式服务联络点。鼓励外资投资先进制造业，支持重大外资项目在区内落地，探索与实体经济发展需求相适应的外商股权投资管理办法。

5. 提升对外投资合作水平。创新境外投资管理，对境外投资项目和境外开办企业，属于省级备案管理范围的，可由自贸试验区备案管理，同时加强事中事后监管。健全对外投资政策和服务体系，建立湖南省"一带一路"投资综合服务平台。支持设立国际产品标准中心和行业技术标准中心（秘书处），推动技术、标准、服务、品牌走出去。

（三）推动贸易高质量发展

6. 提升贸易便利化水平。建设具有国际先进水平的国际贸易"单一窗口"，将出口退税、服务外包、维修服务等事项逐步纳入，推动数据协同、简化和标准化。积极推动扩大出口退税无纸化申报范围，尽快覆盖管理类别为一、二、三类的出口企业。扩大第三方检验结果采信商品和机构范围。创新出口货物专利纠纷担保放行方式。

7. 创新贸易综合监管模式。实现长沙黄花综合保税区与长沙黄花国际机场航空口岸联动。支持内销选择性征收关税政策在自贸试验区内的综合保税区试点。提高国际铁路货运联运水平，探索解决国际铁路运单物权凭证问题，将铁路运输单证作为信用证议付单证。开通农副产品快速通关"绿色通道"，对区内生产加工的符合"两品一标"标准的优质农产品出口注册备案，免于现场评审，并出具检验证书。优化生物医药全球协同研发试验用特殊物品的检疫查验流程。建立贸易风险预警机制和政企互动机制。

8. 推动加工贸易转型升级。创新区内包装材料循环利用监管模式。支持区内企业开展深加工结转，优化出口退税手续。支持开展矿石混配业务，完善仓储、分销、加工及配送体系。相关矿产品入区须符合我国法律法规和重金属精矿等相关标准要求。支持将中国（湖南）国际矿物宝石博览会天然矿晶展品（含宝石同名称用于观赏类的矿晶）按观赏类标本晶体归类。利用现行中西部地区国际性展会留购展品免征进口关税政策，办好中国（湖南）国际矿物宝石博览会。依托现有交易场所，依法合规开展宝玉石交易。

9. 培育贸易新业态。支持自贸试验区内的综合保税区依法依规适用跨境电商零售进口政策。支持跨境电商企业在重点国别、重点市场建设海外仓。对符合条件的跨境电商零售出口企业核定征收企业所得税。适时开通跨境电商中欧班列铁路运邮的邮路出口业务。探索建设国际邮件、国际快件和跨境电商进出境一体化设施。对境外食品类展品，简化食品境外生产企业临时注册验核程序，免于境外实地评审（特殊食品除外）。加强文物进出境审核工作，促进文物回流。加快影视产品出口退税办理进度。制定平行进口汽车符合性整改标准和整改企业资质标准，开展标准符合性整改试点。探索在教育、工程咨询、会展、商务服务等领域，分层次逐步取消或放宽跨境交付、境外消费、自然人移动等模式的服务贸易限制措施。支持离岸贸易业务和总部经济发展，建立全球订单分拨、资金结算和供应链管理中心。探索兼顾安全和效率的数字产品贸易监管模式。

（四）深化金融领域开放创新

10. 扩大金融领域对外开放。开展外商投资股权投资企业合格境外有限合伙人（QFLP）试点。放宽外商设立投资性公司申请条件，申请前一年外国投资者的资产总额要求降为不低于2亿美元，取消对外国投资者在中国境内已设立外商投资企业的数量要求。

11. 促进跨境投融资便利化。开展资本项目收入支付便利化改革试点，简化资本项下外汇收入支付手续，无需事先逐笔提供真实性证明材料。开展货物贸易外汇收支便利化试点。放宽跨国公司外汇资金集中运营管理准入条件。对区内保税货物转卖给予外汇收支结算便利。允许银行按照"展业三原则"办理购付汇、收结汇及划转等手续。完善跨境电商收付汇制度，允许区内跨境电商海外仓出口企业根据实际销售情况回款，按规定报告出口与收汇差额。探索开展境内人民币贸易融资资产跨境转让业务。支持个人本外币兑换特许业务试点稳妥开展。

12. 增强金融服务实体经济功能。支持开展外部投贷联动和知识产权质押、股权质押、科技融资担保等金融服务。支持金融机构运用区块链、大数据、生物识别等技术提升金融服务能力。支持开展政府投资基金股权投资退出便利化试点。探索融资租赁服务装备制造业发展新模式，支持进口租赁国内不能生产或性能不能满足需要的高端装备。在符合国家有关规定的前提下，开展境内外租赁资产交易。鼓励融资租赁企业在区内设立项目子公司。支持外资保险经纪公司参与开展关税保证保险、科技保险等业务。增强金融推动产业绿色发展的引导作用，支持金融机构和企业发行绿色债券。

13. 建立健全金融风险防控体系。加强对重大风险的识别和系统性金融风险的防范。探索建立覆盖各类金融市场、机构、产品、工具的风险监测监控机制。强化反洗钱、反恐怖融资、反逃税工作。完善金融执法体系，建立公平、公正、高效的金融案件审判和仲裁机制，有效打击金融违法犯罪行为。

（五）打造联通长江经济带和粤港澳大湾区的国际投资贸易走廊

14. 深入对接长江经济带发展战略。完善区域协同开放机制，积极推进长江经济带沿线自贸试验区合作共建，开展货物通关、贸易统计、检验检测认证等方面合作，推动相关部门信息互换、监管互认、执法互助。推动长江经济带产业合理布局，提升长江经济带产业协同合作能力。探索完善异地开发生态保护补偿机制和政府主导、企业和社会各界参与、市场化运作、可持续的生态产品价值实现路径。依法合规开展产权、技术、排污权等现货交易。

15. 实现湘粤港澳服务业联动发展。积极对接粤港澳大湾区建设，实现市场一体、标准互认、政策协调、规则对接。发展湘粤港澳智能物流，打造面向粤港澳大湾区的中部地区货运集散中心。推进粤港澳大湾区口岸和湖南地区通关监管协作，全面推行通关一体化，畅通货物快捷通关渠道。在内地与香港、澳门关于建立更紧密经贸关系的安排（CEPA）框架下，允许港澳人员在自贸试验区从事相关服务业并享受国民待遇。授权自贸试验区制定相关港澳专业人才执业管理办法（国家法律法规暂不允许的除外），允许具有港澳执业资格的金融、建筑、规划等领域专业人才，经相关部门或机构备案后，为区内企业提供专业服务。在区内推动建立湘粤港澳认证及相关检测机构交流合作平台，促进相应认证检测结果的相互承认与接受。支持符合条件的香港金融机构在自贸试验区进行新设、增资或参股区内金融机构等直接投资活动。支持湖南省对本省高职院校招收香港学生实行备案。鼓励具备内地招收资质的香港院校增加在湖南招生名额。加强湘粤港澳四地文化创意产业合作，实现文化创意产业优势资源对接。积极打造全球领先的5G视频和电子竞技产业基地。

16. 畅通国际化发展通道。在对外航权谈判中支持长沙黄花国际机场获得包括第五航权在内的航权安排，开展经停第三国的航空客货运业务。增加长沙黄花国际机场国际货运航班，建立进口食用水生动物、冰鲜水产品、水果集散中心和进口医药物流中心。研究开展高铁快运。实现自贸试验区与长沙金霞经济技术开发区联动发展，提升中欧班列（长沙）运营规模和质量，加快发展长沙陆港型物流枢纽。推进跨境电商货运班列常态化运行。提升岳阳城陵矶港区功能，全面推进黄金水道建设，支持企业有序发展岳阳至香港水路直航航线，积极拓展至东盟、日韩等国家和地区接力航线。

17. 优化承接产业转移布局。积极探索承接沿海产业转移的路径和模式，开展飞地经济合作，建立健全区域间互动合作和利益分享机制。探索建立跨省域资质和认证互认机制，企业跨省迁入自贸试验区后，在履行必要的审核程序后继续享有原有资质、认证。探索支持沿海地区创新政策在区内落地，工业产品生产许可证等实施"绿色通道"、快捷办理。积极承接钻石进出口及高端饰品加工贸易，支持郴州开展实施"金伯利进程国际证书制度"。通过依托现有交易场所等方式与上海钻石交易所开展合作。

（六）探索中非经贸合作新路径新机制

18. 建设中非经贸深度合作先行区。比照现行中西部地区国际性展会留购展品免征进口关税政策，支持办好中国—非洲经贸博览会。试点推进对非认证认可和合格评定结果国际互认工作。推进中非海关"经认证的经营者"（AEO）互认合作。建设非洲在华非资源性产品集散和交易中心。探索开展中非易货贸易。探索创新对非经贸合作金融平台和产品，支持设立中非跨境人民币中心，推进跨境人民币业务政策在对非跨境贸易、清算结算、投融资等领域落地，提升对非金融服务能力。

19. 拓展中非地方合作。探索中非经贸合作新模式，推动建设中非经贸合作公共服务平台，打造中非经贸合作示范高地。建设岳阳水果进口指定监管场地。鼓励与贝宁、布基纳法索、乍得、马里等非洲棉花主产国开展定向合作。支持扩大进口非洲咖啡、可可、腰果、鳀鱼等优质农产品。打造中非客货运集散中心，加强岳阳城陵矶港与非洲重点港口的对接合作，拓展湖南与肯尼亚等非洲国家空中客货运航线。统筹对非援助等有关资源，支持湖南省依托人力资源培训资质单位，重点实施对非人力资源培训有关项目，助推对非经贸合作。

（七）支持先进制造业高质量发展

20. 打造高端装备制造业基地。支持国家级工业设计研究院、国家级轨道交通装备检验检测认证机构建设。支持发展航空航天衍生制造、试验测试、维修保障和服务网络体系。促进制造业数字化智能化转型，支持建设工业互联网平台，加大信息技术应用创新适配中心和运维服务等公共服务平台建设力度。促进智能终端产品研发及产业化，成立湖南省工业技术软件化创新中心，支持工业互联网服务商和"上云上平台"标杆企业发展。

21. 支持企业参与"一带一路"建设。支持龙头企业建设面向"一带一路"沿线国家和地区的跨境寄递服务网络、国际营销和服务体系。支持区内装备制造企业建设全球售后服务中心。在依法依规、风险可控前提下，在自贸试验区的综合保税区内积极开展"两头在外"的高技术含量、高附加值、符合环保要求的工程机械、通信设备、轨道交通装备、航空等保税维修和进口再制造。研究支持对自贸试验区内企业在综合保税区外开展"两头在外"航空维修业态实行保税监管，探索开展"两头在外"的航材包修转包区域流转业务试点。简化汽车维修零部件 CCC 认证办理手续。

22. 推动创新驱动发展。构建以完善重点产业链为目标的技术创新体系，支持关键共性技术研究和重大科技成果转化。建立企业技术需求清单，以政府购买服务、后补助等方式，促进科技成果转化中试。支持将绿色产品优先纳入政府采购清单。实行更加积极、更加开放、更加有效的人才政策，强化人才创新创业激励机制。

23. 强化知识产权保护和运用。完善有利于激励创新的知识产权归属制度。结合区内产业特色，搭建针对性强、便利化的知识产权公共服务平台，建立知识产权服务工作站，培养知识产权服务人才，构建一体化的知识产权信息公共服务体系。建立多元化知识产权争端解决与快速维权机制。探索建立公允的知识产权评估机制，优化知识产权质押登记服务，完善知识产权质押融资风险分担机制以及方便快捷的质物处置机制。

四、 保障机制

坚持和加强党对改革开放的领导，把党的领导贯穿于自贸试验区建设的全过程。牢固树立总体国家安全观，强化底线思维和风险意识，切实加强自贸试验区风险防控体系建设，完善风险防控和处置机制，维护国家安全和社会安全，牢牢守住不发生区域性系统性风险底线。在国务院自由贸易试验区工作部际联席会议统筹协调下，充分发挥地方和部门积极性，抓好各项改革试点任务落实，高标准高质量建设自贸试验区。湖南省要完善工作机制，构建精简高效、权责明晰的自贸试验区管理体制，加强人才培养，打造高素质专业化管理队伍；要加强地方立法，建立公正透明、体系完备的法治环境；要强化主体责任，加强监测预警，深入开展风险评估，制定相关工作方案，切实防范化解重大风险；要建立完善自贸试验区制度创新容错机制，坚持"三个区分开来"，鼓励大胆试、大胆闯；要统筹推进新冠肺炎疫情防控和自贸试验区高质量发展工作，全面落实"外防输入、内防反弹"要求，努力把疫情造成的损失降到最低限度。湖南省和有关部门要依法及时下放相关管理权限，完善配套政策，确保各项改革举措落地实施。自贸试验区各片区要把工作做细，制度做实，严格监督，严格执纪执法。本方案提出的各项改革政策措施，凡涉及调整现行法律或行政法规的，按规定程序办理。重大事项及时向党中央、国务院请示报告。

中国（安徽）自由贸易试验区总体方案

建立中国（安徽）自由贸易试验区（以下简称自贸试验区）是党中央、国务院作出的重大决策，是新时代推进改革开放的重要战略举措。为高标准高质量建设自贸试验区，制定本方案。

一、总体要求

（一）指导思想

以习近平新时代中国特色社会主义思想为指导，全面贯彻党的十九大和十九届二中、三中、四中全会精神，统筹推进"五位一体"总体布局和协调推进"四个全面"战略布局，坚持稳中求进工作总基调，坚持新发展理念，坚持高质量发展，以供给侧结构性改革为主线，主动服务和融入国家重大战略，建设更高水平开放型经济新体制，以开放促改革、促发展、促创新，把自贸试验区建设成为新时代改革开放新高地。

（二）战略定位及发展目标

以制度创新为核心，以可复制可推广为基本要求，全面落实中央关于深入实施创新驱动发展、推动长三角区域一体化发展战略等要求，发挥在推进"一带一路"建设和长江经济带发展中的重要节点作用，推动科技创新和实体经济发展深度融合，加快推进科技创新策源地建设、先进制造业和战略性新兴产业集聚发展，形成内陆开放新高地。

赋予自贸试验区更大改革自主权，深入开展差别化探索。对标国际先进规则，加大开放力度，开展规则、规制、管理、标准等制度型开放。经过三至五年改革探索，形成更多有国际竞争力的制度创新成果，为进一步扩大对外开放积累实践经验，推动科技创新、产业创新、企业创新、产品创新、市场创新，推进开放大通道大平台大通关建设，努力建成贸易投资便利、创新活跃强劲、高端产业集聚、金融服务完善、监管安全高效、辐射带动作用突出的高标准高质量自由贸易园区。

二、区位布局

（一）实施范围

自贸试验区的实施范围119.86平方公里，涵盖三个片区：合肥片区64.95平方公里（含合肥经济技术开发区综合保税区1.4平方公里），芜湖片区35平方公里（含芜湖综合保税区2.17平方公里），蚌埠片区19.91平方公里。

自贸试验区的开发利用须遵守土地利用、生态环境保护、规划相关法律法规，符合国土空间规划，并符合节约集约用地的有关要求。

（二）功能划分

合肥片区重点发展高端制造、集成电路、人工智能、新型显示、量子信息、科技金融、跨境电商等产业，打造具有全球影响力的综合性国家科学中心和产业创新中心引领区。芜湖片区重点发展智能网联汽车、智慧家电、航空、机器人、航运服务、跨境电商等产业，打造战略性新兴产业先导区、江海联运国际物流枢纽区。蚌埠片区重点发展硅基新材料、生物基新材料、新能源等产业，打造世界级硅基和生物基制造业中心、皖北地区科技创新和开放发展引领区。

三、主要任务和措施

（一）加快转变政府职能

1. 打造国际一流营商环境。深入实施送新发展理念、送支持政策、送创新项目、送生产要素和服务实体经济"四送一服"工程。开展强化竞争政策实施试点，创造公平竞争的制度环境。以全国审批事项最少、办事效率最高、投资环境最优、市场主体和人民群众获得感最强为目标，营造"四最"营商环境。构建"互联网+营商环境监测"系统。推行"全省一单"权责清单制度体系。进一步深化工程建设项目审批制度改革。探索建立运用互联网、大数据、人工智能、区块链等技术手段优化行政管理的制度规则。

（二）深化投资领域改革

2. 深入推进投资自由化便利化。在科研和技术服务、电信、教育等领域加大对外开放力度，放宽注册资本、投资方式等限制。简化外商投资项目核准程序。支持外商独资设立经营性教育培训和职业技能培训机构。允许注册在自贸试验区内符合条件的外资旅行社从事除台湾地区以外的出境旅游业务。

3. 强化投资促进和保护。鼓励自贸试验区在法定权限内制定外商投资促进政策。推广市场化招商模式，探索成立企业化招商机构。建立外商投资全流程服务体系，实施重大外资项目包保服务机制。健全外商投诉工作机制，保护外商投资合法权益。

4. 提升对外投资合作水平。完善境外投资政策和服务体系，为优势产业走出去开拓多元化市场提供优质服务。在符合现行外汇管理规定的前提下，鼓励金融机构提高对境外资产或权益的处置能力，支持走出去企业以境外资产和股权、采矿权等权益为抵押获得贷款。支持合肥、芜湖中德合作园区建设，探索建立国际园区合作新机制。

（三）推动贸易高质量发展

5. 优化贸易监管服务体系。加快建设具有国际先进水平的国际贸易"单一窗口"。优化海关监管模式，综合运用多种合格评定方式，实施差异化监管。完善和推广"海关 ERP 联网监管",大力推进网上监管,开展"互联网+核查"、"线上+线下"核查等创新试点。深入推进第三方检验结果采信。优化鲜活农产品检验检疫流程,简化动植物检疫审批程序,实施全程网上办理。完善进出口商品质量安全风险预警和快速反应监管体系。支持内销选择性征收关税政策在自贸试验区内的综合保税区试点。支持在自贸试验区内的综合保税区和保税监管场所设立大宗商品期货保税交割库。

6. 培育发展贸易新业态新模式。支持合肥、芜湖跨境电商综合试验区建设。支持合肥、芜湖片区开展跨境电商零售进口试点。依法依规开展跨境电商人民币结算,推动跨境电商线上融资及担保方式创新。鼓励建设出口产品公共海外仓和海外运营中心。探索建设国际邮件、国际快件和跨境电商进出境一体化设施。积极开展进口贸易促进创新工作。进一步完善高端装备制造产品售后维修进出口管理,适当延长售后维修设备和备件返厂期限。对符合条件的入境维修复出口免于实施装运前检验。支持设立国家数字服务出口基地,打造数字化制造外包平台。

7. 提升国际贸易服务能力。支持建设合肥国际航空货运集散中心、芜湖航空器维修保障中心。支持自贸试验区符合条件的片区,按规定申请设立综合保税区。支持建设汽车整车进口口岸、首次进口药品和生物制品口岸。优先审理自贸试验区相关口岸开放项目。加快建设多式联运基地,高标准对接国际多式联运规则,支持多式联运经营企业布局境外服务网络。

(四) 深化金融领域开放创新

8. 扩大金融领域对外开放。落实放宽金融机构外资持股比例、拓宽外资金融机构业务经营范围等措施,支持符合条件的境内外投资者依法设立各类金融机构。研究开展合格境外有限合伙人(QFLP)政策试点。探索开展离岸保险业务。完善自贸试验区内技术等要素交易市场,允许外资参与投资。促进跨境投融资汇兑便利化。开展资本项目收入支付便利化改革试点。探索通过人民币资本项下输出贸易项下回流方式,重点推动贸易和投资领域的人民币跨境使用。

9. 推进科技金融创新。加强国家科技成果转化引导基金与安徽省科技成果转化引导基金合作。支持自贸试验区符合条件的商业银行在依法依规、风险可控的前提下,探索设立金融资产投资公司。支持在自贸试验区内依法合规设立商业银行科技支行、科技融资租赁公司等专门服务科创企业的金融组织,在政策允许范围内开展金融创新,积极融入长三角区域一体化发展。鼓励保险公司发展科技保险,拓宽服务领域。支持条件成熟的银行业金融机构探索多样化的科技金融服务模式。支持自贸试验区内金融小镇依法依规开展私募投资基金服务。鼓励社会资本按市场化原则探索设立跨境双向股权投资基金。支持合肥片区积极推动金融支持科技创新发展。

10. 建立健全金融风险防控体系。加强对重大风险的识别和系统性金融风险的防范。强化反洗钱、反恐怖融资、反逃税工作，防范非法资金跨境、跨区流动。提升金融执法能力，有效打击金融违法犯罪行为。

（五）推动创新驱动发展

11. 建设科技创新策源地。健全支持基础研究、原始创新的体制机制，推动建成合肥综合性国家科学中心框架体系，争创国家实验室，探索国家实验室建设运行模式。支持做好合肥先进光源、大气环境立体探测、强光磁等重大科技基础设施预研究工作，组建环境科学研发平台和未来技术综合研究基地。支持提升拓展全超导托卡马克、同步辐射光源、稳态强磁场等大科学装置功能，加快聚变堆主机关键系统综合研究设施建设。支持建设能源研究院、人工智能研究院，筹划组建大健康研究院。支持建设微尺度物质科学国家研究中心、合肥先进计算中心和国家重点实验室等，高质量建设一批省级实验室、技术创新中心。支持开展免疫细胞、干细胞等临床前沿医疗技术研究项目。推动国家重大科研基础设施和大型科研仪器向相关产业创业者开放。

12. 促进科技成果转移转化。打造"政产学研用金"六位一体科技成果转化机制。支持参与建设相关国家技术创新中心。支持建设关键共性技术研发平台，产学研合作、信息发布、成果交流和交易平台。鼓励建设国际化创新创业孵化平台。支持模式国际化、运行市场化、管理现代化的新型研发机构建设。深化科技成果使用权、处置权和收益权改革，支持有条件的单位参与开展赋予科技人员职务科技成果所有权或长期使用权试点。支持建立科技融资担保机构。探索有条件的科技创新企业规范开展知识产权证券化试点。完善知识产权评估机制、质押融资风险分担机制以及方便快捷的质物处置机制，完善知识产权交易体系。结合自贸试验区内产业特色，搭建针对性强、便利化的知识产权公共服务平台，设立知识产权服务工作站，培养知识产权服务人才，构建一体化的知识产权信息公共服务体系。支持建设安徽科技大市场，提升安徽创新馆运营水平。

13. 深化国际科技交流合作。支持重要国际组织在合肥综合性国家科学中心设立总部或分支机构，在世界前沿关键领域参与或按程序报批后发起组织国际大科学计划和大科学工程。鼓励建设国际联合研究中心（联合实验室）等国际科技合作基地，探索建立符合国际通行规则的跨国技术转移和知识产权分享机制。支持境内外研发机构、高校院所、企业在自贸试验区设立或共建实验室、新型研发机构，实施高等学校学科创新引智计划，建设引才引智示范基地。

14. 激发人才创新创业活力。建立以人才资本价值实现为导向的分配激励机制，探索和完善分红权激励、超额利润分享、核心团队持股跟投等中长期激励方案。对顶尖科技人才及团队采取"一事一议"方式给予支持。支持与境外机构合作开发跨境商业健康保险产品，探索开展商业健康保险跨境结算试点。

（六）推动产业优化升级

15. 支持高端制造业发展。支持将生物医药、高端智能装备、新能源汽车、硅基新材料等产业纳入新一批国家战略性新兴产业集群。支持合肥片区建设工业互联网标识解析二级节点，建设国家新一代人工智能创新发展试验区。鼓励国家先进制造产业投资基金对自贸试验区内新能源汽车、新型显示、机器人等产业，按商业化、市场化原则进行投资。支持组建硅基生物基产业创新中心。在条件成熟的区域内，探索实施有关支持政策，推广使用聚乳酸等可降解塑料制品。鼓励自贸试验区内企业购买和引进海外研发、测试设备及重大装备。对自贸试验区内符合条件的从事集成电路、人工智能、生物医药、民用航空等关键领域核心环节生产研发的企业，积极认定高新技术企业。

16. 培育布局未来产业。支持超前布局量子计算与量子通信、生物制造、先进核能等未来产业。支持量子信息、类脑芯片、下一代人工智能等新技术的研发应用。加快推进靶向药物、基因检测等研发产业化，支持开展高端医学影像设备、超导质子放射性治疗设备、植入介入产品、体外诊断等关键共性技术研发。重点发展第三代半导体、金属铼等前沿材料产业，培育发展石墨烯产业，推动科技成果转化与典型应用。促进云计算、大数据、互联网、AI、5G与实体经济、制造业的系列化融合应用。大力推动数字商务新模式、新业态发展，探索建立反向定制（C2M）产业基地，鼓励先进制造业与现代服务业深度融合。

（七）积极服务国家重大战略

17. 推动长三角区域一体化高质量发展。对接上海、江苏、浙江自贸试验区，推动长三角地区自贸试验区协同发展，共同打造对外开放高地。继续推进皖江城市带承接产业转移示范区发展，建设皖北承接产业转移集聚区，支持共建产业合作园区，探索建立跨区域利益分享机制。支持开展港口合作，打造芜湖—马鞍山江海联运枢纽和合肥江淮联运中心。鼓励参与芜湖至上海"点到点"航线经营的各船运公司互换仓位，提高航线服务保障能力。开展会展合作，支持办好世界制造业大会、世界显示产业大会、中国（安徽）科技创新成果转化交易会等高端展会平台。加强自贸试验区与马鞍山郑蒲港新区、经济技术开发区等区域联动,放大辐射带动效应。

18. 推动长江经济带发展和促进中部地区崛起战略实施。支持安徽自贸试验区与长江经济带、中部地区其他自贸试验区联动发展。支持长江中上游地区集装箱在自贸试验区内中转集拼业务发展。加快引江济淮工程建设,提升自贸试验区对长江经济带发展的航运支撑能力。推广新安江流域生态补偿机制、林长制改革经验,探索在长江流域上下游之间开展生态、资金、产业、人才等多种补偿。探索政府主导、企业和社会各界参与、市场化运作、可持续的生态产品价值实现路径。

19. 积极服务"一带一路"建设。与"一带一路"沿线国家和地区共建科技创新共同体,支持参与沿线国家基础设施建设。为企业开展国际产能和装备制造合作提供便利,加快培育国际经济合作和竞争新优势。共商共建一批重大合作项目。拓展提升中欧班列(合肥)功能和覆盖范围,根据市场需要提高集装箱办理站能力,推动将中欧班列(合肥)纳入中欧安全智能贸易航线试点计划。鼓励建设中东部地区连接中亚、欧洲的铁水联运大通道,推动建立多式联运体系。

四、 保障机制

坚持和加强党对改革开放的领导,把党的领导贯穿于自贸试验区建设的全过程。牢固树立总体国家安全观,强化底线思维和风险意识,切实加强自贸试验区风险防控体系建设,完善风险防控和处置机制,维护国家安全和社会安全,牢牢守住不发生区域性系统性风险底线。在国务院自由贸易试验区工作部际联席会议统筹协调下,充分发挥地方和部门积极性,抓好各项改革试点任务落实,高标准高质量建设自贸试验区。安徽省要完善工作机制,构建精简高效、权责明晰的自贸试验区管理体制,加强人才培养,打造高素质专业化管理队伍;要加强地方立法,建立公正透明、体系完备的法治环境;要强化主体责任,加强监测预警,深入开展风险评估,制定相关工作方案,切实防范化解重大风险;要建立完善自贸试验区制度创新容错机制,坚持"三个区分开来",鼓励大胆试、大胆闯;要统筹推进新冠肺炎疫情防控和自贸试验区高质量发展工作,全面落实"外防输入、内防反弹"要求,努力把疫情造成的损失降到最低限度。安徽省和有关部门要依法及时下放相关管理权限,完善配套政策,确保各项改革举措落地实施。自贸试验区各片区要把工作做细,制度做实,严格监督,严格执纪执法。本方案提出的各项改革政策措施,凡涉及调整现行法律或行政法规的,按规定程序办理。重大事项及时向党中央、国务院请示报告。

中国（浙江）自由贸易试验区扩展区域方案

建设自由贸易试验区是党中央、国务院作出的重大决策，是新时代推进改革开放的重要战略举措。中国（浙江）自由贸易试验区（以下简称自贸试验区）设立以来，建设取得阶段性成果，总体达到预期目标。为贯彻落实党中央、国务院决策部署，进一步扩展自贸试验区区域，制定本方案。

一、总体要求

（一）指导思想

以习近平新时代中国特色社会主义思想为指导，全面贯彻党的十九大和十九届二中、三中、四中全会精神，统筹推进"五位一体"总体布局和协调推进"四个全面"战略布局，坚持稳中求进工作总基调，坚持新发展理念，坚持高质量发展，以供给侧结构性改革为主线，主动服务和融入国家重大战略，建设更高水平开放型经济新体制，以开放促改革、促发展、促创新，把自贸试验区建设成为新时代改革开放新高地。

（二）功能定位及发展目标

坚持以"八八战略"为统领，发挥"一带一路"建设、长江经济带发展、长三角区域一体化发展等国家战略叠加优势，着力打造以油气为核心的大宗商品资源配置基地、新型国际贸易中心、国际航运和物流枢纽、数字经济发展示范区和先进制造业集聚区。

赋予自贸试验区更大改革自主权，深入开展差别化探索。对标国际先进规则，加大开放力度，开展规则、规制、管理、标准等制度型开放。到2025年，基本建立以投资贸易自由化便利化为核心的制度体系，营商环境便利度位居全国前列，油气资源全球配置能力显著提升，国际航运和物流枢纽地位进一步增强，数字经济全球示范引领作用彰显，先进制造业综合实力全面跃升，成为引领开放型经济高质量发展的先行区和增长极。到2035年，实现更高水平的投资贸易自由化，新型国际贸易中心全面建成，成为原始创新高端制造的重要策源地、推动国际经济交往的新高地，成为新时代全面展示中国特色社会主义制度优越性重要窗口的示范区。

二、区位布局

(一) 实施范围

自贸试验区扩展区域实施范围119.5平方公里，涵盖三个片区：宁波片区46平方公里（含宁波梅山综合保税区5.69平方公里、宁波北仑港综合保税区2.99平方公里、宁波保税区2.3平方公里），杭州片区37.51平方公里（含杭州综合保税区2.01平方公里），金义片区35.99平方公里（含义乌综合保税区1.34平方公里、金义综合保税区1.26平方公里）。

自贸试验区的开发利用须遵守土地、无居民海岛利用和生态环境保护、规划相关法律法规，符合国土空间规划，并符合节约集约利用资源的有关要求；支持按照国家相关法规和程序，办理合理必需用海。

(二) 功能划分

宁波片区建设链接内外、多式联运、辐射力强、成链集群的国际航运枢纽，打造具有国际影响力的油气资源配置中心、国际供应链创新中心、全球新材料科创中心、智能制造高质量发展示范区。杭州片区打造全国领先的新一代人工智能创新发展试验区、国家金融科技创新发展试验区和全球一流的跨境电商示范中心，建设数字经济高质量发展示范区。金义片区打造世界"小商品之都"，建设国际小商品自由贸易中心、数字贸易创新中心、内陆国际物流枢纽港、制造创新示范地和"一带一路"开放合作重要平台。

三、主要任务和措施

(一) 建立以投资贸易自由化便利化为核心的制度体系

1. 进一步提升贸易便利化水平。进一步丰富国际贸易"单一窗口"功能，将服务贸易出口退（免）税申报纳入"单一窗口"管理。深化服务贸易创新试点，推动服务外包向高技术、高品质、高效益、高附加值转型升级，加快信息服务、文化贸易、技术贸易等新兴服务贸易发展，探索以高端服务为先导的"数字+服务"新业态新模式。推进进出口产品质量溯源体系建设，拓展可追溯商品种类。扩大第三方检验结果采信商品和机构范围。

2. 推进投资自由化便利化。探索建立大数据信息监管系统，部分领域在风险可控的前提下，市场主体在领取营业执照的同时，承诺并提交有关材料后，即可依法开展投资经营活动。对外商投资实行准入前国民待遇加负面清单管理制度，支持建立国际投资"单一窗口"，在区内研究放宽油气产业、数字经济、生命健康和新材料等战略性新兴产业集群市场准入。将国际快递业务经营许可审批权下放至浙江省邮政管理局。

3. 推动金融创新服务实体经济。开展本外币合一银行账户体系试点，提升本外币银行账户业务便利性。开展包括油品等大宗商品在内的更高水平贸易投资便利化试点，支持企业按规定开展具有真实贸易背景的新型国际贸易，支持银行按照"展业三原则"，依法为企业提供优质的金融服务。探索开展境内贸易融资资产转让业务和不良资产对外转让业务。探索符合贸易新业态新模式特点的跨境外汇结算模式，支持外贸健康发展。吸引跨国公司地区总部、结算中心、贸易中心和订单中心在自贸试验区落户。支持设立民营银行，探索股债联动，支持科技型企业发展。

4. 进一步转变政府职能。深化"最多跑一次"改革，依法经批准将下放至地级及以上城市的省级管理权限下放至自贸试验区。按照"整体智治"现代政府理念，建设数字政府，完善"互联网+政务服务"、"互联网+监管"体系，加快政府数字化转型，健全事中事后监管服务，完善中央与地方信息共享机制，促进市场主体管理信息共享。深化资源要素市场化改革，开展国家级改革试点，推动土地、能源、金融、数据等资源要素向自贸试验区倾斜。完善外国人来华工作许可制度和人才签证制度区内配套措施。探索取消施工图审查（或缩小审查范围）、实施告知承诺制和设计人员终身负责制等工程建设领域审批制度改革。

（二）高质量建设现代化开放型经济体系

5. 打造以油气为核心的大宗商品全球资源配置基地。聚焦能源和粮食安全，研究建立能源等大宗商品政府储备和企业储备相结合的政策保障体系，更好发挥企业储备在保障粮食安全方面的作用。

支持开展油气储备改革试点，支持承接更多政府储备任务，大力发展企业储备，增加储备品种，增强储备能力，成为保障国家能源和粮食安全的重要基地。探索地下空间利用的创新举措。推动建设用地地上、地表、地下分别设立使用权，探索利用地下空间建设油气仓储设施，促进空间合理开发利用。以油气、化工品等为重点，积极开展原油、汽油、液化气等储备业务，建设化工品国际贸易中心和分拨中心，打造成为国家级油气储备基地。支持浙江自贸试验区围绕油气全产业链深入开展差别化探索。参照国际通行规则，探索研究推动浙江自贸试验区油气全产业链发展的政策措施，增强国际竞争力。

积极拓展与其他国家的农产品贸易合作，大力发展进境牛肉等高端动物蛋白加工贸易产业。建设进口粮食保税储存中转基地，支持以大豆为突破口，创新粮食进口检疫审批制度，允许对非关税配额粮食以港口存放方式办理检验检疫审批，进口后再确定加工场所（具有活性的转基因农产品除外）。鼓励粮食进出口企业与运输企业建立长期稳定合作关系，降低国际粮食运输费用。探索开展远洋渔业引进外籍船员试点。

6. 打造新型国际贸易中心。支持以市场化方式推进世界电子贸易平台（eWTP）全球布局，探索在数据交互、业务互通、监管互认、服务共享等方面的国际合作及数字确权等数字贸易基础设施建设，打造全球数字贸易博览会。

支持境内外跨境电商企业建设国际转口配送基地。支持义乌小商品城等市场拓展进口业务，建设新型进口市场。支持建设易货贸易服务平台。支持跨境电商平台企业与结算银行、支付机构在依法合规前提下积极开展人民币计价、结算。探索小商品贸易与大宗商品贸易联动的新型易货贸易模式，拓展跨境人民币结算通道。以"一带一路"沿线国家和地区为重点，整合海外仓、结算等全球供应链服务体系，建设面向全球的供应链易货交易服务平台。

创新数字化综合监管制度，探索新型监管模式，实施简化申报、简证放行、简易征管等便利化举措；探索实施"互联网+核查"、"线上+线下"核查等创新试点。

7. 打造国际航运和物流枢纽。探索"互联网+口岸"新服务，促进海港、陆港、空港、信息港"四港"联动发展，支持全球智能物流枢纽建设，推动海上丝绸之路指数、快递物流指数等成为全球航运物流的风向标，打造全球供应链的"硬核"力量。

允许中资非五星旗船开展以宁波舟山港为中转港的外贸集装箱沿海捎带业务。设立国际转口集拼中转业务仓库，建设国际中转集拼中心。在有效监管、风险可控的前提下，研究在宁波舟山港实施启运港退税政策的可行性。支持参照保税船用燃料油供应管理模式，允许液化天然气（LNG）作为国际航行船舶燃料享受保税政策。构建长三角港口群跨港区供油体系，合力打造东北亚燃料油加注中心。

加强杭州、宁波临空经济示范区与自贸试验区协同发展。实施高度开放的国际航空运输管理，推动杭州萧山国际机场、宁波栎社国际机场扩大包括第五航权在内的航权安排，吸引相关国家和地区航空公司开辟经停航线。支持杭州萧山国际机场、宁波栎社国际机场探索航空中转业务。

推动宁波舟山港与义乌港双核港口一体化和口岸监管无缝对接，实现同港同策，促进海港功能和口岸监管功能向义乌港、浙中公铁联运港等延伸。支持开展甬金铁路双层高柜铁路集装箱运输试点，根据试点情况，研究复制到其他线路。支持宁波—舟山港口型国家物流枢纽建设，大力发展海铁联运。率先探索集装箱多式联运运单及电子运单标准应用。

8. 打造数字经济发展示范区。加大以自主深度算法、超强低耗算力和高速广域网络为代表的新一代数字基础设施建设，支持布局 IPv6、卫星互联网、6G 试验床等网络基础设施，全面拓展数字产业化、产业数字化、数字生活新服务，把国家数字服务出口基地打造为数字贸易先行示范区。

加强数字经济领域国际规则、标准研究制定，推动标准行业互信互认。强化金融支撑，鼓励各类金融机构创新金融服务和金融产品，引导各类创投企业投向数字经济领域创新创业项目。

积极推动杭州城西科技创新大走廊、宁波甬江科技创新大走廊与自贸试验区改革联动、创新联动，打造数字经济创新引领区。推进之江实验室、阿里达摩院等研发机构建设，支持之江实验室参与国家实验室建设。加大对国内外顶尖云制造、人工智能、大数据等企业的招商引资力度，打造全球工业互联网研发应用基地。建设全国电子数据交换系统贸易网，打造枢纽型国际化数字强港。

9. 打造先进制造业集聚区。建立关键零部件国际国内双回路供应政策体系。以关键核心技术为突破口，围绕新材料、生命健康等产业，建立产业链"链长制"责任体系，提升"补链"能力。探索实行产业链供地。推动产业集群在空间上高度集聚、上下游紧密协同、供应链集约高效。

聚焦高性能磁性材料、新型膜材料、先进碳材料等优势产业，前瞻布局智能复合材料、海洋新材料等新兴领域，加速新材料产业升级的关键核心技术攻关及成果转化，积极推动先进材料产业创新中心建设，打造参与全球新材料产业创新竞争的重要平台。

聚焦新一代智能技术应用，大力引进若干国内外顶尖的智能制造示范企业，支持区内企业推进国际协同研发，积极融入高端制造业全球供应链、创新链和价值链。围绕现代高档数控机床、机器人等智能装备及关键基础件，打造国内重要的智能制造装备产业基地。落实支持科技创新进口税收政策，对符合政策要求的区内单位进口科研设备免税。

加大 5G、物联网、工业互联网、人工智能、数据中心等新型基础设施建设力度，加强交通基础设施智能化升级，推动自贸试验区和省内其他区域联动协同，建立高效、快速、便捷、智慧的全球一流基础设施体系。

搭建生命大健康产业科研创新平台，鼓励和支持龙头医药企业加大科技投入，与国内外医药科研院所开展合作，建设生物医药公共技术服务平台和开放性专业实验室。

加快海水淡化与综合利用、海洋可再生能源等新兴领域自主研发、中试转化、装备定型，积极推动产业规模化发展。

（三）构建安全高效的风险防控体系

10. 加快完善风险防范机制。加强顶层设计，健全风险防范责任机制，坚持底线思维，强化重大风险防范的政治责任和履责能力。加强风险防控机制的专业化、科学化建设，创新激励机制，强化风险管理人才队伍建设。完善风险防控的评估、预警与处置机制，加强油气产业环境风险处置应对能力建设。健全对外开放的风险防范机制，完善和创新对外籍人士等特殊人群管理模式。支持宁波海事法院、杭州互联网法院发挥在推进国际航运物流枢纽和数字经济发展示范区建设中的服务和保障作用；适应新型国际贸易中心建设需要，积极打造具有较强国际影响力的国际商事仲裁平台，健全完善诉讼、仲裁、调解等有机衔接、相互协调的国际商事多元化纠纷解决机制。

11. 打造数字一体化监管服务平台。依托数字化手段，开展自贸试验区一体化风险防控监管平台体系差别化探索。充分利用大数据、人工智能、区块链、5G等先进信息技术，建设高标准智能化监管平台。在国家数据跨境传输安全管理制度框架下，试点开展数据跨境流动安全评估，探索建立数据保护能力认证、数据流动备份审查、跨境数据流动和交易风险评估等数据安全管理机制。加大对专利、版权、企业商业秘密等权利及数据的保护力度，主动参与引领全球数字经济交流合作。依托外贸风险快速预警综合平台，完善外贸预警机制，实现监管信息互联互认共享，提高外贸企业抵御风险能力。

12. 构建全链条信用管理机制。支持开展企业信用风险分类管理试点工作，加强企业信用风险状况评估分析，提升企业信用风险状况预测预警和动态监测能力，实现对市场主体的精准靶向监管。运用区块链技术，注重源头管理，探索"沙盒"监管模式，建立全链条信用监管机制，支持探索信用评估和信用修复制度，鼓励失信主体通过主动纠正失信行为、消除不良社会影响等方式修复信用。

四、保障机制

坚持和加强党对改革开放的领导，把党的领导贯穿于自贸试验区建设的全过程。牢固树立总体国家安全观，强化底线思维和风险意识，切实加强自贸试验区风险防控体系建设，完善风险防控和处置机制，维护国家安全和社会安全，牢牢守住不发生区域性系统性风险底线。在国务院自由贸易试验区工作部际联席会议统筹协调下，充分发挥地方和部门积极性，抓好各项改革试点任务落实，高标准高质量建设自贸试验区。浙江省要完善工作机制,构建精简高效、权责明晰的自贸试验区管理体制,加强人才培养,打造高素质专业化管理队伍;要加强地方立法,建立公正透明、体系完备的法治环境;要强化主体责任,加强监测预警,深入开展风险评估,制定相关工作方案,切实防范化解重大风险;要建立完善自贸试验区制度创新容错机制,坚持"三个区分开来",鼓励大胆试、大胆闯;要统筹推进新冠肺炎疫情防控和自贸试验区高质量发展工作,全面落实"外防输入、内防反弹"要求,努力把疫情造成的损失降到最低限度。浙江省和有关部门要依法及时下放相关管理权限,完善配套政策,确保各项改革举措落地实施。要加强自贸试验区既有区域和扩展区域的联动发展、融合发展,既有区域和扩展区域各项政策措施可叠加适用。自贸试验区各片区要把工作做细,制度做实,严格监督,严格执纪执法。本方案提出的各项改革政策措施,凡涉及调整现行法律或行政法规的,按规定程序办理。重大事项及时向党中央、国务院请示报告。

国务院关于同意建立国务院自由贸易试验区工作部际联席会议制度的批复

(国函〔2015〕18号)

商务部:

你部关于建立国务院自由贸易试验区工作部际联席会议制度的请示收悉。现批复如下:

同意建立由国务院领导同志牵头负责的国务院自由贸易试验区工作部际联席会议制度。联席会议不刻制印章,不正式行文,请按照国务院有关文件精神认真组织开展工作。

附件:国务院自由贸易试验区工作部际联席会议制度

国务院
2015年2月7日

附件

国务院自由贸易试验区工作部际联席会议制度

为加强部门间协调配合，推进自由贸易试验区建设工作，经国务院同意，建立国务院自由贸易试验区工作部际联席会议（以下简称联席会议）制度。

一、主要职能

在国务院领导下，统筹协调全国自由贸易试验区试点工作。对全国自由贸易试验区深化改革试点工作进行宏观指导；协调解决自由贸易试验区改革试验中遇到的重大问题；及时评估、总结自由贸易试验区改革试点经验，提出复制推广意见和建议；完成国务院交办的其他事项。

二、成员单位

联席会议由商务部、中央宣传部、中央财办、发展改革委、教育部、工业和信息化部、公安部、司法部、财政部、人力资源社会保障部、国土资源部、住房城乡建设部、交通运输部、文化部、卫生计生委、人民银行、海关总署、税务总局、工商总局、质检总局、新闻出版广电总局、知识产权局、旅游局、港澳办、法制办、台办、银监会、证监会、保监会、外汇局等30个部门和单位组成，商务部为牵头单位。

国务院分管自由贸易试验区工作的领导同志担任联席会议召集人，商务部主要负责同志、协助分管自由贸易试验区工作的国务院副秘书长和中央宣传部、发展改革委有关负责同志担任副召集人，其他成员单位有关负责同志为联席会议成员（名单附后）。根据工作需要，联席会议可邀请其他相关部门参加。联席会议成员因工作变动需要调整的，由所在单位提出，联席会议确定。

联席会议办公室设在商务部，承担联席会议日常工作，商务部分管负责同志兼任办公室主任。联席会议设联络员，由各成员单位有关司局负责同志担任。

三、工作规则

联席会议根据工作需要定期或不定期召开会议，由召集人或召集人委托的副召集人主持。成员单位根据工作需要可以提出召开会议的建议。在全体会议之前，召开联络员会议，研究讨论联席会议议题和需提交联席会议议定的事项及其他有关事项。联席会议以会议纪要形式明确会议议定事项，印发有关方面并抄报国务院,重大事项按程序报批。

四、工作要求

各成员单位要按照职责分工,深入研究自由贸易试验区工作有关问题,制订相关配套政策措施或提出政策措施建议。认真落实联席会议确定的工作任务和议定事项。加强沟通,密切配合,相互支持,形成合力,充分发挥联席会议作用,形成高效运行的工作机制。联席会议办公室要及时向各成员单位通报情况。

国务院自由贸易试验区工作部际联席会议成员名单(略)

国务院关于同意设立中国(海南)自由贸易试验区的批复

(国函〔2018〕119号)

海南省人民政府、商务部:

你们关于设立中国(海南)自由贸易试验区的请示收悉。现批复如下:

一、同意设立中国(海南)自由贸易试验区。

二、中国(海南)自由贸易试验区实施范围为海南岛全岛。相关土地、海域开发利用要严格遵守国家法律法规和海南省"多规合一"总体规划,并符合节约集约用地用海的有关要求。涉及无居民海岛的,要严格按照《中华人民共和国海岛保护法》等有关规定办理。

三、中国(海南)自由贸易试验区内的海关特殊监管区域的实施范围和税收政策适用范围维持不变。

四、海南省人民政府、商务部要会同有关部门做好《中国(海南)自由贸易试验区总体方案》的组织实施工作。

国务院
2018年9月24日

国务院关于同意设立中国（上海）自由贸易试验区临港新片区的批复

（国函〔2019〕68号）

上海市人民政府、商务部：

你们关于增设中国（上海）自由贸易试验区新片区的请示收悉。现批复如下：

一、同意设立中国（上海）自由贸易试验区临港新片区。

二、中国（上海）自由贸易试验区临港新片区先行启动区域面积为119.5平方公里（具体四至范围见附件）。落桩定界工作，经商务部、自然资源部审核验收后报国务院备案，由商务部、自然资源部负责发布。

三、上海市人民政府、商务部要会同有关部门做好《中国（上海）自由贸易试验区临港新片区总体方案》的组织实施工作。

附件：中国（上海）自由贸易试验区临港新片区先行启动区域四至范围

国务院
2019年7月27日

附件

中国（上海）自由贸易试验区临港新片区先行启动区域四至范围

一、临港地区南部区域共76.5平方公里

区块一47.2平方公里，四至范围：东至南芦公路，南至杭州湾，西至新四平公路、中港，北至平宵路、大泐港、东两港大道、云水路、正茂路、新元南路、长空路。

区块二10.5平方公里，四至范围：东至沪芦高速、芦潮引河，南至环南一路、环南二路，西至南芦公路，北至胜利塘、顺翔路。

区块三 18.8 平方公里，四至范围：东至 H61 路、北护城河、S10 路、B42 路、环湖二路、E7 路，南至海塘大堤，西至沪芦高速、芦潮引河、海港大道、环湖西路、B41 路、环湖三路、S7 路、北护城河、随塘河、海西路，北至三三公路。

二、小洋山岛区域共 18.3 平方公里

四至范围：小洋山岛全域。

三、浦东国际机场南侧区域共 24.7 平方公里

四至范围：东至东海大道，南至下盐路、上飞路，西至上海绕城高速，北至申嘉湖高速、围场河路、纬十一路。

国务院关于同意新设 6 个自由贸易试验区的批复

（国函〔2019〕72 号）

山东省、江苏省、广西壮族自治区、河北省、云南省、黑龙江省人民政府，商务部：

你们关于新设有关自由贸易试验区的请示收悉。现批复如下：

一、同意设立中国（山东）自由贸易试验区、中国（江苏）自由贸易试验区、中国（广西）自由贸易试验区、中国（河北）自由贸易试验区、中国（云南）自由贸易试验区、中国（黑龙江）自由贸易试验区。

二、中国（山东）自由贸易试验区涵盖济南片区、青岛片区、烟台片区，总面积 119.98 平方公里（具体四至范围见附件，下同）；中国（江苏）自由贸易试验区涵盖南京片区、苏州片区、连云港片区，总面积 119.97 平方公里；中国（广西）自由贸易试验区涵盖南宁片区、钦州港片区、崇左片区，总面积 119.99 平方公里；中国（河北）自由贸易试验区涵盖雄安片区、正定片区、曹妃甸片区、大兴机场片区，总面积 119.97 平方公里；中国（云南）自由贸易试验区涵盖昆明片区、红河片区、德宏片区，总面积 119.86 平方公里；中国（黑龙江）自由贸易试验区涵盖哈尔滨片区、黑河片区、绥芬河片区，总面积 119.85 平方公里。上述 6 个新设自由贸易试验区地块的落桩定界工作，经商务部、自然资源部审核验收后报国务院备案，由商务部、自然资源部负责发布。

三、上述 6 个新设自由贸易试验区内的海关特殊监管区域的实施范围和税

收政策适用范围维持不变。

四、山东省、江苏省、广西壮族自治区、河北省、云南省、黑龙江省人民政府和商务部要会同有关部门做好新设自由贸易试验区总体方案的组织实施工作。

附件：1. 中国（山东）自由贸易试验区四至范围
   2. 中国（江苏）自由贸易试验区四至范围
   3. 中国（广西）自由贸易试验区四至范围
   4. 中国（河北）自由贸易试验区四至范围
   5. 中国（云南）自由贸易试验区四至范围
   6. 中国（黑龙江）自由贸易试验区四至范围

国务院
2019 年 8 月 2 日

附件 1

中国（山东）自由贸易试验区四至范围

一、济南片区共 37.99 平方公里

四至范围：东至西巨野河、春博路、春晖路、围子山路、唐冶东路、港西路、凤歧路、长岭山、玉顶山，南至旅游路、港源六路、莲花山、龙奥北路、华奥路、经十路，西至舜华南路、奥体东路、奥体中路、华阳路，北至科创路、经十东路、围子山、兴元街、贞观街、世纪大道、康虹路、工业南路。

二、青岛片区共 52 平方公里

四至范围：东至前湾港，南至嘉陵江路，西至王台镇园区一路，北至龙门河路。

三、烟台片区共 29.99 平方公里

四至范围：东至泰山路，南至嘉陵江路，西至台北路，北至黄河路、八角中心大街。

附件 2

中国（江苏）自由贸易试验区四至范围

一、 南京片区共 39.55 平方公里

四至范围：东至长江、横江大道、浦滨路，南至虎桥路、西江路，西至环山路、沿山大道、浦乌路，北至锦绣路、凯天路、浦东路。

二、 苏州片区共 60.15 平方公里

四至范围：东至园区行政区划界线的沪宁高速公路至强胜路段、尖浦河的强胜路至园区行政区划界线、星港街，南至园区行政区划界线的尖浦河至胜浦路段、中新大道的胜浦路至唯胜路段、听涛路、吴淞江、港田路、东方大道、钟园路、苏州大道东、金鸡湖、西沈浒路、槟榔路、苏慕路、苏惠路，西至园区行政区划界线的强胜路至新开河段、吴淞江西侧、苏嘉杭高速、星兰街，北至扬清路南侧、亚太纸业北侧、市公路管理站东侧、娄江、至和西路、渔泾河、蠡塘路北侧、娄东路东侧、至和东路、珠泾路、杏林街、吉田建材北侧、唯胜路东侧、亭平路、园区13号河道东侧。

三、 连云港片区共 20.27 平方公里

四至范围：东至庙岭、新光路，南至陇海铁路、港城大道、东方大道，西至海滨大道、玉竹路，北至242省道、海岸线。

附件 3

中国（广西）自由贸易试验区四至范围

一、 南宁片区共 46.8 平方公里

四至范围：东至阳峰路、冬花路、仙岭路、夏林路、阳峰路、渌坛路、新良路、夏林路、渌绕路、渌坛路、良泽路、良玉大道、坛泽路、打铁岭路、六里路、玉德路、新平路、蕾英路、六里路、东风路、丰威路、那解岭路、振邦路、华威路、庆华路、金海路、新英路、坛黎路、那约路、公岸路、平乐大道，

南至英岭路，西至龙堤路、五象大道、平乐大道、明辉路、明月东路、宋厢路、玉象路、秋月路、体强路、庆歌路、那黄大道、良兴路、稔水路、庆林路、那黄大道、玉洞大道、体强路、冬花路、玉洞大道、五象新区第四实验小学东侧道路、凤凰路、东风路、玉成路、红玉路、凤凰路、银海大道、那安快速路、银海大道、亮岭路、亮岭一街，北至平江路、龙村路、龙堤路、体强路、五象大道、那黄大道、歌海路、庆歌路、弘良路、延庆路、五象大道、新良路、良晖街、延庆路、玉洞大道、楞塘冲水系东侧、凤朝路、五象大道。

二、 钦州港片区共 58.19 平方公里

四至范围：东至六钦高速公路延长线、大榄坪四号路，南至果鹰大道、保税港区十二大街，西至南港大道，北至宏业街、马良路。

三、 崇左片区共 15 平方公里

四至范围：东至凭祥镇南山村板那屯，南至弄怀，西至浦寨，北至凭祥镇林东路。

附件 4

中国（河北）自由贸易试验区四至范围

一、 雄安片区共 33.23 平方公里

四至范围：东至现状容城县张市村、容城县大河镇、安新县大王镇大阳村、昝岗镇张神堂村，南至现状荣乌高速、大溵古淀北边界、现状昝岗镇许庄村，西至现状容城县白塔村、起步区第四组团西边界、现状大营镇东照村，北至生态人文公园、环起步区绿化带、现状昝岗镇大芦昝村、大营镇孙各庄村。

二、 正定片区共 33.29 平方公里

四至范围：东至诸福屯西街、河里街、综保区东围网，南至河北大道，西至新元高速、107 国道、园博园大街，北至综保区海关巡逻道。

三、曹妃甸片区共 33.48 平方公里

四至范围：东至曹妃甸新城绿珠河西岸、青裳河西岸，南至纳潮河北岸线、三号港池岸线，西至新兴产业园区高新大街，北至曹妃甸工业区北边路、曹妃甸新城新港大道。

四、大兴机场片区共 19.97 平方公里

四至范围：东至规划京清路，南至天堂河，西至北京新机场高速，北至新机场北高速。

附件 5

中国（云南）自由贸易试验区四至范围

一、昆明片区共 76 平方公里

四至范围：东至东绕城高速公路，南至广福路、南绕城高速公路，西至盘龙江、明通河，北至人民东路。

二、红河片区共 14.12 平方公里

四至范围：东至南溪河岸边，南至南溪河口岸，西至红河岸边，北至坝洒农场七队。

三、德宏片区共 29.74 平方公里

四至范围：东至芒良村民小组，南至瑞丽江、姐告国境线，西至贺哈村民小组、乘象路，北至北门村民小组、芒喊村民小组、帕色村民小组、允岗村民小组、姐勒村民小组。

附件6

中国（黑龙江）自由贸易试验区四至范围

一、哈尔滨片区共 79.86 平方公里

四至范围：东至三环路，南至松花江，西至王万铁路线，北至宏盛路。

二、黑河片区共 20 平方公里

四至范围：东至黑龙江大桥口岸联检区，南至白松路南侧，西至船艇大队围墙东侧，北至大黑河岛。

三、绥芬河片区共 19.99 平方公里

四至范围：东至国门边境线，南至龙江进出口加工园规划十八街，西至国家森林公园，北至向阳街、滨绥铁路。

国务院关于在自由贸易试验区暂时调整实施有关行政法规规定的通知

（国函〔2020〕8号）

各省、自治区、直辖市人民政府，国务院各部委、各直属机构：

为保障自由贸易试验区有关改革开放措施依法顺利实施，国务院决定，在自由贸易试验区暂时调整实施《营业性演出管理条例》、《外商投资电信企业管理规定》和《印刷业管理条例》3部行政法规的有关规定（目录附后）。

国务院有关部门和上海市、广东省、天津市、福建省、辽宁省、浙江省、河南省、湖北省、重庆市、四川省、陕西省、海南省、山东省、江苏省、广西壮族自治区、河北省、云南省、黑龙江省人民政府要根据上述调整，及时对本部门、本地区制定的规章和规范性文件作相应调整，建立与试点要求相适应的管理制度。

根据自由贸易试验区改革开放措施的试验情况，本通知内容适时进行调整。

附件：国务院决定在自由贸易试验区暂时调整实施有关行政法规规定目录

国务院
2020 年 1 月 15 日

附件

国务院决定在自由贸易试验区暂时调整实施有关行政法规规定目录

序号	有关行政法规	调整实施情况
1	《营业性演出管理条例》 　　第十条第一款、第二款：外国投资者可以与中国投资者依法设立中外合资经营、中外合作经营的演出经纪机构、演出场所经营单位；不得设立中外合资经营、中外合作经营、外资经营的文艺表演团体，不得设立外资经营的演出经纪机构、演出场所经营单位。 　　设立中外合资经营的演出经纪机构、演出场所经营单位，中国合营者的投资比例应当不低于51%；设立中外合作经营的演出经纪机构、演出场所经营单位，中国合作者应当拥有经营主导权。 　　第十一条第二款：台湾地区的投资者可以在内地投资设立合资、合作经营的演出经纪机构、演出场所经营单位，但内地合营者的投资比例应当不低于51%，内地合作者应当拥有经营主导权；不得设立合资、合作、独资经营的文艺表演团体和独资经营的演出经纪机构、演出场所经营单位。	暂时调整实施相关内容，允许外国投资者、台湾地区的投资者设立独资演出经纪机构；允许设立中外合资经营的文艺表演团体（须由中方控股）；允许台湾地区的投资者设立合资经营的文艺表演团体（须由大陆合作者控股）。由国务院文化和旅游主管部门制定相关管理办法。
2	《外商投资电信企业管理规定》 　　第二条：外商投资电信企业，是指外国投资者同中国投资者在中华人民共和国境内依法以中外合资经营形式，共同投资设立的经营电信业务的企业。 　　第六条第二款：经营增值电信业务（包括基础电信业务中的无线寻呼业务）的外商投资电信企业的外方投资者在企业中的出资比例，最终不得超过50%。	暂时调整实施相关内容，将上海自由贸易试验区原有区域（28.8平方公里）试点政策推广至所有自由贸易试验区执行，由国务院工业和信息化主管部门商有关部门制定相关管理办法。
3	《印刷业管理条例》 　　第十四条：国家允许设立中外合资经营印刷企业、中外合作经营印刷企业，允许设立从事包装装潢印刷品印刷经营活动的外资企业。具体办法由国务院出版行政部门会同国务院对外经济贸易主管部门制定。	暂时调整实施相关内容，允许设立外商独资印刷企业，由国家新闻出版主管部门制定相关管理办法。

国务院关于支持中国（浙江）自由贸易试验区油气全产业链开放发展若干措施的批复

（国函〔2020〕32号）

浙江省人民政府、商务部：

你们关于支持中国（浙江）自由贸易试验区（以下简称浙江自贸试验区）油气全产业链开放发展若干措施的请示收悉。现批复如下：

一、同意《关于支持中国（浙江）自由贸易试验区油气全产业链开放发展的若干措施》（以下简称《若干措施》），请认真组织实施。

二、《若干措施》实施要以习近平新时代中国特色社会主义思想为指导，全面贯彻党的十九大和十九届二中、三中、四中全会精神，按照党中央、国务院决策部署，坚持稳中求进工作总基调，坚持新发展理念，坚持高质量发展，以供给侧结构性改革为主线，加强改革系统集成、协同高效，推动油气全产业链开放发展，以开放促改革、促发展、促创新，把浙江自贸试验区建设成为新时代改革开放新高地。

三、浙江省人民政府要承担主体责任，细化完善配套政策，落实工作任务，切实履行对油品交易主体和市场运行情况的监督责任，以风险防控为底线，确保各项政策措施落到实处。

四、商务部要会同有关部门加强指导和服务，按照职责分工，积极协调解决浙江自贸试验区发展中遇到的困难和问题，不断提升浙江自贸试验区发展水平。

附件：关于支持中国（浙江）自由贸易试验区油气全产业链开放发展的若干措施

国务院
2020年3月26日

附件

关于支持中国（浙江）自由贸易试验区油气全产业链开放发展的若干措施

建设中国（浙江）自由贸易试验区（以下简称浙江自贸试验区）是党中央、国务院作出的重大决策，是新时代推进改革开放的战略举措。党的十九大报告强调要赋予自贸试验区更大改革自主权。为贯彻落实党中央、国务院决策部署，发挥好自贸试验区改革开放试验田作用，支持浙江自贸试验区围绕战略定位深入开展差别化探索，加强改革系统集成、协同高效，推动油气全产业链开放发展，进一步提高建设质量，制定以下措施：

一、引进油品贸易国际战略投资者

（一）积极整合各种资源，发挥国际知名交易所作用，引入纽约、伦敦、新加坡、迪拜等地经验丰富的交易所作为战略投资者，并引进国际油品贸易商资源。

（二）充分发挥各类企业积极性，招引油品贸易相关的中央企业、地方国有企业、民营企业在浙江自贸试验区集聚。

二、加快推进石化炼化产业转型升级

（三）加快舟山绿色石化基地建设，利用国际先进的化工生产技术，聚焦高端化学品和化工新材料，发展化工下游精深加工产业链。加速油气进口、储运、加工、贸易、交易、服务全产业链发展。

三、进一步完善油气全产业链，打造液化天然气接收中心

（四）支持打造液化天然气（LNG）接收中心，为国内天然气供应提供保障。以国土空间规划及海岸带综合保护与利用规划为空间布局依据，按照全国海洋经济发展"十三五"规划、国家天然气"十三五"规划、全国LNG码头布局规划等规划，开展LNG接收中心功能定位论证和前期研究工作。提升航道管理技术水平，推进LNG罐箱水上运输，提高LNG船舶通航能力。在安全论证基础上，支持并积极开展LNG罐箱多式联运工作。统筹管网规划布局，加强与国家天然气管网体系对接。

（五）支持制定浙江自贸试验区船用LNG加注管理办法和操作规范，试点开展船用LNG加注业务。

四、 提升油品流通领域市场化配置能力

（六）支持浙江自贸试验区适度开展成品油出口业务，允许浙江自贸试验区内现有符合条件的炼化一体化企业开展副产的成品油非国营贸易出口先行先试，酌情按年度安排出口数量。

（七）支持浙江自贸试验区搭建成品油内贸分销网络，探索完善成品油流通领域事中事后监管模式。

五、 健全船用低硫燃料油供应市场

（八）支持浙江自贸试验区建设船用低硫燃料油生产基地，允许通过保税混兑等方式丰富低硫保税油供给。

（九）创新大宗商品保税混兑政策，制定浙江自贸试验区大宗商品物理混兑贸易管理办法，开展保税状态下油品、铁矿石等大宗商品物理混兑，切实降低企业成本，满足市场需求。

六、 支持航运业务创新发展

（十）创新国际船舶供应与保税货物管理业务模式，推行通关便利化改革，提升国际海事服务竞争力。制定浙江自贸试验区国际航行船舶物料供应管理办法。探索对保税仓库内专用于供应国际船舶的保税货物试行"批次进出、集中申报"的出库分送集报模式。允许经主管部门认定的外供企业在相关锚地开展国际船舶供应业务，对其在保税仓库内的食品、船用备件、物料等外供产品，允许在规定时间内集中申报、统一核销。

（十一）支持以舟山江海联运服务中心为载体，充分发挥海、陆、空等多种运输方式组合效应，创新多式联运模式。在有效监管、风险可控的前提下，统筹研究在宁波舟山港实施启运港退税政策的可行性。

七、 推动大宗商品期现市场联动发展

（十二）支持浙江自贸试验区与上海期货交易所等国内期货现货交易平台合作，共同建设以油品为主的大宗商品现货交易市场。制定浙江自贸试验区大宗商品现货交易市场管理办法，以"期现合作"为纽带，开展原油、成品油、燃料油等大宗商品现货交易。条件成熟时向铁矿石等大宗商品拓展，并与有对应品种的期货交易所开展合作。

（十三）在风险防范措施完善的前提下，允许境内外行业内企业进入浙江

自贸试验区大宗商品现货交易市场开展交易业务。

（十四）建设国际能源贸易与交易平台，促进浙江自贸试验区加快发展国际油气贸易，打造天然气交易平台，做大做强 LNG 国际贸易。做好与国内已有交易中心衔接，明确战略定位，实现协调发展。

八、提升大宗商品跨境贸易金融服务与监管水平

（十五）支持浙江自贸试验区内银行按照展业原则，探索开展油品贸易跨境人民币结算便利化试点。建立油品贸易跨境人民币结算优质可信企业"白名单"，支持优质可信企业凭支付指令直接办理油品贸易跨境人民币结算，支持参照国际惯例探索开展油品转口贸易跨境人民币结算。

（十六）支持浙江自贸试验区内银行为自贸试验区企业开展高水平的贸易投资便利化跨境人民币结算创新业务。支持浙江自贸试验区内金融机构在宏观审慎框架下为优质可信企业办理本外币跨境融资相关业务；探索开展油品贸易企业本外币结算资金按实际需求进行兑换；探索拓宽油品贸易企业本外币结算资金使用渠道。

（十七）支持浙江自贸试验区与上海自贸试验区联动发展。在浙江自贸试验区探索开展本外币合一账户试点。

（十八）支持浙江自贸试验区内银行对守法经营、信用优良企业开展对外贸易优化服务，保障真实合法贸易资金的结算。

（十九）支持资本项目外汇支付便利化，允许浙江自贸试验区内非投资性外资企业在真实、合规的前提下，按实际投资规模将资本项目外汇收入或结汇所得人民币依法用于境内股权投资。

（二十）积极推进大宗商品贸易人民币结算。支持在浙江自贸试验区开展合格境外有限合伙人（QFLP）试点，允许以人民币进行大宗商品贸易结算的相关国家机构投资者在完成资格审批和外汇资金的监管程序后，将境外资本兑换为人民币资金投资于国内的私募股权投资基金（PE）以及创业投资（VC）市场。

（二十一）加强国家有关部门数据信息共享，在浙江自贸试验区建立企业、银行、政府部门和交易平台之间信息共享的第三方油品仓单公示系统。

（二十二）鼓励保险公司以油气为中心，积极探索有效方式，为油气勘探、炼化、运输、仓储等提供保障。

九、实施有利于油气全产业链发展的财税政策

（二十三）对照国际通行税收政策，探索研究推动油气全产业链发展的政策措施。支持国际船舶供油业务发展和石油、天然气仓储项目建设，研究对船用低硫燃料油从燃料油中作技术区分并提高出口退税率。

十、加强信息互联互通

（二十四）依托浙江国际贸易"单一窗口"，实现涉海、涉港、涉船监管数据共享，推动舟山江海联运服务中心信息平台与浙江国际贸易"单一窗口"信息交换共享。

（二十五）构建国际海事服务网络电子商务平台，推动北斗系统应用，建设跨境电子商务线上综合服务平台，打造海事服务互联网生态圈。

十一、加强海洋生态文明建设

（二十六）以质量改善为目标、以风险防控为底线，切实加强海洋生态环境保护。把海洋生态文明建设纳入海洋开发总布局中，坚持开发和保护并重、污染防治和生态修复并举，积极探索自贸试验区海洋绿色发展新模式，建立健全油气产业环境治理体系，提升溢油环境风险防范和应急处置等环境治理能力。加强海洋渔业资源保护，实现健康可持续发展。

十二、切实做好组织实施

坚持和加强党对改革开放的领导，把党的领导贯穿于自贸试验区建设的全过程。强化风险意识，完善风险防控和处置机制，加强消防安全保障能力建设，全面提升各类事故应急处置能力，实现区域稳定安全高效运行，牢牢守住不发生系统性风险的底线。浙江省、各有关部门要高度重视、密切协作，在国务院自由贸易试验区工作部际联席会议统筹协调下，抓好任务落实，不断提升浙江自贸试验区发展水平。浙江省要把握基本定位，强化使命担当，贯彻新发展理念，切实履行对油品交易主体和市场运行情况的监督责任，精心组织实施，推动工作取得实效。各有关部门要加强指导和服务，及时制定相关实施细则，下放相关管理权限，积极协调指导浙江自贸试验区解决发展中遇到的问题。需调整有关行政法规、国务院文件和部门规章规定的，要按法定程序办理。重大事项及时向党中央、国务院请示报告。

国务院关于在中国（海南）自由贸易试验区暂时调整实施有关行政法规规定的通知

（国函〔2020〕88号）

各省、自治区、直辖市人民政府，国务院各部委、各直属机构：

为支持海南全面深化改革开放，推动中国（海南）自由贸易试验区试点政策落地，国务院决定，即日起至2024年12月31日，在中国（海南）自由贸易试验区暂时调整实施《中华人民共和国海关事务担保条例》、《中华人民共和国进出口关税条例》、《中华人民共和国国际海运条例》、《中华人民共和国船舶和海上设施检验条例》和《国内水路运输管理条例》5部行政法规的有关规定（目录附后）。

国务院有关部门、海南省人民政府要根据上述调整，及时对本部门、本省制定的规章和规范性文件作相应调整，建立与试点要求相适应的管理制度。

根据中国（海南）自由贸易试验区改革开放措施的试验情况，本通知内容适时进行调整。

附件：国务院决定在中国（海南）自由贸易试验区暂时调整实施有关行政法规规定目录

国务院
2020年6月18日

附件

国务院决定在中国（海南）自由贸易试验区暂时调整实施有关行政法规规定目录

序号	有关行政法规	调整实施情况
1	《中华人民共和国海关事务担保条例》 　　**第五条第一款**　当事人申请办理下列特定海关业务的，按照海关规定提供担保： 　　…… 　　（二）货物、物品暂时进出境的； 　　…… 《中华人民共和国进出口关税条例》 　　**第四十二条**　暂时进境或者暂时出境的下列货物，在进境或者出境时纳税义务人向海关缴纳相当于应纳税款的保证金或者提供其他担保的，可以暂不缴纳关税，并应当自进境或者出境之日起6个月内复运出境或者复运进境；需要延长复运出境或者复运进境期限的，纳税义务人应当根据海关总署的规定向海关办理延期手续： 　　（一）在展览会、交易会、会议及类似活动中展示或者使用的货物； 　　（二）文化、体育交流活动中使用的表演、比赛用品； 　　（三）进行新闻报道或者摄制电影、电视节目使用的仪器、设备及用品； 　　（四）开展科研、教学、医疗活动使用的仪器、设备及用品； 　　（五）在本款第（一）项至第（四）项所列活动中使用的交通工具及特种车辆； 　　（六）货样； 　　（七）供安装、调试、检测设备时使用的仪器、工具； 　　（八）盛装货物的容器； 　　（九）其他用于非商业目的的货物。 　　第一款所列暂时进境货物在规定的期限内未复运出境的，或者暂时出境货物在规定的期限内未复运进境的，海关应当依法征收关税。 　　第一款所列可以暂时免征关税范围以外的其他暂时进境货物，应当按照该货物的完税价格和其在境内滞留时间与折旧时间的比例计算征收进口关税。具体办法由海关总署规定。	暂时调整实施《中华人民共和国海关事务担保条例》第五条第一款第二项和《中华人民共和国进出口关税条例》第四十二条的有关规定，对中国（海南）自由贸易试验区内自驾游进境游艇实行免担保政策。

续表

序号	有关行政法规	调整实施情况
2	《中华人民共和国国际海运条例》 第六条第一款 经营国际船舶运输业务，应当向国务院交通主管部门提出申请，并附送符合本条例第五条规定条件的相关材料。国务院交通主管部门应当自受理申请之日起30日内审核完毕，作出许可或者不予许可的决定。予以许可的，向申请人颁发《国际船舶运输经营许可证》；不予许可的，应当书面通知申请人并告知理由。	暂时调整实施《中华人民共和国国际海运条例》第六条第一款的有关规定，在中国（海南）自由贸易试验区注册企业经营国际客船、国际散装液体危险品船运输业务的审批权限，由国务院交通运输主管部门下放至海南省交通运输主管部门。由海南省人民政府制定具体管理办法，完善落实事中事后监管措施，经国务院交通运输主管部门同意后实施。
3	《中华人民共和国船舶和海上设施检验条例》 第十三条 下列中国籍船舶，必须向中国船级社申请入级检验： （一）从事国际航行的船舶； ……	暂时调整实施《中华人民共和国船舶和海上设施检验条例》第十三条第一项的有关规定，在中国（海南）自由贸易试验区登记的中国籍国际航行船舶，允许由外国船舶检验机构开展船舶入级检验。在强化对引入外国船舶检验机构管理，保障国家安全、社会安全、生产安全的前提下，由海南省人民政府制定具体管理办法，完善落实事中事后监管措施，经国务院交通运输主管部门同意后实施。
4	《中华人民共和国国际海运条例》 第二十二条第二款 外国国际船舶运输经营者不得经营中国港口之间的船舶运输业务，也不得利用租用的中国籍船舶或者舱位，或者以互换舱位等方式变相经营中国港口之间的船舶运输业务。 《国内水路运输管理条例》 第十一条 外国的企业、其他经济组织和个人不得经营水路运输业务，也不得以租用中国籍船舶或者舱位等方式变相经营水路运输业务。 香港特别行政区、澳门特别行政区和台湾地区的企业、其他经济组织以及个人参照适用前款规定，国务院另有规定的除外。	暂时调整实施《中华人民共和国国际海运条例》第二十二条第二款和《国内水路运输管理条例》第十一条的有关规定，允许仅涉及中国（海南）自由贸易试验区港口的外籍邮轮运营多点挂靠航线业务。基于海南海域情况及海南国际邮轮发展状况，在五星红旗邮轮投入运营前，允许中资邮轮运输经营主体在海南三亚、海口邮轮港开展中国方便旗邮轮海上游业务。由海南省人民政府制定具体管理办法，组织相关部门及三亚、海口市人民政府依职责落实监管责任，加强对试点经营主体和邮轮运营的监管。

国务院关于推广中国（上海）自由贸易试验区可复制改革试点经验的通知

（国发〔2014〕65号）

各省、自治区、直辖市人民政府，国务院各部委、各直属机构：

设立中国（上海）自由贸易试验区（以下简称上海自贸试验区）是党中央、国务院作出的重大决策。上海自贸试验区成立一年多来，上海市和有关部门以简政放权、放管结合的制度创新为核心，加快政府职能转变，探索体制机制创新，在建立以负面清单管理为核心的外商投资管理制度、以贸易便利化为重点的贸易监管制度、以资本项目可兑换和金融服务业开放为目标的金融创新制度、以政府职能转变为核心的事中事后监管制度等方面，形成了一批可复制、可推广的改革创新成果。经党中央、国务院批准，上海自贸试验区的可复制改革试点经验将在全国范围内推广。现就有关事项通知如下：

一、可复制推广的主要内容

上海自贸试验区可复制改革试点经验，原则上，除涉及法律修订、上海国际金融中心建设事项外，能在其他地区推广的要尽快推广，能在全国范围内推广的要推广到全国。有关部门结合自身深化改革的各项工作，已在全国范围复制推广了一批经验和做法。在此基础上，进一步推广以下事项：

（一）在全国范围内复制推广的改革事项

1. 投资管理领域：外商投资广告企业项目备案制、涉税事项网上审批备案、税务登记号码网上自动赋码、网上自主办税、纳税信用管理的网上信用评级、组织机构代码实时赋码、企业标准备案管理制度创新、取消生产许可证委托加工备案、企业设立实行"单一窗口"等。

2. 贸易便利化领域：全球维修产业检验检疫监管、中转货物产地来源证管理、检验检疫通关无纸化、第三方检验结果采信、出入境生物材料制品风险管理等。

3. 金融领域：个人其他经常项下人民币结算业务、外商投资企业外汇资本金意愿结汇、银行办理大宗商品衍生品柜台交易涉及的结售汇业务、直接投资项下外汇登记及变更登记下放银行办理等。

4. 服务业开放领域：允许融资租赁公司兼营与主营业务有关的商业保理业务、允许设立外商投资资信调查公司、允许设立股份制外资投资性公司、融资租赁公司设立子公司不设最低注册资本限制、允许内外资企业从事游戏游艺设备生产和销售等。

5. 事中事后监管措施：社会信用体系、信息共享和综合执法制度、企业年度报告公示和经营异常名录制度、社会力量参与市场监督制度，以及各部门的专业监管制度。

（二）在全国其他海关特殊监管区域复制推广的改革事项

1. 海关监管制度创新：期货保税交割海关监管制度、境内外维修海关监管制度、融资租赁海关监管制度等措施。

2. 检验检疫制度创新：进口货物预检验、分线监督管理制度、动植物及其产品检疫审批负面清单管理等措施。

二、高度重视推广工作

各地区、各部门要深刻认识推广上海自贸试验区可复制改革试点经验的重大意义，将推广工作作为全面深化改革的重要举措，积极转变政府管理理念，以开放促改革，结合本地区、本部门实际情况，着力解决市场体系不完善、政府干预过多和监管不到位等问题，更好地发挥市场在资源配置中的决定性作用和政府作用。要适应经济全球化的趋势，逐步构建与我国开放型经济发展要求相适应的新体制、新模式，释放改革红利，促进国际国内要素有序自由流动、资源高效配置、市场深度融合，加快培育参与和引领国际经济合作竞争的新优势。

三、切实做好组织实施

各省（区、市）人民政府要因地制宜，将推广相关体制机制改革措施列为本地区重点工作，建立健全领导机制，积极创造条件、扎实推进，确保改革试点经验生根落地，产生实效。国务院各有关部门要按照规定时限完成相关改革试点经验推广工作。各省（区、市）人民政府和国务院各有关部门要制订工作方案，明确具体任务、时间节点和可检验的成果形式，于2015年1月31日前送商务部，由商务部汇总后报国务院。改革试点经验推广过程中遇到的重大问题，要及时报告国务院。

附件：1. 国务院有关部门负责复制推广的改革事项任务分工表
　　　2. 各省（区、市）人民政府借鉴推广的改革事项任务表

国务院
2014 年 12 月 21 日

附件 1

国务院有关部门负责复制推广的改革事项任务分工表

序号	改革事项	负责部门	推广范围	时限
1	外商投资广告企业项目备案制	工商总局	全国	2015 年 6 月 30 日前
2	涉税事项网上审批备案	税务总局		
3	税务登记号码网上自动赋码			
4	网上自主办税			
5	纳税信用管理的网上信用评级			
6	组织机构代码实时赋码	质检总局	全国	2015 年 6 月 30 日前
7	企业标准备案管理制度创新			
8	取消生产许可证委托加工备案			
9	全球维修产业检验检疫监管			
10	中转货物产地来源证管理			
11	检验检疫通关无纸化			
12	第三方检验结果采信			
13	出入境生物材料制品风险管理			
14	个人其他经常项下人民币结算业务	人民银行		
15	外商投资企业外汇资本金意愿结汇	外汇局		
16	银行办理大宗商品衍生品柜台交易涉及的结售汇业务			
17	直接投资项下外汇登记及变更登记下放银行办理			
18	允许融资租赁公司兼营与主营业务有关的商业保理业务	商务部		
19	允许设立外商投资资信调查公司			
20	允许设立股份制外资投资性公司			
21	融资租赁公司设立子公司不设最低注册资本限制			
22	允许内外资企业从事游戏游艺设备生产和销售，经文化部门内容审核后面向国内市场销售	文化部		

续表

序号	改革事项	负责部门	推广范围	时限
23	从投资者条件、企业设立程序、业务规则、监督管理、违规处罚等方面明确扩大开放行业具体监管要求,完善专业监管制度	各行业监管部门	在全国借鉴推广	结合扩大开放情况
24	期货保税交割海关监管制度	海关总署	海关特殊监管区域	2015年6月30日前
25	境内外维修海关监管制度			
26	融资租赁海关监管制度			
27	进口货物预检验	质检总局		
28	分线监督管理制度			
29	动植物及其产品检疫审批负面清单管理			

附件2

各省（区、市）人民政府借鉴推广的改革事项任务表

序号	改革事项	主要内容	时限
1	企业设立实行"单一窗口"	企业设立实行"一个窗口"集中受理	2~3年内
2	社会信用体系	建设公共信用信息服务平台,完善与信用信息、信用产品使用有关的系列制度等	
3	信息共享和综合执法制度	建设信息服务和共享平台,实现各管理部门监管信息的归集应用和全面共享;建立各部门联动执法、协调合作机制等	
4	企业年度报告公示和经营异常名录制度	与工商登记制度改革相配套,运用市场化、社会化的方式对企业进行监管	
5	社会力量参与市场监督制度	通过扶持引导、购买服务、制定标准等制度安排,支持行业协会和专业服务机构参与市场监督	
6	完善专业监管制度	配合行业监管部门完善专业监管制度	结合扩大开放情况

国务院关于做好自由贸易试验区新一批改革试点经验复制推广工作的通知

(国发〔2016〕63号)

各省、自治区、直辖市人民政府，国务院各部委、各直属机构：

设立自由贸易试验区（以下简称自贸试验区）是党中央、国务院在新形势下作出的重大决策。2015年4月，中国（广东）自由贸易试验区、中国（天津）自由贸易试验区、中国（福建）自由贸易试验区以及中国（上海）自由贸易试验区扩展区域运行。1年多来，4省市和有关部门按照党中央、国务院部署，以制度创新为核心，简政放权、放管结合、优化服务，推动自贸试验区在投资、贸易、金融、事中事后监管等多个方面进行了大胆探索，形成了新一批改革创新成果。经党中央、国务院批准，自贸试验区可复制、可推广的新一批改革试点经验将在全国范围内复制推广。现就有关事项通知如下：

一、复制推广的主要内容

(一) 在全国范围内复制推广的改革事项

1. 投资管理领域："负面清单以外领域外商投资企业设立及变更审批改革""税控发票领用网上申请""企业简易注销"等3项。

2. 贸易便利化领域："依托电子口岸公共平台建设国际贸易单一窗口，推进单一窗口免费申报机制""国际海关经认证的经营者（AEO）互认制度""出境加工监管""企业协调员制度""原产地签证管理改革创新""国际航行船舶检疫监管新模式""免除低风险动植物检疫证书清单制度"等7项。

3. 事中事后监管措施："引入中介机构开展保税核查、核销和企业稽查""海关企业进出口信用信息公示制度"等2项。

(二) 在海关特殊监管区域复制推广的改革事项

包括："入境维修产品监管新模式""一次备案，多次使用""委内加工监管""仓储货物按状态分类监管""大宗商品现货保税交易""保税展示交易货物分线监管、预检验和登记核销管理模式""海关特殊监管区域间保税货物流转监管模式"等7项。

二、高度重视推广工作

各地区、各部门要深刻认识复制推广自贸试验区改革试点经验的重大意义,将复制推广工作作为贯彻落实创新、协调、绿色、开放、共享的发展理念,推进供给侧结构性改革的重要举措,积极转变政府管理理念,提高政府管理水平,着力推动制度创新,深入推进简政放权、放管结合、优化服务改革,逐步构建与我国开放型经济发展要求相适应的新体制、新模式,持续释放改革红利,增强发展新动能、拓展发展新空间。

三、切实做好组织实施

各省(区、市)人民政府要将自贸试验区改革试点经验复制推广工作列为本地区重点工作,完善领导机制和复制推广工作机制,积极创造条件、扎实推进,确保改革试点经验落地生根,产生实效。国务院各有关部门要按照规定时限完成复制推广工作,需报国务院批准的事项要按程序报批,需调整有关行政法规、国务院文件和部门规章规定的,要按法定程序办理。国务院自由贸易试验区工作部际联席会议办公室要适时督促检查改革试点经验复制推广工作进展情况及其效果。复制推广工作中遇到的重大问题,要及时向国务院报告。

附件:自由贸易试验区改革试点经验复制推广工作任务分工表

国务院
2016 年 11 月 2 日

附件

自由贸易试验区改革试点经验复制推广工作任务分工表

序号	改革事项	负责部门	推广范围	时限
1	负面清单以外领域外商投资企业设立及变更审批改革	商务部	全国	2016年11月30日前
2	依托电子口岸公共平台建设国际贸易单一窗口,推进单一窗口免费申报机制	海关总署	全国	
3	国际海关经认证的经营者（AEO）互认制度	海关总署	全国	
4	出境加工监管	海关总署	全国	
5	企业协调员制度	海关总署	全国	
6	引入中介机构开展保税核查、核销和企业稽查	海关总署	全国	
7	海关企业进出口信用信息公示制度	海关总署	全国	
8	税控发票领用网上申请	税务总局	全国	
9	企业简易注销	工商总局	全国	
10	原产地签证管理改革创新	质检总局 海关总署	全国	
11	国际航行船舶检疫监管新模式	质检总局	全国	
12	免除低风险动植物检疫证书清单制度	质检总局	全国	
13	入境维修产品监管新模式	商务部 海关总署 质检总局 环境保护部	全国海关特殊监管区域	
14	一次备案,多次使用	海关总署	全国海关特殊监管区域	2016年11月30日前
15	委内加工监管	海关总署	全国海关特殊监管区域	
16	仓储货物按状态分类监管	海关总署	全国海关特殊监管区域	
17	大宗商品现货保税交易	海关总署	全国海关特殊监管区域	
18	保税展示交易货物分线监管、预检验和登记核销管理模式	质检总局	全国海关特殊监管区域	
19	海关特殊监管区域间保税货物流转监管模式	海关总署	实行通关一体化的海关特殊监管区域	

商务部　交通运输部　工商总局　质检总局　外汇局
关于做好自由贸易试验区第三批改革
试点经验复制推广工作的函

（商资函〔2017〕515号）

建设自由贸易试验区（以下简称自贸试验区）是党中央、国务院在新形势下全面深化改革和扩大开放的一项战略举措。一段时间以来，自贸试验区制度创新成果丰硕，已集中向全国复制推广了两批改革试点经验。近期，上海、广东、福建、天津4省市和有关部门按照党中央、国务院部署，持续加快政府职能转变，探索体制机制创新，主动服务国家战略，加大压力测试和风险防控，推动自贸试验区在投资、贸易、金融等方面大胆探索，形成了新一批改革创新成果。

经商相关部门同意，自贸试验区第三批改革试点经验包括"会展检验检疫监管新模式""进口研发样品便利化监管制度""海事集约登轮检查制度""融资租赁公司收取外币租金""市场主体名称登记便利化改革"5项内容，将向全国范围内复制推广。

请各地高度重视复制推广自贸试验区改革试点经验的重大意义，将复制推广工作作为贯彻新发展理念、推进供给侧结构性改革、进一步深化改革和扩大开放的重要举措，强化组织机制保障，落实主体责任，加强监督检查，确保改革试点经验落地生根、取得实效，持续释放改革红利，打造法治化、国际化、便利化的营商环境。复制推广工作中遇到的重大问题，要及时报告。

附件：自贸试验区第三批复制推广的改革试点经验

商务部　交通运输部　工商总局　质检总局　外汇局
2017年7月26日

自贸试验区第三批复制推广的改革试点经验

序号	事项	主要内容	部门	推广范围
1	会展检验检疫监管新模式	一是简化审批手续，对报检单位登记备案、出入境特殊物品卫生检疫审批、口岸卫生许可、进境（过境）动植物及其产品检疫审批等检验检疫审批项目，实行网上申请和审批。二是创新展品监管措施，对需办理强制性产品认证（CCC认证）的产品实行"入区登记、展后区别监管"的监管方式，无需办理《免于办理强制性产品认证证明》。会展结束后，退运出境的展品采取复出核销的便捷措施，销售、使用的展品按照强制性产品认证的有关规定办理。三是改口岸查验为场馆集中查验，对入境展品实行口岸核证直接放行。	质检总局	全国
2	进口研发样品便利化监管制度	对研发科创类型企业进口的研发用样品采取合格假定、信用放行的监管新模式，对产品实施风险分类监管，简化入出境办理手续，实施事中事后监管。	质检总局	全国
3	海事集约登轮检查制度	整合海事执法力量，实现一站式登轮检查，对海事部门涉及的各类检查项目，做到能够不登轮检查的不再登轮检查，必须登轮检查的事项，一次完成海事监管所有执法检查。	交通运输部	全国
4	市场主体名称登记便利化改革	实行企业名称"自助查重、自主申报"：一是减少名称登记环节。企业名称核准与企业设立登记可以同时办理。二是开放名称数据库，设定名称禁限用规则，供申请人自助查重、自主申报使用。三是探索名称争议除名制度。应予纠正的企业名称，登记机关责令企业限期改正，拒不改正的，可以用除名方式，或者暂以统一社会信用代码代替，通过国家企业信用信息公示系统予以公示。	工商总局	全国
5	融资租赁公司收取外币租金	金融租赁公司、外商投资融资租赁公司及中资融资租赁公司办理融资租赁业务时，如用以购买租赁物的资金50%以上来源于自身国内外汇贷款或外币负债，可以在境内以外币形式收取租金。	外汇局	全国

国务院关于做好自由贸易试验区
第四批改革试点经验复制推广工作的通知

(国发〔2018〕12号)

各省、自治区、直辖市人民政府,国务院各部委、各直属机构:

建设自由贸易试验区(以下简称自贸试验区)是党中央、国务院在新形势下全面深化改革和扩大开放的战略举措。按照党中央、国务院部署,11个自贸试验区所在省市和有关部门结合各自贸试验区功能定位和特色特点,全力推进制度创新实践,形成了自贸试验区第四批改革试点经验,将在全国范围内复制推广。现将有关事项通知如下:

一、复制推广的主要内容

(一)在全国范围内复制推广的改革事项

1. 服务业开放领域:"扩大内地与港澳合伙型联营律师事务所设立范围""国际船舶运输领域扩大开放""国际船舶管理领域扩大开放""国际船舶代理领域扩大开放""国际海运货物装卸、国际海运集装箱场站和堆场业务扩大开放"5项。

2. 投资管理领域:"船舶证书'三合一'并联办理""国际船舶登记制度创新""对外贸易经营者备案和原产地企业备案'两证合一'""低风险生物医药特殊物品行政许可审批改革""一般纳税人登记网上办理""工业产品生产许可证'一企一证'改革"6项。

3. 贸易便利化领域:"跨部门一次性联合检查""保税燃料油供应服务船舶准入管理新模式""先放行、后改单作业模式""铁路运输方式舱单归并新模式""海运进境集装箱空箱检验检疫便利化措施""入境大宗工业品联动检验检疫新模式""国际航行船舶供水'开放式申报+验证式监管'""进境保税金属矿产品检验监管制度""外锚地保税燃料油受油船舶'申报无疫放行'制度"9项。

4. 事中事后监管措施:"企业送达信息共享机制""边检服务掌上直通车""简化外锚地保税燃料油加注船舶入出境手续""国内航行内河船舶进出港管理

新模式""外锚地保税燃料油受油船舶便利化海事监管模式""保税燃料油供油企业信用监管新模式""海关企业注册及电子口岸入网全程无纸化"7项。

（二）在特定区域复制推广的改革事项

1. 在海关特殊监管区域复制推广："海关特殊监管区域'四自一简'监管创新""'保税混矿'监管创新"2项。

2. 在海关特殊监管区域及保税物流中心（B型）复制推广："先出区、后报关"。

二、高度重视复制推广工作

各地区、各部门要以习近平新时代中国特色社会主义思想为指导，全面贯彻党的十九大精神，深刻认识复制推广自贸试验区改革试点经验的重大意义，将复制推广工作作为贯彻新发展理念、推动高质量发展、建设现代化经济体系的重要举措，更大力度转变政府职能，全面提升治理能力现代化水平，着力推动制度创新，进一步优化营商环境，激发市场活力，逐步构建与我国开放型经济发展要求相适应的新体制、新模式，推动形成全面开放新格局，不断增强经济创新力和竞争力。

三、切实做好组织实施

各省（自治区、直辖市）人民政府要将自贸试验区改革试点经验复制推广工作列为本地区重点工作，加强组织领导，加大实施力度，强化督促检查，确保复制推广工作顺利推进，改革试点经验落地生根、取得实效。国务院各有关部门要主动作为，做好细化分解，完成复制推广工作。需报国务院批准的事项要按程序报批，需调整有关行政法规、国务院文件和部门规章规定的，要按法定程序办理。国务院自由贸易试验区工作部际联席会议办公室要适时督查复制推广工作进展和成效，协调解决复制推广工作中的重点和难点问题。复制推广工作中遇到的重大问题，要及时报告国务院。

附件：自由贸易试验区第四批改革试点经验复制推广工作任务分工表

国务院
2018年5月3日

附件

自由贸易试验区第四批改革试点经验复制推广工作任务分工表

序号	改革事项	负责单位	推广范围
1	企业送达信息共享机制	最高人民法院、国家市场监督管理总局	全国
2	边检服务掌上直通车	公安部	全国
3	简化外锚地保税燃料油加注船舶入出境手续	公安部	全国
4	扩大内地与港澳合伙型联营律师事务所设立范围	司法部	全国
5	船舶证书"三合一"并联办理	交通运输部	全国
6	国内航行内河船舶进出港管理新模式	交通运输部	全国
7	外锚地保税燃料油受油船舶便利化海事监管模式	交通运输部	全国
8	保税燃料油供油企业信用监管新模式	交通运输部	全国
9	保税燃料油供应服务船舶准入管理新模式	交通运输部	全国
10	国际船舶运输领域扩大开放	交通运输部	全国
11	国际船舶管理领域扩大开放	交通运输部	全国
12	国际船舶代理领域扩大开放	交通运输部	全国
13	国际海运货物装卸、国际海运集装箱场站和堆场业务扩大开放	交通运输部	全国
14	国际船舶登记制度创新	交通运输部	全国
15	对外贸易经营者备案和原产地企业备案"两证合一"	商务部、海关总署、中国贸促会	全国
16	跨部门一次性联合检查	海关总署	全国
17	海关企业注册及电子口岸入网全程无纸化	海关总署	全国
18	先放行、后改单作业模式	海关总署	全国
19	铁路运输方式舱单归并新模式	海关总署	全国
20	低风险生物医药特殊物品行政许可审批改革	海关总署	全国
21	海运进境集装箱空箱检验检疫便利化措施	海关总署	全国
22	入境大宗工业品联动检验检疫新模式	海关总署	全国
23	国际航行船舶供水"开放式申报+验证式监管"	海关总署	全国
24	进境保税金属矿产品检验监管制度	海关总署	全国
25	外锚地保税燃料油受油船舶"申报无疫放行"制度	海关总署	全国

续表

序号	改革事项	负责单位	推广范围
26	海关特殊监管区域"四自一简"监管创新	海关总署	全国海关特殊监管区域
27	先出区、后报关	海关总署	全国海关特殊监管区域及保税物流中心（B型）
28	"保税混矿"监管创新	海关总署	全国海关特殊监管区域
29	一般纳税人登记网上办理	税务总局	全国
30	工业产品生产许可证"一企一证"改革	国家市场监督管理总局	全国

国务院关于做好自由贸易试验区第五批改革试点经验复制推广工作的通知

（国函〔2019〕38号）

各省、自治区、直辖市人民政府，国务院各部委、各直属机构：

建设自由贸易试验区（以下简称自贸试验区）是党中央、国务院在新时代推进改革开放的一项战略举措，在我国改革开放进程中具有里程碑意义。按照党中央、国务院决策部署，自贸试验区所在省市和有关部门结合各自贸试验区功能定位和特色特点，全力推进制度创新实践，形成了自贸试验区第五批改革试点经验，将在全国范围内复制推广。现就有关事项通知如下：

一、复制推广的主要内容

（一）在全国范围内复制推广的改革事项

1. 投资管理领域："公证'最多跑一次'""自然人'一人式'税收档案""网上办理跨区域涉税事项""优化涉税事项办理程序，压缩办理时限""企业名称自主申报制度"5项。

2. 贸易便利化领域："海运危险货物查验信息化，船舶载运危险货物及污染危害性货物合并申报""国际航行船舶进出境通关全流程'一单多报'""保税燃料油跨港区供应模式""海关业务预约平台""生产型出口企业出口退税服务前置""中欧班列集拼集运模式"6项。

3. 事中事后监管措施："审批告知承诺制、市场主体自我信用承诺及第三方信用评价三项信用信息公示""公共信用信息'三清单'（数据清单、行为清单、应用清单）编制""实施船舶安全检查智能选船机制""进境粮食检疫全流程监管""优化进口粮食江海联运检疫监管措施""优化进境保税油检验监管制度"6项。

（二）在自贸试验区复制推广的改革事项

投资管理领域："推进合作制公证机构试点。"

二、高度重视复制推广工作

各地区、各部门要以习近平新时代中国特色社会主义思想为指导，全面贯彻党的十九大和十九届二中、三中全会精神，深刻认识复制推广自贸试验区改革试点经验的重大意义，将复制推广工作作为贯彻新发展理念、推动高质量发展、建设现代化经济体系的重要举措，更大力度转变政府职能，全面提升治理能力现代化水平，着力推动制度创新，进一步优化营商环境，激发市场活力，逐步构建与我国开放型经济发展要求相适应的新体制、新模式，推动形成全面开放新格局，不断增强经济创新力和竞争力。

三、切实做好组织实施

各省（自治区、直辖市）人民政府要将自贸试验区改革试点经验复制推广工作列为本地区重点工作，加强组织领导，加大实施力度，强化督促检查，确保复制推广工作顺利推进，改革试点经验落地生根、取得实效。国务院各有关部门要主动作为，完成复制推广工作。需报国务院批准的事项要按程序报批，需调整有关行政法规、国务院文件和部门规章规定的，要按法定程序办理。国务院自由贸易试验区工作部际联席会议办公室要适时督查复制推广工作进展和成效，协调复制推广工作中的重点和难点问题。复制推广工作中遇到的重大问题，要及时报告国务院。

附件：自由贸易试验区第五批改革试点经验复制推广工作任务分工表

国务院

2019年4月14日

附件

自由贸易试验区第五批改革试点经验复制推广工作任务分工表

序号	改革事项	主要内容	负责单位	推广范围
1	审批告知承诺制、市场主体自我信用承诺及第三方信用评价三项信用信息公示	依托全国信用信息共享平台和国家企业信用信息公示系统,实现与审批平台和综合监管平台的信息共享和互联互通,推动审批告知承诺制公示、市场主体自我信用承诺公示及第三方信用评价公示。	发展改革委、人民银行、市场监管总局	全国
2	公共信用信息"三清单"(数据清单、行为清单、应用清单)编制	编制数据清单、行为清单、应用清单。根据数据清单对城市公共信用信息进行目录化管理,按照目录归集数据。在数据清单基础上,对信息主体监管类行为信息分级分类,按照统一规范编制形成行为清单。根据应用清单对城市公共信用信息应用事项进行目录化管理,包括日常监管、行政审批、行政处罚、政府采购、招标投标、表彰评优、资金支持、录用晋升等。	发展改革委	全国
3	公证"最多跑一次"	改革"取证方式",减少申请材料要求。变群众提供材料为主动收集材料,变书面审核材料为实地调查核实。创新"办证模式",变群众跑路为数据共享。推行网上办证、远程办证、上门办证模式。提供延时服务、延伸服务、预约服务、加急服务。	司法部	全国
4	实施船舶安全检查智能选船机制	将船舶按照安全管理风险进行分类分级,筛选出高风险船舶并予以重点监管,提高船舶现场监督检查的针对性,提升船舶事中事后现场监管能力。	交通运输部	全国
5	海运危险货物查验信息化,船舶载运危险货物及污染危害性货物合并申报	对既属于危险货物又属于污染危害性货物的船载货物,申报人可采取网上合并申报方式,海事部门实行合并受理,实现船载危险货物比对功能,通过智慧海事危防信息系统,将申报或报告信息与危险货物名录进行比对筛选,为执法人员提供决策信息支持,有效提高审批工作效率。	交通运输部	全国
6	国际航行船舶进出境通关全流程"一单多报"	依托国际贸易"单一窗口"国家标准版运输工具(船舶)申报系统,企业一次性录入船舶相关信息,实现国际航行船舶进出境通关全流程"单一窗口"网上申报和电子核放,并实现《船舶出口岸许可证》远程自助打印功能。除船员出入境证件、临时入境许可申请名单外,口岸监管部门原则上不再要求企业提交其他纸质材料。	交通运输部、海关总署、移民局	全国

续表

序号	改革事项	主要内容	负责单位	推广范围
7	保税燃料油跨港区供应模式	在供油企业按规定取得国内水路运输相关资质后,对跨港区船舶油料供受作业单位备案情况予以互认,即供受作业单位在两地海事、海关部门进行备案后就可以在两地范围内开展保税燃料油直供作业,建立常态化信息沟通机制,统一执法标准。	交通运输部、海关总署	全国
8	海关业务预约平台	依托国际贸易"单一窗口"开发海关业务预约平台(含移动端),企业可通过平台在网上向海关自助预约办理查验等业务事项,并查询预约结果。	海关总署	全国
9	进境粮食检疫全流程监管	创新"互联网+全程监管"工作模式,运用互联网技术、电子信息化和视频监控手段,实现从申报、锚地检疫到卸船、仓储、调运的进境粮食检疫全流程监管。	海关总署	全国
10	优化进口粮食江海联运检疫监管措施	对进口粮食调运船舶开展适载性风险管理,全程定位进江船舶,防范调运环节可能出现的短重、撒漏以及疫情扩散风险。	海关总署	全国
11	优化进境保税油检验监管制度	在安全、卫生、环保项目监管基础上实施信用监管,根据企业信用等级实施差别化通关管理措施,对高信用企业简化数重量鉴定、品质检验监管。在数重量检验方面,根据货物流转方式制定实施差别化通关监管措施,对复出境的保税油作备案管理,采信进出口商品检验鉴定机构的检验结果,对转进口的保税油按照一般贸易进口实施法定检验和数重量鉴定;在品质检验方面,对高信用企业的转进口批次多、间隔短、品质稳定的货物,降低检验频次。将保税油储运企业和报关企业纳入海关统一的企业信用管理制度,根据企业信用等级实施差别化海关监管措施,对高信用企业实施通关便利化措施。对高信用企业适用保税油转进口"集中检验、分批核销"、现场实验室快速检验、优先办理通关放行手续等检验便利政策。	海关总署	全国
12	自然人"一人式"税收档案	建立全国自然人"一人式"税收档案,依托个税征管系统按纳税人识别号全面归集纳税人基础信息和扣缴申报、自行申报、信用记录、第三方涉税信息。	税务总局	全国
13	网上办理跨区域涉税事项	实现跨区域涉税事项报告、跨区域涉税事项报验、跨区域涉税事项信息反馈。跨区域经营纳税人可在经营地设立银行账户,并与经营地税务机关签订三方协议;可在网上实现跨区域预缴税款。	税务总局	全国

续表

序号	改革事项	主要内容	负责单位	推广范围
14	优化涉税事项办理程序，压缩办理时限	进一步优化非正常户解除等事项办理流程，限办改即办。对增值税专用发票（增值税税控系统）最高开票限额（百万元及以上）审批等事项进一步压缩办理时限，提高办税效率。	税务总局	全国
15	生产型出口企业出口退税服务前置	税务机关提前调查企业出口和购货真实性，将原本在生产型出口企业出口退税申报后进行的生产经营情况、供货企业风险、备案单证等核查和服务程序，提至出口退税申报前。企业申报后，税务机关可快速对按规定不需发函调查的疑点给出核查结论，提高办理效率。在遵循现行出口退税管理规定、确保风险可控的前提下，对生产型出口企业及其全部供货企业都归属同一主管税务机关的，可推广出口退税服务前置。	税务总局	全国
16	企业名称自主申报制度	推进企业名称登记管理制度改革，取消企业名称预先核准，扩大企业名称自主申报改革试点范围。	市场监管总局	全国
17	中欧班列集拼集运模式	支持回程开展以集装箱为单元的中欧班列内外贸货物混编运输业务。建立铁路部门联系机制，联合制定回程中欧班列集拼集运运输方案，细化作业流程，针对有加挂需求的集装箱，配合做好补轴、补货作业组织，提升作业效率。	中国国家铁路集团有限公司	全国
18	推进合作制公证机构试点	制定实施方案，做好合作制公证机构的申报设立、人员安置、清产核资、资产移交、业务承接、档案管理和法律责任划分等工作。制定好章程，合作制公证机构建立内部管理规章制度体系。制定合作制公证机构管理办法，对合作制公证机构设立、合作人、法人治理结构、内部管理等事项作出明确规定。	司法部	自贸试验区

国务院关于做好自由贸易试验区第六批改革试点经验复制推广工作的通知

（国函〔2020〕96号）

各省、自治区、直辖市人民政府，国务院各部委、各直属机构：

建设自由贸易试验区（以下简称自贸试验区）是党中央、国务院在新时代推进改革开放的一项战略举措，肩负着为全面深化改革和扩大开放探索新途径、积累新经验的重大使命。按照党中央、国务院决策部署，自贸试验区所在地方和有关部门结合各自贸试验区功能定位和特色特点，全力推进制度创新实践，形成了自贸试验区第六批改革试点经验，将在全国范围内复制推广。现就有关事项通知如下：

一、复制推广的主要内容

（一）在全国范围内复制推广的改革事项

1. 投资管理领域："出版物发行业务许可与网络发行备案联办制度""绿色船舶修理企业规范管理""电力工程审批绿色通道""以三维地籍为核心的土地立体化管理模式""不动产登记业务便民模式""增值税小规模纳税人智能辅助申报服务""证照'一口受理、并联办理'审批服务模式""企业'套餐式'注销服务模式""医疗器械注册人委托生产模式"9项。

2. 贸易便利化领域："'融资租赁+汽车出口'业务创新""飞机行业内加工贸易保税货物便捷调拨监管模式""跨境电商零售进口退货中心仓模式""进出口商品智慧申报导航服务""冰鲜水产品两段准入监管模式""货物贸易'一保多用'管理模式""边检行政许可网上办理"7项。

3. 金融开放创新领域："保理公司接入央行企业征信系统""分布式共享模式实现'银政互通'""绿色债务融资工具创新""知识产权证券化"4项。

4. 事中事后监管措施："'委托公证+政府询价+异地处置'财产执行云处置模式""多领域实施包容免罚清单模式""海关公证电子送达系统""商事主体信用修复制度""融资租赁公司风险防控大数据平台""大型机场运行协调新机制"6项。

5. 人力资源领域："领事业务'一网通办'""直接采认台湾地区部分技能人员职业资格""航空维修产业职称评审""船员远程计算机终端考试""出入境人员综合服务'一站式'平台"5项。

（二）在特定区域复制推广的改革事项

1. 在自贸试验区复制推广"建设项目水、电、气、暖现场一次联办模式""股权转让登记远程确认服务""野生动植物进出口行政许可审批事项改革"3项。

2. 在二手车出口业务试点地区复制推广"二手车出口业务新模式"。

3. 在保税监管场所复制推广"保税航煤出口质量流量计计量新模式"。

4. 在成都铁路局局管范围内复制推广"空铁联运一单制货物运输模式"。

二、 高度重视复制推广工作

各地区、各部门要以习近平新时代中国特色社会主义思想为指导,全面贯彻党的十九大和十九届二中、三中、四中全会精神,深刻认识复制推广自贸试验区改革试点经验的重大意义,将复制推广工作作为贯彻新发展理念、推动高质量发展、建设现代化经济体系的重要举措。要把复制推广第六批改革试点经验与巩固落实前五批经验结合起来,同一领域的要加强系统集成,不同领域的要强化协同高效,推动各方面制度更加成熟更加定型,把制度优势转化为治理效能,推进治理体系和治理能力现代化,进一步优化营商环境,激发市场活力,建设更高水平开放型经济新体制。

三、 切实做好组织实施

各省(自治区、直辖市)人民政府要将自贸试验区改革试点经验复制推广工作列为本地区重点工作,加强组织领导,加大实施力度,确保复制推广工作顺利推进、取得实效。国务院各有关部门要结合工作职责,主动作为,指导完成复制推广工作。需报国务院批准的事项要按程序报批,需调整有关行政法规、国务院文件和部门规章规定的,要按法定程序办理。国务院自由贸易试验区工作部际联席会议办公室要开展成效评估,协调解决复制推广工作中的重点难点问题。复制推广工作中遇到的重大问题,要及时报告国务院。

附件:自由贸易试验区第六批改革试点经验复制推广工作任务分工表

国务院
2020年6月28日

附件

自由贸易试验区第六批改革试点经验复制推广工作任务分工表

序号	改革事项	主要内容	负责单位	推广范围
1	出版物发行业务许可与网络发行备案联办制度	将出版物发行业务许可及从事网络发行备案申办流程由"串联"改为"并联",企业一表填报申请、登记信息,一次性提交办理要件,并可在线补充报送信息。实行"宽进严管"、"靶向追踪"等事中事后协同监管机制,强化部门审批和监管信息共享。	中央宣传部	全国
2	"委托公证+政府询价+异地处置"财产执行云处置模式	执行案件申请人可在异地委托财产所在地公证机关对财产实况进行取证后提交指定政府部门,由该部门委托第三方评估机构根据有关财产的公证文书及视频资料直接进行批量式书面审查评估,并向法院出具价格认定书,将此作为网上拍卖的底价依据。待网上拍卖成功后,通过人民法院执行指挥管理平台,委托异地法院完成财产的解封、解押、过户等交付手续。	最高人民法院	全国
3	领事业务"一网通办"	全面整合领事业务信息系统,将APEC商务旅行卡、外国人来华邀请和领事认证三个业务系统整合至一个平台,并与外交部业务系统跨层级共享信息,实现全流程互联网不见面审批。	外交部	全国
4	绿色船舶修理企业规范管理	鼓励相关行业组织促进船舶修理企业绿色发展,在生产基本条件、质量管理、资源综合利用、安全生产、职业健康、环境保护、监督管理等方面明确统一标准,引导企业规范发展,加强行业自律。	工业和信息化部、交通运输部	全国
5	电力工程审批绿色通道	建立完善电力工程并联审批制度规范,实行公安(交警)、自然资源、市政、绿化等相关部门"一站式"联合审批,快速受理审批10千伏及以下电力管线的规划、挖掘、占路等行政许可,统一送达许可证书。	公安部、自然资源部、住房城乡建设部、国家林草局	全国
6	多领域实施包容免罚清单模式	对市场主体符合首次违法、非主观故意并及时纠正、违法行为轻微、没有造成危害后果的行政违法行为,制定并发布多个领域的包容免罚清单,明确免除罚款的行政处罚。在规定期限内,动态调整免罚清单。对未在规定期限内整改或整改不到位的市场主体,行政监管部门可以依据行政处罚法等予以处罚。	司法部	全国
7	直接采认台湾地区部分技能人员职业资格	持有台湾地区"劳动力发展署技能检定中心"核发的中餐烹调、西餐烹调、美容、女子美发等职业甲、乙、丙级技术士证书,可直接采认为大陆相对应的职业资格。	人力资源社会保障部、中央台办	全国

续表1

序号	改革事项	主要内容	负责单位	推广范围
8	航空维修产业职称评审	由航空维修企业对申报人的工作实绩和相关信息进行前置评价和审核把关，作为后续职称评审工作的重要参考依据。结合航空维修产业特点，建立专门评委会，对参评人员进行综合评审，开辟航空维修企业职工参与职称评审快捷通道。	人力资源社会保障部	全国
9	以三维地籍为核心的土地立体化管理模式	建立三维地籍管理系统，将三维地籍管理理念和技术方法纳入土地管理、开发建设和运营管理全过程，在土地立体化管理制度、政策、技术标准、信息平台、数据库等方面进行探索，以三维方式设定立体建设用地使用权。	自然资源部	全国
10	不动产登记业务便民模式	实行不动产登记"一证一码"，手机扫描不动产权证二维码可查询证书附图、限制状态等信息。个人用户可使用手机应用程序等，实现名下不动产登记信息查询、办理进度查询、费用缴纳等。	自然资源部	全国
11	建设项目水、电、气、暖现场一次联办模式	改革建设项目水、电、气、暖服务申报模式，由向相关市政公用基础设施单位"多家申报"，改为向政务服务中心"一家申报"。在项目现场实施受理、核查、反馈"一站式"联合办理，提供"一对一"精准服务。精简申报材料，明确时限节点，梳理办理流程，压缩办理时限。	住房城乡建设部	自贸试验区
12	船员远程计算机终端考试	按照统一规范要求，在船员考试业务量较多或偏远地区建立远程考场，供船员通过计算机终端参加远程理论考试。船员可根据需求预约远程考试，自主选择证书领取方式（自取或邮寄）。	交通运输部	全国
13	空铁联运一单制货物运输模式	推动航空运输企业和铁路运输企业作为合作承运人与货运客户签订"空铁联运单"，共同负责全程运输，分别承担相应运程责任。承运人收揽货物后，通过铁路或航空将货物运至中转站，进行"班机+班列"的衔接转运，完成下一运程。	交通运输部、中国民航局、中国国家铁路集团有限公司	成都铁路局局管范围内
14	"融资租赁+汽车出口"业务创新	支持以融资租赁方式开展汽车出口业务，在商务部汽车出口许可证申请系统中增设相应贸易方式选项，并按照企业实际需求采用合适的许可证签发方式，便利企业回款。	商务部、银保监会	全国
15	二手车出口业务新模式	建立二手车出口服务和监管信息化平台，实现车辆全流程信息来源可溯、去向可查、责任可究。优化通关流程和物流流程，鼓励企业提前申报。将出口许可证管理由"一车一证"改为"一批一证"，推进通关便利化。	商务部、公安部、海关总署	二手车出口业务试点地区

续表2

序号	改革事项	主要内容	负责单位	推广范围
16	保理公司接入央行企业征信系统	对成立时间超过一年、经地方金融监督管理局推荐、通过中国人民银行派出机构审查的商业保理法人企业，以专线直接接入和互联网平台方式接入央行企业征信系统。	人民银行、银保监会	全国
17	分布式共享模式实现"银政互通"	通过规范数据接口实现银行与相关政府部门专线联通，拓展基于银政信息实时共享的服务项目，实现抵押登记、抵押注销等业务的高效办理。	人民银行、自然资源部、银保监会	全国
18	绿色债务融资工具创新	在银行间市场交易商协会和地方金融监督管理局的合作框架下，地方金融监督管理局、主承销商及发债主体建立专业指导、整体联动的长效工作机制。建立主承销商长效沟通机制，推动金融机构加大债券承销工作力度，重点服务绿色债券发行。加强已发债券事后监督管理，联合金融机构加强债券市场风险监测，防控信用风险，维护市场稳定。加强绿色债券存续期管理，规范募集资金使用，确保投向节能环保、污染防治、资源节约与循环利用等专项领域。	人民银行	全国
19	飞机行业内加工贸易保税货物便捷调拨监管模式	推行便捷监管模式，允许飞机行业对未经加工的保税料件以"余料结转"的方式在集团内不同企业、不同加工贸易手（账）册间自行调拨。实施"电子底账+企业自核"监管模式，根据飞机行业特点，强化企业申报责任，在海关评估企业诚信守法程度后实施企业自核自管和"主料工作法"。	海关总署、商务部	全国
20	跨境电商零售进口退货中心仓模式	在海关特殊监管区域内设置跨境电商零售进口退货中心仓，将区外的分拣、退货流程转移至区内，实行退货中心仓场所硬件设施监管，海关对电商企业相关设施实地验核后准予备案，划定跨境电商退货车辆出入区指定路线。实行退货包裹出入区监管，实施卡口管理、物流监控管理、仓内卸货管理、复运出区管理。实行合格包裹上架监管，加强单证审核和查验管理。	海关总署、商务部	全国
21	海关公证电子送达系统	对不能当场作出行政处罚决定的海关案件，指引当事人快速完成电子送达地址信息采集。结案后，海关可通过海关公证电子送达平台或其他电子送达方式，将《处罚告知单》与《处罚决定书》等法律文书送达当事人，并全程电子存证。	海关总署、司法部	全国

续表3

序号	改革事项	主要内容	负责单位	推广范围
22	出入境人员综合服务"一站式"平台	强化海关、移民、外事、科技等涉外部门协同，优化流程，为出入境人员证件办理、业务预约、在线申报等提供"一站式"综合服务平台。全面推进"一网通办"，提供邀请外国人来华、出入境体检、外国人工作证办理、居留证件查询、随行子女入学等政务办理功能，并为来华境外人员及中国公民提供疫苗预约和订制旅游等服务，实现政务、综合服务"一口通办"。	海关总署、国家移民局、外交部、科技部、国务院港澳办	全国
23	进出口商品智慧申报导航服务	使用大数据、人工智能领域新技术手段，建立智能申报导航数据库集群，在"单一窗口"申报端为企业纳税申报提供全面即时准确的个性化智能导航服务。导航服务过程中不涉及企业具体申报信息，确保数据使用安全。	海关总署	全国
24	冰鲜水产品两段准入监管模式	对海关一般信用及以上的冰鲜水产品进口企业实施"附条件提离"，企业出具书面承诺，海关抽样后口岸放行，利用检测绿色通道实施"合格入市"，企业无需等待检测结果即可向销售商配送，但不得上市销售。检测结果异常，主动召回；检测合格，立即上市。海关定期开展监控计划和食品安全管理核查，企业定期提交配送销售管理证明资料，海关抽查"附条件提离"落实情况，强化入市前风险监管。	海关总署	全国
25	货物贸易"一保多用"管理模式	整合进口货物风险类、税款类担保的管理流程和模式，构建以企业为单元的海关担保信息化管理模式，实现企业一份担保文本在不同业务领域、不同业务现场、不同担保事项间通用，担保额度自动核扣、返还以及担保风险智能防控，进一步降低企业资金成本，提升海关担保业务管理效能。	海关总署	全国
26	保税航煤出口质量流量计计量新模式	保税航煤出口计量方式由岸罐重量变更为质量流量计计量。将成品航煤通过专用管道输入机场出口监管罐后，再转至保税罐，实现出口检验工作与保税货物重量鉴定合二为一。	海关总署	保税监管场所
27	增值税小规模纳税人智能辅助申报服务	通过电子税务局向企业推送预申报数据，智能辅助增值税小规模纳税人便捷申报。	税务总局	全国
28	证照"一口受理、并联办理"审批服务模式	将企业设立联合审批涉及的市场监管、税务、公安、社保等多个部门的受理窗口整合为一个窗口，变"多头受理"为"一口受理"。企业按一份清单要求交齐材料即可申请营业执照和相关许可，实现"最多跑一次"。	市场监管总局	全国

续表4

序号	改革事项	主要内容	负责单位	推广范围
29	企业"套餐式"注销服务模式	地方根据权限范围确定企业联合注销营业执照和许可证的清单,在国家企业信用信息公示系统等企业信息公示平台设置"套餐式"注销服务专区,实行"一窗受理、内部流转、并联审批",企业经营范围涉及前置审批事项、终止有关业务需经批准的,可多项同步注销。	市场监管总局	全国
30	商事主体信用修复制度	企业自被列入严重违法失信企业名单之日满3年,未再发生相关情形的,可通过国家企业信用信息公示系统发布其信用修复公告,公告期30日。登记机关将信用修复情况作为商事主体从严重违法失信企业名单移出的重要条件。	市场监管总局	全国
31	股权转让登记远程确认服务	服务对象可依托企业登记信息远程核实系统,经人脸识别技术核准,并通过视频进行基本信息查询及意思表示确认后,依法办理股权转让登记。	市场监管总局	自贸试验区
32	融资租赁公司风险防控大数据平台	对申请设立融资租赁公司的,利用大数据平台信息与所提交材料进行比对,识别评估风险,将异常情况转至相关部门认定、处理。对已设立的融资租赁公司,通过平台定期对接监管、公检法及互联网等信息,进行风险动态评估监测。将通过平台对比、分析形成的需重点关注企业名单,及时与相关部门共享,以采取针对性措施。	银保监会	全国
33	边检行政许可网上办理	设立边检行政许可网上办理窗口,实现上下外国船舶许可、搭靠外轮许可的在线申请、审批、签发。个人和企业用户可通过互联网客户端等渠道,申请办理人员登轮、船舶搭靠等边检许可证件。	国家移民局	全国
34	野生动植物进出口行政许可审批事项改革	将国家林草局实施的野生动植物行政许可审批事项、国家濒危物种进出口管理办公室实施的允许进出口证明书行政许可事项委托自贸试验区所在地的省级林草主管部门和国家濒管办办事处办理,优化审批流程,压缩审批时限。	国家林草局	自贸试验区
35	大型机场运行协调新机制	建立以机场运管委为组织机构、联合运控中心为运行载体、机场协同决策(A—CDM)系统为平台支撑的协同运行体系,实现从管理框架向管理体系的转变,提升大型机场整体运行协调能力。	中国民航局	全国
36	医疗器械注册人委托生产模式	医疗器械注册人除自行生产产品外,可委托具备相应生产条件的企业生产产品。	国家药监局	全国

续表5

序号	改革事项	主要内容	负责单位	推广范围
37	知识产权证券化	依托上海、深圳证券交易所构建知识产权证券化交易体系。根据知识产权数量、公司资产规模、利润水平、行业领先度等因素选取标的企业。对基础资产现金流的质量、稳定性、权属状况严格把关,试行将知识产权相关债权资产实现真实出售。	国家知识产权局、证监会、银保监会、国家版权局	全国

国务院办公厅关于印发自由贸易试验区外商投资国家安全审查试行办法的通知

(国办发〔2015〕24号)

各省、自治区、直辖市人民政府,国务院各部委、各直属机构:

《自由贸易试验区外商投资国家安全审查试行办法》已经国务院同意,现印发给你们,请认真贯彻执行。

国务院办公厅
2015年4月8日

自由贸易试验区外商投资国家安全审查试行办法

为做好中国(上海)自由贸易试验区、中国(广东)自由贸易试验区、中国(天津)自由贸易试验区、中国(福建)自由贸易试验区等自由贸易试验区(以下统称自贸试验区)对外开放工作,试点实施与负面清单管理模式相适应的外商投资国家安全审查(以下简称安全审查)措施,引导外商投资有序发展,维护国家安全,制定本办法。

一、审查范围

总的原则是,对影响或可能影响国家安全、国家安全保障能力,涉及敏感投资主体、敏感并购对象、敏感行业、敏感技术、敏感地域的外商投资进行安全审查。

（一）安全审查范围为：外国投资者在自贸试验区内投资军工、军工配套和其他关系国防安全的领域，以及重点、敏感军事设施周边地域；外国投资者在自贸试验区内投资关系国家安全的重要农产品、重要能源和资源、重要基础设施、重要运输服务、重要文化、重要信息技术产品和服务、关键技术、重大装备制造等领域，并取得所投资企业的实际控制权。

（二）外国投资者在自贸试验区内投资，包括下列情形：

1. 外国投资者单独或与其他投资者共同投资新建项目或设立企业。

2. 外国投资者通过并购方式取得已设立企业的股权或资产。

3. 外国投资者通过协议控制、代持、信托、再投资、境外交易、租赁、认购可转换债券等方式投资。

（三）外国投资者取得所投资企业的实际控制权，包括下列情形：

1. 外国投资者及其关联投资者持有企业股份总额在50%以上。

2. 数个外国投资者持有企业股份总额合计在50%以上。

3. 外国投资者及其关联投资者、数个外国投资者持有企业股份总额不超过50%，但所享有的表决权已足以对股东会或股东大会、董事会的决议产生重大影响。

4. 其他导致外国投资者对企业的经营决策、人事、财务、技术等产生重大影响的情形。

二、审查内容

（一）外商投资对国防安全，包括对国防需要的国内产品生产能力、国内服务提供能力和有关设施的影响。

（二）外商投资对国家经济稳定运行的影响。

（三）外商投资对社会基本生活秩序的影响。

（四）外商投资对国家文化安全、公共道德的影响。

（五）外商投资对国家网络安全的影响。

（六）外商投资对涉及国家安全关键技术研发能力的影响。

三、安全审查工作机制和程序

（一）自贸试验区外商投资安全审查工作，由外国投资者并购境内企业安全审查部际联席会议（以下简称联席会议）具体承担。在联席会议机制下，国家发展改革委、商务部根据外商投资涉及的领域，会同相关部门开展安全审查。

（二）自贸试验区安全审查程序依照《国务院办公厅关于建立外国投资者

并购境内企业安全审查制度的通知》（国办发〔2011〕6号）第四条办理。

（三）对影响或可能影响国家安全，但通过附加条件能够消除影响的投资，联席会议可要求外国投资者出具修改投资方案的书面承诺。外国投资者出具书面承诺后，联席会议可作出附加条件的审查意见。

（四）自贸试验区管理机构在办理职能范围内外商投资备案、核准或审核手续时，对属于安全审查范围的外商投资，应及时告知外国投资者提出安全审查申请，并暂停办理相关手续。

（五）商务部将联席会议审查意见书面通知外国投资者的同时，通知自贸试验区管理机构。对不影响国家安全或附加条件后不影响国家安全的外商投资，自贸试验区管理机构继续办理相关手续。

（六）自贸试验区管理机构应做好外商投资监管工作。如发现外国投资者提供虚假信息、遗漏实质信息、通过安全审查后变更投资活动或违背附加条件，对国家安全造成或可能造成重大影响的，即使外商投资安全审查已结束或投资已实施，自贸试验区管理机构应向国家发展改革委和商务部报告。

（七）国家发展改革委、商务部与自贸试验区管理机构通过信息化手段，在信息共享、实时监测、动态管理和定期核查等方面形成联动机制。

四、其他规定

（一）外商投资股权投资企业、创业投资企业、投资性公司在自贸试验区内投资，适用本办法。

（二）外商投资金融领域的安全审查另行规定。

（三）香港特别行政区、澳门特别行政区、台湾地区的投资者进行投资，参照本办法的规定执行。

（四）本办法由国家发展改革委、商务部负责解释。

（五）本办法自印发之日起30日后实施。

海关总署 商务部关于从中国（上海）自由贸易试验区进口的涉及自动进口许可证管理货物开展通关作业无纸化试点的公告

（海关总署 商务部联合公告2014年第58号）

为进一步深化通关作业无纸化改革，积极推进中国（上海）自由贸易试验区（以下简称自贸试验区）建设和发展，海关总署、商务部决定自2014年8月11日起，对在自贸试验区进口属于自动进口许可管理的有关货物开展通关无纸化应用试点。现将有关事项公告如下：

一、自2014年8月11日起，在自贸试验区以"一批一证"方式进口属于自动进口许可管理的货物，可采用无纸方式向海关申报，但是原油、燃料油除外。海关将通过自动进口许可证联网核查方式验凭自动进口许可证电子数据，企业免于交验纸质自动进口许可证，海关不再进行纸面签注。

二、企业按现行规定申领自动进口许可证。试点期间，限于在自贸试验区以"一批一证"方式进口属于自动进口许可管理的货物，每份进口货物报关单仅能对应一份自动进口许可证。对于以"非一批一证"方式进口的货物暂不进行无纸化通关试点，待条件具备时再行试点。

三、因海关和商务部门审核需要、计算机管理系统故障、其他管理部门需要验凭纸质自动进口许可证等原因，可以转为有纸报关作业或补充提交纸质自动进口许可证。

四、自动进口许可货物通关无纸化应用试点以外事项，按照《货物自动进口许可管理办法》（商务部 海关总署令2004年第26号）、自动进口许可证联网核查系统公告（商务部 海关总署公告2013年第2号）和海关深入推进通关作业无纸化改革工作有关事项公告（海关总署公告2014年第25号）执行。

海关联系方式：全国海关热线电话：12360。

特此公告。

海关总署
2014年8月5日

关于发布《中华人民共和国海关对洋山特殊综合保税区监管办法》

（海关总署公告2019年第170号）

为贯彻落实《中国（上海）自由贸易试验区临港新片区总体方案》要求，高标准推进中国（上海）自由贸易试验区临港新片区贸易自由化，充分发挥洋山特殊综合保税区作为对标国际公认、竞争力最强自由贸易园区的重要载体作用，特制定《中华人民共和国海关对洋山特殊综合保税区监管办法》，现予发布。

特此公告。

附件：中华人民共和国海关对洋山特殊综合保税区监管办法

海关总署

2019年11月4日

附件

中华人民共和国海关对洋山特殊综合保税区监管办法

第一章　总　则

第一条　为打造更具国际市场影响力和竞争力的特殊经济功能区，发挥中国（上海）自由贸易试验区临港新片区（以下简称临港新片区）洋山特殊综合保税区（以下简称洋山特殊综保区）作为对标国际公认、竞争力最强自由贸易园区的重要载体作用，规范海关对洋山特殊综保区的管理，根据《中华人民共和国海关法》和其他有关法律、法规，制定本办法。

第二条　本办法所称的洋山特殊综保区是指经国务院批准，设立在临港新片区内，具有物流、加工、制造、贸易等功能的海关特殊监管区域。

第三条　海关依照本办法对进出洋山特殊综保区的运输工具、货物、物品以及洋山特殊综保区内企业进行监管。

第四条 洋山特殊综保区实行物理围网管理。洋山特殊综保区与中华人民共和国关境内的其他地区（以下称区外）之间，应当设置符合海关监管要求的卡口、围网、视频监控系统以及海关监管所需的其他设施。

第五条 洋山特殊综保区内不得居住人员。除保障洋山特殊综保区内人员正常工作、生活需要的配套设施外，洋山特殊综保区内不得建立营利性商业、生活消费设施。

第六条 洋山特殊综保区的基础和监管设施等应当符合海关特殊监管区域相关验收标准，海关监管作业场所（场地）应当符合《海关监管作业场所（场地）设置规范》。

第七条 中国（上海）自由贸易试验区临港新片区管理委员会作为洋山特殊综保区管理机构应建立公共信息服务平台，实现区内管理机构、海关等监管部门间数据交换和信息共享。

第八条 除法律、法规和现行政策另有规定外，境外货物入区保税或免税；货物出区进入境内区外销售按货物进口的有关规定办理报关手续，并按货物实际状态征税；境内区外货物入区视同出口，实行退税。

第九条 国家禁止进出境货物、物品等不得进出洋山特殊综保区。海关对涉及国家进出境限制性管理、口岸公共卫生安全、生物安全、食品安全、商品质量安全、知识产权等的安全准入实施风险管理。依据风险情况，对进出境货物及物品、进出口货物及物品和国际中转货物，实施必要的监管和查验。

第十条 境外与洋山特殊综保区之间进出的货物，除另有规定外，列入海关贸易统计，统计办法另行制定。区外与洋山特殊综保区之间进出的货物以及其他相关货物，根据海关管理需要实施单项统计。

区内企业之间转让、转移的货物，以及洋山特殊综保区与其他海关特殊监管区域或者保税监管场所之间往来的货物，不统计。

第二章 对洋山特殊综保区与境外之间进出货物的监管

第十一条 依法需要检疫的进出境货物原则上在口岸监管区内监管作业场所（场地）实施检疫，经海关批准，可在洋山特殊综保区内实施检疫。

对属于法定检验的大宗资源性商品、可用作原料的固体废物等的进境检验，需在口岸监管区内作业场所（场地）实施。

第十二条 对法律、法规等有明确规定的，涉及我国缔结或者参加的国际条约、协定的，和涉及安全准入管理的进出境货物，除必须在进出境环节验核相关监管证件外，其他的在进出区环节验核。

第十三条 洋山特殊综保区与境外之间进出的货物，属于本办法第十一、十二条规定范围的，企业应向海关办理申报手续；不属于上述范围的，海关径予放行。

第三章 对洋山特殊综保区与区外之间进出货物的监管

第十四条 洋山特殊综保区与境内区外之间实行进出口申报管理。货物从洋山特殊综保区进入境内区外的，由进口企业向海关办理进口申报手续。货物从境内区外进入洋山特殊综保区的，由出口企业向海关办理出口申报手续。

第十五条 除另有规定外，对其他海关特殊监管区域、保税监管场所与洋山特殊综保区之间进出的货物，由其他海关特殊监管区域、保税监管场所内企业申报进出境备案清单（报关单）。

第四章 对洋山特殊综保区内货物的监管

第十六条 区内企业可依法开展中转、集拼、存储、加工、制造、交易、展示、研发、再制造、检测维修、分销和配送等业务。

第十七条 海关不要求区内企业单独设立海关账册，但区内企业所设置、编制的会计帐簿、会计凭证、会计报表和其他会计资料，应当真实、准确、完整地记录和反映有关业务情况，能够通过计算机正确、完整地记帐、核算的，对其计算机储存和输出的会计记录视同会计资料。

第十八条 中国（上海）自由贸易试验区临港新片区管理委员会作为洋山特殊综保区管理机构应建立企业信用、重大事件、年报披露等信息主动公示制度。

第十九条 海关依法对区内企业开展稽查核查。

第二十条 海关对区内企业以一般贸易方式申报的进境货物，按照现行规定进行监管。

第五章 对洋山特殊综保区国际中转货物的监管

第二十一条 除国家禁止进出境货物外，其他货物均可在洋山特殊综保区内开展国际中转（包括中转集拼，下同）。

第二十二条 洋山特殊综保区国际中转业务应在符合海关要求的专用作业场所开展。

第二十三条 相关物流企业应当按照相关管理规定，向海关舱单管理系统传输中转集拼货物的原始舱单、预配舱单、装载舱单、分拨申请、国际转运准单等电子数据。

第二十四条　国际中转货物应当在三个月内复运出境，特殊情况下，经海关批准，可以延期三个月复运出境。

第六章　对直接进出境货物以及进出洋山特殊综保区运输工具和个人携带货物、物品的监管

第二十五条　货物经洋山特殊综保区直接进境或直接出境的，应通过专用通道、卡口，海关按照进出境的有关规定进行监管。

第二十六条　进出境运输工具服务人员携带个人物品进出洋山特殊综保区的，海关按照现行规定进行监管。

第二十七条　在洋山特殊综保区进出区卡口设置供货运车辆、其他车辆和人员进出的专用通道。进出洋山特殊综保区的国内运输工具和人员，应当接受海关监管和检查。

第七章　附　则

第二十八条　违反本办法的规定，构成走私行为或违反海关监管规定的行为，以及法律、法规规定由海关实施行政处罚的行为，由海关依照相关法律、法规的规定处罚；构成犯罪的，依法追究刑事责任。

第二十九条　综合保税区政策及制度创新措施均适用于洋山特殊综保区。

第三十条　本办法由海关总署负责解释。

第三十一条　本办法自洋山特殊综保区通过验收封关运行之日起施行。

关于洋山特殊综合保税区统计办法的公告

（海关总署公告2019年第199号）

为贯彻落实《中国（上海）自由贸易试验区临港新片区总体方案》要求，保障海关对洋山特殊综合保税区进出境及进出区货物统计的真实性、准确性、及时性、完整性，根据《中华人民共和国海关统计条例》《中华人民共和国海关统计工作管理规定》《中华人民共和国海关对洋山特殊综合保税区监管办法》及相关规范性文件，现就洋山特殊综合保税区统计办法公告如下：

一、增设海关统计代码

（一）增设海关经济区划代码"S"，表示特殊综合保税区。

（二）增设洋山特殊综合保税区国内地区代码"3122S"，用于编制10位数区内企业海关注册编码及申报境内目的地与货源地。

（三）增设特殊综合保税区运输方式代码"S"，用于洋山特殊综保区与境内区外之间进出口申报。

二、洋山特殊综合保税区进出境货物

（一）除另有规定外，货物从境外运入洋山特殊综合保税区以及从洋山特殊综合保税区运往境外，实施海关进出口货物贸易统计。

（二）洋山特殊综合保税区管理机构建立的公共信息服务平台（以下简称"服务平台"）应当满足进出口货物贸易统计原始资料的采集与质量控制要求。

三、洋山特殊综合保税区与境内之间进出的货物

（一）除另有规定外，货物从境内区外运入洋山特殊综合保税区以及从洋山特殊综合保税区运往境内区外，实施海关单项统计。

（二）海关单项统计原始资料取自海关通关系统。

四、实施时间

本办法自洋山特殊综合保税区通过验收封关运行之日起施行。

五、其他事项

自洋山特殊综合保税区封关运行之日起至服务平台的海关统计功能上线期间，区内进出口货物收发货人应当于每月25日至27日，以在线填写或界面导入方式，向海关汇总传输上月25日至本月24日期间的进出境货物汇总统计表，汇总说明见附件。具体传输方法另行通知。

汇总统计表不得包括区内企业已经在海关通关管理系统中申报的进出境货物。

特此公告。

关于发布《中华人民共和国海关对洋浦保税港区监管办法》的公告

（海关总署公告2020年第73号）

为贯彻落实《海南自由贸易港建设总体方案》要求，支持海南逐步探索、稳步推进中国特色自由贸易港建设，分步骤、分阶段建设自由贸易港政策和制度体系，对进出海南洋浦保税港区的货物，除禁止进出口和限制出口以及需要检验检疫的货物外，试行"一线放开、二线管住"的货物进出境管理制度，特制定《中华人民共和国海关对洋浦保税港区监管办法》，现予以发布。

特此公告。

附件：中华人民共和国海关对洋浦保税港区监管办法

海关总署
2020年6月3日

附件

中华人民共和国海关对洋浦保税港区监管办法

第一章 总 则

第一条 为了打造开放层次更高、营商环境更优、辐射作用更强的中国特色自由贸易港，服务新时代国家对外开放战略布局，充分发挥洋浦保税港区的先行先试作用，支持建设自由贸易港先行区，规范海关对洋浦保税港区的管理，根据《中华人民共和国海关法》和其他有关法律、法规，制定本办法。

第二条 海关依照本办法对进出洋浦保税港区的运输工具、货物、物品以及洋浦保税港区内企业进行监管。

第三条 洋浦保税港区实行物理围网管理。洋浦保税港区与中华人民共和国关境内的其他地区之间，应当设置符合海关监管要求的卡口、围网、视频监控系统以及海关监管所需的其他设施。

第四条 除法律、法规和现行政策另有规定外，境外货物入区保税或免税；货物出区进入境内区外销售按货物进口的有关规定办理报关手续，并按货物实际状态征税；境内区外货物入区视同出口，实行退税。

对区内鼓励类产业企业生产的不含进口料件或含进口料件在洋浦保税港区加工增值超过30%（含）的货物，出区进入境内区外销售时，免征进口关税，照章征收进口环节增值税、消费税，相关办法另行制定。

第五条 洋浦经济开发区管委会应建立公共信息服务平台，实现区内管理机构、海关等监管部门间数据交换和信息共享；建立并完善重大事件信息主动公示制度。

第六条 国家禁止进出境货物、物品不得进出洋浦保税港区。

海关对涉及国家进出境限制性管理、口岸公共卫生安全、生物安全、食品安全、商品质量安全、知识产权等的安全准入实施风险管理。海关依法对进出境货物及物品、进出口货物及物品和国际中转货物实施监管和检查。

第七条 境外与洋浦保税港区之间进出的货物，除另有规定外，实施海关贸易统计，统计办法另行制定。

境内区外与洋浦保税港区之间进出的货物以及其他相关货物，实施海关单项统计。

区内企业之间转让、转移的货物，以及洋浦保税港区与其他海关特殊监管区域或者保税监管场所之间往来的货物，不列入海关统计。

第二章 对洋浦保税港区与境外之间进出货物的监管

第八条 依法需要检疫的进出境货物，原则上在口岸监管区内监管作业场所（场地）实施检查。经海关批准，可在洋浦保税港区内符合条件的场所实施检查。

对法定检验的大宗资源性商品、可用作原料的固体废物等的进境检验，应当在口岸监管区内监管作业场所（场地）实施。

对境外入区动植物产品的检验项目，实行"先入区，后检测"，根据检测结果进行后续处置。

第九条 洋浦保税港区与境外之间进出的货物，不实行许可证件管理，但法律、法规、我国缔结或者参加的国际条约、协定有明确规定或者涉及安全准入管理的除外。

第十条 洋浦保税港区与境外之间进出的货物，属于本办法第八、九条规定范围的，企业应向海关办理申报手续；不属于上述范围的，海关径予放行。

第三章　对洋浦保税港区与境内区外之间进出货物的监管

第十一条　洋浦保税港区与境内区外之间货物进出口，按照现有规定申报。货物从洋浦保税港区进入境内区外的，由进口企业向海关办理进口申报手续。货物从境内区外进入洋浦保税港区的，由出口企业向海关办理出口申报手续。

第十二条　除另有规定外，对其他海关特殊监管区域、保税监管场所与洋浦保税港区之间进出的货物，由其他海关特殊监管区域、保税监管场所内企业申报进出境备案清单（报关单）。

第十三条　对境外入区时已实施检验的货物，出区时免予检验；属于实施食品卫生监督检验和商品检验范围的货物，符合条件的企业，海关可依申请在区内实施集中预检验、分批核销出区。

第十四条　对境内入区、在区内消耗使用、不离境、合理数量的货物、物品，免予填报报关单或备案清单等手续，免予提交许可证件。

第四章　对洋浦保税港区内货物的监管

第十五条　区内企业可依法开展中转、集拼、存储、加工、制造、交易、展示、研发、再制造、检测维修、分销和配送等业务。

第十六条　对注册在洋浦保税港区内的融资租赁企业进出口飞机、船舶和海洋工程结构物等不具备实际入区条件的大型设备，予以保税，按物流实际需要，实行异地委托监管。

第十七条　海关不要求区内企业单独设立海关账册，但区内企业所设置、编制的会计账簿、会计凭证、会计报表和其他会计资料，应当真实、准确、完整地记录和反映有关业务情况，能够通过计算机正确、完整地记账、核算的，对其计算机储存和输出的会计记录视同会计资料。

第十八条　海关依法对区内企业开展稽查核查。

第十九条　海关对区内企业以一般贸易方式申报的进境货物，按照现行规定进行监管。

第五章　对洋浦保税港区国际中转货物的监管

第二十条　除国家禁止进出境货物外，其他货物均可在洋浦保税港区内开展国际中转（包括中转集拼，下同）。

第二十一条 洋浦保税港区国际中转业务应在符合海关监管要求的专用作业场所开展。

第二十二条 舱单电子数据传输义务人应当按照相关管理规定，向海关舱单管理系统传输中转集拼货物的原始舱单、预配舱单、装载舱单、分拨申请、国际转运准单等电子数据

第二十三条 国际中转货物应当在三个月内复运出境，特殊情况下，经海关批准，可以延期三个月复运出境。

第六章 对直接进出境货物以及进出洋浦保税港区运输工具和个人携带货物、物品的监管

第二十四条 货物经洋浦保税港区直接进境或直接出境的，海关按照进出境的有关规定进行监管。

第二十五条 进出境运输工具服务人员及其携带个人物品进出洋浦保税港区的，海关按照现行规定进行监管。

第二十六条 在洋浦保税港区进出区卡口设置供货运车辆、其他车辆和人员进出的专用通道。进出洋浦保税港区的国内运输工具和人员，应当接受海关监管和检查。

第二十七条 经公共卫生风险评估，对符合电讯检疫要求的入境交通工具实施电讯检疫。

第七章 附 则

第二十八条 综合保税区政策及制度创新措施均适用于洋浦保税港区。

第二十九条 违反本办法规定，构成走私行为或违反海关监管规定的行为，以及法律、法规规定由海关实施行政处罚的行为，由海关依照相关法律、法规的规定处罚；构成犯罪的，依法追究刑事责任。

第三十条 本办法由海关总署负责解释。

第三十一条 本办法自印发之日起施行。

关于洋浦保税港区统计办法的公告

(海关总署公告2020年第109号)

为贯彻落实《海南自由贸易港建设总体方案》要求,保障海关对洋浦保税港区进出境及进出区货物统计的真实性、准确性、及时性、完整性,根据《中华人民共和国海关统计条例》《中华人民共和国海关统计工作管理规定》《中华人民共和国海关对洋浦保税港区监管办法》及相关规范性文件,现就洋浦保税港区统计办法公告如下:

一、增设海关运输方式及代码

增设运输方式"洋浦保税港区",代码"P",用于洋浦保税港区与境内区外之间进出口申报。

二、洋浦保税港区进出境货物

(一)除另有规定外,货物从境外运入洋浦保税港区以及从洋浦保税港区运往境外,实施海关进出口货物贸易统计。

(二)洋浦经济开发区管委会建立的公共信息服务平台应当满足进出口货物贸易统计原始资料的采集与质量控制要求。

三、洋浦保税港区与境内之间进出的货物

(一)除另有规定外,货物从境内区外运入洋浦保税港区以及从洋浦保税港区运往境内区外,实施海关单项统计。

(二)海关单项统计原始资料取自海关通关系统。

本公告自印发之日起施行。

特此公告。

海关总署
2020年9月20日